Der Adler auf dem Kaktus

Wilfried Westphal

Der Adler auf dem Kaktus

Eine Geschichte der Azteken von den Anfängen bis zur Gegenwart

westermann

Auf dem Umschlag: Zeichnung des Grafik-Design-Studios, Georg Westermann
Verlag, nach einer Vorlage aus einer altmexikanischen Bilderhandschrift.

Fotos: Aufnahmen des Autors.

Karten: Grafik-Design-Studio, nach Vorlagen des Autors.

CIP-Titelaufnahme der Deutschen Bibliothek

Westphal, Wilfried:
Der Adler auf dem Kaktus : Eine Geschichte der Azteken von
den Anfängen bis zur Gegenwart / Wilfried Westphal.
Braunschweig : Westermann, 1990
ISBN 3-07-509211-8

© Georg Westermann Verlag GmbH, Braunschweig 1990
Druck und Bindung: westermann druck GmbH, Braunschweig

ISBN 3 - 07 - 50 9211 - 8

Von Amerika und seiner Kultur,
namentlich in Mexico und Peru,
haben wir zwar Nachrichten,
aber bloß die, daß dieselbe
eine ganz natürliche war,
die untergehen mußte,
sobald der Geist sich ihr näherte.

Georg Wilhelm Friedrich Hegel

Inhalt

Einführung

»Und am Morgen des nächsten Tages erreichten wir eine breite Straße, auf der wir unseren Weg nach Estapalapa fortsetzten. Und als wir so viele Städte und dichtbevölkerte Dörfer sahen, die im Wasser lagen, und andere nicht minder großartige Siedlungen auf dem Festland gewahrten, dazu jene Straße, die gerade und eben nach Mexiko führte, waren wir sehr beeindruckt, und wir sagten uns, daß man sich so wohl die Wunder vorstellen müsse, von denen in der Geschichte des Amadis berichtet wird, so groß und prächtig waren die Türme und Tempel und Häuser, die aus dem Wasser ragten, alle sehr sorgsam aus Steinen erbaut, und einige unserer Soldaten meinten sogar, daß ihnen all dies wie ein Traum erschien, was nicht verwunderlich ist, denn es gab so viel, was uns in Erstaunen versetzte, daß ich nicht weiß, wo ich anfangen soll: wir sahen Dinge, von denen wir noch nie gehört, ja, die uns wahrlich noch nicht einmal im Traum erschienen waren. Und als wir uns Estapalapa näherten, kamen uns von neuem hohe Würdenträger entgegen, die in all ihrem Glanz erstrahlten; es waren der Herr jenes Ortes, Coadlabaca mit Namen, und der Herrscher von Culhuacán, beide sehr eng mit Montezuma verwandt. Und als wir jene Stadt, die Estapalapa hieß, betraten und man uns in den Palästen Unterkünfte zuwies, wunderten wir uns gar sehr, wie groß und prächtig erbaut sie waren, aus sorgfältig behauenen Steinen und mit Holz von Zedern und anderer wohlriechender Bäume, mit großen Innenhöfen und lichten Räumen, reich geschmückt und mit Vorhängen aus Baumwolle. Und nachdem wir all dies besichtigt hatten, gingen wir hinaus in den Garten, der nicht minder mit wunderbaren Dingen angefüllt war, so daß ich, als wir in ihm spazierengingen, nicht müde wurde, all die verschiedenen Bäume zu betrachten und den Duft zu atmen, den sie verströmten, die Beete zu schauen, die voller Rosen und Blumen waren, an den Büschen und Bäumen zu verweilen,

9

die überall Blüten und Früchte trugen, und einen künstlichen Teich zu bewundern, der mit Süßwasser gefüllt war. Und noch etwas versetzte uns in Staunen: sie konnten mit ihren großen Kanus bis in den Garten fahren, durch eine Öffnung, die hinaus auf den See führte. All das aus weißem Mörtel und mit bunten Malereien geschmückt, die man nicht aufzählen kann, auch Vögel in vielerlei Arten und Fische, die sich in dem Teich tummelten. Ich sage noch einmal: das, was wir sahen, war so wunderbar, daß wir bezweifelten, ob es irgendwo auf der Welt dergleichen noch einmal gäbe ...«

Bernal Díaz del Castillo, 1568

»Der Fremde wird heute eher mit dem Flugzeug ankommen, und noch ehe er auch nur einen Blick auf das ausgetrocknete Bett des Sees von Texcoco, das heute meilenweit von Elendshütten gesäumt wird, erhascht hat, gewahrt er zunächst erst einmal eine schier undurchsichtige Smogdecke, die die ganze Stadt einhüllt. Sie hat eine häßliche graubraune Färbung, und bei ihrem Anblick überkommt einen das Gefühl, als sei es etwas Drohendes – eine Wolke aus Gift. Der Pilot gibt das Zeichen, die Sitzgurte anzuschnallen, und erklärt, daß eine Landung in der Brühe unmittelbar bevorstehe.

Dies ist Mexico City, das großartige, stolze, schöne Mexico City, das sich schon einer spanischen Kathedrale und einer Universität rühmte, als Washington und Boston noch Wildnis waren. Im Laufe des vergangenen Jahres hat diese alte Metropole die Einwohnerzahl von 17 Millionen erreicht, was bedeutet, daß sie Tokio als größte Stadt der Welt eingeholt hat. Doch dieses Wachstum, das einst vielleicht Anlaß zu Stolz hätte geben können, ist ein Fluch. Es besteht zum größten Teil aus arbeitslosen Bauern, die, in der Größenordnung von tausend pro Tag, vom Lande in die Stadt strömen. Der Schriftsteller Carlos Fuentes hat Mexico City die Hauptstadt der Unterentwicklung genannt; sie ist außerdem zu einer Hauptstadt der Umweltverschmutzung und der Slums geworden.«

Time, 6. August 1984

Eine Geschichte der Azteken ist auch die Geschichte, wie es dazu gekommen ist, daß eine Stadt, die einst einem Märchenschloß glich, sich in einen Alptraum verwandelt hat. Nicht nur war Tenochtitlan, wie die Azteken die Lagunenstadt im Hochtal von Mexiko nannten, die Hauptstadt ihres Reiches; sie blieb auch die Metropole des Landes, seit die Spanier auf den Trümmern der alten eine neue Stadt gründeten, die ihren Einfluß noch erweiterte. Hatte es *vor* der Ankunft der Spanier mehrere Zentren der Macht gegeben, die von *Tzintzuntzan,* der Kapitale der Tarasken im Westen Mexikos, bis zu den Stadtstaaten der Maya im Osten reichten, wobei freilich das Reich der Azteken eine zentrale Stellung einnahm, so weiteten die Spanier die Macht, die vom zentralen Mexiko ausging, im Norden bis in das Gebiet der heutigen USA aus, während im Süden die Grenze bis nach Panama vorgeschoben wurde. All dies, ein Vielfaches dessen, was einmal das Reich der Azteken umfaßt hatte, machte schließlich das Herrschaftsgebiet der Spanier aus, wobei anzumerken ist, daß *Neuspanien,* wie sie ihren Besitz in Nordamerika nannten, nur ein Teil ihres Kolonialreiches war, das ja auch – mit Ausnahme Brasiliens – den ganzen südamerikanischen Kontinent umfaßte.

Tenochtitlan, das sie in »Mexiko« umtauften, werteten die Spanier nicht nur auf: Sie schufen auch, indem sie die Vielzahl unterschiedlicher indianischer Gemeinschaften in ein einheitliches Staatsgebiet integrierten, die Grundlagen eines Nationalstaates, der seine endgültige Ausprägung im Laufe des 19. Jahrhunderts erfuhr. Mexiko, die Stadt, blieb dabei immer der zentrale Angelpunkt. Nichts geschah, auch im entferntesten Winkel des Landes, was nicht hier entschieden wurde.

Nicht zuletzt hieraus erklärt sich der phänomenale Aufstieg des heutigen Mexico City. Gibt es in anderen Ländern, in Europa oder in Nordamerika, gewöhnlich mehrere Zentren städtischer Zivilisation, wobei freilich auch hier die *politische* Macht auf einen Ort fixiert ist, so fehlt in Mexiko eine derartige gleichgewichtige Entwicklung des Landes: Alles, nicht nur die Politik, auch Wirtschaft, Kultur, Verkehr, das ganze Leben des Landes konzentriert sich auf die Hauptstadt. Der Rest – ist Provinz. Ein Erbe, das man freilich nicht nur den Spaniern anlasten kann. Auch die Azteken waren bemüht, immer mehr Fäden in ihrer Stadt zusammenlaufen zu lassen. Es bleibt Spekulation, ob es ihnen gelungen wäre – ähnlich den Inka –, ein wirkliches Imperium zu gründen. Auf dem Wege dazu waren sie.

Man ist gewöhnt, wenn man das Wort »Azteken« hört, an eine Kultur zu denken, die zwar große Leistungen vollbrachte (auch wenn die Vorstellung von blutigen Menschenopfern stört), die dennoch aber der Vergangenheit angehört. Eben weil jene Spanier, mögen sie auch Raubritter gewesen sein, jenem Spuk ein Ende machten. Ihre Kultur war eben doch höher; ein Naturgesetz!

Damit haben wir uns abgefunden; und wer wollte an Hegels Ausspruch zweifeln? Azteken, das ist Archäologie. Ein wenig zum Träumen; vermischt mit einem leisen Schauer (wegen der Menschenopfer). Ansonsten hat das wenig mit uns zu tun. Schon gar nicht, wenn es um Slums und Smog geht. Das ist Politik, und dabei können wir uns nicht entspannen. Wenn wir etwas über die Azteken (oder die Inka oder die alten Ägypter) lesen, dann wollen wir uns entspannen, unserer Welt entfliehen, uns eine eigene bauen, die unseren geheimsten Sehnsüchten und Wünschen entspricht. Und ob er es weiß, unser Hobby-Archäologe, oder nicht: er steht mit dieser Erwartung nicht allein da!

Auch die, die ihm das Bild einer angeblich heilen Welt vorgaukeln, schwelgen in seliger Entrücktheit: Was immer sie zu ihrem Handwerk gebracht hat, sie betreiben es, als seien sie nur sich selbst verpflichtet. So geschieht es, daß wir meinen, daß die Welt (für die Azteken) mit der Ankunft der Spanier zu Ende ging. Alles, was danach kam, war nur noch ein Abgesang. Das Beklagen eines Schicksals, das zwar bitter war, aber nun: halt nicht zu ändern!

Und so übersehen wir, geflissentlich wie unwissentlich, daß es auch heute noch Azteken gibt: zweieinhalb Millionen! Und daß es, wenn man diese Tatsache registriert, doch eigentlich legitim ist zu fragen: was machen die?

Octavio Paz, ein Mexikaner und Philosoph, hat darauf eine Antwort. Er erklärt: »Alle Menschen werden ohne Erbe geboren, und ihr wahrer Zustand ist der einer Waise; besonders aber trifft dies für die Indianer und Armen in Mexiko zu.«

Dies ist eine doppelte Bestätigung: erstens, daß die Indianer enterbt sind, und zweitens, daß sich niemand um sie kümmert. Auch und gerade die nicht, die sie sich angeblich zum Lebensinhalt erkoren haben. Das hieße, so verwahren sie sich, Partei ergreifen. Und Partei ist keine Wissenschaft (wobei anzumerken ist, daß unlängst ein Politologe, der als Spezialist in Sachen Mexiko gilt, mit dem höchsten Orden des Landes, dem *Aguila Azteca,* dem »Aztekenadler«, ausgezeichnet wurde, obgleich er sehr wohl einer politischen Partei angehört und diese alles andere als eine Veränderung der Mißstände in Mexiko anstrebt).

Halten wir diesem, einem deutschen Wissenschaftler entgegen, was Saint-Exupéry einmal äußerte (womit keineswegs gesagt sei, daß die Franzosen, das heißt, die etablierte Wissenschaft, sich wesentlich von dem unterscheidet, was hierzulande gang und gäbe ist): »Warum sollte ich Partei ergreifen für das, was ist, gegen das, was sein wird – für das, was vegetiert, gegen das, was als Möglichkeit bestehen bleibt?«

Wenn man weiß, auf welche Weise ein mexikanischer Präsident sein Amt erlangt und was er gewöhnlich daraus macht (wir werden das im einzelnen noch sehen), dann wird es niemand verwundern, daß er nur dem einen Aztekenorden zugesteht, der an den bestehenden Verhältnissen nichts zu verändern gedenkt. So viel zur Wissenschaft, der wir manchmal mehr Achtung entgegenbringen, als sie verdient.

Damit soll nicht gesagt sein, daß sie etwa überflüssig sei; ganz im Gegenteil: wir wüßten nicht, *was* wir über die Azteken wissen, wenn nicht die Wissenschaft – und hier gerade auch die deutsche Wissenschaft – mit Geduld und Akribie einen geradezu unübersehbaren Fundus von Erkenntnissen zusammengetragen hätte, der es uns ermöglicht, das Leben und Wirken dieses Volkes zu rekonstruieren. Doch in der Fülle von Daten, die oft willkürlich zusammengetragen werden, liegt zugleich auch das Problem: Bei der Vielzahl von Einzelerkenntnissen (und -interessen) fällt es schwer, ein Grundmuster zu erkennen. Mit anderen Worten: man sieht den Wald vor lauter Bäumen nicht. Hier die Archäologie, dort die Politologie und dazwischen die Historiker. Der eine weiß nicht, was der andere macht, und es interessiert ihn auch nicht. Die Wissenschaft hat versäumt, Teildisziplinen zu einem Gesamtbild zu koordinieren, aus dem sich allein die Gesetzmäßigkeiten ablesen lassen, die zum Aufstieg und Niedergang von Ländern und Kulturen führen.

Diese Arbeit ist noch zu leisten, bezüglich der Azteken ebenso wie jedes anderen Volkes, namentlich in den Entwicklungsländern, wo die geschichtliche Entwicklung meist nicht nur heterogener war (durch den Bruch, den der Kolonialismus herbeiführte), sondern wo diese Entwicklung zumeist auch nur durch die Brille des Europäers (oder Amerikaners) gesehen wird, die den Wissenschaftsbetrieb dominieren und – was die Entwicklungsländer betrifft – höchst selektiv betreiben. So wissen wir eben mehr über die alten Azteken als über die, die heute noch leben. Auch wenn diese am Hungertuche nagen, enterbt und Waisen sind, wie Octavio Paz uns vorhält. Das sind Probleme, die zu konfliktiv sind (und nicht in unser Weltbild passen). Für *wen* forschen wir? Für uns und nicht für andere.

Das, so vermessen es klingt, wollen wir ändern! Nicht, daß wir daran denken, ein Manifest zu schreiben. Das müssen wir schon den Azteken selbst überlassen. Aber doch ihnen, die sie seit fünfhundert Jahren entmündigt sind, die Grundlagen zu liefern, die Linien aufzuzeigen, die ihre Geschichte bestimmt haben, das ist eine Aufgabe, die noch zu leisten und dringend geboten ist. Denn die Armen, von denen Paz spricht, sind vor allem die Indianer. Nicht nur die Azteken; sie sind nur ein Teil, wenn auch die größte Gruppe derer, die in Mexiko als Ureinwohner überlebt haben. Neben den Azteken werden wir unser Augenmerk auch auf die anderen indianischen Völker richten, zumal, was die neuere Zeit betrifft, wo sie ja in einem einheitlichen Staat zusammengepfercht wurden. Doch die Azteken bleiben im Mittelpunkt: Sie waren die Keimzelle des heutigen Mexiko, und, so paradox es klingt, ist der Mexikaner auch heute noch stolz auf das aztekische Erbe. Nicht umsonst vergibt er, selbst an einen Ausländer, einen Orden, der den Namen der Azteken trägt.

Wir wollen also versuchen, die Geschichte nachzuzeichnen, die vom ersten Erscheinen der Azteken bis zur Gegenwart führt. Es ist dies nicht unbedingt eine Geschichte Mexikos, wiewohl diese sich natürlich nicht von der der Azteken trennen läßt. Sie wird jedoch nur insoweit berücksichtigt, wie sie Auswirkungen auf die Azteken (und den Indianer schlechthin) hatte. Eine Geschichte Mexikos gibt es bereits, wenn auch nur eine »weiße«. Die der Indianer muß noch geschrieben werden, und das, was wir im folgenden unternehmen, ist der erste Versuch.

Da wir nun zwar *für* die Azteken schreiben, aber nicht in dem Sinne, daß es eine Fibel sein könnte, die sie in der Schule lesen (dazu müßten sie erst einmal Lesen und Schreiben lernen, ganz abgesehen davon, daß man nicht mehr eine Revolution glorifiziert, die nicht die ihre ist), da wir ihnen letztlich nur helfen können, wenn wir *andere* für sie gewinnen, kann diese Arbeit nicht ganz auf das verzichten, was wir von einer erzählenden Geschichte gewöhnt sind. Wir wollen nicht nur lernen, sondern eben auch träumen. Und vielleicht ist der Traum die größte Hilfe: Wir sehen eine Welt, wie sie sein könnte, und das könnte der Motor sein, der uns zum Handeln bewegt. Vergessen wir nicht: mit Cortés begann jener Prozeß, der zu dem führte, was wir heute »a global village« nennen. Was irgendwo auf der Welt geschieht, auch in Mexiko, hat Auswirkungen in jedem anderen Teil der Welt. Und was wir tun oder denken, und sei es im letzten Dorf, bleibt nicht ohne Einfluß auf das, was in Mexiko geschieht. Demokratie ist ein kostbares Gut; sie ist aber auch eine Verantwortung!

Bonn, im Frühjahr 1988.   W. W.

Bevor Kolumbus kam

Auf der Suche nach Aztlan

Die Geschichte der Azteken beginnt mit einem Mythos, der Erschaffung ihres Gottes *Huitzilopochtli*:

»Die Alten ihres Volkes wissen zu berichten ..., daß es in der Nähe des Dorfes Tulla einen Berg gibt, den sie Coatepec nennen. Dort lebte eine Frau, Coatlicue mit Namen; sie war die Mutter einiger Indianer, die sich Centzonhuitznahua nannten und eine Schwester hatten, die Coyolxauhqui hieß. Besagte Coatlicue pflegte jeden Tag auf dem Berg Coatepec Buße zu tun, indem sie ihn mit einem Besen säuberte. Dabei geschah es eines Tages, daß ein kleiner Ball aus Federn, wie ein Garnknäuel, herniederfiel; sie nahm ihn auf und versteckte ihn unter ihrem Rock. Als sie fertig war mit ihrer Arbeit, wollte sie ihn hervorholen; aber sie fand ihn nicht, weshalb man sagt, sie sei schwanger gewesen. Als jene Indianer, die sich Centzonhuitznahua nannten, sahen, daß ihre Mutter schwanger war, wurden sie sehr ärgerlich und riefen: ›Wer hat sie geschwängert, daß er uns beschämt und entehrt?‹

Und die Schwester, die Coyolxauhqui hieß, sagte: ›Brüder, laßt uns unsere Mutter töten, denn sie hat uns beschmutzt, indem sie sich auf schändliche Weise schwängern ließ.‹

Als Coatlicue sich der geheimen Verschwörung bewußt wurde, war sie sehr bedrückt und fürchtete sich. Doch das Kind, das sie in ihrem Körper trug, tröstete sie und sagte: ›Hab keine Furcht, denn ich weiß, was ich zu tun habe!‹

Und als sie diese Worte hörte, beruhigte sich Coatlicue, und die Furcht wich von ihr. Jene Centzonhuitznahua aber, die beschlossen hatten, ihre Mutter zu töten, weil sie sie entehrt hatte, waren noch immer verärgert, zusammen mit ihrer Schwester Coyolxauhqui, die nicht nachließ, sie zu ermahnen, daß es ihre Pflicht sei, Coatlicue zu töten. Und so nahmen denn die Centzonhuitznahua ihre Waffen zur Hand und rüsteten sich, wie Krieger, die in den Kampf ziehen.

Doch einer von ihnen, der Quauitlicac hieß und die anderen verriet, ging zu Huitzilopochtli, der noch im Leib seiner Mutter war, und berichtete ihm, was die anderen geplant hatten; und Huitzilopochtli antwortete und sagte: ›Oh, Oheim, sei wachsam und höre gut zu, was sie sagen, damit ich weiß, was ich zu tun habe!‹

Und als sie nun ihren Entschluß gefaßt hatten, Coatlicue zu töten, machten sich die Centzonhuitznahua, angeführt von ihrer Schwester Coyolxauhqui, auf den Weg zu ihrer Mutter; sie waren alle bewaffnet mit Bogen und Pfeilen und mit bunten Bändern und Schellen geschmückt. Und besagter Quauitlicac stieg auf den Berg, um Huitzilopochtli zu warnen, daß die andern im Anmarsch seien, um ihn zu töten. Huitzilopochtli antwortete: ›Halt sie im Auge, damit ich weiß, woher sie kommen!‹ Und Quauitlicac berichtete ihm, daß sie schon einen Ort erreicht hätten, der Tzompantitlan hieß. Huitzilopochtli aber fragte weiter: ›Wo sind sie jetzt?‹ Quauitlicac antwortete, daß sie sich bereits einem anderen Ort näherten, der Coaxalpa hieß. Und wieder fragte Huitzilopochtli, wo sie seien, und Quauitlicac berichtete, daß sie sich Apetlac näherten. Huitzilopochtli fragte, wo sie jetzt seien, und Quauitlicac antwortete, daß sie sich schon auf halber Höhe befänden. Da fragte Huitzilopochtli noch ein letztes Mal, und Quauitlicac antwortete, daß sie nun ganz nahe seien und daß an der Spitze Coyolxauhqui ging.

Und als die Centzonhuitznahua die Höhe des Berges erreichten, wurde Huitzilopochtli geboren. Er trug einen Schild, den man *teueuelli* nennt, einen Pfeil und einen Stab in blauer Farbe. Und sein Gesicht war bemalt, auf dem Kopf trug er einen Federbusch, und das linke Bein war dünn und mit Federn geschmückt. Schenkel und Arme waren blau bemalt.

Und Huitzilopochtli trug einem, der sich Tochancalqui nannte, auf, daß er eine Fackel entzünde, die die Form einer Schlange hatte, die *xiuhcoatl* hieß, und mit dieser Fackel wurde Coyolxauhqui erschlagen, und ihr Kopf blieb oben auf dem Berg, den man Coatepec nennt, während ihr Körper den Hang hinabstürzte und unten zerschellte.

Huitzilopochtli aber nahm seine Waffen und wandte sich gegen die Centzonhuitznahua; er verfolgte sie und trieb sie den Berg hinab, bis er sie stellte. Doch die Centzonhuitznahua vermochten sich nicht zur Wehr zu setzen; sie waren Huitzilopochtli unterlegen und konnten nichts gegen ihn ausrichten, und so wurden sie besiegt, und viele von ihnen fanden den Tod. Sie baten und flehten um Gnade; doch Huitzilopochtli erhörte sie nicht: er hatte kein Mitleid und tötete sie. Nur wenige entkamen und flohen, bis sie zu einem Ort kamen, der Huitztlampa hieß. Er aber machte reiche Beute und gewann all ihre Waffen, die sie *anecuhiotl* nannten.«[1]

Diese Geschichte, die nicht mehr als eine Projektion ihres eigenen Wesens in die Vergangenheit ist, macht deutlich, warum sich die Azteken so sehr ihrem Gott verpflichtet fühlten: Er war ebenso kriegerisch wie sie, und er war dies vor allem deshalb, weil ihm Unrecht zugefügt worden war. Ebenso, wie es den Azteken erging beziehungsweise ergehen sollte.

Sie hatten eine lange Wanderung hinter sich, ehe sie jene Gegend erreichten, wo sie ihre Macht begründeten. Niemand weiß mit Bestimmtheit zu sagen, wo diese Wanderung begann. Selbst die Legenden sind widersprüchlich. Die einen sprechen von *Aztlan*, dem »Land der Reiher«, wo es angeblich einen See gab, mit einer Insel, dem eigentlichen Ursprungsort. Auch das nur eine Wiederholung, eine Spiegelung Tenochtitlans, der späteren Kapitale, in die Vorzeit.

Andere Überlieferungen verweisen auf *Chicomoztoc*, den »Ort der sieben Höhlen«. Hier waren einst sieben Stämme versammelt, wurden geboren wie die Kinder einer Erdmutter, die sie – einen nach dem anderen – aus dem Schlund der Tiefe entließ.

Eine dritte Version schließlich verweist auf ein Land jenseits des Meeres: im Osten, dort, wo die Sonne aufgeht, sei der Mensch entstanden. Und im Westen, wo sie untergeht, sei auch das Reich der Toten.

Letzteres ist eine allgemein verbreitete Vorstellung, die wir auch schon bei den alten Ägyptern finden. Was die immer wieder gestellte Frage aufwirft, ob denn die Azteken (und all die anderen, die Pyramiden in der Neuen Welt errichteten) nicht Abkömmlinge der Pharaonen seien. Zumal »Aztlan« an *Atlantis* erinnert, jenen sagenumwobenen Kontinent, der angeblich zwischen der Alten und der Neuen Welt lag und den vermeintlichen Kolonisten, die das Licht der Zivilisation nach Amerika brachten, bequem als Brücke hätte dienen können.

All diesen Spekulationen, so sehr sie zuweilen auf scharfsinnigen Beobachtungen beruhen, ist nach dem gegenwärtigen Stand der Wissenschaft eine Absage zu erteilen. Woran auch der unermüdliche Thor Heyerdahl nichts ändert, der mit einem ägyptischen Vorbildern nachgebauten Segelschiff, das er »Ra« nannte, den Nachweis erbrachte, daß eine Besiedlung (und zivilisatorische Beeinflussung) der Neuen durch die Alte Welt immerhin möglich gewesen wäre.

Was die Pyramiden betrifft, die gewöhnlich als das Hauptargument für eine überseeische Einwanderung genannt werden, so sei schon hier vermerkt, daß sie in der Neuen Welt eine ganz andere Funktion hatten als in der Alten. Zumindest in Ägypten, wo sie ihre höchste Ausprägung erlangten. In Amerika sind Pyramiden gewöhnlich (von nur ganz wenigen Ausnahmen abgesehen) eine Art Podest: Sie dienen als Plattformen, auf denen Tempel errichtet wurden. In Ägypten waren Pyramiden ausschließlich Grabdenkmäler (auch wenn hier die zusätzliche Vorstellung bestanden haben mag, daß der Verstorbene, der Pharao, der mit der Sonne gleichgesetzt wurde, auf den Stufen der Pyramide gen Himmel fuhr).

Liegt in letzterem vielleicht auch eine Parallele, so ist doch darauf hinzuweisen, daß Pyramiden als Architekturform keine Besonderheit sind. Es gibt beziehungsweise gab sie praktisch auf der ganzen Welt und bei einer Vielzahl von Völkern. Selbst in der Südsee, wo man gemeinhin keine höhere Kultur vermutet (würde dies doch die Idylle naturverbundenen Lebens, das man hier sucht, stören), wurden pyramidenartige Plattformen entdeckt, die als Basis für Sakralbauten dienten.

Wie wir noch sehen werden, benutzte der Mensch Pyramiden, die letztlich nichts anderes als künstliche Berge sind, im allgemeinen als Mittel, den Göttern oder dem Göttlichen nahe zu sein. Das beweist allein schon die Tatsache, daß – mit Ausnahme Ägyptens – die eigentliche Funktion einer Pyramide eben darin besteht, als Fundament für einen Wallfahrtsort zu dienen. Ob in Mesopotamien, in Mexiko, in Peru, in Kambodscha oder in Indien, immer ist die Pyramide nur eine Plattform, auf der ein Tempel steht.

Es ist dies zugegebenermaßen nur eines der Indizien, die angeführt werden, um einen angeblichen Kulturkontakt zwischen der Alten und der Neuen Welt zu beweisen. Doch würde es sicher zu weit führen (und für die Azteken *heute* belanglos sein), wenn wir jede Vermutung, die geäußert wird, Punkt für Punkt durchgehen. Mag sein, daß es auch in vorkolumbischer Zeit Seefahrer gab, die sowohl über den Atlantik als auch den Pazifik bis nach Amerika gelangten. Sie mögen dieses oder jenes Zeugnis ihrer heimatlichen Kultur mit sich geführt haben, aber es wird schwerlich – seien es nun Keramikgefäße oder Schriftsysteme – ausgereicht haben, jenen Prozeß in Gang zu setzen, der auch die Bewohner der Neuen Welt vom Wildbeutertum auf den Pfad der Zivilisation brachte. Diese Umwandlung war ein allmählicher Prozeß, der bodenständige, natürliche Ursachen hatte. Wir werden darauf noch zurückkommen.

Den Ursprung der Azteken in Ägypten können wir also ins Reich der Fabeln verbannen. Wie aber steht es mit den beiden anderen Versionen? Aztlan und Chicomoztoc? Hören wir dazu, was Fray Diego Durán sagt, ein Ordensgeistlicher, der eine »Geschichte der indianischen Länder Neuspaniens« schrieb:

> »Es verließen diese indianischen Völker jene sieben Höhlen, wo sie lange gelebt hatten, im Jahre des Herrn 820. Und es dauerte mehr als 80 Jahre, bis sie dieses Land erreichten, denn sie legten viele Pausen ein und unterbrachen ihre Wanderung. Das heißt, sie errichteten Städte, besiedelten Länder, kurzum, sie erkundeten, was ihnen am besten gefiel.«[2]

Lassen wir die Jahreszahlen einstweilen beiseite (hier irrt der gute Ordensmann). Was aber waren das für Völker, die die sieben Höhlen verließen?

> »Die, die aus jenen Höhlen kamen, waren sechs verschiedene Völkerschaften. Nämlich: die Xuchimilca, die Chalca, die Tepaneca, die Culhua, die Tlahuica und die Tlaxcalteca. Sie brachen jedoch nicht gemeinsam auf, etwa im gleichen Jahr, sondern die einen früher, die andern später, und so verließen sie einer nach dem andern jenen Ort, wo die Höhlen sind. Der eine machte das, was er beim andern sah, denn sie waren ein Volk, das gern das tut, was ein anderer tut. Wie Affen oder Schafe, die einer dem anderen nachlaufen.«[3]

Durán war Spanier, und obwohl er unter Indianern aufgewachsen war, konnte auch er den Hochmut seines Volkes nicht gänzlich verbergen. Immerhin bleibt festzuhalten, daß die Spanier ein bemerkenswertes Interesse entwickelten, die Kultur, der sie den Garaus machten, zu verstehen. Geschah dies auch in erster Linie deshalb, um geeignete Mittel und Wege zu finden, sie auch tatsächlich auszulöschen, vor allem den Götzendienst zu tilgen, so waren sie doch in ihrem Bekehrungswerk so gründlich, daß sie erst fein säuberlich alles aufschrieben, ehe sie es zerstörten. So konnte es geschehen, daß jener Bernardino de Sahagún, den wir bereits zitierten und der gleichfalls ein Ordensgeistlicher war, ein wahres Kompendium an Daten hinterließ, das man zu Recht als den ersten ethnographischen Bericht bezeichnen kann. Mehr noch als Herodot, den man gewöhnlich als den Vater nicht nur der Geschichtsschreibung, sondern auch der Völkerkunde betrachtet, hat Sahagún ein Werk geschaffen, das dem strengen Maßstab einer wissenschaftlichen Erhebung entspricht. Herodot war eigentlich nicht mehr als ein Reporter, der das aufschrieb, was er auf seinen weiten Reisen erlebte. Sahagún beschränkte sich auf ein Volk, die Azteken, und er zog einheimische Informanten für seine Erhebungen heran, die ihm beziehungsweise seinen indianischen Schülern, die er die lateinische Schrift gelehrt hatte, alles in die Feder diktierten, was das Wesen ihrer Kultur gewesen war. So gelang es ihm, eine Fülle von Informationen zusammenzutragen, die alle Bereiche des indianischen Lebens umfassen und zudem frei sind von jener Überheblichkeit beziehungsweise jener Voreingenommenheit, die der Spanier an den Tag legte.

Freilich muß angemerkt werden, daß das, was die Einheimischen berichteten, in der Regel die Sicht der *Elite* war, denn nur sie wurde für würdig befunden, Auskunft über die Geschichte des Landes, das die Spanier unterworfen hatten, zu geben. Es war eben eine Klassengesellschaft, die spanische ebenso wie die indianische, und dies war nicht der geringste Grund, weshalb es den Spaniern so schnell gelang, auf feindlichem Boden Fuß zu fassen. Sie brauchten die indianische Oberschicht nur zu eliminieren – oder auf ihre Seite zu ziehen, und schon war ein neuer Staat entstanden.

Wir müssen uns also immer vor Augen halten, daß das, was wir über die Azteken wissen, wenn nicht aus der Sicht der Spanier geschrieben ist, dann doch zumindest aus dem Blickwinkel der früheren Herren des Landes, die nicht nur ihr eigenes Volk unterdrückten, sondern auch andere Völkerschaften unterworfen hatten, was letztlich auch dazu führte, daß sie die ganze Geschichte neu interpretierten: eben jene Projektion ihrer späteren Größe in die Vergangenheit und der Anspruch, von Anfang an das auserwählte Volk zu sein.

Sie, die Azteken, waren die letzten, die den Ort der sieben Höhlen verließen. Jene, die vor ihnen abgewandert waren, waren zwar ihre Brüder, doch es sollte in der Folgezeit noch so manchen Kampf geben, ehe man sich arrangierte. Sie alle – mit Ausnahme der *Tlaxcalteca*, die wir im folgenden »Tlaxcalteken« nennen wollen – bildeten am Ende das Reich der *Azteken*.

Über diese nun, im engeren Sinne, berichtet Durán:

> »Dreihundertundzwei Jahre waren vergangen, seit die sechs Stämme jene Höhlen, die in Aztlan und Tecolhuacan lagen, verlassen hatten, da machte sich der siebte Stamm auf, um in dieses Land zu kommen, und das waren die Mexikaner, denen es, so meinten sie, von den Göttern versprochen worden war, denn sie waren ihnen sehr zugetan, waren sie doch die größten Götzenanbeter, und so glaubten sie, in der Gunst der Götter zu stehen. Abgesehen davon, waren sie sehr krie-

gerisch und tapfer und vollführten ohne Furcht die größten Heldentaten; außerdem waren sie geschickt und klug.«[4]

Diese Version über den Ursprung der Azteken deckt sich mit einer bildlichen Darstellung, die wir im sogenannten *Codex Boturini* finden. Es handelt sich dabei um eine jener Bilderhandschriften, wie sie für die Völker des alten Mexiko typisch waren. Im Codex Boturini, der zwar nach dem Einfall der Spanier entstand, doch auf autochthone Vorlagen zurückgeht, wird die frühe Geschichte der Azteken an Hand bildlicher Darstellungen überliefert. Auf der ersten Seite dieses faltblattartigen Geschichtsbuches findet sich die Darstellung des Auszugs der Azteken aus ihrer Urheimat: Wir sehen eine Insel in einem See, auf dem See ein Kanu mit einem Indianer, am Ufer Fußspuren, die zu einem Berg führen, in dessen Innern der Kopf eines Menschen zu sehen ist, der einen Helm aus Federn trägt. Auf der Insel sind sechs Häuser dargestellt, die einen Tempel umrahmen.

»Aztlan und Tecolhuacan«, so nennt es Durán. Aztlan, das ist die Insel, und Tecolhuacan beziehungsweise *Teoculhuacan*, wie er es auch nennt, ist der Berg, in dem ein Gott (»teotl«) wohnt. Dieser Gott ist Huitzilopochtli, dessen Emblem, wie sein Name besagt, der Kolibri ist.

Er residiert in einer Höhle, und über ihm steigen volutenartige Gebilde auf, die den Berg durchdringen. Diese »Voluten«, ähnlich unseren Sprechblasen, sind das konventionelle Zeichen der Mexikaner für das gesprochene Wort, und was der Gott, der zu ihrem Stammesidol wird, den Azteken verkündet, ist jene Verheißung, die auf das gelobte Land verweist.

Nun muß man wissen, daß Colhuacan ein Ort ist, der auch aus späterer, historischer Zeit belegt ist. Es war eine jener Städte, die den See im Hochtal von Mexiko umgaben, und es war einer jener Orte, mit denen die Azteken – wie wir noch sehen werden – besonders eng verbunden waren. Es kann also kein Zufall sein, daß Aztlan, die Urheimat der Azteken, wie Tenochtitlan nicht nur eine Insel war, sondern auch in der Nähe eines Ortes lag, der gleichfalls Colhuacan hieß. Dennoch erübrigt sich nicht die Frage, wo denn das wahre – und nicht fiktive, durch die Azteken erdachte – Aztlan gelegen haben könnte. Denn *daß* sie einwanderten und vor ihnen jene, mit denen sie im Laufe der Geschichte verschmelzen sollten, ist auf Grund anderer Indizien belegt. Das Hochtal von Mexiko, jener zentrale Bergkessel, der am Rande zweier mächtiger, zusammenlaufender Gebirgsketten liegt, war nicht von Anbeginn die Heimat der Azteken und der ihnen verwandten Stämme. Sie wanderten in relativ später Zeit in dieses Gebiet ein; doch die Frage, woher sie kamen, ist bislang noch nicht eindeutig gelöst.

Immerhin gibt es zwei wichtige Indizien. Zum einen ist das die Sprache, zum anderen ihre rassische Zugehörigkeit. Die Azteken (und ihre Verwandten) sprachen und sprechen eine Sprache, die nach Norden, in die Gegend der heutigen USA, weist. Hier gibt es bis hinauf nach Utah Sprachgruppen, die mit dem *Nahua,* wie man die Sprache der Azteken und ihrer Nachbarn nennt, eine Einheit bilden. Nach den wichtigsten Vertretern dieser – indianischen – Sprachen nennt man die Gruppe »Uto-Azteco-Tanoan«. Mit anderen Worten, die Azteken sind mit den Indianern in Nordamerika verwandt, und da die Einwanderung des Menschen, von der Alten in die Neue Welt, über die Beringstraße und von Norden nach Süden erfolgte, ist die Heimat der Azteken und all derer, die im Laufe ihrer Geschichte eine Rolle spielen, letztlich jenes Gebiet, wo sich heute der Große Salzsee befindet.

Daß die Azteken die Erinnerung an *diesen* See bewahrten, ist unwahrscheinlich, aber es ist immerhin bemerkenswert, daß, wenn man zeitlich genügend weit zurückgeht, irgendwo tatsächlich einmal ein See auftaucht, den man als eine Art Urheimat der Azteken bezeichnen könnte. Es hätte die aztekischen Geschichtsschreiber sicher mit Genugtuung erfüllt, wenn ihre fingierten Aufzeichnungen am Ende doch eine Bestätigung erfahren hätten.

Nun gibt es auf der Route, die die Azteken und ihre Vorfahren auf ihrer Wanderung nach Süden genommen haben müssen, eine Reihe weiterer Seen, die alle als Vorbild für die Legende gedient haben können. Namentlich der See von *Patzcuaro,* im heutigen Michoacan, weist eine Ähnlichkeit mit der Sage auf, befindet sich doch in ihm eine Insel, *Janitzio* mit Namen, die noch heute ein Heiligtum ist und an das legendäre Aztlan erinnert. Nicht ausgeschlossen, daß ein Kern der Legende tatsächlich nach einem See im Norden weist, was ja ohnehin verständlich wäre, denn ein See, das heißt Wasser, verhieß Leben, und daß dieser Ort, den man auch im Süden zu finden hoffte, nachträglich dann mit jenen besonderen Kennzeichen ausgestattet wurde, die ihn spezifisch aztekisch erscheinen ließen und an die neue Heimat, im Hochtal von Mexiko, erinnerten.

Wie dem auch sei, festzuhalten gilt, daß die Azteken aus dem Norden, und zwar aus dem Nordwesten, einwanderten und daß dies nicht nur sprachliche, sondern auch rassische Indizien belegen. Was letztere nun betrifft, so weisen die Azteken und ihnen verwandte Gruppen wiederum eine auffallende Parallele zu bestimmten Indianerstämmen in Nordamerika auf. Sie bilden mit diesen, die im Süden der USA zu finden sind, eine rassische Einheit, die eine Untergruppe des Indianiden Rassenkreises darstellt und deren Angehörige als *Zentralide* bezeichnet werden. Die Merkmale dieser Untergruppe, deren Verbreitungsgebiet vom Süden der USA bis zum nördlichen Zentralamerika reicht, sind ein mittelgroßer Körperbau, eine sehr dunkle, braune Hautfarbe, leicht vorspringende Wangenknochen, eine niedrige Stirn und eine große untere Gesichtshälfte. Das Haar ist wie bei allen Indianern schwarz, der Bartwuchs spärlich und die Mongolenfalte im Ansatz erkennbar. Insgesamt nehmen die Indianer eine Zwischenstellung zwischen den Mongoliden einerseits und den Europiden andererseits ein, was sie in ihrem Erscheinungsbild den Spaniern (und den übrigen Europäern, die mit ihnen in Berührung kamen) vertrauter machte als beispielsweise die Afrikaner, was freilich an ihrem beklagenswerten Schicksal nichts änderte.

Innerhalb dieser Zentraliden gibt es nun wieder Unterschiede: So unterscheidet man eine frühere Gruppe, die eher kleinwüchsig war und zur Kurzköpfigkeit neigte, von einer späteren Einwanderungswelle, die einen größeren Körperbau und eine längliche Kopfform hatte. Zur ersteren zählen die Maya, zur letzteren die Azteken.

Damit hätten wir geklärt, woher die Azteken kamen (auch wenn noch nicht alle Fragen restlos gelöst sind), und wir wollen uns nun der eigentlichen Wanderung zuwenden, die sie in jenes Land führte, das ihnen von ihrem Gott verheißen worden war.

Eine lange Wanderung

»Sie trugen ein Götterbild mit sich, das sie Huitzilopochtli nannten und das von vier Priestern getragen wurde, denen er insgeheim offenbarte, welchen Weg sie gehen sollten und was sie auf ihrer Wanderschaft erwarten würde. Ihre Verehrung und Furcht, die sie diesem Götterbild entgegenbrachten, war so groß, daß es niemand außer ihnen wagte, sich ihm zu nähern oder es gar zu berühren. Sie trugen es in einer Lade aus Weidengeflecht, so daß bis auf den heutigen Tag niemand unter den Bewohnern dieses Landes das Götterbild zu Gesicht bekommen hat. Dieses Heiligtum ließen die Priester als Gott verehren, und in seinem Namen verkündeten sie die Gesetze, nach denen sie leben sollten, und schrieben ihnen vor, mit welchen Zeremonien und Opfern sie ihn ehren sollten. Überall, wo sie sich niederließen, sorgten sie zuerst für ihren Gott, in der gleichen Weise, wie es die Kinder Israels taten, als sie durch die Wüste zogen.«[5]

Er, der ihnen ihre einstige Größe verkündet hatte, wies ihnen den Weg. Und er war ein gestrenger Führer, der sie auf so manche Probe stellte. Sie aber auch errettete, wenn sie in Not waren, wußte er doch, daß, ebenso wie ihr Schicksal von seiner Gunst, auch das seine von ihrem Wohlergehen abhing. Größe würde er nur erlangen und alle anderen Götter überragen, wenn auch das Volk, das er sich als Diener und Gefolgschaft auserwählt hatte, zu Ruhm und Macht gelangte. Von Anbeginn waren Gott und Mensch, Huitzilopochtli und die Azteken, aufs engste miteinander verknüpft.

Im Codex Boturini sehen wir, wie die vier Priester – einer davon ist eine Frau – das Götterbild tragen: Es ist in ein Tuch geschlagen und sitzt sozusagen einem der Priester auf dem Rücken. Und wieder sind es Sprechblasen, die von ihm ausgehen – jene Befehle, die der Gott erteilt, und jene Ratschläge, die er gibt, damit sie den richtigen Weg finden.

Während die Azteken im Codex Boturini bereits als ein Volk mit Kultur dargestellt werden, das sorgsam gekleidet ist und bereits Standarten trägt, mit denen Götter und Würdenträger ausgewiesen werden, finden wir in einer anderen bildlichen Darstellung, die einem anonymen Geschichtswerk, der sogenannten *Historia Tolteca-Chichimeca*, entstammt und wohl ein realistischeres Bild zeigt, die Bewohner jener Höhle, die sie Chicomoztoc nannten, und jene, die sie verließen, um sich auf die Wanderschaft zu machen, in der typischen Tracht eines Jägernomaden dargestellt: Sie sind mit rohen Fellmänteln bekleidet, und ihre Waffen sind Pfeil und Bogen.

Zivilisiert werden sie erst in Tula, an jenem Berg, *Coatepec,* wo ihr Gott geboren wurde. Hier nämlich war eine Vorhut jener Völkerschaften, die als letzte Welle von Nordamerika nach Mexiko eingewandert waren, zu Ruhm und Ansehen gelangt, derart, daß fortan die Azteken diesen Ort und das Volk, das ihn begründet hatte, die *Tolteken,* als den Inbegriff von Kultur und Zivilisation feierten. Wir werden noch sehen, daß dies nicht ganz unberechtigt war, auch wenn die Tolteken ihrerseits nichts anderes getan hatten als das, was auch die Azteken tun sollten, nämlich nur eine Kultur zu übernehmen, die *vor* ihnen entstanden war und die sie nur ihren Bedürfnissen anpaßten. Hier mag es genügen, darauf hinzuweisen, daß Tula das war, was Tenochtitlan einmal werden sollte.

Verständlich, daß die müden Wanderer, die schon eine lange Reise hinter sich hatten, diesen Ort als das ersehnte Mekka erachteten, und sie schickten sich schon an, sich hier häuslich niederzulassen, als der Gott, der hier einen Rivalen hatte, sie aus ihrer Idylle aufschreckte und erneut auf den Weg schickte, denn das Land, das er ihnen prophezeit hatte, sei noch nicht erreicht.

Bemerkenswert ist, daß die Gruppe, die für ein Verschnaufen plädiert, von einem Mann angeführt wird, der *Huitznahua* heißt, und von einer Frau, deren Name mit *Coyolxauh* angegeben wird.

Das erinnert – wie ja auch der Ort – an die Geschichte, die von der Geburt des Gottes Huitzilopochtli berichtet. Und wie die Centzonhuitznahua, die erbosten Kinder der Coatlicue, und ihre Schwester Coyolxauhqui von dem Gott, dessen Geburt sie verhindern wollen, zerschmettert werden, so übt auch der Gott, der nun als Wächter der Azteken fungiert, ein fürchterliches Strafgericht über diejenigen, die sein Gebot mißachteten. Durán berichtet:

> »Sie sagen, daß man in diesem schrecklichen Augenblick das Gesicht des Gottes sehen konnte; es war die Gestalt eines Dämons, die alle in Furcht und Schrecken versetzte. Und sie erzählen, daß sich mitten in der Nacht, als alles schlief, an einem Ort, den sie Teotlachco nennen oder auch Tzompanco – was heilige Stätten waren, die diesem Gott geweiht waren – ein fürchterlicher Lärm erhob; und als der Morgen kam, fanden sie an diesem Ort all die Anführer, die jenen Aufstand angezettelt hatten, erschlagen, und mit ihnen die Frau, die sich Coyolxauh nannte, und allen hatte man die Brust geöffnet und das Herz herausgenommen, was der Anfang war von jenem verwerflichen Brauch, wonach sich Huitzilopochtli nur von Herzen ernährte, und worauf jene Sitte zurückzuführen ist, daß man Menschen opferte, indem man ihnen die Brust öffnete und das Herz herausriß, um es dem Teufel in Gestalt ihres Gottes Huitzilopochtli darzubringen.«[6]

Fürwahr, ein göttliches Gericht, das das wahre Gesicht ihres Patrons zeigte. Fortan stand Huitzilopochtli nicht nur in dem Ruf eines unbesiegbaren Kriegers, sondern auch eines blutgierigen Dämons. Selbst das eigene Volk, das ihm hörig war, fürchtete sich.

Es bleibt noch zu klären, wieso der Gott, der doch angeblich in Coatepec, das heißt Tula, entstanden war, sein Volk dorthin führen konnte. Oder anders ausgedrückt: Was haben die erbosten Geschwister, die sich für die ihnen zugefügte Schmach an ihrer Mutter rächen wollen, mit jenen rebellierenden Anführern zu tun, die vermeinten, in Tula das Ende ihrer Wanderung gefunden zu haben? Nun, es ist nichts anderes als jene verdrehte Geschichtsschreibung, die eine Mischung aus Fabel, Propaganda und Wirklichkeit ist. Wie Aztlan ein Spiegel des späteren Tenochtitlan war, so wurde auch Tula in die Vergangenheit zurückverlegt. Huitzilopochtli, dem es gelang, sich zum Hochgott der Azteken aufzuschwingen, konnte nicht sozusagen erst auf halber Strecke auf sein erwähltes Volk gestoßen sein; er mußte von Anfang an ihm den Weg zeigen, jene Größe voraussagen, die ihm einst beschieden sein würde.

Das paßte nicht in jene andere Tradition, die – wie wir noch sehen werden – einen größeren Wahrheitsgehalt hat: In Tula fand eine weltanschauliche Auseinandersetzung statt, das Gute kämpfte gegen das Böse, Mildtätigkeit gegen Opfertum, und das Böse, das Kriegerische, das Blutrünstige trug den Sieg davon. Dies geschah, als die Azteken die heilige Stadt erreichten, zumindest war die Erinnerung daran noch lebendig, und da die Kräfte des Dunklen siegten, nahmen sie in Tula nicht nur eine höhere Kultur an, sondern auch den Kult eines Gottes, der zu jenen gehörte, die die Überhand gewonnen hatten. Die Legenden vermischten sich, die Geburt Huitzilopochtlis wurde in die Vorzeit verlegt, und so konnte es geschehen, daß die Barbaren aus Aztlan bereits *mit* ihrem Gott nach Tula kamen, obwohl sie eigentlich erst dort – wie der Hinweis auf die Einführung des Herzopfers beweist – seinen Kult übernahmen.

Das Paradies, das der Kampf der Titanen offenbar zerstört hatte, denn Durán erwähnt, daß Dämme und Deiche auf Geheiß Huitzilopochtlis eingerissen wurden, war den Azteken also verwehrt, und so machten sie sich wieder auf den Weg, den Gott in ihrem Gepäck, bis sie schließlich nach zahlreichen weiteren Stationen jenes Land erreichten, gegen das auch ihr eitler Schutzpatron nichts einzuwenden hatte. Aber selbst hier erwartete sie noch so manche Prüfung, ehe sie sich endlich zur Ruhe setzen konnten.

Die erste hatte ihre Ursache in einem Zerwürfnis, das die vier Priester, die die Azteken aus ihrer Urheimat geführt hatten, entzweit hatte. *Malinalxochitl*, die Frau unter den Priestern, war eine Zauberin, die mit allerlei Getier, giftigen Schlangen, Skorpionen und Tausendfüßlern, auf vertrautem Fuß stand. Sie war zugleich eine Rivalin Huitzilopochtlis, denn sie versetzte mit ihrer schwarzen Kunst die Azteken nicht minder in Angst und Schrecken wie der eigentliche Gott. Und so kam man überein, nachts, wenn sie schlief, sie zurückzulassen, um sich auf diese Weise ihrer zu entledigen. Dies war auch geschehen, noch ehe man Tula erreicht hatte. Malinalxochitl, die sich hintergangen fühlte, war sie doch nun allein der Wildnis ausgesetzt, legte dies als Verrat aus und sann auf Rache.

Ihr kam zustatten, daß sie einen Sohn gebar, *Copil* mit Namen, und den schickte sie los, damit er auskundschafte, wohin sich ihre abtrünnigen Brüder begeben hätten. Er fand diese auf einem Hügel, nahe bei einem See, umgeben von feindlichen Stämmen, die nur darauf warteten, daß einer das Startzeichen gab, um sich auf die Neuankömmlinge zu stürzen. Und eben dies tat Copil auf Geheiß seiner Mutter; doch die Azteken waren auf der Hut: Sie machten Jagd auf Copil, den sie nun ihrerseits als Verräter betrachteten, nahmen ihn gefangen und opferten ihn. Damit jedoch noch nicht genug:

> »Und indem sie einen ihrer Führer, der schon älter war und Cuauhtlequetzqui hieß, auf die Schulter nahmen, machten sie sich auf, um Copil, der den Kampf aus sicherer Entfernung verfolgen wollte, gefangenzunehmen, töteten ihn, rissen ihm das Herz heraus und boten es ihrem Gott dar, der sie jedoch anwies, es dem Alten zu geben, der ihnen als Führer diente, damit er es in den See werfe, so weit er konnte; und so geschah es. Das Herz aber fiel an einem Ort nieder, den man heute Tlacocomoco nennt, und aus diesem Herz, so sagen sie, ging jener Kaktus hervor, der das Zeichen war für die Stadt Mexiko, die sie dort errichteten.«[7]

Sie waren also tatsächlich am Ziel, die Azteken, auch wenn jenes Herz, das sie dem See überantworteten, zunächst noch keine Früchte trug. Denn wenn es ihnen auch gelang, den Aufwiegler zu beseitigen, so waren doch die, die er zum eigentlichen Kampf aufgerufen hatte, in der Überzahl, und die Azteken wurden vernichtend geschlagen. Sie mußten ihren Zufluchtsort, *Chapultepec*, den »Heuschreckenberg«, wo sie sich verschanzt hatten, aufgeben und sahen schließlich keine andere Möglichkeit, als sich an einen ihrer Widersacher, den König von Colhuacan, zu wenden, damit er ihnen eine neue Zufluchtsstätte zuwies. Übrigens waren die Völkerschaften, die gegen die Azteken das Schwert erhoben, keine anderen als jene Stämme, die als Vorhut die Höhlen von Chicomoztoc verlassen hatten und denen es inzwischen gelungen war, sich im Seengebiet des Hochtals von Mexiko festzusetzen, wo sie, indem sie die Kultur der alteingesessenen Völker übernahmen, es inzwischen zu Wohlstand gebracht hatten. Und Colhuacan, ein Stadtstaat im Süden des Seengebietes, war das mächtigste dieser Stammesgebiete.

Achitometl, der Herrscher von Colhuacan, ließ sich erweichen und wies den Bittstellern ein Gebiet am Rande seines Reiches zu, das bislang niemand besiedelt hatte und von dem man hoffte, daß die Neuankömmlinge, deren Streitsüchtigkeit man fürchtete, sich daran die Zähne ausbeißen würden.

Besagtes Gebiet war tatsächlich nicht mehr als eine Steinwüste, von Schlangen und allerlei Getier verseucht, doch die Azteken, die inzwischen abgehärtet waren, setzten alle Kräfte daran, das Gebiet urbar zu machen, und als schließlich eine Abordnung des Königs von Colhuacan erschien, um zu sehen, wie es den Verbannten ergangen war, war sie nicht wenig überrascht. Wie Durán berichtet:

> »Als die Boten jenen Ort erreichten, fanden sie die Mexikaner guter Dinge, fröhlich und zufrieden. Sie hatten ihre Felder bestellt und ihre Häuser in Ordnung, einen Tempel in der Mitte und auf dem Feuer Pfannen und Töpfe, in denen es brutzelte.«[8]

Mexikaner hießen sie nun, die Azteken, nach einem legendären Führer, *Mexitli* mit Namen, der angeblich einer der ersten war, der sie auf ihrer Wanderschaft geleitet hatte. Der Name »Azteke« rührt von jenem Land her, das die Urheimat der Azteken gewesen war. Sie selbst verwendeten diesen Namen nur, wenn sie von Aztlan sprachen; während der Wanderung hießen sie »Mexitin« (der eigentliche Stammesname, aus dem das Wort »Mexikaner« entstand), und nachdem sie ihre Stadt, Tenochtitlan, gegründet hatten, *Tenochca*. Der Begriff »Azteke« entsprach also eigentlich nur einem Volk, das noch gar nicht das war, was man gewöhnlich mit diesem Namen verbindet. Da er sich aber – seit dem 19. Jahrhundert, als das Interesse an den alten Mexikanern neu erwachte – allgemein eingebürgert hat, wollen wir nicht päpstlicher als der Papst sein und die »Azteken« nennen, die es von Anfang an gewesen waren.

Das ärmliche Häuflein, das sich von Schlangen ernährte, erregte dennoch nicht geringes Aufsehen ob seiner Zähigkeit und seines Geschicks, aus einer öden Steinwüste fruchtbares Ackerland zu machen, und als es schließlich an den König von Colhuacan erneut herantrat, diesmal mit der Bitte, man möge sich doch miteinander verbinden, Handel treiben und der eine beim andern seinen Ehepartner suchen, wagte der König nicht, sich dem Ansinnen der Tüchtigen, die er ebenso bewunderte wie fürchtete, zu widersetzen.

Es trat nun Frieden und Wohlergehen ein, und sicher wäre das auch eine Weile so weitergegangen, wenn nicht Huitzilopochtli, der Ruhelose, der ewig von Größerem träumte, der Idylle ein Ende bereitet hätte. Wie er seinen Vertrauten, die seine Wünsche kundtaten, erklärte, sei eine Steinwüste, auch wenn sie nun blühe, nicht das, was er sich vorgestellt hatte, als er das von ihm erwählte Volk in dieses Land geführt habe. Außerdem müsse man der Welt endlich zeigen, wes Geistes Kind seine Zöglinge seien. Wie er selbst verkündete:

»»Dies ist nicht der Ort, wo wir verweilen sollen, noch ist dies
das Land, das ich euch versprochen habe: es liegt dort, und
der Anlaß, der uns von hier fortführt, sollte nicht der Frieden
sein, sondern der Krieg und der Tod vieler. Deshalb laßt uns
die Waffen heben, Pfeil und Bogen, Schild und Schwert, und
der Welt zeigen, wie tapfer wir sind!«« [9]

Gesagt, getan. Aber zuvor mußte noch ein Anlaß gefunden werden,
einen neuen Streit vom Zaun zu brechen, was freilich kein Hindernis
war, denn Huitzilopochtli, jener »Feind von Ruhe und Frieden und
Freund der Unrast und des Kampfes«, wie Durán schreibt, hatte schon
längst einen Plan ausgeheckt: »Wir brauchen eine Frau, die Zwietracht
sät!«, verkündete er.

Natürlich hatte er eine spezielle Frau im Auge – die Tochter des
Königs von Colhuacan. Dieser fühlte sich geehrt, als man ihm zu verstehen gab, daß die, die einmal sein Reich erben sollte, zugleich auch
Königin über das Nachbarland sein würde. Also ließ er sie ziehen und
nahm auch die Einladung an, mit der – wie er meinte – der Pakt besiegelt werden sollte. Aber es war eine böse Überraschung, die ihn erwartete. Nachdem er zuvorkommend begrüßt und gastlich bewirtet worden war, wurde er aufgefordert, den Göttern zu opfern. Achitometl, der
meinte, seine Tochter sei zugleich auch Priesterin, ein weibliches Pendant Huitzilopochtlis, geworden, machte sich also auf, um seinen
höchsten Triumph zu feiern. Durán, der nie um eine Anekdote verlegen
ist, auch wenn sein Bericht auf sorgsamen Studien beruht, berichtet:

»Der König war damit einverstanden, und so erhob er sich
und ging zum Tempel, den sie ihrem Gott errichtet hatten,
und als er den Raum betrat, wo sie das Bild des Gottes aufbe-
wahrten, begann er mit seinen Opferhandlungen. Er schnitt
den Rebhühnern und anderen Vögeln die Köpfe ab und legte
sie vor dem Götterbild nieder, zusammen mit Weihrauch und
Rosen und all den anderen Opfergaben, die er mitgebracht
hatte.

Und da es dunkel war, sah er nicht, was sich noch in dem
Raum befand. Da nahm er ein Räuchergefäß zur Hand, tat
Weihrauch hinein und zündete es an. Und als der Schein des
Feuers den Raum erhellte, sah er, wie jemand neben dem Göt-
terbild hockte, der mit der Haut seiner Tochter angetan war.
Der Anblick war so fürchterlich, daß ihn Schrecken und
Angst ergriffen und er das Räuchergefäß fallen ließ und aus
dem Tempel stürzte und rief:

›Hierher, meine Gefolgsleute, das Volk von Colhuacan! Kommt und helft mir, diese Schandtat, die die Mexikaner mir angetan haben, zu rächen! Hört, sie haben meine Tochter getötet, sie haben ihr die Haut abgezogen und damit einen Jüngling gekleidet, den ich anbeten sollte! Tod und Verderben diesen Menschen, die solchen verderbten und verruchten Sitten frönen! Auf daß niemand entkomme: auf, meine Krieger, löschen wir sie aus, auf daß es nicht einmal mehr eine Erinnerung an sie gibt!‹«[10]

Huitzilopochtli, dieser Bösewicht, wußte schon, wie er das Blut in Wallung brachte: wie er in Tula das Herzopfer eingeführt hatte, so scheute er sich nicht, am Rande des Sees, der seinem Volk als letzte und eigentliche Zuflucht dienen sollte, ein weiteres Opfer zu fordern. Es sollte allerdings nicht ihm vorbehalten werden – er gab sich mit den Herzen zufrieden –, sondern schließlich einem Kult dienen, der mit der Fruchtbarkeit in Verbindung stand: Wie die Natur jedes Jahr im Frühling ein neues Kleid anlegt, so taten es auch die Priester, indem sie die Haut eines Opfers überzogen, wodurch sie – in der Form eines Analogiezaubers – die Natur zu ihrer periodischen Erneuerung anregen wollten.

Die Colhua hatten dafür natürlich kein Verständnis (wiewohl sie wahrscheinlich selbst dieser Art Opfer frönten), und der Kampf, den Huitzilopochtli herbeigesehnt hatte, brach denn auch mit aller Macht los. Doch die Azteken besudelten sich auch diesmal noch nicht mit Ruhm: Sie wurden vielmehr in die Sümpfe getrieben, wo sie kläglich Unterschlupf suchten, bis sie schließlich an einen Ort kamen, wo sie verschnaufen konnten und der ihnen wie ein Wink ihres Gottes erschien. Und wahrlich, diesmal täuschten sie sich nicht: Sie waren endlich am Ziel!

Der Ort, der ihnen wie ein Wunder erschien, war eine Quelle, deren Wasser in den See mündete. Die Farbe des Wassers wechselte; zuerst war es weiß, dann wurde es rot, und schließlich nahm es eine blaue Färbung an. Durán vermerkt nur, daß es die Mexikaner sehr erschreckte. Doch es hatte mit dieser wunderbaren Erscheinung eine besondere Bewandtnis, die auf eine andere Überlieferung zurückgeht. Darin heißt es:

»Während sie also dort standen und das Wunder betrachteten, geschah es, daß Axolohua, einer der Priester, von dem sprudelnden Wasser erfaßt und in die Tiefe gerissen wurde. Doch schon bald tauchte er wieder auf und verkündete:

>Ich habe *Tláloc* gesehen! Und er hat mir gesagt: *Nun end-
lich hat mein geliebter Sohn Huitzilopochtli sein Ziel erreicht;
hier wird sein Haus stehen. Aber er wird hart arbeiten müssen, damit wir beide auf der Pyramide Platz haben!*«[11]

Diese Aussage ist bemerkenswert, denn sie läßt erkennen, daß nicht
nur das angeblich auserwählte Volk, sondern auch sein Gott einen
bescheideneren Anfang hatte, als man es später die Welt glauben
machen wollte. Huitzilopochtli, der bislang die höchste Instanz im
Pantheon der Azteken gewesen war, muß sich nun unterordnen: Ihm
zur Seite tritt *Tlaloc*, der Gott des Regens und der Fruchtbarkeit, dessen
Spuren weit über die Ankunft der Azteken hinaus in die Vergangenheit
reichen. So ist es durchaus verständlich, wenn der alte, eingesessene
Gott den neuen als seinen Sohn bezeichnet, was nicht nur bildlich
gemeint war. Denn das, was die aufgebrachten Indianer am Berg Coatepec als Scham empfanden, war in Wirklichkeit eine göttliche Fügung:
Im *Codex Magliabecchi*, einer Bilderhandschrift, die eine Liste von
Göttern und heiligen Festen enthält, findet sich eine Darstellung Tlalocs, die ihn auf einem Thron aus Jade zeigt, während der Hintergrund
aus Gebilden besteht, die wie grüne oder blaue Federbälle aussehen. Es
sind dies Regentropfen, und einer von diesen war es, den Coatlicue auf-
fing und in ihrem Schoß versteckte, was dann die besagten Folgen
hatte. Huitzilopochtli wurde geboren, und nachdem er seine Mutter
gerächt hatte, schwang er sich zum Herren über die Azteken auf.

An jener Quelle nun, die das Symbol Tlalocs war, fand er seinen
Vater, und es war nur recht, daß er ihm dessen Forderung nicht streitig
machte, fortan mit ihm das Haus, das die Azteken zum Ruhm der Götter bauten, zu teilen.

Noch aber war der genaue Ort, wo dieser Tempel errichtet werden
sollte, nicht gefunden, und um dies nun endlich zu bewerkstelligen,
erschien Huitzilopochtli noch einmal einem seiner Priester und gab
ihm letzte Anweisungen. Dieser wiederum rief am Morgen, nachdem
ihm der Gott erschienen war, das Volk zusammen und verkündete:

»Diesen Ort nun, so hat er mir aufgetragen, sollen wir
suchen, und wenn wir ihn gefunden haben, sollen wir uns
glücklich schätzen, denn es wird der Ort unseres Verweilens
und unserer Größe sein. Dort wird unser Name und unser
Volk zu Ruhm gelangen; die Kraft unseres Armes und der
Mut unseres Herzens werden in aller Munde sein, auf daß wir
alle Völker, nah und fern, von Küste zu Küste unterwerfen,
alle Dörfer und Städte, und uns zu Herren aufschwingen über

Gold und Silber, Juwelen und Edelsteine, Federschmuck und Standarten und über Güter und Menschen herrschen, die uns dienen müssen und Tribute zahlen.«« [12]

Es war eine Prophezeiung, die sich erfüllen sollte, auch wenn sie wohl niemals verkündet wurde. Denn das versprengte Häuflein, das im Schilf Schutz gesucht hatte vor der Rache der Colhua, konnte froh sein, wenn man es nicht fand und in Ruhe ließ, damit es nun endlich jenen Tempel baute, der der Grundstein einer Stadt sein sollte, die Bestand haben würde.

Sie machten sich also auf, ein letztes Mal, und suchten jenen Ort, den der Gott ihnen verheißen hatte: Es sei jene Stelle im See, so verkündete der Priester, wohin das Herz Copils gefallen sei. Ein Kaktus sei daraus erwachsen, und auf diesem Kaktus niste ein Adler, der sich von den Früchten nähre.

Man wußte also, wonach man suchen sollte, und da es der Gott angekündigt hatte, dauerte es denn auch nicht lange, bis man einer denkwürdigen Szene ansichtig wurde:

»Sie gingen, nicht ohne Furcht ob all der Geheimnisse, um den Ort ihrer Verheißung zu suchen, und indem sie hier und da nachschauten, erblickten sie einen Kaktus und auf seiner Spitze einen Adler, der seine Flügel ausgebreitet hatte, so daß die Strahlen der Sonne auf ihnen glänzten; und in seinen Krallen hielt er einen Vogel mit prächtigem Gefieder. Als sie das sahen, knieten sie nieder und beteten ihn an, so als sei er ein Gott. Der Adler aber grüßte sie seinerseits, indem er nach allen Richtungen hin, wo sie versammelt waren, den Kopf senkte.« [13]

Über dieses Ereignis, das zur Geburtsstunde Tenochtitlans und damit des Aztekenreiches wurde, gibt es wiederum mehrere Versionen. Die bekannteste ist, daß es nicht ein Vogel war, sondern eine Schlange, die der Adler in seinen Krallen hielt beziehungsweise verzehrte. Diese Version findet sich zum Beispiel bei *Tezozomoc*, einem indianischen Chronisten, der ein Verwandter Montezumas war. Er schreibt:

»Was nun den Namen dieser Stadt México-Tenochtitlan betrifft, so geschah das auf folgende Weise: als die Mexikaner nach ihrer Niederlage gegen die Leute von Colhuacan, das heute zwei Leguas [sechs Meilen] von dieser Stadt México entfernt ist, auf Geheiß ihres Gottes Huitzilopochtli hierher-

32

kamen, fanden sie inmitten des Sees eine Insel und auf ihr einen Felsen und auf diesem einen großen Kaktus, darunter einen Ameisenhaufen und oben auf dem Kaktus einen Adler, der eine Schlange verzehrte; und so geschah es, daß sie von diesem Kaktus und dem Adler den Namen ableiteten, mit dem sie sich und die Stadt bezeichnen, nämlich Tenuchca und Tenuchtitlan, und die militärischen Orden und Embleme, mit denen sie in den Kampf zogen.«[14]

Es ist sicher nicht zufällig, daß die Schlange in dieser Weise erwähnt wird. Sie war – wir wir gesehen haben – ein Attribut Huitzilopochtlis, jene feuerspeiende Schlange, mit der er Coyolxauhqui zerschmetterte. Andererseits stand auch der Vogel, den Durán erwähnt, mit ihm in Verbindung: Er, der angeblich ein prächtiges Gefieder hatte, kann nur ein Kolibri gewesen sein, der als Sinnbild Huitzilopochtlis gilt.

Was immer der Gott in seinen Klauen hielt, bedeutsamer noch war, daß er sich selbst zu erkennen gab: denn der Adler, der König der Lüfte, der zugleich auch ein Symbol der Götter war, *war* Huitzilopochtli. Und das, worauf er saß, war letztlich nichts anderes als ein Heiligtum, ein Urbild jenes Tempels, der einmal das Wahrzeichen der Stadt sein würde, die an dieser Stelle entstehen sollte. Aus einem Herz war der Kaktus erwachsen, und die Früchte, die an ihm wuchsen, waren die Herzen, die einmal dem Gott geopfert werden sollten. *Tenochtli* nannte man in der Sprache der Azteken diese Kaktusfrucht; daraus entstand der Name der Stadt: *Tenochtitlan*, der »Ort des Tunal«, einer kleinen, roten Frucht.

Das gelobte Land

»Acht Leguas von dieser Stadt Churultecal [Cholula] entfernt, erheben sich zwei Bergketten, die sehr hoch und sehr eindrucksvoll sind, denn Ende August tragen sie so viel Schnee, daß man von ihren Gipfeln nichts weiter als Eis sieht. Aus dem höheren der beiden Berge steigt manchmal Rauch auf, sowohl am Tage als auch nachts, gerade so, als sei es ein großes Haus, und der Rauch steigt bis zu den Wolken auf, so gerade wie ein Pfeil, und obwohl dort oben in den Bergen immer ein heftiger Wind weht, ist die Kraft, mit der der Rauch aus dem Berg kommt, so groß, daß er ihn nicht zur Seite drängt. Da es nun immer mein Ziel gewesen ist, Eurer Majestät alles genau zu berichten, was es in diesem Land gibt, beschloß ich, dem Geheimnis, das mir sehr merkwürdig erschien, auf den Grund zu gehen, und so wählte ich zehn meiner Leute aus, gab ihnen einige Eingeborene zur Seite, die ihnen als Führer dienen sollten, und trug ihnen auf, daß sie versuchen sollten, den Berg zu besteigen, um herauszufinden, was es mit diesem Rauch auf sich hat. Die Männer zogen los und mühten sich redlich, den Gipfel zu erreichen, doch es gelang ihnen nicht, denn es lag zu viel Schnee; auch gab es Stürme, die die Asche aufwehten, die dort liegt, und es war so kalt, daß sie es nicht aushalten konnten. Doch kamen sie immerhin bis in die Nähe des Gipfels, und als sie dort anlangten, fing es wieder an zu rauchen, und der Rauch kam mit solch einer Wucht und einem solchen Lärm aus dem Berg, daß es ihnen schien, als stürze der ganze Berg ein; und so kehrten sie um und brachten uns Eis und Schnee mit, damit wir es mit eigenen Augen sehen konnten, denn es kam uns sehr merkwürdig vor, in dieser Gegend, die in den Tropen liegt und nach Meinung unserer Lotsen dem gleichen Breitengrad angehört wie Hispaniola, wo es immer warm ist, eine solche Kälte zu finden.«[15]

So schrieb Cortés an Karl V., und er machte damit auf eine Erscheinung aufmerksam, die in der Tat bemerkenswert ist: Mexiko, ein Land, das in den Tropen liegt, hat schneebedeckte Berge! Mehr noch: Diese Berge stoßen Rauch und Asche aus, und sie tun dies mit Lärm und Getöse. Kein Wunder, daß die Indianer, die den Expeditionstrupp begleiteten, auf halber Höhe zurückblieben, wie Bernal Díaz del Castillo, ein Waffengefährte des Cortés, der über die gleiche Unternehmung schrieb, berichtet. Die Indianer fürchteten sich, verehrten sie doch den grollenden Berg als einen Gott.

Sie nannten ihn *Popocatepetl,* was »Rauchender Berg« heißt. Und sein Pendant, das niedriger ist, dafür aber zwei Gipfel aufweist, hatten sie auf den Namen *Iztaccihuatl* getauft, was »Weiße Frau« bedeutet. Daraus machten sie eine Legende, die Diego Muñoz Camargo, ein Chronist, der eine Geschichte über die nahe Stadt Tlaxcala schrieb, folgendermaßen zusammenfaßte: »Den verschneiten Bergrücken und den Vulkan verehrten sie als Götter, und der Vulkan war der Mann und die Bergkette die Frau.« Wozu man hinzufügen muß, daß der Iztaccihuatl mit seinem langgestreckten Kamm tatsächlich wie der Körper einer liegenden Frau aussieht, der nur von einem weißen Schleier verhüllt ist. Und wenn der Zwillingsberg in der Nähe, der über sie wacht und eher die Form eines Kegels hat, Rauch ausstößt und in seinem Innern grollt, dann konnte es schon geschehen, daß man auf den Gedanken kam, daß es Argwohn war, mit dem er die Tugend der Schönen bewacht. Dies um so mehr, als Mexiko – wenn auch erst seit den Spaniern – in dem Ruf steht, ein Land zu sein, wo man es zwar als Sport ansieht, einem anderen die Frau auszuspannen, es aber als tödliche Beleidigung empfindet, wenn einem selbst so etwas geschieht.

So viel zu den beiden Vulkanen, auf die wir allerdings später noch einmal zurückkommen. Zunächst wollen wir festhalten, daß Mexiko zwar in den Tropen liegt, dennoch aber eine Klimazone aufweist, die von ewigem Schnee gekennzeichnet ist. Dies ist das Besondere an diesem Land: Es umfaßt alle Klimazonen und Landschaftsformen, von den Wüsten im Norden bis zum Dschungel im Süden. Dazwischen liegt ein in zahlreiche Becken und Täler gegliedertes Hochland. Es bildet den südlichen Ausläufer des nordamerikanischen Kettengebirges, das seinerseits Bestandteil des gesamtamerikanischen Gebirgssystems ist, das man gemeinhin als *Kordilleren* bezeichnet. Mit einer Länge von 15 000 km sind die Kordilleren, die von Alaska bis Feuerland reichen, das längste Faltengebirge der Erde. Diese Faltung entstand und entsteht durch die Westwärtsdrift des amerikanischen Kontinents, dessen westlicher Rand auf Erdschollen trifft, die den Grund des Pazifiks bilden. Dies führt zu Verwerfungen, die nicht nur eine Hebung der Randzone bedingen, sondern auch – durch die Spannungen, die das Aufeinandertreffen der entgegengesetzten Erdschollen verursacht – Erdbeben und Vulkanausbrüche nach sich ziehen. Von diesen *tektonischen Störungen* ist der gesamte amerikanische Kontinent betroffen, besonders aber der südliche Teil, das heißt Mittel- und Südamerika. In Mexiko ist das letzte Erdbeben noch in aller Erinnerung: Es erfolgte 1985 und zerstörte weite Teile der Hauptstadt. Mindestens 20 000 Menschen fielen ihm zum Opfer.

Aber auch Vulkanausbrüche sind in letzter Zeit zu verzeichnen. Am bemerkenswertesten war allerdings jener, der schon einige Jahre zurückliegt. Egon Erwin Kisch, der bekannte Journalist, der vor den Nazis nach Mexiko floh, wurde Zeuge dieses Ereignisses. In einem Reportageband, in dem er seine Erlebnisse festhielt, schrieb er:

>»Hier auf meines Hügels Zinnen stand ich in der Höhe des Kraters, dem Krater gegenüber. Er erglänzte in überirdischer (oder soll ich sagen: unterirdischer?) Beleuchtung. Viel ging darin vor, jedoch es war, als blickte ich statt in den mich blendenden Schein in eine schwarze Nacht, so wenig konnte ich

erkennen. Selbst wenn ich nur aussage, daß der Krater als Mulde oben auf dem Berg eingebettet liegt, ist diese Aussage falsch. Die Öffnung der Erde ist tiefer unten, auf dem verschütteten Maisfeld eines Mannes aus der nahen Ortschaft Paricutín.

Dieser Mann, der Indio Dionisio Pulido, kam vor vierzehn Tagen, am Nachmittag des 20. Februar 1943, hierher und sah plötzlich, wie seine Ackerfläche auseinanderklaffte, sich hochhob, zu qualmen und zu donnern begann, und er nahm die Beine in die Hände.

Von Dionisios Maisfeld blieb nichts übrig, nie wieder in aller Ewigkeit wird es ein Maisfeld sein. Denn der Krater hat es vollgespien und speit weiter, so daß ein Berg entstand, der ununterbrochen wächst, und auf dessen Plateau nun der Krater eingebettet scheint gleich einer Mulde.«[16]

Inzwischen ist der Vulkan auf eine Höhe von 320 m angewachsen, und das Dorf in seiner Nähe, das ihm seinen Namen gab, ist unter Asche und Lava begraben.

Ähnliches ist auch von einem anderen Ort zu vermelden: man könnte ihn das mexikanische Pompeji nennen. Dieser Ort liegt im Süden der Stadt Mexiko; zu der Zeit, als er erbaut wurde, war er das eigentliche Zentrum der Gegend. Sein Wahrzeichen ist eine Pyramide, die von einem Meer von Lava eingeschlossen wurde. Sie stammt von dem Vulkan *Xitle*, der zum *Ajusco* gehört, einem Bergmassiv, das das Tal von Mexiko im Süden abschließt. Der Ausbruch erfolgte um 300 n. Chr.; seitdem ist *Cuicuilco*, wie das amerikanische Pompeji heißt, verlassen.

Die Erinnerung an diese Katastrophe blieb erhalten: Sie wurde – zusammen mit ähnlichen Erscheinungen – zu einem wesentlichen Bestandteil der Weltsicht des Indianers. Denn was für uns eine kontinuierliche Aufwärtsentwicklung ist (auch wenn wir zuweilen an deren Richtung zweifeln), war bei den Indianern eine Abfolge periodischer Zeitabschnitte. Sie sprachen von »Welten« oder »Sonnen«, und die waren vergänglich, wie das Himmelsgestirn, das allabendlich hinter dem Horizont verschwindet. Nur war es nicht der Zyklus der Sonne, den sie zwar auch verehrten, sondern ein Zeitraum, der einem *Zeitalter* entsprach. Es waren Welten, die entstanden und vergingen – und was sie vergehen ließ (und diese Weltsicht begründete), waren jene Katastrophen, die mit regelmäßiger Häufigkeit die Erde heimsuchten.

Hören wir dazu ein Zeugnis, das aus dem Überlieferungsschatz der Tolteken stammt, jener Begründer von *Tula*, auf die die Azteken ihre eigene Kultur zurückführten:

36

»Im Jahre 1-*tochtli*, ›Ein-Kaninchen‹, begann die Herrschaft der Tolteken, und dies war der Beginn ihrer Zeitrechnung.

Die Alten berichten, daß zu dieser Zeit die Erde und der Himmel zur Ruhe kamen. Als dies geschah, hatten sich schon vier Zeitalter oder ›Sonnen‹ ereignet, die in Katastrophen endeten und während derer es vier verschiedene Arten von Menschen gegeben hatte, die der Gott Quetzalcoatl, auch 7-*ecatl*, ›Sieben-Wind‹, genannt, aus Asche erschaffen hatte.

Die erste Sonne nannte man *Atonatiuh*, die ›Sonne des Wassers‹, und ihr Zeichen war 4-*atl*, ›Vier-Wasser‹. Dieses Zeitalter ging in großen Überschwemmungen, die alles zerstörten, zugrunde, und die Menschen verwandelten sich in Fische.

Die zweite Sonne hieß *Ocelotonatiuh*, ›Tigersonne‹; sie stand im Zeichen 4-*ocelotl*, ›Vier-Tiger‹. Da der Himmel überschwemmt war, wanderte die Sonne nur bis zum Mittag; danach wurde es dunkel, und die Menschen wurden von Raubtieren verschlungen. In dieser Sonne lebten Riesen, und es heißt, daß sie einander grüßten mit den Worten: ›Auf daß Ihr nicht fallt!‹ Denn wer fiel, der fiel für immer.

Die dritte Sonne nannte man *Quiyauhtonatiuh*, die ›Sonne des Regens‹, und ihr Zeichen war 4-*quiyahuitl*, ›Vier-Regen‹. Die Menschen dieser Periode kamen in Flammen um, denn es regnete Feuer. Auch Steine fielen, und *teçontli*, Lava, kam hernieder. Daraus entstand der rötliche Fels, den man noch heute sehen kann.

Die vierte Sonne, unter dem Zeichen 4-*ecatl*, ›Vier-Wind‹, hieß *Ecatonatiuh*, ›Windsonne‹. Dieses Zeitalter endete, als ein Sturm die Erde leerfegte; und alle verwandelten sich in Affen, die in den Wäldern lebten.

Die fünfte Sonne ist jene, in der die Menschen heute leben. Sie wird *Olintonatiuh* genannt, die ›Sonne der Bewegung‹; ihr Zeichen ist 4-*ollin*, ›Vier-Bewegung‹, denn sie bewegte sich und setzte sich in Marsch. Wie die Alten berichten, wird es in dieser Zeit schreckliche Erdbeben und große Hungersnöte geben, die ihr Ende herbeiführen werden.«[17]

Diese Weltsicht, die auf der Natur des Landes begründet war, prägte den Charakter des Menschen: Er war sich nie sicher, ob er überleben würde, und so empfand er sich als hilflos den Naturgewalten ausgesetzt. Das einzige, was ihm blieb, war, die Kräfte der Natur zu göttlichen Wesen zu machen und zu versuchen, sie zu besänftigen. Wie jene beiden Berge, die das Tal von Mexiko überragen und an eine Romanze erinnern, hinter der sich dennoch ein dunkler Schatten verbirgt. Durán berichtet, wie man sich ihr Wohlwollen erhalten wollte. Bezüglich Iztaccihuatls, der »Weißen Frau«, schreibt er:

> »Was nun diese Gottheit im besonderen betrifft, so ist zu vermerken, daß es Brauch war, am Tage des Festes, mit dem sie diese Göttin ehrten, eine Sklavin, die man im Namen des Gottes einer besonderen Reinigungszeremonie unterzogen hatte, in ein grünes Gewand zu kleiden und ihr eine weiße Krone aufzusetzen, die mit schwarzen Punkten versehen war, um so den Berg mit seinen Hainen und Felsen und dem Schnee auf dem Gipfel darzustellen.
>
> Diese Sklavin wurde im Angesicht des Götterbildes in der Stadt getötet; auf dem Berg, wo sich ein zweites Götterbild befand, opferten sie zwei kleine Jungen und zwei Mädchen, die gleichfalls in kostbare Gewänder gekleidet waren. Mit ihnen brachten die Fürsten und Priester auch andere Geschenke dar, Federkronen, Hemden und Röcke, Juwelen und Edelsteine, dazu Nahrung in reicher Auswahl, gerade so, wie sie es auch auf dem Berg zu tun pflegten, der dem Tláloc geweiht war. Und wie dort, so stellten sie auch hier Wachtposten auf, damit sich keiner an den Reichtümern vergreifen konnte, bis sie schließlich, ohne anderweitig von Nutzen zu sein, durch Regen und Feuchtigkeit vermodert waren.«[18]

In ähnlicher Weise wurde auch der Nachbarberg, der Popocatepetl, verehrt. Nur daß man in seinem Falle, obgleich er als tätiger Vulkan eine drohende Erscheinung hatte, auch die Vorteile zu nutzen wußte, die er den Menschen brachte. Wie Durán berichtet:

> »Diesen Berg verehrten die Indianer in alter Zeit mehr als alle anderen; besonders die, die in seinem Umkreis und an seinen Hängen siedelten. Denn der Boden ist hier sehr fruchtbar, und obwohl die Hänge steil und von zahlreichen Schluchten durchbrochen sind, sind sie dichtbevölkert, und das waren sie schon immer, denn das Land ist durch die zahlreichen Bäche, die den Berg herabströmen, gut bewässert, und so gibt es reiche Ernten, an Mais und anderen Früchten, die um so prächtiger gedeihen, je näher man die Felder anlegt, was besonders auch für den Weizen zutrifft. Aus diesem Grunde waren ihm die Indianer so sehr ergeben und hielten ihn in besonderer

Verehrung, und sie brachten ihm regelmäßig Opfer dar, abgesehen von dem Fest, das sie jedes Jahr zu seinen Ehren abhielten und das sie *Tepeilhuitl* nannten, was ›Fest der Berge‹ heißt.«[19]

Es war natülich nicht nur Wasser, das von Schnee und Eis gespeist wurde, worauf man die reichen Ernten zurückführen konnte. Es war vor allem auch der fruchtbare, vulkanische Boden, der die Pflanzen gedeihen ließ. Insofern war der »Rauchende Berg«, der immer neue Asche über die Felder streute, auch ein Segen, und es mischte sich in die Furcht, die man vor ihm empfand, zugleich auch Freude und Dankbarkeit, daß er den Menschen ein so leichtes Leben ermöglichte. Denn Mexiko ist keineswegs überall mit so günstigen Voraussetzungen für den Anbau von Pflanzen gesegnet: Nicht einmal 15 Prozent der Gesamtfläche des Landes sind ackerbaulich nutzbar! Da ist es verständlich, wenn sich die Bevölkerung auf engem Raum zusammendrängte, und nirgends waren die Bedingungen so günstig wie im südlichen Teil des zentralen Hochlandes.

Dies ist nicht der geringste Grund, weshalb es gerade hier zur Kulmination der Geschichte Altmexikos kommen sollte. Denn die Wanderer, die aus dem Norden kamen, trafen am südlichen Ende des Tals von Mexiko auf eine Barriere, und so überlagerte eine Kultur die andere, und aus diesem Konglomerat entstand die Kapitale der Azteken. Sie dehnte zwar ihren Einfluß auch jenseits der Berge aus und empfing von dort Impulse, aber das Zentrum des Reiches blieb jene Stadt auf der Insel, die bis heute ihre Vormachtstellung bewahrt hat.

Das Tal von Mexiko wird auch *Anahuac* genannt. Dieses aztekische Wort bedeutet »Am Rande des Wassers« und bezog sich ursprünglich auf die Küstenländer. Erst die Europäer übertrugen diesen Begriff auf das Hochtal, dessen Kennzeichen ein See war, der es ursprünglich einmal ganz ausgefüllt hatte. Entstanden war dieser See durch die Vulkanketten, die nicht nur einen natürlichen Abfluß verhinderten, sondern auch den Regen fingen, der aus dem Norden und Osten gegen die Gebirgsketten stieß. Dieser See war zur Zeit der Conquista in mehrere Becken unterteilt, die einen künstlichen Eingriff des Menschen darstellten. Der Grund lag in periodischen Überschwemmungen, die die Siedlungen am und im See bedrohten. Man legte Dämme und Deiche an, die mit Schleusen versehen waren, und regulierte so den Zufluß des Wassers.

Heute ist dieser See praktisch ausgetrocknet: Nur noch im Osten und im Süden sind Reste einstiger Teilseen vorhanden – im einen Fall der *See von Texcoco,* der heute geschützt wird, da er zur Ausbalancierung des Klimas beiträgt, im andern der *See von Xochimilco,* der als Trinkwasserreservoir und – wie sein Name sagt – zur Versorgung der Stadt mit Blumen und Gemüse dient. *Xochitl,* wiederum ein aztekisches Wort, ist die »Blume«, *milli* heißt »Feld«, und das Suffix *-co* bedeutet »Ort«. Es ist also der See, dessen Kennzeichen Felder mit Blumen sind. Dies weist auf eine Besonderheit hin, der letztlich auch Tenochtitlan, die Hauptstadt der Azteken, seine Entstehung verdankt. Man legte nämlich, um die Fläche, die man für den Bau der Stadt und die Anlage von Feldern benötigte, zu vergrößern, sogenannte *chinampas* an, schwimmende Gärten, die aus einem Weidengeflecht und darauf gehäufter Erde bestanden. Diese Chinampas kann man noch heute im See von Xochimilco finden.

Der See hatte zur Zeit der Conquista eine Größe von 1150 qkm; damit war er doppelt so groß wie der Bodensee. Die Höhe des Tales liegt bei 2200 m. Das bedeutet, daß die Temperaturen, obwohl das Tal im Bereich der Tropen liegt, gemäßigt sind: der Durchschnittswert beträgt 15 °C, wobei 20° für den heißesten und 12° für den kältesten Monat gemessen werden. Man spricht deshalb auch weniger von Sommer und Winter, obwohl es durchaus auch Kälteeinbrüche geben kann, die Schnee und Eis bringen. Kennzeichnend sind vielmehr eine Regen- und eine Trockenzeit, wobei erstere in die Sommermonate, Juni bis September, fällt, während die Trockenperiode den Rest des Jahres ausfüllt.

Das Tal von Mexiko wird nicht nur im Süden, sondern auch im Osten und Westen sowie im Norden von Bergen umrahmt. Allerdings liegen die höchsten Erhebungen im Süden, während es im Norden eher eine Schwelle ist, die der Mensch überwinden mußte, um in das Hochtal zu gelangen. Die südliche Kette bezeichnet man als *Cordillera Volcánica:* Sie reicht, was das Hochtal von Mexiko betrifft, vom Xitle im Westen, der nur eine Höhe von 3128 m erreicht, bis zum Iztaccihuatl im Osten, der immerhin 5286 m mißt. Damit ist er beziehungsweise sie – was man in einem Lande wie Mexiko auch nicht anders erwarten kann – nicht ganz so groß wie ihr Herr Gemahl, der Popocatepetl, der 5452 m erreicht. Dafür gilt er, geologisch gesprochen, nur als ein Ableger des Iztaccihuatl, denn er ist aus ihrer Flanke erwachsen.

Die Sierra Volcánica stellt die Verbindung und zugleich einen Ausläufer zweier Gebirgsketten dar, die das gesamte Hochland, das sich ja bis weit in den Norden, bis nach Nordamerika erstreckt, begrenzen. Es sind dies die beiden Ketten der *Sierra Madre,* deren östliche das Hochland von einem breiten Küstenstreifen trennt, während die westliche nur einen schmalen Küstensaum läßt, der im Süden gänzlich dem Gebirge weichen muß, das hier bis zum Meer reicht.

40

Das nördliche Hochland, das aus ähnlichen, wenn auch größeren Becken wie jenes im Süden gebildet wird, weist nur noch geringe Niederschläge auf, weshalb es den Charakter einer Steppe hat, wo es nicht gar in Wüste übergeht. Dagegen ist der Süden, an der Golfküste, ein breites Schwemmland, das durch zahlreiche Flüsse gespeist wird und im Verein mit hohen Temperaturen und größeren Niederschlägen, die durch den steilen Abfall der Gebirge bedingt sind, einen tropischen Pflanzenwuchs ermöglicht, der erst wieder in der Ausbuchtung dieses Tieflandes, auf der Halbinsel *Yukatan*, die aus porösem Kalkstein besteht, eingeschränkt wird. Hier, wo die Kultur der Maya entstand beziehungsweise in ihrer Spätzeit blühte, ist eine menschliche Besiedlung nur an der Küste oder an natürlichen Zisternen möglich, die Zugang zu unterirdischen Wasserläufen schaffen.

Am Pazifik setzt sich das Gebirgssystem des zentralen Mexiko fort, wobei diese *südliche* Fortsetzung der Sierra Madre durch ein Flußtal, den Lauf des *Río Balsas*, von den beiden nördlichen Gebirgsketten getrennt wird, während sie im Süden beziehungsweise im Osten zum Isthmus von Tehuantepec abfällt, der zugleich auch eine Grenze zwischen Nord- und Mittelamerika darstellt. Diese Grenze ist nicht nur geographisch bedingt, obwohl sich jenseits des Isthmus das Gebirgssystem fortsetzt, indem es zur Sierra Madre von *Chiapas* aufsteigt: Die Grenze war auch historisch bedeutsam, insofern als das Gebiet *östlich* des Isthmus durch die Kultur der Maya geprägt ist, und zwar nicht nur in Yukatan, sondern auch in den angrenzenden Ländern, während *westlich* der Grenze die Tradition Zentralmexikos vorherrschte, die schließlich in der Kultur der Azteken gipfelte. Beide Traditionen, sowohl die der Maya als auch die der Azteken, setzten sich bis in die Gegenwart fort: In Mexiko verläuft die Grenze, eine Tatsache, die beweist, wie willkürlich die Spanier – und die, die ihnen in der Macht folgten – die Staatsgrenzen festlegten.

Andererseits bildete sowohl das Mayagebiet als auch Zentralmexiko in vorspanischer Zeit eine übergeordnete Einheit: die Archäologen bezeichnen sie als *Mesoamerika*. Es war dies ein Kulturareal, das auf bestimmten gemeinsamen Merkmalen beruhte. Welche dies waren, werden wir im einzelnen noch sehen. Es genügt, hier anzudeuten, daß es ein Komplex kultureller Errungenschaften war, die gemeinhin als Kennzeichen einer Hochkultur gelten. Ein Vergleich mit dem heutigen Europa ist durchaus angemessen, wobei es allerdings nicht zu einer politischen Einigung kam.

Mesoamerika wurde durch den Isthmus in zwei Hälften geteilt: Im Norden verlief die Grenze von der Mündung des *Río Pánuco* im Osten bis zum Mittel- und Unterlauf des *Río Santiago* im Westen, wobei die Linie in der Mitte nach Süden ausbuchtete, bis in die Gegend nördlich von Tula. Diese nördliche Grenze Mesoamerikas, die jedoch erheblichen Schwankungen unterworfen war, fällt mit der Randzone der nördlichen Tropen zusammen, während die Grenze im Süden in der Gegend des heutigen Honduras und El Salvador anzusetzen ist, wo sie jeweils einen kleinen, westlichen Teil mit einbezog. In diesem Kernareal höherer Entwicklung verlief die Geschichte über Jahrtausende in einer einheitlichen Richtung. Jenseits der Grenzen blieb die Kultur auf der Stufe bäuerlicher oder gar nomadisierender Gesellschaften stehen. Aus dieser vergleichsweise einfachen Lebensweise rekrutierten sich auch die Azteken, die erst dann den Schritt zu einer höheren Entwicklung taten, als sie die Grenze nach Mesoamerika überquerten.

In diesem Raum nun, wo sie das Erbe einer langen, zivilisatorischen Entwicklung antraten, schufen sie eine eigene Tradition, die sich schließlich vom Hochtal von Mexiko, wo sie sich angesiedelt hatten, über ein weites Gebiet ausbreitete, das etwa ein Drittel Mesoamerikas ausmachte. Es reichte von der Golfküste im Osten bis zum Pazifik im Westen und vom Pánuco im Norden bis zum Südrand der Sierra Madre del Sur. Jenseits des Isthmus unterhielten die Azteken nur noch eine kleine Enklave an der Küste von Chiapas.

Ihr Reich, das freilich kein festgefügter Staat war, umfaßte damit alle Landschaftszonen, die Mexiko aufweist, mit Ausnahme der Wüsten im Norden, wenngleich es auch nur einen Teil der Gesamtfläche Mexikos ausmachte. Diese Vielschichtigkeit der Landschaftsformen, die das Aztekenreich umfaßte, sicherte ihm seine Existenz und war zugleich der Grund für seine Entstehung, denn die materielle Grundlage einer Zivilisation setzt ein vielseitiges Reservoir an Rohstoffen voraus. So bezog man tropische Früchte von der Golfküste, Edelmetalle aus den Flüssen und Bächen und Schmucksteine aus den Bergen im Westen. Dies neben Rohstoffen allgemeinerer Art wie Ton und Basalt, aber auch Obsidian und Kristall, die man in der näheren Umgebung fand.

Mexiko ist reich an mineralischen Rohstoffen. Berühmt war es in der Kolonialzeit wegen seines reichen *Silbervorkommens:* Lange Zeit, bis weit in das 19. Jahrhundert, lieferte Mexiko 60 Prozent der Welterzeugung an Silber. Noch heute ist Mexiko der wichtigste Silberlieferant. Auch *Gold* wird seit alters her gefördert; allerdings in geringen Mengen. Die Azteken brachten die beiden Metalle, die sie zu kostbarem Schmuck verarbeiteten, mit der Sonne und dem Mond in Verbindung. Nach ihrer Vorstellung waren es die Ausscheidungen der beiden Himmelsgestirne, weshalb sie die Begriffe »gelber« und »weißer Götterdreck« verwendeten. Sie schätzten übrigens Silber höher, da sie es mit ihren primitiven Abbaumethoden seltener fanden.

42

Bedeutsam in neuerer Zeit ist das *Erdöl* geworden. Es war nicht nur lange Zeit, da es von ausländischen Firmen gefördert wurde, ein Zankapfel politischer Art, sondern hat auch durch eine überstürzte Ausweitung der Förderung in den letzten Jahren und den plötzlichen Preisverfall auf dem Weltmarkt zu einer akuten *wirtschaftlichen* Krise geführt. Das Erdöl ist an die Stelle des Silbers getreten, doch in beiden Fällen war es nur *ein* Produkt, dem das Land seinen Wohlstand verdankte. Dies und die Tatsache, daß es durch dieses Produkt an den Weltmarkt gebunden wurde, haben dazu geführt, daß der angebliche Reichtum eher ein Fluch als ein Segen war. Doch davon später.

Fügen wir noch an, daß neben den Bodenschätzen auch die *Flora* und *Fauna* sehr reichhaltig sind. Allerdings trifft dies eher für den Süden und die Golfküste zu, wo die klimatischen Bedingungen für eine artenreiche Umwelt günstiger sind. Hier findet sich ein Großteil jener Tiere und Pflanzen, die man gemeinhin mit den Tropen verbindet. Weit verbreitet ist eine Vielzahl von Palmenarten; ferner sind vor allem Edel- und Farbhölzer zu erwähnen wie der *Mahagoni* und der *Campechebaum*, ersterer wegen seiner Härte und Maserung, so daß er für die Herstellung von Möbeln Verwendung findet, letzterer, weil er einen wertvollen, blauen Farbstoff liefert, dessen Bedeutung allerdings durch die Einführung synthetischer Farben zurückgegangen ist. Ähnliches läßt sich über das *Cochenille* sagen, einen roten Farbstoff, der aus einer Schildlaus, die auf Kakteen lebt, gewonnen wurde. Sie kommt allerdings nur im Hochland vor, wo die Kakteen, die zu den wasserspeichernden Pflanzen gehören, ein beherrschendes Landschaftsmerkmal sind. Ihnen zur Seite stehen die *Agaven*, die gleichfalls Sukkulenten sind: Aus ihnen gewann man zwei wichtige Rohstoffe – *Pulque* und *Sisal*. Pulque ist ein alkoholisches Getränk, das aus vergorenem Agavensaft hergestellt wird. In alter Zeit war es nur einem bestimmten Personenkreis vorbehalten; Trunkenheit war verpönt. Heute dagegen ist es allgemein verbreitet, vor allem auf dem Lande, wo es nicht nur von den Indianern, sondern auch von Mestizen getrunken wird.

Sisal ist eine Hanfart, die aus den Blättern verschiedener Agavearten gewonnen wird. Vor allem in Yukatan, wo die Bodenverhältnisse ähnlich wie auf dem Hochland sind, erlangte der Sisal eine besondere Bedeutung: Er stellt noch heute (neben dem Tourismus) den wichtigsten Wirtschaftszweig dar.

Andere Pflanzen, die im Leben der Indianer eine besondere Rolle spielten, waren – abgesehen von den Nahrungspflanzen, auf die wir noch zu sprechen kommen werden – der *Kakaobaum*, der in den warmen, feuchten Zonen wuchs und dessen Bohnen man nicht nur zur Herstellung eines Schokoladengetränkes verwendete, sondern auch als Zahlungsmittel benutzte; der *Ahuehuete,* eine Zedernart, die bei den Azteken eine besondere Verehrung genoß, weil sie mit ihrem mächtigen Stamm und ihrem hohen Alter an die Mammutbäume in Kalifornien erinnert und zudem in Gegenden wächst, die durch das Vorkommen einer Quelle begünstigt sind; und schließlich eine Vielzahl von Blumen, die das schwarze Gestein der Vulkane und den staubigen Grund des Tales mit ihren bunten Farben belebten und als Inbegriff des Paradieses galten. So gingen zum Beispiel unschuldige Kinder, die noch im Wiegenbett starben, in ein »Blumenland« ein, von dem ihre Seelen dereinst wiederkehrten, wie Blumen, die vom Himmel fielen.

Unter den für Mexiko typischen Tieren sind vor allem jene zu nennen, die auf Grund ihrer Kraft, ihrer majestätischen Erscheinung oder anderer hervorstechender Merkmale die Verehrung oder die Furcht des Menschen genossen. An erster Stelle ist da ein Zweigestirn, der *Adler* und der *Jaguar,* zu erwähnen. Der eine symbolisierte den Himmel, den Tag und das Licht, der andere die Erde, die Nacht und die Unterwelt. Der Jaguar verschlingt die Sonne; sein Brüllen, das durch die Nacht schallt, läßt keinen Zweifel, wer der Herr des Dunkels ist.

Da er dennoch aber stark, der König der Tiere auf Erden ist, stellt man ihn dem Adler zur Seite, der der König der Lüfte ist, und beiden versucht man sich ebenbürtig zu erweisen, indem man sich mit der Schnelligkeit des Adlers und Geschicklichkeit des Jaguars in den Kampf wirft und so eine Elite unter den Kriegern bildet, die diese beiden Vorbilder zu Emblemen erhob. Der Adler- und der Jaguarorden waren das, was heute die Marines oder andere kampferprobte Spezialeinheiten darstellen.

Neben dem Adler und dem Jaguar war es vor allem die *Schlange,* die in der Vorstellung des Indianers eine besondere Rolle spielte. Hier war es wohl eher die Furcht, die ihn dazu brachte, die Schlange als göttliches Wesen zu verehren, denn die Schlange, die in Mexiko am häufigsten vorkommt, die *Klapperschlange,* kündet zwar ihre Nähe durch ein charakteristisches Rascheln mit ihrem durch Hornringe gebildeten Schwanz an, doch wenn man sie überrascht hat, beißt sie im gleichen Moment, in dem sie zu rasseln beginnt, auch schon zu. Und das war, da der Biß der Klapperschlange giftig ist und die Indianer natürlich kein Serum kannten, zumeist tödlich.

So mußte man die Schlange milde stimmen, wie die Vulkane, die Wirbelwinde, die im Herbst über das Land hereinbrechen, und die Erde, wenn sie bebt. Am Ende sah man in ihr sogar ein gutes Omen, wie im Falle jenes Gottes, den man *Quetzalcoatl* nannte, was »Gefiederte Schlange« heißt: Er stellte eine Symbiose aus Himmel und Erde dar, symbolisierte zugleich aber auch, da man den Gott als Schöpfer allen

44

Lebens ansehen konnte, eine Art Kulturheros. Wir werden darauf zurückkommen.

Schließen wir dieses Kapitel, mit dem wir das Land, in dem sich die Geschichte der Azteken erfüllen sollte, skizziert haben, mit einem Gesang auf ein anderes Tier, das man nicht zu fürchten brauchte, das dennoch aber, wie von einer göttlichen Hand gehalten, in der Luft zu stehen vermochte:

> »Ich bin gekommen wie eine Blume
> zu den Blüten dieses Baumes,
> ich, der Kolibri:
> glücklich bin ich,
> wenn ich mich an ihnen labe,
> süß und köstlich sind meine Lippen.«[20]

Ameisen und Regengötter

Als die Azteken, jener Volksstamm, der aus Aztlan abgewandert war, sich im Hochtal von Mexiko niederließen, taten sie dies in einer Umgebung, die nicht nur geographisch vorteilhaft war. Auch die Völker, mit denen sie zusammentrafen, wirkten wie ein fruchtbarer Nährboden, auf dem sich die Kultur der Azteken, die bislang eher Barbaren gewesen waren, entwickeln konnte. *Chichimeca,* »Hundsleute«, nannte man die Völker, die als Nomaden, das heißt Jäger und Sammler, durchs Land streiften. Und diese Lebensweise, auf die die Städter mit Verachtung herabschauten, mußten die Azteken erst noch überwinden.

Sie hatten allerdings auf ihrer Wanderung schon an einem anderen Ort Kontakt mit einer höheren Zivilisation gehabt. Dies war in *Tula* gewesen, der Hauptstadt der Tolteken, wo sie mit dem Tempelbau, künstlicher Bewässerung und einer Vielzahl von Gottheiten, darunter auch Huitzilopochtli, ihrem Stammesgott, vertraut gemacht worden waren.

Auch ein anderer Ort, der auf ihrer Route lag, wird ihnen, obwohl er bereits verfallen war, nicht entgangen sein. Es war dies *Teotihuacan,* der Ort, wie sie es nannten, »wo die Götter erschaffen wurden«. Noch heute nennt man die beiden wichtigsten Bauten der Stadt »Sonnen-« und »Mondpyramide«, ein Relikt einer alten Legende, derzufolge man die beiden Himmelsgestirne, Sonne und Mond, in Teotihuacan erschuf.

Die Azteken waren sich also bewußt, daß sie nicht die ersten waren, die den Weg zur Zivilisation beschritten. Sie wußten auch – die Legende von den fünf Zeitaltern, die wir bereits erwähnten und die eine allgemeine Vorstellung im vorspanischen Mexiko war, beweist es –, daß es bestimmte Perioden gab, die einander ablösten. Bemerkenswert dabei ist, daß gerade im Hochtal von Mexiko, wo sich diese Legende bis in die Spätzeit erhalten konnte, vier Ereignisse nachgewiesen wurden, die den vier Katastrophen, die dem gegenwärtigen Zeitalter voraufgingen, entsprechen: Es waren dies vier große Vulkanausbrüche, die weite Teile des Hochtals mit einer Aschenschicht bedeckten. Das mag Zufall sein, obwohl die Ausbrüche einen Zeitraum – 21 000 bis 3500 v. Chr. – umfassen, der durchaus dem Nachweis menschlicher Besiedlung entspricht. Immerhin bleibt festzuhalten, daß das historische Bewußtsein der indianischen Völker weit besser entwickelt war, als man ihnen gemeinhin zubilligt. Das wird auch bei einer anderen Frage deutlich: der Erschaffung des Menschen. Hierzu gibt es eine Legende, die sich an die, welche die Erschaffung der fünf Weltzeitalter schildert, anschließt. Hören wir dazu die Fassung, wie sie Walter Lehmann, ein Pionier der deutschen Mexikoforschung, vorgelegt hat:

»Und darauf beraten sich die Götter, sie sagten: ›Wer wird auf der Erde wohnen? Gegründet worden ist der Himmel, gegründet worden ist die Herrin Erde. Wer wird auf der Erde wohnen, o Götter?‹

Kummervoll erwägen es die Götterpaare: ›Die mit dem Sternengewand‹ und ›Der Sternenreiche‹, ›Die Herrin im Wasser‹ und ›Der über die Leute kommt‹, ›Die die Erde stampft‹ und ›Der die Hacke wälzt‹, Quetzalcohuatl und Tezcatlipoca.

Und darauf geht Quetzalcohuatl zur Unterwelt, dem Totenreich. Er gelangte zum Herrn der Unterwelt, zur Herrin der Unterwelt.

Darauf sprach er zu ihnen: ›Das, weswegen ich gekommen bin, ist der Edelsteinknochen, den du besitzt. Ihn zu nehmen, bin ich gekommen.‹

Und darauf sprach der Herr der Unterwelt zu ihm: ›Was willst du damit machen, o Quetzalcohuatl?‹

Und wiederum sprach Quetzalcohuatl zu ihm: ›Das, worüber die Götter bekümmert sind, ist die Frage, wer auf Erden wohnen soll.‹

Und wiederum sagte der Herr der Unterwelt: ›Schon gut! Blase meine Muscheltrompete! Und viermal trage den Knochen um meinen Edelsteinthron!‹

46

Aber keineswegs hohl ist des Herrn der Unterwelt Muschel-trompete, um darauf zu blasen.

Darauf ruft Quetzalcohuatl die Würmer herbei.

Die höhlten die Muschel aus. Da dringen in sie hinein die großen und die kleinen Bienen.

Da bläst Quetzalcohuatl die Trompete. Es vernahm es der Herr der Unterwelt.

Und wiederum sprach zu ihm der Herr der Unterwelt: ›Schon gut! Nimm den Knochen fort!‹

Und darauf sprach der Herr der Unterwelt zu seinen Boten, den Bewohnern des Totenreiches: ›Sagt ihm, o Götter, er soll ihn hierlassen!‹

Aber Quetzalcohuatl antwortete darauf: ›Nein! Endgültig trage ich ihn mit mir.‹

Und da sprach zu ihm sein Schutzgeist: ›Sprich nur zu ihnen: *Ich habe den Knochen doch eben hiergelassen.*‹

Darauf sprach Quetzalcohuatl, er schrie sie an: ›Ich habe ihn doch hiergelassen!‹

Aber da stieg er denn wirklich hinauf aus der Unterwelt.

Dann faßt er den Edelsteinknochen. An einer Seite ist er voll Mannsgebein, an der anderen Seite ist er voll Weibsge-bein.

Da ergriff ihn, da hüllt ihn in Decken ein Quetzalcohuatl. Darauf trug er ihn mit sich fort.

Und wiederum sprach der Herr der Unterwelt zu seinen Boten: ›O Götter! Wahrhaftig, Quetzalcohuatl trägt den Edel-steinknochen fort. O Götter! Legt ihm eine Grube!‹

Da legten sie ihm eine solche auf dem Wege; infolgedessen fiel er dort hinein, schlug er sich auf.

Und es erschreckten ihn Wachteln, und er fiel für tot hin.

Und den Edelsteinknochen ließ er zu Boden fallen, so daß er zerbrach. Da fraßen daran die Wachteln, die benagten ihn.

Und da kam Quetzalcohuatl wieder zu sich, da weint er.

Da spricht er zu seinem Schutzgeist: ›O mein Nahualli! Wie wird das werden?‹

Und da spricht sein Nahualli zu ihm: ›Wie wird es werden? Die Sache ist schlecht abgelaufen. Mag es gehen, wie es will!‹

Und darauf sammelt er die Knochenstücke, las sie auf, wik-kelte sie in ein Tuch.

Darauf trug er es nach Tamoanchan.

Und nachdem er es bis dorthin gebracht hatte, da zermahlt es die Göttin Quilaztli, auch Cihuacohuatl genannt.

Danach legt sie es in eine Edelsteinschale.

Und dann zapft sich Quetzalcohuatl Blut ab aus seinem Gliede und läßt es auf das Knochenmehl tropfen.

Darauf taten es ihm auch die anderen Götter gleich: Apanteuctli und Huictlolinqui, Tepanquizqui und Tlallamanac, Tzontemoc und Techiquaceca.

Und da sagten sie, die so Erschaffenen: ›Geboren sind wir, weil die Götter über uns Kasteiungen vollbrachten.‹«[21]

Aus Knochen und Blut erschufen die Götter den Menschen. Das Blut steuerten sie selbst bei; doch die Knochen? Woher kamen sie? Was waren das für Knochen?

Mictlan heißt es in der Legende, das »Totenreich«. Sicher, es war naheliegend, hier nach den Knochen des Menschen zu suchen, hatte er sie doch – zumal, da die Welt untergegangen war – dort abgelegt. Doch die Toten wurden gewöhnlich verbrannt, zumindest in späterer Zeit, und nur die Asche blieb übrig. Deshalb mußten es schon die sterblichen Überreste *früherer* Generationen sein, die für die Legende herhalten konnten, und die mag man sehr wohl hier und dort gefunden haben. Ähnlich wie 1949, als man in der Nähe des Sees von Texcoco ein Skelett fand, das als Urbild der Schöpfungslegende hätte dienen können. Denn nicht nur war es sehr alt – man schätzt es auf 10 000 Jahre –, es war auch mit den Knochen einer ausgestorbenen Großwildart, dem Mammut, vergesellschaftet. Helmut de Terra, der die Ausgrabungen leitete, berichtet über die Entdeckung:

»Während die Grabungen ihren Fortgang nahmen, begnügte ich mich mit der Aussicht, weitere Mammutreste zu finden, denn sie verhießen Artefakte, die mit ihnen in Verbindung standen. Ich hatte lange genug in diesem Forschungszweig gearbeitet, um zu wissen, daß fossile Reste des Menschen häufiger durch Zufall als durch gezieltes Suchen entdeckt worden waren. Auch glaubte ich, daß der einzige kleine Abfallsplitter, den Arellano bei einem der Mammute gefunden hatte, noch kein Beweis für die Existenz eines frühen Menschen war.

Doch der Verdruß, den mir diese Einschätzung bereitete, verwandelte sich schon bald in Genugtuung, als einer der Arbeiter auf einen dunklen, runden Gegenstand zeigte, der in der Schlammformation unberührt liegengeblieben war. Der Ingenieur Arellano vom Nationalen Institut für Geologie, der mich an dem Morgen begleitet hatte, um mir bei der Entlöhnung der Arbeiter zu helfen, war Zeuge, als ich den menschlichen Schädel aus der Lehmschicht freilegte, wo er das Tageslicht zum letzten Mal vor vielen tausend Jahren gesehen haben mußte. Er lag 48 *inches* [1,20 m] unter der Erdoberfläche und 14 *inches* [35 cm] unterhalb einer Kalkstein-schicht.«[22]

Nachdem de Terra Wissenschaftler und die Presse in der nahen Hauptstadt benachrichtigt hatte, ging man am nächsten Tag daran, den Fund näher zu untersuchen:

»Am Morgen des folgenden Tages begannen Dr. Romero [ein Anthropologe], der Ingenieur Arellano und ich den Rest des Skelettes zu bergen. Von Anfang an hatten wir den Verdacht, daß einige Teile des Skeletts, besonders die Füße und Rückenfragmente, von den Arbeitern, die ohne meine Erlaubnis weitergearbeitet hatten, entfernt worden waren. Da es schwierig war, die weggeräumte Erde in nassem Zustand zu sieben, wartete Dr. Romero, bis sie trocken geworden war. Nach einem Monat fand man in dieser Erde einige weitere Fragmente der Füße, das Kreuzbein, einige kleine Splitter der Gesichtsknochen und Ähnliches. Wir sind somit ziemlich sicher, daß alle Teile des Skelettes geborgen worden sind.«[23]

Soweit der Bericht über die Entdeckung, der ebenso prosaisch ist wie die Wissenschaft, der er zuzurechnen ist. Dennoch, der *Mensch von Tepexpan,* wie der Fund nach einem nahegelegenen Ort getauft wurde, war eine Sensation: Zum ersten Mal hatte man den Nachweis erbracht, daß es bereits zur Eiszeit Menschen in Mexiko gab. Wenngleich das Alter des Menschen von Tepexpan (es handelt sich übrigens um eine Frau, die bei ihrem Tode ungefähr 30 Jahre alt war) auch noch nicht eindeutig feststeht, so geht man doch heute davon aus, daß er in die Zeit um 8000 v. Chr. zu datieren ist, was der Endphase der Eiszeit entspricht. Und wenn auch nicht dieser, so könnten es doch ähnliche Funde (vielleicht von einer Großwildart wie dem Mammut, weshalb man an Riesen dachte) gewesen sein, die jene Überlieferungen begründeten, daß der Mensch aus den Knochen, die man aus der Erde holt, erschaffen sei. Was übrigens nur eine Verbrämung der Wahrheit wäre: denn wenn es auch nicht die Knochen waren, wie wir heute wissen, aus denen nachfolgende Generationen erwuchsen, so war es doch das Blut derer, die schließlich in die Unterwelt eingingen, das sich in den Kindern fortsetzte, von Anbeginn bis zur fünften Sonne, die die Gegenwart war.

Der Beginn lag freilich nicht erst beim Menschen von Tepexpan. Neuere Funde haben erwiesen, daß der Mensch bereits vor 30 000 Jahren nach Mexiko einwanderte. Aus dieser Zeit gibt es zwar keine Skelette, doch wurden in der Gegend des heutigen Staates San Luis Potosí, an einem Ort namens *El Cedral*, Gegenstände aus Knochen und Stein gefunden, die dem Menschen als Werkzeuge dienten. Auch weiter südlich, im Tal von Mexiko, fand man Spuren des Menschen, die auf eine sehr frühe Besiedlung hinweisen. *Tlapacoya*, wie letztere Fundstätte heißt, besteht aus einer Ansammlung von Lagerplätzen, die einst das Ufer des Sees säumten und in die Zeit um 20 000 v. Chr. datiert werden.

Ähnliche Funde wurden auch an anderer Stelle gemacht, wobei der bedeutendste eine Skulptur ist, die aus *Tequixquiac* stammt, einem Ort am Rande des Tals von Mexiko. Sie zeigt den Kopf eines Hundes, der aus dem Knochen eines Tieres geschnitzt ist. Die Datierung liegt bei etwa 10 000 v. Chr., womit diese Skulptur das älteste Kunstwerk ist, das man bislang in der Neuen Welt gefunden hat.

Auch El Cedral und Tlapacoya können sich rühmen, nicht nur die ältesten Fundplätze in Mexiko zu sein; sie liefern auch die ältesten Spuren des Menschen, die man bislang in Lateinamerika entdeckt hat. In *Nord*amerika gehen die Funde freilich auf bis zu 40 000 Jahre zurück, was nicht verwunderlich ist, gilt der Norden doch als das Eingangstor für die Besiedlung des amerikanischen Kontinents. Deshalb ist es auch verständlich, weshalb in Mexiko die Funde älter sind als in Südamerika: Der Mensch breitete sich in nordsüdlicher Richtung über die Neue Welt aus; der Punkt, den er zuletzt erreichte, war die Inselwelt von Feuerland.

Wir wiesen schon darauf hin, daß die Beringstraße das eigentliche Eingangstor für die Besiedlung der Neuen Welt war. Dies wird nicht nur durch die Abfolge von Daten, die man für die ältesten Spuren des Menschen in Amerika ermittelt hat, belegt, sondern auch durch die biologische Verwandtschaft des Indianers mit der Urbevölkerung im nordöstlichen Asien, wo sich zugleich auch Artefakte fanden, auf die jene zurückzuführen sind, die die ersten Einwanderer in Amerika hinterließen.

Die Beringstraße, die heute eine Meerenge ist, war zu der Zeit, als die Besiedlung Amerikas erfolgte, eine Landverbindung, die es dem Menschen ermöglichte, trockenen Fußes (und im Gefolge von Großwild, auf das er Jagd machte) von einer Hemisphäre in die andere überzuwechseln. Daß dies ein epochemachendes Ereignis war, war ihm natürlich nicht bewußt, ebensowenig, wie er die Gründe kannte, weshalb plötzlich zwei Kontinente zusammengeschweißt waren. Er konnte es allerdings fühlen, und zwar am Klima, das entschieden kälter war als

heute (oder früher). Es war nämlich seit geraumer Zeit die Eiszeit angebrochen, und zwar die letzte, die sogenannte *Würm-Eiszeit.* Sie hatte
unter anderm zur Folge, daß ein großer Teil der Niederschläge in
festem Eis gebunden wurde, wodurch der Meeresspiegel sank. Die Welt
hatte zu dieser Zeit ein anderes Gesicht: Was heute Küste ist, war
damals Binnenland.

Nun dauerte die letzte Eiszeit bis etwa 8000 v. Chr. Danach wurde es
wärmer, das Eis taute, das Meer stieg, die Landbrücke verschwand –
und in Mexiko (wie im übrigen Amerika) starb das Großwild aus. Zum
Glück hatten die zurückweichenden Gletscher Seen hinterlassen, der
Boden war fruchtbar und das Klima dem Gedeihen von Pflanzen för-
derlich. So fiel es dem Menschen, der bislang vorrangig von der Jagd
gelebt hatte, nicht schwer, sich allmählich auf den Pflanzenanbau
umzustellen, wobei dem eine intensivere Sammlertätigkeit, die zu einer
wachsenden Vertrautheit mit der Pflanzenwelt führte, vorausgegangen
war. Hatte der Mensch bislang nur von einer aneignenden Wirtschaftsform gelebt, die sich dadurch auszeichnete, daß er mit dem vorliebnehmen mußte, was sich ihm bot, so wurde er nun zum Nahrungsprodu-
zenten, was den Vorteil hatte, daß man den Tieren nicht mehr nachlaufen mußte. Mit anderen Worten, der Mensch wurde seßhaft.

Diese Entwicklung geschah nicht von heute auf morgen. Sie bestand
vielmehr aus einer langen Phase des Experimentierens, und wenn man
diesem Prozeß auch allgemein das Etikett einer *neolithischen Revolution* aufgesetzt hat, so handelt es sich in Wahrheit doch um nicht mehr
als eine *Evolution.* Was nicht die Bedeutung dieses Vorgangs schmä-
lern soll: Es *war* ein einschneidendes Ereignis – der Mensch wurde zum
zivilisierten, kulturschaffenden Wesen! Und daß dem Indianer dies
unabhängig, unabhängig von Einflüssen aus anderen Teilen der Welt
gelang, sollte hinreichend ein Indiz dafür sein, daß er nicht nur ein kul-
turschaffendes, sondern auch ein kultur*fähiges* Wesen ist. Das wurde
ihm nicht nur von den Spaniern aberkannt (trotz der Lobeshymnen,
die Bernal Díaz, der alte Haudegen, auf Tenochtitlan, die Gartenstadt,
sang); Indianer sind auch heute noch, in den Augen derer, die sich
bemüßigt fühlen, über sie zu befinden, Barbaren. Wir werden darauf
zurückkommen.

Es gab in Mexiko (wie generell in Amerika) mehrere Zentren, wo der
Schritt vom nomadisierenden Jäger zum seßhaften Ackerbauern vollzogen wurde. Das reicht von *Tamaulipas,* einem heutigen Staat im
Nordosten, über *Puebla,* im zentralen Mexiko, bis nach *Oaxaca,* im
Gebiet der südlichen Sierra Madre. Hier kam es mehr oder weniger zur
gleichen Zeit zur Kultivierung von Nahrungspflanzen, die zur Grundlage der weiteren Entwicklung wurden: Seßhaftigkeit, Bevölkerungs-

wachstum, Erwirtschaftung von Überschüssen, soziale Schichtung, handwerkliche Spezialisierung, Architektur, Kunst und Wissenschaft. Kurzum, jene Entwicklung wurde in Gang gesetzt, die zur Ausbildung einer Hochkultur führte.

Von allen Pflanzen, die der Mensch sich nutzbar zu machen lernte, war es der *Mais*, der die größte Bedeutung erlangte. So ist es nicht verwunderlich, daß sich gerade um ihn – ähnlich wie bei der Erschaffung des Menschen – ein Geflecht von Mythen und Glaubensvorstellungen bildete, die ihn als Lebensspender par excellence feiern. Besonders interessiert war man an der Frage, wie er zu dem geworden war, was er nun dem Menschen bedeutete. Auch dazu finden wir in der »Legende der Sonnen« eine Überlieferung. Sie lautet:

»Und weiter sprachen die Götter: ›Was werden sie essen? Nun mögen herabkommen die Lebensmittel.‹

Aber da nahm die Ameise die Maiskörner aus dem Innern des Lebensmittelberges. Und Quetzalcohuatl trifft die Ameise; er sprach zu ihr: ›Woher hast du den Mais genommen? Sag es mir!‹

Aber sie will es ihm nicht sagen. Sehr dringend bat er sie.

Da spricht sie zu ihm: ›Dort!‹

Und sie geleitet ihn; und Quetzalcohuatl verwandelte sich in eine schwarze Ameise.

Die rote Ameise führt die schwarze Ameise, und gemeinsam gehen sie in den Berg hinein.

Darauf schleppen sie den Mais heraus.

Die rote Ameise, von der sagt man, sie war es, die den Quetzalcohuatl führte. Am Ausgang des Berges legte sie ihm den entkörnten Mais nieder.

Danach bringt Quetzalcohuatl ihn nach Tamoanchan. Und da zerbeißen ihn die Götter, und sie legen ihn auf unsere Lippen. Davon sind wir kräftig geworden.

Und sie sprachen: ›Wie werden wir es mit dem Lebensmittelberg machen?‹

Und abermals ging Quetzalcohuatl, um ihn auf dem Rücken zu tragen. Aber er vermochte nicht, ihn zu heben.

Da befragte das Los mit Maiskörnern Oxomoco.

Da befragte das Los im Wahrsagekalender Cipactonal; die war die Frau des Oxomoco.

Und da sagten Oxomoco und die Cipactonal: ›Nur Nanahuatl soll den Berg spalten!‹ Denn das hatten sie durch Los bestimmt.

Und die Regengötter kamen: die grünen Regengötter, die weißen Regengötter, die gelben Regengötter, die roten Regengötter.

Da spaltet mit einem Blitz Nanahuatl den Berg.

Und nun erfolgt der Raub der Lebensmittel durch die Regengötter: der weiße, der violette, der gelbe, der rote Mais; die Bohne, Amarant, Salbei, Argemone – alles insgesamt wurde von den Regengöttern geraubt.«[24]

Tlaloque, »die Regengötter«, waren es, die letztlich das Gedeihen der Pflanzen ermöglichten: Sie holten sie aus der Erde, sie ließen sie sprießen. Den Mais aber brachte Quetzalcoatl den Menschen, ebenso wie er sie, die Menschen, geschaffen hatte.

Die Wissenschaft ist sich freilich nicht ganz so sicher wie die Legende: War es Mexiko, oder war es Peru, wo die Entstehung des Maises erfolgte? Es gibt zwei Theorien: Die eine geht davon aus, daß *Teosinte,* eine wildwachsende, grasartige Pflanze, deren Samen eßbar sind und die den nächsten, noch lebenden Verwandten des Maises darstellt, die Ausgangsform für die Züchtung des Maises bildete. Da Teosinte nur in Mexiko und im nördlichen Zentralamerika vorkommt, würde diese Theorie Mexiko begünstigen, wo die bislang ältesten Spuren des Maises gefunden wurden.

Andererseits – und das besagt die zweite Theorie – besteht die Möglichkeit, daß es eine Urform des Maises gab, die heute ausgestorben ist. Dann könnte ebensogut Südamerika in Frage kommen, wo es im Andengebiet – ebenso wie in Mexiko – ein frühes Zentrum der Kultivierung von Nahrungspflanzen gab. Mais taucht hier zwar später auf als in Mexiko, aber der Unterschied ist nicht sehr groß und mag allein auf den Umständen der Entdeckung beruhen. Jeder neue Fund, der eine zeitliche Verschiebung bedeuten kann, ändert das Bild.

Im Augenblick ist man geneigt, Mexiko den Vorrang zu geben: Quetzalcoatl gebührt der Ruhm, und dabei wollen wir es denn auch belassen.

Eine andere Frage betrifft das Alter. Wie alt sind die Funde, und wie kommt man dazu, sie so genau zu datieren? El Cedral 30 000 Jahre, Tlapacoya 20 000, Tepexpan 10 000 und der Mais – 8000 Jahre: Was gibt uns die Sicherheit, mit solcher Bestimmtheit Daten zu nennen, die *vor* der Aufzeichnung jeglicher historischer Dokumente liegen? Denn das müssen wir uns ja immer vor Augen halten: *Noch* war die Zivilisation, deren Vorläufer allein wir hier skizzieren, nicht entstanden, und da die Schrift all das voraussetzt, was eine Zivilisation ausmacht, tauchte sie – in der Neuen Welt ebenso wie in der Alten – erst am Ende der soge-

nannten *formativen Periode* auf, was im Klartext heißt, soweit es Mesoamerika betrifft: nicht *vor* dem ersten Jahrtausend v. Chr.

Zunächst einmal ist festzustellen, daß es eine absolute Sicherheit bislang nicht gibt. Oder besser: Es gibt zwar absolute Datierungsverfahren, die die Entwicklung bis weit in die Vergangenheit zurückverfolgen
können, doch sie sind bislang zu ungenau beziehungsweise noch nicht
genügend aufeinander abgestimmt, um eine tatsächlich präzise Angabe
zu machen. Es sind weniger absolute, als vielmehr *relative* Werte, mit
denen wir uns einstweilen noch begnügen müssen.

Von der Vielzahl möglicher Datierungsverfahren seien nur die beiden wichtigsten erwähnt. Da ist einmal die sogenannte *Radiokarbonmethode,* die auf der Messung des radioaktiven Kohlenstoffisotops $C\,14$
beruht. Jeder organische Stoff – ob tot oder lebend – weist eine
bestimmte Menge an $C\,14$ auf; nach dem Tod nimmt der Gehalt an $C\,14$
jedoch in einer regelmäßigen Dosis ab: Er zerfällt, ohne daß er ersetzt
wird (was darauf zurückzuführen ist, daß $C\,14$ durch die Photosynthese
in den organischen Kreislauf, also über die Pflanzen zu Tieren und
Menschen gelangt). Je geringer der Gehalt an $C\,14$, desto älter ist der
Fund.

Das Problem besteht nun darin, daß man im Laufe der Zeit nicht nur
genauere Meßmethoden entwickelt hat (die zu abweichenden Ergebnissen in der Altersbestimmung geführt haben); man hat inzwischen
auch erkannt (die $C\,14$-Methode, ein Nebenprodukt der Kernfor-
schung, ist seit Ende des Zweiten Weltkrieges in Gebrauch), daß die
vorhandene Menge an $C\,14$ in der Atmosphäre nicht immer konstant
war, das heißt, die Zufuhr an $C\,14$ war – bedingt durch geophysikali-
sche Faktoren – Schwankungen unterworfen. Was zur Folge hat, daß
Proben aus der Gegenwart, die als Maßstab dienen, nur noch eine
begrenzte Gültigkeit haben, weshalb alle Daten, die auf Grund eines
vermeintlich *gleichbleibenden* $C\,14$-Bestandes ermittelt wurden, revi-
diert werden müssen. Sie sind in der Regel »zu jung«, das heißt, ihr
wahres Alter ist größer, als bislang angegeben wurde.

Nun gibt es ein zweites Verfahren, das seit längerer Zeit angewandt
wird: Es ist dies die sogenannte *Dendrochronologie.* Dabei handelt es
sich um eine Altersbestimmung auf Grund der Zählung von Jahresrin-
gen bei bestimmten Baumarten. Indem man Proben, die einander
altersmäßig ergänzen, miteinander korreliert, erhält man einen zeitli-
chen Spiegel, der der tatsächlichen Abfolge der Jahre entspricht und
Jahrtausende zurückreicht. Stellt man nun Daten, die aus dem gleichen
Material, aber mit Hilfe der beiden unterschiedlichen Datierungsme-
thoden gewonnen wurden, einander gegenüber, so ergibt sich die Differenz, um die die Radiokarbondaten korrigiert werden müssen. Aus

54

einer Sequenz von Daten läßt sich so eine Tabelle aufstellen, die auch für andere Radiokarbondaten anwendbar ist.

Allerdings hat diese Methode der Umrechnung, die man *Kalibrierung* nennt, nur eine begrenzte Reichweite: Während man mit Hilfe der Radiokarbonmethode eine Altersbestimmung bis zu 50 000 Jahren vornehmen kann, erreicht die Dendrochronologie nur eine zeitliche Tiefe von etwas über 8000 Jahren. Zwar ist man dabei, diese Spanne zu erweitern (auf über 10 000 Jahre), doch das gleiche gilt auch für die C 14-Methode: Man spricht bereits von einem Grenzwert von 100 000 Jahren. Die Diskrepanz wird also eher noch größer.

Dennoch, für die Zeit, in der der Mensch sich anschickte, von einer vergleichsweise einfachen Lebensweise zu einer höheren Form der Kultur überzuwechseln, also die Grundlagen der Zivilisation legte, ist heute eine exakte Datierung der Funde möglich. Sie findet allerdings nur sehr zögernd Eingang in die Publikationen (die meisten Angaben, auch innerhalb der Spanne, die die Dendrochronologie umfaßt, beruhen auf »unkalibrierten« C 14-Daten).

Dies trifft auch für Mexiko zu, weshalb wir nun einige Daten nennen wollen, die nach der neuen Methode errechnet wurden. Wir beziehen uns dabei auf das Tal von *Tehuacan*, im Staate Puebla, das ein Zentrum für die Domestikation von Pflanzen (und Tieren) war. Hier wurde Kürbis, die erste Pflanze, die kultiviert wurde, nicht erst um 5000 v. Chr., sondern bereits tausend Jahre früher, um 6000 v. Chr., angebaut. Etwa zur gleichen Zeit, mit einer Differenz von nicht mehr als hundert Jahren, erfolgte der Anbau von Mais und Bohne. Baumwolle wurde um 4300 v. Chr. angebaut, Chile, eine Pfefferart, um 1000 v. Chr. und Ananas um 150 n. Chr. Der eßbare Hund, neben dem Truthahn das einzige Schlachttier im vorspanischen Mexiko, erblickte um 3800 v. Chr. das Licht der Welt, der Truthahn erst sehr viel später, um 400 n. Chr. Hier besteht bereits eine weitgehende Kongruenz zwischen den C 14-Daten und dem tatsächlichen Alter, denn die Abweichungskurve divergiert erst in größerem Maße ab der Zeit um Christi Geburt.

Viele der Pflanzen, die im alten Mexiko kultiviert wurden, haben sich inzwischen über die ganze Welt verbreitet. Dies gilt besonders für den Mais, der auch in anderen Teilen der Erde zu einer wichtigen Nahrungspflanze wurde. Aber auch so exotische Pflanzen wie Tomate und Kakao fanden Eingang in den Speisezettel der übrigen Welt. Sie behielten dabei zum großen Teil ihren ursprünglichen Namen bei: Sowohl Tomate als auch Kakao – ebenso wie die aus letzterem gewonnene Schokolade – gehen auf aztekische Wörter – *tomatl, cacahuatl* und *cocoatl* – zurück. Was letztere, die Schokolade betrifft, so gibt es einen anschaulichen Bericht über die Entstehung dieser Leckerei, die für uns so selbstverständlich geworden ist. Thomas Gage, ein Engländer, der im 17. Jahrhundert durch weite Teile Mexikos reiste und sich dabei mit einem exotischen Genußmittel anfreundete, das in Europa noch weitgehend unbekannt war, schreibt:

»Der Baum, der diese Frucht trägt, ist so empfindlich, und das Land, wo er wächst, so heiß, daß sie, um die Pflanze vor der Sonne zu schützen, erst andere Bäume pflanzen, die sie *madres del cacao*, ›Mütter des Kakao‹, nennen, und wenn diese eine ausreichende Höhe erreicht haben, um den Kakaobäumen Schatten spenden zu können, dann pflanzen sie die *cacauatales* oder die eigentlichen Kakaobäume, so daß, wenn sie aus der Erde kommen, jene Bäume, die schon herangewachsen sind, sie beschirmen und wie Mütter ernähren, verteidigen und vor der Sonne schützen können. Die Frucht wächst nicht allein und ohne Schale, sondern in einer Hülse, in der sich mehrere Samen befinden, die von einer weißen, saftigen Haut umgeben sind, die die Frauen gerne ablutschen, denn sie kühlt und zergeht im Munde wie Wasser.

Es gibt zwei Arten von Kakao. Die eine ist die gebräuchlichere; sie ist dunkler, beinahe rot, und hat eine runde Form. Die andere ist größer und flacher und nicht so rund; sie wird *patlaxti* genannt, hat eine weiße Farbe und wird sehr viel billiger als die andere gehandelt. Diese Art [es handelt sich um wilden Kakao] macht nervös und schlaflos; sie ist deshalb weniger nützlich als der gewöhnliche Kakao und wird hauptsächlich von den einfachen Leuten genossen.

Was die Zutaten betrifft, mit denen man die Schokolade herstellt, so gibt es verschiedene Möglichkeiten der Zubereitung. Einige geben schwarzen Pfeffer bei, was die Ärzte nicht besonders empfehlen, denn dadurch wird die Schokolade zu scharf und trocken, es sei denn, jemand hat eine sehr starke Leber. Häufiger aber als diesen schwarzen Pfeffer gibt man eine lange, rote Art hinzu, die man *chile* nennt und die zwar auch scharf ist, doch zu einem erfrischenden Geschmack beiträgt. An weiteren Zutaten verwendet man weißen Zucker, Zimt, Nelken, Anis, Mandeln, Haselnuß, *orejuela* [eine Anonenart], Vanille, *zapoyal* [Mameysamen], Wasser aus Orangenblüten, etwas Moschus und soviel *achiote* [einen Farbstoff], daß die Schokolade am Ende wie ein roter Ziegel aussieht.«[25]

56

Tatsächlich wurde die Schokolade in Gestalt eines Ziegels gehandelt. Es entstand zunächst ein zäher Brei, der in Formen gegossen wurde, wo er zu Tafeln erhärtete. Diese Tafeln wurden jedoch nicht gegessen, sondern bildeten den Grundstock dessen, was wir heute Kakao nennen. Wie Gage berichtet:

> »Es gibt verschiedene Arten, wie man das Getränk zubereitet. Am häufigsten ist in Mexiko der Brauch, die Schokolade heiß und mit *atole* [Maisschleim] zu trinken. Dabei wird die Tafel in heißem Wasser aufgelöst und anschließend die Flüssigkeit zu Schaum geschlagen, wozu man dann den heißen *atole* gibt. Das Ganze wird dann schlückchenweise getrunken. Eine andere Art der Zubereitung besteht darin, daß man die Schokolade in kaltem Wasser auflöst, dann quirlt, den Schaum abschöpft und in ein anderes Gefäß tut, den Rest aufkocht, wobei man ausreichend Zucker hinzugibt, und wenn es heiß ist, das Getränk mit dem Schaum mischt und dann trinkt.«[26]

Gage, der seine Landsleute tadelt, daß sie den Wert dieses Getränkes nicht zu schätzen wissen, fügt hinzu: »Was mich betrifft, so kann ich nur sagen, daß ich es zwölf Jahre lang regelmäßig genossen habe; ich trank morgens eine Tasse, eine vor dem Mittagessen um 9 oder 10 Uhr, eine weitere nach dem Essen, dann wieder zwischen 4 und 5 Uhr am Nachmittag, und wenn ich länger aufblieb, um zu arbeiten, pflegte ich eine weitere Tasse um 7 oder 8 Uhr abends zu trinken, die mich bis Mitternacht wachhielt. Und wenn ich es einmal versäumte, zu gewohnter Stunde eine Tasse zu trinken, hatte ich sogleich ein flaues Gefühl im Magen. Mit dieser Gewohnheit lebte ich zwölf Jahre lang gesund in diesen Breiten, ohne die geringsten Beschwerden, sei es nun Schüttelfrost oder Fieber.«

Offensichtlich war für den wackeren Gage, der sich als Priester in der Neuen Welt betätigte, die Schokolade das, was einmal der Tee für seine Landsleute werden sollte. Doch er rühmte das Getränk nicht zu Unrecht: Es fand schließlich Einlaß in die verwöhntesten Salons und ist heute von unserem Speisezettel nicht mehr wegzudenken.

Die Azteken freilich bauten den Kakao nicht selbst an. Die Kultivierung dieser Pflanze ist das Verdienst der Völker, die sich im Tiefland niederließen. Hier auch stammte die Vanille her. Zucker hingegen – wie auch Zimt und Nelken – führten erst die Spanier ein. In alter Zeit süßte man die Schokolade mit Honig. Es war dies ein weiteres Produkt, das man der Natur abgewann. Und so gab es nichts, was dem Menschen wirklich gefehlt hätte. Es sei denn, die Muße, um all die Früchte, die man als Nahrungsquelle gewonnen hatte, auch tatsächlich zu genießen. Und dazu unternahm man denn auch schon bald die nötigen Anstrengungen.

Quetzalcoatl, die gefiederte Schlange

Die Domestizierung von Tieren und Pflanzen erfolgte im Hochland. Doch zur Ausbildung einer Hochkultur kam es in einer anderen Gegend, dem Tiefland an der Golfküste. Die Azteken nannten dieses Gebiet, soweit es den südlichen Teil, das heißt die Küstenebene am Isthmus, umfaßte, *Olman,* was soviel wie »Kautschukland« heißt. War es hier doch, wo der Rohstoff wuchs, aus dem sie Bälle fertigten, die sie für ein heiliges Spiel verwendeten. Und wie das Land, so nannte man auch seine Bewohner: *Olmeca,* »Leute des Kautschuklandes«.

Für die Azteken waren diese Olmeca beziehungsweise Olmeken, wie wir sie nennen, nur ein Volk unter vielen, die sie ihrem Reich einverleibt hatten. Sie ahnten nicht, daß sie es hier mit Erben einer Kultur zu tun hatten, der sie selbst, die Azteken, letztlich ihren Aufschwung zu verdanken hatten. Denn wenngleich auch im Laufe der Zeit sich verschiedene Völker und Strömungen im Gebiet des Isthmus vermischt hatten, so ist doch selbst heute noch in der Bevölkerung jenes Gebietes ein Menschentypus anzutreffen, der an ein Wahrzeichen jener frühen Kultur erinnert: tonnenschwere Monumentalplastiken, die die Köpfe einstiger Würdenträger darstellen.

Dennoch wäre es irreführend, die sogenannten »historischen Olmeken« (oder gar deren Nachkommen heute) mit den »eigentlichen Olmeken«, die jene große Tradition begründeten, gleichzusetzen. *Rassisch* mögen sich einige Merkmale bis in die Gegenwart erhalten haben, doch *kulturell* waren schon die Olmeken zu aztekischer Zeit nur noch ein schwacher Abglanz ihrer einstigen Größe. Der Schwerpunkt der Kultur hatte sich zurückverlagert in das Hochland, woher der ursprüngliche Impuls freilich auch gekommen war.

Die frühen Olmeken verstanden es, diesen Anstoß in ein erstes Aufblühen einer Hochkultur in Mittelamerika zu verwandeln. Ja, sie waren es, die jene Tradition begründeten, nach der man einen Teil Mittelamerikas benannte: Die Olmeken waren die Begründer *Mesoamerikas.* Sie legten die Grundlagen, auf denen alle Kulturen, die sich in diesem Gebiet entwickelten, aufbauten. Standen die Azteken am Ende dieser Entwicklung (und stellten somit eine Synthese dar), so bildeten die

Olmeken den Anfang: Sie führten die Monumentalarchitektur ein, eine Zweiteilung der Gesellschaft (in Elite und Volk), schufen die Grundlagen der Schrift und des Kalenderwesens und verehrten eine Gottheit, den Jaguar, der sich – in der Gestalt des Tlaloc – bis in die Spätzeit fortsetzen sollte.

Ungeklärt ist bislang, warum es gerade im Gebiet der Golfküste zur Ausbildung einer ersten Hochkultur kommen konnte. Entscheidend dürfte die Tatsache sein, daß dieses Gebiet, das von zahlreichen Flüssen durchzogen wird, die eine natürliche Düngung gewährleisteten, besonders fruchtbar ist. Ähnlich begünstigt waren das Niltal, das Zweistromland oder die Länder am Indus und Huangho. Wenn man auch im Falle des Olmekenlandes nicht von einer »Flußoase« sprechen kann, zumindest nicht in dem Sinne, daß es *ein* beherrschender Strom war, der das Land bewässerte, so sind sicher auch hier ähnliche Auswirkungen, die auf eine Regulierung des Wasserhaushalts zurückgehen und schließlich in einer zentralen Verwaltung gipfelten, zu verzeichnen gewesen wie in den »klassischen« Flußoasen in der Alten Welt.

Andererseits besteht auch die Möglichkeit, daß sich zwei Ströme kultureller Entwicklung, der eine aus dem nördlichen beziehungsweise westlichen Hochland und der andere aus dem Osten beziehungsweise Süden, wo er letztlich bis nach Südamerika zurückgereicht haben mag, im Gebiet des Isthmus trafen. Hierfür spräche nicht nur die beinahe zeitgleiche Existenz einer ersten Hochkultur im Andengebiet, die man nach ihrem ursprünglichen Zentrum als *Chavin* bezeichnet. Es weist auch die Einführung der Keramik nach Südamerika, wo sie allerdings auch nicht erfunden wurde: wenigstens gibt es Indizien, auf Grund derer man den Ursprung der Keramik bis nach Japan zurückverfolgen könnte. Aber darüber (wie auch über eine mögliche weitere Verbreitung nach Mesoamerika) besteht keineswegs Übereinstimmung unter den Experten. Generell tendiert man dazu, alles, was an Kultur entstanden ist, als bodenständig zu betrachten, es sei denn, man beweist das Gegenteil. Und von Beweisen, die hieb- und stichfest sind, kann man in der Archäologie, die ansonsten durchaus an die Arbeit eines Detektivs erinnert, keineswegs immer sprechen. Dies trifft um so mehr zu, je weiter man in die Vergangenheit zurückgeht.

Woher auch letztlich die Initialzündung kam, die die Kultur der Olmeken zum Erblühen brachte, fest steht, daß die Grundlage die Einführung des Ackerbaus bildete, und diese Voraussetzung wurde im eigenen Land, das heißt in Mexiko, geschaffen.

Es gibt drei Zentren der frühen Olmekenkultur: einmal *San Lorenzo*, ein Ort am Oberlauf des Coatzacoalcos, der den Anfang machte; dann *La Venta*, am Unterlauf des Tonalá, wo die Kultur der Olmeken ihren

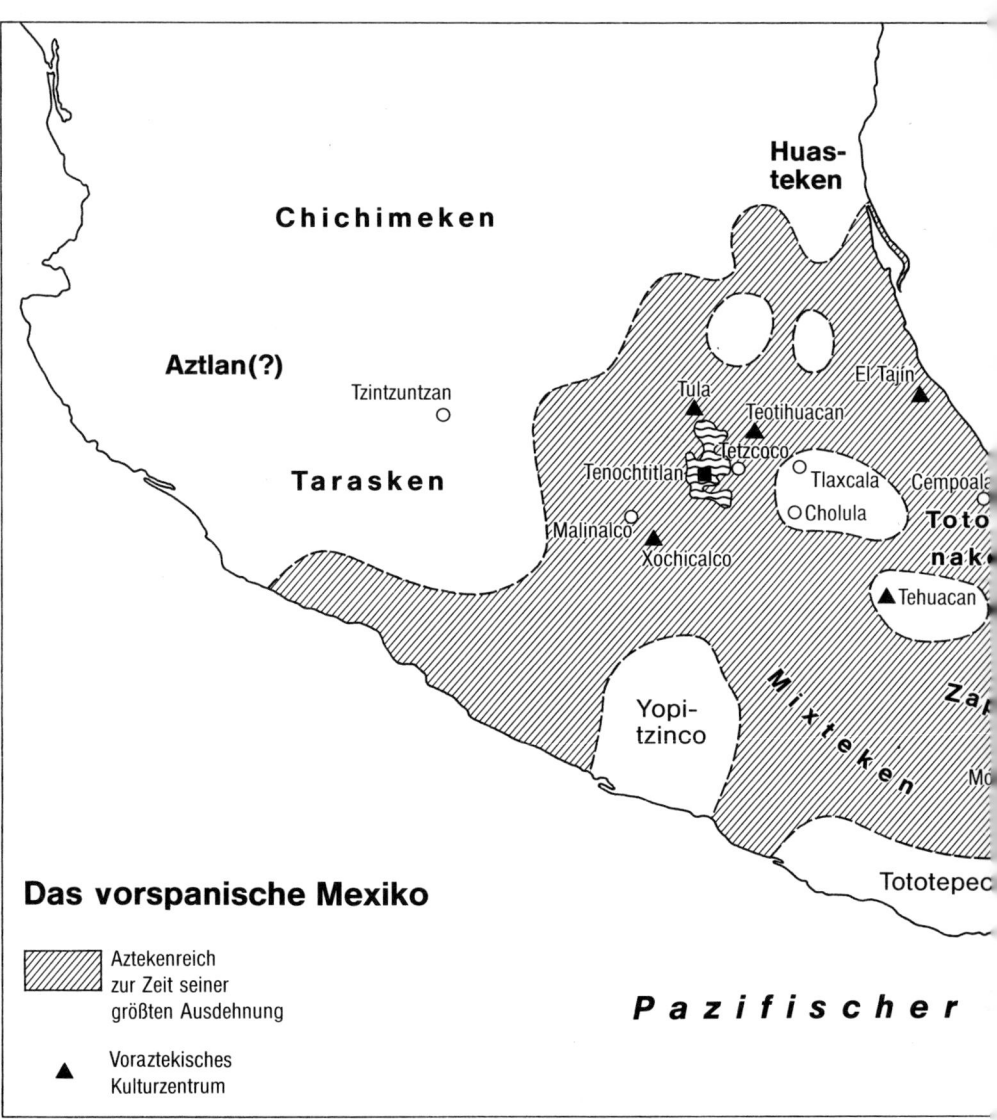

Das vorspanische Mexiko

Aztekenreich
zur Zeit seiner
größten Ausdehnung

▲ Vorazekisches
Kulturzentrum

Golf von Mexiko

Chichén Itzá ▲

Xicalanco

La Venta ▲

San Lorenzo ▲

M a y a

Tikal ▲

Utatlán ○

Kaminaljuyú ▲

Soconusco

Ozean

Höhepunkt erreichte; und schließlich *Tres Zapotes,* in der Gegend der Tuxtla-Berge gelegen, woher die Steinblöcke stammten, aus denen die Monumentalplastiken hergestellt wurden. Mit Tres Zapotes, dessen Reste bis in die Zeit um Christi Geburt reichen, endet die Olmekenkultur.

Ihr Anfang reicht – nach neueren Berechnungen – bis in die Zeit um die Mitte des zweiten Jahrtausends v. Chr. zurück. Der Höhepunkt der Olmekenkultur, der durch die Ausbildung eines sogenannten *Zeremonialzentrums* in La Venta gekennzeichnet ist, wird in die erste Hälfte des ersten vorchristlichen Jahrtausends datiert. Somit umfaßte die Periode, die den Grundstein für die mesoamerikanische Tradition legte, einen Zeitraum von anderthalb Jahrtausenden.

Man nennt diese Periode auch das *Formativum,* womit gesagt werden soll, daß es nur ein Vorläufer war, eine Phase, die zu etwas Größerem hinführt. Dieses eigentlich Bedeutende war das *Klassikum,* ein Zeitraum, der durch die höchste Entfaltung der mesoamerikanischen Tradition gekennzeichnet war und praktisch das gesamte erste nachchristliche Jahrtausend umfaßte. Was folgte, die sogenannte *Postklassik,* war weniger ein Nachglimmen als vielmehr ein Wechsel, eine Verschiebung der Akzente: Hatte bislang die Religion im Mittelpunkt gestanden, so war es nun die weltliche Macht, getragen von einem expansiven Militarismus, die an ihre Stelle trat. In gewisser Weise bedeutete dies eine Aufgabe, zumindest eine Einschränkung der mesoamerikanischen Tradition, noch ehe ihr eigentliches Ende – durch die spanische Eroberung – erfolgte. Und verantwortlich für diese Entwicklung waren keine anderen als jene Stämme »barbarischer« Chichimeken, die aus den Steppen und Wüsten im Norden abgewandert waren und – wie die Hunnen in Europa – in die fruchtbaren Oasen des Südens einfielen und dort die höhere Kultur usurpierten.

Diese Entwicklung, die eine Abkehr von der klassischen mesoamerikanischen Tradition bedeutete, läßt sich besonders deutlich an einem Beispiel, das zugleich den Kern der Entwicklung darstellt, verfolgen. Es ist dies die Funktion der *Stadt,* die ursprünglich das, was wir darunter verstehen, gar nicht war. Den frühesten Ansatz zu dieser Siedlungsform finden wir in San Lorenzo, wo auf einem künstlich errichteten Hügel eine Anlage geschaffen wurde, die aus einem großen Hof, Häusern, Abflußkanälen und Teichen bestand. Mag diese Anlage noch defensiven Charakter gehabt haben, insofern, als man den künstlichen Hügel als eine Art Festung ansehen könnte, so zeigt sich doch in der nächsten Phase, die durch La Venta repräsentiert wird, daß ein zentraler Bezirk nicht nur durch seine Lage, sondern auch durch die Art und Anordnung seiner Bauten eine besondere Bedeutung erlangte. La

Venta besteht im wesentlichen aus einer großen Pyramide, zwei parallelen Wällen, die den Zugang zur Pyramide begrenzen, und einem größeren Hügel, der der Pyramide gegenüberliegt und in dem zahlreiche Gräber gefunden wurden. Das Ganze ist in einer Nordsüdachse angelegt, wobei eine geringe Abweichung nach Westen festzustellen ist, die fortan ein Merkmal der städtebaulichen Planung Mesoamerikas blieb.

Was in La Venta fehlt – und auch in San Lorenzo in späterer Zeit zurücktritt – sind Reste eigentlicher Wohnbezirke, die nach unserem Verständnis das Wesen einer Stadt ausmachen. Zwar kennen auch wir ein »Zentrum«, das – zumal im Mittelalter – durch religiöse und administrative Bauten gekennzeichnet wurde, doch es ist dies nicht viel mehr als ein Mittelpunkt, der von einem Meer von Häusern umgeben ist, das seinerseits nicht selten von einer Mauer eingeschlossen war. Für uns bildet die Stadt eine Einheit aus Residenz, Religion, Handel und Verwaltung. In Mesoamerika war dies nicht das vorherrschende Städtebild. Die Struktur einer Stadt, wie sie auf die Olmeken zurückgeht und ihre weitere Ausprägung in der Klassik erlangte, war allein durch eine Ansammlung sakraler (und administrativer) Bauten gekennzeichnet, während die Bevölkerung, für die dieses »zeremoniale Zentrum« als Bezugspunkt diente, in mehr oder weniger weitem Umkreis um die »Stadt« siedelte. Diese Dichotomie zwischen Stadt und Land war besonders für die Maya charakteristisch, die in den Olmeken möglicherweise ihre direkten Vorläufer hatten. Aber auch im zentralen Mexiko, vor allem in Oaxaca, das der Kultur der Olmeken am nächsten lag, setzte sich diese besondere Form eines Zeremonialzentrums, das ein bäuerliches Hinterland beherrscht, durch. Erst in der Spätzeit, mit dem Einfall jener Barbaren aus dem Norden, die die theokratische Tradition der Klassik sprengten und eine allgemeine Säkularisierung einleiteten, trat der Charakter einer »heiligen« Stadt zurück, und an ihre Stelle trat ein weltliches Zentrum der Macht (und des Handels), wie es in Tenochtitlan, dem Sitz der Azteken, seine höchste Vollendung erfahren sollte.

Einher mit dieser Entwicklung der Stadt von einem religiösen zu einem politischen Zentrum ging ein Wandel in der staatlichen Struktur. Die Olmeken unterhielten ein weites Netz von Handelsbeziehungen, aber nichts deutet darauf hin, daß sie das gesamte Gebiet, über das sich ihr Einfluß erstreckte – er reichte vom Hochtal von Mexiko im Norden bis zu den Küstenregionen von El Salvador im Süden –, in einem zentralen Reich zusammenschlossen. Auch die Kulturen und Völker, die ihre Tradition aufgriffen und sie weiterentwickelten, vermochten dies nicht. Weder die Maya noch die *Zapoteken*, die in Oaxaca ein Zentrum höherer Kultur entwickelten, brachten es jemals zu einem geeinten Reich, das größere Teile Mexikos umfaßte. Dies vermochten erst – und als einzige der Kulturen und Völker Altmexikos – die Azteken. Darin liegt ihre Größe; zugleich aber auch ihre Schwäche, denn sie hatten ihre politische Macht um die Aufgabe einer langen geistigen und religiösen Tradition erlangt. Was nicht bedeutet, daß sie nicht auch zu feinsinnigen, kulturellen Glanzleistungen fähig gewesen wären. Daß sie das waren, werden wir noch sehen. Aber der Fokus, der Brennpunkt ihrer Kultur war die Macht, militärische Macht, der sie alle anderen Bereiche ihres Lebens unterordneten.

Zunächst waren sie freilich noch gar kein Gedanke. Denn nach den Olmeken, deren Kultur gegen Ende des ersten Jahrtausends v. Chr. ausläuft, kam es zur Bildung sogenannter *regionaler Kulturen*, die nur eine geringe Ausstrahlung hatten und den Impuls, den sie von den Olmeken erhalten hatten, weiterverarbeiteten. Neben *Monte Albán*, dem späteren Zentrum der Zapoteken, und den beginnenden Stadtstaaten der Maya war dies vor allem ein Ort, der den Grundstein für eine höhere Entwicklung im zentralen Mexiko legte: *Cuicuilco*.

Dieser Ort, den wir schon als »Pompeji Amerikas« erwähnten, führte auch im Tal von Mexiko die Tradition des zeremonialen Zentrums ein. So ist das Kennzeichen Cuicuilcos ein pyramidaler Rundbau, der als Basis für einen Tempel diente. Im Endstadium – der Bau wurde im Laufe der Zeit erweitert – erreichte die Pyramide eine Höhe von 20 m, bei einem Durchmesser von 135 m (wobei letzteres sich auf die Grundfläche bezieht, denn der Bau besteht aus vier übereinandergesetzten Kegelstümpfen). Durch eine Treppe und eine Rampe, die eine im Osten, die andere im Westen, erreichte man die Höhe der Pyramide, die noch heute die Spuren eines Altars erkennen läßt, der einst von einer Überdachung aus vergänglichem Material geschützt wurde.

Über die Götter oder den Gott, den man dort anbetete, lassen sich nur Vermutungen äußern. Immerhin ist es möglich, daß hier schon Menschenopfer dargebracht wurden, denn im Umkreis der Pyramide fand man einfache Gräber mit Skeletten, die von ersten Opfern herrühren können, zumal sie keinerlei Beigaben aufwiesen, wie sie sonst bei Begräbnissen üblich sind.

Was die religiösen Vorstellungen betrifft, so mag ein Indiz darin zu finden sein, daß man an verschiedenen Orten im Hochtal von Mexiko Keramikfigürchen fand, die an die archaischen Venusfiguren der Alten Welt erinnern. Da es sich um *neu*weltliche Funde handelt (und die Erforschung Altmexikos vornehmlich von Amerikanern betrieben wird), konnte es nicht ausbleiben, daß man diese zum Teil recht koketten Tonfigürchen »Pretty Ladies« nannte. Sie tragen gewöhnlich nur ein Kleidungsstück, und das ist eine rechte kunstvolle, manchmal zu einem Turban geflochtene Kopfbedeckung. Ansonsten machen sie das Fehlen jeglicher Kleidung durch ausgeprägte Geschlechtsmerkmale wett, wobei besonders die Hüften und Schenkel betont sind, was darauf schließen läßt, daß es sich um Fruchtbarkeitsidole handelt.

Es gibt aber auch sehr realistische Darstellungen, die auf einen anderen Aspekt der Religion beziehungsweise Kultur hinweisen, der für das alte Mexiko typisch werden sollte. Es sind dies maskenartige Tonplastiken, die aus zwei Hälften bestehen: Die eine zeigt die Gesichtshälfte eines Lebenden, die andere die eines Toten. Darin drückt sich ein dualistisches Weltbild aus, das zwar auch aus anderen Gegenden bekannt ist, doch in Mexiko, wo der Tod ein Teil des Lebens war, eine besondere Bedeutung erlangte. Diese enge Beziehung zum Tode (aus dem das Leben entstand) hat sich bis heute in Mexiko erhalten: Totenköpfe aus Zuckerwerk belegen dies ebenso wie die *Fiesta,* die man am Tag der Toten auf den Gräbern der Verstorbenen veranstaltet.

Die meisten, zumindest aber die kunstvollsten dieser Tonfigürchen stammen aus *Tlatilco,* einem Ort, der wie Cuicuilco am Westufer des einstigen Sees lag und als Vorläufer des späteren Zeremonialzentrums angesehen wird. Tlatilco wird in die Zeit um 1000 v. Chr. datiert; Cuicuilco erlangte seine Blüte gegen Ende der vorchristlichen Zeit. Um Christi Geburt brach der nahe Vulkan Xitle aus und vernichtete einen Teil des Einzugsgebietes von Cuicuilco; was von dem einstigen Zentrum übrigblieb, fiel schließlich – um 300 n. Chr. – einem zweiten Ausbruch des Xitle zum Opfer. Erst in unseren Tagen, als man daranging, die von einem Lavafeld eingeschlossene Pyramide freizulegen, kam dieses älteste Zeugnis einer Hochkultur im Tal von Mexiko wieder zum Vorschein.

Der wiederholte Ausbruch des Xitle verwüstete einen großen Teil des fruchtbarsten Gebietes im Hochtal von Mexiko. Noch heute ist diese Gegend eine öde Steinwüste, die bis an die Grenzen der Hauptstadt reicht. Man nennt das Lavafeld *Pedregal,* und dieses Gebiet war es, wo die Azteken zunächst Zuflucht gefunden hatten. Niemand sonst wollte es bewohnen, und man hoffte, die Unwirtlichkeit der Gegend würde die unliebsamen Zuwanderer endgültig vertreiben. Doch die Azteken harrten aus und holten schließlich zum Gegenschlag aus.

Anders die Bewohner von Cuicuilco: sie verließen das Heiligtum und flüchteten in den Norden, zu einem Ort, auf der anderen Seite des Sees, der schon seit geraumer Zeit mit Cuicuilco gewetteifert hatte. Es war dies *Teotihuacan,* der »Ort, wo man zum Gott wird«, wie die Azteken ihn später nannten. Wie die Stadt ursprünglich hieß, ist unbekannt. Auch weiß niemand, wer sie erbaut hat; weder das Volk noch seine Sprache sind überliefert.

Doch für die Azteken war dies ein eindrucksvoller Ort, ist das Wahrzeichen der Stadt doch ein heiliger Bezirk, der von zwei mächtigen Pyramiden überragt wird. Sie setzten sie mit den beiden Himmelsgestirnen gleich, die angeblich an diesem Ort erschaffen und zum ersten Mal verehrt wurden. Sahagún, der sich auf Aussagen seiner indianischen Gewährsleute stützt, berichtet:

»Sie erzählten, daß sich vormals, als es noch keinen Tag gab, die Götter an jenem Ort versammelten, den man *Teotihuacan* nennt und wo heute das Dorf San Juan liegt, zwischen Chiconauhtlan und Otumba. Und die Götter sagten einer zum andern: ›Wer nimmt sich der Aufgabe an, Licht in die Welt zu bringen?‹

Da antwortete einer der Götter, der sich *Tecuciztécatl* nannte, und sagte: ›Ich werde der Welt Licht bringen.‹ Worauf die Götter weiter berieten und sprachen: ›Wer meldet sich noch?‹ Und sie schauten einer den andern an und fragten sich, wer der andere sein könnte. Aber niemand wagte es, sich zu melden; alle hatten sie Angst und entschuldigten sich.

Einer der Götter, den man nicht beachtet hatte und der ein Aussätziger war, sprach nicht, sondern hörte nur, was die anderen redeten: diesem wandten sie sich zu und sprachen zu ihm: ›Sei du es, der Licht bringt, Kleiner!‹ Und da er gutwillig war, gehorchte er und sagte: ›So soll es denn sein: ich werde tun, was ihr von mir verlangt.‹

Da vollführten die beiden vier Tage lang Bußübungen und zündeten dann ein Feuer an, das sie in einer steinernen Pfanne entfachten, die man *teotexcalli* [›Gottesherd‹] nennt.

Darauf brachte Tecuciztécatl seine Opfer dar, und alles, was er opferte, war von erlesenem Wert. Anstelle einfacher Blumenzweige opferte er reichen Federschmuck, von der Art, die man *quetzalli* nennt, und anstatt einfacher Grasbüschel brachte er Bälle aus Gold dar, anstelle von einfachen Kaktusdornen Splitter aus kostbaren Steinen und anstelle blutbeschmierter Stacheln rote Korallen; auch der *copal* [Weihrauch], den er opferte, war von besonderer Qualität.

Der Aussätzige aber, der sich *Nanauatzin* nannte, opferte statt Blütenzweigen grünes Schilfrohr, das er zu Bündeln zusammenband; und er opferte Büschel aus Gras und Dornen des Maguey, und die Dornen beschmierte er mit seinem eigenen Blut. Und anstelle von Copal opferte er den Schorf aus seinen Wunden.

64

Für alle beide errichtete man je einen Turm, wie einen Berg; und auf diesen Türmen vollführten sie vier Nächte lang ihre Bußübungen. Heute nennt man diese Türme *tzaqualli* [›Tempelplattformen‹]; sie befinden sich in der Nähe des Dorfes San Juan, das auch Teotihuacan genannt wird.

Nachdem sie derart ihre Bußübungen ausgeführt hatten, brachten sie Opfer dar.

Das taten sie am Ende ihrer Bußübungen, und am nächsten Tag wandten sie sich ihrer eigentlichen Aufgabe zu. Sie begann damit, daß man sie kurz vor Mitternacht feierlich ankleidete: Der, der Tecuciztécatl hieß, erhielt einen Federschmuck, *aztacómitl* [Kopfschmuck aus Reiherfedern] genannt, und eine Jacke aus Baumwolle; und dem, der sich Nanauatzin nannte, gaben sie eine Kopfbedeckung aus Papier, die sie *amatzontli* nennen, einen Umhang aus Papier und einen papiernen Lendenschutz. Und als es Mitternacht war, versammelten sich alle Götter um das heilige Feuer, das da vier Tage gebrannt hatte.

Die Götter bildeten zwei Gruppen; die eine auf der einen Seite, die andere auf der anderen Seite des Feuers. Und die beiden besagten Götter stellten sich vor das Feuer, das Gesicht den Flammen zugewandt und zu beiden Seiten die versammelten Götter.

Sie waren alle aufgestanden und sprachen zu Tecuciztécatl: ›Nun, Tecuciztécatl, geh in das Feuer!‹ Und er machte Anstalten, sich ins Feuer zu werfen; aber das Feuer brannte so hoch und die Hitze war so groß, daß ihn Furcht ergriff und er es nicht wagte, sich ins Feuer zu stürzen, und er zurückwich.

Er versuchte es ein zweites Mal, näherte sich dem Feuer und schreckte doch zurück; er wagte es nicht sich hineinzustürzen. Viermal versuchte er es, aber er schaffte es nicht. Es war abgemacht, daß jeder nur vier Versuche hatte.

Und als er es derart versucht hatte, wandten sich die Götter an Nanauatzin und sagten zu ihm: ›Nun, Nanauatzin, versuch du es!‹

Und wie es ihm die Götter befohlen hatten, überwandt sich Nanauatzin und, indem er die Augen schloß, warf er sich ins Feuer. Und alsbald fing er an zu schreien und zu klagen, wie es ein jeder tut, der im Feuer röstet. Und als Tecuciztécatl sah, wie er sich ins Feuer gestürzt hatte und verbrannte, nahm auch er einen Anlauf und warf sich ins Feuer.

Sie sagen, daß dann ein Adler erschien und sich gleichfalls ins Feuer stürzte und verbrannte, und das ist der Grund, weshalb sein Gefieder dunkel oder schwarzfarben ist. Darauf kam ein Jaguar; auch er sprang in das Feuer. Doch er versengte sich nur, und deshalb blieb sein Fell schwarz- und weißgescheckt.

Hierauf geht der Brauch zurück, Krieger, die sich durch besondere Tapferkeit auszeichnen, *quauhtlocélotl* zu nennen, und sie setzen das Wort *quauhtli* [›Adler‹] an den Anfang, weil sich der Adler zuerst ins Feuer stürzte. *Océlotl* [›Jaguar‹] stellen sie ans Ende, weil der Jaguar nach dem Adler ins Feuer ging.

Nachdem sich nun beide ins Feuer geworfen hatten und sie beide verbrannt waren, setzten sich die Götter hin, um zu sehen, wo der Nanauatzin erscheinen würde.

Und nachdem sie so eine Weile gesessen und gewartet hatten, begann sich der Himmel rötlich zu färben, und überall erschien das Licht der Dämmerung.

Und sie sagen, daß die Götter, als sie das sahen, sich niederknieten und warteten, auf daß Nanauatzin, der sich in die Sonne verwandelt hatte, erschiene: Überall blickten sie hin, aber sie wußten nicht, wo er erscheinen würde. Einige meinten, daß es im Norden sei, und so blickten sie alle nach dort; andere sagten, es sei der Süden. Überall, meinten sie, könne er erscheinen, denn überall leuchtete das Licht der Morgendämmerung. Einige wiesen nach Osten und meinten, dort müsse die Sonne erscheinen. Und was sie sagten, trat ein.

Sie sagen, die, die nach Osten wiesen, waren Quetzalcóatl, den man auch *Écatl* nennt, und einer, der *Tótec* heißt, auch *Anaoatlytecu* oder *Tlatláuic Tezcatlipoca* genannt; auch jene, die man *Mimixcoa* nennt und von denen es unzählige gibt, waren darunter; und schließlich vier Frauen, eine, die *Tiacapan* heißt, eine andere, *Teicu* mit Namen, eine dritte, die sich *Tlacoeua* nennt, und als vierte *Xocóyotl*.

Und als die Sonne erschien, war sie dunkelrot, und ihr Licht war überall. Niemand konnte sie anschauen, so sehr blendeten die Strahlen, die sie aussandte; sie reichten in alle Winkel. Und dann erschien der Mond, genau dort im Osten, wo die Sonne erschienen war. Sie erschienen gemeinsam: Zuerst erschien die Sonne und dann der Mond. In der gleichen Reihenfolge, wie sie sich ins Feuer gestürzt hatten, erschienen sie als Sonne und Mond.«[27]

Ein großartiges Bild, das Sahagún hier entwirft: schwarze Finsternis, die Götter auf der Höhe einer Pyramide versammelt, ein brennendes Feuer, Bußübungen und Opferhandlungen, die gemeinsame Andacht und dann – das Ende der Nacht, die Geburt des Tages. Es war zugleich der Beginn eines neuen Zeitalters, der fünften Sonne: Nicht in Tula, sondern in Teotihuacan war es, wo die letzte Welt begann. Die Azteken machten keinen Unterschied: Für sie war alles, was an Großem erschaffen war, das Werk der Tolteken, und diese siedelten sie nicht nur in Tula, sondern auch in Teotihuacan an. So ging der Name der Stadt auf die Vorstellung zurück, daß die Ruinen, die die sogenannte *Straße der Toten* säumen, Grabhügel seien, in denen man einst Könige, toltekische Herrscher, beigesetzt hatte, die dann zu Göttern wurden.

Die Geburt der Sonne, wie sie die Legende überlieferte, war ein Ereignis, das die Azteken tief beeindruckte. Jährlich feierten sie Feste, die diesen wunderbaren Akt der Schöpfung versinnbildlichen (und beschwören) sollten, und alle 52 Jahre, wenn man fürchtete, die Welt ginge zu Ende, bestieg man einen Berg, der die Stadt, Tenochtitlan, überragte, brachte ein Menschenopfer dar und entzündete auf der Brust des Geopferten ein heiliges Feuer, mit dem ein neues Zeitalter, ein neuer Jahreszyklus begann.

Zugrunde liegt diesem Brauch und dieser Vorstellung die Furcht, daß nichts ewig, alles vergänglich sei. Der Mensch war nur ein Spielball der Götter, der Gewalten der Natur, und nur, indem man die Kräfte des Universums beschwichtigte und beschwor, konnte man den Untergang der Welt abwenden. Die Welt hatte sich verdunkelt, Rauch und Asche waren über das Tal niedergegangen: was Wunder, daß die Flüchtlinge aus Cuicuilco, deren Stadt durch den Vulkan zerstört war, in Teotihuacan, das am anderen Ende des Tales lag und von dem Unheil verschont geblieben war, das Wiedererscheinen der Sonne und des Lichts feierten? Daß es nur ein natürlicher Vorgang war, erkannten sie nicht: Kräfte, die einen ganzen Berg spalten konnten, waren sicher auch in der Lage, den Rest der Welt zu zerstören, und wenn dennoch andere Kräfte, die dem Bösen entgegenstanden, obsiegten, so war das immer noch ein Wunder, und man tat gut daran, sich dieses Wunders durch Analogiezauber zu versichern.

So mag die Legende von der Erschaffung der Sonne (und des Mondes) entstanden sein. Die Pyramiden jedoch, denen diese beiden Himmelsgestirne ihren Namen gaben, verdanken ihre Existenz einer anderen Vorstellung. Und diese geht auf die besondere Beschaffenheit von Teotihuacan beziehungsweise dem Seitental, in dem es lag, zurück: Es war dies im Gegensatz zu all den anderen Zentren früherer Besiedlung im Tal von Mexiko, die an den Ufern des Sees gelegen hatten, ein trokkenes Gebiet, das zwar von einigen Quellen gespeist wurde, das dennoch aber vor periodischen Trockenheiten nicht sicher war. Es war deshalb nur natürlich, daß man eine Gottheit aufgriff, die mit dem feuchten Tiefland verbunden war und bereits bei den Olmeken eine vorherrschende Rolle gespielt hatte. Es war dies der Regengott, der in seiner ursprünglichen Gestalt als Jaguar verehrt wurde.

Wie die Bewohner von Teotihuacan ihren Gott nannten, wissen wir nicht. Die Azteken bezeichneten ihn als *Tlaloc* beziehungsweise *Tlalloccantecuhtli*, als »Herrn des Paradieses«. Er stand dem *Tlalocan* vor, dem »Ort, wo der Wein der Erde fließt«, das Wasser. Sahagún beschreibt dieses irdische Paradies, wo es an nichts fehlt, Nahrung und Blumen im Überfluß wachsen, sehr anschaulich. Doch eindrucksvoller ist sicher ein Gemälde, eine Wandmalerei, die aus einem Palast in Teotihuacan stammt. Es ist dies eine szenische Darstellung, die das Paradies des Regengottes zeigt: eine reich mit Federn und Jade geschmückte Gestalt, die über einem Garten thront, in dem sich Menschen tummeln, tanzen, schwimmen, singen. Regen tropft aus den Händen des Gottes, und das, was die Menschen unter seiner gütigen Aufsicht treiben, ist der Genuß ewiger Fruchtbarkeit und Kühle.

Man muß die staubige, ausgedörrte Steppe des Hochtals kennen, um ermessen zu können, welch eine Erlösung es war, in einem solchen Schlaraffenland, das nur Erwählten winkte, ausruhen zu können. In *Tepantitla*, wie der Palastkomplex heißt, wo man die Freskomalerei fand, hatte der Mensch die Freuden des Jenseits ständig vor Augen. Sie müssen selbst dem verlockend erschienen sein, der es sich sicher auch schon zu Lebzeiten hatte leisten können, gelegentlich ein frisches Bad zu nehmen.

Nun wurde der Gott, dem man auch das irdische Leben verdankte, nicht nur in bildlichen Darstellungen verehrt. Er findet sich auch – im Verein mit einem anderen Gott, der gleichfalls in Teotihuacan erstmals greifbar wird: der gefiederten Schlange – an der Fassade eines Tempels beziehungsweise einer Pyramide, die den Mittelpunkt der sogenannten *Zitadelle* bildet. Hierbei handelt es sich um ein großes, quadratisches Areal, das an eine Festung erinnert und wohl das eigentliche Zentrum der Stadt bildete. Hier residierten Priester und Herrscher, und in der Spätzeit mögen sie sich hier verschanzt haben, um dem Aufruhr zu entgehen, der dem Glanz Teotihuacans ein Ende machte.

An der Fassade der Pyramide erscheint Tlaloc mit seiner charakteristischen Maske, einem geometrischen Gebilde, das durch zwei kreisrunde Augen gekennzeichnet ist, während die Schlange – ein Symbol des Gottes Quetzalcoatl – in naturalistischem Stil dargestellt ist: ein drachenförmiger Kopf, von einer Halskrause umgeben, die die Federn symbolisiert.

So eindrucksvoll der Tempel in der Zitadelle auch ist, so verblaßt er doch, wenn man ihn mit jenen beiden anderen Tempelbergen vergleicht, die der Sonne und dem Mond zu ihrem Erscheinen verhalfen. Diese beiden Pyramiden sind das eigentliche Wahrzeichen der Stadt, und es ist durchaus möglich, wenn auch nicht erwiesen, daß sie das, was der Tempel in der Zitadelle als Synthese darstellt, in der getrennten Version verkörpern: hier Tlaloc, dort Quetzalcoatl. Darauf könnte eine Höhle hinweisen, die man unterhalb der sogenannten Sonnenpyramide fand, denn die Höhle war ein Ort, der allgemein mit dem Kult des Regengottes in Verbindung stand. Andererseits gibt es in der Nähe der sogenannten Mondpyramide einen Palast, *Quetzalpapalotl* genannt, der in besonders auffallender Weise Reliefverzierungen in Form des Quetzalvogels, des Symbols Quetzalcoatls, aufweist.

Wer immer auch auf der Spitze dieser beiden Pyramiden verehrt wurde, man brachte ihnen offensichtlich große Ehrfurcht entgegen: Die Sonnenpyramide, der größere der beiden Schreine, hat eine Grundfläche von rund 220 qm. Das entspricht den Maßen der *Cheops-Pyramide,* der größten der drei Pyramiden von Giseh in Ägypten. Allerdings ist die Sonnenpyramide von Teotihuacan mit einer Höhe von 63 m nur halb so hoch wie die Cheops-Pyramide und ihr Volumen anderthalbfach geringer. Dennoch sind auch eine Million Kubikmeter Gestein und Erde noch eine ansehnliche Menge, die es zu bewegen galt. Und damit kämen wir zu dem Kern der Sache: Teotihuacan war ein Ort, der es sich leisten konnte, ein solches monumentales Bauwerk zu errichten. Die Stadt war nicht nur ein urbanes Zentrum im wahrsten Sinne des Wortes (womit sie sich von der eigentlichen Tradition Mesoamerikas unterschied); sie war die größte Stadt im Tal von Mexiko und darüber hinaus in ganz Mesoamerika. Das, was die Olmeken in einer ersten pan-indianischen Bewegung begründet hatten, setzten die Teotihuakaner fort: Es war der zweite sogenannte *Horizont,* der alle Teile Mesoamerikas an eine Tradition band. Einflüsse Teotihuacans reichten bis nach Guatemala, wo in *Kaminaljuyú,* in der Nähe der heutigen Hauptstadt, ein Außenposten entstand, der nur eine Kolonie gewesen sein kann. Ähnlich war der Einfluß in Monte Albán, wo er die Kultur der Zapoteken befruchtete. Überall war die Vorherrschaft der Teotihuakaner spürbar; und wenn sie auch noch kein festgefügtes Reich gründeten, wie es schließlich die Azteken vermochten, so war ihre Stadt doch über Jahrhunderte hinweg das unbestrittene Zentrum religiöser Macht und wirtschaftlicher Vorherrschaft. Vielleicht könnte man die Bedeutung Teotihuacans mit *Mekka* vergleichen, der heiligen

Stadt des Islam: Es gab Völker, die Teotihuacan zwar nicht politisch untertan waren, die dennoch aber in dieser Stadt ein religiöses Zentrum sahen, dem man sich willig unterordnete. Das machte die Stadt reich und mächtig, bis sie das Ende ereilte.

Was der Auslöser für den Niedergang Teotihuacans war, wissen wir nicht. Die Stadt wurde auch nicht völlig aufgegeben; doch sank die Bevölkerung innerhalb kurzer Zeit von über 100 000 auf 25 000 ab, und es fanden sich Brandspuren in den zentralen Bezirken, die darauf hindeuten, daß es ein plötzliches Unheil gewesen sein muß, das die Stadt heimsuchte. Vielleicht war es ein Aufstand; wahrscheinlicher aber ist, daß das Ende von Teotihuacan mit dem Einfall jener »Barbaren« in Zusammenhang zu bringen ist, die am Ende der Klassik, also jener Periode, in der Mesoamerika seine höchste Blüte erreichte und Teotihuacan eine beherrschende Rolle spielte, in das Hochtal von Mexiko einfielen. Teotihuacan verlor seine Vormachtstellung, und nachdem eine Zeit des Interregnums eingetreten war, wo es niemandem gelang, über das Niveau einer lokalen Kultur hinauszuwachsen, setzten sich schließlich jener Ort und jenes Volk durch, in denen die Azteken ihre wahren Vorläufer erblickten.

Dieses Volk waren die *Tolteken* und der Ort, wo sie sich niederließen, *Tula*. Man kann auch diesen Ort heute noch besichtigen: Er liegt nur etwa eine Autostunde von Mexiko, der Hauptstadt, entfernt. Doch die Ruinen, die man dort findet, sind eher enttäuschend. Nichts erinnert an die grandiose Monumentalität und ernste Würde, die die Bauten von Teotihuacan umgeben. In Tula ist alles einfacher, gröber, weltlicher: Das, was am meisten auffällt, sind mächtige, plumpe Kriegergestalten, die sich auf der Plattform einer Pyramide erheben. Sie trugen einst das Dach eines Tempels, der dem Quetzalcoatl geweiht war. Doch das ist eine Ironie, um nicht zu sagen eine Blasphemie, denn nichts lag Quetzalcoatl, dem Schöpfer des Menschen, ferner, als ihn durch Krieg und Tod zu vernichten. Daß er dennoch mit diesen martialischen Gestalten, die den Zugang zu seinem Heiligtum bewachten, vorliebnehmen mußte, hing mit einem Ereignis zusammen, das zu den großen Dramen der Weltgeschichte gehört: Es begann damit, daß *Mixcoatl*, dem Begründer Tulas, ein Sohn geboren wurde, den man nach dem Tage seiner Geburt *Ce Acatl*, »Ein Rohr«, nannte, wozu man später den Titel *Topiltzin* hinzufügte, was soviel wie »Unser Fürst (oder Prinz)« heißt. Dieser Ce Acatl Topiltzin, der angeblich durch ein Wunder empfangen war (seine Mutter, *Chimalma*, habe einen Edelstein verschluckt, so heißt es in der Legende), entwickelte alle Anzeichen eines Heiligen, und obwohl er die Nachfolge seines Vaters antrat, widmete er sich doch mehr der Religion als den Regierungsgeschäften, weshalb er schließlich auch *Quetzalcoatl* genannt wurde, nach dem Gott, dem er sich am meisten verpflichtet fühlte.

Ce Acatl Topiltzin Quetzalcoatl war im Grunde ein Priester: Er war das Abbild seines Gottes auf Erden und führte das Leben eines Einsiedlers. Wie Durán in seinem Werk über den Kult der Indianer berichtet:

> »Er hielt sich zumeist in seiner Zelle auf und betete; nur selten bekam man ihn zu Gesicht. Er war ein Mensch, der regelmäßig fastete, keusch lebte und sich viele Bußübungen auferlegte. Seine eigentliche Aufgabe aber bestand darin, daß er überall Altäre und Schreine errichtete und Gottesbilder aufhängte, vor denen er sich niederkniete und betete und den Boden küßte. Das alles tat er wie in einem langen Gebet. Er schlief immer zu Füßen des Altars. Viele Schüler kamen zu ihm, und er lehrte sie beten und predigen, und diese Schüler nannte man *Tolteken,* was ›Gelehrter oder Künstler‹ heißt.«[28]

Es waren also die eigentlichen Tolteken, die seine Anhänger waren. Doch das ist die Interpretation, die man im Nachhinein dem Ereignis gab. Denn in Wirklichkeit waren die Tolteken nicht seine Anhänger, sondern seine Feinde. Denn wie es in einer anderen Quelle, die Sahagún überliefert, heißt, handelte es sich bei den Tolteken um »Nahua«, und das waren keine anderen als jene Barbaren, die am Ende der klassischen Zeit in das Hochtal von Mexiko einwanderten und dem Glanz von Teotihuacan ein Ende bereiteten.

Sie waren also genau das nicht, was man ihnen später andichtete: nämlich Künstler und Gelehrte. Wie konnte es zu dieser Verwechslung kommen?

Das ist eine lange und komplizierte Geschichte. Zunächst einmal ist anzumerken, daß wir mit den Tolteken erstmals den Boden der *Geschichte* betreten, das heißt, im Gegensatz zu Teotihuacan und all den anderen Kulturen, die der Herrschaft der Tolteken vorausgingen, haben wir es bei den Tolteken mit einem Volk zu tun, das in historischen Überlieferungen auftaucht und damit konkret greifbar wird. Was nicht bedeutet, daß die Geschichte der Tolteken (und derer, die ihnen folgen) nicht auch noch Rätsel aufgibt: Die Überlieferungen, auf die wir uns bei der Rekonstruktion der sogenannten postklassischen Zeit stützen, stammen aus unterschiedlichen Quellen, und es ist manchmal nicht leicht, gegensätzliche Aussagen auf einen Nenner zu bringen. Doch es werden Namen überliefert, Ereignisse und Orte und all dies nicht selten mit genauen Jahresangaben, die es uns ermöglichen, Licht in ein Dunkel zu bringen, das sonst nur die Archäologie zu erhellen vermag. Und das ist oft nicht mehr als ein nüchternes (wenn auch zuweilen umstrittenes) Datengerüst und ein Nachweis der Funde, deren Interpretation nur wenig Grenzen gesetzt sind. Wer regierte in Teotihuacan, wer gründete die Stadt? Wir werden es nie erfahren, denn nicht nur ist die Zeit, zu der Teotihuacan bestand, nicht historisch belegt, es fanden sich auch keine Schriftzeichen, die man vielleicht einmal in der Zukunft hätte entziffern können. Bei den Maya ist das anders: Da wird die historische Zeit in die Klassik zurückverlegt, denn die Maya *haben* schriftliche Zeugnisse (in Form von Inschriften auf Monumenten und Keramik) hinterlassen, auch wenn man sie noch nicht gänzlich entziffert hat. Teotihuacan ist stumm, und das nicht erst nur für unsere Ohren: Auch jene, die die historischen Überlieferungen abfaßten, auf die wir uns heute stützen, konnten mit Teotihuacan nichts anfangen. Die Zeit lag zu weit zurück: Statt Fakten, die man vergessen hatte, begnügte man sich mit Legenden – und so wurden eben die Pyramiden von den Göttern erbaut, und die Sonne hatte hier ihren Ursprung.

Alles, was weltlicher Natur war, die Einführung eines fortschrittlicheren Ackerbaus, die Verfeinerung des Handwerks, die Beschäftigung mit Wissenschaft und Kunst, all das, was eigentlich in Teotihuacan entstanden war, verlegte man nach Tula, einfach deshalb, weil man sich an die Größe dieser Stadt, deren Blüte noch nicht so weit zurücklag und mit deren Erbauern man verwandt war, noch erinnern konnte. Derart wurde Tula (und das Volk, das es angeblich erschaffen hatte) verehrt, daß man fortan für alles, was eine höhere Kultur schlechthin ausdrückte, den Begriff *toltecayotl*, »Toltekität«, verwendete.

Nun mußte Tula mit seinen imposanten, wenn auch ungeschlachten Denkmälern und der Macht, die es einmal über weite Teile des Hochlandes ausgeübt hatte, dem Beschauer, der Zeuge seines Aufstiegs geworden war, schon als ein Ort fortschrittlichen Lebens und einer höheren Kultur erschienen sein. Und in der Tat war es das auch, denn Tula war nicht nur zeitlich, sondern auch kulturell der Nachfolger Teotihuacans. Die Barbaren, die aus dem Norden einfielen, trafen sich hier mit Flüchtlingen aus Teotihuacan, und aus diesem Zusammentreffen entstand die hybride Kultur der Tolteken. Der Edelstein, mit dem die Mutter Topiltzins, Unseres Fürsten, geschwängert wurde, war – auch ·wenn man sich dessen, in der Legende, nicht bewußt war – ein Symbol Teotihuacans, der befruchtende Impuls, der von dieser Stadt ausging, die der Hort der Kultur und des Geistes schlechthin gewesen war. Topiltzin verkörperte also das, was Tula war – ein Bastard, der das Erbe zweier Völker auf sich vereinigte. Doch dieser Zusammenprall zweier unterschiedlicher Kulturen wirkte nicht nur befruchtend, er erzeugte auch Spannungen, Konflikte, denen nicht nur Topiltzin alias Quetzalcoatl nicht gewachsen war, sondern denen schließlich auch Tula zum Opfer fiel. In Topiltzin Quetzalcoatl verkörpert sich das Schicksal Tulas wie des ganzen Volkes, dessen Symbol es ist.

Wenden wir uns wieder der Überlieferung zu, und hören wir diesmal zunächst Sahagún, der in seiner »Geschichte« schreibt:

> »Es kam die Zeit, da das Glück, das Quetzalcóatl und den Tolteken beschieden gewesen war, zu Ende ging. Es standen gegen sie auf drei Götter: *Huitzilopochtli, Titlacauan* und *Tlacauepan;* sie brachten viel Unheil, dort in Tulla.«[29]

Worin dieses Unheil bestand, darin gehen die Meinungen (der Chronisten) auseinander. Doch sie kreisen alle um dasselbe Motiv: den Sündenfall des Göttergleichen. Wie Durán berichtet:

> »Ich fragte sie, was das für Beschwerden waren, die man ihm bereitete, und sie sagten, daß der Hauptgrund, weshalb er von dannen ging, darin bestand, daß jene Verschwörer heimlich eine Dirne in seine Zelle brachten, die stadtbekannt und sehr lasterhaft war und Xochiquetzal hieß. Und als Topiltzin zurückkehrte und nichtsahnend in seine Zelle ging, verbreiteten die Bösewichter überall, daß Xochiquetzal bei Topiltzin sei, um damit seinem Ruf zu schaden. Und da er in so hohem Ansehen gestanden hatte auf Grund seines keuschen Lebenswandels, begegnete man ihm fortan mit Mißtrauen und Feindschaft, so daß er sich entschloß, das Land zu verlassen.«[30]

Xochiquetzal, die »schöne Blume«, wie ihr Name besagt, war freilich keine einfache Dirne: Sie diente dem Gott beziehungsweise der Göttin der Liebe, von der sie ihren Namen hatte und deren Abbild sie war. Es war also sozusagen eine Begegnung auf höherer Ebene, die dennoch, eingedenk der Frömmigkeit des heiligen Mannes, ein unverzeihlicher Fehltritt war. Es blieb ihm nichts anderes übrig, als das Feld zu räumen und den Mächten der Finsternis, des Krieges und des Bösen, den Sieg zu überlassen. Mit einigen wenigen Getreuen machte sich Quetzalcoatl auf gen Osten, dorthin, wo die Sonne aufgeht, als deren Repräsentant – in seiner Eigenschaft als Lichtgott – er letztlich galt.

Und hier vermengt sich die Geschichte Quetzalcoatls mit jener Legende, die da besagt, daß er dereinst wiederkehren werde, um sich für das Unrecht, das man ihm zugefügt hatte, zu rächen. Über Berge und Täler wanderte er zum Meer, wo er die Reise in ein Land antrat, dessen Geheimnis nie gelüftet wurde. In den Worten Sahagúns:

»Und als er an den Rand des Meeres kam, ließ er sich ein Floß bauen, das aus Schlangenleibern bestand und das man *coatepechtli* nannte, und darauf setzte er sich wie in ein Kanu und fuhr hinaus aufs Meer, und niemand weiß, wie und auf welche Weise er jenes Land *Tlapallan* erreichte.«[31]

Tlapallan, »die rote Erde«, war das Land der Morgenröte. Doch wo es lag, und wer dort wohnte, wußte man nicht. Bis jene »Weißen Götter« erschienen, die sich als Jünger Quetzalcoatls ausgaben und dennoch mit dem einstigen Heroen nicht das Geringste gemein hatten.

Die ersten Könige

Der Niedergang Tulas war besiegelt. Ob er unmittelbar nach dem Auszug Quetzalcoatls erfolgte oder später, darüber besteht keine Einigkeit. Denn wie die schillernde Persönlichkeit des Quetzalcoatl umstritten ist, so ist es auch die gesamte Geschichte der Tolteken. Die Quellen sind widersprüchlich, verläßliche Daten fehlen, und was bleibt, ist nur der Versuch, den archäologischen Befund und darüber hinaus die allgemeine Entwicklung Mesoamerikas mit den historischen Überlieferungen in Einklang zu bringen. Danach endete die Vormachtstellung Teotihuacans im 8. Jahrhundert n. Chr., während es etwa hundert Jahre dauerte, bis sich eine neue Macht – die Tolteken – etablierte. Ihre Herrschaft währte von 950 bis 1200 n. Chr.

Es war auch dies sicher noch kein Reich, in dem Sinne, wie es das der Azteken werden sollte. Aber es ähnelte diesem mehr als dem, was ihm vorausgegangen war: nicht mehr die Religion (und der Handel) waren die Grundpfeiler der Herrschaft der Tolteken, sondern ihre militärische Macht. Wie weit ihr Einfluß reichte, ist ungewiß. Mit Sicherheit beherrschten sie den nördlichen Teil des Hochtals von Mexiko, an den ihre Hauptstadt, Tula, unmittelbar angrenzte. Wahrscheinlich wird auch der südliche Teil des Tals ihnen botmäßig gewesen sein, zumal sie in Colhuacan, wo sie angeblich vor ihrem Erscheinen in Tula verweilt hatten und wohin sich Flüchtlinge von ihnen nach dem Fall ihrer Stadt zurückzogen, einen Stützpunkt hatten. Ob sie darüber hinaus, jenseits des Hochtals, noch einen Machtfaktor bildeten, wie es einst bei Teotihuacan der Fall gewesen war und sich bei den Azteken wiederholen sollte, muß indes bezweifelt werden. Dies um so mehr, als sich in *Cholula,* einem Ort jenseits der Berge in der Nähe des heutigen *Puebla,* ein

Bollwerk herausbildete, das den von den Tolteken verschmähten Kult Quetzalcoatls aufnahm und zu neuer Größe führte. Ja, es trifft in gewisser Weise zu, wenn gesagt wird, daß es nicht Tula war, sondern vielmehr Cholula, das das eigentliche Erbe Teotihuacans fortsetzte. Hier war bereits in klassischer Zeit ein Kultzentrum entstanden, dessen Wahrzeichen eine Pyramide war, die das größte Bauwerk des vorspanischen Mexiko darstellt. Die Pyramide von Cholula ist – gemessen an ihrem Rauminhalt – sogar größer als die Cheops-Pyramide. Es wäre also durchaus ein angemessener Ort gewesen, wo sich Quetzalcoatl hätte niederlassen können. Doch leider gibt es dafür kein verläßliches Indiz.

Vielmehr weist der Exodus Quetzalcoatls in eine ganz andere Richtung – nach Yukatan. Hier, in einem Ort, der Chichén Itzá heißt, errichteten die Tolteken ein Pendant zu ihrer fernen (oder einstigen) Metropole im zentralen Mexiko, das wie ein getreues Abbild Tulas erscheint. Kriegerdarstellungen, Opferstätten, Säulenhallen – und die Gefiederte Schlange erinnern an die Kunst und Kultur der Toltekenstadt. Auch stimmt die Richtung: der einfachste Weg, um von der Küste im zentralen Mexiko nach Yukatan zu gelangen, führt über das Meer. Und auch die Daten stimmen überein: Der Überlieferung der Maya zufolge, die die ursprünglichen Bewohner von Chichén Itzá waren, erfolgte der Einfall der Tolteken in der zweiten Hälfte des 10. Jahrhunderts, also zu der Zeit, da Quetzalcoatl (wenn er tatsächlich am Anfang der Geschichte der Tolteken gestanden hat) aus Tula vertrieben wurde.

Damit wäre das Rätsel von Tlapallan, dem Roten Land, gelöst, was freilich die Nöte des letzten Aztekenherrschers, der Quetzalcoatl mit den spanischen Eroberen gleichsetzte, nicht wird mildern können, denn er wußte nichts von einem zweiten Tula im Mayaland. Aber auch uns müssen Zweifel kommen, ob es tatsächlich *Quetzalcoatl* war, der die Maya beglückte. Was in Chichén Itzá überwiegt (und sich sehr wesentlich von der angestammten Mayatradition unterscheidet), das ist der militärische beziehungsweise gewalttätige Charakter der Neuerungen. Kriegerorden und Menschenopfer, in Fresken, Reliefs und Skulpturen, geben den Ton an: Das war keineswegs die Botschaft, die Quetzalcoatl verkünden wollte!

Das Rätsel, das den toltekischen Priesterkönig umgibt, wird wohl nie gelöst werden, was nicht die geringste seiner Attraktionen ist. Wann er lebte, was er tat, wie er endete: das ist ebenso Legende wie Geschichte, und jedem steht es frei, wie es die alten Mexikaner taten, sich sein eigenes Bild zurechtzulegen.

Fest steht, daß das Reich von Tula nicht von Dauer war, und der wahrscheinliche Grund, weshalb es auseinanderfiel, war der innere

Widerstreit zwischen zwei sich diametral gegenüberstehenden Kräften: dort das friedliche, religiöse, beharrende Element, hier die kriegerische, traditionslose, aufstrebende Komponente. An diesem Gegensatz zerbrach die Vorherrschaft der Tolteken, und das zentrale Mexiko fiel zurück in jenen Zustand lokaler Wirren und Rivalitäten, die auch den Niedergang Teotihuacans begleitet hatten.

Bis zur Ankunft der Azteken vergingen hundert Jahre. In der Zwischenzeit gelang es zwei Gruppen, die zu jenen gehörten, die vor den Azteken aus Chicomoztoc abgewandert waren, ein gewisses Maß an Autoriät zu erlangen. Es waren dies die *Tepaneken,* die am westlichen Ufer des Sees siedelten und ihren Hauptsitz in *Azcapotzalco* hatten, und die *Acolhua,* die auf der gegenüberliegenden Seite des Sees wohnten und sich in einem Ort namens *Tetzcoco* konzentrierten.

Ein anderer Ort, der zu der Zeit, als die Azteken im Tal von Mexiko erschienen, eine bedeutende Rolle spielte, war *Colhuacan,* jenes Zentrum toltekischer Kultur, das seine Eigenheit auch nach dem Niedergang Tulas bewahren konnte. Es war weniger eine militärische Macht als vielmehr ein bevorzugter Heiratsmarkt, versuchten doch alle, die die Nachfolge Tulas antreten wollten, sich mit dem Glanz der Tolteken (der ja eigentlich der von Teotihuacan gewesen war) zu umgeben, und das sicherste Rezept, Anerkennung und Legitimation zu gewinnen, war der Versuch, um die Hand einer Prinzessin aus Colhuacan anzuhalten. Die Fürsten von Colhuacan, die sonst nichts zu bieten hatten (und sich die Freier, die eigentlich ihre Rivalen waren, auf diese Weise verpflichteten), kamen der Bitte der Parvenüs nur zu gerne nach, was sie selbst im Falle der Azteken taten, die es ihnen freilich mit einem noch größeren Akt der Barbarei, als man ihn ihnen ohnehin schon zutraute, vergalten. Womit wir bei jener Flucht wären, die damit endete, daß sich die Azteken auf eine Insel im See zurückzogen, wo ihnen die Verheißung ihres Gottes Huitzilopochtli erschien.

Die erste Frage, die in diesem Zusammenhang auftaucht, ist die nach dem Datum. Wann fand das geschichtsträchtige Ereignis, die Gründung Tenochtitlans, aus dem einmal die größte Stadt der Erde erwachsen sollte, statt? Wiederum müssen wir gestehen, daß wir es genau nicht wissen. Die Zahlen schwanken zwischen 1325 und 1369 n. Chr., wobei man zumeist dem früheren Datum, das sich eher mit den Quellen in Einklang bringen läßt, den Vorzug gibt. So finden wir bei Durán den Hinweis, mit dem er seine Schilderung der Gründung Tenochtitlans fortsetzt:

»Im Jahre 1318 nach der Geburt Unseres Erlösers Jesus Christus begannen die Mexikaner, die Stadt Mexiko zu erbauen und ihre Hütten und Häuser aus Stroh auf festem Untergrund, den sie aufschütteten, zu errichten, denn, wie ich schon sagte, waren sie überall von Wasser und Schilf umgeben.«[32]

Die Schwierigkeit einer verläßlichen Chronologie liegt in dem Umstand, daß es im vorspanischen Mexiko zwar einen Kalender gab und man sehr gewissenhaft bestimmte Daten festhielt, daß man aber keine einheitliche Zeitrechnung verwandte, das heißt, es wurden verschiedene Jahreszählungen nebeneinander praktiziert. Das wechselte von Ort zu Ort. Hinzukam, daß es – zumindest im zentralen Mexiko – keine absolute Chronologie gab: Man rechnete vielmehr nach *Kalenderrunden*, worunter ein Zyklus wiederkehrender Daten zu verstehen ist. Eine Kalenderrunde, die sich aus der Kombination zweier Kalender – einem rituellen und einem weltlichen – zusammensetzte, umfaßte 52 Jahre. Innerhalb dieser 52 Jahre ließ sich jedes Datum genau fixieren; doch wenn der Zyklus abgelaufen war, wiederholte sich die Bezeichnung für ein bestimmtes Datum, denn die Kalenderrunde, die man mit unserem Jahrhundert vergleichen könnte, wurde nicht in ein akkumulatives System eingeordnet. Die Folge war, daß es leicht Verwechslungen gab, da man nie wußte, welche Kalenderrunde gemeint war, was jeweils einen Unterschied von 52 Jahren ausmachte.

Ein zweites Problem ist das der *Korrelation*. Daten im indianischen Kalender, selbst wenn sie eindeutig sind, werden für uns nur aussagekräftig, wenn wir sie in unsere Zeitrechnung »übersetzen«. Das ist im Falle der Azteken jedoch relativ einfach, da ihre Geschichte nur eine relativ kurze Zeitspanne umfaßte und man in der Eroberung, wo sich indianische und christliche Zeitrechnung begegneten, einen festen Bezugspunkt hat. So sind wir heute in der Lage, für einen Großteil ihrer Geschichte genaue Datenangaben machen zu können.

So ist man sich allgemein darüber einig, daß der erste »König«, der überliefert wird, ein Mann namens *Acamapichtli*, was »eine Handvoll Rohr« bedeutet, im Jahre 1372 den Thron der Azteken bestieg. Zu dieser Zeit war freilich von einem »Thron« noch nicht die Rede, denn die Azteken führten noch immer ein recht kümmerliches Dasein. Das sollte sich auch für ein weiteres halbes Jahrhundert nicht ändern.

Das erste, was sie in Angriff nahmen, war, ihrem Gott, der sie auch von ihrem letzten Abenteuer errettet und endlich zu dem Ort der Verheißung geführt hatte, eine Ruhestatt zu bauen. Wie Durán berichtet:

»Da machten sich alle mit großem Eifer auf, um an dem Ort, wo der Kaktus stand, einen Untergrund zu schaffen, auf dem sie die Hütte errichten konnten, die sie ihrem Gott zugedacht hatten. Und sie sammelten Schilf und bauten daraus eine Hütte, in der Art eines Schreins, der klein und einfach war, denn es gab nicht mehr, was sie zu dem Bau hätten verwenden können.«[33]

Das war der Anfang jenes Tempels, der einmal zum Symbol für die Macht und Verblendung der Azteken werden sollte. Sie stellten in der kleinen Hütte ihr Götterbild auf und begannen sodann, sich in ihrem neuen Refugium häuslich einzurichten. Dazu nahmen sie zunächst eine Vierteilung vor, das heißt, sie teilten sich in vier Gruppen (was der Anzahl der vier Priester und Fürsten entsprach, die sie auf ihrer Wanderung geleitet hatten), und teilten dann auch diese in Einheiten auf, die jeweils einen bestimmten »Ahnen« oder Lokalgott verehrten. In den Worten Duráns:

> »Nachdem sich die Mexikaner auf die vier Gruppen verteilt hatten, ordnete ihr Gott an, daß man die einzelnen Götter aufteilte und daß jede Gruppe in ihrem Viertel Nachbarschaften einrichtete, in denen man diese Götter verehrte. Und so teilte sich jedes Viertel in viele kleine Bezirke, je nach der Anzahl der Götter, die sie *capulteo* nannten, was ›Nachbarschaftsgötter‹ heißt.«[34]

Calpulli war die Bezeichnung, mit der man diese Nachbarschaften benannte. Sie waren die Grundeinheit der aztekischen Gesellschaft, eine Gemeinschaft, die auf verwandtschaftliche Bande zurückging, eine territoriale Einheit bildete, die vor allem auch Land für die vorherrschende wirtschaftliche Betätigung umfaßte, und darüber hinaus einen eigenen Schutzgott besaß. Später, mit zunehmender Differenzierung der Gesellschaft, bildeten sie auch Gilden, unterhielten eine eigene Schule und stellten Kontingente für das Heer.

Was zunächst sicher im Vordergrund stand, war die Auf- beziehungsweise Zuteilung des Landes. Viel kann es nicht gewesen sein, das den Azteken am Anfang zur Verfügung stand, denn wenn man ihrer Überlieferung glauben will (die sicher etwas überzogen ist, galt es doch, die Leistungen und Anstrengungen der Azteken besonders hervorzuheben), dann waren es zunächst nicht mehr als kleine Inseln, die sie zudem weitgehend selbst schufen, indem sie jene *chinampas* anlegten, die wir bereits erwähnten.

Wie auch immer: Es kam offenbar bei der Aufteilung des Landes zu Streitigkeiten, und daraus entwickelte sich eine Spaltung der Azteken, die niemals wieder überwunden werden sollte. Durán berichtet:

»Als man diese Teilung vorgenommen hatte und die einzelnen Nachbarschaften eingerichtet waren, erhoben einige der Älteren und Weisen, die glaubten, sie hätten weniger bekommen, als sie es verdienten, und daß man es ihnen gegenüber an Respekt fehlen ließe, Einspruch und beschlossen, einen neuen Ort zu suchen, wo sie sich niederlassen könnten. Und so zogen sie durch das Schilf und Uferrohr, bis sie einen Platz fanden, der ihnen geeignet erschien, und so ließen sie sich an diesem Ort, der Xaltelulli hieß, mit ihren Freunden und Angehörigen nieder. Heute nennt man den Ort Tlatilulco oder auch Santiago.«[35]

Santiago beziehungsweise »Barrio de Santiago«, wie Durán es nennt, war freilich eine spanische Bezeichnung, die sich dennoch an das indianische Muster anlehnte, denn es bestand eine gewisse Übereinstimmung zwischen der spanischen, das heißt katholischen Vorstellung von einem Stadtviertel beziehungsweise einer Nachbarschaft und einem aztekischen *calpulli*. Hier wie dort gab es Schutzgottheiten und einen lokalen Zusammenhalt, was es den Spaniern erleichterte, ihre Neuerungen durchzusetzen.

Der Barrio de Santiago war ein Ortsteil Tenochtitlans beziehungsweise Mexikos, wie die Spanier die einstige Hauptstadt der Azteken nannten. Doch er hatte stets – unter dem Namen *Tlatelolco* – seine Eigenständigkeit bewahren können, selbst dann, als die Azteken in Tenochtitlan – die die Bewohner Tlatelolcos, das sich zu einem bedeutenden Handelszentrum entwickelt hatte, um ihren Reichtum beneideten – die Nachbarstadt unterwarfen.

Von Anfang an war Tenochtitlan, der Sitz der Azteken, eine *Doppelstadt:* im Süden das eigentliche Tenochtitlan, wo neben dem religiösen Zentrum auch die politische Macht konzentriert war, und im Norden Tlatelolco, das als eigentlicher Markt der Stadt galt.

Um die Spannungen, die zwischen den beiden ursprünglichen Siedlungen bestanden, nicht in einen offenen Zwist ausarten zu lassen, war die Hauptgruppe in Tenochtitlan bemüht, eine zentrale Autorität zu schaffen, die beiden Teilen als Oberhaupt dienen sollte. Dies war der Grund – so wenigstens überliefert es Durán – weshalb man sich zur Einsetzung eines Königs entschloß.

Bislang war es ein Kollektiv gewesen, das die Azteken angeführt hatte, doch durch die Teilung war es geschwächt worden, und man versprach sich von einer Person, die die Führung übernahm, daß sie jegliche Rivalitäten ausschloß. Dies würde aber nur dann geschehen, wenn diese Person auch wirklich die Autorität hatte, um den Zusammenhalt des Stammes zu gewährleisten. Und was hätte eine solche Autorität mehr kennzeichnen können als der Nachweis, daß sie sich auf das toltekische Erbe stützte?

Dieses wurde, wie gesagt, in Colhuacan aufrechterhalten, und so gab es keinen anderen Weg, als dort noch einmal vorstellig zu werden, zumal man sich entsann, daß ein Edler der Azteken sich mit einer Prinzessin aus dem Hause von Colhuacan vermählt hatte und daß aus dieser Ehe ein Sohn hervorgegangen war, der ein geeigneter Kandidat zu sein schien.

Nun war das Ansinnen der Azteken nicht ohne ein gehöriges Maß an Unverfrorenheit. Denn – hatten sie nicht gerade eine Tochter des Königs von Colhuacan auf den Opferblock geschleppt, worauf sie mit Schimpf und Schande vertrieben worden waren? Lag dieses auch einige Zeit zurück, so zeugt das erneute Ansinnen doch von einer Unbekümmertheit, die nur darauf zurückgeführt werden kann, daß es den Azteken inzwischen wieder gelungen war, ihre Kräfte zu sammeln und erneut zu einem Machtfaktor zu werden, dem sich das Volk von Colhuacan nur schwerlich würde widersetzen können. Im übrigen lag der Fall ja auch ein wenig anders: Es ging diesmal nicht um eine Prinzessin, sondern lediglich um deren Sohn. Und das konnte auch Vorteile mit sich bringen, insofern, als der neue Herrscher der Azteken sich dem Hause seiner Mutter nicht nur verbunden, sondern auch verpflichtet fühlen würde. Mit einem neuerlichen Affront oder gar Übergriff war nicht zu rechnen.

So sandte man denn eine Abordnung nach Colhuacan und bat darum, den Sohn der Prinzessin, jenen Acamapichtli, den wir bereits erwähnten, nach Tenochtitlan führen zu dürfen, um ihn dort auf den Thron zu setzen. Und der Herrscher von Colhuacan erklärte sich damit einverstanden, fügte aber hinzu, daß er dem Wunsch der Azteken wohl kaum entsprochen hätte, wenn es eine Frau und nicht ein Mann gewesen wäre, um den sie gebeten hätten. »Aber«, so schloß er, »nehmt ihn als Zeichen meiner Freundschaft und behandelt ihn so, wie er es verdient, als mein Sohn und Enkel.«

Die Azteken versprachen das hoch und heilig und geleiteten ihren neuen König im Triumph nach Tenochtitlan. Doch bald schon tauchte ein neues Problem auf: Sie brauchten einen Nachfolger. Die Thronfolge mußte gesichert werden.

Nun hatte der König, Acamapichtli, zwar eine Frau, *Ilancueitl* mit Namen, die er sich aus Colhuacan mitgenommen hatte, doch sie gebar ihm keinen Sohn. Was die Alten der Azteken, die den König berieten, in gar große Unruhe versetzte. Derart, daß sie sich erboten, ihm ihre eigenen Töchter zu Frauen zu geben:

80

»»Herr, obwohl du nun schon einige Zeit verheiratet bist, hat
es dem Schöpfer aller Dinge nicht gefallen, daß er dir einen
Sohn von unserer Herrin, der Königin Ilancueitl, schenkt.
Wir, deine treuen Vasallen, haben deshalb beschlossen, daß
wir dir jeder eine Tochter zur Frau geben, damit auch nach
deiner Zeit dem Reich ein König gegeben ist. Wir hoffen, daß
es unsere Enkel und Söhne sind, die die Nachfolge antreten
werden, auf daß das mexikanische Volk Ruhm und Größe
erlangt. Und so gebe ich dir, Herr, meine Tochter, damit sie
deine Frau und Gefährtin sei und du dich ihrer bedienst.«« [36]

So sprach Acacitli, einer der Edlen, und machte den Anfang. Die anderen folgten; alle Großen, Fürsten wie Priester, beehrten den König mit
einer ihrer Töchter. Doch Acamapichtli blieb ungerührt; sein Herz war
für eine ganz andere Frau entflammt. Sie war weder edel noch eine
Aztekin; aber sie war schön, und sie schenkte ihm einen Sohn, der einmal zu einem der bedeutendsten Herrscher der Azteken werden sollte.
Wie Durán berichtet:

»Doch, bevor wir fortfahren, darüber zu berichten, was mit
den anderen Frauen geschah, muß erwähnt werden, daß der
König eine Sklavin hatte, die aus Azcaputzalco kam, wo sie
der Nachbarschaft Cuauhacalco angehört hatte, und diese
Sklavin war so schön und von so bezaubernder Erscheinung,
daß sich der König Acamapich in sie verliebte und sie nahm;
worauf sie schwanger wurde und einen Sohn gebar, den sie
Itzcóatl nannten, und obwohl er ein Bastard und der Sohn
einer Sklavin war, sollte er sich durch so große Tapferkeit
auszeichnen, daß er König wurde, wie an anderer Stelle zu
berichten sein wird.« [37]

Die Ironie dieser unangemessenen Liaison lag nicht nur in der Bedeutung, die Itzcoatl einmal erlangen sollte, sondern auch in dem
Umstand, daß er es war, der die Azteken aus der Vorherrschaft Azcapotzalcos, dem sie unterworfen waren, befreite. Sohn einer Tepanekin,
schüttelte er das Joch, das ihr Volk dem seinen auferlegt hatte, ab und
begründete damit den eigentlichen Staat der Azteken.
Was nun die anderen Frauen betrifft, die man dem König aufgedrängt
hatte, so erwies er freilich auch ihnen seine Aufmerksamkeit, so daß es
am Ende wahrlich an Nachfolgern nicht fehlte. Durán nennt sieben –
legitime – Söhne, die die Töchter der Großen der Azteken ihrem Herrn
und Meister schenkten. Doch nur einer von diesen, *Huitzilihuitl,*

81

»Kolibrifeder«, erfüllte die Hoffnungen, die die Adligen in ihre königlichen Nachkommen gesetzt hatten: Er wurde Nachfolger Acamapichtlis, der im wesentlichen seine Kraft darauf verwandt hatte, eine Dynastie auf den Weg zu bringen.

Obwohl Huitzilihuitl sogar noch länger regierte als sein Vater, von 1391 bis 1415, vollbrachte auch er im Grunde nicht viel mehr, als eine stattliche Anzahl von Nachkommen zu zeugen. Zwei davon, *Chimalpopoca*, »Rauchender Schild«, und Moctezuma alias *Montezuma*, der »Zornige Fürst«, wurden Könige. Ein anderer, *Tlacaelel*, erlangte die Bedeutung einer grauen Eminenz, einer geheimen Macht hinter dem Thron, auf die sich besonders Montezuma stützte.

Chimalpopoca, der von 1415 bis 1426 regierte, blieb praktisch bedeutungslos: Er setzte noch nicht einmal eine illustre Nachkommenschaft in die Welt. Erst der vierte Herrscher der Azteken, *Itzcoatl*, »Obsidianschlange«, jener verschmähte Sohn der Sklavin, brachte die Dinge ins Rollen. Dazu gehörte auch, daß er offenbar Chimalpopoca beseitigte, denn er fand, daß er lange genug beiseite gestanden hatte. Es drängte ihn, die Fesseln, die die Azteken noch immer in ihrer Entwicklung hemmten, zu sprengen.

Diese Fesseln legten ihnen in zunehmendem Maße die Tepaneken auf, jener Stamm verwandter Nachbarn, die am westlichen Ufer des Sees saßen. Sie erhoben Anspruch auf das ganze angrenzende Land und erklärten auch den Teil des Sees zu ihrer Domäne, in dem die Azteken Zuflucht gefunden hatten. Die Folge war, daß die Azteken gezwungen waren, sich dem Diktat der Tepaneken zu fügen, wenn sie nicht erneut vertrieben werden wollten. Und das bedeutete, hohe Steuern in Form von Tributen zu zahlen und den Tepaneken, die um eine Vorherrschaft im Tal von Mexiko bemüht waren, militärisch Beistand zu leisten.

Für die Azteken hatte dieser Vasallenstatus auch positive Seiten: Indem sie sozusagen unter dem Schutz der Tepaneken standen, brauchten sie keine anderen Feinde zu fürchten. Sie erlernten außerdem das Kriegshandwerk und erhielten einen Teil der Beute zugesprochen, die man bei den Kriegszügen einbrachte. Schließlich waren die Tepaneken (neben Colhuacan) auch in kulturellen Dingen ihre Lehrmeister, gehörten sie doch zu einer jener Stämme, die vor den Azteken aus Aztlan beziehungsweise Chicomoztoc abgewandert waren und sich im Hochtal von Mexiko niedergelassen hatten, um – auf den Spuren von Teotihuacan und Tula – einen eigenen Stadtstaat zu gründen. Damit hatten sie einen bemerkenswerten Erfolg: Nachdem sie 1418 ihren Rivalen, die Acolhua von Tetzcoco, besiegt hatten, waren sie praktisch souverän im Tal von Mexiko.

Sie hatten jedoch einen Fehler begangen, den die Azteken zu vermeiden wußten: Sie hatten weder die Nachfolgefrage gelöst, noch konnten sie sich als legitime Nachfahren der Tolteken ausgeben. Und als im Jahre 1426 *Tezozomoc,* der Herrscher von Azcapotzalco, der ein halbes Jahrhundert die Geschicke der Tepaneken geleitet hatte, starb, setzte die unvermeidliche Krise ein: Es kam zu Thronwirren, die die Tepaneken schwächten, und obwohl sich schließlich ein jüngerer Sohn Tezozomocs, *Maxtla* mit Namen, durchsetzte, bedeutete dies noch nicht das Ende der Unruhen, denn Maxtla, in der Regierung unerfahren, schraubte die Forderungen, die man den Azteken auferlegt hatte, höher, so daß sich diese schließlich genötigt sahen, sich zur Wehr zu setzen.

Die erste Maßnahme war, jenen Chimalpopoca, der ein willenloses Werkzeug der Tepaneken gewesen war, zu beseitigen. Sodann verbündete man sich mit den Acolhua von Tetzcoco, dessen König *Nezahualcoyotl* man aus dem Exil zurückholte, zog auch einen Teil der Tepaneken, der dem Usurpator Maxtla grollte, auf seine Seite und rüstete zum Kampf. Dieses Bündnis, das man gegen die Tepaneken schloß, blieb von dauerndem Wert: Es wurde zur Grundlage dessen, was man allgemein als »Aztekenstaat« bezeichnet, was in Wirklichkeit aber ein *Dreierbund* war, bestehend aus Tenochtitlan, was freilich die Vorherrschaft erlangte, Tetzcoco und *Tacuba* beziehungsweise *Tlacopan,* dem Bündnispartner unter den Tepaneken. Dieser Bund, eine Achse, die quer über den See reichte, war das Herz des Reiches, das nun am Beginn seiner eigentlichen Entwicklung stand.

Zuvor aber mußte jene Hürde genommen werden, die Azcapotzalco darstellte. Es war der erste große Krieg der Azteken, und daß er mit einem Sieg endete, war letztlich ein Verdienst ihrer Feinde, denen sie all ihre Kriegskunst verdankten. Neben Itzcoatl, der der eigentliche Heerführer der Azteken gewesen war, nun aber selbst das Zepter in die Hand genommen hatte, war es vor allem Tlacaelel, ein Bruder Chimalpopocas, der sich in diesem Krieg auszeichnete. Bevor er die Stellung eines politischen Beraters einnahm, war er ein erfolgreicher Feldherr.

Die Berichte über den Krieg gegen die Tepaneken sind wieder sehr unterschiedlich. Die einen heben den Beitrag der Azteken, die anderen den der Acolhua hervor. Sicher ist, daß es ein gemeinsames Unternehmen war und daß die Initiative von den Azteken ausging, die denn auch als eigentliche Sieger aus diesem Krieg hervorgingen.

Aus der Vielzahl der Berichte wählen wir eine indianische Quelle, die – wenngleich sie auch nur die aztekische Version wiedergibt – ein recht anschauliches Bild von diesem Krieg vermittelt. Es ist ein Auszug aus dem sogenannten *Codex Ramírez,* einer Chronik aus dem 16. Jahrhundert, die auf eine indianische Vorlage zurückgeht. Die Stelle lautet:

»Nachdem der König sich mit seinen Ministern beraten hatte, ließ er Atlacaellel kommen und trug ihm auf, alle Vorbereitungen für den Kampf zu treffen, was mit größter Sorgfalt geschah. Alle Befehlsgewalt wurde den Söhnen früherer Könige oder den Brüdern und nächsten Verwandten Itzcohuatls übertragen. Und als man die Truppen eingeteilt hatte und sie vor dem König Aufstellung genommen hatten, wandte er sich an sie und forderte sie auf, zu sterben oder zu siegen, und erinnerte sie an die edle Abkunft und die Tapferkeit des mexikanischen Volkes und daß dies ihr erster Kampf und eine gute Gelegenheit sei, Ruhm zu erlangen und alle anderen Völker in Angst und Schrecken zu versetzen; niemand solle den Mut verlieren, denn die vielen Krieger, die die Tepaneken versammelt hatten, bedeuteten noch nichts: worauf es ankäme, sei der Kampfesgeist. Und er befahl ihnen ausdrücklich, den Anordnungen ihrer Hauptleute zu folgen, sich immer dorthin zu wenden, wo Not am Mann sei, und niemals einen Schritt zu tun ohne einen entsprechenden Befehl.

Und mit diesem Aufruf setzte sich das Heer in Bewegung und marschierte gegen Azcaputzalco, angeführt vom König und dem tapferen Atlacaellel, der der oberste Heerführer war, und als sie sich der Stadt näherten und die Tepaneken ihrer ansichtig wurden, rückten sie ihrerseits in Kampfordnung aus, reich geschmückt mit Gold und Silber, Federn und Feldzeichen, wie es sich für ein Volk gehörte, das damals das ganze Land beherrschte. Die Mexikaner, die nur ärmlich angetan waren, vertrauten dennoch auf ihre Kampfeskraft und die Geschicklichkeit ihres Heerführers, der die Hauptleute und Krieger noch einmal ermahnte, mit all ihrer Tapferkeit zu kämpfen, während die Gemeinen und die im Krieg weniger erfahrenen Soldaten im Hintergrund bleiben sollten, wo der König notfalls auf sie zurückgreifen könnte. Und wenn der Feind besiegt sei, so fügte er hinzu, sollte niemand seinen Posten verlassen, damit sie gemeinsam gegen die Stadt vorrücken konnten. Und als er das gesagt hatte, war der Feind so nah, daß sie Aufstellung bezogen, und dann schlug der König auf eine kleine Trommel, die er sich umgehängt hatte, was als Zeichen für den Angriff diente, und mit einem Schrei, der den Feind bis ins Mark erschütterte, warfen sich die Mexikaner auf das Heer der Tepaneken. Wie besessen teilten sie Schläge nach links und nach rechts aus, riefen immerfort, ›Mexiko, Mexiko!‹ und brachten so die Reihen des Feindes durcheinander, der große Verluste hatte und unter den immer neuen Anstürmen der Mexikaner schließlich weichen mußte und sich in die Stadt Azcaputzalco zurückzog, wohin ihnen die Mexikaner auf den Fersen folgten. Nichts vermochte ein letztes Aufgebot der Tepaneken; auch die Mexikaner führten Verstärkung heran, und so blieb den Tepaneken nur, sich in ihrer Stadt zu verschanzen. Aber mit dem Ruf: ›Sieg, Sieg!‹ auf den Lippen, folgten ihnen die Mexikaner, besetzten die Stadt und töteten jeden, den sie fanden. Dann zog der König Itzcohuatl in Azcaputzalco ein und ordnete an, die Stadt dem Erdboden gleichzumachen, die Häuser anzuzünden, alles, was sie in ihnen fanden, fortzuschleppen und weder Männer noch Frauen, weder Kinder noch Greise zu verschonen. Und die Mexikaner führten den Befehl ohne jede Nachsicht aus: nichts ließen sie stehen, niemand am Leben, und denen, denen es gelang zu fliehen, setzten die Mexikaner nach; wie Löwen, die nach ihrem Opfer lechzen, folgten sie ihnen bis in das Dickicht der Berge, bis die Flüchtlinge sich schließlich ergaben, die Waffen streckten und gelobten, ihnen Land zu geben, in ihren Häusern und auf ihren Feldern zu arbeiten, auf ewig ihre Vasallen zu sein und ihnen all das zu liefern, Stein, Kalk und Holz, Saatgut und Gemüse, was sie zum Aufbau ihrer Stadt und zu ihrem Unterhalt benötigten. Und Atlacaellel, der Heerführer, empfand Mitleid mit ihnen und ordnete an, den Kampf einzustellen, die Feinde einzusammeln und sie schwören zu lassen, alles das, was sie versprochen hatten, einzuhalten. Und so kehrten die Mexikaner siegreich und ausgelassen in ihre Stadt zurück, reich beladen mit Schätzen, die sie in Azcaputzalco erbeutet hatten, war dort doch der Hof und aller Reichtum der Tepaneken versammelt gewesen.«[38]

So geschah es, daß die Tepaneken, die der Lehrmeister der Azteken gewesen waren, ihre Vormachtstellung verloren und die Azteken an ihre Stelle traten, was de facto bedeutete, daß nun sie die Herren des Tals von Mexiko waren.

85

Krieg der Blumen

Der Sieg über die Tepaneken legte den Grundstein für das Aztekenreich. Doch bis es jenes Ausmaß erlangte, das dem Anspruch eines Imperiums gerecht wurde, vergingen noch einmal fast hundert Jahre. Was bedeutete, daß das Reich der Azteken just in dem Augenblick zu voller Blüter gelangte, als die ersten Zeichen drohenden Unheils sichtbar wurden. Vielleicht hätte es seine Grenzen noch weiter ausgedehnt; statt dessen fiel es zusammen wie ein Kartenhaus.

Die Gründe, die dazu geführt haben, werden wir im einzelnen noch aufzuführen versuchen. Hier muß zunächst untersucht werden, wie der plötzliche Aufstieg der Azteken, der geradezu kometenhaft war, vonstatten ging. Nach der Eroberung Azcapotzalcos – und der Gründung des Dreierbundes – waren die Azteken zwar souverän im Tal von Mexiko (auch wenn es noch einige Zentren gab, die sich ihnen widersetzten und die sie schließlich gleichfalls unterwarfen), aber im Grunde waren sie immer noch ein kleiner Stamm verachteter Parvenüs, die weder Kultur noch Anstand hatten. Sie waren Barbaren, zwar mit dem Firnis der Tradition behaftet, die sie im Tal von Mexiko fanden, doch im Grunde ihres Wesens Krieger, Ausgestoßene, Unstete. Was war es, das ihnen plötzlich das Selbstvertrauen gab, selbst über die Grenzen des Hochtales hinauszuschauen und schließlich, indem sie einen Großteil dessen unterwarfen, was wir heute Mexiko nennen, die Grundlage eben dieses Landes zu schaffen? *Vor* den Azteken hatte es pan-indianische Traditionen gegeben, die ganz Mesoamerika umfaßten. Aber diese Traditionen waren, soweit wir wissen, nur kultureller Art gewesen: Es hatte eine *kulturelle* Vereinheitlichung gegeben, zuerst unter den Olmeken, dann unter Teotihuacan und schließlich, wenn auch in geringerem Maße, unter den Tolteken. *Politische* Kräfte waren jedoch höchstens unter letzteren, die eine militärische Komponente in die mesoamerikanische Tradition einbrachten, zum Tragen gekommen; erst den Azteken gelang es, über eine kulturelle Homogenisierung hinaus auch eine politische Einigung zu erzielen, eben jenes Reich oder Imperium zu schaffen, das man »Mexiko« nannte und auf dem alle weiteren Staatsgründungen in diesem Gebiet aufbauten. Dabei ist festzuhalten, daß der *politische* Aspekt eindeutig überwog; die kulturelle Komponente trat dagegen weitgehend zurück. Das lag zum einen daran, daß die Azteken, als sie mit der Expansion ihrer Herrschaft begannen, bereits auf eine weitgehend einheitliche Kultur stießen, eben jene, die man als die gemeinsame mesoamerikanische Tradition bezeichnet; zum andern waren sie selbst nur Erben einer Tradition, die sie zwar abwandelten und ihren Bedürfnissen anpaßten, die sie aber nicht wesentlich weiterentwickelten. Abgesehen von den politischen Neuerungen, die sie einführten, war der Grad ihrer Zivilisation der der Klassik unterlegen; sie verspürten deshalb auch nicht den Drang, wie es beispielsweise in Teotihuacan der Fall gewesen war, andere mit ihrer Kultur zu »beglücken«. Es genügte ihnen, wenn man ihre Oberhoheit anerkannte; was ansonsten geschah, darum kümmerten sie sich nicht. Und hierin liegt schon einer der wesentlichen Gründe für die Schwächen des Reiches: Es war zwar ein Staat, aber keine Nation. Es gab kein Zusammengehörigkeitsgefühl; die kulturellen Unterschiede, obwohl ein gemeinsames Fundament vorhanden war, waren doch zu groß. Loyalitäten waren nur lokal begrenzt; was im fernen Tenochtitlan geschah, war für örtliche Verhältnisse nur insofern interessant, als man bemüht sein mußte, die Bürde der Fremdherrschaft, die aus Tributen und Arbeitsdienst bestand, möglichst gering zu halten. Und das geschah am besten, indem man sich fügte, während man unter der Oberfläche ungestört sein angestammtes Leben weiterführte.

Vielleicht hätte sich all dies geändert – und das Bild, das die Azteken hinterlassen haben, wäre ein wenig vorteilhafter: So gewinnen wir den Eindruck, daß sie ein Volk von Eroberern waren, das andere ausbeutete, ohne etwas dafür zu geben. Mit anderen Worten, daß sie sich nicht wesentlich von denen unterschieden, die nach ihnen kamen. Dies ist ein Vorwurf, von dem man sie nicht ganz freisprechen kann. Doch dabei sollte man zwei Dinge berücksichtigen: Zum einen, und das erwähnten wir schon, blieb ihnen nicht viel Zeit; nach der Eroberung auch noch eine Aufbauarbeit zu leisten, das wäre immerhin möglich gewesen. Die Spanier aber verhinderten, daß es dazu hätte kommen können.

Das zweite ist – und das führt uns zurück zu den Anfängen –, daß die Eroberung, wie sie die Azteken vollführten, nicht nur aus Eigennutz geschah. Wenigstens gab es selbst bei denen, die eine offizielle Staatsideologie propagierten, immer auch noch ein religiöses Relikt: Der Mensch ist *nicht* (wie es etwa die Griechen bekundeten) das Maß aller Dinge. Er steht der Welt ziemlich hilflos gegenüber: Naturphänomene kann er sich nicht erklären, und folglich erhebt er sie in höhere Sphären; läßt sie Zeichen und Handlungen von Göttern sein, auf die man wenigstens – durch Opfer – einwirken kann. So gewinnt man zwar keine Kontrolle über die Naturgewalten, aber man stellt eine Verbindung zu ihnen her, sie werden einem vertrauter, man verliert die Angst. Aber, wie gesagt, im Mittelpunkt steht das Opfer, der Versuch, das Unerklärliche, das man personifiziert, zu bändigen, milde zu stimmen. Und wenngleich es sicher auch eine Hierarchie gab, die von denen, die in dumpfem Aberglauben verharrten, bis zu denen reichte, die auf

Grund wissenschaftlicher Erkenntnisse sich einer rationalen Erklärung näherten, so war doch zweifellos allen gemein, daß es eine obere Grenze der Erkenntnis gab: Es gab Dinge, die man sich nicht erklären konnte, und da mußte die Religion einspringen.

Die Azteken nannten sich selbst »das Volk der Sonne«. Sie waren auch die Kinder Huitzilopochtlis. Beides, Sonne und Kriegsgott, wurde in einer Einheit verschmolzen. Denn nur so war gewährleistet, daß die »Sonne«, das heißt, die Welt, das Zeitalter, Bestand haben würde. Indem man die Sonne fütterte, in ihrem täglichen Kampf gegen die Finsternis, die Nacht, die Unterwelt stärkte, würde man zum Fortbestehen des Universums beitragen. Die Welt blieb erhalten, die Menschen würden leben, wenn man dem Gott oder den Göttern in ihrem ewigen Kampf zu Hilfe kam, und dies konnte, da man sich die Götter anthropomorph, das heißt, in Menschengestalt vorstellte, nur in Form von Nahrung geschehen, die freilich von erlesener Art sein mußte. Am besten, man »stärkte« die Götter, sozusagen in einem Analogiezauber, indem man ihnen die Tapfersten der Tapferen zur Seite stellte: jene Krieger, die auf dem Schlachtfeld fielen oder die man gefangennahm und dann den Göttern opferte. Auf diese Weise wurde der Krieg – und damit die Eroberung – zu einem heiligen Auftrag. Eine paradoxe Situation: Damit die Götter in *ihrem* Kampf um den Bestand der Welt siegen würden, führte der Mensch auf Erden Krieg.

Nun ist dies zwar ein Sachverhalt, der durch die Quellen belegt wird. Doch ist die Frage bislang nicht geklärt, inwieweit auch *menschliche* Belange, säkulare Erwägungen an dieser recht außergewöhnlichen Erscheinung Anteil hatten. Denn schließlich waren es Menschen, die hinter all diesen Überlegungen standen und zum Teil auch davon profitierten. Nicht nur in der Weise, was ja für alle zutraf, daß die Welt erhalten blieb, sondern auch insofern, als Krieg und Eroberungen – über den eigentlichen »ideellen« Nutzen hinaus – auch materielle Güter einbrachten, die den Göttern, die sich mit Menschenblut begnügten, gleichgültig waren. Also beispielsweise jene Beute, die man aus dem Krieg gegen die Tepaneken zurückbrachte. Da gab es Land, Arbeit, Tribute, Schätze und Ehren: Was geschah damit, sozusagen einem Nebenprodukt des Krieges?

Nun, ob es nur ein Nebenprodukt war, das wissen wir eben nicht. Das heißt, es spricht alles dafür, daß der irdische, weltliche Aspekt des Krieges durchaus auch eine Eigenbedeutung hatte. Hören wir dazu, was beispielsweise mit dem Land geschah, das man in Azcapotzalco erbeutete. Der Codex Ramírez, eine indianische Quelle, sagt das ganz deutlich:

»Dann ging der König mit seinen Gefolgsleuten nach Azcaputzalco, um das Land aufzuteilen. Zuerst teilte man der
Krone das meiste und beste Land zu, dann folgte der Heerführer Tlacaellel und schließlich alle übrigen Hauptleute und
Fürsten, jedem, wie er es im Krieg verdient hatte. Das gemeine
Volk erhielt kein Land, es sei denn, dieser oder jener, der sich
durch besonderen Einsatz oder Eifer ausgezeichnet hatte; die
übrigen scheuchten sie beiseite und nannten sie Feiglinge,
weil sie keinen Mut gehabt hatten, etwas für den Sieg beizu-
tragen. Doch man teilte einige Ländereien den Nachbarschaften zu, damit sie dem Kult der Götter zugute kamen. Auf
diese Weise verfuhren sie stets bei der Aufteilung des Landes,
wenn sie neue Gebiete eroberten.«[39]

Es lohnte sich also, Krieg zu führen. Wer sich durch Mut und Tapferkeit
auszeichnete, dem wurde seine Leistung auch anerkannt. In doppelter
Weise: einmal erhielt er Land, das ihm materiellen Wohlstand brachte,
zum andern wurde er mit öffentlichen Ämtern betraut, die ihm Macht
und Einfluß verschafften. Es entstand so eine Zweiteilung der Gesellschaft: Auf der einen Seite die, die sich im Krieg verdient gemacht hatten und allmählich eine eigene Klasse, den Adel, bildeten, auf der anderen das gemeine Volk, das sich vor dem Krieg fürchtete und für seinen
Schutz mit der Verpflichtung, gehorsam und dienstbar zu sein,
bezahlte. Wie es wiederum der Codex Ramírez unmißverständlich
klarstellt:

»Am Tag nach dem Sieg über die Tepaneken ließ der König
Itzcohuatl seine Ratgeber zu sich kommen und sagte ihnen,
daß sie sich erinnern sollten, wie das Volk sich zu ewiger
Dienstbarkeit verpflichtet habe, wenn sie den Sieg erringen
sollten, und daß es nun angeraten sei, das Volk zu versammeln und es daran zu erinnern, daß es sein Versprechen ein-
löse.
    Und so rief man das Volk zusammen und trug ihm die
Sache vor, und das Volk antwortete, daß man es nun einmal
versprochen habe und daß die Hauptleute und Fürsten, die
mit solcher Anstrengung und Tapferkeit gekämpft hätten, es
verdienten und daß es keine andere Antwort geben könne, als
das Versprechen auch zu halten, und so legten sie von neuem
einen Schwur ab, alles, wozu sie sich verpflichtet hatten, einzuhalten, und dies haben sie auch immer getan.«[40]

89

Dazu muß man wissen, daß das Volk, als der Krieg gegen Azcapotzalco vor der Tür stand, offenbar erheblichen Widerstand leistete. So berichten es jedenfalls die Quellen. Man schloß einen förmlichen Vertrag, den man geradezu als »Gesellschaftsvertrag« bezeichnen könnte: Wenn der König und seine Krieger siegen sollten, dann sei das Volk ihnen auf ewig zu Dienst und Abgaben verpflichtet; sollten sie den Sieg jedoch nicht erringen, dann würden sie sich ganz in die Hände des Volkes begeben, das mit ihnen tun könne, was ihm beliebe.

Das ist, zumindest in der Rückschau, ein faires Abkommen. Ob es freilich wirklich so war, muß tunlichst bezweifelt werden. Denn nicht nur wurde nach dem Sieg gegen die Tepaneken die Gesellschaft zweigeteilt, in die, die herrschen, und die, die dienen; es wurde auch eine neue Geschichte geschrieben. Sahagún sagt das ganz deutlich: »Die geschichtlichen Überlieferungen hatten sich zwar erhalten, doch die Bücher wurden verbrannt, als Itzcoatl in Mexiko regierte.« Und er fügt hinzu: »Ein Rat der Herrschenden trat zusammen; sie sagten: ›Es ist nicht nötig, daß das Volk die Aufzeichnungen kennt; es würde nur dem Ruf der Regierung schaden …‹«

Deutlicher kann man es nicht sagen: Dem Volk wurde offenbar Sand in die Augen gestreut. Eine offizielle Version der Dinge wurde propagiert; Geschichte, die Überlieferung historischer Ereignisse, wurde verzerrt, in den Dienst einer bestimmten Politik gestellt, zu einer Ideologie degradiert. Damit stehen die Azteken freilich nicht allein da. Geschichte ist selten das, was sie vorgibt zu sein – eine wertfreie, objektive Wiedergabe der Vergangenheit. Bei den Azteken nahm diese Verzerrung nur eine besonders flagrante Form an; sie mußten nämlich in zwei Richtungen arbeiten: einmal gegenüber dem eigenen Volk, vor dem es sich zu rechtfertigen galt, und dann nach außen, in der Darstellung der Azteken insgesamt, eines bislang verachteten Volkes, das plötzlich zu unverhoffter Größe gelangte. Das bedurfte einer besonderen Erklärung, die ebenso einleuchtend wie unmißverständlich war: Die Azteken waren das erwählte Volk; schon in Aztlan, wohin man nun den Anfang verlegte, war ihnen ihr Schicksal verkündet worden. Indem ihr Gott, Huitzilopochtli, der sie geleitet hatte, zugleich auch *Tonatiuh*, die Sonne, war und sie ihm, der die Welt erhält, dienten, waren sie die Retter, die Erlöser. Nicht nur auserwählt; die Azteken – als Volk und in diesem Volk die Elite – waren ein Garant für den Bestand der Welt. Wer sich ihnen widersetzte, dem Herren – Volk wie den Herrschern –, der beleidigte die Götter und brachte die Erde in Gefahr. Eine Ideologie, die fürwahr recht wirksam war!

Dennoch sollte man sich hüten, es zu sehr mit der Brille der heutigen Zeit zu sehen. Die Sieger von Azcapotzalco schufen einen Klassenstaat und legten den Grundstein für ein Imperium, das letztlich nicht mehr als ein Kolonialreich war. Doch es war immer – nicht nur bei den Beherrschten, auch bei den Herrschern – das religiöse Moment, das mit hineinspielte. Der Mensch war letztlich ohnmächtig; er *mußte* Gewalten, die über ihm standen, beschwichtigen. Und das konnte er nur, indem er Anstrengungen unternahm, die an die Macht und Zerstörungsgewalt der Götter heranreichten. Wäre nur ein Regenguß oder ein Kälteeinbruch zu befürchten gewesen, hätte man sich, das heißt die Götter, vielleicht auch mit Blumen und Weihrauch zufriedengegeben. Aber in Mexiko standen Unbilden anderer Größenordnung an: Die Erde bebte, Berge barsten, der Himmel verdunkelte sich – da mußte man sich schon ins Zeug legen, um den Untergang aufzuhalten.

Allein der Natur die Schuld für die Exzesse anzulasten, die die Kultur der Azteken zeitigen sollte, wäre sicher eine Überspitzung unserer Theorie; doch die Hilflosigkeit des Menschen angesichts einer drohenden Natur trug zweifellos entscheidend dazu bei, daß man zu Lösungen Zuflucht nahm, die anderen Völkern, die in einer gesegneteren Umwelt leben, als barbarisch oder »unmenschlich« erscheinen. Es waren in ihrer Unmenschlichkeit zutiefst menschliche Regungen, die die Azteken zu ihren schrecklichen Handlungen und Vorstellungen veranlaßten. Dabei sollte freilich nie übersehen werden, daß dieses Gebäude aus Furcht und Magie, Krieg und Opfer einigen mehr diente als anderen.

Das wurde sehr deutlich auch festgeschrieben. Denn wenn Itzcoatl, der Sieger von Azcapotzalco, die Privilegien schuf, die seine Getreuen auszeichneten, so sorgte *Moctezuma Ilhuicamina*, der »Zornige Fürst, der in den Himmel schießt«, daß diese Privilegien erhalten blieben. Unter seiner Herrschaft, die das goldene Zeitalter einläutete, wurden formelle Gesetze erlassen, die die Neuerungen, die Itzcoatl eingeführt hatte, zementierten. So heißt es am Anfang dieses Gesetzeswerkes, das von Durán überliefert wird:

> »Das erste, was man festlegte, war die Bestimmung, daß die Könige sich niemals der Öffentlichkeit zeigten, es sei denn, bei einem außergewöhnlichen und wichtigen Anlaß. Fernerhin sollte es allein dem König vorbehalten sein, eine goldene Krone in der Stadt zu tragen; im Kriege aber war es auch den Heerführern und Hauptleuten erlaubt, sich eine solche Krone aufzusetzen, denn sie vertraten dort die Person des Königs, und deshalb war es ihnen gestattet, sich mit königlichen Emblemen zu schmücken. Doch nur im Krieg durften sie das; sonst war es ihnen verboten.«[41]

Der König und der Adel sonderten sich auch durch äußere Symbole vom Volk ab. Das reichte bis zu genauen Vorschriften für die Kleidung. Ein anderes Gesetz besagt:

> »Dem Volk aber wurde unter Androhung der Todesstrafe verboten, Baumwolle zu tragen. Das einzige, womit sie sich kleiden durften, war ein Überwurf aus Agavefasern, und dieser durfte nicht länger sein, als daß er das Knie bedeckte. Wenn jemand einen Mantel trug, der bis zu den Fersen reichte, dann drohte ihm der Tod, es sei denn, er konnte eine Verletzung an den Beinen aufweisen, die er sich im Krieg zugezogen hatte.«[42]

In dem Fall, wenn sich jemand sozusagen durch eine Verwundung ausgezeichnet hatte, gestand man ihm das Recht zu, »seine Beine zu ehren«, wie Durán vermerkt, indem er sie mit einem Mantel bedeckte, wie ihn die Großen trugen.

Restriktionen, mit denen man das gemeine Volk vom Adel zu unterscheiden gedachte, bezogen sich auch auf den Hausbau. Wie es in einem weiteren Gesetz heißt:

> »Es war verboten, daß sich jemand ein Haus mit mehreren Stockwerken baute, mit Ausnahme der Großen und der tapferen Heerführer, und wer gegen diese Anordnung verstieß, der wurde mit dem Tode bestraft. Auch war es dem Gemeinen verwehrt, sein Haus durch Anbauten zu erweitern, was gleichfalls mit dem Tode bestraft wurde. Dies blieb allein den Großen vorbehalten, als eine Gnade, die ihnen von den Göttern gewährt wurde.«[43]

Es war eine göttliche Ordnung, die verfügt wurde. Als solche wurde sie zumindest propagiert, und damit sich das auch einprägte, von klein auf jedem bewußt wurde, richtete man regelrechte Schulen ein, in denen die neue Staatsräson gelehrt wurde. Auch das war eine der gesetzlichen Neuerungen:

> »Es wurde verfügt, daß in allen Nachbarschaften Schulen und Horte für Jünglinge einzurichten seien, wo man sie in Religion und im rechten Glauben, in Bußübungen und in körperlicher Ertüchtigung, in guten Sitten, im Kriegsdienst, bei der Arbeit, in Fasten, Disziplin und Opfer unterweisen sollte; und daß es dafür Lehrer und alte Männer bereitzustellen galt, die sie

anleiteten und bestraften und darauf achteten, daß sie nicht
müßig waren und die Zeit vertrödelten und daß sie alle
strengste Keuschheit bewahrten, andernfalls sie mit dem Tode
bestraft wurden.«[44]

Es herrschte ein strenges Regiment, und alles zum Ruhm der Götter.
Wie Durán schreibt:

>»Und die Geschichte sagt an dieser Stelle, daß dieser Mote-
cuhzoma, der erste seines Namens, sehr zufrieden war mit seinen Gesetzen und daß sie ihm überall im Lande zu Ruhm und
Ehre gereichten, derart, daß man ihn eher für ein göttliches
Wesen als für einen Menschen hielt, und es heißt, daß das,
was er angeordnet hatte, eher das Gebot der Götter gewesen
sei als eines irdischen Menschen, so viel Gutes sei daraus entstanden, sowohl im eigenen Land als auch in allen anderen.«[45]

Letztlich wurde das Gesetzeswerk, das die Gesellschaft der Azteken in
eine starre, geschichtete Form goß, als ein Akt der Götter ausgegeben,
der lediglich durch die Person des Herrschers, der dadurch gleichfalls
göttliche Attribute annahm, verkündet wurde. Derart sanktioniert,
wagte niemand, sich gegen die Forderungen des Staates aufzulehnen.
Eine Theokratie? Zumindest keine *Demo*kratie, denn das Volk hatte
nichts zu sagen.

Das wurde zum ersten Mal deutlich, als es zur »Wahl« jenes Montezuma kam, der als göttliches Sprachrohr fungierte. Itzcoatl war 1440
gestorben, und wie es Sitte war, trat man nun zusammen, um einen
Nachfolger zu bestimmen. Doch wenn bislang die *calpultin*, die Nachbarschaften der Gemeinen, ein Mitspracherecht gehabt hatten, so war
dies durch ihre angebliche Feigheit im Krieg gegen Azcapotzalco verwirkt. Fortan gaben nur noch die »Großen« den Ton an. Der Codex
Ramírez, jene indianische Quelle, macht daraus keinen Hehl:

>»Und als der König gestorben war, verbreitete sich große
Trauer über das Land, denn er war sehr tapfer und allgemein
beliebt gewesen und hatte mit großer Güte regiert. Man
begrub ihn und erwies ihm alle Ehren, und als die Tränen ver-
siegt und das Wehklagen verstummt waren, rief der gefeierte
Heerführer Tlacaellel die Mitglieder des Hohen Rates zusammen sowie die beiden Herrscher von Tetzcuco und Tacuba,
die gleichfalls mitwählen durften, auf daß sie einen neuen

König wählten. Und als sie versammelt waren, trat einer vor und erhob mit viel Würde und Beredsamkeit das Wort. Er sagte: ›Das Licht, das uns leuchtete, ist erloschen, die Stimme, die alles in diesem Reich bewegte, ist verstummt, und der Spiegel, in dem wir uns alle sahen, hat sich verdunkelt. Deshalb, ihr hohen Herrn, schadet es dem Reich, wenn es weiter in Dunkelheit liegt; eine neue Sonne soll aufgehen, die Licht bringt! Drum werft ein Auge auf die Fürsten und Edelleute, die wir und der König hervorgebracht haben! Habt acht! Wer, o Mexikaner, soll es sein, der in die Fußstapfen unseres rechtschaffenen verstorbenen Königs tritt? Wer wird das bewahren, was er uns vererbt hat? Wer wird wie er die Witwen und Waisen schützen, die Armen und die Schwachen? Sagt, wer erscheint euch geeignet, unter den Fürsten, die wir haben!‹ Mit diesen und ähnlichen Worten berieten sie und handelten alle Fragen ab, die dabei auftauchten. Schließlich, nachdem sie ihre Beratung beendet hatten, wählten sie einmütig Motecuczoma, den ersten dieses Namens, einen Neffen des großen Tlacaellel.«[46]

Nicht nur, daß das Volk nicht mehr mitwählen durfte, die, die letztlich zur Wahl standen, kamen auch nur noch aus einer Familie: jener, die Acamapichtli gegründet hatte und die – da man der *Polygynie,* der Vielweiberei, pflegte – weitverzweigt war, so daß gewöhnlich mehrere Kandidaten zur Wahl standen. Es war also letztlich eine *Erbmonarchie,* die sich bei den Azteken durchsetzte, wobei lediglich das Recht des Erstgeborenen nicht anerkannt, sondern durch eine Wahl unter den direkten männlichen Nachkommen der Königsfamilie ersetzt wurde.

Dem distanzierten Betrachter drängt sich eine auffallende Parallele auf: Auch *heute* tritt in Mexiko, wenn auch in regelmäßigen Abständen, ein Gremium erlauchter Wahlmänner zusammen und wählt aus seiner Mitte einen Nachfolger. Im Grunde liegt die Entscheidung sogar nur bei einem: Der, der aus dem Amt (des Präsidenten) scheidet, designiert seinen Nachfolger, und was dem Volk bleibt, ist lediglich, diese Entscheidung gutzuheißen. Mehr Einfluß hat es nicht.

Daraus ließe sich ableiten, daß die Zeit in Mexiko stehengeblieben ist. Wie wir noch sehen werden, ist das keineswegs eine Übertreibung. Was aber die Wahl des Staatspräsidenten betrifft, so ist zu konstatieren, daß – im Vergleich zu den Azteken – die Zeit nicht nur stehengeblieben ist, sondern sogar noch weiter zurückgeschraubt wurde! Denn, wie gesagt, in aztekischer Zeit war es immerhin ein Kollektiv, das über die Nachfolge entschied. Heute nimmt sich nur *einer* die Freiheit, und das –

was belastend hinzukommt – obwohl seit den Azteken 500 Jahre vergangen sind. Damals, im 15. Jahrhundert, war Demokratie ein Fremd-
wort; seit den alten Griechen hatte man sich nicht mehr darum gekümmert. Inzwischen hat der Parlamentarismus einen weltweiten Siegeszug angetreten; nur in Ländern wie Mexiko erhebt man zwar den
Anspruch, ihn gleichfalls übernommen zu haben, frönt dennoch aber
einem ungeschminkten politischen Primitivismus, der sich selbst hinter den Azteken verstecken muß.

Damit wollen wir die Azteken nicht in den Himmel loben, nur in den
richtigen Kontext setzen. Ihrer Zeit waren sie nicht voraus, hinkten
aber auch nicht wesentlich hinterher. Zumindest, was die Herrschaftsstruktur betrifft. Und was die heutige Zeit anbelangt, da können sie sich
allemal sehen lassen, nicht nur in Mexiko.

Doch kehren wir zurück zu Montezuma, dem Ersten. Nach seiner
Wahl brachte er zunächst seinem Gott ein Opfer dar:

> »Nachdem sie ihn gewählt hatten, geleiteten sie ihn zum Tem-
> pel, wo sie ihm vor dem Götterbild ein königliches Gewand
> anlegten. Dann reichten sie ihm einige Knochensplitter, die
> vom Hirsch und Jaguar stammten, und damit kasteite er sich,
> indem er sich die Ohrläppchen, an den Armen und die
> Schienbeine durchbohrte, um das Blut seinem Gott zu opfern.
> Alle beglückwünschten ihn, und die Priester und Weisen hiel-
> ten Gebete ab und gaben ihm gute Ratschläge mit auf den
> Weg.«[47]

Dann zog er in den Krieg, denn es bürgerte sich ein, daß man für die
eigentlichen Krönungsfeierlichkeiten eine angemessene Zahl von
Opfern bereithielt. Wie der Codex Ramírez berichtet:

> »In den Tagen dieses Königs führte man die Sitte ein, daß der
> gewählte König in eigener Person auszog, um Gefangene zu
> machen, die am Tag der Krönung geopfert werden sollten:
> erst dann war er als König bestätigt. Und dieser König führte
> seine Aufgabe auch tatsächlich aus, denn er zog selbst in den
> Krieg gegen Chalco, eine feindliche Provinz, wo er tapfer
> kämpfte und viele Gefangene machte, die er am Tag seiner
> Krönung in einer feierlichen Handlung opferte ...«[48]

Nunmehr König göttlichen Gesetzes, begann Montezuma mit einer
energischen Politik, die das Reich sowohl im Innern als auch nach
außen von Grund auf veränderte. Hatte sich Itzcoatl, sein Vorgänger,

damit begnügt, die Oberhoheit über das Tal zu erlangen, das seit den Tolteken oder gar Teotihuakanern, nicht mehr vereint gewesen war, so griff Montezuma, der sich auf die Armeen Unterworfener oder Verbündeter stützen konnte, auf die Gebiete jenseits des Tales über, um seinem Gott zu gefallen und die irdischen Bedürfnisse seines Volkes zu befriedigen. Wo immer die aztekischen Heere (und ihrer Verbündeten) auftauchten, blieben sie Sieger. Es war fürwahr ein gottgefälliges Werk, und als Montezuma nach fast dreißigjähriger Regierungszeit von der Bühne der Geschichte abtrat, waren die Azteken wohl bereits das mächtigste Volk, das es jemals in Mesoamerika gegeben hatte. Ihr militärischer Machtbereich erstreckte sich von *Quauhnahuac*, dem heutigen Cuernavaca, im Süden, wo sie das Volk der *Tlahuica* unterwarfen, bis nach *Xochitlalpan*, dem »Blumenland«, im Norden beziehungsweise Osten, wo die Huasteken, ein Mayastamm, saßen. An der Küste des Golfes reichte der Herrschaftsbereich bereits bis nach Tabasco, das sie freilich nicht eroberten, denn hier saßen die *Putun,* ein anderer Mayastamm, der seinerseits eine expansive Politik betrieb. Schließlich drangen die Heere Montezumas auch schon bis nach *Oaxaca* vor, wo sie einen Teil der *Mixteken* unterwarfen, die die Nachfolge der Zapoteken, der Herrscher von Monte Albán, angetreten hatten.

Von all diesen Eroberungen brachten die Heere reiche Beute mit. Durán widmet diesen Tributen, die fortan an Tenochtitlan zu zahlen waren, ein ganzes Kapitel. Unter andern zählt er auf:

> »... große Mengen an Gold, sowohl in Pulverform als auch zu Schmuck verarbeitet; desgleichen grüne Steine, die man Jade nennt; Kristall, Karneol, Blutstein und Amber: all diese Steine stehen bei ihnen hoch im Kurs, ebenso wie Federn, die sie ›Schatten der Götter‹ nennen.
>
> Von diesen Federn gibt es eine Unmenge, die sie als Tribute bezogen; alle Farben waren darunter: grün, blau, rot, gelb, purpurn, weiß und alle Zwischentöne. Dann gab es Kakao in großen Mengen und Baumwolle, in unzähligen weißen und gelben Ballen.
>
> Mäntel wurden geliefert, in solchen Mengen, daß man es kaum glauben kann. Solche, die 20 Klafter maßen, andere zu zehn, fünf, vier oder zwei Klafter, je nach dem, wie es jede Provinz vermochte. Mäntel für die Fürsten, in reicher Ausstattung und vielerlei Art: einige wiesen einen breiten Saum aus bunten Federn auf; andere waren mit großen Schilden geschmückt, mit Schlangenköpfen, Jaguaren und Sonnensymbolen. Wieder andere waren mit Totenköpfen bemalt, mit

Pfeilschleudern und Götterbildern: alle aus buntem Gewebe
und mit kleinen, weichen Federn durchwirkt, so daß es sehr
kleidsam und wirkungsvoll war.«[49]

Luxusartikel bildeten einen wichtigen Teil der Tribute; doch es wurden
auch praktische Dinge bezogen, Baumaterialien und Nahrungsmittel,
Waffen und Gebrauchsgegenstände. Über alles wurde sorgsam Buch
geführt, und die Abgaben waren regelmäßig zu leisten. Durán schreibt,
daß die Vielzahl der Tribute unbegrenzt war; selbst Sklaven mußten
herhalten, wenn es sonst nichts gab:

»Kurzum, was immer man sich vorstellen mag, es wurde nach
Mexiko geliefert. Bis zu Honigwaben; ja selbst die Bienen in
ihren Stöcken. Große Krüge voller weißem Honig und einer
dunklen Art; Weihrauch, Fackeln und Ruß, um sich damit
einzureiben. Und die Provinzen, die keine Nahrungsgüter,
Kleider oder all die anderen Dinge, die genannt wurden, aufbringen konnten, lieferten junge Mädchen, die unter die Großen verteilt und als ›Sklaven‹ bezeichnet wurden; sie waren
fast alle noch sehr jung und brachten Kinder zur Welt, die
man ›Sklavenkinder‹ nannte, was ein Schimpfwort war, denn
wenn sie sich stritten, pflegten sie den anderen damit abzutun.
Es waren dieser Art Sklavenkinder, die man zuweilen auch
schon ursprünglich als Tribute zahlte.«[50]

Wenngleich die Tribute, die Durán aufzählt, sich auch auf das gesamte
Reich bezogen, wie es schließlich unter Montezuma dem Zweiten seine
endgültige Form annahm, so strömten doch auch schon unter dem
ersten Montezuma unzählige Waren nach Mexiko, so daß die Stadt
einen ungeheuren Aufschwung nahm. Paläste wurden gebaut, Tempel
errichtet, Deiche und Dämme entstanden: Die Stadt nahm das Bild
einer wahrhaften Metropole an.

Besonders Sorgfalt wurde auf die Errichtung beziehungsweise
Erneuerung des Tempels verwandt, der dem Gott Huitzilopochtli
geweiht war. Ihm verdankte man allen Reichtum und Triumph, und so
war es nur natürlich, daß man ihm eine Stätte der Verehrung errichtete,
die alle anderen überragte. Montezuma I. nahm dieses Werk in Angriff.
Wie im Codex Ramírez berichtet wird:

»Nachdem der König Motecuczuma der Erste sein Reich
geordnet hatte und überall Wohlstand eingekehrt war,
beschloß er, seinem Gott Huitzilopochtli einen prächtigen

Tempel zu errichten, und so berief er eine Zusammenkunft aller Vertreter des Reiches ein und erläuterte seinen Plan, wobei er jeder Provinz eine besondere Aufgabe zuwies. Und in kurzer Zeit trafen Baumeister und Materialien aus allen Teilen des Reiches ein, so daß die Arbeit schnelle Fortschritte machte. Der Herrscher aber war so sehr seinem Werk zugetan, daß er unter den Mörtel, der zum Bau verwendet wurde, Juwelen und Edelsteine mischte, und als der Tempel fertig war, veranstaltete er zur Einweihung ein großes Fest, das selbst das übertraf, mit dem man seine Krönung begangen hatte. Eine große Zahl von Gefangenen wurde geopfert, die er im Krieg erbeutet hatte, und er beschenkte den Tempel mit allerlei Reichtümern, wie es sich für das größte Heiligtum seines Reiches gehörte.«[51]

Wie wir bereits erwähnten, war der Opferkult ein zentrales Anliegen der Azteken. Eroberungen erfolgten letztlich nur deshalb – wenigstens verkündete dies die offizielle Propaganda –, um Gefangene zu machen, die den Göttern als Nahrung dienten. Dabei nahm diese Forderung im gleichen Maß, wie das Ansehen und die Macht der Azteken wuchsen, immer größere Dimensionen an, bis es schließlich zu jenem Exzeß kam, der für die Regierung *Ahuitzotls* überliefert ist, des letzten großen Herrschers der Azteken, der bei einer Neueinweihung des Tempels Hekatomben von Menschen hinschlachten ließ.

Selbst wenn die Azteken bemüht waren, fortwährend Krieg zu führen, so mußte das Reservoir an Gefangenen, die ja Krieger sein mußten, irgendwann einmal erschöpft sein. Zumal die Götter, allen voran Huitzilopochtli, Feinschmecker waren, das heißt, sie aßen noch lange nicht alles, was man ihnen vorsetzte. Das brachte die Azteken, jene, die über ihr Schicksal befanden, in arge Schwierigkeiten: woher die Gefangenen nehmen, die den Göttern genehm waren?

Tlacaelel, der schlaue Fuchs, der hinter allen Neuerungen stand, die Montezuma I. einführte, hatte eine Idee. Durán hat sie aufgezeichnet:

»»Es geht nicht an, daß unser Gott jedesmal auf die Gelegenheit warten muß, daß sich ein Anlaß zu einem Krieg ergibt. Wir müssen vielmehr einen Weg finden, daß unser Gott mit seinem Heer wie zu einem Markt geht, wo er Opfer, die sich zum Verzehr anbieten, kaufen kann: wie auf einer Bratpfanne am heimischen Herdfeuer müssen sich ihm die Speisen anbieten, damit er sich daran delektieren kann, wenn es ihn danach gelüstet. Das heißt, unsere Heere müssen auf jene

Märkte gehen, um mit ihrem Blut, ihrem Kopf, ihrem Herz und ihrem Leben sich all das zu verdienen, im Dienste an ihrem Gott, wonach sie trachten: Edelsteine und Federschmuck, Smaragde und Rubine.

Dieser Markt, so meine ich, Tlacaelel, sollte Tlaxcala sein, Huexotzinco, Cholula, Atlixco, Tliliuhquitepec und Tecoac. Denn wenn wir ihn in weiterer Ferne suchen, etwa in Yopitzinco oder in Mechoacan oder in der Huasteca oder gar an der Küste, wohin unsere Heere nur mit Mühe gelangen, gingen wir wohl mit leeren Händen aus. Tlaxcala liegt in der Nähe, und außerdem macht sich unser Gott nichts aus Barbaren: es wäre wie hartes, ungenießbares Brot, ohne Geschmack und Würze, denn, wie ich schon sagte, spricht man in jenen Gebieten eine fremde Sprache und es sind alles Barbaren.

Deshalb schlage ich vor, daß wir unseren Markt und unsere Messe in jenen sechs Städten abhalten, die ich genannt habe. Nämlich: Tlaxcala, Huexotzinco, Cholula, Atlixco, Tliliuhquitepec und Tecoac. Die Leute dort wären für unseren Gott wie warmes Brot, das frisch aus dem Ofen kommt.‹‹«[52]

So sprach der wackere Tlacaelel zu seinem Herrscher, und dieser war's zufrieden: So hatte man fortan nicht nur ein unerschöpfliches Reservoir an Opfern, die dem Gott genehm waren, es war zugleich auch gewährleistet, daß die Heere in ständiger Übung blieben. Im Klartext: Man arrangierte in der Art eines sportlichen Wettkampfes – nur daß es einem anderen, höheren Zweck diente – einen permanenten Krieg, der in regelmäßigen Abständen geführt wurde. Für den Gegner, vor allem die *Tlaxcalteken,* die einer der sieben Stämme waren, die aus Chicomoztoc stammten, sprang dabei dasselbe heraus wie für die Azteken: sich im Kampf zu messen, Ruhm und Opfer zu gewinnen.

Diese merkwürdige Einrichtung, die nicht dazu diente, den Gegner zu bezwingen, das heißt, ihn als selbständiges Volk auszulöschen, sondern ganz im Gegenteil ihn als ewige Quelle des Krieges zu bewahren, nannte man *xochiyaoyotl,* was »Blumenkrieg« heißt. Ein Euphemismus, der über die Tragik dieser Entwicklung hinwegtäuscht.

Moctezuma Ilhuicamina konnte – aus seiner Sicht – mit seinem Lebenswerk zufrieden sein. Er hatte Tenochtitlan zum Mittelpunkt eines aufstrebenden Reiches gemacht, ihm eine feste Struktur und eine dauerhafte Ideologie gegeben und konnte sich sehr wohl in der Sicherheit wiegen, seinem Schöpfer, dessen Garant auf Erden er war, ein gehorsamer Diener gewesen zu sein. So war es denn nur recht, daß er sich am Ende seines Lebens ein Porträt anfertigen ließ, das die Erinnerung an ihn und sein Werk bewahren sollte. Im Park von Chapultepec, dort, wo die Azteken einst ihre erste Bleibe gefunden hatten und wo sie nun Gärten und Denkmäler anlegten, ließ er sein Abbild in eine Felswand meißeln, und damit nahm er Abschied von den Lebenden. Er starb an einer Krankheit, die ihn in wenigen Tagen dahinraffte, und das einzige, was man noch für ihn tun konnte, war, ihm ein ehrenvolles Begräbnis zu bereiten:

> »Als der König gestorben war, hielt man eine große Trauerfeier ab, zu der alle Könige und Fürsten der Umgebung kamen. Sie brachten Opfergaben und Geschenke, wie es üblich war, und damit dem Toten jemand im Jenseits diene, wurden Sklaven und viele seines Gefolges getötet, die ihm ins Grab folgten. Und inmitten seiner Schätze setzte man ihn im Hof seines Palastes bei ...«[53]

Herrscher und Untertanen

Die Nachfolger Montezumas verstanden es, das Reich weiter auszudehnen. Vor allem Ahuitzotl, das »Gespenstische Wassertier«, tat sich als erfolgreicher Eroberer hervor: Unter seiner Regierung dehnte sich das Reich bis an die Grenze des heutigen Guatemala aus, wo man in *Soconusco* einen Vorposten bildete, der vor allem als Kakaolieferant Bedeutung erlangte. Derart berühmt und geschätzt war die Provinz, daß man sie schlechthin die »Bank« nannte, denn – wir entsinnen uns – Kakao war nicht nur ein beliebtes Getränk, die Bohnen dienten auch als Zahlungsmittel.

Zwar gelang es auch Montezuma II. oder *Xocoyotzin*, dem »Jüngeren«, wie er genannt wurde, noch weitere Gebiete hinzuzuerwerben – vor allem in Oaxaca, das er gänzlich unterwarf –, doch unter seiner Herrschaft zeigte sich bereits, daß das Expansionsstreben der Azteken an eine natürliche Grenze gestoßen war. Während er einerseits noch mit Eroberungen beschäftigt war, nahmen andererseits Aufstände, die schon unter seinem Vorgänger, Ahuitzotl, eingesetzt hatten, an Zahl und Sprengkraft zu, so daß es ihm nicht gelang, ein einheitliches, geschlossenes Reich zu bilden. Vielleicht wäre es dazu doch noch gekommen, denn Montezuma führte auch im Innern, in der Verwaltungsstruktur eine energische Politik durch, die zur Stärkung der Zentralgewalt führte, doch da er diese Neuerungen nicht abschließen konnte, war er vorübergehend eher noch geschwächt, so daß er eine leichte Beute der Spanier wurde.

Das Aztekenreich war also kein Reich im eigentlichen Sinne, weder territorial, noch was seine Regierungsform anbetraf. Es war eine Ansammlung heterogener Gebilde, die in unterschiedlichem Maße mit einer Zentralgewalt in Verbindung standen. Diese war ursprünglich dreigeteilt, ja, man könnte fast sagen, viergeteilt gewesen: denn nicht Tenochtitlan allein bestimmte das Geschick des »Reiches«, es mußte seine Entscheidungsgewalt mit zwei weiteren Städten teilen, die ihm einst bei der Niederwerfung der Tepaneken geholfen hatten. Dieser Dreierbund, bestehend aus Tenochtitlan, Tetzcoco und Tacuba, war für die Außenpolitik zuständig, das heißt, alles, was nicht die innere Verwaltung der einzelnen Bündnispartner betraf, mußte gemeinsam abgesprochen werden. Dazu gehörte der Krieg ebenso wie die Wahl eines jeweiligen Nachfolgers, der von den übrigen Partnern bestätigt werden mußte.

Eine besondere Bedeutung hatte die Schwesterstadt Tenochtitlans, *Tlatelolco*. Sie war, wie wir bereits andeuteten, aus einem Zwist bei der ursprünglichen Aufteilung des Landes, das man den einzelnen Calpulli zusprach, hervorgegangen, und der Gegensatz, der sich daraus entwickelte, war niemals beigelegt worden. Während Tenochtitlan ständig bemüht war, seine militärische Macht zu erweitern, beschränkte sich Tlatelolco auf den Handel, der ihm wachsenden Wohlstand und wirtschaftliche Vorteile einbrachte. Man könnte fast sagen, Tlatelolco erntete die Früchte, die Tenochtitlan säte. Das konnte auf die Dauer nicht gutgehen.

Die Spannungen, die zwischen den beiden Rivalen bestanden, entluden sich schließlich, als der Herrscher von Tlatelolco, *Moquihuix*, der mit einer Schwester *Axayacatls*, des eigentlichen Herrschers der Azteken, verheiratet war, diese, die anscheinend nicht mit Schönheit geschlagen war, in der üblichen Weise beleidigte, indem er ihr seine Konkubinen vorzog, worauf Axayacatl, das »Wassergesicht«, Tlatelolco den Krieg erklärte. Es kam zu einem dramatischen Kampf, der nicht eher endete, als bis Moquihuix (und sein Berater, *Teconal*), die ein letztes Angebot, sich zu ergeben, ausgeschlagen hatten, getötet worden waren. Wie Durán berichtet:

> »Als Axayacatl sah, daß seine Aufforderung nichts nutzte, befahl er seinen Kriegern, den Kampf wiederaufzunehmen, was sie mit solchem Ungestüm taten, daß sie den Widerstand des Feindes, der sich auf dem Marktplatz verschanzt hatte, durchbrachen und ihn in die Flucht schlugen.

101

Moquihuix und Teconal erkannten, daß alles verloren war, und da niemand mehr kämpfen wollte, flohen sie und erklommen die Stufen des Tempels. Und um die Mexikaner aufzuhalten und neue Kräfte zu sammeln, nahmen sie Zuflucht zu einer List, und diese bestand darin, daß sie eine große Zahl von Frauen um sich versammelten, sie ihre Kleider ablegen ließen und sie in einer Schlachtordnung aufstellten, die sich den Angreifern entgegenstellen sollte. Die Frauen entkleideten sich, entblößten ihre Scham und ihre Brüste und marschierten auf den Feind zu; einige schlugen sich mit den Händen auf den Bauch, andere preßten die Milch aus ihren Brüsten und besprenkelten damit die Mexikaner. Ihnen folgte eine zweite Abordnung, die aus Kindern bestand, die ebenfalls nackt waren, ihre Gesichter bemalt hatten und Federbüsche auf dem Kopf trugen; sie stießen ein herzzerreißendes Geschrei aus.

Als die Mexikaner dieses erbärmliche Schauspiel sahen, befahl ihr König Axayacatl, daß man den Frauen kein Leid zufügen solle; doch seien sie gefangenzunehmen, ebenso wie die Kinder. Und indem er so seinen Angriff fortsetzte und die Frauen unbeachtet ließ, stürmte der König die Stufen hinauf, begleitet von seinen Kriegern, die den letzten Widerstand hinwegfegten. Als er oben angelangt war, fand er Moquihuix und Teconal im Tempel, wo sie sich hinter dem Altar Huitzilopochtlis versteckt hatten. Ohne Zögern betrat der König das Heiligtum, holte die beiden aus ihrem Versteck hervor und tötete sie; dann warf er sie die Stufen des Tempels hinab.«[54]

Axayacatl hatte damit, im Jahre 1473, den Bruderzwist beendet: fortan war Tlatelolco ein integraler Bestandteil Tenochtitlans; es hatte seine Autonomie eingebüßt.

Ähnlich erging es, 40 Jahre später, Tetzcoco, wo Montezuma II. in Thronwirren eingriff und – entgegen den Regeln zwischen den Bündnispartnern – einen Favoriten seiner Wahl, *Cacama* mit Namen, einsetzte. Damit war Tenochtitlan, das auch vorher schon Primus inter pares gewesen war, praktisch zur alleinigen Staatsgewalt aufgerückt; Tacuba, der Dritte im Bunde, hatte nie eine besondere Rolle gespielt.

Von dem Dreierbund, der am Ende auf eine einzige Zentralgewalt reduziert wurde, waren nun Stadtstaaten und Provinzen abhängig, die zumeist erobert worden waren und damit militärischer Kontrolle unterstanden, zuweilen aber auch in einem friedlichen vertraglichen Verhältnis zu Tenochtitlan standen, das im Austausch für die Lieferung von Rohstoffen (und Dienstleistungen) militärischen Schutz gewährte, sofern letzterer nicht eher eine Drohung war, mit der man eine freiwillige Unterwerfung erzwang. Aus Tributlisten, die erhalten blieben, geht hervor, daß die Azteken über 38 solcher Provinzen geboten. Sie konzentrierten sich im wesentlichen auf das Gebiet zwischen der nördlichen Grenze Mesoamerikas, mit Ausnahme des Taraskenlandes, das dem Vordringen der Azteken erfolgreich Widerstand leistete, und dem Isthmus von Tehuantepec. In diesem Gebiet gab es zahlreiche Enklaven, die den Azteken nicht tributpflichtig waren; sie hatten ihre Unabhängigkeit erhalten, und obwohl Montezuma II. wiederholt den Versuch unternahm, diese Widerstandsnester zu beseitigen, gelang es den Azteken doch nicht mehr, ihrem Herrschaftsgebiet eine geschlossene Form zu geben.

Im Vergleich zum heutigen Mexiko läßt sich sagen, daß der Herrschaftsbereich der Azteken etwa ein Drittel des heutigen Staatsgebietes ausmachte. Im Osten saßen die Maya, die – wiewohl sie verschiedentlich unter den Einfluß Zentralmexikos gelangt waren – einen eigenen Weg gingen. Und im Norden erstreckte sich unfruchtbares Nomadenland, das dem Expansionsstreben der Azteken eine natürliche Grenze setzte. Was die Ausdehnung des Reiches betrifft, so ist es unwahrscheinlich, daß die Azteken noch einen wesentlichen Gebietszuwachs hätten erwerben können, mit Ausnahme jener Enklaven, die sie am Ende vielleicht doch noch bezwungen hätten. Doch was die Verwaltung, die eigentliche Herrschaftsstruktur, anbelangt, so ist es durchaus vorstellbar, daß hier ein allmählicher Homogenisierungsprozeß eingesetzt hätte, der aus einer ziemlich willkürlichen Ansammlung heterogener Völker und Kulturen eine Einheit, die man als Nation oder Nationalstaat bezeichnen könnte, zusammengeschweißt hätte. Das aber trat nicht ein, weil für eine solche Verschmelzung keine Zeit mehr blieb; was ein anderer Grund ist, weshalb den Spaniern die Unterwerfung der Azteken so schnell gelang.

Im Grunde war das Aztekenreich, so wie es die Spanier vorfanden, ein Kolonialreich: Eine Elite, die aus den eigentlichen Azteken bestand und im Hochtal von Mexiko konzentriert war, herrschte über ein weites Umfeld fremder Völker, die zu bestimmten Abgaben und Dienstleistungen verpflichtet waren. Der Nutzen, den letztere daraus zogen, war gering: In der Mehrzahl waren sie unfreiwillig in Abhängigkeit geraten, und es war gegen ihren Willen, daß sie in dieser Abhängigkeit gehalten wurden. Selbst in den Fällen, wo es zu einer friedlichen Übereinkunft gekommen war, versicherten sich die Azteken der Gefolgschaft ihrer »Bündnispartner«, indem sie Repräsentanten einheimischer Fürstenhäuser als Geiseln in ihrer Hauptstadt, Tenochtitlan, hielten.

Dennoch, wo sich die Unterworfenen ohne weiteren Widerstand in ihr Schicksal ergaben, beließ man ihnen ihre angestammten Herrscher und Sitten; lediglich einen *calpixqui,* einen Tributeintreiber, stellte man ab, um in der unterworfenen Provinz für die Bereitstellung der Abgaben zu sorgen. Diese waren der eigentliche Zweck der Übung: Zwar war es ein gottgefälliges Werk, Krieg zu führen und Gefangene zu machen; doch die Menschen wollten dafür belohnt werden. Übrigens eine interessante Parallele, die sich zur Praxis der Spanier ergibt: Auch dort war es so, daß im Namen des Heilands fremde Länder erobert wurden, und der Nutzen (irdischer Art), den man daraus zog, fiel den weltlichen Mächten zu.

Ein Unterschied bestand allerdings darin, daß es nicht nur Luxusgüter waren, die man aus den unterworfenen Gebieten bezog. Zwar waren sie ein wesentlicher Anreiz, sowohl für den Herrscher als auch seine Krieger, die ihre besondere Stellung vor allem durch exotischen Schmuck zur Geltung brachten; doch gab es auch eine wirtschaftliche Notwendigkeit, Rohstoffe in Form von Nahrungsgütern aus den unterworfenen Provinzen einzuführen, denn das Anwachsen der Bevölkerung im zentralen Hochland hatte die Nahrungsversorgung derart erschwert, daß es nicht selten zu Hungersnöten kam. Besonders wenn sich klimatische Schwankungen nachteilig auf die Ernte auswirkten, konnte dies verheerende Folgen haben. Durán berichtet von einem solchen Fall:

>»Im Jahre 1454, als die Indianer nach ihrer Rechnung das Jahr *Ce-Tochtli* schrieben, was ›Ein-Kaninchen‹ heißt, und in den beiden darauffolgenden Jahren herrschte eine solche Dürre in diesem Land, daß es schien, als seien die Wolken – wie zu Zeiten Elias' – verschlossen; es regnete keinen Tropfen, noch war am Himmel auch nur die Spur einer Wolke zu sehen.
>
>Wie die Geschichte, um es zu verdeutlichen, weiter berichtet, versiegten die Quellen, Flüsse und Bäche trockneten aus, die Erde brannte wie Feuer, Risse und Spalten taten sich auf, und die Hitze, die aus der Erde entwich, war so groß, daß sie die Wurzeln der Bäume und Pflanzen versengte, Blumen und Blätter verwelken ließ und die Zweige verbrannte. Die Agaven lieferten nicht mehr den Honigsaft, den man aus ihnen gewann, der Kaktus brachte keine Früchte mehr hervor; seine fleischigen Blätter hingen nach unten, ohne Kraft und so, als seien sie in der Glut gekocht. Der Mais, kaum daß er zu sprießen anfing, färbte sich gelb und schrumpfte zusammen. Desgleichen die anderen Pflanzen, die auf den Feldern wuchsen.

Die Leute fingen an abzumagern, wurden schwach vor
Hunger und erkrankten, weil sie Dinge aßen, die ihrer
Gesundheit schadeten. Andere, die keinen anderen Ausweg
mehr sahen, verließen die Stadt, ihre Häuser, Frauen und Kinder, um in anderen Gegenden, die fruchtbarer waren, Rettung
zu finden.«[55]

So groß war die Not, daß die Stadt, Tenochtitlan, entvölkert zu werden
drohte. Das einzige, sie davor zu bewahren, waren Hilfsleistungen, die
man aus den Provinzen anforderte. Wie Durán berichtet:

»Als der König Motecuhzoma [der Erste] sah, wie sich seine
Stadt entvölkerte und es auch den anderen Städten in der
Umgebung nicht besser erging, sich vielmehr das Wehklagen
häufte und überall die Not zunahm, ließ er alle Vorsteher,
Verwalter und Schatzmeister, die er überall im Reich eingesetzt hatte, zu sich kommen und fragte sie, wie groß die Vorräte an Mais, Bohnen, Pfeffer, Chia und anderen Feldfrüchten
seien, die sich in den königlichen Speichern befänden, die
man überall im Reich angelegt hatte. Insbesondere verwies er
auf Chalco, denn von dort kam jedes Jahr eine große Menge
an Mais; aber auch Tezcuco und Xuchimilco und all die anderen Provinzen, deren Namen aufzuführen zu lang wäre, wurden aufgefordert, den Bedrängten zu Hilfe zu kommen.«[56]

Es waren also auch wirtschaftliche Gründe, die eine Ausweitung der
Aztekenherrschaft bedingt hatten. Inwieweit allerdings eine bessere
Versorgung des Kernlandes durch die Provinzen ein Anwachsen der
Bevölkerung erst ermöglicht beziehungsweise beschleunigt hat und
damit seinerseits, sozusagen aus sich heraus, die Expansion gefördert
hat, ist eine Frage, die noch der Untersuchung harrt. Auf jeden Fall war
die Eroberung, wie sie die Azteken betrieben, eine komplexe Entwicklung, in der sich religiöse, wirtschaftliche, strategische und sicher auch
rein politische Motive paarten.

Letzteres wird besonders bei Montezuma II. deutlich, der über die
Forderung der Vormachtstellung Tenochtitlans hinaus auch sich selbst
eine zentrale Rolle, die auf Exklusivität drängte, zu verschaffen versuchte. Unter seiner Herrschaft nahm das Königtum die Form einer
absoluten Monarchie an, wobei noch hinzukam, daß er den Anspruch
eines göttlichen Herrschers erhob. Es war also letztlich ein *theokrati-
scher Absolutismus*, in dem die politische Entwicklung Altmexikos
gipfelte. War es ursprünglich nur ein Ältestenrat gewesen, der das Volk

anführte, so setzte sich Montezuma sogar über die Funktion des Staatsrates hinweg, den man dem König zunächst an die Seite gestellt hatte. Ebenso wie das Amt des *cihuacoatl,* der »weiblichen Schlange«, wie man einen dem König beigeordneten Mitregenten, dessen bedeutendster Vertreter Tlacaelel gewesen war, nannte, wurde auch der Staatsrat zu einem bloßen Ausführungsorgan degradiert. Wie es Sahagún, der Chronist, formulierte: »›Er [der Gott] ist in dir; er spricht aus deinem Mund. Du bist seine Lippen, du bist sein Kinn, du bist seine Zunge, du bist seine Augen, du bist seine Ohren.‹« Wie hätte man den König, der sich derart schmeicheln ließ, mit eigenen Gedanken beleidigen können?

Montezuma schuf sich mit seinem autokratischen Herrschaftsanspruch viele Feinde. Derart, daß ihn die autochthonen, indianischen Quellen kritischer beurteilen als die Spanier, die ihn zuweilen geradezu zu einer tragischen Figur verklären. Es mag sein, daß Montezuma selbstherrlich war und daß ihm womöglich der triumphale Erfolg seines Volkes zu Kopf gestiegen war. Aber es lag auch ein gewisses staatsmännisches Kalkül in. seinen Handlungen: Einmal war das Reich so groß geworden, daß sein Zusammenhalt letztlich nur gewährleistet werden konnte, wenn der Repräsentant der Zentralgewalt sich zugleich als ein göttliches Wesen ausgab, das nicht nur im Namen der Götter regierte, sondern auch selbst eine Gottheit war. Zum andern stieß der Expansionsdrang der Azteken unter Montezuma an natürliche Grenzen; weiter konnte das Reich nicht ausgedehnt werden, was bedeutete, daß es entsprechend weniger Möglichkeiten gab, sich militärisch auszuzeichnen und dadurch Zugang zu höheren Kreisen zu gewinnen. Mehr noch: Es wurde auch in der Verwaltung ein Sättigungsgrad erreicht; man benötigte keine zusätzlichen Beamten mehr, die – und das war der dritte Grund – dem Staat, der seine Einnahmen nicht mehr steigern konnte, weitere Kosten verursacht hätten. Das Reich der Azteken stand am Vorabend der spanischen Eroberung in einer Übergangsphase; die Konsolidierung, die Montezuma einleitete, konnte nicht mehr vollendet werden.

Bislang hatte sich das Reich der Azteken durch eine hohe soziale Mobilität ausgezeichnet. Jeder, der sich im Krieg verdient machte, konnte in den Rang eines *pilli,* das heißt eines Adligen, aufsteigen. Als solcher wurde er mit Land und Hörigen, die darauf arbeiteten, belehnt; Titel und Gut wurden vererbt. Natürlich war nicht jeder Adlige Landbesitzer; jüngere Söhne oder die, die sich nicht für den Militärdienst eigneten, schlugen die Laufbahn eines Priesters, Gelehrten oder Kunsthandwerkers ein. Sie bildeten den sogenannten *niederen Adel,* während die Ranghöchsten innerhalb der Adelsschicht als *tetecutin,* »Herren« oder »Fürsten«, bezeichnet wurden. Neben dem Militärdienst, wo sie als »Offiziere« tätig waren, stellten sie die höheren Verwaltungsbeamten. Über ihnen – und damit eigentlich schon auf der Stufe des *tlatoani*, des »Sprechers«, wie man den König offiziell nannte – standen die Nachkommen der Herrscherfamilie, die ja – infolge der Praxis der Polygamie – weitverzweigt war; sie nahmen die höchsten Funktionen ein.

Dem Adel gegenüber stand die Masse der Gemeinfreien, *macehualtin* genannt. Sie waren auf jener Stufe stehengeblieben, die ursprünglich das Kennzeichen *aller* Azteken gewesen war. Sie waren Bauern und einfache Handwerker, die in jenen »calpulli« beziehungsweise »calpultin« genannten Nachbarschaften wohnten, wo sie über gemeinsamen Grundbesitz verfügten, sich zuweilen zu Gilden zusammenschlossen und unter der Aufsicht eines *calpolec*, eines Bezirksvorstehers, standen. Die Macehualtin mußten Steuern bezahlen und waren zur Bereitstellung von Kontingenten für den Militärdienst verpflichtet, deren zahlenmäßige Stärke sich nach der Größe eines jeweiligen Calpulli richtete.

Pipiltin und Macehualtin, die Adligen und Gemeinfreien, bildeten den Kern des Aztekenreiches. Sie *waren* die Azteken. Alle anderen waren im strengen Sinne des Wortes *keine* Azteken. Sie waren Huasteken oder Totonaken, Zapoteken oder Mixteken, Otomí oder Maya: In unterschiedlichem Maße hatte sich, gleich den Flügeln eines Adlers, die Macht der Azteken über sie gelegt. Doch in ihrer ethnischen Zugehörigkeit waren sie dadurch kaum berührt worden; und sie bildeten natürlich auch keinen Bestandteil der Klassenstruktur der Azteken. Sie standen *außerhalb* der aztekischen Gesellschaft; Kolonisierte, die ein eigenes Leben führten.

Es gab jedoch Ausnahmen, und diese betrafen die schon genannten Sklaven sowie *Hörige*, welch letztere *mayeque* genannt wurden und im Gegensatz zu den Sklaven zumeist gemeinschaftlich in Abhängigkeit gerieten, da sie aus unterworfenen Völkern – wie etwa den Tepaneken – bestanden, deren Land man konfisziert hatte. Sie waren zur Fronarbeit verpflichtet, führten aber sonst ein freieres Leben als die Sklaven, die *tlacotin*, die zwar gewisse Rechte besaßen, dennoch aber die unterste Stufe der Gesellschaft darstellten. Sklaven rekrutierten sich nicht nur aus Kriegen und Tributen; es kam auch vor (was übrigens auch bezüglich der Hörigen geschah), daß Azteken selbst sich oder andere, das heißt Kinder, in die Sklaverei verkauften. Hungersnot oder Armut zwang sie dazu; andererseits stellte die Sklaverei auch eine Strafe dar, die ein geringeres Los war als die Todesstrafe, die gewöhnlich für schwere Verbrechen verhängt wurde.

Sklaven und Hörige (soweit erstere nicht geopfert wurden, was vor allem bei Kriegsgefangenen der Fall war) gingen allmählich in der aztekischen Bevölkerung auf, zumal es auch den Sklaven erlaubt war zu heiraten und die Kinder aus diesen Ehen frei waren. Doch änderte dies nichts an der Beschränkung der Azteken auf das Hochtal von Mexiko: Hier herrschte zur Zeit der Eroberung eine weitgehend homogenisierte Bevölkerung, die man mit Fug und Recht als Azteken bezeichnen kann. Alles, was jenseits der Berge siedelte, waren Fremdvölker, mit denen im Grunde nur ein Stand der Azteken gute Beziehungen pflegte, und das waren die *Kaufleute*. Doch auch sie standen zuweilen im Dienste des Königs, was bedeutete, daß sie nicht nur seinen Reichtum mehrten, sondern sich auch als Spitzel betätigten. Sahagún, der eine minutiöse Aufstellung der einzelnen Bevölkerungsgruppen, die die Gesellschaft der Azteken ausmachten, hinterließ, erläutert sehr anschaulich die zwiespältige Bedeutung, die die Kaufleute, die man *pochteca* nannte, kennzeichnete. Über diejenigen, die sich nicht nur auf den Handel beschränkten, schreibt er:

> »Zu den eben angeführten kommen nun die ›Tarnkaufleute‹, wie sie sich nennen, die Kaufleute, die einst in Tzinacantlan eindrangen, in eine Gegend, die noch fremd und nicht unterworfen war.
>
> Auf folgende Weise schlichen sie sich ein, machten sie sich als Mexikaner unkenntlich, daß sie sich verkleideten, sich das Aussehen jener gaben: Wie die Männer von Tzinacantlan schnitten sich die Kaufleute das Haar, schnitten es sich wie die Cimanteken, indem sie das Haar am Hinterhaupt stehen ließen, oder schnitten es nach der Art der Chontal, ja, auch so schnitten sie sich das Haar: sie redeten zu den Leuten und verstanden deren Rede.
>
> So schwindelten sie sich ein; und nicht ein einziger sah ihnen an, daß sie womöglich Mexikaner seien; sie bemalten sich auch mit Ocker.
>
> In Tzinacantlan nun werden Opale gewonnen und schön feinfiedrige Quetzalfedern. Denn gerade dort gibt es an den Abhängen des Gebirges in Mengen Quetzalvögel und Türkisvögel und Grünedelgesteinvögel, wenn sie in der Jahreszeit der Gewitter herabkommen, um die Früchte der Eichbäume zu fressen oder jene des Obsidianfeigenbaumes, die die eigentlichen Türkis- und Edelgesteinvögel bevorzugen.
>
> Wenn sie den Türkisvogel fingen, war es nicht gut, ihn mit den Händen zu greifen; sondern flink brachten sie ihn in

Sicherheit, indem sie gewöhnliches Gras ausrissen, um ihn zu greifen. Falls ihn aber einer mit bloßen Händen packte, verblich dadurch gleich das Gefieder des Türkisvogels, wurde zu schmutzigem Blau.

Dazu kamen rote Raubtierfelle. All diese Dinge, die es dort in Tzinacantlan und Tepetlacatlalpan gab, erhielten die Tarnkaufleute als die ersten, alles Genannte, was es dort gab.

Dafür erhielten jene Obsidianklingen, Agavestacheln, Nähnadeln, Schellen, Cochenille, Alaun, Ocker und ungesponnene Kaninchenwolle.

All dies war das persönliche Eigentum der Tarnkaufleute, für das sie all das Genannte in Empfang nahmen: Achate, aus denen Lippenstäbe gemacht wurden, und Lippenpflöcke, die den alten Kriegern zukamen, den alten tapferen Soldaten, die den Krieg nicht mehr fürchteten, ihn für Nichts achteten, die den jungen gut vor Augen geführt haben, daß sie gelernt hatten, wie man ficht, wie man Gefangene macht. Dann empfingen sie auch feine Quetzalfedern und Bälge der Türkis- und Grünedelgesteinvögel.

Wenn aber die Tarnkaufleute als Mexikaner erkannt wurden, wurden sie kurzerhand getötet, was ihnen als etwas Schreckliches vor Augen stand; und so mieden sie gefährliche Orte.

Wenn sie dann auf dem Heimweg zurückkamen, hatte es auch ein Ende mit ihrer Vermummung, ihrer Haartracht und ihrer Bemalung mit Ocker.

Und wenn sie in Tochtepec angekommen waren, wo sie hoch in Ehren standen, legten sie endgültig ihre Vermummung ab, wie sie auch damit aufhörten, sich dauernd mit Ocker zu bemalen; dort hörten sie also auch auf, sich das Haar abzuschneiden.

Und schließlich wurden den Tochtepeken die Vermummungskleider, das beredte Zeugnis ihrer Mannhaftigkeit, zurückgegeben; und Lippenpflöcke aus Opal wurden ihnen geschenkt, dazu durchbohrte Ohrpflöcke mit Quetzalfedern, Mäntel aus Quetzalschmuck und Agavefasern, Fächer aus Waldhuhnfedern, mit Schwanzfedern des Trupial bedeckt; endlich die mit Anhängseln aus gelben Papageienfedern besetzten Schmuckwanderstäbe, mit denen sie ihres Weges gezogen kamen, um hierhin nach Mexiko zu gelangen.«[57]

Nahual-oztomeca, »Kaufleute, die sich verkleidet haben«, nannte man diese Händler. Sie unterschieden sich von den gewöhnlichen Kaufleuten durch ihren Wagemut, denn ihre eigentliche Aufgabe war, Gebiete, die noch nicht dem aztekischen Reich einverleibt waren, auszukundschaften. Sie waren Spione, die dem König Bericht erstatteten, damit dieser neue Eroberungen planen konnte. So fährt denn Sahagún in seinen Ausführungen fort:

> »Als sie dann in ihre Heimat gekommen waren, sprachen die Tarnkaufleute sogleich bei den Obersten der Kaufmannschaft vor, unterhielten sich mit ihnen über das, was sie beobachtet hatten, und erläuterten gut ihren Bericht, wie dort alles zugegangen war.
>
> Die Obersten der Kaufleute aber, die diesen wahrheitsgetreuen Bericht angehört hatten, führten sie gleich vor den Herrscher Auitzotl, legten ihm alles dar, was über die Vorgänge in Tzinacantlan gesagt worden war, und sprachen:
> ›O unser Herr und Herrscher! Sieh, hier folgt, was dort in Tzinacantlan sich zugetragen hat: Wahrlich, wir haben, was wir mitgebracht haben, nicht so zu eigen erworben, wie wir beim Fortgehen dachten, es in Empfang zu nehmen! Sondern etliche derer, die mit uns vereint auszogen, etliche Deiner geliebten Oheime, der Tarnkaufleute, sind dabei getötet worden.
>
> O Wahrlich, so sind sie also Vitzilopochtli, dem unsäglich Großen, entschlossen entgegengegangen.
>
> Als erste haben sie entdeckt und nutzbar gemacht, was alles sie solcher Art in Kisten und Kasten der Küstenländer sahen – obendrein, daß sie heimlich überallhin in Anahuac eindrangen, indem sie getarnt Handel trieben!‹«[58]

Was die Kaufleute hier ausgekundschaftet hatten, waren die Gebirgshänge von Chiapas, wo der Quetzal, dessen Federn so begehrt waren, seine Heimat hatte. Doch wenn sie Ahuitzotl auch eingehend berichteten, was sie dort gesehen hatten, unternahm er doch nicht den Versuch, seine Herrschaft auch auf dieses Gebiet, das von den Maya bewohnt wurde, auszudehnen. Er begnügte sich mit der Enklave in Soconusco, die zweifellos auf ähnliche Weise in sein Blickfeld gelangt war.

Auf Grund ihrer quasi-militärischen, zumindest diplomatischen Funktion genossen die Kaufleute, wenigstens jene, die im Fernhandel tätig waren, großes Ansehen. Wie Sahagún weiter berichtet:

»Und als Auitzotl von Tenochtitlan gestorben war, wurde alsbald Motecuçoma als Herrscher eingesetzt, der auch aus dem
Hause Tenochtitlans stammte. Der hielt am Brauche fest, hielt
die Händler und Kaufmannschaft, die auf Reisen gingen, hoch
in Ehren.

Hauptsächlich zeichnete er sich darin aus, daß er die Obersten der Kaufleute, die Kaufleute, die sich tarnten, die Skla-
venhändler und die, die große Bankette gaben, ehrte; er wies
ihnen zu seiner Seite und ganz in seiner Nähe ihre Plätze an,
so wie alle verstorbenen Herrscher von Mexiko und Tlatelolco die Edlen und Hochgestellten geehrt hatten.«[59]

Der Handel im engeren Sinne war einer der drei Wirtschaftszweige, auf
die sich die aztekische Gesellschaft stützte. Am wichtigsten war nach
wie vor der *Ackerbau*, der einst die Grundlage Tenochtitlans gewesen
war. Er wurde im Umfeld der eigentlichen Inselstadt in Form jener Chinampas betrieben, die künstliche, schwimmende Felder darstellten
und eine Größe von 800 qm erreichen konnten. Dies war das Land, das
von den Gemeinfreien bearbeitet wurde. Daneben wurden aber auch
Felder bestellt, die auf dem Festland lagen und zu jenen eroberten Ländereien gehörten, die man unterworfenen Städten und Stämmen abgenommen hatte. Sie waren zumeist im Besitz der Adligen, die sie von den
Hörigen bewirtschaften ließen.

Es gab also Großgrundbesitz auch in vorspanischer Zeit, ebenso wie
den Frondienst. Beides war jedoch auf das Hochtal von Mexiko
begrenzt; jenseits der Berge waren es vor allem Handel und Tribute, die
zur Wirtschaft des Aztekenreiches beitrugen. Zum Handel ist noch
anzumerken, daß es große, öffentliche Märkte, *tianquiztli* genannt,
gab, die einem bestimmten Rhythmus und strengen Regeln unterworfen waren. So wechselten die größeren Städte im Hochtal einander ab,
so daß in einem Zyklus von fünf Tagen (was einer Woche im aztekischen Kalender entsprach) jeweils an einem anderen Ort ein zentraler
Markt abgehalten wurde. Auf diesen Märkten, die von Ordnungsbeam-
ten überwacht wurden, ging es sehr farbig und geschäftig zu. Wie sich
Bernal Díaz, der Eroberer, der in seinem Alter eine Geschichte der
Conquista schrieb, erinnert:

»Und als wir auf den großen Platz kamen, den man Tlatelulco
nennt, waren wir sehr erstaunt über die vielen Menschen und
Waren, die es dort gab, und über die strenge Ordnung, die
über allem waltete; so etwas hatten wir noch nicht gesehen.
Die Würdenträger, die uns begleiteten, erklärten uns, daß

jeder Warentyp seinen besonderen Stand zugewiesen bekam. Da gab es Händler, die Gold und Silber anboten, Edelsteine und Federn, Mäntel und Schmuck. Andere handelten mit Sklaven, Frauen und Männern; es gab ihrer so viele, die sie auf diesem Markt verkauften, daß es mich an die Vielzahl der Schwarzen erinnerte, die die Portugiesen aus Guinea einführen. Einige waren am Hals gefesselt und an lange Stangen gebunden, damit sie nicht fliehen konnten; andere konnten sich frei bewegen. Dann gab es Kaufleute, die boten Kleider und Stoffe an, aus Baumwolle und gezwirntem Garn; wieder andere verkauften Kakao. Auf diese Weise bot man alle nur erdenklichen Waren an, die es in Neuspanien gibt, und es herrschte eine solche Ordnung, daß es mich an meine Heimat, Medina del Campo, erinnerte, wo sie die Märkte so abhalten, daß jede Warengattung in einer bestimmten Straße zu finden ist; so war es auf diesem großen Markt. Einige verkauften Mäntel aus Henequén und Seile und Schuhe, die sie aus der gleichen Faser herstellen. Andere boten gekochte Süßwurzeln an und Früchte, die von einer ähnlichen Pflanze stammten; all diese Waren nahmen einen Teil des Marktes ein, den man dafür vorgesehen hatte. An anderer Stelle gab es Felle und Häute von Tigern, Löwen und Ottern, Schakalen, Rehen und anderen Tieren, Dachsen und Wildkatzen, teils gegerbt, teils ungegerbt, und vieles andere mehr.«[60]

Vierzig- bis fünfzigtausend Menschen strömten auf dem Markt von Tlatelolco zusammen, wenn diese Stadt an der Reihe war. Aber auch an gewöhnlichen Tagen, wenn nur die Bewohner der Stadt beziehungsweise Doppelstadt (denn auch Tenochtitlan diente Tlatelolco als Markt) ihre Einkäufe tätigten, waren es noch zwanzig- bis fünfundzwanzigtausend Menschen, die sich auf diesem Markt drängten. Bezahlt wurde übrigens mit einer Vielzahl von »Währungen«, deren eine Bernal Díaz erläutert:

»Bevor wir den Platz verließen, fanden wir noch andere Kaufleute, die, wie man uns sagte, Goldkörner, so wie sie aus den Minen kommen, verkauften; nur, daß sie sie in dünne Federkiele füllten, die von der Erdgans stammten und weiß waren, damit man das Gold von außen sehen konnte. Je nachdem, wieviel Gold ein Federkiel enthielt, danach bemaßen sie den Wert eines Mantels oder eines Beutels Kakao, eines Sklaven oder einer anderen Ware, die man zu kaufen gedachte.«[61]

Mit anderen Worten, Gold war ein Wertmaßstab, mit dem man alle anderen Güter vergleichen beziehungsweise kaufen konnte. Daneben gab es, was wir schon erwähnten, Kakaobohnen, die als Zahlungsmittel verwendet wurden, und Kupferschellen, die dem gleichen Zweck dienten. Auch kleine, zusammengefaltete Mäntel waren »im Umlauf«, was deutlich macht, daß es sich im Grunde um eine Art Tauschhandel handelte, der im alten Mexiko das Wirtschaftsleben kennzeichnete. Wenigstens herrschte dieser auf dem Lande vor, wo die Mehrheit der Bevölkerung (wenn sie auch nicht im strengen Sinne aztekisch war) lebte und kaum über jene Reichtümer oder Luxusartikel verfügte, die der städtischen Bevölkerung, zumal der Elite, zur Verfügung standen. Im übrigen diente auch die Arbeit als Zahlungsmittel, deren Wert man gegen eine bestimmte Ware aufwog.

Ackerbau, Handel und Tribute, das waren die Säulen der aztekischen Wirtschaft. Inwieweit letztere, die Tribute, das Gedeihen des aztekischen Volkes bestimmten, läßt sich allein schon daraus ersehen, daß es eben nicht nur Luxusgüter waren, die nach Tenochtitlan geliefert wurden. Zwar standen Luxusgüter im Vordergrund, waren sie doch die Belohnung für die, die das Reich erweitert hatten; doch wie das Beispiel der Hungersnot zeigt, das wir anführten, waren Tribute auch eine existentielle Notwendigkeit, die das gesamte (aztekische) Volk betraf.

Die Azteken führten sehr sorgsam Buch über ihre Tributeinnahmen, und da Abschriften davon erhalten geblieben sind beziehungsweise von den Spaniern, die sich ihrerseits daran orientierten, neu in Auftrag gegeben wurden, läßt sich ersehen, wie hoch die Einkünfte waren, die sie aus dieser Quelle bezogen. Wie aus der sogenannten *Matrícula de Tributos*, einer Zusammenstellung von Tributlisten, die sich auf alle Provinzen des Reiches bezogen, hervorgeht, betrugen die jährlichen Tribute am Vorabend der Eroberung:

200 000 Mäntel
650 Kriegeranzüge
100 Kisten mit Mais und Bohnen
15 000 Ballen Baumwolle
5000 Holzbalken und eine gleiche Anzahl
    von Brettern und Pfosten
30 000 Kürbisschalen
3000 Stück Hirschhäute
6500 Büschel Quetzalfedern
250 Goldscheiben.

Und dies ist nur eine Auswahl: Die Palette reichte, wie wir gesehen haben, von Edelsteinen bis zu Sklaven und von Weihrauch bis zu Jaguarfellen. Es erhebt sich die Frage, wie *angemessen* diese Tribute waren – nicht nur im Hinblick auf die Azteken, die die Nutznießer waren, auch und vor allem hinsichtlich derer, die diese Tribute bezahlen mußten. Wie immer, wenn ein Volk ein anderes unterjocht, haben wir kaum Zeugnisse, die die Situation aus der Sicht des *Unterworfenen* schildern. Immerhin gibt es ein Indiz: die Häufigkeit *lokaler Erhebungen*, die schon unter Ahuitzotl, dem letzten großen Eroberer, einsetzen, sich unter Montezuma, dem Jüngeren, fortsetzen und ausbreiten und schließlich zum Zeitpunkt der Eroberung, wo sich die Spanier nur den Unmut der Unterworfenen zunutze machen brauchen, den Azteken zum Verhängnis werden. Offensichtlich waren die Segnungen, die die aztekische Herrschaft in Aussicht stellte und die sich im wesentlichen auf den militärischen Schutz beschränkten, weniger sichtbar als die Forderungen, die dafür erhoben wurden. Jedenfalls empfand man die Tribute – und damit letztlich auch die aztekische Herrschaft – als Last, von der man sich bei der erstbesten Gelegenheit zu befreien suchte. Daß man damit vom Regen in die Traufe kam, konnte man nicht ahnen.

Der Flötenspieler

Als Bernal Díaz, der Cortés begleitete, den Markt von Tlatelolco besuchte, hatten die Spanier eigentlich etwas anderes im Auge: Sie wollten den großen Tempel besichtigen, der den Platz überragte. Montezuma, der ihrem Wunsch nur zögernd nachgegeben hatte, war vorausgegangen und erwartete sie. Wie Bernal Diáz berichtet:

> »Und als wir die Höhe der Pyramide erklommen hatten, kam Montezuma aus dem Tempel, wo er seine verflixten Götterbilder aufbewahrte, begleitet von zwei Priestern, und näherte sich uns mit großem Respekt und sagte zu Cortés: ›Müde seid Ihr, Señor Malinche, von der großen Anstrengung, Unseren Tempel zu besteigen!‹ Worauf Cortés erwiderte, mit Hilfe der Dolmetscher, die uns begleiteten, daß es nichts gäbe, was ihn und uns ermüden könnte. Da nahm ihn Montezuma bei der Hand und forderte ihn auf, sich seine große Stadt anzusehen und all die anderen Städte, die im See lagen, und die vielen Dörfer auf dem Festland, die das Ufer säumten. Und er fragte

ihn, ob er denn den großen Markt richtig gesehen hätte; von hier aus könne man den Platz viel besser übersehen. Und so schauten wir von der Höhe, was wahrlich ein großartiger Anblick war, denn diese mächtige, vermaledeite Pyramide war so hoch, daß sie alles überragte. Von dort konnten wir die drei großen Straßenzüge sehen, die in die Stadt führten. Eine reicht bis Iztapalapa, und das ist jene, auf der wir gekommen waren, als wir vor vier Tagen die Stadt betreten hatten. Eine andere führt nach Tacuba; diese nahmen wir, als wir unsere große Niederlage erlitten, in jener Nacht, als wir fliehen muß- ten und uns Cuedlabaca, der neue Herrscher, aus der Stadt warf, wie wir noch berichten werden. Die dritte führt nach Tepeaqulla. Wir sahen die Wasserleitung, die von Chapulte- pec kam und die Stadt mit Trinkwasser versorgte, und die Brücken, die die drei großen Straßen an verschiedenen Stel- len unterbrachen, damit das Wasser von einem Teil des Sees in den anderen fließen konnte. Und auf dem See schwammen unzählige Kanus; die einen brachten Vorräte, die anderen kehrten mit Waren zurück. Alle Häuser jener großen Stadt und all der anderen, die im See lagen, waren nur durch Zug- brücken, die aus Holz waren, zu erreichen oder mit Kanus. Überall sahen wir Pyramiden und Tempel, die wie Türme und Festungen aussahen und weiß erstrahlten, daß es wahrlich ein wundervoller Anblick war. Die Häuser hatten flache Dächer, und auf den Dämmen standen weitere Türme und Tempel, die wie Festungen wirkten. Und nachdem wir dies alles gesehen und bewundert hatten, wandten wir uns dem großen Platz zu und der Menschenmenge, die ihn bevölkerte, die einen als Käufer, die anderen als Händler, und so groß war der Lärm und das Stimmengewirr, das den Platz erfüllte, daß man es noch in einer Entfernung von einer Legua [5 km] hören konnte. Unter uns gab es Soldaten, die in vielen Teilen der Welt gewesen waren, in Konstantinopel, in Italien und Rom, aber einen solchen Platz, so sagten sie, der so genau abgemes- sen war und eine solche Größe hatte und von so vielen Men- schen bevölkert war, hatten sie noch nicht gesehen.«[62]

Es muß wahrlich ein beeindruckendes Erlebnis gewesen sein, auf der Höhe der Pyramide von Tlatelolco zu stehen und das Meer der Häuser zu sehen, die auf den Wassern der Lagune schwammen. Aus der klei- nen Siedlung, die nicht mehr als ein Zufluchtsort gewesen war, weil es nirgends sonst für die Azteken, die sich überall unbeliebt gemacht hatten, eine Bleibe gab, hatten sie in zähem Ringen und allen Widrigkeiten des Schicksals zum Trotz eine Stadt erbaut, die alle anderen in weitem Umkreis überflügelt hatte und sich durchaus mit denen messen konnte, die in einem ganz anderen Weltteil entstanden waren. Wie die spanischen Eroberer bezeugen, die freilich nichts von dem Glanz übrigließen, war Tenochtitlan eine Stadt, die zu den größten der Welt gehörte. Sie muß auch eine der schönsten gewesen sein, stellt man die Enge und Düsternis der damaligen Städte in Europa in Rechnung.

Wie gesagt, es ist nichts oder so gut wie nichts übriggeblieben. Venedig, mit dem Tenochtitlan vielleicht am ehesten zu vergleichen gewesen wäre, hat seine Pracht bewahrt. Man stelle sich vor, die Azteken (oder ein anderes Volk aus einem ganz anderen Teil der Welt) hätten wie die Spanier in Mexiko einen Einfall nach Italien unternommen: Rom wäre gefallen und Venedig dem Erdboden gleichgemacht. Wir wüßten nichts (oder so gut wie nichts) über die Renaissance, denn auch Florenz hätte den Einfall der Eroberer nicht überlebt. So muß man das Schicksal sehen, das diese Stadt, die Hauptstadt der Azteken, heimsuchte. Daß inzwischen daraus ein Alptraum geworden ist, eine Ansammlung von Smog und Slums, erwähnten wir schon. Ein Trost ist es jedenfalls nicht.

Das Bild der Stadt, die einmal Tenochtitlan hieß, hat sich so grundlegend verändert, daß man sich kaum vorstellen kann, wie sie ursprünglich einmal ausgesehen hat. Zu der Zeit, als die Spanier ihrer ansichtig wurden, war sie gänzlich von Wasser umgeben, nur durch Dämme mit dem Festland verbunden und hatte dennoch eine Einwohnerzahl von zwei- bis dreihunderttausend. Das entsprach der Größenordnung von Paris, während London nur mickrige 50000 Einwohner hatte, und auch Sevilla, das als Ausgangspunkt für die spanische Eroberung diente, nicht mehr auf die Matte bringen konnte.

Daß es ursprünglich zwei Städte – Tenochtitlan *und* Tlatelolco – gewesen waren, ändert daran nichts, denn die beiden Schwesterstädte waren inzwischen zusammengewachsen und bildeten sozusagen eine Einheit: Tenochtitlan war eine Metropole, die ihresgleichen suchte.

Sicher war sie das stolzeste Zeugnis, das die Azteken geschaffen hatten. Sie hatten städtebauliches Geschick und strategische Überlegenheit bewiesen, wie sie selbst in Teotihuacan, das – über Tula – ihr Vorbild war, nicht erreicht worden waren. Es ist höchst unwahrscheinlich, daß die Stadt jemals gefallen wäre (wie es Teotihuacan und Tula taten), wenn sie nur von einheimischen, indianischen Angreifern bedroht worden wäre. Sie war praktisch uneinnehmbar; selbst die Dämme, die die Stadt mit dem Festland verbanden, konnten durch jene Brücken, die eigentlich Zugbrücken und nicht nur zur Wasserregulierung errich-

116

tet worden waren, gesperrt werden. Und da man als Volk, das im Binnenland lebte, keine seefahrenden Schiffe kannte, blieb nur das Kanu,
mit dem man die Stadt hätte angreifen können.

Es gibt einen Plan der Stadt, eine Karte, die aus dem Jahre 1524
stammt. Sie wurde in Nürnberg gedruckt und geht wahrscheinlich auf
eine Vorlage zurück, die man während der Eroberung für Cortés ange-
fertigt hatte. Jedenfalls war sie einer Ausgabe von zwei Briefen von Cortés beigegeben, die dieser an Karl V. geschrieben hatte. Auf dieser
Karte, die im Stil der damaligen Zeit gehalten ist, das heißt, sich nicht
die Mühe gab, die Eigenart *indianischer* Bauweise wiederzugeben, ist
dennoch das Wesentliche festgehalten: die Lage im See, die Verbindungen zum Festland, eine Vierteilung der Stadt und im Zentrum ein
Quadrat, das als heiliger Bezirk ausgewiesen ist. Selbst ein Deich, den
man zum Schutz vor Überschwemmungen angelegt hatte, ist festgehalten; und überall am Ufer sind weitere Städte verzeichnet, die an das
erinnern, was Bernal Díaz berichtet.

Es besteht eine weitgehende Kongruenz zwischen dieser Karte und
den Berichten der Eroberer. Auch neuere Ausgrabungen haben sie
bestätigt. Danach war die Stadt deutlich in bestimmte Sektionen geglie-
dert, deren wichtigste jenes zentrale Viereck war, das den Tempelbezirk darstellte. Cortés hat dazu eine kurze Beschreibung hinterlassen,
die wir im Zusammenhang mit einer allgemeinen Bemerkung zu den
religiösen Einrichtungen der Stadt zitieren wollen:

»Es gibt in dieser großen Stadt viele Moscheen oder Häuser,
die ihren Götterbildern geweiht und sehr schön anzusehen
sind; man findet sie überall, und in den größten von ihnen
hausen die heiligen Männer ihrer Sekte, die dort ständig wohnen und neben den Häusern, wo sie ihre Götterbilder aufbewahren, eigene Unterkünfte haben, die sehr stattlich sind. Alle
diese heiligen Männer sind schwarz gekleidet, und sie schneiden sich nie das Haar, noch kämmen sie sich, von dem
Moment an, wo sie in den Tempeldienst eintreten, bis zu dem
Augenblick, wo sie ihn aufgeben. Alle Söhne von Bürgern der
Stadt, die in hohem Ansehen stehen, sind hier untergebracht;
vom siebten oder achten Jahr an, bis man sie herausholt, um
sie zu verheiraten, welch letzteres eher mit den Erstgeborenen
geschieht, die das Erbe ihrer Väter antreten, als mit den anderen. Es ist ihnen verwehrt, Zugang zu Frauen zu haben, noch
darf eine Frau diese heiligen Bezirke betreten. Sie müssen sich
bestimmter Speisen enthalten, mehr an einigen Tagen als an
anderen des Jahres. Und unter diesen Moscheen gibt es eine,

die die größte ist: keine Sprache der Welt reicht aus, um ihre Größe und Besonderheit zu beschreiben. Sie ist so groß, daß man auf ihrem Gelände, das von einer hohen Mauer umgeben ist, eine ganze Ortschaft von 500 Einwohnern unterbringen könnte. In diesem Bezirk finden sich überall verteilt prächtige Gebäude, mit großen Hallen und Korridoren, wo sich die heiligen Männer aufhalten, die hier wohnen. Es gibt gut vierzig Türme hier, die sehr hoch und stattlich sind; bis zu fünfzig Stufen führen empor. Der höchste ist höher als der Turm der größten Kirche von Sevilla. Es sind prächtige Bauten, aus Mauerwerk und Holz, die nicht besser gearbeitet sein könnten; in den Kapellen, wo sie die Götterbilder aufbewahren, sind die Wände mit Skulpturen und Schmuck bedeckt, und das Holz ist mit Ungeheuern und anderen Figuren bemalt. All diese Türme sind Begräbnisstätten der Herrscher, und die Kapellen, die sich über ihnen erheben, sind den Götterbildern geweiht, die man zur Ehre der Verstorbenen anbetet.«[63]

Was Cortés über die Bedeutung der »Türme« schreibt, mit denen er eigentlich Pyramiden meint, ist höchst interessant; doch deckt es sich nicht mit dem, was andere Augenzeugen beziehungsweise Chronisten berichten, die ausdrücklich darauf hinweisen, daß die Herrscher in ihren Palästen beigesetzt wurden. Gräber, die in Pyramiden angelegt wurden, kennt man, soweit es Mesoamerika betrifft, eigentlich nur aus dem Mayagebiet, und selbst da sind sie eine Seltenheit. Die Azteken – und das haben auch archäologische Forschungen bestätigt – beschränkten sich auf irdischere Grabanlagen, was zweifellos damit zusammenhing, daß der Herrscher in erster Linie ein weltlicher Fürst war, den man *nicht* mit den Göttern gleichsetzte. Das strebte erst Montezuma II. an, doch auch er dachte wohl kaum daran, sich ein Denkmal für die Ewigkeit zu errichten, wie es die Pharaonen taten. Oder kamen ihm nur die Spanier zuvor?

Was nun den heiligen Bezirk betrifft, der das Zentrum von Tenochtitlan bildete, so ist man sich allgemein darüber einig, daß es ein Komplex von Tempeln und kultischen Bauten war, der von einer Mauer umgeben und damit vom übrigen Teil der Stadt abgeschlossen war. Schwieriger ist die Frage, welcher Art die Bauten im einzelnen waren, das heißt, welchem Gott sie geweiht oder welchem speziellen Ritus sie zugeordnet waren. Fest steht nur eins: daß der größte Bau, der die ganze Anlage beherrschte, jener Tempel war, den man dem Stammesgott, Huitzilopochtli, gewidmet hatte. Von ihm sind Reste erhalten, die deutlich erkennen lassen, daß er in mehreren Bauphasen errichtet wurde und daß er eigentlich ein Doppeltempel war. Letzteres hängt mit jener Überlieferung zusammen, derzufolge jener Ort, wo nach dem Willen Huitzilopochtlis die Azteken ihre Stadt errichten sollten, ursprünglich das Reich des Gottes Tlaloc war, der ja mit dem Wasser, sei es nun in Form des Regens, einer Quelle oder eines Sees, in Verbindung stand. Er hatte, wie die Legende berichtet, Huitzilopochtli als seinen Sohn anerkannt und ihm die Erlaubnis erteilt, sich in seinem Reich anzusiedeln.

Hier spiegelt sich die Verflechtung der alten Religion, die in Teotihuacan ihre besondere Ausprägung fand, mit den Glaubensvorstellungen wider, wie sie den Chichimeken eigen waren, die dem Ruf eines Stammesgottes folgten, der zugleich ihr oberster Kriegsherr war. Der Doppeltempel von Tenochtitlan, der das größte Heiligtum der Stadt wie des gesamten Reiches war, stellt eine Synthese dieser beiden Strömungen dar: der eine Tempel war dem Tlaloc, der andere Huitzilopochtli geweiht. Das bestätigen nicht nur die neueren archäologischen Forschungen, sondern auch bildliche Darstellungen, die aus der Zeit der Conquista stammen und infolge charakteristischer Symbole, wie sie die beiden Haupttempel kennzeichnen, ihre Zuordnung im Pantheon deutlich machen.

In einer dieser Darstellungen, die aus einem der früheren Werke Sahagúns stammt, den sogenannten *Primeros Memoriales*, ist neben dem Haupttempel noch eine Anzahl anderer Bauwerke zu unterscheiden, die zum heiligen Tempelbezirk gehörten. Neben Tempeln, deren Zuordnung nicht ganz eindeutig ist, ist ein Ballspielplatz zu erkennen, ein Schädelgerüst und eine Plattform, die als rituelle Kampfstätte zu deuten ist. Auch das Ballspiel, das die Azteken *tlachtli* nannten und das in ganz Mesoamerika verbreitet war, stand mit dem Kult in Verbindung. Es diente magischen Zwecken, erinnerte doch der Flug eines Balles, den man durch zwei seitlich zum Spielfeld angebrachte Ringe stoßen mußte, an den Lauf der Gestirne. Darüber hinaus stand das Ballspiel auch in engem Bezug zum Fruchtbarkeitskult, denn der Verlierer, das heißt, der Anführer der unterlegenen Partei, wurde geköpft, und das Blut, das aus seinem Rumpf strömte, sollte die Erde befruchten.

Das Schädelgerüst ist eine Einrichtung besonders makabrer Art. Die Azteken nannten es *tzompantli,* was sich aus *tzontli,* »Haar«, und *pantli,* »Reihe«, zusammensetzt. Aufgereiht wurden hier die Schädel der Geopferten, und zwar hauptsächlich jener, die auf dem Opferstein gestorben waren. Warum man das tat, ist freilich nicht nur auf ein besonderes Kalkül der Azteken zurückzuführen, ihre Feinde beziehungsweise die, die sie unterworfen hatten und deren Anführer bei den Opferhandlungen zugegen sein mußten, abzuschrecken; es hing wohl auch mit einem Brauch zusammen, den man aus anderen Teilen der

Welt kennt: Neben dem Herzen war es der Kopf, den man als Symbol des Lebens, des menschlichen Geistes betrachtete, und so versuchte man, sich die Kraft des Geopferten, vor allem die Tapferkeit, die ihn beflügelt hatte, denn die Geopferten waren ja zumeist tapfere Krieger gewesen, zu sichern, indem man den Schädel an einem besonderen Ort aufbewahrte.

Da die Azteken zwar einen Hauptgott hatten, aber eine Vielzahl anderer Götter verehrten, werden die meisten anderen Bauten, die Sahagún nur beispielhaft aufzeigt und die Cortés in einer viel größeren Zahl erwähnt, diesen nachgeordneten Göttern gewidmet gewesen sein. Dabei verdient ein Tempel besondere Erwähnung, weil er in der Darstellung Sahagúns mit der genannten Kampfstätte in Verbindung stand, die auf den *Sonnenkult* hinweist. Bei dieser Kampfstätte, die aus einer runden Plattform besteht (die Darstellung Sahagúns wurde durch die neuere archäologische Forschung bestätigt), handelt es sich um einen Opferplatz, wo gefangene Krieger, die wie Gladiatoren einen Schaukampf führen mußten, von ihren aztekischen Gegnern, die im Gegensatz zu den Gefangenen mit tödlichen Waffen ausgerüstet waren, erschlagen wurden. Da die Krieger im engeren Sinne im Dienst der Sonne standen, deren täglichen Lauf über das Firmament sie zu sichern hatten, stellten die Gladiatoren letztlich ein Opfer an die Sonne dar, deren Tempel die Kampfstätte überragte.

Die Bauten, die nicht Tempel oder sonstige Kultstätten waren, dienten als Unterkünfte für die Priester, die ein klösterliches Leben führten, sowie als eine Art Priesterseminar, wo – wie Cortés andeutet – Söhne aus den führenden Familien erzogen beziehungsweise auf eine Priesterlaufbahn vorbereitet wurden.

Alles in allem war der Tempelkomplex eine imposante Anlage, die unbestreitbar den Höhepunkt des architektonischen und künstlerischen Schaffens der Azteken darstellte. Um so bedauerlicher ist es, daß – abgesehen von den Fundamenten und einigen wenigen beweglichen Funden – nichts von dieser Anlage übriggeblieben ist. Das trifft auch für die Paläste zu, vor allem für jenen, den sich Montezuma II. errichten ließ. Nach den Berichten der Spanier war der Palast des letzten Aztekenherrschers nicht nur Herrschersitz, sondern auch Verwaltungszentrum, Magazin, Kunstwerkstatt, Waffenarsenal und zoologischer Garten. Es gab Höfe und Tanzplätze, Teiche und Gärten; selbst eine Bibliothek zeichnete den Palast aus. Hunderte von Künstlern und Dienern, Beamten und Aufsehern waren hier tätig und wohnten hier. Dazu kam der königliche Harem und eine Schar von Kindern, die das geschäftige Treiben und das bunte Leben dieser Stadt in der Stadt noch unterstrichen.

120

Der Palast Montezumas – wie auch der, in dem seine Vorgänger residiert hatten – schloß sich unmittelbar an den Tempelbezirk an. Darauf folgten die Häuser der Adligen, der Großen des Landes, die dem König mit Rat zur Seite standen und für ihre Verdienste mit prächtigen Herrensitzen, die sie sich einrichten durften, belohnt worden waren. Wie wir uns entsinnen, waren ja Prunk und Luxus ein ausdrückliches Vorrecht der Adligen, das man sich nicht kaufen, sondern nur verdienen kann. Dazu gehörte auch, daß allein die Großen ihre Häuser zweistökkig errichten und mit Stuckmalereien verzieren durften. Die Gemeinen, die das Gros der Bevölkerung bildeten und die Außenbezirke bewohnten, lebten in einfachen Häuserblocks, die jeweils um einen Innenhof angeordnet waren und gewöhnlich mehrere Familien, die zu einer Großfamilie zusammengeschlossen waren, beherbergten. Sie hatten meist einen Garten, der sich an den hinteren Teil des Hauses anschloß; es waren jene Chinampas, die einen Teil des Nahrungsbedarfs der Stadt deckten.

In der Anordung ihrer einzelnen Bevölkerungsgruppen reflektierte die Stadt die Gesellschaftsstruktur der Azteken; sie stellte zugleich aber auch ein Spiegelbild des Kosmos dar. Ihre Lage im See entsprach der Vorstellung, daß die Erde auf dem Wasser schwimme und von einem Meer umgeben sei. Tenochtitlan war also ein Abbild der Erde, ein Mikrokosmos, der zugleich ihren Mittelpunkt darstellte. Vier Straßen, die nach den Himmelsrichtungen ausgerichtet waren, trafen sich im Kernbezirk der Stadt. Sie teilten die Stadt und das Reich (wie auch die übrige Welt) in vier Teile, die als gleichmäßige Ausschnitte eines Kreises gedacht waren, denn man stellte sich die Welt als runde Scheibe vor. Die vier Sektoren der Stadt waren jene, in die man sie usprünglich aufgeteilt hatte. Sie behielten ihre Funktion als religiöse Nachbarschaften, die wiederum in kleinere Einheiten, die Calpulli, unterteilt waren und jeweils einen eigenen Sakralbezirk aufwiesen, bis zum Ende bei.

Die vier Straßen, die vom zentralen Tempelbezirk ausgingen, waren zum Teil mit jenen Dämmen identisch, die die Stadt mit dem Festland verbanden. Es gab drei Hauptdämme dieser Art: einer, der nach Süden führte, wo er Colhuacan, die alte Toltekensiedlung, mit Tenochtitlan verband; ein zweiter, der nach Westen verlief, wo er eine Verbindung zu Tacuba herstellte, einem der drei Bündnispartner; und schließlich ein dritter Damm, der nach Norden führte, nach *Tepeyac,* wo sich ein besonderes Heiligtum befand.

Dies waren die drei Dämme, die nach dem Grundplan der Stadt ausgerichtet waren. Daneben gab es noch zwei weitere große Straßenzüge, die von Tlatelolco ausgingen, dem nördlichen Teil der Stadt. Der eine führte gleichfalls nach Tacuba, der andere nach *Tenayuca,* einer Stadt am Nordrand des Sees (womit das westliche Becken gemeint ist, in dem Tenochtitlan lag), die von einem Vorläufer der Azteken gegründet worden war und eine Tempelpyramide aufweist, die erhalten geblieben und das Urbild jenes Tempels ist, den die Azteken zum Mittelpunkt ihrer Stadt machten.

Alle Wege führen nach Rom; so hätten es auch die Azteken ausgedrückt. Doch gab es einen wesentlichen Unterschied: Das Rom der Kaiserzeit war ein säkularer Staat. Religion war nur noch ein Lippenbekenntnis; sie spielte im täglichen Leben kaum noch eine Rolle.

Anders in Mexiko: hier regierte zwar auch der Herrscher absolut, aber die Bindung zu den Göttern war enger. Es herrschte ein Kontrakt, ein Übereinkommen zwischen Mensch und Gott: Wir erhalten euch, und ihr erhaltet uns. Das war nicht dasselbe wie: *do ut des!* Keine Forderung, daß man nur den Göttern opferte, wenn sie sich ihrerseits erkenntlich zeigten! Es war vielmehr das Eingeständnis der Abhängigkeit von Gott: *Titlacahuan,* »Wir sind seine Sklaven«, so nannte man *Tezcatlipoca,* einen Gott, der das Schicksal schlechthin war. Denn er konnte den Menschen Gutes und Böses bringen, gerade so, wie es ihm gefiel.

Es war aber auch noch etwas anderes, das diesen Kontrakt bestimmt: Die Götter waren letztlich den Menschen gleich; ihnen überlegen, aber genauso den Gesetzen des Lebens unterworfen wie der Mensch. Was bedeutete, daß man sie am Leben (oder sei es auch nur bei guter Laune) erhalten mußte, indem man ihnen – nicht anders als dem Menschen – Nahrung zuführte. Man fütterte die Götter, damit man selbst zu essen hatte. Aber das war kein Zwang, kein Druckmittel, mit dem man sich die Götter gefügig machte. Man sah sie nur als Wesen, die dem eigenen entsprachen. Ein abstraktes Prinzip des Guten oder Bösen, eine wesenlose Macht, die alles durchdringt und dennoch unsichtbar bleibt, konnte man sich nicht vorstellen. Womit die Azteken nicht allein dastehen: Auch wir stellen uns, soweit wir überhaupt noch daran denken, Gott als einen alten, weisen Mann mit Rauschebart vor! Der Mensch formt sich die Götter nach seinem Bilde, wie er wiederum sich als Abbild Gottes ansieht.

Die Azteken waren die Erben einer langen Tradition: Am Anfang, zur Zeit, als die Großwildjäger noch das Mammut jagten, war die Welt von unbestimmten Geistern beseelt. Später, als man den Lauf der Dinge genauer zu erforschen begann, ordnete man jeder Erscheinung eine bestimmte Gottheit zu. Schließlich, als der Mensch an Selbstvertrauen gewann, reservierte er sich einen eigenen, exklusiven Schutz der Götter: Der Stammesgott, der über sein auserwähltes Volk wacht, war geboren. Das trifft ebenso für Jahwe wie für Huitzilopochtli zu. Den

Schritt aber, die Werte und Normen, die die Götter verkörpern und die letztlich ja nur Vorstellungen und Erwartungen der Menschen selbst sind, so weit zu abstrahieren, daß sie nur noch zu einem Katalog von Verhaltensweisen werden, vermochten nur wenige zu vollziehen. Die Azteken (wie auch die Christen) gehörten nicht zu ihnen.

Die Azteken verehrten eine Vielzahl von Göttern, die zwar in einer bestimmten Hierarchie angeordnet waren, aber nur ansatzweise erkennen ließen, daß über allem eine Art Hochgott stand. Man nannte dieses göttliche Wesen, das (notwendigerweise) am Anfang aller Entwicklung stand, *Ometecuhtli*, »Herr der Zweiheit«. Damit war das universale Prinzip des Dualismus gemeint, das gerade im Zusammenhang mit der Schöpfung eine entscheidende Rolle spielt, weshalb man dem *Herrn* der Zweiheit auch eine *Frau* der Zweiheit, *Omecihuatl*, zur Seite stellte. Dieses erste und oberste Götterpaar, auch als *Ometeotl*, »Gott der Zweiheit«, zusammengefaßt, ist der eigentliche Weltenschöpfer, aus dem alles andere entstanden ist. Doch wirkte seine Schöpferkraft nur indirekt: Er gab sie weiter an andere Götter, die aus ihm entstanden waren und sich ihrerseits differenzierten, bis schließlich jenes Gebäude polytheistischer Göttervorstellung entstand, das jedem Gott eine bestimmte Funktion zuschrieb. An diesem vielfältigen Götterhimmel, der die Projektion eines einzigen, ursprünglichen Gottes verdrängte, erschienen drei mit besonderer Klarheit: Huitzilopochtli, Tlaloc und Tezcatlipoca.

Wie man sie sah, das hat uns Sahagún überliefert, der sein Material ja mit Hilfe aztekischer Informanten sammelte, deren Aussage die Grundlage seiner Arbeit bildet. Sie bestand zunächst nur aus einer Abschrift des indianischen Textes und einer Übersetzung dazu. Erst später erarbeitete Sahagún aus diesen Aufzeichnungen seine »Geschichte«, die eine Zusammenfassung in spanischer Sprache darstellt. Die eigentliche Sicht der Indianer, so, wie sie die Welt sahen, ist darin nur indirekt wiedergegeben; um einen unmittelbaren Eindruck von dem zu gewinnen, wie sie tatsächlich die Dinge sahen und wie sie sich dazu ausdrückten, muß man sich den ursprünglichen Texten zuwenden. Im Hinblick auf die Göttervorstellungen, die ja einer ganz bestimmten Geisteshaltung entspringen, erscheint uns dies unerläßlich.

So heißt es im Urtext, den *Eduard Seler,* ein Pionier der deutschen Mexikoforschung, ins Deutsche übersetzte, zu *Huitzilopochtli,* dem Stammesgott der Azteken:

> »Uitzilopochtli war nur ein gewöhnlicher Mensch, ein Zauberer, ein böses Vorzeichen, ein Unruhestifter, ein Alpträume erzeugender Gaukler.

Er schafft den Krieg, er stellt die Krieger auf, er befehligt die Krieger. Von ihm wird gesagt: er wirft auf die Leute die Türkisschlange, den Feuerbohrer, also den Krieg.

Und wenn ihm ein Fest gefeiert wurde, wurden Gefangene geopfert, wurden zeremoniell Gebadete geopfert, wurden von den Kaufleuten Sklaven gebadet.

Und in folgender Weise wurde er ausgeputzt: er trägt Ohrpflöcke, mit Türkisvogelfedern beklebt; er trägt die Türkisschlangenverkleidung, er hat die blaue Decke umgeknüpft, er trägt den Oberarmring, in den man die Quetzalfedern tut; er trägt Glöckchen und Schellen.«[64]

Huitzilopochtli war zwar der Schutzpatron der Azteken: Er hatte sie geführt, und ihm verdankten sie ihren Aufstieg. Doch ganz geheuer war er den Menschen nicht; er provozierte Streit und drängte zum Krieg. Wie er einst seine Geschwister, die seine Mutter verraten hatten, vertrieben hatte, mit jener Feuerschlange, die zu seinem Attribut wurde, so sollten auch die Menschen, die seine Schützlinge waren, alle die, die ihn nicht anerkannten, vernichten.

Er ließ die Menschen, sein erwähltes Volk, nicht in Ruhe: Er war unersättlich und trieb es immer weiter zu Eroberungen an. Er war der Motor der aztekischen Expansion; um ihn, sein Gebot, den Krieg drehte sich das ganze Leben. Wäre er nicht gewesen, die Azteken wären ein kleiner Stamm geblieben, von dem man vielleicht nie etwas erfahren hätte.

Es ist deshalb nicht müßig zu fragen, welche Rolle er tatsächlich spielte. Wer stand hinter ihm?

Wir sagten bereits, Götter sind letztlich nur ein Abbild des Menschen. Auch bei den Azteken, selbst wenn sie gottesfürchtiger waren, als wir es sind, waren es Menschen, die Priester, die den Willen der Götter interpretierten. Was verfolgten sie, was dachten sie?

War es nur Furcht, die Furcht vor dem Untergang der Welt, der sie gehorchten? Oder waren es auch andere Beweggründe, die sie dazu veranlaßten, ständig neue Opfer, neue Kriege, neue Unruhe zu fordern? Die Furcht spielte sicher eine Rolle; doch mehr beim Volk als bei den Priestern. Die Priester kompensierten ihre Furcht vor dem Unbekannten durch die Macht (und das Ansehen), die sie als Hüter des Gottes errangen. Sie verselbständigten sich; ihre Rolle, ihre Aufgabe wurde zum Selbstzweck. Sie dienten letztlich sich selbst (und dem König, der vom einfachen Stammesfürsten zum obersten Sachwalter der Belange Gottes und der Götter avancierte); jede Eroberung steigerte ihre Macht und ihren Ruhm. Aus der Ohnmacht (vor der Allgewalt der Natur) war die Hybris des Menschen geworden, der sich seiner Allmacht (die vom Gott nur noch sanktioniert wird) bewußt geworden ist.

Es kam aber auch noch etwas anderes hinzu, das erklärt, warum es gerade die Azteken waren, die diesen Weg des »Erfolges« beschritten. Wenn es stimmt, was die Legende sagt, dann waren die Azteken die letzten, die in das Hochtal einwanderten; sie fanden nicht nur kein Land, sie wurden auch verachtet, weil sie im Vergleich zu den anderen, die inzwischen eine höhere Kultur angenommen hatten, Barbaren waren. Aus diesem Druck, der wie eine Herausforderung wirkte, schöpften sie die Kraft, die sie alle Widerstände überwinden ließ. Sie mußten sich selbst und anderen beweisen, daß sie besser waren; das forderte ihr Selbstbewußtsein.

Natürlich waren es nur wenige, die Anführer, die die Schmach der Verachtung empfanden; das Volk, das nur überleben wollte, dämmerte weiter vor sich hin. Deshalb mußte man die Götter, das heißt einen Gott, der der Auserwählte war, der, der nur für sie, die Azteken, da war, mobilisieren, damit auch das Volk mitmachte. Unter seinem Vorzeichen, das auch die andern erschreckte, kämpfte man sich hoch, bis man es geschafft hatte. Am Ende diente der Gott nur noch dazu, das Volk und die Völker bei der Stange zu halten.

Sichtbarster Beweis dafür war die Einweihung des Großen Tempels, die Ahuitzotl durchführte. Hören wir dazu Durán:

> »Und so wurden denn Boten in alle Teile des Landes geschickt, die die Leute auffordern sollten, Männer und Frauen, Kinder, Alte und Junge, diesem großen Ereignis beizuwohnen; und wenn sie es nicht täten, seien sie des Todes. Und so eilten die Menschen herbei, füllten die Stadt Mexiko, daß es wahrlich ein erschreckender Anblick war. Alle Straßen, alle Plätze, alle Märkte, alle Häuser waren dichtgedrängt mit Menschen, so wie ein Ameisenhaufen, und alle waren gekommen, um dem Fest und der Größe Mexikos ihren Beifall zu zollen.
>
> Als sich alle eingefunden hatten und der Tag des Festes gekommen war, versammelte man die Gefangenen, die geopfert werden sollten, noch vor dem Morgengrauen und stellte sie in vier Reihen auf. Eine Reihe reichte vom Fuß der Pyramide bis zur Straße, die nach Cuyuacan und Xuchimilco führte; sie war so lang, daß sie beinahe eine Legua [5 km] maß. Eine andere reichte bis zur Straße, die zum Schrein Unserer Herrin von Guadalupe führt; sie war nicht weniger lang. Die dritte reichte bis zur Straße nach Tacuba und stand

den anderen in keiner Weise nach. Die vierte schließlich reichte nach Osten, bis sie am Ufer des Sees endete.

Diese vier Reihen führten jeweils zu einem der Opfersteine, die für vier königliche Priester hergerichtet waren. Der erste und wichtigste, der vor dem Götterbild Huitzilopochtlis stand, dem zu Ehren, da man seinen Tempel erneuert hatte, das Fest gefeiert wurde, war für den König Ahuitzotl bestimmt, der dort opfern sollte. Der zweite Opferstein war für den König von Tezcuco, Nezahualpiltzintli, vorgesehen. Der dritte war jener, wo der König von Tacuba die Opferhandlungen vollziehen sollte, und der vierte, der der Sonne geweiht war, war für den alten Tlacaelel bestimmt.

Als man die Reihen aufgestellt hatte, setzten sich die drei Könige ihre Kronen auf, legten ihren goldenen Ohrschmuck an, ihre goldenen Armbänder und Fußspangen und schmückten sich mit Edelsteinen und Nasen- und Lippenpflöcken. Dann legte man ihnen ihre königlichen Mäntel um, gürtete sie mit einer prunkvollen Schambinde und zog ihnen Sandalen an. Ebenso tat es der alte Tlacaelel, den sie, so heißt es in der Überlieferung, wie einen König verehrten.

Mit den Fürsten kleideten sich auch die Priester an, je nach Art des Gottes oder der Göttin, die sie vertraten; die Geschichte zählt alle diese Götter auf, doch würde es zu weit führen, sie alle zu erwähnen. Gemeinsam stiegen sie dann zur Höhe der Pyramide hinauf, wo jeder König, begleitet von den Priestern und ein Messer in der Hand, sich zu dem Ort begab, wo die Opferhandlungen stattfinden sollten.

Und während alle Fürsten, die sich versammelt hatten, Freunde wie Feinde, von Ausblicken und Gerüsten, die man eigens zu diesem Zweck errichtet hatte, aus zuschauten, wurden die ersten Gefangenen hinaufgeführt, wo sie die Könige erwarteten, die, während priesterliche Gehilfen die Gefangenen an Armen und Beinen hielten, ihnen die Brust öffneten und das Herz herausholten, um es den Göttern und der Sonne darzubieten. Sie taten dies so lange, bis sie erschöpft waren; dann übernahmen die Priester, die mit ihnen gekommen waren, das satanische Werk.

Wie die Geschichte, auf die ich mich stütze, besagt, dauerte dieses Opferfest vier Tage, ohne Unterbrechung, von morgens bis abends, und es wird darin berichtet, daß achtzigtausendvierhundert Menschen, aus allen Teilen des Reiches, starben. Mir erschien das so unglaublich, daß ich es nicht gewagt

Das Nationalwappen Mexikos, hier im Jardín de las Américas in Mérida (Yukatan).

Das Hochtal von Mexiko mit Blick auf die Zwillingsvulkane Iztaccihuatl und Popocatepetl.

Xochimilco, die »Schwimmenden Gärten«, im Süden der Stadt Mexiko.

Die Sonnenpyramide in Teotihuacan.

Die »Bäder des Netzahualcoyotl« in Texcoco.

Die Azteken mit ihrer Hauptstadt Tenochtitlan (Fresko von Diego Rivera im Nationalpalast in Mexiko-Stadt).

Der Herrscher von Quauhnahuac, dem heutigen Cuernavaca (Glasmalerei im Palast des Cortés).

Die aztekische Gesellschaft: Landwirtschaft und Hausarbeit (Fresko von Diego Rivera im Nationalpalast, Mexiko-Stadt).

Der Mensch im Dienst der Götter, Interpretation eines modernen Künstlers (Wandgemälde im Nationalen Museum für Anthropologie in Mexiko-Stadt).

»Tag und Nacht«: die Federschlange und der Jaguar als göttliche Symbole (Gemälde von Rufino Tamayo im Museum für Anthropologie, Mexiko-Stadt).

Rekonstruktion eines Aztekentempels in Santa Cecilia, am Stadtrand von Mexico.

Coyolxauhqui, die Mondgöttin: Monumentalplastik im Museum für Anthropologie in Mexiko-Stadt.

hätte, diese Zahl zu nennen, um nicht als Märchenerzähler dazustehen, wenn mich nicht die genannte Geschichte darin bestärkt hätte und ich es nicht auch in anderen Quellen gefunden hätte. Schließlich ist der, der eine Geschichte schreibt, auch dann dazu angehalten, die Wahrheit zu sagen, wenn er sie aus einer exotischen Sprache übersetzt.«[65]

Es spricht für Durán, daß er offenbar sehr gewissenhaft bei seiner Arbeit vorgegangen ist. Dennoch sollte man nicht unerwähnt lassen, daß es auch andere Zahlen gibt. Im *Codex Telleriano-Remensis,* einer Bilderhandschrift aus dem 16. Jahrhundert, findet sich eine Darstellung, aus der hervorgeht, daß es »lediglich« *zwanzigtausend* waren, die bei der Einweihung des Großen Tempels ums Leben kamen. Aber selbst das ist noch eine erschreckend hohe Zahl. Allerdings gibt es Schätzungen aus neuerer Zeit, nach denen pro Jahr eine *Viertelmillion* Menschen geopfert wurden. Das mögen besonders düstere Jahre gewesen sein, in denen vielleicht eine Hungerkatastrophe drohte (weil der Regen ausblieb) oder ein langer Krieg geführt wurde (der ein unerschöpfliches Reservoir an Kriegsgefangenen einbrachte). Doch auf die Dauer wäre ein solcher Exzeß nicht möglich gewesen: Die demographische Basis war viel zu gering, und es wäre sicher der Punkt überschritten gewesen, wo selbst unterworfene Völker einen solchen Aderlaß hätten hinnehmen können. Ohnehin nahm die Unruhe unter den Unterworfenen ständig zu, was zweifellos mit einer sukzessiven Ausweitung des Opferkultes zusammenhing. Am Ende war der Gott, dem man alles verdankte und dem man sich schließlich ebenbürtig fühlte, so maßlos geworden, daß er sein eigenes Werk gefährdete.

Huitzilopochtli war unersättlich; aber auch die anderen Götter, die alle Aspekte des Lebens umfaßten, von den Sternen bis zur Liebe und vom Mais bis zum Pulque, verlangten nach dem »Edelsteinwasser«, dem Blut des Menschen. Selbst *Tlaloc,* der einer der beliebtesten Götter war, gab sich nur zufrieden, wenn man ihm kleine Kinder opferte, und je mehr sie weinten, desto üppiger würde der Regen fließen.

Kehren wir noch einmal zu Sahagún zurück. Wie schilderten seine Gewährsleute den Gott?

»Dem Regengott, dem Regenpriester wurde der Regen zugeschrieben. Er schuf, ließ herabkommen, streute aus den Regen und den Hagel, ließ aufblühen, aufsprossen, grün werden, aufplatzen, wachsen die Bäume, das Gras, den Mais. Und ferner wurde ihm zugeschrieben das Ertränken der Leute im Wasser und das Erschlagen mit dem Blitz.

127

Und folgendermaßen wurde er geputzt: im Gesicht ein dik-
ker Überzug mit Ruß, im Gesicht eine Bepinselung mit flüssi-
gem Kautschuk, er ist mit Ruß eingerieben; im Gesicht hat er
Flecke aus dem Teig des Stachelmohnsamens; er trägt das
Tauwams, er trägt das Nebelwams, er trägt eine Krone von
Reiherfedern, ein Halsband aus grünen Edelsteinen, er trägt
die Schaumsandale, dazu Schellen, er trägt das weiße Binsen-
banner.«[66]

Götter waren den Menschen nachgebildet, aus Stein, aus Holz. Sie
wurden geschmückt und gekleidet, in Prozessionen durch die Stadt
getragen, aus Teigwaren nachgebildet, von Priestern und Opfern verkörpert. Sie waren allgegenwärtig, doch man mußte ihrer ansichtig
sein; schon deshalb, weil es so viele waren. Für uns, die wir an *einen*
Gott glauben (soweit wir das überhaupt noch tun), reicht die Idee, die
Vorstellung: Es gibt nur ein höheres Wesen. Warum ein Bild, eine Statue? Bei den Azteken waren so viele Götter präsent, man mußte sie alle
im Auge haben, daß es schon geradezu ein Balanceakt war. Das ging
nur, wenn man sie bildlich, gegenständlich darstellte, mit bestimmten
Attributen versah, an denen ihre Besonderheit zu erkennen war.
    Tlaloc war nicht furchterregend, obwohl sein Gesicht mit einem cha-
rakteristischen, rüsselartigen Attribut an ein seltsam außerirdisch
anmutendes Wesen erinnerte. Die geometrische Abstraktion dieses
Attributs läßt sich jedoch auf die konventionelle Darstellung des
Jaguars zurückführen, an dessen Schnauze, so wie sie die Olmeken darstellten, sie erinnert. Der Jaguar war ein Symbol der Fruchtbarkeit;
auch ihm opferte man Kinder. Tlaloc hatte schon eine lange Geschichte
hinter sich, und es war nur recht, daß man ihn als Vater von Huitzilopochtli ansah, dem unbändigen Sprößling, den die kriegerischen
Nomaden aus dem Norden mitbrachten.
    Ganz im Gegensatz zu Tlaloc stand *Tezcatlipoca*. Er war ein rechter
Bösewicht, der schon hinter der Versuchung des Quetzalcoatl gestanden hatte. Er repräsentierte die Dunkelheit, die Nacht, das Unheil, und
dennoch feierte man ihm ein Fest, das den Frühling einläutete. Man
nannte es *Toxcatl*, nach dem Monat, dem fünften im aztekischen
Kalender, in dem das Fest stattfand. Allerdings war dieses Fest der
Höhepunkt einer kultischen Handlung, die ein ganzes Jahr dauerte,
und was man feierte, war weniger der Frühling als das Ende des Win-
ters, der Kälte und Nacht, über die Tezcatlipoca gebot.
    Das Fest, das heißt, die Vorbereitungen dazu begannen damit, daß
man einen Jüngling aussuchte, der – da er das irdische Abbild des Gottes darstellen sollte – vollkommen sein mußte. Wie Sahagún schreibt:

»Ausgewählt und abgesondert wurde, wer von gutem Ansehen war, keusch, rein am Leibe, schlank, wie ein Bambusrohr, ganz wie eine Säule, nicht ungeschlacht, nicht dick, weder zu klein, noch zu groß, denn es wurde als ein Fehler angesehen, wenn einer zu groß war. Die Weiber sagten zu ihm: ›Lange Latte, Sternklumper!‹ Wer zum Abbild ausgewählt wurde, an dem durfte kein Tadel sein.«[67]

Er mußte wahrlich ein außergewöhnliches Exemplar Mensch sein, denn Sahagún beziehungsweise seine indianischen Informanten ergehen sich in einer seitenlangen Beschreibung all der Vorzüge und Reize, die dieser Jüngling aufweisen mußte. Da heißt es:

»Er darf keine eingedrückte Nase haben, keine mit breiten Nasenlöchern, keine, die spitz ist, keine, die wie eine Schüssel geformt ist, keine krumme Nase, keine gebogene Nase, keine schiefe Nase, sondern muß eine lange, gerade Nase haben. Er darf keine zu dicken Lippen, keine schüsselförmigen Lippen und auch keine zu langen, schmalen Lippen haben. Er darf nicht stottern, darf sich nicht mit der Zunge verwickeln und keine zu schwere Zunge haben, darf keine fremde Sprache sprechen, darf nicht mit der Zunge anstoßen, keine gelähmte Zunge haben. Er darf keine vorstehenden Zähne haben, keine fletschenden Zähne, keine Schlangenzähne, die hauerartig und gekrümmt sind, keine gelben Zähne, keine stinkenden Zähne, keine kranken Zähne. Wie Meerschneckengehäuse, weiß und blank, müssen seine Zähne sein, in wohlgeordneten Reihen ...«[68]

Es konnte sich wirklich nicht jeder melden, was ohnehin nicht üblich war, denn der Auserwählte war gewöhnlich ein Gefangener, der aber immerhin eine verständliche Sprache sprechen mußte, was bedeutete, daß er nicht nur hübsch anzusehen, sondern auch kultiviert sein mußte. Was an letztem Schliff fehlte, das brachte man ihm bei. Wie Sahagún weiter berichtet:

»Wenn einer so beschaffen ist, daß kein Mangel, kein Tadel, kein Fehler an ihm ist, auch nicht ein Wärzchen an ihm ist, so wird Sorge getragen, daß er die Flöte blasen lerne, daß er die Flöte blasen könne und daß er mit der Flöte zusammen halten könne seine Blumen und seine Zigarren, daß er während des Blasens an der Zigarre saugen und an den Blumen riechen könne. Denn immer zusammen mußte er haben Blumen und Zigarren, wenn er seines Weges ging.

Und solange er noch in dem Haus seiner Gefangenschaft lebt und erzogen wird, er noch nicht öffentlich zum Abbild erklärt worden ist, wurde besonders Bedacht genommen, daß er sich in der Rede ausdrücken lerne, daß er reden und die Leute anreden, sie auf der Straße begrüßen könne, wenn er einen trifft. Denn hochgeehrt wurde er, wenn er öffentlich als Abbild erklärt worden war, als Abbild Titlacauans, des Tezcatlipoca.«[69]

Wenn er seine Vorbereitungen beendet hatte, trat er als leiblicher Gott auf: er wurde wie die Gottheit ausgeschmückt, Diener traten ihm zur Seite, und indem er die Flöte blies, Tag und Nacht, zog er durch die Stadt, von allen verehrt, die sich vor ihm auf die Erde warfen und den Boden küßten.

Ein Jahr tat er das, bis das eigentliche Fest nahte:

»Wenn das Fest Toxcatl kommt, wenn man ihm schon nahe ist, so wurde er zunächst für reif erklärt, bekam Weiber, wurde verheiratet. Das geschah am *Uei toçotzli*, am Fest vor dem Fext Toxcatl.«[70]

Einen Monat konnte sich der irdische Gott mit seinen Angetrauten, die gleichfalls Sklavinnen gewesen waren, vergnügen:

»Nur zwanzig Tage schläft er bei den Weibern, lebt er mit den Weibern. Vier Weiber hatte er bei sich, die ebenfalls ein Jahr lang in Verwahrung gehalten worden waren. Die erste hieß Xochiquetzal, die zweite Xilonen, die dritte Atlatonan, die vierte Uixtociuatl.«[71]

Sie waren Götter wie er: *Xochiquetzal,* die Göttin der Blumen und der Liebe, *Xilonen,* die junge Maisgöttin, *Atlatonan,* eine Wassergottheit, und *Huixtocihuatl,* die Herrin, die über das Salz wacht. Ein Arrangement, das sicher nicht ohne Reiz war. Doch es war nur ein schwacher Trost, für den irdischen Tezcatlipoca: Denn nachdem man vier Tage vor dem Fest mit Gesängen und Tänzen verbracht hatte, die den Auftakt des Festes bildeten, kam am fünften der eigentliche Höhepunkt. Er fand an einem Ort jenseits des Sees statt, der eine besondere Kultstätte Tezcatlipocas war:

»Nachdem man mit dem Gesang und Tanz zu Ende ist, besteigt man die Boote, mit ihm zusammen gehen die Weiber, ihn zu trösten und zu ermutigen. Man landet, man zieht die Boote ans Ufer, an dem Orte, der Acaquilpan oder Caualtepec, Berg des Scheidens, genannt wird, weil man an dieser Stelle Abschied nahm.

Ein kleines Stückchen, bis zu dem Orte Tlapitzauhcan, gehen die Weiber mit ihm, dort kehren sie um. Und nur diejenigen, die aus freien Stücken seine Diener gewesen waren, die ihm gefolgt waren, gehen noch mit ihm. Man erzählt, wenn er an der Opferstätte angelangt ist – ein kleiner Tempel steht dort, der *Tlacochcalco* genannt wird –, steigt er selbst hinauf, freiwillig steigt er zu der Stelle hinauf, wo er geopfert werden soll. Und wenn er eine Stufe hinaufsteigt, wenn er eine Stufe überschreitet, bricht er jedesmal eine seiner Flöten in Stücke.

Und nachdem er sämtliche Stufen überwunden hat und oben angekommen ist, so ergreifen ihn sogleich die Priester, legen ihn mit der Brust nach oben auf den Opferstein, dann schneiden sie ihm die Brust auf, reißen ihm das Herz heraus und heben es weihend zur Sonne empor. Sämtliche Kriegsgefangenen wurden in dieser Weise geopfert. Aber seinen Leib rollte man nicht die Stufen hinunter, sondern man trug ihn, an den Armen gefaßt, herunter. Und seinen Kopf steckte man auf dem Schädelgerüst auf eine Stange. Er bleibt in dem Ausputz, in dem er geopfert worden war. Somit endet er sein Leben an der Stelle, wohin er zu sterben ging, in Tlapitzauayan.«[72]

Und jedes Jahr wiederholte sich die Zeremonie: Der alte Tezcatlipoca starb, und ein neuer wurde geboren.

Athen der Neuen Welt

Die Religion nahm in der aztekischen Gesellschaft einen breiten Raum ein. Sie hatte nicht nur die Funktion, die Welt zu erklären und ihren Erhalt zu sichern. Ihr kam letztlich auch eine politische Bedeutung zu: Sie war ein Mittel, das Volk zu integrieren. Das eigene ebenso wie die Unterworfenen.

Doch darüber hinaus gab es auch noch eine andere Kraft, die diese Integration gewährleistete. Zumindest, was die Azteken im engeren Sinne betraf. Es war dies eine weitgehend vom Staat kontrollierte *Erziehung*, die sowohl informeller als auch formaler Art war. Diese Erziehungspolitik war darauf ausgerichtet, gehorsame Bürger zu schaffen. Sie diente nicht dazu, den Menschen mündig zu machen. Demokratie oder auch nur Mitbestimmung gehörten nicht zu den Gepflogenheiten der aztekischen Gesellschaft.

Aber das war ja auch in anderen Teilen der Welt nicht anders. Die Azteken verstanden es nur, aus einer allgemein verbreiteten Unsitte eine Tugend zu machen, indem sie ein Mindestmaß an Bildung vermittelten. Es gab niemand, der *keine* Schule besuchte.

Auch wenn die Angaben, die einheimische Informanten und spanische Chronisten diesbezüglich gemacht haben, widersprüchlich sind, so herrscht doch allgemein Übereinstimmung darüber, daß es *drei Arten* von Schulen gab. Sie unterschieden sich hinsichtlich Alter, Stand und Geschlecht der Schüler und dementsprechend ihrer Zielsetzung. Vorausgesetzt wurde, daß jeder eine ordnungsgemäße Erziehung *zu Hause* genossen hatte. Denn die Indoktrination, die Vermittlung von Kenntnissen und Normen, die zum Erhalt der Gesellschaft beitrugen, setzte schon im Elternhaus ein. So schreibt Sahagún, in einem Abschnitt über die Familie:

»Der gute Sohn gehorcht, ist bescheiden, voll Demut und von dankbarster Gesinnung.

Er ist ehrerbietig und respektvoll, folgsam und demütig, erkennt demütig eine Wohltat an und ist des Dankes voll.

Er schlägt nicht aus der Art, er fügt sich dem Leben anderer ein, paßt sich ihnen an.

Der schlechte Sohn ist ausschweifend, arg ausschweifend. Ein Hartkopf ist er von übler, bösartiger Sinnesart, halsstarrig wie ein Kojote.

Auf gar nichts hört er, mißachtet Befehle; er ist frech und sittenlos, dünkelhaft, aufgeblasen und unhöflich.

Ein großer Geck ist er, nimmt nie mütterlichen oder väterlichen Rat an: Zum anderen Ohr geht heraus, was zum einen hereingeht.

Er bedarf der Zucht und Erziehung; doch aus der Züchtigung mit kaltem Wasser und Brennesseln macht er sich nichts.

Niemandem bezeugt er Ehrfurcht. Fortwährend keucht er und ist außer Atem, ist fahrig, unüberlegt und unbeherrscht, völlig unbeherrscht.«[73]

Sicher nichts, womit die heutige Jugend etwas anfangen könnte. Auch
die Töchter hatten nichts zu lachen:

>> Die Tochter der Familie, das junge Mädchen ist ohne Makel,
ist eine vollkommene und wahrhafte Jungfrau.
  Das tugendhafte, das gute junge Mädchen ist folgsam: es ist
klug und geschickt und hat ein gutes Gedächtnis.
  Sie ist fein, ehrbar und aller Achtung wert. Höflich ist sie
und wohlerzogen, ist gut geleitet, gut unterrichtet und
geschult. Sie lebt keusch, ist ein umsichtiges Persönchen.
  Die nicht gute, nicht tugendhafte, die übelgeratene Tochter
ist schmutzig und liederlich.
  Eine üppige Hure ist sie, geziert spaziert sie und pomphaft
einher; sie stutzt sich auf und putzt sich zurecht, schlendert
herum bei Wasser und Weg.
  Sie verharrt in Lasterhaftigkeit, sie erniedrigt sich durch
Laster; sie geht ihren Lüsten nach, sie versinkt bis zum Haar-
schopf in ihren Lüsten und ist hoffärtig; sie betrinkt sich.<< [74]

Es herrschte ein hohes Maß an Disziplin und sittlicher Ethik. Besonders die Frau, was in einer patriarchalischen Gesellschaft wie der aztekischen nicht anders zu erwarten ist, war strengen Normen unterworfen: Als Kind hatte sie den Eltern zu gehorchen, als Frau dem Mann. Ihr
Reich war das Haus und die Familie; außerhalb dieses traditionellen
Wirkungsbereiches hatte sie nur wenig Einfluß. Lediglich als
Hebamme und – wenn sie aus einer adligen Familie stammte – als Priesterin trat sie in der Öffentlichkeit in Erscheinung.
  Wie man sich die »ideale Frau«, zumindest die Frau aus dem Volke,
vorstellte, schildert wiederum recht drastisch Sahagún. Er schreibt,
was ihm freilich seine Informanten eingaben:

>> Das rüstige Weib, das ganz reife, ist kräftig, stämmig, tüchtig
für Feldbestellung, fleißig, gesund-arbeitsam, emsig, uner-
schrocken, männlichen Herzens, standhaft und geduldig ergeben im Leid.
  Das gute rüstige Weib führt einen braven Lebenswandel,
hält sich zurück, hält auf ihre Ehre; sie duldet nicht Schmutz
noch Staub, sie wünscht, daß nichts Unsauberes an sie heran-
gebracht werde: sie ist wertvoll wie Armspangen, Grünedelge-
stein und Türkise.
  Das schlechte Weib im rüstigen Alter stößt an bei den Leuten, beleidigt sie, kränkt sie, geht los gegen sie. Sie gebärt

nicht, setzt keine Kinder in die Welt. Nichts macht sie in Ruhe, alles macht sie ohne Überlegung, macht Dummheiten, handelt unbesonnen.«[75]

Von klein auf wurde die Frau – wie auch der Mann – auf ihre Rolle vorbereitet: Sie half im Haushalt, auf dem Felde, bei der Kindererziehung. Und wenn sie selbst nicht spurte, gab es harte Strafen. Das Geringste war noch, als »Otomí« beschimpft zu werden, womit der Angehörige eines Volkes gemeint war, das im Norden des Hochtals siedelte und von den Azteken wegen seiner Andersartigkeit und primitiven Lebensweise verachtet wurde. Härtere Strafen waren Maguey-Stacheln und Chile-Rauch, wobei im ersten Fall die Stacheln wie Nadeln benutzt wurden, mit denen man das ungehorsame Kind malträtierte, während im zweiten Fall das Kind über ein offenes Feuer gehalten wurde, in dem man Chile-Pfeffer verbrannte, was als eine noch größere Qual galt.

Mit zwölf Jahren, wenn sowohl das Mädchen als auch der Junge auf ihre spätere Aufgabe in einem eigenen Haushalt vorbereitet waren, begann die formale Erziehung. Sie fand für alle, Junge und Mädchen, Volk und Adel, im sogenannten *cuicalli* statt, dem »Haus des Gesangs«. Es war dies eine Schule, die gewöhnlich einem Tempel angeschlossen war und als eine Art Grundschule fungierte. Das Wissen, das hier vermittelt wurde, war jedoch mehr religiöser Art: Man wurde mit den Göttern und Zeremonien vertraut gemacht, lernte Gesang, Tanz und Instrumentalmusik und erwarb Kenntnisse über die Erschaffung der Welt, über Leben und Tod und das Schicksal des einzelnen.

Letzteres war freilich seit der Geburt bekannt, denn nichts prägte so sehr das Leben des Azteken (und verstärkte noch die Tendenz, wenn sie nicht gar der Ausdruck einer entsprechenden Politik war, zu Duldsamkeit und Gefügigkeit) wie die Vorherbestimmung seines Schicksals. Der Kalender war nicht nur ein Mittel der Zeiteinteilung; er war mehr noch ein Schicksalsrad, das sich unentwegt drehte, und je nachdem, wie die jeweilige Konstellation war, das Sternzeichen, würden wir sagen, unter dem man geboren war, so würde der Lauf des Lebens sein. Die Mehrzahl der Zeichen (und Zahlen), unter denen man geboren werden konnte, waren ungünstiger Art: Es war einem folglich vorherbestimmt, ein Betrüger oder ein Faulenzer, ein Trinker oder ein Mörder zu werden, und das einzige, was man tun konnte, um ein solches Schicksal abzuwenden, war, den Tag der Taufe unter einem günstigeren Zeichen zu bestimmen, damit das verhängnisvolle Schicksal ein wenig gemildert wurde. Wie Sahagún beziehungsweise seine Informanten schreiben:

»Wer einen Knaben erzeugt hat, bringt ihn zu dem Tageszähler, dem Kalenderkundigen, der weiß, an welchem Tage er geboren ist. Und er befiehlt dort, an welchem Tage er gebadet, getauft werden soll, unter welchem Tageszeichen; ein gutes Zeichen sucht er für ihn, für das Kind. Und wenn er ein gutes Zeichen gefunden hat, befiehlt er, daß in ihm das Kind getauft werden soll.«[76]

Oder anders ausgedrückt:

»Die, die unter einem guten Zeichen geboren wurden, wurden sogleich getauft, die, die unter einem ungünstigen Zeichen zur Welt kamen, taufte man später, um ihr Schicksal aufzubessern. Und deshalb suchten die alten Schwindler, die in diesen Dingen geübt waren, nach einem besseren Zeichen.«[77]

Man konnte also dem Schicksal ein Schnippchen schlagen, indem man ein ungünstiges Geburtsdatum durch einen günstigeren Zeitpunkt der Taufe ausglich. Im übrigen tat jeder gut daran, sich nicht einfach mit seinem vorherbestimmten Schicksal zufriedenzugeben. Man erwartete vielmehr, daß auch der, der unter einem ungünstigen Stern geboren war, sich anstrengte, doch noch zum Ziel zu kommen. Und wer da glaubte, daß er sich einen guten Tag machen konnte, weil die Sterne ja für ihn günstig standen, der konnte sicher sein, da zu enden, wo der, der es dennoch versuchte, angefangen hatte.

Was deutlich wird, bei allem, was wir bisher gesehen haben: die aztekische Gesellschaft stand unter einem ungeheuren Druck, einem Leistungszwang und Normverhalten, das durchaus geeignet war, ein pessimistisches Weltbild zu erzeugen. Inwieweit dies dazu beitrug, die Spanier, die sich als Sendboten einer lichteren Welt ausgaben, eben jener, die Quetzalcoatl geschaffen hatte, als Erlöser zu empfangen, ist eine Frage, die sicher Beachtung finden sollte. Es ist nicht auszuschließen, daß – zusätzlich zu den unterworfenen Völkern, die ohnehin einen Groll gegen die Azteken hegten – auch das eigene Volk in einem Zustand latenter Abneigung war. In dem Widerstand gegen die häufigen Kriege kommt das ebenso zum Ausdruck wie in der Verachtung, die der Adel gegen das Volk empfand, da es angeblich feige war, was zu einer entsprechenden Reaktion gegen die Obrigkeit führte. Ob es freilich tatsächlich so war: wir wissen es nicht und werden es wohl auch nie erfahren, denn die, die aus *indianischer Sicht* über die traditionelle Gesellschaft und Geschichte berichten, waren ja ausschließlich Angehörige der Elite. Das Volk hatte – wie immer – keine Stimme.

135

Man sollte jedoch bei einem solchen Urteil, das durchaus nicht schmeichelhaft ist, immer die Tatsache im Auge behalten, daß es wohl zur Grunddisposition des Indianers gehörte, zumal in Mexiko, wo extreme Umweltbedingungen bestehen, daß er sich ohnmächtig dem Leben ausgesetzt fühlte, das höhere Kräfte bestimmten. Gegen diese ungebändigten Naturkräfte, die den Menschen bedrohten, hatte der Staat, der König und seine Ratgeber, immerhin einen Schutz geschaffen: Dämme wurden errichtet, die die Stadt vor Überschwemmungen schützten, Hungersnot wurde durch Tribute gemildert, und letztlich wurden auch jene dämonischen Kräfte, über die die Götter geboten, durch die Opfer, die man ihnen zahllos darbrachte, gezähmt. Am Ende war das Volk wohl nicht schlimmer daran als vorher: Es hatten sich lediglich die Perspektiven verschoben.

Im Cuicalli, dem Haus des Gesangs, blieben die Kinder gewöhnlich bis zum 15. Lebensjahr. Danach hörte für die Mädchen (mit Ausnahme derer, die sich auf einen Priesterberuf vorbereiteten) die formale Bildung auf, während die Jungen eine von zwei weiterführenden Schulen besuchten. War bislang für alle die Ausbildung gleich gewesen, unabhängig von ihrer standesmäßigen Zugehörigkeit, so trat nun eine deutliche Trennung ein: Söhne aus adligen Familien wurden in eine Art Priesterseminar geschickt, *calmecac* genannt, wo sie auf ihre privilegierte Rolle vorbereitet wurden, während dem Volk nur das *telpochcalli*, das »Haus der jungen Männer«, offenstand. Letzteres war vor allem eine Kriegerschule, denn die militärische Ausbildung stand im Telpochcalli im Vordergrund. Diese Schule gab es in jedem Calpulli, so daß praktisch die gesamte wehrhafte Bevölkerung eine kriegerische Schulung durchlief. Was jedoch nicht bedeutete, daß die jungen Männer nicht auch zu anderen Aufgaben herangezogen wurden: Neben ihrer eigentlichen Ausbildung hatten sie schwere, körperliche Arbeit zu verrichten, die sowohl der Schule als auch der Nachbarschaft zugute kam.

Die Disziplin war in beiden Schulen, dem Telpochcalli ebenso wie im Calmecac, sehr streng. Doch hatten die jungen Männer aus dem Volke eine wesentliche Vergünstigung, auf die die Zöglinge in der Priesterschule verzichten mußten: Es war ihnen erlaubt, sich mit dem anderen Geschlecht abzugeben, in der Weise, daß bestimmte Mädchen, die jedoch keine Prostituierten waren, im Telpochcalli wohnten, um den jungen Kriegern ihre Gunst zu erweisen.

Was die tatsächlichen Freudenmädchen betrifft, von denen es offenbar zur Genüge gab, denn es wird immer wieder darauf verwiesen, ihren »liederlichen« Lebenswandel zu meiden beziehungsweise sich nicht ihren bestrickenden, doch gefährlichen Reizen auszusetzen, so war ihre Stellung außerhalb der Gesellschaft eindeutig. Sahagún widmet ihnen einen längeren Absatz; darin heißt es:

»Sie putzt sich tüchtig heraus, sie donnert sich auf voll Hoffart, sie steckt sich Blumen auf, sie richtet sich prahlerisch her, macht sich auffallend zurecht. Sie betrachtet sich im Spiegel, auch im Wasserspiegel betrachtet sie sich; sie geht ins Wasser, nimmt Schwitzbäder, wäscht sich oft; mit Axin-Salbe, mit viel Axin-Salbe macht sie ihre Haut glänzend und geschmeidig.

Mit ihrem Immer-und-immer-wieder-ins-Wasser-Gehen macht sie es den Kriegsgefangenen nach, die mit Blumen geschmückt sterben, für die Gottheit sterben.

Sie trägt den Kopf hoch, ist barsch-abweisend; sie ist dem Trunk ergeben; andauernd kaut sie, andauernd ist sie rauschkraut-benommen, und immer genießt sie Rauschpilze.

Sie bemalt sich, bemalt sich tüchtig, sie färbt sich das Gesicht mit trockener Farbe, färbt sich die Backen, gibt den Zähnen die Farbe des Maisblüten-Narbenbarts, gibt ihnen die Farbe der Nopal-Blutlaus.

In ihr Haar hüllt sie sich wie in ein Kleid; sie läßt es lang herabfallen, zieht es wie ein Kleid an. Zur Hälfte frisiert sie es, legt es in eine Frisur wie ein Horn. Sie biegt ihren Leib, ist immer keck und trägt den Kopf hoch, wiegt ihn stolz hin und her, besudelt sich mit wollüstigem Leben in Staub und Schmutz, windet ihren Leib.

Sie durchduftet sich mit Räucherwerk, macht ihren Atem wohlriechend, indem sie Rosenwasser von der Poyomatl-Blume trinkt. Sie kaut Tzictli-Harz, mit dem sie das Tzictli-Knistergeräusch macht.«[78]

Wer hätte ihr widerstehen können, der *ahuiyani*, dem aztekischen Freudenmädchen, wenn er ihr am See begegnete, auf dem Markt oder in einem verschwiegenen Haus? Sie war allgegenwärtig und immer willfährig:

»Sie ist von Grund aus unersättlich; sie ist wie eine Ranke, die mit einem Pfahl gestützt werden muß, denn ihr Herz ist flüchtig, ist auf der Flucht, ein Flatterherz ist sie. Sie folgt dem breiten Weg, dem Weg des Kaninchens und des Hirsches; so verwildert sie. Sie, die voll von Lüsten, widerlichen Lüsten ist.«[79]

Natürlich waren auch dies männliche Gewährsleute, die zudem einem frommen Priester ihre Geschichte erzählten. Die Ahuiyani hätte sicher anderes zu berichten, zum Beispiel das, was sie zu dem gemacht hatte, was sie schließlich war. Aber darüber schweigen die Quellen, bei den Azteken ebenso wie anderswo.

Man tat jedenfalls gut daran, wenn man es irgendwie einrichten konnte, dem Freudenmädchen aus dem Weg zu gehen. Ganz besonders traf dies für die Schüler im Calmecac zu. Hier führten Priester die Aufsicht, und wenn auch nicht alle ihre Zöglinge die religiöse Laufbahn einschlugen, so erwartete man doch von ihnen, daß sie sich ganz dem Studium geheimen Wissens und höherer Werte widmeten. Darin lag kein Widerspruch oder gar Heuchelei: So sehr der Adel mit Privilegien ausgestattet war, er zahlte dafür mit einem höheren Maß an Verantwortung, und wenn er dieser nicht gerecht wurde, in seinen Pflichten versagte oder ein Verbrechen beging, wurde er dafür strenger bestraft als jemand aus dem Volk, der eine vergleichbare Handlung beging.

Obwohl auch im Calmecac die militärische Ausbildung berücksichtigt wurde (ging doch aus den Söhnen des Adels das eigentliche »Offizierskorps« hervor), so stand doch im Mittelpunkt die geistige Erziehung: Neben Rhetorik und Gesang, Religion und Geschichte waren es auch praktische Fertigkeiten im Bereich der Verwaltung und Politik, die vermittelt wurden. Dazu gehörte in erster Linie der Erwerb der Schreibkunst. Wenigstens mußte man in der Lage sein, schriftliche beziehungsweise bildliche Aufzeichnungen, die über Eroberungen und Tribute, Gesetze und Zeremonien berichteten, richtig deuten zu können.

Eine *Schrift* im eigentlichen Sinne gab es bei den Azteken nicht. Sie begnügten sich mit einem System, das aus einer Kombination von Bildzeichen und Ideogrammen bestand, wobei in einzelnen Fällen eine phonetische Komponente hinzukam. Es war also weder eine Buchstaben- noch eine Silbenschrift. Der Grundgedanke war, den Informationsgehalt, der übermittelt werden sollte, so gegenständlich wie möglich zu halten, so daß man sich auf eine weitgehend naturalistische Abbildung eben dieses Gegenstandes (oder Vorganges) beschränken konnte. Ein Beispiel mag das verdeutlichen: In den Codices, das heißt den Bilderhandschriften, in denen die schriftlichen Überlieferungen der Azteken niedergelegt sind, findet sich häufig der Hinweis, daß unter diesem oder jenem König eine ganze Reihe von Ortschaften erobert wurde. Es ist also ein Bericht über die Kriege, die ein bestimmter Herrscher geführt hat. Das wird nun folgendermaßen dargestellt: Der Herrscher, an einem langen, weißen Mantel und einem Diadem erkenntlich, wozu sich jeweils ein besonderes Zeichen gesellt, das seine

Namensglyphe darstellt, sitzt auf einer Matte, die als Sinnbild des Thrones gilt, und ihm gegenüber, von einem Bündel Pfeile und einem Schild getrennt, ist eine Reihe von Tempeln aufgeführt, einer unter dem anderen, und diese Tempel, die jeweils in Flammen stehen, während das Dach zu Boden fällt, weisen ihrerseits besondere Zeichen auf, einen Baum, einen Vogel, Blumen oder eine Verbindung aus mehreren dieser oder ähnlicher Gegenstände. Manchmal läuft eine Linie, wie eine Schnur, von der Gestalt des Herrschers zu einem breiten Band, das den Rand der Szene bildet und in einzelne Felder, die eine Kombination sich wiederholender beziehungsweise wiederkehrender Symbole aufweisen, unterteilt ist. Dies alles ist farbig wiedergegeben, was die Interpretation erleichtert.

Dennoch bedurfte es einer gewissen Übung und der Kenntnis bestimmter konventioneller Zeichen, um eine derartige Information, die eher bildlicher als schriftlicher Art war, richtig zu deuten. Es ging nicht so sehr darum, den »Text«, der ja ein solcher gar nicht war, zu lesen, als ihn vielmehr, unter Berücksichtigung bestimmter Regeln, zu interpretieren: Mit anderen Worten, die »Schrift« der Azteken hatte keinen Lautwert, wie wir es von unserem alphabetischen System gewöhnt sind; sie hatte lediglich einen Sinngehalt, dessen Deutung vom Interpreten abhing.

Um auf unser Beispiel zurückzukommen: der König Soundso (beispielsweise durch eine Türkisschlange, wie sie den Herrscher Itzcoatl symbolisiert, gekennzeichnet) hat gegen folgende Städte, die durch die brennenden Tempel und die jeweilige Namensglyphe (etwa ein Feld mit Blumen, was für Xochimilco steht) gekennzeichnet sind, Krieg geführt, wobei diese Handlung nicht nur durch die zerstörten Tempel (was bereits auf eine Eroberung hinweist), sondern auch durch das Bündel Pfeile und den Schild, die sozusagen die Verbindung oder das Verb zwischen Subjekt (dem König) und Objekt (den Städten) herstellen, verdeutlicht wird.

Ein umständliches Verfahren, das natürlich viel mehr Zeit und größere Mühe in Anspruch nahm, als wenn man den Vorgang mit Worten, die sich aus vereinfachten, abstrakten Symbolen (wie unser Alphabet) zusammensetzen, wiedergegeben hätte. Eine besondere Schwierigkeit bestand auch für den Azteken, Schreiber wie Leser, darin, Begriffe, die in der aztekischen Sprache nicht bekannt waren und wie sie gerade bei der Aufzählung eroberter, *fremder* Gebiete häufig vorkamen, so zu umschreiben, daß sie den eigentlichen (fremden) Lautwert wiedergaben, obwohl man sich dazu aztekischer Zeichen bediente. Das führte zu einer völligen Sinnverdrehung, denn was für die Azteken etwa wie ein Tier oder eine Pflanze klang (und entsprechend in ihrer Bilderschrift wiedergegeben wurde), hatte in der ursprünglichen Sprache, aus der dieses Wort entnommen wurde, eine ganz andere Bedeutung, etwa die Glorifizierung eines Heroen oder der Hinweis auf ein bestimmtes historisches Ereignis. Ein bekanntes Beispiel dafür ist *Mazatlan*, der Name für eine südliche Provinz des Aztekenreiches, den man in der Sprache der Azteken als »Ort der Hirsche« (*mazatl* = »Hirsch«, *tlan* = »Ort«) deutete, obwohl es sich dabei eigentlich um nichts anderes als das Land der »Mazateken« handelte.

Es bleibt noch nachzutragen, was es mit diesem Band oder Rand, mit dem der Herrscher zuweilen verknüpft ist, auf sich hat. Es ist dies nichts anderes als die Anzahl der Jahre, die der betreffende Herrscher regierte, wobei das Jahr, in dem ein besonderes Ereignis stattfand (wie die Eroberungen in unserem Beispiel), durch die Linie oder das Band gekennzeichnet ist, das den Herrscher mit einem der Felder, die jeweils für ein Jahr stehen, verbindet. Diese Felder wiesen vier wiederkehrende Zeichen auf – ein Haus, ein Kaninchen, ein Schilfrohr und ein Steinmesser – und wurden mit den Zahlen eins bis dreizehn (durch eine entsprechende Zahl von kleinen Kreisen wiedergegeben) kombiniert, wodurch sich innerhalb eines Zyklus von 52 Jahren, der bei den Azteken die Bedeutung unseres Jahrhunderts hatte, keine Wiederholung eines Jahresnamens ergab. Dadurch war das Ereignis innerhalb der gesamten Spanne fixiert, und da die eigentliche Geschichte der Azteken kaum zweihundert Jahre umfaßte, reichte dieser ständig wiederkehrende Zyklus aus, um ein historisches Ereignis auch *absolut* zu bestimmen. Zumal, wie es bei den Azteken der Fall war, genau darüber Buch geführt wurde.

Diese »Bücher« waren übrigens nicht Bücher in unserem Sinne. Es waren Faltblätter, die aus Pflanzenfasern oder Tierhäuten bestanden und aneinander gefügt wurden, bis sie ein langes, breites Band ergaben, das man in der Art einer Ziehharmonika zusammenfalten konnte. Darauf wurden die Bilder und Glyphen, zuweilen beidseitig, gemalt, wobei man gewöhnlich von rechts nach links und von oben nach unten »schrieb«. Der Inhalt bezog sich in erster Linie auf die Religion, wo insbesondere das *tonalamatl*, das »Buch der Wahrsagerei«, das als Vorlage für die Schicksalsbestimmung diente, eine besondere Rolle spielte. Wichtig waren auch die Tributlisten, die als Grundlage der Verwaltung dienten. Und schließlich war man bemüht, die Geschichte so darzustellen, wie sie sich aus der Sicht der Azteken darbot: eine endlose Reihe von Eroberungen, mit denen sich die einzelnen Herrscher schmückten und die als gottgewollt ausgegeben wurden.

All dies war das Pensum, mit dem sich die Zöglinge im Calmecac befassen mußten. Die Ausbildung dauerte gewöhnlich fünf Jahre;

danach war man ein vollwertiges Mitglied der Gesellschaft und schlug die Laufbahn ein, für die man sich entschieden hatte. In jedem Falle war dies der Staatsdienst, sei es das Priestertum, die Verwaltung oder das Heer. Wenige nur hatten die Muße (oder die Neigung), sich der Wissenschaft oder den schönen Künsten zu widmen. Zwar wurde gerade auch im Calmecac das Ideal des *toltecayotl*, der Kanon einer verklärten Toltekenkultur, gelehrt, doch war dies eher ein Lippenbekenntnis: Im täglichen Leben dominierte das Kriegerideal.

Es gab jedoch Stimmen, die die offizielle Ideologie eines göttlich sanktionierten, militaristischen Staatswesens kritisierten. Und es waren dies nicht nur die Feinde der Azteken, die, die unter diesem Staatsethos zu leiden hatten, die sich gegen die endlose Kriegstreiberei und den blutigen Opferkult der Azteken wandten. Auch in den eigenen Reihen wurden Zweifel laut, besonders in *Tetzcoco*, das einer der drei Bündnispartner, die das eigentliche aztekische Staatswesen ausmachten, war.

Tetzcoco, am östlichen Rand des Sees gelegen, war der Sitz der *Acolhua*, eines jener Stämme, die – sozusagen als Vorhut der Azteken – aus dem legendären Chicomoztoc abgewandert waren. Unter ihrem Ahnherren *Xolotl* hatten sie sich zuerst in Tenayuca, am westlichen Ufer des Sees, niedergelassen, ehe sie – offenbar auf der Flucht vor den Tepaneken, einem anderen der legendären sieben Stämme – auf die andere Seite des Sees überwechselten, wo sie eine Herrschaft begründeten, die in gewisser Weise die Nachfolge von Teotihuacan antrat. Zwar führten auch die Acolhua ihren Aufstieg auf das Erbe von Tula zurück; aber sie vergaßen darüber hinaus nicht die Tradition, die Tula vorausgegangen war und eigentlich dessen Ruhm begründet hatte. Das lag einmal daran, daß das Herrschaftsgebiet der Acolhua ziemlich genau mit dem identisch war, über das einst die Teotihuakaner geboten hatten, und daß man hier auf unmittelbare Zeugnisse der alten Kultur stieß. Zum andern – und dies zweifellos, weil man bereits unter diesem ehrwürdigen kulturellen Einfluß stand – tat man es nicht den Azteken nach und verbrannte die alten Bücher, die von einer glorreichen Vergangenheit berichteten, um das *eigene* Volk und die *eigenen* Leistungen in den Vordergrund zu stellen. Man begnügte sich mit der Rolle des Erben, und indem man dies tat und darauf aufbaute, führte man die Kultur des alten Mexiko zur höchsten Blüte.

Wenn Tenochtitlan das Zentrum der Macht war und Tlatelolco der Mittelpunkt des Handels, dann war Tetzcoco ein Hort der Kultur. Das »Athen des alten Amerika« hat man diese Stadt genannt, und es ist dies sicher ein Lob, das nicht übertrieben ist. Tetzcoco war politisch unbedeutend, und die Azteken setzten sich schließlich sogar über seinen Bündnisstatus hinweg: aber eines erkannten auch sie an – Tetzcoco war das neue Tula, und sogar sie schickten ihre Söhne an den Hof der Acolhua, um den letzten Schliff zu erlangen. Das betraf die feinen Künste ebenso wie die Rechtsprechung, die in Tetzcoco, wo man sich mehr auf die Innenpolitik beschränkte, eine besondere Bedeutung erlangte.

Nezahualcoyotl, der siebte Herrscher der Acolhua, zeichnete sich unter anderem dadurch aus, daß er einen neuen Gesetzeskodex einführte. Er veranstaltete außerdem regelmäßige Zusammenkünfte von Rechtsgelehrten, die über besondere Streitfälle berieten. Eines seiner Gesetze besagt, daß, wer immer – und sei es auch ein Fürst – einem anderen Land raubt, mit dem Tode bestraft werde, sofern das Unrecht zweifelsfrei nachgewiesen ist. In einem anderen Gesetz verfügt er, daß jeder Amtsinhaber, der sich betrinkt, seines Postens enthoben wird. Nezahualcoyotl war bemüht, in seinem Land eine gerechte Ordnung einzuführen.

Allerdings waren ihm gewisse Schranken gesetzt, die sich aus der jüngsten Vergangenheit Tetzcocos ergaben. Unter seinem Vater, *Ixtlilxochitl*, war es den Tepaneken gelungen, ihre Herrschaft auch bis an das Ostufer des Sees auszudehnen, so daß Vater und Sohn hatten fliehen müssen. Ixtlilxochitl war schließlich von seinen Feinden gestellt und getötet worden; sein Sohn und Erbe fand Aufnahme bei den Azteken, denen ein Verbündeter, so schwach er auch war, nur willkommen war, denn sie hatten gleichfalls unter den Tepaneken zu leiden und wollten deren Oberhoheit endgültig abschütteln. Dies gelang, wie wir bereits gehört haben; und das Ergebnis war jene Dreierallianz, die das Schicksal Tetzcocos fortan mit dem Tenochtitlans verband.

Es war keine ganz freiwillige Verbindung, zumindest auf Seiten Tetzcocos. Aber die Acolhua waren zu schwach, um ihre Eigenständigkeit zurückzugewinnen. Sie waren letztlich nur ein Vasall, und so blieb ihnen nur, sich auf das zu verlegen, was Tenochtitlan nicht als Rivalität ansah und das ihnen dennoch am Ende den größeren Ruhm einbrachte.

Nezahualcoyotl verkörperte den Geist seiner Stadt: mehr noch, er wurde zum Inbegriff eines aufgeklärten Herrschers. Des größten, den das alte Amerika hervorgebracht hat. Man ist versucht, ihn an die Seite Echnatons zu stellen, jenes ägyptischen Pharaonen und großen Reformers, der seinem Land (und seiner Zeit) um Jahrtausende voraus war. Oder auch Akbars, des indischen Moguls, der Gelehrte und Priester an seinen Hof zog, um über die Aussöhnung der Religionen zu beraten.

Allerdings verdankte Nezahualcoyotl seine höchste Einsicht einem persönlichen Mißgeschick, das in einer tragischen Verfehlung endete. Es begann damit, daß er sich bemüßigt fühlte, für einen Nachfolger zu sorgen. Zwar hatte er eine stattliche Anzahl von Konkubinen, die ihm insgesamt 60 Söhne (und 57 Töchter) schenkten, doch keine hatte bislang (er war mittlerweile 40 Jahre) derart seine Aufmerksamkeit erregt, daß er sie zu seiner rechtmäßigen Frau machen wollte. Selbst zwei Dutzend »Jungfrauen«, die ihm das Herrscherhaus in Tenochtitlan angeboten hatte, hatte er ausgeschlagen. Man wagte es inzwischen nicht mehr, ihm weitere Vorschläge zu machen.

Aber wie gesagt, die Zeit drängte, und so sah sich Nezahualcoyotl in seinem eigenen Land um und fand auch schließlich eine Anwärterin, die seinen Vorstellungen entsprach. Die Sache hatte nur einen Haken: Die Auserwählte, die aus einer angesehenen Familie in der Provinz stammte, war noch zu jung, und so gab der geplagte Freier das Mädchen in die Obhut seines Bruders, der es aufziehen sollte, bis die Hochzeit stattfinden konnte.

Unglücklicherweise starb dieser Bruder bald darauf, und so erbte dessen Sohn samt Besitz auch den Zögling, dessen Bestimmung ihm nicht bekannt war, weshalb er kein Unrecht darin sah, das inzwischen zu einer jungen Frau erblühte Mädchen zu heiraten. Der König, der die Sache aus dem Auge verloren hatte (es kann ihm wirklich nicht so wichtig mit einer Heirat gewesen sein), entsann sich dennoch zu gegebener Zeit der ihm Versprochenen und war nicht wenig erstaunt (und angeblich untröstlich), als er erfuhr, daß die Auserwählte inzwischen einem anderen angehörte.

Es gereicht Nezahualcoyotl zur Ehre, daß er sich dem Richterspruch fügte, der die Unschuld seines Neffen bestätigte. Doch nun begann das Unglück. Wie *Fernando de Alva Ixtlilxochitl*, ein Chronist, der mütterlicherseits mit dem Hause von Tetzcoco verwandt war, schreibt:

> »Als der König sah, daß ihn in diesem einen Falle das Unheil verfolgte, ihn, dem sonst jedwedes Ding glücklich von der Hand ging, geriet er in große Traurigkeit und verließ allein und in Verzweiflung sein Haus, um seine Gärten inmitten des Sees aufzusuchen. Allein, auch diese vermochten ihm seine Ruhe nicht wiederzugeben, und so irrte er weiter, bis er das Dorf, das da ›Über den Felsen‹ heißt, erreichte. Als ihn hier der Herr des Ortes, Quaquauhtzin, einer der vierzehn Großen des Reiches, erblickte, eilte er ihm entgegen, führte ihn zu seinem Palast und bewirtete ihn mit Speisen, die an diesem Tage noch niemand gegessen hatte. Um seinem Herrscher aber eine besondere Freude zu bereiten, ordnete er an, daß ihn ›Ameisenblumen‹ bei Tische bedienen sollte, eine mexikanische Jungfrau, die Tochter seines Oheims und also seine Base. Diese hatte er als kleines Kind von den Eltern als Ausgleich

empfangen für ein großes Geschenk an Gold, kostbaren Steinen und Federarbeiten, das er von der Beute eines Kriegszuges gegeben hatte. Seit dieser Zeit zog er sie in seinem Palast auf, um sie später zu seiner Gattin zu machen; denn da sie noch sehr jung war, hatte er sie noch nicht berührt.

Als der König diese Herrin in ihrer Schönheit sah und in all ihrer Anmut, da wich seine Traurigkeit von ihm, und es raubte ihm das Herz. Allein, er verbarg, so gut es gehen wollte, seine Empfindungen vor seinem Gastgeber, verabschiedete sich von ihm und eilte an seinen Hof zurück, wo er im tiefsten Geheimnis vor aller Welt den Auftrag gab, Quaquauhtzin zu beseitigen.

Zu diesem Zweck sandte er einen seiner Diener, dem er völlig vertraute, an den Rat von Tlaxcallan und ließ ihm melden, daß es das Wohl des Reiches verlange, daß Quaquauhtzin, einer seiner Großen, wegen gewisser Verfehlungen sterbe. Daher ersuche er den Rat, seine Hauptleute anzuweisen, den Genannten in der nächsten Schlacht zu töten. Seinen eigenen Hauptleuten aber befahl der König, Quaquauhtzin, den er in dem Kriege gegen Tlaxcallan zu ihrem Anführer machen werde, in das dichteste Gedränge zu führen, da er aus besonderer Gnade beschlossen habe, ihm, der sich schwer vergangen habe, diesen ehrenvollen Tod zu gönnen.

Nach diesen Geschehnissen ließ er Quaquauhtzin rufen und machte ihm kund, daß er beschlossen habe, ihn zum Führer der Truppen in dem Kriege gegen Tlaxcallan zu machen. Der also Ausgezeichnete wurde von dieser Berufung gewaltig überrascht, denn er wußte nur zu gut, daß er ein alter Soldat war und der Leitung eines solchen Kampfes niemals gewachsen sein könne. Trotzdem gehorchte er, aber er ahnte sein Schicksal und dichtete einige Klagegesänge, die er bei einem Gastmahl vor allen seinen Freunden und Verwandten vortrug. Darauf zog er in den Krieg und wurde von den Tlaxcalteken, wie es verabredet war, in Stücke geschlagen.«[80]

Es war einer jener »Blumenkriege«, dem Quaquauhtzin, der Nebenbuhler, zum Opfer fiel. Daß er ein betagter Mann war, während *Azcalxochitzin*, die Ameisenblume, gerade sechzehn Lenze zählte, also eigentlich von Glück sagen konnte, daß sie den Zudringlichkeiten des Alten, der sie schließlich nur gekauft hatte, entging, änderte nichts an der Schuld, die der König mit diesem Mord auf sich lud. Selbst Ixtlilxochitl, dessen glorreicher Ahnherr er war, bekennt:

»Alle aber, die von dem Geheimnis erfuhren, verurteilten ihn wegen dieser Tat, die die schlechteste gewesen sei, die er jemals in seinem Leben begangen habe, obwohl ihn Liebe und Leidenschaft dazu getrieben hätten.«[81]

Nezahualcoyotl hatte allen Grund, seine Tat zu bereuen. Zwar schenkte ihm die Ameisenblume alsbald einen Sohn, der die dringliche Frage der Nachfolge löste; doch entpuppte sich dieser Sprößling schließlich als Nichtsnutz, der sogar den Frevel des Verrats beging, so daß er hingerichtet wurde.

Schlimmer, es traten große Hungersnöte auf, und im Winter überzog Schnee das Land, was eine Seltenheit war und noch mehr Unheil brachte. Häuser stürzten ein unter der Last des Schnees, die Menschen erfroren, und im Frühjahr gab es große Überschwemmungen. Waren diese Naturerscheinungen auch nicht nur auf Tetzcoco beschränkt, sondern suchten das gesamte Hochtal heim, so war für Nezahualcoyotl, der trotz seines gelegentlichen Rückfalls in die Barbarei ein sensibler Mensch war, die Botschaft doch klar: Er hatte sich gegen ein Gebot der Menschlichkeit vergangen und mußte nun die Strafe dafür erdulden.

Da er als Herrscher im öffentlichen Leben stand und sogar von Tenochtitlan wiederholt um Rat gebeten wurde, da er nicht nur ein umsichtiger und weitblickender Monarch war, sondern auch bemerkenswerte Kenntnisse und Fertigkeiten im Bauwesen entwickelte (von ihm stammt ein Deich, der den See in zwei Hälften teilte und Tenochtitlan vor Überschwemmungen schützte; auch legte er die Wasserleitung an, die die Inselstadt mit Trinkwasser versorgte), da er also mit dem aufreibenden Geschäft des Regierens befaßt war, blieb ihm wenig Zeit, die Erfahrungen, die er gemacht hatte, bewußt in eine Lehre, die ihn läuterte, umzusetzen. Dies geschah eigentlich erst in den letzten Jahren seines Lebens, wo es noch einmal zu einer schweren Prüfung kam: Er stand im Krieg mit den *Chalca*, die im Süden die Grenzen seines Reiches bedrohten, und nach der Enttäuschung mit seinem ersten und bislang einzigen Sohn (aus der Ehe mit der Ameisenblume), war die Frage der Thronfolge so akut wie eh und je.

In seinem Kummer zog sich der König in seine Sommerresidenz zurück, die er auf einem Berg vor den Toren von Tetzcoco errichtet hatte, und hier fand er die Ruhe und Muße, über den Sinn des Lebens nachzudenken. Vierzig Tage fastete er und tat Bußübungen; am Ende erreichte ihn die Kunde, daß seine Heere die Chalca besiegt hatten und daß die Ameisenblume einen zweiten Sohn geboren hatte. Für den König aber war dies ein Zeichen, daß es eine Macht gab, die man nur in

der Stille der Einsamkeit erkennen konnte und die dennoch allgegenwärtig war. Ihr verdankte er Vergebung, obwohl sie ihm in ihrer
Unnahbarkeit und Unendlichkeit schmerzlich bewußt machte, wie
vergänglich und nichtig das Leben des Menschen war. In einem
Gedicht, das wie viele andere seiner poetischen Werke erhalten geblieben ist, macht er diese Erkenntnis deutlich:

>>O du, der du mit Blumen
die Dinge malst,
Geber des Lebens:
mit Liedern entwirfst du sie,
gibst ihnen Farbe:
allem, was es
auf Erden geben soll!
Und dann zerschlägst du ihn,
den Orden der Tiger und Adler:
Nur in deinen Bildern
haben wir gelebt auf dieser Erde!<<

Und weiter:

>>Wie ein Bild
gehen wir und löschen uns aus,
wie eine Blume
werden wir verdorren,
wie das Federkleid
des Quetzal, des Zacuán,
der Singdrossel werden wir welken.
Da, wo er wohnt,
dahin werden wir gehen.<<

Kurzum:

>>Fürsten, bedenkt,
o ihr Tiger und Adler:
sei es Jade,
sei es Gold,
alles wandelt dahin,
wo die Körperlosen sind.
Wir gehen und vergehen,
niemand wird bleiben.<<[82]

146

Ipalnemohuani, »der, durch den wir leben«, so nannte Nezahualcoyotl seinen allmächtigen, allgegenwärtigen Gott, und es war dies kein anderer als jener Ometecuhtli oder *Ometeotl*, der Gott der Zweiheit, der einzige Gott, den wir bereits erwähnten. Es war nicht eigentlich eine Neuerung, die Nezahualcoyotl einführte: Seine religiösen Vorstellungen, zu denen er sich schließlich bekannte, resultierten aus dem Studium jener alten Berichte, die noch aus der Zeit Teotihuacans stammten und in Tetzcoco aufbewahrt worden waren. Es war eine philosophische Schule, die sich über Quetzalcoatl, den legendären Herrscher der Tolteken, fortgesetzt hatte und schließlich in Nezahualcoyotl, der ihr glühendster Verfechter wurde, ihren Widerhall fand.

Nezahualcoyotl begnügte sich nicht, nach der Entstehung der Welt und dem Schicksal des Menschen zu fragen; eingedenk der Lehre des Quetzalcoatl, der gegen die Mächte des Bösen gekämpft hatte, trat auch Nezahualcoyotl für die Einsicht ein, daß Menschen für die Götter zu opfern ein Frevel sei. Ja, er ging soweit, daß er jeglichen Götzendienst ablehnte: Er errichtete seinem Gott, dem einzigen, einen Tempel, den er nur mit Gold ausschmückte. Es gab darin keine Statue und kein Abbild, denn der Gott, den er verehrte, war unsichtbar, wesenlos und bedurfte nicht irdischer Güter, auch nicht des Blutes und der Herzen der Menschen.

So sehr Nezahualcoyotl sich in den letzten Jahren seines Lebens für den neuen Kult einsetzte, er vermochte dennoch nicht, den Siegeszug, den der Rivale Quetzalcoatls (und Ometeotls), Huitzilopochtli, angetreten hatte, aufzuhalten. Als er 1472 (im Alter von 70 Jahren) starb, schickten sich die Azteken an, ihre Vorherrschaft auch auf ihre Verbündeten auszudehnen, und obwohl es Tetzcoco gelang, unter dem Nachfolger Nezahualcoyotls, seinem Sohn *Nezahualpilli*, seine Selbständigkeit zu bewahren, so war doch der Weg, den auch Tetzcoco gehen würde, vorgezeichnet: Unter Montezuma II., der den Anspruch absoluter Herrschaft erhob, verlor Tetzcoco auch den letzten Rest seiner Unabhängigkeit, und damit war das Erbe des großen Nezahualcoyotl, des »Fastenden Kojoten«, wie sein Name zu deuten ist, endgültig dem Untergang geweiht.

Doch dieses Erbe geriet nie in Vergessenheit, wie ein Totengesang bezeugt, mit dem man Nezahualcoyotl zu Grabe trug und zugleich sein Andenken wahrte. Hören wir diesen Gesang zum Abschluß dieses Kapitels, mit dem wir zugleich auch die Geschichte des alten Mexiko beenden:

> »Totoco totoco tico totoco totoco, yc ontlantiuh tico titico titico tico.

Nicayaquetzacon tohuehueuh ao niquimitotia quauhtlocelo yncatiya yhtac in cuicaxochitl. Nicatemoan cuicatl ye tonequimilol ay yo.

Tinopiltzi o tineçahuacoyotzin otiya mictla quenonamica y yecem iyoncan ay yo.

Quiyon quiyoncayanichoca ya a ni-Neçahualcoyotl huiya: queni ye noyaz, oya nipolihuiz oya miquitlai. Ye nimitzcahuan noteouh ypalnemoo. Tinechnahuatia, ye niaz, nipolihuiz ay yo.

Quen on maniz tlallin acolihuacan huiya? Cuix oc quenman o o ticmohmoyahuaz in momacehuali? Ye nimitzcahuan noteouh.

Can yio, cuicatli tonequimilol quipoloa ya in totlacuilol! I tepilhuan o o mayahhuilihua nican, aya ayac ychan tlalticpac o o ticyacencahuazque huelic ye xochitl ay io.

O aya e quitlamitaz monecuiltonol, ypalnemoa! Ah noyol quimati, cuel achic otictlanehuico Neçahualcoyotzin. Ayoppatihuan nican an aya ychan, tlalticpac oon, yn ayoppatihua in tlalticpac quiçan nicuicanitl. Ayaho onnichoca ya, niquelnamiqui Neçahualcoyotl ay yo.

Xoacic o yenican in Dios aya ypalnemoa, ayaho. Onnichoca ya a niquelnimiqui Neçahualcoyotl ay io.«[83]

Das Aztekische, das auch in Tetzcoco gesprochen wurde, ist eine klangvolle Sprache. Man wird den Liedern und Gedichten, die in dieser Sprache verfaßt worden sind, nur gerecht, wenn man sie im Urtext liest. Doch erfordert dies einige Übung, denn das Aztekische, eine vielsilbige, agglutinierende Sprache, unterliegt ganz anderen Gesetzmäßigkeiten, als wir es gewöhnt sind. Hinzukommt, daß der Wortschatz uns natürlich völlig fremd ist, auch wenn es in den Anfängen der wissenschaftlichen Erforschung Altmexikos Versuche gab, Verbindungen zu europäischen beziehungsweise indogermanischen Sprachen herzustellen. Dies gilt heute als widerlegt.

Was nun den Totengesang anbetrifft, mit dem man Nezahualcoyotl in Erinnerung behielt, so lautet er in der deutschen Übersetzung, wie sie Leonhard Schultze Jena, einer der Altmeister der deutschen Mexikanistik, vorgelegt hat:

»Totoco totoco tico totoco totoco, und zu Ende geht er mit tico titico titico tico.

Ich komme, unsere Pauke zurechtzustellen, ich lasse die Adler und Jaguare tanzen, wo auf ihrem Platz aufrecht die

Blumen des Gesanges stehen. Ich suche nach einem Lied von unserem Sterbenmüssen.

Du mein Fürst, Du Neçahualcoyotzin, Du bist in das Todes-, das Rätselland gegangen, für immer dorthin.

Viel, viel weine ich dort, ich Neçahualcoyotl: Wieso muß ich davongehen, muß ich zunichte werden im Todeslande? So gebe ich denn die Hoffnung an Dich, meinen Gott Ipalnemoa, auf.

Wie wird das Land von Acolhuacan daliegen? Wann wirst Du denn Deine Untertanen ganz niederwerfen? Nun also, ich gebe Dich, meinen Gott, auf.

Ach, wie löscht das Lied unseres Sterbenmüssens unsere Bilderschriften aus! Die Edlen werden zurückgestoßen hier, wo wir Niemandes Haus auf Erden mit lieblichen Blumen mehr schmücken werden.

Oh, Dein Reichtum wird sein Ende kommen sehen, Ipalnemoa! Mein Herz fühlt es, daß wir nur für kurze Zeit Neçahualcoyotzin zu Lehen erhalten haben. Nicht zweimal lebt er hier in seinem Haus auf Erden, nicht zweimal komme auch ich Sänger zur Welt. Ich weine in der Erinnerung an Neçahualcoyotl.

Ha, Er ist am Ziel, der Gott Ipalnemoa. Ich aber weine in Erinnerung an Neçahualcoyotl.«[84]

Der Sänger ist verzagt, zürnt dem Gott: Doch was er beklagt, ist nichts anderes als der Verlust eben dieses Gottes, der mit dem Toten dahinging.

Die weißen Götter

Ein kostbares Geschenk

»Wie die Geschichte an dieser Stelle berichtet, hielt sich in jedem Tempel ein Indianer auf, der jeweils das Abbild des Gottes darstellte, der in einem bestimmten Tempel verehrt wurde. Er war in einem besonderen Raum untergebracht, wo er wie der Gott selbst oder sein Götzenbild verehrt wurde; er hatte seine eigenen Diener, die ihn umsorgten und die man *mocexiuhzauhque* nannte, was soviel wie, ›die, die Buße üben und sich von den Frauen fernhalten, um dem Gott ein Jahr lang zu dienen‹ heißt.

Unter diesen Gottesgleichen gab es einen Jüngling, der den Gott Huitzilopochtli darstellte und der Tzocoztli hieß. Eines Nachts, gegen Mitternacht, stand er auf und wollte seinen körperlichen Bedürfnissen nachkommen, da sah er, als er zum Himmel aufblickte, im Osten einen großen Kometen, der einen langen Schweif hinter sich herzog.

Erschreckt lief der Jüngling zu seinen Dienern und rief: ›Wacht auf und seht! Ein Wunder, wie man es noch nie gesehen hat!‹ Und alle erhoben sich und schauten zum Himmel und blickten nach Osten und waren so erschreckt, daß sie sich nicht wieder hinlegten, sondern wachten, um zu sehen, wohin der Komet ziehen würde, bis es Morgen wurde. Und als sie dort warteten, sahen sie, als der Tag anbrach, daß der Komet genau über der Stadt Mexiko stand, wo er verlosch, als die Sonne aufging, und danach ward er an diesem Tag nicht mehr gesehen.«[85]

Das Ebenbild des Gottes ging zum König, der da Moctezuma Xocoyotzin war, und berichtete ihm, was er gesehen hatte. Worauf der König in der folgenden Nacht selbst auf das Dach seines Hauses stieg und nach dem Wunder Ausschau hielt. Auch ihm ward es zuteil, worauf er sehr betroffen war und seine Berater in diesen Dingen, Astrologen und Sterndeuter, herbeirief, um von ihnen zu erfahren, was es mit dieser seltsamen Erscheinung auf sich habe. Doch die Astrologen, die das

Wunder verschlafen hatten, waren ratlos, und so rief der König erbost, daß sie ihn schändlich verraten hätten. Wozu gäbe es Sterndeuter in seinem Reich? Und er ließ sie alle ins Gefängnis werfen und wandte sich statt dessen an Nezahualpilli, den König von Tetzcoco, der – wie sein Vater – in dem Ruf eines weisen Mannes stand.

Nezahualpilli erschien vor dem König, und als er erfahren hatte, was ihn bekümmerte, sagte er:

»›Gewiß, Herr, groß ist das Versäumnis deiner Diener, der Astrologen und Weissager, gewesen, denn dieses Zeichen, von dem du mir berichtest, ist schon so alt, daß ich glaubte, du hättest dich damit abgefunden und deine Sterndeuter hätten es dir erklärt. Da du es aber, wie du sagst, erst jetzt gesehen hast, so wisse denn, daß dieser Stern mit dem Schweif schon seit geraumer Zeit am Himmel erscheint und daß er im Osten aufgeht und genau über dieser Stadt und diesem Land erlischt.

Und was er bedeutet, ist die Zukunft, die über unser Land kommt, das von großen und schrecklichen Ereignissen heimgesucht werden wird. Überall in unseren Landen und Reichen wird es großes Unheil und Unglück geben; nichts bleibt über dem anderen. Es wird unzählige Tote geben, und in allem werden unsere Länder zugrunde gerichtet; und dies alles wird geschehen, weil es dem Herrn der Lüfte, des Tages und der Nacht gefällt. Und du wirst Zeuge sein, du wirst alles mitansehen, und in deiner Zeit wird es sich erfüllen. Ich hingegen, der ich an der Schwelle des Todes stehe, werde es nicht mehr miterleben. Dies ist das letzte Mal, daß wir uns sehen. Ich will mich verstecken, dem entfliehen, was dich erwartet. Du aber sei stark, gräme dich nicht und verzage nicht: sei beherzten Mutes und stelle dich tapfer dem Schicksal!‹«[86]

Nezahualpilli, der vielleicht für die Vormundschaft Tenochtitlans, das in zunehmendem Maße Tetzcoco bedrängte, Vergeltung üben wollte, hatte gut reden: Er trat rechtzeitig, 1515, von der Bühne ab und überließ es Montezuma, der zugleich der herrschsüchtigste und schwächste aller Aztekenherrscher war, allein mit der Katastrophe fertig zu werden.

Daß es eine solche war beziehungsweise werden würde, daran hatte Montezuma keinen Zweifel. Die Prophezeiung Nezahualpillis bestätigte nur, was er selbst schon lange befürchtet hatte: Seitdem sein Namensvetter, Montezuma I., eine Expedition ausgesandt hatte, die

nach dem Geburtsort Huitzilopochtlis, Coatepec, suchen sollte, um
dort zu verkünden, zu welchem Ruhm die Azteken, die Schützlinge
Huitzilopochtlis, gelangt seien, was jedoch mit einer Zurechtweisung
und der Warnung, daß die Azteken dem Untergang geweiht seien,
beantwortet worden war, hatte es immer einen Schatten gegeben, der
auf dem Selbstvertrauen der Azteken lastete. Dies um so mehr, als sie
sich schmerzlich bewußt waren, daß ihr eigener Anfang, trotz der Glorie ihres Gottes, alles andere als rühmlich gewesen war und daß selbst
ihre Verbindung mit dem Herrscherhaus von Colhuacan, das toltekischer Abstammung war, ihr Ansehen nicht hatte aufbessern können.
Sie verdankten ihre Vorrangstellung allein ihrer militärischen Macht,
und das stand im Gegensatz zu dem Erbe Tulas beziehungsweise Teotihuacans, das im Zeichen eines ganz anderen Prinzips gestanden hatte:
der Gewaltlosigkeit Quetzalcoatls!

Seit jener mißglückten Expedition hatte es weitere Anzeichen drohenden Unheils gegeben; doch erst unter der Herrschaft Montezumas,
des Zweiten, häuften sie sich derart (oder wurde ihnen soviel Aufmerksamkeit zuteil), daß sich ein Gefühl allgemeiner Unsicherheit breit-
machte. Ein Blitz schlug in einem Tempel ein, der See schäumte und
toste, ohne daß ein Wind aufkam, und durch die Straßen zogen Ungeheuer, halb Tier, halb Mensch. Klagen erhoben sich, und ein altes Weib
schrie: »O meine Söhne, es ist Zeit zu gehen! Wohin aber, meine Söhne,
werden wir gehen?«

Niemand wußte eine Antwort. Am allerwenigsten Montezuma.
Denn anstatt, wie sein Vorgänger Ahuitzotl, ein Mann der Tat und ein
kühner Feldherr zu sein, war Montezuma, obwohl er sich auf seine
Göttlichkeit berief, ein Zögerer und Zauderer. Möglich, daß es gerade
sein Anspruch war, den Göttern gleich zu sein, der in ihm ein Schuldge-
fühl weckte: nämlich jenen Thron usurpiert zu haben, der rechtmäßig
einem anderen gehörte – eben jenem Quetzalcoatl, der nicht nur ein
Gott, sondern auch ein Herrscher gewesen war.

Es gab eine Überlieferung, derzufolge der vertriebene Toltekenkönig
in einem Jahr *Ce Acatl*, dem Jahr seiner Geburt, wiederkehren würde.
Ein Jahr dieses Namens ergab sich – entsprechend der zyklischen
Kalenderrechnung – alle 52 Jahre. Als der Komet am östlichen Himmel
erschien, fehlten genau noch vier Jahre, bis sich die Geburt des Gottkö-
nigs von neuem jährte.

Zu diesem Zeitpunkt waren bereits Menschen einer fremden Rasse
an den Küsten Mexikos gelandet. Daß es Schiffbrüchige waren, die an
der Ostküste Yukatans an Land gespült wurden, tat ihrer Andersartigkeit keinen Abbruch, auch wenn die Maya, die in diesem Teil Mexikos
herrschten und die Fremden aufgriffen, kurzen Prozeß mit ihnen

machten und sie – mochten sie nun Götter sein oder nicht – ihren eigenen Götzen opferten. Nur zwei der Schiffbrüchigen waren dem Opfertod entgangen.

Die Kunde von diesen kläglichen Göttergestalten wird kaum über Yukatan hinausgelangt sein. Wohl aber die Nachricht, die alle, die davon erfuhren, mit Schrecken erfüllen mußte, daß eine furchtbare Seuche, wie man sie noch nie gekannt hatte, Yukatan heimsuchte. Es waren dies die Pocken, die die Schiffbrüchigen eingeschleppt hatten und die genau zu diesem Zeitpunkt ausbrachen, als das erschreckende Zeichen am Himmel erschien.

Die Kenntnis dieses Unheils, das vielleicht nur als ein unbestimmtes Bangen verbreitet war, mag dazu beigetragen haben, daß man vermehrt auf Zeichen des Schicksals achtete und Erscheinungen, die man sonst vielleicht gar nicht wahrgenommen hätte oder die eine logische Erklärung gefunden hätten, als Vorboten eines größeren Unglücks deutete. Man war zumindest unruhig geworden, und als schließlich die Botschaft eintraf, daß man auf dem Meer vor der Küste des Golfes merkwürdige Dinge gesichtet habe, verdichtete sich das Netz der Vermutungen, und an ihre Stelle trat die Gewißheit, daß sich das Schicksal tatsächlich erfüllte.

Montezuma sandte Späher aus, die der neuerlichen beunruhigenden Nachricht auf den Grund gehen sollten. Was sie berichteten, als sie zurückkehrten, bestätigte seine schlimmsten Befürchtungen:

»Und als sie vor Montezuma geführt wurden, berichteten sie: ›Mächtiger Herr, wohl magst du uns töten oder ins Gefängnis werfen, damit wir dort sterben. Aber das, was dir der Bote, den du gefangengesetzt hast, berichtet hat, ist wahr; ich, o Herr, habe es mit eigenen Augen gesehen! Wir sind bis in die Spitzen eines Baumes geklettert, um eine bessere Aussicht zu haben, und was wir gesehen haben, Herr, war ein Haus, das auf dem Wasser schwamm, und aus diesem Haus kamen weiße Männer, mit weißem Gesicht und weißen Händen; sie tragen lange Bärte, und ihre Kleidung weist alle Farben auf: weiß, gelb und rot, grün und blau und purpurfarben; alles, was man sich nur denken kann. Sie tragen eine runde Kopfbedeckung und haben ein großes Boot, das sie zu Wasser lassen und in die Nähe der Klippen bringen, wo sie den ganzen Tag über fischen, bis es Abend wird und sie zu ihrem Haus zurückkehren, wo sie wieder Einlaß finden. Und das ist alles, was wir dazu sagen können.‹«[87]

Es war nicht ganz ohne Gefahr, vor den Herrscher zu treten und ihm die Wahrheit zu sagen. Der Bote, der ihm ursprünglich die Nachricht überbracht hatte, war im Gefängnis gelandet; andere, die seine Träume deuteten und dies in einer Weise taten, die ihm mißfiel, ließ er kurzerhand umbringen. Diesmal aber gab er sich geschlagen; es gab keinen Zweifel mehr:

> »Montezuma senkte den Kopf, und ohne ein Wort zu sagen, hielt er die Hand vorm Mund und verharrte so, wie versteinert, so, als sei er gestorben. Schließlich, nachdem er lange so gesessen hatte, stieß er einen Seufzer aus und sagte zu dem Fürsten, der ihm den Bericht unterbreitet hatte: ›Wem sollte ich mehr vertrauen als dir? Was hätte es für einen Zweck, noch jemand auszusenden, damit er meine Fragen beantworte? Hast du es nicht mit eigenen Augen gesehen? Das beste ist, nach einer Abhilfe zu suchen!‹«[88]

Das war tatsächlich das beste, was Montezuma tun konnte. Doch die Mittel, die er wählte, waren nicht dazu angetan, wirkliche Abhilfe zu schaffen. Im Gegenteil, sie verschlimmerten noch die Situation. Denn die, die er für Abgesandte eines Gottes hielt, kamen zwar auch im Zeichen eines Heils, doch das war nur die eine Seite der Medaille; wie es Bernal Díaz, der von Anfang an mit dabei war, formulierte: »Wir kamen hierher, um Gott zu dienen; aber auch, um reich zu werden.«

Als er diese Worte schrieb, am Ende seines Lebens, konnte er auf eine Zeit zurückblicken, die an dramatischen Ereignissen ihresgleichen suchte: Zwei Welten, die bislang nichts voneinander gewußt hatten, waren sich begegnet, hatten sich durchdrungen und hatten ein neues Zeitalter geschaffen. Fortan gab es nur noch *eine* Welt, und diese wurde von einem Gott beherrscht, dem Quetzalcoatl auf verblüffende Weise ähnelte, auch wenn er wie dieser nur ein Schattendasein führte. Wie Cortés unbekümmert bekennt, war nicht Gott, sondern Gold der Motor der neuen Zeit.

Cortés war nicht der erste, der mit dem eigentlichen Mexiko in Berührung kam. Zwei Expeditionen waren ihm vorausgegangen, von denen allerdings nur eine weit genug vordrang, um Kunde von einem sagenhaften Land zu erlangen, das man »Colúa« nannte. Bernal Díaz, der – wie an der anderen – auch an dieser, der zweiten Expedition, die unter der Führung eines gewissen Grijalva stand, teilnahm, berichtet:

> »Und an jenem Punkt, wo wir unter Palmen lagerten, erschienen andertags etwa dreißig Indianer, darunter ihr Häuptling,

und brachten uns gebratenen Fisch und Hühnerfleisch, Früchte des Zapotebaumes und Maisfladen; auch Becken mit Kohle und Harz trugen sie, mit denen sie uns beweihräucherten. Dann breiteten sie auf dem Boden Matten aus, von der Art, die man in diesem Lande *petates* nennt, und darüber eine Decke, auf der sie einige Schmuckstücke aus Gold auslegten; einige sahen wie ein Diadem aus, andere hatten die Form einer Ente, wie man sie aus Kastilien kennt, und einige waren wie kleine Eidechsen. Auch drei Halsbänder waren darunter, aus goldenen Schellen, und andere Gegenstände aus Gold, die jedoch nicht viel Wert hatten, brachten sie doch nicht einmal zweihundert Pesos. Sie schenkten uns auch einige Mäntel und Jacken, wie sie sie trugen, und all dies, so sagten sie, als Zeichen der Freundschaft. Was aber das Gold beträfe, so hätten sie nichts mehr, was sie uns geben könnten. Da müßten wir weiterziehen, nach Westen; dort gäbe es viel davon. Und sie sagten: ›Colúa, Colúa!‹ und ›México, México!‹; aber wir wußten nicht, was ›Colúa‹ bedeutet oder ›México‹. Doch da das, was sie uns als Geschenk überbracht hatten, nicht viel wert war, sahen wir es zumindest für einen Gewinn an zu wissen, daß es Gold gab. Immer wieder sagten sie, daß wir weiterziehen sollten; dort gäbe es, was wir suchten. Und so bedankte sich unser Anführer, Juan de Grijalva, bei ihnen, schenkte ihnen grüne Perlen und gab das Zeichen zum Aufbruch; wir wollten uns eilen, denn wir fürchteten, daß der Nordwind losbrechen würde, und außerdem wollten wir dorthin gelangen, wo es jenes Gold gab, von dem sie sprachen.«[89]

Dies ist das erste Mal, daß Europäer von der Existenz des Aztekenreiches erfuhren, und es ist eindeutig, was sie dorthin führte.

Grijalva, der in Tabasco, an der südlichen Grenze des Aztekenreiches, von dem legendären Goldland erfuhr, setzte seine Fahrt entlang der Küste bis zum Pánuco fort. Seine Schiffe waren es, die die Kundschafter Montezumas erspähten, aber er unternahm keinen Versuch, wie der Aztekenherrscher befürchtete, in das Innere des Landes vorzudringen. Mit Geschenken und im Tausch erworbenen Schätzen kehrte er nach Kuba zurück, wo inzwischen bereits Vorbereitungen getroffen worden waren, eine dritte Expedition auszusenden.

Betreiber all dieser Unternehmungen war Diego de Velázquez, der Gouverneur der Insel, der ursprünglich lediglich an indianischen Arbeitskräften interessiert gewesen war, denn auf den Karibischen Inseln, wo sich die Spanier inzwischen festgesetzt hatten, war die

Urbevölkerung bereits in beträchtlichem Maße dezimiert worden. Als man nun jedoch von reichen Goldländern und gesitteten Staatswesen erfuhr, rückte der Gedanke, der Kolumbus ursprünglich zu seiner Entdeckungsfahrt inspiriert hatte, nämlich einen westlichen Seeweg nach Indien, das als Inbegriff aller Reichtümer und Wunder dieser Welt galt, zu finden, wieder in greifbare Nähe. Vergessen waren die Sklaven, die man für sich arbeiten lassen wollte: Gold war ein viel direkterer Weg zu Wohlstand und Ansehen. Also schickte man sich an, die Länder im Westen nicht nur zu erkunden, sondern sie auch gleich zu unterwerfen.

Velázquez, der selbst seinen Posten nicht verlassen konnte oder wollte (weil er, wie er hoffte, ihm eine Schlüsselstellung sicherte), beauftragte schließlich einen Mann mit dem Unternehmen, von dem er wußte, daß er dieser Aufgabe gewachsen war, denn er hatte seine Fähigkeiten und seinen Mut wiederholt bewiesen. Es war dies Hernán Cortés, ein Abenteurer aus verarmter, aber angesehener Familie, der zunächst die Laufbahn eines Rechtsgelehrten hatte einschlagen sollen, sich dann aber für den Militärdienst entschieden hatte. Aber auch daraus wurde nichts, denn anstatt an einem Feldzug nach Neapel teilzunehmen, wie er es zunächst vorgehabt hatte, entschloß er sich, in die Neue Welt zu gehen. Freilich verzögerte sich auch dieser Aufbruch, da Cortés, der ein echter Sohn seines Landes war, sich in einen Liebeshandel verstrickte, wodurch er seine geplante Ausreise verpaßte.

Erst beim zweiten Mal gelang ihm der Absprung, und auch dann sah es zunächst so aus, als ob sich seine kühnen Erwartungen nicht erfüllen würden. In Santo Domingo, auf der Insel Hispaniola, wo die Spanier ihren Sitz für die Verwaltung ihrer neuen Kolonien errichtet hatten, gelang es ihm zwar, eine *encomienda* zu erwerben, was eine staatliche Zuteilung indianischer Tribute und Dienstleistungen war; auch fand er eine Anstellung als Notar, womit seine Rechtskenntnisse doch noch zur Geltung kamen. Doch war das Leben eines biederen Bürgers nicht das, was er sich vorgestellt hatte. Da hätte er auch zu Hause bleiben können.

Also verdingte er sich, kaum, daß sich die Gelegenheit bot, an einem Eroberungszug nach Kuba teilzunehmen. Leiter des Unternehmens war jener Velázquez, der es dann nach vollbrachter Tat zum Gouverneur brachte. Cortés hatte bei dem Unternehmen sein militärisches Geschick und auch Führungsqualitäten bewiesen, und so schien er der rechte Mann, als die Stunde gekommen war, den eigentlichen, großen Coup zu landen.

Bislang waren die Hoffnungen der Spanier enttäuscht worden; außer paradiesischen Inseln und nackten Wilden, die eher an einen Garten Eden (für den man keine Verwendung hatte, obwohl man sich

Christ nannte) denn an ein Schlaraffenland gemahnten (worauf man es eigentlich abgesehen hatte), gab es nichts, was den Aufwand lohnte. Selbst Kolumbus, obwohl er bis zum Ende glaubte, er habe »Indien« entdeckt, mußte schließlich einsehen, daß seine Bemühungen umsonst gewesen waren. Wenn nicht bald der Durchbruch erfolgte, würde das ganze Unternehmen zusammenbrechen. Allein um Zuckerrohr anzubauen (und, da die indianischen Eingeborenen ausstarben, Afrikaner über den Atlantik zu schaffen), dazu war man nicht in die Neue Welt gekommen.

»Colúa«, das war der Schlachtruf, der das sinkende Schiff der spanischen Kolonialmacht wieder flottmachen konnte. »Colúa« und dann »Biru«, das sagenhafte Goldland der Inka.

Cortés war so begeistert von seinem Auftrag, daß er all seine Habe verpfändete, um damit die Expedition, die zwar im Namen des Königs erfolgte, aber ein privates Unternehmen war, ausrüsten zu können. Natürlich steuerte auch Velázquez einen Anteil bei, doch er hielt sich am Ende eher zurück: Ihm kamen Zweifel, ob er nicht Kräfte geweckt hatte, die er nicht mehr würde bändigen können. Doch seine Einsicht kam zu spät; Cortés der nicht gewillt war, das, was er als Chance seines Lebens betrachtete, sich entgehen zu lassen, entschloß sich, auf eigene Faust zu handeln: In aller Eile lichtete er die Anker, segelte an der Küste Kubas entlang, um durch Zuläufer seine Expedition zu ergänzen, und brach dann, am 18. Februar 1519, nachdem Velázquez noch einmal vergeblich versucht hatte, seiner habhaft zu werden, zu seinem großen Abenteuer auf.

Er hatte elf Schiffe, 550 Mann und 16 Pferde. Dazu eine Anzahl kleinerer Kanonen, die, so wußte man inzwischen, ihre Wirkung dennoch nicht verfehlen würden. Die Indianer waren einfältige Wesen; Pferde und Kanonen waren ihnen unbekannt. Da genügte manchmal nur der Anblick (oder der Lärm), um sie in die Flucht zu schlagen.

Dennoch, auch wenn es Cortés nicht wissen konnte, war es ein Wagnis, auf das er sich eingelassen hatte. Ihm stand ein mächtiges Reich, geschützt von unzugänglichen Wäldern und Bergen, gegenüber. Auch wenn dieses Reich kein einheitlicher, festgefügter Staat war, so war es doch die größte militärische Macht, die es in diesem Teil der Neuen Welt jemals gegeben hatte. Krieg war das Wesen dieses Reiches; es war sein Daseinszweck. Wie hätte man da erwarten können, daß ein Häuflein Abenteurer, die zudem noch von ihrer Heimat abgeschnitten waren, denn sie waren eigentlich Verfemte, gegen eine solche Übermacht etwas hätten ausrichten können?

Doch Cortés war nicht nur ein waghalsiger Abenteurer (und ein brillanter Stratege); er hatte auch Glück. Das zeigte sich bereits, noch ehe er auch nur das Aztekenreich betreten hatte. In Tabasco, wo zuvor schon Grijalva gelandet war, hatte es diesmal einen blutigen Zusammenstoß gegeben: Es war der erste Sieg, den Cortés auf seinem Eroberungszug errang. Doch das war nicht das Entscheidende; viel wichtiger war, auch wenn man seine eigentliche Bedeutung zunächst noch gar nicht erkannte, ein Geschenk, das die Indianer, die dadurch ihre Ergebenheit ausdrücken wollten, den Spaniern machten. Wie Bernal Díaz, der wiederum Zeuge dieses Ereignisses war, berichtet:

> »Am nächsten Tag, dem 15. März 1519, in der Frühe kamen aus jenem Dorf Tabasco und umliegenden Ortschaften zahlreiche Häuptlinge und Fürsten, die uns ihre Reverenz erweisen wollten. Sie überbrachten uns Geschenke an Gold, darunter vier Diademe, einige Eidechsen, zwei Hunde, Ohrringe, fünf Enten und zwei Masken mit indianischen Gesichtern; dazu zwei Sohlen, wie sie sie für ihre Sandalen verwenden, und andere weniger wertvolle Dinge, an die ich mich nicht mehr erinnere. Und sie brachten uns Mäntel von der Art, wie sie sie dort herstellen, was auf die billige Weise geschieht, denn es gibt dort, wie jeder weiß, der von diesen Gegenden schon einmal gehört hat, keine teuren Stoffe. Doch was alle Geschenke übertraf, waren zwanzig Frauen und darunter besonders eine, die sehr vornehm war und den Namen Doña Marina erhielt, als sie getauft wurde.«[90]

Diese Doña Marina, die eigentlich *Malinalli* oder *Malintzin* hieß, was in der Sprache der Azteken soviel wie »Gras« bedeutet und dem Namen ihres Geburtstages entsprach, war in der Tat eine bemerkenswerte Persönlichkeit. Nicht nur, daß sie den weiteren Verlauf der Dinge sehr wesentlich mit bestimmen sollte, sie hatte auch einen Lebensweg hinter sich, der sie in entscheidendem Maße für ihre zukünftige Rolle geprägt hatte. Wie Bernal Díaz, der sich später in ihrer Heimat niederließ und auch ihre Mutter kannte, weiter berichtet:

> »Bevor ich mich weiter dem großen Montezuma zuwende und seiner Stadt Mexiko, möchte ich noch einmal auf Doña Marina zurückkommen, die von vornehmer Abkunft war, war sie doch die Tochter eines großen Kaziken. Ihr Vater war der Vorsteher eines Ortes, der Painala hieß und acht Leguas von der Stadt Guazacualco entfernt lag. Ihm waren auch noch andere Dörfer untertan. Als er starb, war Marina noch ein Kind, und ihre Mutter heiratete einen anderen Mann, mit dem

sie einen Sohn hatte, und da sie ihn sehr liebten, beschlossen sie, ihm die Häuptlingswürde zu übertragen, wenn ihre Zeit um sei. Und damit es keinen Aufruhr gäbe, überließen sie das Mädchen eines Nachts, so daß es niemand sehen konnte, einigen Kaufleuten aus Xicalango und erklärten öffentlich, daß das Kind gestorben sei. Es war gerade die Tochter einer Sklavin, die ihnen gehörte, gestorben, und so gaben sie diese als das Mädchen aus. Auf diese Weise gelangte Doña Marina nach Xicalango, wo sie weiter an Leute aus Tabasco verkauft wurde, bis sie diese schließlich Cortés gaben.«[91]

Sie wurde also hin- und hergeschoben, die rechtmäßige Erbin des Fürstentums von Painala. Das sollte auch in Zukunft so sein, denn die Spanier, die sich ihre besonderen Fähigkeiten zunutze machten, gaben ihr zwar den Titel *Doña,* was ein Vorrecht des Adels war, erkannten sie aber dennoch nicht als gleichwertig an. Wenigstens war es nicht die Partie, die man sich erhoffte, um in der Heimat, in Spanien, das große Glück zu machen. Dazu gehörten nicht nur Reichtum und Wohlstand (die man sich in der Neuen Welt zu verschaffen suchte), sondern auch eine erlauchte Verbindung (die einem den Weg in die höchsten Schichten der Gesellschaft ebnen würde). Nein, Doña Marina, auch wenn sie eine Herrin war, war letztlich doch nur ein armes Sklavenmädchen, das man allenfalls einem Untergebenen anbieten konnte, sozusagen als Belohnung für geleistete Dienste. Aber vorher mußte das Indianermädchen getauft werden, damit sie das Gewissen des derart Beschenkten nicht beunruhigte. Auch dieses Ereignis hat Bernal Díaz, der Chronist, festgehalten:

»Und der Ordensgeistliche, mit Hilfe des Dolmetschers Aguilar, hielt eine Predigt, in der er die zwanzig Indianerinnen, die man uns geschenkt hatte, über die Dinge unseres Glaubens aufklärte und sie aufforderte, daß sie von ihren Götzen abließen, die sie vorher angebetet hatten, denn sie seien ein Zeichen des Bösen und keine Götter und hätten sie verhext, und daß sie, anstatt ihnen zu opfern, Unseren Herrn Jesus Christus anbeten sollten. Und dann taufte er sie und gab jener Indianerin, die eine vornehme Dame war, den Namen Doña Marina. Und wahrlich, sie war von edler Abkunft, Tochter eines großen Fürsten und in ihrer Erscheinung von großer Anmut ...

Was die übrigen Frauen betrifft, so erinnere ich mich nicht mehr ihrer Namen, was auch nicht weiter wichtig ist. Vielmehr gilt es, darauf hinzuweisen, daß sie die ersten Christinnen in Neuspanien waren, und Cortés teilte jedem seiner Hauptleute eine von ihnen zu. Jene Doña Marina aber, da sie hübsch und aufgeweckt war, gab er Alonso Hernándes Puerto Carrero, der ... ein angesehener Edelmann war, ein Vetter des Grafen von Medellín. Und als Puerto Carrero nach Spanien reiste, nahm Cortés Doña Marina auf; und er hatte einen Sohn mit ihr, der Martín Cortés hieß.«[92]

Eigentlich doch nicht so schlecht, das Los, das sie zog. Obwohl damit ihre Karriere (als Geliebte) noch nicht beendet ist. Doch darin lag nicht eigentlich die Bedeutung ihrer Person. Sie wurde zwar auch deshalb – wie wir noch sehen werden – von denen, die für eine indianische Renaissance eintraten, angefeindet. Doch was hätte sie anders tun sollen, eine wehrlose Beute, die sie war?

Was Doña Marina oder *Malinche*, wie sie schließlich von den Indianern, die ihren neuen Namen abwandelten, genannt wurde, eigentlich berühmt machte, ist ihre Rolle, die sie als Mittlerin zwischen Indianer und Spanier spielte. Genauer: Sie war nicht nur die Geliebte von Cortés, sie war auch, seit dem Moment, wo er sich anschickte, in das Herz des Aztekenreiches vorzustoßen (was mit der Abreise Puerto Carreros zusammenfiel), seine wichtigste Beraterin, denn zum einen war sie, da sie Aztekisch sprach, mit der Sprache des Landes vertraut, zum andern kannte sie die Gepflogenheiten ihres Volkes, obwohl sie nicht eigentlich Aztekin war, und konnte auf diese Weise den Spaniern so manchen wertvollen Rat geben. Wichtig in diesem Zusammenhang ist – und das betrifft vor allem den Vorwurf, den man später gegen sie erhob –, daß sie sich nicht als Aztekin fühlte, denn sie war, wie wir gehört haben, die Tochter eines unabhängigen Kaziken, der zwar mit den Azteken in Verbindung stand, vielleicht sogar ihre Oberhoheit anerkennen mußte, der dennoch aber seinen Herrschaftsanspruch bewahren konnte. Daß man in der Gegend von Painala, am Westufer des Coatzacoalcos, wo das Herrschaftsgebiet von Malinches Vater lag, Aztekisch sprach, ist nicht ungewöhnlich, denn in diesem Gebiet war das Aztekische beziehungsweise ein verwandter Dialekt, der noch aus den Tagen Quetzalcoatls stammen mochte, weit verbreitet. Auf jeden Fall ist die Tatsache, daß Doña Marina Aztekisch sprach, kein Beweis dafür, daß sie auch Aztekin war. Im Gegenteil, es ist nicht auszuschließen, daß sie zusätzlich zu dem Groll, den sie gegen ihre Mutter hegte (obwohl sie ihr später verzieh), auch eine Abneigung gegen die Azteken hatte, die ihren Vater bedrängt hatten. Diese Abneigung war, wie wir noch sehen werden, allgemein unter den Vasallen der Azteken verbreitet und trug nicht unwesentlich zu ihrer Niederlage und dem Sieg der Spanier bei. Malinche tat nur, was auch die anderen taten, die unter der Botmäßigkeit der Azteken standen: Sie verbündete sich mit den Spaniern, um sich von diesem Joch zu befreien!

Doña Marina war ein Glücksfall für die Spanier. Es kamen aber auch noch andere günstige Umstände hinzu. Das wurde den Spaniern klar, als sie in der Gegend des heutigen Veracruz ihren ersten Brückenkopf errichteten. Hier hatte bereits Grijalva, auf einer Insel, die er *San Juan de Ulúa* nannte, Station gemacht. Cortés ging einen Schritt weiter: Er gründete auf dem Festland eine spanische Siedlung, eben jenes *Vera Cruz*, das zu einem wichtigen Bindeglied zwischen Spanien und der Neuen Welt wurde.

Doch die Möglichkeit eines ausgedehnten Handels, der zum Aufschwung Veracruz' beitragen sollte, war zunächst noch nicht abzusehen; auch waren es weniger strategische Erwägungen, obwohl sie natürlich eine Rolle spielten, die Cortés zu seiner Handlung bewogen. Es war vielmehr ein politischer Schachzug, der gegen seine eigenen Leute, das heißt, gegen den Gouverneur Velázquez, gerichtet war: Denn indem er seine Befugnisse (die er sich selbst angemaßt hatte) in die Hände des von ihm angeregten Stadtrates legte, der eine rechtmäßige Autorität darstellte, konnte er sich durch eben diesen seine Befugnisse, die nunmehr legal waren (vorbehaltlich der Zustimmung des Königs), zurückerstatten lassen. Damit war Cortés auch jeder fiktiven Hörigkeit gegenüber Velázquez enthoben: Er handelte nun auch de jure auf eigene Faust.

Doch das war nur die eine Seite, nach der hin Cortés sich absicherte. Die andere, die natürlich viel dringlicher erschien, war die indianische Welt, die es zunächst erst einmal zu entwirren galt. Wußte man doch bislang nicht viel mehr, als daß es irgendwo im Innern des Landes ein Königreich gab, das sich »Colúa« nannte und reiche Goldschätze barg. Allerdings war der Kontakt mit dem Herrscher dieses Landes, der sich »Motecuhzoma« nannte, bald hergestellt. Ja, noch ehe Cortés an Land gegangen war, hatte er verschiedene Abordnungen empfangen, die ihn hatten erkennen lassen, daß man ihre Ankunft nicht nur erwartet hatte, sondern daß man ihnen auch mit einer Ehrfurcht entgegentrat, die sonst nur Königen zuteil wurde. Dafür hatte, wie wir wissen, Montezuma allen Grund, und man liest nicht ohne Anteilnahme, welche Mühe er sich gab, den Gott, dessen Rückkehr er fürchtete, zu beschwichtigen und von seinem Vorhaben abzubringen, das Land, aus dem er vertrieben worden war, zurückzuerobern. Wie es bei Sahagún beziehungsweise seinen indianischen Gewährsleuten, die er ja selbst zu Wort kommen ließ, heißt:

Die Conquista

⟵ Eroberungszug Cortés'

⚔ Schlacht

⊙ Neugründung der Spanier

△ Vulkan

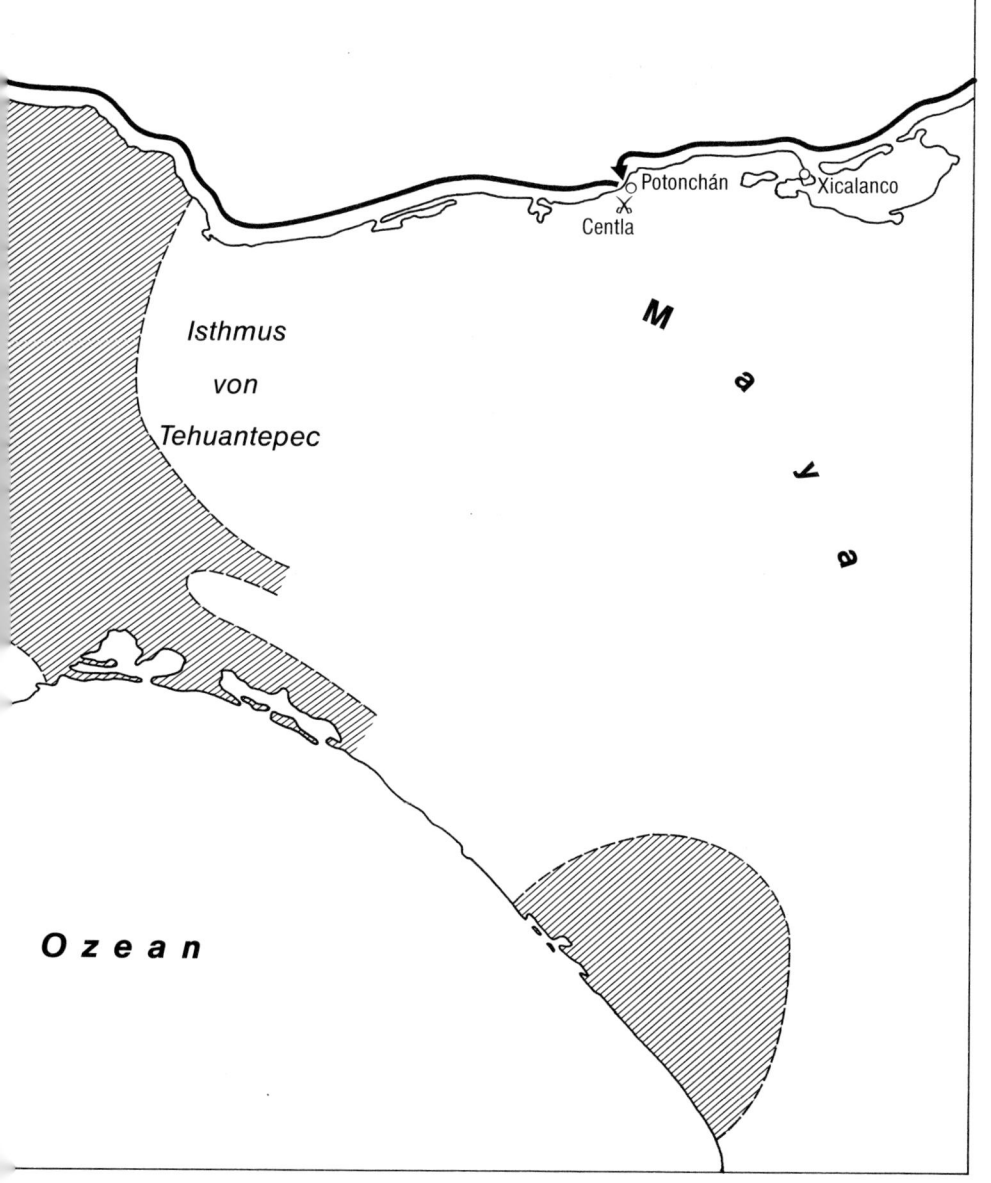

Golf von Mexiko

Potonchán
Centla
Xicalanco

Isthmus
von
Tehuantepec

Maya

Ozean

»Da stiegen sie herauf, die Sachen trugen sie in den Armen. Als sie auf das Schiff gestiegen waren, aßen sie, jeder einzelne, Erde vor dem Kapitän.

Darauf beteten sie zu ihm, sprachen zu ihm: ›Es höre der Gott! Es betet ihn an, grüßt ihn sein Vasall Motecuhçoma, der die Stadt Mexiko regiert. Er spricht: *Es hat Mühe erduldet, es ist müde von der Reise der Gott.*‹

Dann schmücken sie den Kapitän mit den Kleidern, die sie mitgebracht haben. Sie ziehen ihm an: die Türkisschlangenmaske, daran befindet sich der Federkopfschmuck, und daran befinden sich, darin stecken, daran hängen die Schlangenohrpflöcke.

Und sie zogen ihm das Wams an, und sie legten ihm um den Hals das aus mehreren Edelsteinketten bestehende Halsband mit der Goldscheibe in der Mitte.

Sie befestigen ihm hinten am Leibe den Kreuzspiegel aus Türkismosaik. Ferner knüpfen sie ihm um die Lenden die Decke, genannt Tzitzilli.

Und an seinen Beinen befestigen sie die Edelsteinwadenstrümpfe mit den Goldschellen, und sie geben ihm in die Hand, legen ihm in die Hand den Schild, der goldene Längsstreifen, Muschelquerstreifen hat, einen breiten Saum von Quetzalfedern, mit einer Fahne aus Quetzalfedern verbunden ist. Und Obsidiansandalen legen sie vor ihm hin ...«[93]

Leider fehlt uns eine vergleichbare Beschreibung von spanischer Seite; der erste Brief, den Cortés über seinen Eroberungszug an den König schrieb, ist verlorengegangen, und auch ein Bericht, den der Stadtrat von Veracruz an den Monarchen sandte, erwähnt nur die Gegenstände, die sie erbeutet hatten. Daß sie Insignien und Kleider eines Gottes waren oder daß Cortés tatsächlich damit ausstaffiert wurde, darüber erfahren wir nichts. Es kann dennoch den Spaniern, die ja in Doña Marina eine landeskundige Dolmetscherin hatten, nicht entgangen sein, daß man sie nicht nur als Abgesandte eines Königs empfing, sondern als Könige, als Götter schlechthin. Das war der zweite Vorteil, den Cortés nutzen konnte.

Der dritte betraf die Struktur des Reiches, das zu unterwerfen er sich nun anschickte. Die Möglichkeit, die sich ihm hier bot, erkannte er zum ersten Mal in *Cempoala*, einem Ort unweit von Veracruz, der von *Totonaken* bewohnt war. Es waren diese eines jener Völker, die die Azteken unterworfen hatten und die nur darauf warteten, die Fremdherrschaft, die sie als erdrückend empfanden, abzuschütteln. Wie sich Bernal

Díaz, der vielleicht noch am ehesten geeignet ist, ein objektives Zeugnis abzulegen, erinnert:

> »Und als wir mit diesen Leuten sprachen, kam ein Bote und überbrachte Cortés die Nachricht, daß der dicke Kazike von Cempoal im Anmarsch sei. Er war in Begleitung zahlreicher Würdenträger und wurde in einer Sänfte getragen. Er begann sogleich, im Verein mit den anderen, die versammelt waren, sich über Montezuma zu beschweren; er berichtete von der großen Macht, die er habe, und während er das sagte, kamen ihm die Tränen, und er seufzte, so daß wir, die wir das sahen, ganz betreten waren. Und weiter erzählte er uns, wie Montezuma sie unterworfen habe, wie er jedes Jahr von ihnen eine große Anzahl von Söhnen und Töchtern fordere, um sie zu opfern oder als Diener oder auf den Feldern arbeiten zu lassen; es waren so viele Klagen, daß ich mich gar nicht mehr erinnere. Auch daß die Steuereintreiber Montezumas ihnen ihre Frauen und Töchter nahmen, wenn sie hübsch waren, und sich an ihnen vergingen. So geschah es überall im Totonakenland, das mehr als dreißig Orte zählte. Als Cortés das hörte, tröstete er sie, mit Hilfe der Dolmetscher, und versprach, ihnen zu helfen; jene Räubereien und Übergriffe würde er abstellen, dazu habe ihn der Kaiser, unser Herr, in diese Länder gesandt. Sie sollten sich nicht mehr grämen; schon bald würden sie sehen, wie wir dagegen vorgingen. Und mit diesen Worten faßten sie ein wenig Zuversicht; doch ihre Herzen waren noch immer von großer Furcht erfüllt, die sie vor den Mexikanern empfanden.«[94]

So sehr sich auch die Totonaken über die Fremdherrschaft der Azteken beschwerten, sie hatten nicht das Zeug, etwas dagegen zu unternehmen. Selbst als die Spanier ihnen ihre Hilfe anboten, rafften sie sich nicht auf, ihre Waffen gegen ihre Feinde zu erheben. Ihr Herrscher, der »dicke Kazike«, wie er in den Quellen genannt wird, war in gewisser Weise die Verkörperung ihres Wesens: unzufrieden, aber bequem, scheute er die Mühen, die ein Aufstand mit sich gebracht hätte. Cortés erschienen denn auch die Totonaken, wiewohl sie seine ersten Verbündeten waren, lediglich geeignet, als Packtiere zu dienen.

Da waren die Tlaxcalteken, mit denen die Spanier als nächstes zusammentrafen, schon aus ganz anderem Holz geschnitzt. Sie mißtrauten den Fremden, die durch Kuriere mit ihren Erzfeinden, den Azteken, in Verbindung standen, und so stellten sie sich den Spaniern, die den Zug zur Hauptstadt der Azteken angetreten hatten, erst einmal in den Weg. Geübte Krieger, die sie waren (hatten sie doch durch den »Blumenkrieg« regelmäßig Gelegenheit, ihre Waffen zu schärfen), schreckten sie selbst vor den vierbeinigen Ungeheuern nicht zurück, die die Fremden mit sich führten. Pferde waren den Indianern unbekannt; sie galten ihnen als Fabelwesen – bis zu dem Augenblick, als die Tlaxcalteken, die eine Vorhut der Spanier aufhielten, zwei dieser Ungeheuer töteten. Danach war das irdische Wesen dieser Tiere bewiesen, und die Spanier hatten einen entscheidenden psychologischen Vorteil eingebüßt.

Dennoch erkannten die Tlaxcalteken, daß es klüger sei, sich auf die Seite der Invasoren zu stellen, denn wenn sie auch nicht auf göttlichen Wesen ritten und wohl auch selbst keine Götter waren, dann waren sie zumindest in einem den Indianern überlegen: Sie hatten die besseren Waffen!

Das war der vierte Umstand, der Cortés seinen Eroberungszug erleichterte. Die Indianer, ob Totonaken, Tlaxcalteken oder Azteken, lebten in der Steinzeit: Ihre technische, insbesondere militärische Ausrüstung beschränkte sich auf Gerätschaften, die nur wenig von dem abwichen, was ihnen die Natur bot. Pfeil und Bogen, Schwerter, die mit Obsidiansplittern besetzt waren, Wurfspeere und Schilde – das war das ganze Waffenarsenal, das die Indianer den eisernen Rüstungen und stählernen Degen, den Kanonen und Arkebusen der Spanier entgegensetzen konnten. Dazu kamen Hunde, die darauf abgerichtet waren, Indianer anzufallen. Da half alle Übermacht nichts: Die Spanier waren keine Götter, aber sie hatten göttliche Waffen.

Die Tlaxcalteken waren klug genug, das sogleich zu erkennen, und ehe es zu einer neuen Auseinandersetzung kam, erklärten sie sich mit der Aufforderung der Spanier einverstanden, einen fremden Herrscher, der jenseits des Meeres wohne, als ihren Herrn anzuerkennen und im übrigen mit »Malinche«, wie man Cortés auf Grund des Umstandes, daß Doña Marina, die Dolmetscherin, ständig bei ihm war, nannte, gemeinsame Sache zu machen, um seinen Widersacher, der auch ihr Feind war, den verhaßten Montezuma, in die Knie zu zwingen.

Von allen Verbündeten, die Cortés im Laufe seines Feldzuges gegen die Azteken gewinnen konnte, erwiesen sich die Tlaxcalteken, die nicht nur tapfer, sondern auch ihren neuen Herren treu ergeben waren, als die wichtigste Stütze. Es ist fraglich, ob Cortés (oder irgendeinem anderen) die Unterwerfung des Aztekenreiches gelungen wäre, wenn er diesen Bundesgenossen nicht gehabt hätte. Die waffentechnische Überlegenheit und der psychologische Vorteil, der sich aus der angeblichen Göttlichkeit der Eindringlinge ergab, hätten kaum ausgereicht, die Macht der Azteken zu brechen, geschweige denn, ihre Stadt und ihr

Land so sehr zu verwüsten, daß sie sich nicht mehr erheben sollten. Ja, die Tlaxcalteken halfen nicht nur, die Azteken niederzuwerfen; sie begleiteten die Spanier auch auf ihren weiteren Eroberungszügen. Bis nach Guatemala dehnten sie ihren schützenden Schild aus.

Cortés, der in Tlaxcala bereits den größten Teil seines Weges, der ihn nach Tenochtitlan führen sollte, zurückgelegt hatte, ließ sich verleiten, in einen nahen Ort, *Cholula*, vorzurücken, obwohl er nicht eigentlich auf seiner Route lag. Es ist bis heute nicht eindeutig erwiesen, wer ihn zu dieser Entscheidung veranlaßt hat. Er selbst erklärt in einem Schreiben, dem sogenannten zweiten Brief, den er an Karl V. schrieb, daß es Abgesandte Montezumas waren, die ihn dazu aufforderten, da die Stadt, im Gegensatz zu Tlaxcala, ihm, dem Herrscher, wohlgesonnen sei und man dort eher über die weiteren Schritte verhandeln könne. Nun wußte Cortés von seinen Verbündeten, den Tlaxcalteken, daß man den Leuten von Cholula nicht trauen dürfe, da sie mit den Azteken unter einer Decke steckten. Und er erfuhr weiterhin, so schreibt er, daß ein aztekisches Heer, »fünfzigtausend Mann«, in der Nähe von Cholula aufmarschiert sei, um über ihn und seine Leute herzufallen, wenn sie erst einmal in der Stadt seien. Die Tlaxcalteken rieten ihm ab, in die Falle zu gehen. Er entschied sich dennoch, es zu tun.

Cortés wurde in allen Ehren von den Cholulteken empfangen und in einem Palast untergebracht. Man brachte ihm Verpflegung und ließ es an nichts fehlen. Doch nach drei Tagen änderte sich das. Wie er schreibt:

> »Am dritten Tag nach meiner Ankunft fingen sie an, uns zu vernachlässigen; sie versorgten uns sehr schlecht, und nur selten geschah es noch, daß mich die Fürsten und Oberen der Stadt besuchten, um mir ihre Aufwartung zu machen. Und während ich über diese Entwicklung nachdachte, erfuhr die Dolmetscherin, die bei mir ist, eine Indianerin aus diesen Landen, die ich in Potonchan erwarb, wo jener große Fluß fließt, von dem ich Eurer Majestät in meinem ersten Bericht schrieb, von einer alten Einwohnerin dieser Stadt, daß ganz in der Nähe viele Leute Montezumas versammelt seien und daß die Bewohner der Stadt ihre Frauen und Kinder und alle ihre Habe hinausgeschafft hätten und daß man plane, uns anzugreifen, um uns alle zu töten, und daß sie, wenn sie sich retten wolle, mit ihr kommen solle; sie würde sie in Sicherheit bringen. Dies alles berichtete sie jenem Jerónimo de Aguilar, dem Dolmetscher, den ich in Yukatan fand und von dem ich Euch gleichfalls schrieb, und dieser berichtete es mir.«[95]

Aguilar war ein Überlebender jener Schiffbrüchigen, die als erste Spanier Yukatan betreten hatten, und da er das yukatekische Maya erlernt hatte, das auch in der Gegend von Tabasco verstanden wurde, ergab sich mit seiner Hilfe jener etwas umständliche Übersetzungsmechanismus, dessen wichtigstes Bindeglied Doña Marina war, die neben ihrer eigentlichen Sprache, dem Aztekischen, auch einen Mayadialekt sprach, den sie während ihrer Gefangenschaft als Sklavin erworben hatte.

Im Falle Cholulas ging ihre Funktion weit über die einer Dolmetscherin hinaus. Bernal Díaz weiß zu berichten:

> »In der Nacht kam heimlich eine alte Indianerin, die Frau eines Fürsten, die von dem Komplott, das sie geplant hatten, wußte, zu Doña Marina, unserer Dolmetscherin; sie hatte Gefallen an ihr gefunden, denn sie war jung und schön und reich, und deshalb gab sie ihr den Rat, mit ihr zu kommen, wenn ihr ihr Leben lieb sei, denn es sei gewiß, daß man uns alle töten würde. So habe es der große Montezuma beschlossen, und er habe Befehl gegeben, daß sich die Leute von Cholula mit den Mexikanern zusammentun sollten und daß man gemeinsam über uns herfallen solle, um uns zu töten oder gefesselt nach Mexiko zu schaffen.
>
> Und da sie das erfahren habe und Mitleid für Doña Marina empfinde, sei sie gekommen, um sie zu warnen; sie solle alle ihre Habe zusammensuchen und mit ihr kommen, denn sie wolle sie in ihrem Haus aufnehmen und mit einem ihrer Söhne verheiraten ...«[96]

Doña Marina hatte also die Möglichkeit, sich zu retten. Sie hätte außerdem ihre Freiheit wiedererlangen können, indem sie den Sohn eines Fürsten heiratete, wodurch sie sogar noch ihr altes Ansehen – denn sie war ja selbst eine Fürstentochter – zurückgewonnen hätte. Doch sie tat es nicht: Auch Díaz berichtet, daß sie, nachdem sie die Alte ausgefragt hatte, zu Cortés ging und ihm alles erzählte, was sie erfahren hatte. Warum tat sie das?

Ein Grund wurde bereits genannt: Sie fühlte sich nicht als Aztekin und empfand folglich auch keine Sympathie für die Sache Montezumas. Dennoch, sie mußte damit rechnen, daß sie, wenn sie dem Rat der Alten nicht folgte, dasselbe Schicksal erleiden würde, das man den Spaniern zugedacht hatte. Reichte da der Haß oder Widerwillen, den sie gegen die Azteken empfand, aus, um die Warnung der Alten in den Wind zu schlagen?

Cortés, der ja in offizieller Mission an seinen Monarchen schrieb, sagt lediglich, daß es eine Dolmetscherin war (»la lengua que yo tengo«), die ihn warnte. Damit tat er seiner Pflicht genüge, dem wahren Sachverhalt wurde er damit jedoch nicht gerecht: Doña Marina war inzwischen mehr als nur seine Dolmetscherin (und Beraterin). Puerto Carrero, jener illustre Edelmann, dem er sie zunächst überlassen hatte, war inzwischen unterwegs nach Spanien, um sich (mit dem Schreiben, das der Stadtrat von Veracruz aufgesetzt hatte) beim König für Cortés zu verwenden. Was bedeutete, daß Doña Marina ohne männliche Begleitung war, was denn doch – bei ihrem offensichtlichen Liebreiz und ihrer Intelligenz – der Mißachtung einer der elementarsten Lebensregeln gleichkam, und so hatte sich Cortés kurzerhand selbst ihrer angenommen. Er war zwar verheiratet (seine Frau saß in Kuba), aber deshalb war er doch nicht einem Liebesabenteuer abgeneigt.

Ob es wirklich Liebe war, die Doña Marina für ihren Herrn und Meister empfand, wissen wir nicht. *Er* liebte sie mit Sicherheit nicht; er schätzte sie, als kluge Gefährtin und willige Bettgenossin, aber es wäre ihm nie in den Sinn gekommen, seine Beziehung zu ihr, einer Indianerin, zu legitimieren, selbst wenn er nicht schon gebunden gewesen wäre, was er allerdings nicht als großes Hindernis betrachtet hätte, denn die Ehe, die er eingegangen war, war eher eine Vernunftehe. Marina aber war klug und beherzt, und zumindest darin fand sie eine Entsprechung in Cortés. Er war sicher der gescheiteste und kühnste Mann, dem sie bisher begegnet war, und das ist für eine Frau, zumal, wenn sie selbst gescheit ist, manchmal eine größere Verlockung, als wenn er ihr den Himmel auf Erden verspricht. Was Cortés obendrein getan haben mag (wobei er ihr gleich ein wenig Spanisch beibrachte, was ihm wiederum nutzte), aber das gehörte sozusagen zu den Requisiten eines spanischen Liebhabers.

Malinche liebte ihren Herrn vielleicht nicht, aber sie achtete ihn, und in Cholula erbrachte sie ihm den untrüglichen Beweis, daß sie rückhaltlos zu ihm stand. Ob sie jedoch vorausgesehen hat, wozu er letztlich fähig sein konnte, darf füglich bezweifelt werden, obwohl er bereits verschiedentlich eine rücksichtslose Härte bewiesen hatte, die sie erschreckt haben mag. In Cholula mußte sie erkennen, daß er wahrhaftig ein Gott war, der sich über alle Gesetze des Menschen hinwegsetzte. Wie er selbst an seinen König schrieb:

»Da ich nun dies erfahren und selbst genügend Anzeichen hatte, entschloß ich mich, einen Präventivschlag zu führen, und so ließ ich einige der Würdenträger der Stadt herbeirufen und sich in einer großen Halle versammeln, während ich

Anweisung gab, daß sich unsere Leute bereit halten sollten
und daß sie beim Schuß einer Muskete sich auf die Menge der
Indianer, die sich vor und in unserem Palast versammelt hatten, stürzen sollten. Und so geschah es: nachdem sich die Fürsten in jenem Raum eingefunden hatten, ließ ich sie fesseln,
bestieg mein Pferd und ließ die Muskete abfeuern, und dann
stürzten wir uns auf sie und gaben es ihnen, so daß in wenigen Stunden mehr als dreitausend von ihnen starben. Und
damit Euer Majestät sehen, wie weit ihr Plan gediehen war,
weise ich darauf hin, daß sie, noch ehe wir unsere Unterkunft
verließen, alle Straßen blockiert hatten und im Begriff waren
anzugreifen, was ihnen nur deshalb mißlang, weil wir sie
überraschten und ihre Führer festgesetzt hatten, so daß sie in
heilloser Verwirrung flüchteten. Ich ließ an einigen Tempeln
und Palästen, wo sie sich verschanzt hatten und uns Widerstand leisteten, Feuer legen, und so kämpften wir, während
ich eine Abteilung zur Bewachung unserer Unterkunft
zurückließ, fünf Stunden in der Stadt, bis ich alle Angreifer
hinausgeworfen hatte, wobei mir fünftausend Indianer aus
Tascaltecal und weitere vierhundert aus Cempoal halfen.«[97]

Das Massaker von Cholula ist ein Schandmal, das den Ruhm von Cor-
tés überschattet. Ihm fielen weit mehr als dreitausend Cholulteken zum
Opfer. Selbst *López de Gómara*, der so etwas wie ein Hofchronist von
Cortés war und eine Geschichte der Conquista schrieb, die als Gegen-
stück zu der von Bernal Díaz zu betrachten ist, beziffert die Zahl der
Opfer auf »sechstausend und mehr«. Und er fügt hinzu:

> »Sie zündeten alle Häuser und Tempel an, in denen Wider-
> stand geleistet wurde. Alle Einwohner wurden vertrieben, und
> überall flossen Ströme von Blut. Man konnte keinen Schritt
> tun, ohne auf Leichen zu treten.«[98]

Mehr noch als die Eroberung von Tenochtitlan, die – so sehr man auch
die Zerstörung der Stadt betrauerte – ein heroischer Kampf auf beiden
Seiten war, hat man Cortés das Massaker von Cholula verübelt. *Daß* es
stattfand und daß *er* es anordnete, daran besteht kein Zweifel. Insofern
trifft ihn in jedem Fall eine große Schuld. Doch es bleibt zu fragen, was
ihn zu dieser Tat veranlaßte. War es nur die Furcht, in die Falle gelockt
zu sein, und deshalb die Absicht, einem Angriff zuvorzukommen? Es
gibt auch von indianischer Seite eine Schilderung dieses Vorfalls.
Darin erscheint das Geschehene in einem anderen Licht:

»Und die Leute von Tlaxcala waren seit alter Zeit in Streit mit
den Cholulteken; sie haßten sich gegenseitig, waren erzürnt
aufeinander, waren erbittert übereinander, konnten sich nicht
ausstehen. Die Leute von Tlaxcala konnten niemals mit den
Cholulteken zusammengehen, deshalb spannen sie viele
Ränke gegen sie, sorgten dafür, daß die Spanier ihnen hinter-
rücks etwas Böses antäten.

Sie sprachen zu ihnen: ›Ein großer Verräter ist unser
Feind, ist der Cholulteke, stark wie der Mexikaner, Freund
des Mexikaners.‹

Als dies die Spanier hörten, gingen sie nach Cholula. Es
führten sie, geleiteten sie die Leute von Tlaxcala und die
Leute von Cempouallan; in Kriegsrüstung gingen sie. Als sie
angekommen waren, ließ man die Leute rufen, rief man laut
nach den Leuten, alle sollten kommen, die Prinzen, die Fürsten, die Führer, die Häuptlinge und die aus dem Volke; in
dem Tempelhofe versammelten sich alle.

Und als alle versammelt waren, schloß man die Eingänge,
wo man an den verschiedenen Seiten hineinging. Darauf wurden sie niedergeritten, getötet, erschlagen.

Der Cholulteke hatte sich mit nichts versehen, nicht mit
dem Speer, nicht mit dem Schild waren sie den Spaniern
gegenübergetreten. In hinterlistiger Weise, durch Verrat wurden sie getötet. Bösen, verräterischen Mord planten, heimli-
chen Mord planten, hinterlistig brachten Böses über sie die
Leute von Tlaxcala. Und alles, was geschah, alles überbrachte
man, teilte man mit, meldete man im Bericht dem Motecuhçoma.«[99]

Die Schuld wird hier den Tlaxcalteken zugewiesen, die die Spanier auf-
stachelten, gegen ihre, der Tlaxcalteken Erzfeinde vorzugehen. Dazu
muß man wissen, daß Cholula in der Tat ein mächtiger Rivale Tlaxcalas
war. Es war seit alters her ein bedeutendes religiöses Zentrum, wovon
noch heute jene Pyramide zeugt, die das größte Bauwerk ihrer Art ist,
das jemals von Menschenhand errichtet wurde. Zur Zeit der Conquista
war diese Pyramide zwar nicht mehr in Gebrauch, aber die Stadt war
noch immer ein Mittelpunkt des Kultes, wovon eine stattliche Anzahl
von Tempeln zeugte. In den Worten der Konquistadoren:

»Diese Stadt ist reich mit fruchtbaren Feldern ausgestattet, die
größtenteils bewässert werden; es ist die schönste Stadt
außerhalb Spaniens, mit vielen Türmen und weiten, ebenen

Flächen. Ich versichere Eurer Majestät, daß ich von der Höhe einer Moschee vierhundertdreißig und mehr Türme gezählt habe, die es in dieser Stadt gibt, und alle gehören sie zu einer Moschee.«[100]

Für die Spanier, die in Mexiko zum ersten Mal mit einer höheren Kultur in der Neuen Welt zusammentrafen, war das arabische Erbe, das sie aus ihrer Heimat kannten, der erste Bezugspunkt. »Moscheen« und »Mauren« waren deshalb Bezeichnungen, mit denen sie die Andersartigkeit der indianischen Kulturen und Völker schlechthin ausdrückten. Ihre wahre Bedeutung war ihnen zunächst nicht bewußt.

Cholula war also ein wichtiges Kultzentrum. Es war darüber hinaus auch eine reiche Stadt, die nicht nur vom Feldbau, sondern auch vom Handel lebte. Es ist deshalb nicht verwunderlich, daß es Tlaxcala, vor dessen Toren es lag, als eine verlockende Beute erschien, zumal Cholula sich mit den Azteken arrangiert hatte, also sowieso zum feindlichen Lager gehörte. Die Spanier konnte man dazu benutzen, um das zu erreichen, was man vielleicht allein nicht zustande gebracht hätte.

Der indianische Bericht, den Sahagún überlieferte, deckt sich in gewisser Weise mit der Darstellung, die die Konquistadoren hinterließen. So schreibt Bernal Díaz:

> »Und es vergingen keine zwei Stunden, da erschienen unsere Freunde, die Tlaxcalteken, die wir ... vor der Stadt zurückgelassen hatten, und warfen sich mit solcher Gewalt in den Kampf, daß es ihnen schon bald gelang, auch den Rest der Cholulteken zu verdrängen. Sie stürmten durch die Stadt und plünderten und raubten in einer Art, daß wir sie nicht aufhalten konnten. Und am nächsten Tag kamen noch mehr Tlaxcalteken und richteten neue Verwüstungen an, denn sie waren auf die Leute von Cholula nicht gut zu sprechen. Als wir das sahen, ordnete Cortés an, daß den Tlaxcalteken Einhalt geboten werden sollte, und er schickte Cristóbal de Olid zu den Anführern der Tlaxcalteken, um sie aufzufordern, zu ihm zu kommen, was sie unverzüglich taten. Und als sie versammelt waren, befahl er ihnen, ihre Leute zusammenzurufen und in ihr Lager zurückzukehren. Und so geschah es, so daß nur noch die Leute von Cempoal bei uns blieben.«[101]

Bernal Díaz, der seinen Bericht als Reaktion auf die »offizielle« Version der Conquista, wie sie Gómara verfaßt hatte, schrieb, hatte keinen Grund, Cortés in ein günstigeres Licht zu stellen, denn genau das bemängelte er an der Arbeit von Gómara. Seiner Aussage kommt also in diesem Zusammenhang besondere Bedeutung zu: Cortés sah sich bemüßigt, um die Cholulteken vor weiterem Schaden zu bewahren, seine Verbündeten zur Ordnung zu rufen. Sie waren offenbar zumindest ebenso rücksichtslos, wie es die Spanier gewesen waren, als sie den Kampf eröffneten.

Die Zerstörung Cholulas geht also nicht nur *allein* zu Lasten der Spanier, und was der Grund zu dieser Zerstörung (und dem Massaker) war, ist offensichtlich vielschichtiger Art. Es kamen wohl drei Dinge zusammen: Erstens sah sich Montezuma in die Enge getrieben. Weder Geschenke noch Beschwichtigungen, weder Opfer noch Zaubersprüche konnten den Vormarsch der Spanier aufhalten. Als sie sich schließlich mit den Tlaxcalteken verbündeten, die ja ein traditioneller und gefürchteter Feind der Azteken waren, blieb ihm keine andere Wahl, als auf den Rat seiner Generäle zu hören, die von Anfang an für ein entschiedenes militärisches Eingreifen gewesen waren. Cholula, mit dem man verbündet war, schien sich dafür anzubieten. Es war die letzte Möglichkeit, die Spanier aufzuhalten.

Cortés wird auf diese oder jene Weise von der Sache Wind bekommen haben. Jedenfalls entschloß er sich, die Chance zu nutzen, ein Exempel zu statuieren. Wie Bernal Díaz schreibt:

> »Diese Strafe, die wir den Leuten von Cholula erteilten, war alsbald in aller Munde. Wenn wir bislang den Ruhm von Stärke hatten, den wir den Siegen in Potonchan und Tabasco und in Cingapacinga und Tlaxcala verdankten, und sie uns *teules* nannten, womit sie ihre Götter und Götzen bezeichnen, so hielten sie uns von nun an für große Zauberer, die alles erführen und gegen die nichts wirken würde, was immer sie unternähmen. Und so begegnete man uns fortan nur noch mit Ergebenheit.«[102]

In der Tat verfehlte das Massaker von Cholula seine Wirkung nicht: Nicht nur, daß Montezuma seine Truppen zurückzog, er fügte sich auch in das Unvermeidliche und ließ die Fremden in seine Stadt kommen, was ihm freilich die Möglichkeit gab, sich über ihr Wesen endgültig klar zu werden.

Die Tlaxcalteken, die vielleicht nicht die Anstifter des Massakers waren (schließlich waren die Informanten Sahagúns, die Azteken waren, nicht gut auf sie zu sprechen), ließen sich dennoch ihrerseits die Chance nicht entgehen, mit ihren alten Rivalen abzurechnen und sich dabei gehörig die Taschen vollzuschlagen. Sie vollendeten das Werk,

171

das die Spanier begonnen hatten, und trugen so zum Ruhm derer bei, die letztlich auch ihnen zum Verhängnis wurden.

Der letzte Trumpf

»Und danach brachen sie auf, um nunmehr hierher nach Mexiko zu kommen. Danach machen sie sich fertig, schmükken sich als Krieger, binden sich ihre Kriegstracht, ihren Panzer um. Danach ihre Pferde, sie stellen sich in Reihen auf, sie stellen sich in Ordnung, sie stellen sich in Reihen auf. Und vier Pferde, vier Reiter gehen an der Spitze, kommen zuerst, gehen an der Spitze der anderen, befinden sich an der Spitze der andern, sind Führer. Sie wenden sich wiederholt um, sie drehen sich um, sie kehren das Gesicht nach vorn, sie sehen nach der einen und der anderen Seite, sie sehen nach den Seiten, überall sehen sie hin, zwischen den Häusern untersuchen sie, was es dort gibt, nach oben, nach den flachen Dächern sehen sie.

Auch die Hunde, ihre Hunde laufen voran, sie verfolgen mit der Nase am Boden die Spur, sie keuchen, sie keuchen sehr.

Allein steht da, an der Spitze, besonders steht da das Banner aus gewebtem Stoff. Der Träger trägt es auf der Schulter, er schwenkt es hin und her, schwingt es im Kreise herum, bewegt es nach der einen und nach der anderen Seite, macht sich stark, spielt sich als Mann auf, macht sich tapfer, spielt sich als Tapferer auf, gebärdet sich als Tapferer.

Es folgen ihm die mit Eisenschwertern Bewaffneten, blank gezogen ist ihr Eisenschwert, es glänzt und funkelt. Sie tragen ihre Schilde auf der Schulter, den hölzernen Schild, den Lederschild.

Die zweite Schar, das zweite Fähnlein bilden die Pferde mit den Reitern auf dem Rücken. Diese haben Wattepanzer, mit Leder überzogene Schilde, Lanzen mit Eisenspitzen, und ihre Eisenschwerter hängen an den Hüften der Pferde herunter. Die Pferde tragen Schellen, sie kommen mit Schellen, die Schellen rasseln gleichsam, die Schellen rasseln; die Pferde, die Hirsche wiehern, sie schwitzen sehr, das Wasser strömt gleichsam von ihnen herab. Und der Schaum von ihrem Maul tropft zur Erde, wie Seifenschaum tropft. Und beim Laufen machen sie großes Getrappel. Sie machen Getöse, wie wenn einer mit Steinen wirft. Sogleich wird die Erde aufgewühlt, wo sie ihren Fuß aufheben, in Stücke zerteilt, wo sie ihren Fuß, ihren Vorderfuß aufheben.

Das dritte Fähnlein sind die Armbrustschützen. In ihrer Hand liegt die Armbrust. Sie versuchen sie, sie spannen sie. Und einige tragen die Armbrust auf der Schulter. Und ihr Köcher hängt an ihrer Seite, kommt unter ihrer Achsel hervor. Er ist voll, ganz vollgestopft mit Pfeilen, mit Eisenpfeilen. Sie tragen ihre Wattepanzer, die bis zu den Knien reichen; sehr dick, fest genäht sind sie, sehr dick, wie Stein, gleichsam wie Tuffstein. Und den Kopf haben sie ebenfalls mit Wattepanzer umhüllt, und oben haben sie Quetzalfedern aufgesteckt, die nach allen Seiten auseinanderfallen.

Das vierte Fähnlein bilden ebenfalls Reiter. Sie sind ebenso ausgerüstet, wie oben erzählt worden ist.

Die fünfte Abteilung sind die Büchsenschützen, die die Feuerwaffen führen. Sie tragen die Büchse auf der Schulter, einige tragen sie waagerecht. Und als sie in die großen Paläste, die Königsstadt eingezogen waren, schossen sie ihre Büchsen ab; die gingen los, es platzt, fliegt auseinander, donnert, blitzt, Rauch breitet sich aus, Rauch lagert sich, es wird Nacht, der Himmel verdüstert sich durch den Rauch, der Rauch legt sich über das ganze Land, lagert sich über das ganze Land, daß es nach Schwefel stinkt, die Besinnung, das Bewußtsein raubt.

Und den Schluß bildet, an die vorigen sich unmittelbar anschließend, der Kriegshauptmann, der gleichsam wie der Tlacateccatl ist, der sich darauf versteht, den Kriegern zu befehlen, sie an ihren Posten zu stellen. Ihn umringen, ihn umdrängen, ihm gehen zur Seite, ihm folgen seine Häuptlinge, die, die im Schmuck ihrer Federabzeichen einherschreiten, seine Helfer vom Rang eines Geschorenen, eines Otomi, die Stützen, die Träger, die Stützbalken des Staates, die Seelen, die Fundamente.

Darauf folgen die gesamten Bewohner der Ortschaften, die verwandten, benachbarten Stämme, die jenseits der Berge wohnen: die Leute von Tlaxcala, Tliliuhquitepec, Uexotzinco; sie folgen, sie kommen in Kriegerrüstung. Sie tragen Wattepanzer, Schilde, Bögen, Köcher, die voll sind, vollgestopft sind mit geflügelten Pfeilen, solchen mit gezackter Holzspitze, solchen mit stumpfer Spitze, solchen mit Obsidianspitze. Sie

legen sich auf den Boden, sie erheben Kriegsgeschrei, Kriegs-
tanzgeschrei, sie pfeifen, sie schütteln die Köpfe.

Und einige trugen Lasten auf dem Rücken, trugen Lebensmittel auf dem Rücken. Einige tragen die Last an einem Stirn-
bande, einige an einem Band, das über die Brust geht; einige
haben ein leiterartiges Traggestell, einige eine gitter- oder
käfigartige Trage. Einige tragen tiefe, weiche Körbe, einige tragen ein Bündel oder tragen Bündel auf dem Rücken, einige
ziehen das auf hölzernen Rädern ruhende grobe Geschütz,
bewegen es unter Geschrei vorwärts.«[103]

Es war eine beeindruckende Kriegsmaschine, die sich auf die Stadt
Mexiko, auf Tenochtitlan zuwälzte. Gepanzerte Reiter, Schützen und
Kanoniere, Fußsoldaten und Krieger. Wie ein Drachen, gezackt und
bewehrt, kroch das Heer der Spanier auf seine Beute zu. Nichts hielt sie
auf, das Ungetüm kam unaufhaltsam näher.

Nach dem Massaker von Cholula war der Weg frei. Diesseits der
Berge gab es niemand mehr, der es wagte, Widerstand zu leisten. Und
jenseits der Berge saß ein verschreckter Montezuma und zählte seine
Tage: An der Gottgleichheit der Spanier war nicht mehr zu zweifeln.
Mochten sie auch menschliche Gelüste haben, die er immer wieder mit
Geschenken zu stillen versucht hatte; ihr Streben ging nach Höherem:
nichts Geringeres forderten sie als seinen Thron. Den Thron, den er
usurpiert hatte, den die Azteken, die ja nur Nachfolger der Tolteken
waren, seinem rechtmäßigen Besitzer geraubt hatten. In Cholula hatte
der Gott gezürnt, in Cholula, wo er selbst verehrt wurde. An seiner Wiederkehr gab es keinen Zweifel.

Und nun stand er vor den Toren, und er, Montezuma, mußte ihm vor
Augen treten. Es war zugleich eine Erniedrigung und eine Ehre. Doch
am liebsten hätte Montezuma auch jetzt noch das Unabwendbare
abgewendet. Bis zuletzt hatte er versucht, die Weißen Götter zur
Umkehr zu bewegen. Ja, er hatte sich schließlich bereit erklärt, dem
Gott, der offensichtlich so viel mächtiger war und dennoch unersättlich, einen jährlichen Tribut zu zahlen. Er würde ihn überall hinschik-
ken, wenn er doch nur das Land verließe, das arm und karg und eines
Gottes nicht würdig sei.

Doch das Angebot, das als Versöhnung (und Bestechung) gedacht
war, hatte nur den gegenteiligen Effekt: Es bestätigte den Plan, den Cortés hegte – nicht eher zu ruhen, bis er dieses Land, das so reich an Gold
war, unterworfen hatte. Tribute ergaben sich dann von selber.

Es waren nur noch wenige Meilen, die Cortés, als er Cholula verließ,
von seinem Ziel trennten. Das einzige Hindernis waren die Berge, die

wie ein schützender Wall das Herz des Aztekenreiches umgaben. Zum Glück gab es einen Paß, der zwischen den beiden Vulkanen lag, um die sich die Mär von der schlafenden Jungfrau und dem wachenden Freier rankte. Über diesen Paß, der seitdem den Namen *Paso de Cortés* trägt, fielen die Spanier in das Hochtal von Mexiko ein. Es muß ein beeindruckendes Erlebnis gewesen sein, auf der Höhe des Passes zu stehen und hinab in das weite Tal zu schauen, in dem der See wie ein Spiegel glänzte und die Dächer und Türme der Städte, die ihn säumten, in der Sonne funkelten. Leider gibt es keine Beschreibung dieses erhebenden Augenblicks; weder Cortés noch Bernal Díaz widmen ihm ihre Aufmerksamkeit. Sie hatten offensichtlich anderes im Sinn.

Ohne Zweifel wird es auch ein Gefühl der Beklemmung gewesen sein, das sie erfaßte, als sie dort oben auf der Höhe des Passes standen und in die Tiefe schauten. Es war letztlich eine Höhle des Löwen, in die sie sich vorwagten, auch wenn er bislang nur ein Knurren von sich gegeben hatte. Es war keineswegs gewiß, daß er sich weiter in seinen Käfig zurückziehen würde, und selbst wenn er es tat, brauchten sie ihm nur zu folgen, um in der Falle zu sitzen.

Sie zogen den Hang der Berge hinab und erreichten schließlich, nachdem ihnen noch einmal eine Abordnung Montezumas entgegengetreten war, Iztapalapa. Dies war die letzte Station vor der eigentlichen Inselfeste; als sie sie verließen, gab es kein Zurück mehr:

»Und dann, am nächsten Morgen, verließen wir Estapalapa, und zusammen mit den Kaziken, die uns begleiteten, betraten wir die große Straße, die nach Mexiko führt. Sie ist acht Schritte breit und so gerade, daß sie nirgends von ihrer Richtung abweicht, und obwohl sie so breit ist, reichte sie nicht aus, um all den Menschen Platz zu geben, die aus der Stadt kamen oder in sie hinein wollten; auch kamen viele, um uns zu sehen. Türme und Tempel waren voller Menschen, und auf dem See drängten sich Kanus; sie waren alle voller Neugier, denn sie hatten noch nie Pferde und Menschen wie wir gesehen. Auch wir kamen aus dem Staunen nicht heraus und fragten uns, ob es wahr war, was wir sahen: am Ufer all die Städte und andere, die im See lagen; überall Kanus, dazwischen die Straße, die von Brücken unterbrochen war, und voraus das Häusermeer von Mexiko. Und von all dem umgeben, waren wir nur vierhundert Soldaten, und es war uns wohl bewußt, daß man uns gewarnt hatte, nicht nach Mexiko zu gehen, denn sie würden uns töten, wären wir erst einmal in der Stadt. Meine lieben Leser, bedenken Sie: hat es jemals Menschen gegeben, die ein größeres Wagnis auf sich genommen haben?«[104]

Auch wenn zu den vierhundert Spaniern noch viertausend Verbündete kamen, die Cortés bei seinem Einzug in Mexiko begleiteten, es war doch schon ein tollkühnes Unterfangen, sich derart in Gefahr zu begeben. Auch wenn es die Spanier nicht wußten: Allein die Hauptstadt, Tenochtitlan, zählte zweihunderttausend Einwohner. Dazu die Städte und Dörfer, die den See umringten: Das waren allein eine Million Menschen im näheren Umkreis, die sich plötzlich gegen die Spanier erheben konnten. Mochten diese auch Kanonen haben, Feuerwaffen und Schwerter, einer solchen Übermacht wären sie nicht gewachsen.

Und doch, sie nahmen das Wagnis auf sich! Sie waren kühn und hochmütig, von ihrer Mission und ihrer Überlegenheit überzeugt, und daß sie zudem noch als Götter verehrt wurden, bestärkte sie nur noch in ihrem Wagemut. Gott war mit ihnen, auch wenn es nur ein Vorwand war: Die Zivilisation des Weißen Mannes feierte schon damals ihren ersten Triumph!

Es war nicht nur eine Frage der Waffen: Die Conquista zeigte zum ersten Mal die psychologische Überlegenheit Europas, jenes Sendungsbewußtsein und den Hochmut, der daraus erwuchs, die es den Europäern ermöglichten, sich über andere hinwegzusetzen, die sich ihrerseits unterlegen fühlten, und sei es nur, daß sie es niemals gelernt hatten, sich aus den Zwängen ihrer Umwelt und ihrer Geschichte zu befreien. In Europa herrschte zur Zeit der Conquista das Zeitalter der Renaissance: Der Mensch schickte sich an, indem er das Ideal der Antike wiederentdeckte, zum Herren seiner selbst zu werden. Der Mensch, nicht Gott war das Maß aller Dinge, obwohl man fortfuhr, in seinem Namen den Ruhm des Menschen zu mehren.

Die Indianer hatten nicht dieses Selbstvertrauen. Nicht einmal die Azteken, die doch selbst Herren gewesen waren. Als die Spanier (mit ihren Verbündeten) in ihre Stadt einzogen, war allein das schon, daß sie es wagten, diesen Ort zu entweihen, ein Akt der Übermenschlichkeit. Daß sie mit Pferden und Kanonen kamen, mit blinkenden Waffen und Panzern, erhöhte noch das Ansehen der Fremden und vermehrte die Furcht der Einheimischen. Als sich Cortés und Montezuma trafen, war es nur dem Anschein nach, daß sich zwei Götter begegneten. Der eine wußte genau, daß er dem anderen unterlegen war.

Die Begegnung zwischen Cortés und Montezuma, die wohl den dramatischsten, sicher aber spektakulärsten Augenblick der Conquista darstellt, fand auf jener *Calzada* statt, wie die Spanier die Zuwege nach Tenochtitlan nannten, die von Süden her in die Stadt führte.

176

Am anschaulichsten berichtet Bernal Díaz über diese Begegnung. Er schreibt:

»Als wir uns der Stadt bis dahin genähert hatten, wo einige weitere kleine Türme aufragten, entstieg der große Montezuma seiner Sänfte, und die Kaziken, die vorausgegangen waren, stützten ihn am Arm und führten ihn unter einem prächtigen Baldachin, der aus grünen, goldgeschmückten Federn bestand und an den Rändern mit Silberschmuck, Perlen und Edelsteinen verziert war, daß es wahrlich ein wundervoller Anblick war. Montezuma war nach der Art des Landes sehr reich gekleidet: er trug Sandalen, deren Sohlen aus Gold und die oben mit Edelsteinen geschmückt waren. Auch seine Begleiter trugen kostbare Mäntel, vier, die ihn am Arm führten, und vier weitere, die den Baldachin hielten. Andere, die ihm vorausgingen, fegten den Boden und legten Decken aus, damit er die Erde nicht berührte. Alle diese Fürsten und Diener wagten es nicht, ihm ins Gesicht zu sehen; sie hielten den Blick voller Ehrfurcht gesenkt, mit Ausnahme der vier Würdenträger, die ihn am Arm führten und seine Verwandten und Neffen waren.

Und als Cortés sah und man ihm sagte, daß der große Montezuma sich näherte, stieg er vom Pferd, und als sie einander gegenüberstanden, erwiesen sie sich gegenseitig ihre Reverenz. Montezuma hieß ihn willkommen, und Cortés erwiderte mit Hilfe Doña Marinas, daß er bei guter Gesundheit sein möge. Dann gab er ihm, so scheint es mir, die rechte Hand, doch Montezuma nahm sie nicht, und man bedeutete Cortés, seine Hand zurückzunehmen.

Darauf zog Cortés eine Halskette hervor, die er bereitgehalten hatte und die aus buntem, geschliffenem Glasstein bestand, den man Margarita nennt und der auf goldene, wohlduftende Schnüre aufgezogen war, und legte sie Montezuma um den Hals. Und als er das tat, wollte er ihn umarmen, doch die Würdenträger, die Montezuma begleiteten, hinderten ihn daran, denn das sei unter seiner Würde.«[105]

Mochte Montezuma auch darauf bedacht sein, sein Ansehen zu wahren, so versäumte er es doch nicht, den, den er für gottgesandt hielt, in gebührender Weise zu begrüßen. Wenigstens wird dies von indianischer Seite überliefert. Sahagúns Informanten berichten:

»Darauf richtet sich Motecuhçoma auf, stellt sich ihm, dem Cortés gegenüber auf, neigt sich vor ihm zur Erde, geht ganz dicht an ihn heran, stellt sich fest vor ihn hin, hält ihm die folgende Rede:

›O unser Herr! Mit Mühsal, mit Ermüdung hast du es erlangt, daß du hier in dem Lande angekommen bist, daß du nahe an deine Stadt Mexiko herangekommen bist, daß du auf deiner Matte, deinem Stuhle zu sitzen gekommen bist, den ich nur eine kleine Weile für dich gehütet habe.

Denn dahingegangen sind deine Untertanen: die Könige Itzcoatl, der alte Motecuhçoma, Axayacatl, Tiçocic, Auitzotl, die nur eine kleine Weile den Thron für dich gehütet haben, die Stadt Mexiko beherrscht haben, unter deren Schutz sich dein Volk hier gestellt hat.

Vielleicht können sie einmal ihre Hinterbliebenen besuchen kommen? Möchte doch einer von ihnen sehen, staunend sehen, was jetzt über mich gekommen ist, was ich nunmehr sehe, ich, der Hinterbliebene unserer Herren; denn ich träume nicht, ich fahre nicht aus dem Schlafe auf, ich sehe es nicht im Traume, ich träume es nicht, daß ich dich gesehen, dir ins Antlitz geschaut habe.

Denn ich war bekümmert, fünf, zehn, eine ganze Reihe von Tagen, wo ich hinschaute nach dem unbekannten Lande, aus dem du gekommen bist, aus den Wolken heraus, aus den Nebeln heraus. Denn das haben uns die Könige, meine Vorfahren gesagt, daß du kommen wirst, deine Stadt zu besuchen, daß du dich auf deine Matte, deinen Stuhl setzen wirst, daß du wiederkommen wirst.

Und jetzt ist es wahr geworden, du bist zurückgekehrt, mit Mühsal, mit Ermüdung hast du es erreicht. Sei nun angelangt im Lande, ruhe dich aus, besuche deinen Palast, ruhe deinen Leib aus, unsere Herren seien angelangt in ihrer Heimat.‹«[106]

Auch wenn er dies nicht wortwörtlich gesagt haben mag (und wenn es vielleicht auch Cortés nicht alles übersetzt wurde), eines war dem Konquistadoren nun sicher klar: Er *war* Quetzalcoatl, und das, was er ohnehin wollte, schienen auch die Indianer zu erwarten. Zumindest dieser göttlich-erhabene und doch so menschlich-schwache Montezuma. Er würde ein williges Werkzeug seiner Pläne sein.

Doch was waren das für Pläne? Was führte Cortés wirklich im Schilde? Nur den legendären Herrscher zu sehen und ihn in seiner Stadt zu besuchen, war das alles, was er wollte?

Cortés selbst war sich von Anfang an klar, daß es nur ein Ziel gab: dieses Land, das so reich an Goldschätzen war, zu erobern. Für sich, für seine Leute. Für den König, für Gott. Hatte er nicht in Hispaniola und später auf Kuba das gleiche getan? Deshalb war er in die Neue Welt gekommen, und wie er alle die, die ihm gefolgt waren. Und hatte er nicht seinen ganzen Besitz verpfändet, um die Expedition auszurüsten? Es gab nur einen Weg: zu der Quelle all der Goldschätze vorzustoßen und sich selbst zum Herrn über dieses reiche Land zu machen.

Natürlich war er nur ein Abgesandter des Königs (so wenigstens hoffte er). Und der König war ein Mittler Gottes. Für ihn, für sie würde er neue Länder erwerben, ein gottgefälliges, dem König nützliches Werk vollbringen. Darin lag letztlich die Legitimation seines Handelns, und es ist dieses Bewußtsein seiner Sendung, das ihn beflügelte, zumindest ihm die nötige Rückendeckung gab.

Denn es ist schon bemerkenswert, mit welcher Unverfrorenheit Cortés, kaum daß er in Tenochtitlan Quartier bezogen hatte, auftrat. Man hatte ihm und seinen Mannen einen der Paläste zugewiesen, die den großen Tempelbezirk der Stadt säumten. Es war der Palast Axayacatls, des Vaters von Montezuma. Der Herrscher ließ es den Fremden an nichts fehlen, und zunächst verhielten sich diese wie biedere Touristen. Sie ließen sich durch die Stadt führen und nahmen alles mit Gelassenheit und Bewunderung auf.

Doch das änderte sich, als der Herrscher seinen Gästen den großen Tempel von Tlatelolco zeigte. Als sie auf der Höhe der Pyramide standen, bemerkte Cortés, indem er sich an Pater Olmedo wandte, der für das Seelenheil der Eroberer zuständig war:

> »›Es scheint mir, Pater, daß wir den Versuch machen sollten, Montezuma um sein Einverständnis zu bitten, daß wir hier unsere Kirche errichten.‹ Worauf der Pater erwiderte, daß es sicher gut wäre, die Gelegenheit zu nutzen; doch er gab zu bedenken, daß ihm der Augenblick nicht günstig erschien, da Montezuma nicht den Eindruck erwecke, als sei er in der Stimmung, einem solchen Ansinnen stattzugeben. Darauf wandte sich Cortés an Montezuma und sagte, wobei Doña Marina, die Dolmetscherin, für ihn übersetzte: ›Ein großer Fürst seid Ihr, Euer Ehren, und es gebührt Euch großes Lob! Mit Freuden haben wir Eure Stadt besichtigt. Erweist uns die Gnade, da wir hier auf der Höhe Eures Tempels stehen, und zeigt uns Eure Götter.‹
>
> Montezuma antwortete, daß er erst mit seinen Hohepriestern sprechen müsse. Und nachdem er das getan hatte, gab er

uns die Erlaubnis, in einen turmartigen Bau, der einen großen Raum mit zwei Altären und auf dem Dach reichverzierte Aufbauten aufwies, einzutreten. Auf den beiden Altären stand je eine Statue; sie hatten gewaltige Ausmaße, waren groß im Wuchs und sehr dick. Eine der Statuen, die zur Rechten stand, stellte, so sagten sie, Uichilobos, ihren Gott des Krieges, dar; er hatte ein breites Gesicht und unförmige, schreckenerregende Augen. Am ganzen Körper war er bedeckt mit Edelsteinen, Gold und Perlen, die mit einer Paste befestigt waren, wie sie sie hierzulande aus den Wurzeln einer Pflanze gewinnen. Er trug einen Gürtel aus Schlangenleibern, die aus Gold und Edelsteinen waren, und hielt in der einen Hand einen Bogen und in der anderen ein Bündel Pfeile.

Neben ihm stand ein anderes, kleines Götterbild; sie sagten, daß es sein Diener wäre. Er trug eine kurze Lanze und einen Schild, der reich mit Gold und Edelsteinen geschmückt war.

Und Uichilobos war mit Halsketten geschmückt, die aus menschlichen Gesichtern und Herzen bestanden; die einen waren aus Gold, die anderen aus Silber, alles mit blauen Edelsteinen verziert.

Es gab dort einige Weihrauchgefäße, die mit *Copal*, einem Harz, das sie verwenden, gefüllt waren; sie enthielten drei Herzen, die von Opfern stammten, die sie an diesem Tag getötet hatten. Zusammen mit dem Weihrauch stellten sie das Opfer dar.

Die Wände des Tempels waren überall mit schwarzem, verkrustetem Blut bedeckt; desgleichen der Boden, so daß es einen fürchterlichen Gestank gab.«[107]

Bernal Díaz fährt in seiner Erzählung fort und berichtet von dem anderen Götterbild, das nicht minder furchterregend und ein Abbild Tezcatlipocas war. »Uichilobos« ist kein anderer als Huitzilopochtli, der Stammesgott der Azteken.

Für die Spanier war der Anblick eines solchen Tempelschreins sicher eine arge Prüfung, und Bernal Díaz gesteht, daß »wir angesichts dieses Schlachthauses, in dem es so fürchterlich stank und in dem es noch fürchterlichere Dinge zu sehen gab, fluchtartig das Weite suchten«. Ihre Entrüstung war sicher ehrlich und wohl auch gerechtfertigt. Dennoch war es nicht ungefährlich (und schon gar nicht diplomatisch), kaum daß sie die Stadt betreten hatten, gleich mit der Tür ins Haus zu fallen. Denn Cortés hielt sich keineswegs zurück, wie es der Pater geraten hatte; vielmehr sagte er ziemlich unverblümt:

»»Herr, ich weiß nicht, wie es einem so großen Fürsten und weisen Mann, wie Ihr es seid, verborgen bleiben konnte, daß jene, Eure Götzenbilder keine Götter sind, sondern Abbilder des Bösen, des Teufels. Und damit Ihr und all Eure Priester es ganz klar seht, erweist mir die Gunst und gestattet, daß wir auf der Höhe dieser Pyramide ein Kreuz errichten. Und in dem Tempel, wo sich Eure Götter Uichilobos und Tezcatepuca befinden, hängen wir ein Bild der Jungfrau Maria auf, und ihr werdet sehen, wie sehr das jene Götzenbilder, die euch verhext haben, in Furcht versetzen wird.‹

Darauf antwortete Montezuma ein wenig verärgert, und zwei Priester, die bei ihm waren, machten drohende Gebärden: ›Malinche, wenn ich gewußt hätte, welche Beleidigung du von dir geben würdest, hätte ich dir meine Götter nicht gezeigt. Wir halten sie in großen Ehren, denn wir verdanken ihnen Gesundheit und Wasser, gute Ernte und Siege; sie geben uns alles, was wir wünschen. Deshalb müssen wir sie ehren und ihnen opfern. Ich bitte Euch, sie mit keinem Wort mehr zu beleidigen!‹«[108]

Cortés gab sich damit einstweilen zufrieden, doch es sollte nicht lange dauern, dann würde er auf den Höhen der heidnischen Tempel nicht nur Kreuze errichten und Marienbilder aufhängen, sondern auch die alten Götter, die des Teufels waren, aus ihren Schreinen zerren und die Stufen der Pyramiden hinabstoßen.

Das trat sogar schon recht bald ein, und Cortés berichtet darüber stolz seinem König. Mittlerweile schien es jedoch ratsam, den Glaubenseifer auf die eigenen Gefilde zu beschränken, und so richtete man denn provisorisch eine Kirche im Palast des Axayacatl ein, wo man Unterkunft gefunden hatte. Dabei machte man eine aufsehenerregende Entdeckung: Ein Zimmermann, der auf der Suche nach Holz war, stieß auf einen frischvermauerten Zugang, der, als man ihn durchbrach, in eine Schatzkammer führte, die angefüllt war mit Gold und Silber und Edelsteinen, Federwerk und Pelzen, daß es den Spaniern den Atem benahm. Sie beschlossen, den Fund, den man offensichtlich vor ihnen hatte verbergen wollen und der wohl der Nachlaß des Königs Axayacatl war, geheimzuhalten. Dennoch war es eine erste Versicherung, daß sich ihre Anstrengungen gelohnt hatten.

Freilich wurde diese Entdeckung überschattet von der wachsenden Besorgnis, daß man sie praktisch in der Hand hatte. Ein Befehl Montezumas, und man würde nicht nur ihre Versorgung mit Nahrungsmitteln einstellen, sondern auch über sie herfallen und sie niedermachen. Das einzige, was Montezuma offensichtlich davon abhielt, war seine merkwürdige Einstellung zu den Fremden, die ihn sie mit großer Ergebenheit behandeln ließ. Doch darauf konnten sie nicht ewig hoffen, zumal eine erste Mißstimmung aufgekommen war, als Cortés ihm unverblümt erklärt hatte, was er von seinen blutrünstigen Göttern hielt.

Furcht und Mißtrauen der Spanier wurden zudem genährt durch neue Gerüchte, die ihre Verbündeten, die Tlaxcalteken, in die Welt setzten. Ob sie tatsächlich auf Wahrheit beruhten, ist ebenso ungewiß wie im Falle Cholulas. Jedenfalls bestätigten die Tlaxcalteken die Befürchtungen der Spanier, und man beschloß, wie man es auch schon in Cholula getan hatte, jedweden Eventualitäten vorzubeugen, indem man selbst die Initiative ergriff.

Als Vorwand diente ein Vorfall, der sich fernab der Hauptstadt an der Küste ereignet hatte, wo die Spanier einen Stützpunkt zurückgelassen hatten. Hier war es angeblich zu Übergriffen seitens aztekischer Vasallen gekommen, die einige Spanier ermordet hatten. Was lag näher, als diesen Vorfall hochzuspielen und ihn zum Anlaß zu nehmen, Montezuma zur Rechenschaft zu ziehen! Ihm Verrat vorzuwerfen und damit Auflehnung gegen eine Autorität, von der er kaum etwas wußte, es sei denn, man setzte sie mit jenem legendären Priesterfürsten gleich, der einst über das Meer im Osten entschwunden war und seinen Jüngern verhießen hatte, dereinst wiederzukommen, um das Unrecht, das man ihm zugefügt hatte, zu rächen.

Karl V. war jene Autorität, der rächende Gott, der wiederkehrte. Und Cortés war sein Abgesandter, und was er tat, tat er im Namen des Königs, und wer dagegen verstieß, verstieß gegen Gott, den christlichen ebenso wie den heidnischen. Wenn das keine Handhabe war, aus der man dem König einen Strick drehen konnte!

Gesagt, getan! Sechs Tage nur waren die Spanier in der Stadt, da setzten sie Montezuma gefangen:

>»Und nachdem man am Palast angelangt, hineingegangen war, ergriffen sie ihn, behielten sie ihn in Gewahrsam und unter Aufsicht; das taten sie nicht allein mit Motecuhçoma, sondern auch mit Itzquauhtzin. Aber die anderen entkamen.
> Und danach wurden alle Geschütze abgefeuert.
> Da war es, wie wenn alles durcheinanderläuft, nach der einen, nach der anderen Seite läuft; alles Volk in Verwirrung gerät, wie Funken auseinanderstiebt, gleichsam wie Funken sprühend, wie wenn alles Volk geängstigt ist, gleichsam wie durch Pilzgift betäubt, wie wenn sich ihnen etwas Schreckliches gezeigt hätte. Furcht lagert über ihnen, wie wenn alles

Volk einen Todesschrecken erfahren hätte. Ebenso, als schon die Nacht angebrochen war, war alles noch voller Furcht, erschreckt, noch im Schlafe fürchtete man sich.«[109]

Es war schon eine Ungeheuerlichkeit, die sich die Spanier einfallen ließen: einen König, der selbst ein Gott war, gefangenzunehmen und damit eine Geisel zu haben, die sie vor allen weiteren Angriffen schützen würde. Doch die Rechnung ging nicht auf.
Wie die Informanten Sahagúns sich erinnern:

>»Und die Fürsten, die er [Montezuma] zu sich rief, gehorchten ihm nicht mehr; sie sind zornig, sie kommen nicht mehr zu ihm, gehen nicht mehr zu ihm, er findet keinen Gehorsam.«[110]

Cortés hatte Montezuma in seinem Quartier untergebracht; man erwies ihm weiter seine hoheitliche Ehre und erlaubte ihm, Boten zu empfangen, sich mit seinen Beamten zu beraten und die Regierungsgeschäfte weiterzuführen. Wie es Cortés in seinem Bericht an den König formulierte:

>»Und ich war hinfort bemüht, alles zu tun, um ihn zufriedenzustellen. Insbesondere achtete ich darauf, daß es jedermann, ebenso die Fürsten wie das Volk, erfuhr, daß es der Wunsch Eurer Majestät sei, daß besagter Montezuma sein Herrschaftsamt weiterhin ausführe, wobei er freilich Eure Oberhoheit anerkenne, und daß Euer Majestät wohlgedient sei, wenn man ihm gehorche und ihn als Herrn anerkenne, so wie es gewesen sei, bevor ich in dieses Land kam.«[111]

Im Klartext: Montezuma regierte nun im Namen Karls V., dem er letztlich verantwortlich war. Sein absoluter Herrschaftsanspruch, den gerade er erhoben hatte, war damit beendet: Montezuma, der noch immer über ein großes Reich gebot, war selbst zum Vasallen geworden.
Doch seine Autorität war im Schwinden. Nachdem man sich von dem anfänglichen Schock, den seine Gefangennahme ausgelöst hatte, erholt hatte, traten an die Stelle blinden Entsetzens und nackter Furcht Groll und Unmut: Die Stimmung schlug um, das Maß war überschritten.
Cortés, der ein kluger Taktiker war, hatte dennoch in diesem Falle auf die falsche Karte gesetzt. Er wußte nicht (und konnte es nicht wissen), daß die Stellung Montezumas ohnehin prekär gewesen war. Sein

herrisches Auftreten, seine restriktiven Neuerungen, militärische Rückschläge und seine zögernde Haltung gegenüber den Fremden hatten ihn unbeliebt gemacht, seine Stellung geschwächt. Priester und Krieger waren unruhig; sie glaubten nicht an die Gottgesandtheit der Fremden. Sie riefen zum Aufruhr.

Doch all dies blieb Cortés verborgen. Statt dessen erreichte ihn eine andere niederschmetternde Nachricht: In Veracruz waren Spanier gelandet, die im Auftrag von Velázquez, des Gouverneurs von Kuba, standen. Dieser, noch immer erbost über die Unbotmäßigkeit und den Verrat des Cortés, hatte sich inzwischen mit der Vollmacht ausstatten lassen, seinen Herrschaftsbereich auch auf die neuentdeckten Länder auf dem Festland auszudehnen, und er war entschlossen, Cortés auszubooten und sich selbst an seine Stelle zu setzen. Dazu hatte er eine Streitmacht von tausend Mann und achtzig Pferden entsandt, womit er Cortés um das Doppelte seiner Stärke übertraf.

Die Besatzung, die Cortés in Veracruz zurückgelassen hatte, konnte zwar ihre Stellung halten, doch Narváez, der Anführer der Neuankömmlinge, verstand es, sich mit den Totonaken von Cempoala zu arrangieren und im übrigen auch mit den Azteken Kontakt aufzunehmen, die nur zu gewillt waren, einen fremden Gott gegen den anderen auszuspielen. Cortés saß wirklich in der Klemme.

Man mag ihn verdammen, wie es heute in Mexiko geschieht. Doch von allen Spaniern, die sich aufmachten, ihr Glück in der Neuen Welt zu suchen, war er der genialste. Es ist die Tragik des aztekischen Volkes, daß ihm Montezuma – wie auch die, die ihm folgen sollten – nicht ebenbürtig war. Sicher ist zumindest, daß, wenn Cortés Montezuma und Montezuma Cortés gewesen wäre, der Feldzug einen anderen Ausgang gehabt hätte. Aber es war natürlich nicht nur eine Frage der Persönlichkeit, es war auch die Gegensätzlichkeit ihrer Kultur und der daraus resultierenden Geisteshaltung, die sie einander unter- beziehungsweise überlegen machte.

Cortés entschließt sich, seine Streitmacht zu teilen: Eine Hälfte läßt er in Tenochtitlan zurück, mit der anderen, die in Cholula durch eine Expedition, die er ausgesandt hatte, verstärkt wird, bricht er im Eilmarsch auf, um Narváez in Cempoala zu stellen. Bei Nacht und Regen greift er an – und siegt. Ein Sieg, der ihm nicht nur eine erhebliche Verstärkung seiner Streitmacht einbringt, da die Soldaten des Gouverneurs zu ihm überlaufen, sondern auch seinen Ruhm in Mexiko, unter den Indianern, stärkt.

Doch kaum hat er diesen Triumph errungen, da erreicht ihn eine neue Hiobsbotschaft: Die Azteken haben sich in Tenochtitlan erhoben!

184

Auslöser dieses Aufstandes, der ja schon seit längerem vorbereitet wurde, war ein Massaker, das die Spanier, die in der Stadt zurückgeblieben waren, bei einem Tanzfest, das im heiligen Bezirk abgehalten wurde, verübten. Was genau geschah, ist wiederum nicht ganz eindeutig geklärt: Doch es deutet alles darauf hin, daß Alvarado, der die zurückgebliebenen Spanier anführte, dem drohenden Aufstand zuvorkommen wollte, indem er eine ihm günstig erscheinende Gelegenheit nutzte und seinerseits gegen die Azteken vorging. Aus der Sicht der Betroffenen war es ein feiges Gemetzel, das an jenes erinnert, das die Spanier in Cholula anrichteten:

»Und während das nun so vor sich ging, während man auf das Fest bedacht war, während man tanzte, sang, im Reigentanz sang, der Gesang wie Meereswogen erbrauste, nachdem es Zeit geworden war für die Spanier, mit dem Morden zu beginnen, kamen sie heraus, zum Kriege gerüstet.

Sie verschlossen überall die Ausgänge und Eingänge, die Adlerpforte, am kleinen Palast, an der Rohrspitze, an der Spiegelschlange. Und nachdem sie sie verschlossen hatten, konnte auch an all den Orten, wo das Volk in Masse war, niemand mehr hinausgehen.

Und danach treten in den Tempelhof die Mörder ein, deren Geschäft es ist zu morden. Sie gehen zu Fuß, sie tragen ihre Lederschilde, einige auch mit Eisen beschlagene Schilde, und ihre Eisenschwerter. Darauf umringen sie die Tanzenden. Danach treten sie zwischen die Pauken, da treffen sie mit dem Schwerte den Arm des Paukenschlägers, abgeschlagen sind seine beiden Hände, danach schlagen sie ihm den Kopf ab, weithin flog sein Kopf. Viele durchbohren sie mit der Eisenlanze und erschlagen sie mit dem Eisenschwert. Einige stechen sie hinten in den Rücken, sogleich fließen ihre Gedärme heraus, einigen spalten sie den Kopf, hauen ihnen den Kopf in Stücke, in kleine Stücke zerschlagen wird ihr Kopf.

Und einige verwundeten sie an der Schulter, in Öffnungen klaffte, zerspalten wurde ihr Fleisch. Einige verwundeten sie an der Wade, einige am Schenkel, einige am Bauch, sogleich fließen alle ihre Gedärme heraus. Und wenn einer sich noch umsonst bemüht zu laufen, so schleift er seine Gedärme, gleichsam wie aus einer offenen Frucht, hinter sich her.

Wer sich retten will, kann nach keiner Richtung mehr gehen. Und wer durch die Tore flüchten will, den treffen sie dort und erstechen ihn.

Und einige kletterten die Wand in die Höhe, konnten sich doch retten. Einige flüchteten sich in die Priesterhäuser, retteten sich dorthin. Und einige retteten sich zwischen die Toten, versteckten sich zwischen den Toten, stellten sich tot, konnten sich retten. Doch wenn einer sich rührte, sich ein wenig hob, den erstachen sie.

Und das Blut der Häuptlinge floß wie Wasser, der Hof war wie eine große schlüpfrige Fläche, und Gestank erhob sich von dem Blut, und die Gedärme schleiften am Boden, wenn sie umherkrochen.

Und die Spanier gehen überall hin, zu suchen in den Priesterhäusern, überallhin stechen sie beim Suchen, ob etwa jemand sich dort verberge, überall gingen sie hin, durchstöberten alles, in allen Priesterhäusern suchten sie.«[112]

Es war das Fest, das man *Toxcatl* nannte, das Frühlingsfest: Man ehrte Tezcatlipoca und zugleich auch Huitzilopochtli, denn der eine, der über die Nacht und den Winter regierte, gab seine Herrschaft auf, während der andere, der ja auch die Sonne repräsentierte, sie antrat. Es war also auch ein Kriegstanz, Huitzilopochtli zu Ehren, und wer dort im Tempelhof, dem Zentrum der Stadt, versammelt war, gehörte zur Elite des Volkes. Krieger und Fürsten wurden niedergemetzelt, abgeschlachtet, wie wenn man eine Herde gestellter Tiere erlegt.

Wie viele es waren, wer hat sie gezählt? Zweihundert, zweitausend? Auf jeden Fall war es ein empfindlicher Aderlaß, der dennoch das, was er verhindern sollte, endlich zum Durchbruch brachte:

»Und als das bekannt wurde, erhebt sich allgemeines Geschrei: ›O Heerführer, o Mexikaner, alle sollen herbeieilen, man legt an das Rangabzeichen, den Schild, den Pfeil, alle sollen herbeieilen. Die Tapferen sind tot, sie sind dahingestorben, sind erschlagen, sind ausgerottet worden, o Mexikaner, o Kriegerfürsten!‹

Darauf hört man das Kriegsgeschrei, es wird geschrien, es wird der Kriegsruf erhoben: schnell kommt man zusammen, die Kriegshäuptlinge sind zum Kampf entschlossen, tragen Pfeil und Schild.

Darauf wird gekämpft, sie beschießen sie mit Pfeilen, an der Spitze gezackt, mit Wurfspeeren; und die dreizackigen Vogelspeere und die Pfeile mit breiter Obsidianklinge, die werfen sie mit dem Wurfbrett. Wie eine große gelbe Masse lagern sich die Rohrpfeile über die Spanier.«[113]

Alvarado und seine Mannen werden umzingelt und eingeschlossen. Das einzige Pfand, das sie haben, ist Montezuma. Und der ist auch nicht mehr viel wert, denn die Azteken zögern nicht, einen neuen Führer auf den Schild zu heben. Es ist *Cuitlahuac,* ein jüngerer Bruder Montezumas, in dem der kriegerische Geist seiner Väter fortlebte. Er war Montezuma in die Gefangenschaft gefolgt, doch Cortés ließ ihn frei, kaum daß er in die Hauptstadt zurückgekehrt war, denn er hoffte, durch seinen Einfluß die Wogen des Aufruhrs glätten zu können. Statt dessen gab Cuitlahuac sein wahres Gesicht zu erkennen, und Cortés mußte einsehen, daß er einen Fehler begangen hatte.

All sein taktisches Geschick wie auch die Tatsache, daß nun seine Streitmacht auf das Dreifache angewachsen war, halfen ihm nicht: Die Azteken ließen ihn weder gehen, noch waren sie bereit, einen Frieden mit ihm zu schließen. Die Weißen saßen in der Falle, und die Schlinge zog sich immer fester zu.

Vergeblich versuchten die Spanier, die todesmutigen Angriffe der Azteken abzuwehren. Ihre Kräfte erlahmten, ihre Vorräte schwanden. Schließlich sah sich Cortés gezwungen, seinen letzten Trumpf auszuspielen. Er ahnte nicht, daß auch dies keine Rettung mehr versprach:

> »Und besagter Montezuma, der noch immer unser Gefangener war, zusammen mit einem Sohn und mehreren Fürsten, die wir anfangs aufgegriffen hatten, erklärte sich bereit, auf das Dach des Palastes zu steigen, um mit den Angreifern zu reden und sie dazu zu bewegen, den Kampf einzustellen. Und so ließ ich ihn hinaufführen und bis an den Rand des Daches bringen, wo eine Brüstung war, und als er anfangen wollte zu sprechen, bewarfen ihn die, die dort kämpften, mit Steinen, und einer davon traf ihn so unglücklich am Kopf, daß er drei Tage darauf starb. Und als er gestorben war, ließ ich ihn von zwei Gefangenen, die ihn auf die Schulter nahmen, zu seinen Leuten bringen, und ich weiß nicht, was weiter dann mit ihm geschah. Doch der Krieg hörte nicht auf; im Gegenteil, er wurde von Tag zu Tag blutiger.«[114]

Nicht nur ließen die Kampfhandlungen nicht nach, Cortés hatte nun auch sein einziges Faustpfand verloren. Es ist deshalb höchst unwahrscheinlich, daß er selbst am Tode seines Gefangenen beteiligt war, wie es von indianischer Seite behauptet wurde. Er mochte zwar ein Motiv haben, hatte Montezuma doch, hinter seinem Rücken, mit dem Abgesandten von Velázquez Kontakt aufgenommen und vielleicht auch seinen Bruder darin bestärkt, da er einsah, daß es kein anderes Mittel gab, einen Angriff zu wagen; doch er war in den Augen der Spanier immer noch ein letzter Strohhalm, an den sie sich klammerten. Sein Tod nützte ihnen nichts, und es scheint sogar, daß die Spanier eine Art Zuneigung zu ihm gefaßt hatten, denn Bernal Díaz, der keinen Grund hatte, den Tod Montezumas zu beschönigen, berichtet:

> »Und Cortés weinte um ihn und mit ihm alle unsere Hauptleute und Soldaten, und die, die ihn kannten und mit ihm zu tun gehabt hatten, betrauerten ihn so sehr, als sei er ihr Vater gewesen, was uns nicht verwundern sollte, war er doch ein guter Mensch gewesen.«[115]

Das aber ist zweifelhaft; zumindest war es das in den Augen der Indianer. Mochten sie auch leugnen, daß sie ihn selbst getötet hatten, Grund dazu hatten sie. Sahagúns Informanten lassen daran keinen Zweifel:

> »Darauf legten sie ihn auf den Scheiterhaufen, darauf entzündeten sie den, steckten ihn in Brand. Das Feuer prasselt, flakkert auf, gleichsam in Zungen erhebt sich die Feuerflamme, gleichsam wie eine Feuergarbe steigt die Flammenzunge auf. Und der Leib Motecuhçomas riecht nach verbranntem Fleisch, stinkt beim Verbrennen.
>
> Und während der Leichnam brannte, im Zorn, nicht mehr aus sehr freundlichem Herzen, tadelt ihn mancher und spricht: ›Dieser Bösewicht, der ganzen Welt hat er Furcht eingeflößt, in der ganzen Welt wurde er gefürchtet, in der ganzen Welt empfand man ihm gegenüber Furcht und Schrecken. Dieser Mann hier, wenn ihn einer nur mit einer kleinsten Sache beleidigte, so beseitigte er ihn sogleich; vieles davon war erlogen, wofür er die Leute büßen ließ, war falsch, war erfundenes Gerede.‹
>
> Und viele andere, die ihn tadelten, murmelten nur zwischen den Zähnen, brummten nur, schüttelten die Köpfe.«[116]

Er war ein Despot gewesen, und wenn es stimmt, was die Informanten Sahagún berichteten, wirft das ein bezeichnendes Licht auf das Lebensgefühl, das man zumindest unter seiner Herrschaft hatte. Doch das wird es schwerlich gewesen sein, weshalb man ihn schließlich verachtete: Er hatte das Erbe seiner Väter verraten; nicht nur, indem er einen absoluten Herrschaftsanspruch erhob, mehr noch, weil er trotz dieser Machtfülle sich weigerte, Gewalt einzusetzen. Er zögerte, bis es zu spät war. In den Augen seines Volkes war er ein Verräter. Doch viel-

188

leicht erkannte er, in den letzten Augenblicken seines Lebens, daß es gerecht war, was ihm widerfuhr: Er hatte sich angemaßt, das Schicksal zu sein, und es war doch alles nur eine Täuschung gewesen. Mächtigere Götter waren gekommen, die ihm bedeuteten, daß alles, worauf sich das Reich der Azteken gründete, ein Trugbild war. Huitzilopochtli war kein Gott: Man hatte ihn beleidigt, und er hatte nichts unternommen. So, als gäbe es ihn nicht, hätte es ihn nie gegeben.

Zweifel überkamen Montezuma in seinen letzten Stunden, und es wird berichtet, daß er jede Nahrung und Hilfe ablehnte. Freiwillig ging er in den Tod, denn auch das Leben, selbst wenn er überlebt hätte, wäre der Tod gewesen.

Tenochtitlan fällt

Nach dem Tode Montezumas war für die Spanier die Stellung nicht mehr zu halten. Ihre Nahrungsmittel gingen zur Neige, die Munition mußte rationiert werden, und die Schlagkraft ihrer Truppe wurde immer mehr dezimiert. Es blieb nur ein Ausweg: Sie mußten einen Ausfall wagen und versuchen, über einen der Dämme zu entkommen.

Sie entschlossen sich, den Damm nach Westen zu nehmen; er war kürzer als die beiden anderen großen Dämme. Doch auch er barg Gefahren, hauptsächlich deshalb, weil die Indianer, die eine Flucht der Spanier verhindern wollten, auch hier die Brücken, die den Damm unterbrachen, entfernt hatten. Cortés ließ deshalb eine tragbare Brücke bauen, die man von Durchbruch zu Durchbruch zu transportieren gedachte. Vierzig Tlaxcalteken wurden dazu abgestellt, diese Aufgabe zu übernehmen.

Andere der Hilfstruppen wurden damit beauftragt, einen Teil des Goldschatzes, der dem König gebührte, aus der Stadt zu schaffen. Der Rest wurde unter die Hauptleute und Mannschaften aufgeteilt. Wer klug war, wählte sich nur ein paar kostbare Edelsteine aus (Bernal Díaz gehörte zu diesen); doch viele, vor allem die Neuankömmlinge, die sich noch nicht im Lande auskannten, stopften sich derart die Taschen voll, daß es sie am Gehen hinderte. Geschweige denn, daß sie in der Lage gewesen wären, jene Kanäle, die den Damm durchbrachen, schwimmend zu überqueren. Das aber mußten schließlich die meisten tun, denn die Flucht, so sorgsam sie vorbereitet war, erwies sich als ein einziges Fiasko. Der Schatz Axayacatls ging fast völlig verloren – und mit ihm über die Hälfte der spanischen Streitmacht.

189

Das, was als *Noche Triste*, die »Traurige Nacht«, in die Geschichte eingegangen ist, war der größte Rückschlag, den die Konquistadoren in der Neuen Welt hinnehmen mußten. Aus der Sicht der Indianer war es freilich ein Triumph, auch wenn sie nicht das erreichten, was sie erhofft hatten. In ihren Worten:

> »Und als die Nacht herangekommen, es Mitternacht geworden war, kamen die Spanier heraus, in dichtgedrängtem Zuge, und die gesamten Leute von Tlaxcala. Die Spanier gehen an der Spitze, und die Leute von Tlaxcala folgen, schließen hinten an, bilden gleichsam ihre Mauern, ihre Umwallungen.
>
> Sie führten hölzerne Brücken mit sich, die sie über die Kanäle legten, die sie überschreiten wollten.
>
> Es regnete, regnete fein, es regnete ganz fein.
>
> Die drei ersten Kanäle überschritten sie ungehindert: Tecpantzinco, Tzapotlan, Atenchicalco. Aber als sie nach Mixcoatechialtitlan, an den vierten Kanal kamen, wurden sie gesehen, wie sie die Stadt verließen. Ein wasserschöpfendes Weib sah sie, sogleich schreit sie, sprach: ›Mexikaner, kommt herbei, jetzt gehen eure Feinde, gehen heimlich, arglistig heraus aus der Stadt.‹
>
> Danach schrie ein Mann auf der Höhe des Tempels Uitzilopochtlis. Wohl zu den Leuten drang sein Schreien, alle Leute hörten es, er sprach: ›O Heerführer, o Mexikaner, eure Feinde ziehen fort, eilt herbei auf die Kriegsboote und auf die Wege.‹
>
> Und nachdem dieser Ruf gehört worden war, erhebt sich Kriegsgeschrei. Darauf beeilen sich die Leute, die die Bemannung der Kriegsboote bilden, sie eilen, sie rudern kräftig, sie steuern die Boote, gehen die Boote zu steuern, begeben sich nach Mictlantonco, nach Macuilcuitlapilco.
>
> Und die Kriegsboote trafen sich von beiden Seiten bei ihnen, bedrängten sie von beiden Seiten, die Kriegsboote der Tenochca und die Kriegsboote der Tlatelolca. Und einige gingen zu Fuß, geradewegs nach Nonoalco, begaben sich nach der Richtung von Tlacopan, um ihnen den Weg abzuschneiden.
>
> Darauf schleudern die Insassen der Kriegsboote die Speere mit gezackter Holzspitze auf die Spanier. Von beiden Seiten fallen die Speere mit gezackter Holzspitze auf sie nieder.
>
> Und die Spanier schießen ebenfalls auf die Mexikaner, sie schießen die Bolzen und die Feuerwaffen ab. Auf beiden Sei-

ten werden Leute getötet: Die Spanier und die Leute von Tlaxcala werden beschossen, die Mexikaner werden beschossen.

Und als die Spanier nach Tlaltecayoacan kamen, wo sich der Toltekenkanal befindet, stürzten sie wie von einem Felsen hinab. Viele fielen hinein, stürzten dort hinab, Leute von Tlaxcala, Leute von Tliliuhquitepec und Spanier fielen hinein; auch die Pferde und einige Weiber. Ganz vollgestopft wurde der Kanal von ihnen, bis an den Rand gefüllt. Und die zuletzt kamen, schritten über die Menschen, über die Leiber hinüber ans andere Ufer ...«[117]

Kaum mehr als das nackte Leben konnten die Spanier retten, und dies auch nur wenige: Fast 500 Spanier starben, ertranken oder wurden erschlagen. Einige auch wurden gefangengenommen, und diesen winkte ein noch grausameres Schicksal: Sie wurden Huitzilopochtli, dem Kriegsgott, geopfert. Was Montezuma immer bezweifelt hatte, sein Bruder und Nachfolger Cuitlahuac bewies es: Die Fremden waren keine Götter und auch ihre Pferde keine Fabelwesen. Sie starben, bluteten und ertranken wie alle anderen Menschen, und die, die auf den Opferblock gezerrt wurden, starben noch einen viel erbärmlicheren Tod, als es ein tapferer Krieger tat.

So sehr war das Ansehen der Spanier geschwunden, daß Cortés befürchtete, daß auch die Verbündeten von ihm abfallen würden. Doch einstweilen war er noch immer in Feindesland: Tlaxcala lag im Osten, jenseits des Sees und der Berge; er aber hatte mit knapper Not Tacuba erreicht, was bedeutete, daß man den See umrunden mußte, um in das Land der Verbündeten zu gelangen. Falls es noch Verbündete waren.

Die Azteken machten einen schwerwiegenden Fehler: Sie versäumten, den versprengten Haufen der Spanier (und ihrer nicht minder geschlagenen Hilfstruppen) auch am Ufer noch zu verfolgen; es wäre ihnen ein leichtes gewesen, auch den Rest niederzumachen. Doch sie begnügten sich mit der Beute und den Gefangenen, die sie auf dem Damm machten. So hatte Cortés Gelegenheit, die Überlebenden zu sammeln und sie soweit zu ordnen, daß sie sporadischen Angriffen, denen sie auf ihrer Flucht ausgesetzt waren, standhalten konnten.

Was immer die Verbündeten in Tlaxcala denken mochten, die Tlaxcalteken, die mit Cortés gezogen waren, blieben ihm weiterhin treu ergeben. Ihnen blieb auch gar keine andere Wahl: Sie schwebten in der gleichen Gefahr wie die Fremden.

Man entschied sich für die nördliche Route; hier war das Tal weniger besiedelt, und damit würde auch der Widerstand geringer sein. Freilich bedeutete dies auch, daß man nur mit Mühe Nahrungsmittel auftreiben konnte; der Verlust eines Pferdes, das bei einem Scharmützel getötet wurde, wurde zwar beklagt, bot andererseits aber eine willkommene Bereicherung des kargen Speisezettels. Es wurde mit Haut und Haaren verzehrt, wie Cortés berichtet.

Die Azteken blieben mittlerweile jedoch nicht müßig. Nachdem sie ihren Triumph gefeiert hatten (und ihren Gott durch die außergewöhnlichen Gaben günstig gestimmt hatten), machten sie sich daran, dem Feind noch einmal in einer größeren Aktion gegenüberzutreten. Es war nicht schwer zu erraten, was er vorhatte, und so zogen sie ein Heer zusammen, das sie bei *Otumba* aufstellten, einem Ort in der Nähe von Teotihuacan. Hier mußten die Flüchtlinge vorbeiziehen, wenn sie nach Tlaxcala wollten. Und eben das würde man verhindern.

Die Azteken rechneten damit, daß sie ein leichtes Spiel haben würden. Der Feind war dezimiert, von Hunger geschwächt, und allein der Anblick der Übermacht, die gut gerüstet und ausgeruht war, würde ihn zur Aufgabe zwingen. Es war in der Tat eine böse Überraschung, als sich die Spanier eines Morgens, am 7. Juli 1520, sechs Tage, nachdem sie aus Tenochtitlan geflohen waren, und als sie sich schon in Sicherheit wähnten, dem Heer der Azteken gegenüber sahen. Wie Bernal Díaz schreibt:

»Und als wir etwa eine Legua zurückgelegt hatten und einer Ebene zustrebten, womit wir uns außer Gefahr wähnten, kamen plötzlich unsere Späher zurück und berichteten, daß die Felder übersät mit mexikanischen Kriegern seien, die uns erwarteten. Und als wir das hörten, überkam uns alle große Furcht. Doch nicht so sehr, daß uns unser Mut verlassen hätte und wir nicht bereit gewesen wären, ihnen entgegenzutreten und bis zum Letzten zu kämpfen. Und so verhielten wir denn einen Augenblick und wiesen die Reiter an, wie sie angreifen sollten, nämlich nicht anzuhalten und die Lanze zu werfen, sondern auf ihre Gesichter zu zielen und immer wieder von neuem vorzupreschen, bis sich ihre Schlachtreihe auflöste. Und wir Fußsoldaten sollten darauf achten, daß wir ihre Eingeweide trafen und es mit der nötigen Wucht taten, auf daß wir unsere Toten und Verwundeten rächten und, so es Gottes Wille sei, mit dem Leben davonkämen.

Und nachdem wir uns mit ganzem Herzen Gott und der heiligen Jungfrau anvertraut hatten und indem wir den Namen unseres Herrn Santiago anriefen, warfen wir uns auf den Gegner, der begonnen hatte, uns einzukreisen; je fünf

Reiter griffen ihre Reihen an, und indem wir ihnen folgten, durchbrachen wir ihre Verteidigung.

Oh, was für ein furchtbarer und blutiger Kampf war das! Wie wir ineinander verknäult waren und mit Schwert und Lanze aufeinander losgingen, wie die Hunde sie anfielen und wir unter den Schlägen ihrer zweihändigen *macanas* zurückwichen! Und die Reiter, wie sie den Vorteil der Ebene nutzten und vor- und zurückpreschten und die Lanze anlegten und nicht aufgaben, obwohl auch sie und die Pferde verwundet waren! Sie kämpften wie die Teufel!«[118]

Die Reiter, so wenig es noch waren, die das Fiasko der Traurigen Nacht überlebt hatten, waren dennoch die wirksamste Waffe, die die Spanier hatten. Allein auf die Fußsoldaten angewiesen, hätten sie kaum eine Chance gehabt. Doch es gab noch etwas anderes, das den Ausschlag gab: Es waren dies die Feldzeichen der Mexikaner!

Das mexikanische Heer war eine wogende Menge von Federn und Standarten. Jeder, der sich schon einmal im Kampf ausgezeichnet hatte, war berechtigt, einen besonderen Schmuck zu tragen. Dieser bestand aus einem Kostüm, das über dem eigentlichen Panzer, der aus Baumwolle hergestellt war, getragen wurde, einem Schild und einem Rückenschmuck. Alle drei Insignien, die eine Vielzahl von symbolträchtigen Farben, Formen und Mustern aufwiesen, stellten ein Attribut dar: Sie waren im Grunde ein magischer Schutz und zugleich eine Quelle göttlicher Kraft. Totemistische Vorstellungen und religiöse Gebräuche vermischten sich hier und gaben dem Krieg zugleich einen mystischen, überirdischen Anstrich. Jemand, der eine bestimmte, geheimnisvolle Kraft darstellte, entschied nicht nur durch sein Geschick den Ausgang der Schlacht. Er unterlag oder siegte als Gott, als übermenschliches Wesen, und je nachdem, wie der jeweilige Zweikampf ausging, so war auch das Schicksal der übrigen Krieger vorherbestimmt. War der Gott ihnen wohlgesonnen und der, der ihn darstellte, kraftvoll und siegreich und unbesiegbar, dann war der Ausgang positiv, und im Vertrauen darauf war jeder angespornt und gab sein Letztes. War der Gott, in dessen Gestalt ein Krieger kämpfte, aber unterlegen, bedeutete dies, daß er seinen Schutz von den Kämpfenden genommen hatte oder daß ein anderer Gott, der mächtiger war, ihn verdrängte: Dann half alle menschliche Anstrengung nicht mehr; der Kampf war, dadurch daß der Gott des anderen gesiegt hatte, bereits entschieden, noch ehe er tatsächlich beendet war. Die Anhänger des unterlegenen Gottes verloren ihre Zuversicht, streckten die Waffen und ergriffen die Flucht.

Auch die Spanier kämpften im Zeichen einer bestimmten Schutz-
macht. Es war dies jener Santiago, ein katholischer Heiliger, mit dessen
Anrufung auf den Lippen sie sich in den Kampf stürzten. Doch obwohl
auch sie in religiösem Denken verhaftet waren, zweifelten sie doch nie,
da sie den Heiligen nicht mit einer bestimmten Person identifizierten,
die ihn auf Erden repräsentierte, an einem glücklichen Ausgang der
Schlacht. Sie kämpften auch dann (obwohl sie an der Gunst des
Schutzpatrons zweifeln mochten), wenn der Kampf aussichtslos
schien. »Bis zum Tode«, wie Bernal Díaz vermerkt.

Darin unterschieden sich die beiden Gegner, die an jenem Morgen
des 7. Juli 1520 auf der Ebene von Otumba zusammentrafen. Cortés war
sich dieses Unterschiedes, über den ihn zweifellos seine indianischen
Verbündeten aufgeklärt hatten, wohl bewußt, und es war diese richtige
Einschätzung der Lage, die ihn den Sieg davontragen ließ. Wie er selbst
schreibt:

> »Aber der Herr war so gütig, uns seine große Kraft und Gnade
> zu zeigen, und obwohl wir nur eine kleine Streitmacht waren,
> gelang es uns, ihren großen Stolz und Übermut zu brechen.
> Denn viele von ihnen wurden getötet und besonders jene, die
> zu den Hauptleuten gehörten und sich durch ihre Standarten
> auszeichneten.
>
> Auch waren sie so viele, daß sie sich gegenseitig behinder-
> ten. Und so dauerte dieser Kampf einen großen Teil des
> Tages, bis Gott entschied, daß einer von ihnen starb, der eine
> so hochrangige Persönlichkeit war, daß mit seinem Tode der
> ganze Kampf aufhörte.«[119]

Cortés selbst war es, der den Anführer der Azteken ausfindig machte,
auch wenn er ihn selbst nur verletzte. Es blieb einem anderen, der an
seiner Seite ritt, vorbehalten, die begehrte Trophäe zu erringen. Wie
sich Bernal Díaz erinnert:

> »Und der, der dem Feldherrn folgte, der das Banner trug,
> obwohl ihn Cortés bereits gestellt hatte, war Juan de Sala-
> manca ..., der auf einer gescheckten Stute ritt; er versetzte
> ihm einen Lanzenstich und erbeutete seinen reichen Feder-
> schmuck ...«[120]

Mit dem Heerführer der Azteken fiel auch ein Großteil des mexikanischen Adels:

»Und als die Reiter, die die Flüchtlinge verfolgt hatten, zurückkamen, dankten wir Gott, daß wir dieser Übermacht heil entkommen waren, denn nirgends in den Ländern Westindiens hat es eine Schlacht gegeben, wo so viele indianische Krieger versammelt waren; es war die Blüte Mexikos und Tezcucos und all der Dörfer und Städte am Ufer des Sees und der benachbarten Bezirke wie Otumba, Tepetezcuco und Saltocán, die hier zusammengekommen war in der Erwartung, daß sie uns diesmal gänzlich vernichten würden. Und wie reich und verziert ihre Waffen gewesen waren, mit all dem Gold und den Federn und den Bannern, die ihre Hauptleute und Heerführer geschmückt hatten!«[121]

Nach Otumba, wo die Azteken all ihre Kräfte aufgeboten hatten und zum ersten Mal in diesem Kampf um das Schicksal Mexikos eine richtige Schlacht stattgefunden hatte, war am Ausgang dieses Krieges nicht mehr zu zweifeln. Ein Volk, das wie kaum ein anderes vom Krieg und für den Krieg (auch wenn er göttliches Gebot war) gelebt und alle Unterworfenen in Angst und Schrecken gehalten hatte, war nun für jedermann ersichtlich gedemütigt und geschlagen worden. Mehr noch als der kühne Einzug der Spanier in Tenochtitlan und die Mißhandlung Montezumas war die Schlacht von Otumba ein untrügliches Zeichen, daß die Herrschaft der Azteken zu Ende ging.

Dennoch gaben sich die Bewohner Tenochtitlans nicht geschlagen. Sie konnten nicht ahnen, welche Prüfung ihnen bevorstand.

Das erste, was sie – nach der niederschmetternden Nachricht von der Zerschlagung ihres Heeres – ereilte, war eine geheimnisvolle Krankheit. Wie es in den indianischen Quellen heißt:

»Zur Zeit, da das Fest Tepeilhuitl gefeiert wurde, fing es an, daß ein großes Unheil über die Leute kam. Einige waren wie mit einer Kruste überzogen, überall hin legte sich der Ausschlag, auf das Gesicht, auf den Kopf, auf die Brust. Es war eine verderbliche Krankheit, viele starben daran, sie konnten nicht mehr gehen, lagen nur auf ihren Lagern, ihren Schlafstätten, sie konnten sich nicht bewegen, nicht rühren, nicht regen, sich nicht auf die Seite legen, nicht mit dem Gesicht nach unten legen, nicht auf dem Rücken liegen. Und wenn sie sich bewegten, schrien sie sehr.

Sehr verderblich war der den ganzen Leib bedeckende Ausschlag. Viele Leute starben daran, und viele starben Hungers, gänzlich starben die Leute Hungers, denn niemand kümmerte sich mehr um die Kranken, niemand gab sich mehr mit ihnen ab.«[122]

Es waren die *Pocken,* die in Tenochtitlan grassierten. Ein Neger, der mit der Expedition, die Narváez angeführt hatte, ins Land gekommen war, hatte sie eingeschleppt. Sie hielten eine furchtbare Ernte, nicht nur in Tenochtitlan, auch in den umliegenden Dörfern und Städten. Zehntausende wurden dahingerafft, darunter auch Cuitlahuac, der die Nachfolge Montezumas angetreten hatte. Er hatte kaum drei Monate regiert.

An die Stelle Cuitlahuacs trat *Quauhtemoc,* ein Sohn Ahuitzotls. Auch er war von dem traditionellen Geist seines Volkes beseelt, und er lehnte auch selbst dann noch ein Friedensangebot der Spanier ab, als es keine Aussicht auf Rettung mehr gab. Sein Name bedeutet »Herabstoßender Adler«, und obwohl er erst 18 Jahre alt war, als er sein Amt antrat, erwies er sich dieses Namens würdig. Er kämpfte bis zum letzten und bewies selbst in der Gefangenschaft Stolz und Würde.

Die Aussichten auf einen Sieg waren nach Otumba denkbar gering. Dennoch dauerte die Belagerung von Tenochtitlan fast ein ganzes Jahr. Am Ende waren es nicht die Spanier, sondern Hunger und Krankheiten, die die Azteken besiegten.

Es war – aus der Sicht der Azteken – in tragischer Weise eine Umkehr ihrer Geschichte. Wie das Reich allmählich gewachsen war, von einer Inselfeste über die Ausweitung über das Tal bis zur Unterwerfung des ganzen Landes, so schrumpfte es nun unter dem Anprall der Spanier wieder auf seinen Ursprung zusammen. Am Ende war es nur noch Tenochtitlan, das Widerstand leistete. Zurückgedrängt auf der Insel, waren die Azteken wieder das, was sie zu Anfang gewesen waren: ein armer, verachteter Stamm, der um sein Überleben kämpfte.

Doch Huitzilopochtli war tot, seine Stimme verklungen. An seine Stelle war ein anderer Gott getreten, zuerst Quetzalcoatl und dann ein Gott, der allmächtig war. Wie Ometeotl, nur daß er ein rächender Gott war, kein Schöpfer, sondern ein Zerstörer. Auch das fünfte Zeitalter ging zu Ende.

Cortés, der ein Werkzeug dieses neuen, zerstörerischen Gottes war, war unerbittlich in seiner Forderung: Tenochtitlan mußte fallen, und jedes Recht auf einen Vasallenstatus, den er noch Montezuma eingeräumt hatte, war verwirkt. Es war Rebellion, was Cuitlahuac angezettelt hatte und Quauhtemoc fortsetzte; Rebellion gegen den König und gegen Gott, und also war der Krieg, ein totaler Krieg, gerecht, und die, die unterlagen, hatten ihren Anspruch auf Gnade verwirkt: Sie waren nunmehr Sklaven.

Nicht, daß er jemals an seiner Mission gezweifelt hätte; doch nun hatte er die Rechtfertigung, mit jeglichen Mitteln den Kampf zu Ende zu führen. Und es wurde ein erbarmungsloser Kampf; nicht ein Stein bleib auf dem anderen!

Zunächst hatte Cortés das Glück, von seinen Verbündeten, den Tlaxcalteken, in alter Freundschaft aufgenommen zu werden. Sodann traf Verstärkung von der Küste ein, wo verschiedene Expeditionen der Spanier landeten, die es teils auf eigene Faust versuchen wollten, teils im Dienste Velázquez', des Gouverneurs von Kuba, standen, die alle aber schließlich mit Cortés gemeinsame Sache machten. Auf diese Weise brachte er seine Truppenstärke wieder auf annähernd tausend Mann, wozu noch die einheimischen Verbündeten kamen, deren Hilfstruppen schließlich die stattliche Zahl von hunderttausend Kriegern erreichten.

Mit einer gesicherten Basis in Tlaxcala unternahm Cortés zunächst Vorstöße in die Umgebung, um seinen Stützpunkt auszubauen, und verlegte dann seinen Gefechtsstand nach *Tetzcoco*, wo er einen Thronprätendenten, den die Azteken übergangen hatten, *Ixtlilxochitl* mit Namen, als Nachfolger von Cacama einsetzte, der in den Wirren der Noche Triste umgekommen war.

Von Tetzcoco weitete er dann seinen Einfluß nach Süden aus, wo er nicht nur die Uferstädte, darunter auch Iztapalapa, eroberte, sondern auch in die Berge vorstieß, wo er bis nach Quauhnahuac vordrang, der Sommerresidenz der Azteken, die die Spanier in *Cuernavaca* umtauften. Auch im Westen und Norden brachte Cortés die Städte und Dörfer, die zum eigentlichen Kern des Aztekenreiches gehört hatten, unter seine Botmäßigkeit, so daß schließlich Tenochtitlan von allen Seiten umzingelt war.

Schwerwiegender war, daß die Azteken nun keine Tribute mehr erhielten: weder Nahrungsgüter noch Ausrüstungsgegenstände gelangten in die Stadt. Das wenige, was noch geliefert wurde, fingen die Spanier auf dem See ab, wo sie schließlich eine Flotte kleiner, bewaffneter Segelschiffe einsetzten, gegen die die Kanus der Indianer nichts ausrichten konnten. Auch die Zugänge zur Stadt, die Dämme, wurden gesperrt; selbst das Wasser drehte man den Azteken ab, indem man die Leitung aus Chapultepec, die Tenochtitlan mit Trinkwasser versorgte, unterbrach. Am Ende waren die Azteken so eingeschlossen, wie es die Spanier gewesen waren. Doch für sie gab es nicht einmal die Möglichkeit einer Flucht: Wo hätten sie hingehen können? Tenochtitlan war der einzige Ort, wo sie Schutz finden konnten. Überall sonst waren sie Fremde, verhaßte oder gefürchtete Usurpatoren, gegen die man sich nun auflehnte.

Die Azteken hatten keine Chance; immer enger zog sich die Schlinge, und schließlich drangen die Spanier auch in die Stadt selbst ein. Es war ein erbittertes Ringen, das sich am Ende entspann. Von Haus zu Haus mußten sich die Spanier ihren Weg erkämpfen, und so manches Mal erlitten sie noch eine Schlappe. Doch am Ausgang des Krieges änderte das nichts mehr; als die Spanier dazu übergingen, die Stadt systematisch dem Erdboden gleichzumachen, um den Eingeschlossenen auch die letzte Möglichkeit zu nehmen, sich zu verteidigen, war das Ende gekommen. Es war ein trauriger Anblick, der sich den Siegern bot:

>»Ich habe von der Zerstörung Jerusalems gelesen; doch ob es da auch so viele Tote gab wie hier, ich weiß es nicht. Denn es starben in dieser Stadt so viele Menschen, Krieger und Flüchtlinge, die in der Stadt Schutz gesucht hatten, daß die Straßen und Plätze und der See voller Leichen waren. Und der Gestank, der über der Stadt lag, war so fürchterlich, daß es niemand aushalten konnte, und wir beeilten uns, kaum daß wir Guatemuz gefangengenommen hatten, in die Lager zurückzukehren. Selbst Cortés wurde es schlecht von dem Gestank, der ihm in die Nase stieg, und den Kopfschmerzen, die er ihm bereitete, als er dort in Tatelulco war.«[123]

Cortés schätzt die Zahl der Toten auf über 50 000. Er schreibt:

>»Und um schneller aus der Stadt zu kommen, warfen sich viele ins Wasser, wo sie in der Masse der Toten ertranken. Es waren ihrer so viele, die, so scheint es, mangels Trinkwasser und Nahrung und, weil sie den Gestank nicht ertragen konnten, starben, daß ihre Zahl 50 000 übersteigt. Ihre Körper türmten sich zu Bergen, denn niemand schaffte sie weg, fürchteten sie doch, daß wir ihre Not erkannten, wenn die Leichen im Wasser schwammen oder wenn sie sie aus der Stadt brachten; und so fanden wir sie überall, daß wir nicht wußten, wohin wir treten sollten.«[124]

Denen, die überlebten, blieb nur die Flucht; aber auch damit war ihre Prüfung noch nicht zu Ende. Wie es in den indianischen Quellen heißt:

>»Die kleinen Kinder werden auf dem Rücken getragen. Weinen erhebt sich. Einige freuen sich, sind lustig, während man sich auf dem Wege drängte.

198

Und die Bootsbesitzer, jeder, der ein Boot hat, gehen bei Nacht fort; aber auch den ganzen Tag gingen sie fort, drängten und stießen sich gleichsam beim Gehen. Und allerorten auf den Straßen rauben die Spanier. Sie suchen das Gold; grüne Edelsteine, Quetzalfedern und Türkis achteten sie nicht. Überall haben sie es am Bauche, am Hüfttuch versteckt die Weiber und wir Männer in der Schambinde und im Munde.

Und sie ergriffen, wählten sich aus die sauberen, schönen Weiber, die gelbes Fleisch hatten, die heller Haut waren. Und einige Weiber, wenn sie angefallen wurden, beschmierten sich das Gesicht mit Lehm und schlugen sich eine alte zerrissene Decke um die Hüften, zogen einen alten Lumpen als Hemd über den Oberkörper, legten lauter alte Lumpen an.

Und auch einige von uns Männern wurden ausgesucht, kräftige Leute, ausgewachsene Leute und junge Burschen, die sie als Boten senden könnten, die ihre Boten sein könnten, die man ihre Diener nennt. Einige zeichnete man sofort in der Mundgegend mit dem Brandstempel, einige bemalte man in der Kiefergegend, einige bemalte man um die Lippen.

Und als der Schild niedergelegt wurde, indem wir besiegt wurden, das war das Jahr des Zeichens ›Drei Haus‹ und in der Tageszählung, ›Eins Schlange‹.«[125]

Die Spanier nannten diesen Tag, an dem Tenochtitlan fiel, »San Hipólito«; es war der 13. August 1521.

Verblassender Ruhm

»Und dann kamen Sandoval und Holguín mit Guatemuz, und indem sie ihn in der Mitte führten, brachten sie ihn vor Cortés. Und als er ihm gegenüberstand, grüßte er ihn sehr ehrerbietig, worauf Cortés ihn freudig in die Arme nahm und ihm all seine Zuneigung erwies. Da sagte Guatemuz zu Cortés: ›Malinche, ich habe getan, was meine Pflicht war und diese Stadt verteidigt, soweit ich konnte. Doch nun bin ich am Ende; als Gefangener trete ich vor dich und bitte dich: Nimm diesen Dolch, den du am Gürtel trägst, und töte mich!‹ Und als er das sagte, weinte und seufzte er gar sehr und mit ihm die Fürsten, die ihn begleiteten.

Und Cortés antwortete ihm sehr herzlich, wobei Doña Marina und Aguilar, unsere Dolmetscher, übersetzten, daß er große Achtung vor ihm habe, da er so tapfer gekämpft habe, und daß man es ihm nicht nachsehen könne, was er getan habe. Er bedaure es nur, daß er sich nicht freiwillig ergeben habe und in Frieden gekommen sei, als die Sache für ihn verloren war, denn dadurch wäre die weitere Zerstörung der Stadt verhindert worden und es hätte nicht so viele Tote unter seinem Volk gegeben. Doch das sei nun vorbei, und man könne nichts mehr daran ändern; er solle vielmehr neuen Mut fassen, und auch seine Fürsten sollten guten Herzens sein. Er würde weiter Mexiko und seine Provinzen regieren, wie eh und je. Und Guatemuz und seine Fürsten antworteten, daß es eine große Gnade sei, die er ihnen erwies.«[126]

Cortés hatte eine Zunge wie Honig; und wenngleich es auch nicht ausgeschlossen ist, daß er tatsächlich Mitleid mit dem jungen König empfand, der nun sein Gefangener war, so hatte er doch nie die Absicht, ihn wieder auf den Thron zu setzen. Im Augenblick war er ihm nützlich, aber er würde ihn fallen lassen, sobald seine eigene Position gefestigt war.

Nach dem geltenden Recht, das kein Geringerer als der Papst sanktioniert hatte, hatte »Guatemuz«, wie Bernal Díaz Quauhtemoc nannte, seinen Herrschaftsanspruch verwirkt: Er hatte sich gegen Gott und die Krone gestellt, und damit war Gewalt das einzige Mittel, ihn zu bezwingen, und wenn er bezwungen war, war er rechtens ein Sklave. Er wie alle anderen, die Widerstand geleistet hatten.

Diese Vorstellung, die eine offizielle Rechtfertigung für die Eroberungskriege war, ging auf eine Absprache zurück, die zwischen der katholischen Kirche und den spanischen Königen getroffen worden war. Sie hatte die Form einer *päpstlichen Bulle*, die auf eine Eingabe der spanischen Könige zurückging, und aus dem Jahre 1493 datiert. In der Bulle heißt es:

Damit Ihr freier und mutiger den Auftrag zu einer so bedeutenden Unternehmung annehmt, der Euch freigebig durch die apostolische Gnade »motu propio« übertragen worden ist und nicht auf Eure Bitte noch für Euch durch die Bitte eines anderen, schenken, gewähren und zuteilen wir Euch und Euren Erben und Nachfolgern, den Königen von Kastilien und León, kraft unserer apostolischen Gewalt und der Autorität des allmächtigen Gottes, die uns über den heiligen Petrus zugekom-

men ist, sowie als Vikar Jesu Christi auf immer alle entdeck-
ten und zu entdeckenden Inseln und Festländer in Richtung
nach Westen und Süden, wobei eine Linie vom Nordpol zum
Südpol zu ziehen ist …, welche von den Azoren und Kapver-
dischen Inseln hundert Meilen gen Westen und Süden ver-
läuft, so daß alle entdeckten Inseln und Festländer jenseits
der Linie, soweit sie nicht bis zum Beginn des Jahres 1493 von
einem anderen christlichen König in Besitz genommen wor-
den sind, mit allen Herrschaften, mit Städten, Festungen und
Ortschaften, mit Rechten, Gerichtsbarkeiten und Kompeten-
zen Euch gehören, und wir setzen Euch, Eure Erben und
Nachkommen als deren Herren mit voller, freier und allseiti-
ger Gewalt, Autorität und Rechtsprechung ein …[127]

Abgesehen davon, daß die Behauptung *motu propio*, »aus eigenem
Antrieb«, nicht stimmt, weil, wie gesagt, die Initiative von den spani-
schen Königen ausging, ist auch die Voraussetzung dieser Bulle eine
Unwahrheit. Denn, wie es einleitend heißt:

Wir haben nun erfahren, wie Ihr seit einiger Zeit Euch vor-
genommen habt, einige ferne und unbekannte Inseln und
Festländer zu suchen und aufzufinden, die bisher von nie-
mand entdeckt worden sind, um die Eingeborenen und
Bewohner zur Verehrung des Erlösers und zum Bekenntnis
des katholischen Glaubens zu bringen.[128]

Das genau aber war nicht das Motiv, das zu einer anderen Absprache
geführt hatte, für die die Bulle lediglich eine Bestätigung liefern sollte.
Diese Absprache war ein Jahr zuvor, am 17. April 1492, zwischen den
spanischen Königen und Kolumbus getroffen worden und diente als
Grundlage für seine Entdeckungsfahrt. Als sogenannte *Capitulaciones*
von Santa Fé bekannt, wurde in dieser schriftlichen Abmachung festgelegt, daß Kolumbus im Namen der spanischen Könige die Regierungs-
gewalt über alle die von ihm zu entdeckenden Länder ausüben könne
und daß er verpflichtet sei, neun Zehntel aller Gewinne, die er in jenen
Ländern mache, an die Könige abzuführen. Allein die Ausübung der
Herrschaft und der Gewinn, der daraus zu ziehen ist, sind der Gegenstand der Abmachung. Es wird nichts gesagt, was auf ein höheres Ziel
schließen ließe. Es war ein reines Handelsunternehmen.
 Was aber veranlaßte die spanischen Könige dann, ihren rein weltlichen Bestrebungen ein religiöses Mäntelchen umzuhängen? Es war die
Bedrohung durch die Portugiesen, die auf Grund eines Vertrages, den

sie 1479 mit den Spaniern geschlossen hatten, Anspruch auf die neuentdeckten Länder erhoben. Um dieser Bedrohung entgegenzuwirken,
riefen die spanischen Könige die Hilfe des Papstes an, der als Vertreter
Christi auf Erden als oberster Schiedsrichter galt. Obwohl auch die
Päpste der Renaissance weltlichen Dingen nicht abgeneigt waren, gab
es dem Anliegen der Spanier doch einen solideren Anstrich, wenn man
die Sache vom Religiösen her aufzäumte. Damit kam man dem Papst
entgegen und nahm den Portugiesen den Wind aus den Segeln.

Diese, die den Standpunkt vertraten, daß sie nicht weniger christlich
als die katholischen Majestäten in Spanien waren, erklärten sich dennoch mit dem päpstlichen Schiedsspruch nicht einverstanden, und es
kam zu zähen Verhandlungen zwischen den beiden Kontrahenten, an
deren Ende der sogenannte *Vertrag von Tordesillas* stand, der am
7. Juni 1494 geschlossen wurde und die Grenzen zwischen den beiden
Machtbereichen neu festlegte. In diesem Vertrag, der im Gegensatz zur
Bulle des Papstes eine staatsrechtliche Übereinkunft war, wurde die
Grenze um 270 Meilen nach Westen verlegt. Wie es in dem Text heißt:

*Soweit es zwischen den vertragschließenden Herrschern eine
gewisse Zwistigkeit über das gibt, was jedem von ihnen von
dem gehört, das ab heute, dem Datum dieses Vertrages, im
Ozean zu entdecken bleibt, gefällt es Ihren königlichen
Hoheiten zum Wohl des Friedens und der Eintracht und zur
Erhaltung der Verwandtschaft und Liebe, die den König von
Portugal mit dem König von Aragon und der Königin von
Kastilien verbinden, daß in ihrem Namen ihre Unterhändler
auf Grund ihrer Vollmachten gewährten und genehmigten, es
werde durch den westlichen Ozean eine Linie vom Nordpol
zum Südpol gezogen, die 370 Seemeilen westlich der Kapver-
dischen Inseln verläuft und so genau und schnell wie möglich
bestimmt werden soll. Alles, was bis jetzt von dem König von
Portugal und seinen Schiffen nach Westen bis zu der genannten Linie und nicht darüber hinaus aufgefunden und entdeckt
ist und künftig aufgefunden und entdeckt wird, seien es
Inseln oder Festländer, bleibt und gehört dem König und
seinen Nachfolgern für immer. Und alles andere, seien es
Inseln oder Festländer, die von dem König und der Königin
von Aragon und Kastilien und ihren Schiffen gefunden und
entdeckt sind oder aufgefunden und entdeckt werden, wenn
man von der festgelegten Linie weiter nach Westen fährt,
bleibt und gehört dem König und der Königin von Kastilien
und ihren Nachfolgern für immer ...*[129]

Damit war die Welt praktisch unter die iberischen Könige aufgeteilt (auch wenn das Pendant zur Linie von Tordesillas, die sogenannte *Zaragoza-Linie,* die den Pazifik in zwei Hälften teilte, erst 1529 erfolgte), und es blieb Franz I., König von Frankreich, nur der entrüstete Ausruf, den er tätigte, als er Nachricht von der Kaperung eines spanischen Handelsschiffes erhielt: »Zeigt mir Adams Testament!« Denn das Schiff, das französische Korsaren aufbrachten, war beladen mit Schätzen, die Cortés in Mexiko erbeutet hatte und die er als Anteil des Königs nach Spanien sandte, und es war die Eroberung Mexikos, des ersten Goldlandes, das man in der Neuen Welt unterwarf, was die ganze Tragweite des Vertrages von Tordesillas bewußt machte.

Anders als die Portugiesen vermochten die Franzosen an der Aufteilung der Welt nichts mehr zu ändern. Zumindest in der Neuen Welt waren es zunächst Spanien und Portugal, die sich in die Beute teilten: letzteres erhielt Brasilien und Spanien den Rest.

Was dieser »Rest« war, war zunächst noch gar nicht bekannt. Nachdem Kolumbus 1492 die Bahamas und Hispaniola entdeckt hatte, machte die Erforschung der neuentdeckten Länder zwar schnelle Fortschritte, doch zeigte es sich bald, daß es eben nicht der östliche Rand Asiens war, wie Kolumbus angenommen hatte, sondern ein gänzlich neuer Kontinent. Er erhielt schließlich nach dem italienischen Seefahrer Amerigo Vespucci, der auf wiederholten Entdeckungsfahrten die nördliche Küste Südamerikas erkundete, den Namen »Amerika«.

Nach der Errichtung von Stützpunkten in der Karibik folgte die Erkundung der angrenzenden Küsten, die wiederum ihrerseits Ausgangspunkt für weitere Expeditionen ins Inland waren. Einer der ersten dieser Vorstöße war der Zug Cortés' nach Mexiko. Ein zweiter, der bereits vorher erfolgt war, war die Durchdringung Panamas, die zur Entdeckung des Pazifischen Ozeans führte, den freilich die Portugiesen schon auf ihren *östlichen* Reisen erreicht hatten. Von Panama wurde dann der südliche Teil Zentralamerikas erkundet sowie die Westküste Südamerikas, was schließlich in der Entdeckung (und Unterwerfung) des Inkareiches gipfelte.

1533, als die Spanier in der Inkahauptstadt Cuzco einmarschierten und damit den Grundstein legten für die weitere Unterwerfung Südamerikas, waren die nördlichen Gebiete, Zentralamerika und Mexiko, bereits zum größten Teil erforscht und in den spanischen Herrschaftsbereich einbezogen. Lediglich in Yukatan, wo die Maya erbitterten Widerstand leisteten, und im nördlichen Mexiko, das eine offene Grenze zu den Weiten Nordamerikas bildete, setzte sich der spanische Herrschaftsanspruch erst später durch. Doch um die Mitte des 16. Jahrhunderts war das Zeitalter der Conquista hier abgeschlossen.

Was folgte, war Verwaltung und Ausbeutung. Doch ehe wir uns diesem Kapitel zuwenden, muß noch die Frage geklärt werden, ob allein die letztlich vom Papst sanktionierte Aufteilung der Welt ausreichte, um auch tatsächlich die Herrschaft der Begünstigten durchzusetzen. Abgesehen von Franz I., der seinem Unmut über die Bevorzugung der iberischen Könige Luft machte und zur Selbsthilfe griff, gab es im Verhältnis zu den übrigen Staaten in Europa zunächst keinerlei weitere Schwierigkeiten. England, das einmal zur größten Seemacht (und damit auch zur Bedrohung der spanischen Kolonien) aufsteigen sollte, stand noch in den Anfängen seiner Expansionspolitik. Ebenso Holland, das gleichfalls zu einer bedeutenden Seemacht werden sollte, seine Blickrichtung aber – wie es auch die Portugiesen taten, die 1498 den *östlichen* Seeweg nach Indien gefunden hatten – nach Osten lenkte.

Es war weniger eine Bedrohung von außen, die die Expansionspolitik der iberischen Könige gefährdete. Vielmehr gab es Widerstand in den eigenen Reihen. Es genügte nicht, das Mandat des Papstes einfach anzunehmen und dann nach eigenem Gutdünken zu verfahren. Es mußten genaue Regeln geschaffen werden, nach denen diese Politik vonstatten ging. Dies zumindest war die Forderung einiger kirchlicher Kreise in Spanien, die nicht ohne Einfluß blieben.

An erster Stelle ist der Dominikanermönch und Jurist *Francisco de Vitoria* zu erwähnen, der in Vorlesungen, die er an der Universität von Salamanca hielt, den Anspruch des Papstes bestritt, neben seiner Funktion als geistiges Oberhaupt auch in weltlichen Dingen die höchste Instanz zu sein. Er habe *nicht* das Recht, über die Beherrschung fremder Länder zu bestimmen; folglich sei auch die Herrschaft der spanischen Könige über ihre amerikanischen Kolonien widerrechtlich. Es sei denn, die Völker dieser Länder hätten sich nach einem allgemeingültigen Recht gegen das gesittete Zusammenleben vergangen. Dazu gehörte der freie Handel, die Verbreitung des christlichen Glaubens und die Achtung menschlicher Regierungsformen. Nur wenn diese allgemeingültigen rechtlichen Grundlagen *nicht* erfüllt waren, also die Spanier an der Ausübung des Handels oder der Missionierung gehindert wurden oder die eingeborenen Fürsten in Tyrannis herrschten, indem sie beispielsweise »unschuldige Menschen als Opfer darbringen oder Nichtverurteilte töten, um ihr Fleisch zu verzehren«, dann konnten die Spanier auch mit Gewalt vorgehen, fremde Länder besetzen und ihre Herrscher absetzen. Die Voraussetzungen für einen »gerechten Krieg« waren dann erfüllt.

Dieser »gerechte Krieg«, der eine Rechtfertigung für die Eroberung war, bereitete den Spaniern großes Kopfzerbrechen, und es gereicht ihnen zur Ehre, daß sie diese Frage nicht nur aufwarfen, sondern auch Konsequenzen daraus zogen, die durchaus nicht immer im Interesse derer lagen, die eine Unterwerfung und Besetzung fremder Gebiete unter allen Umständen durchführen wollten. Am kompromißlosesten in dieser Frage war *Bartolomé de Las Casas*, gleichfalls ein Dominikaner, der geradezu zu einem Fürsprecher der angeblichen Barbaren wurde, die es zu zivilisieren galt. Er kannte die Situation in den Kolonien aus erster Hand, und da er selbst als Konquistador und Ausbeuter angefangen, dann aber auf alle weltlichen Güter verzichtet hatte, kam seiner Aussage besondere Bedeutung zu. Sie gipfelte in einem Bericht, den er 1542 verfaßte und der den Titel trägt: »Brevísima Relación de la Destrucción de las Indias«. Zu deutsch: »Kurzgefaßter Bericht über die Zerstörung der indianischen Länder«. Darin zieht Las Casas Bilanz über fünfzig Jahre spanischer Kolonialpolitik; es ist eine schonungslose Anklage. Was Neuspanien, das Gebiet des ehemaligen Aztekenreiches, betrifft, so schreibt er:

»Neuspanien ward im Jahr eintausendfünfhundertundsiebzehn entdeckt. Bei Gelegenheit dieser Entdeckung ward den Indianern von denen, welche es entdeckten, großes Ärgernis gegeben; auch wurden von ihnen verschiedene Mordtaten begangen. Im Jahr eintausendfünfhundertundachtzehn ward es von denen, welche sich Christen nannten, geplündert und verwüstet; wiewohl sie vorgaben, sie wollten sich bloß daselbst niederlassen. Vom Jahr eintausendfünfhundertundachtzehn bis zum Jahre eintausendfünfhundertundzweiundvierzig, worin wir gegenwärtig leben, ward die Bosheit, Ungerechtigkeit, Gewalttätigkeit und Tyrannei, welche die Christen in den indianischen Ländern verübten, aufs höchste getrieben. Sie setzten alle Furcht und Scheu vor Gott und dem Könige gänzlich hintenan und dachten nicht einmal mehr daran, wer sie eigentlich waren. Grausamkeit und Blutvergießen, Menschenmord und Verheerung, Entvölkerung, Raub, Gewalttätigkeit und Tyrannei wurden in den großen und mannigfaltigen Reichen auf dem Festlande so häufig und auf eine so unerhörte Art begangen, daß alles, was wir bereits [über die Inseln] gesagt haben, als nichts zu betrachten ist, wenn man es mit demjenigen vergleicht, was hier geschah. Eine Menge dieser Verbrechen haben wir nicht einmal erwähnt; wenn wir sie aber auch alle erzählten, so würden sie doch weder in Ansehung der Zahl noch der Strafwürdigkeit mit denjenigen in Vergleich gesetzt werden können, welche von besagtem

Jahr eintausendfünfhundertundachtzehn bis auf den heutigen Tag im Jahr eintausendfünfhundertundzweiundvierzig verübt und begangen wurden; ja noch jetzt, im Monat September, übte man gerade die schwersten und allerschändlichsten aus. Die Regel, welche wir weiter oben festsetzten, ist demnach der Wahrheit vollkommen gemäß: daß nämlich die Spanier von Anbeginn an sich nach und nach immer größerer Missetaten und satanischer Werke schuldig machten.

Von ihrem ersten Eintritt in Neuspanien, am achtzehnten April eintausendfünfhundertundachtzehn, bis zum Jahr eintausendfünfhundertunddreißig, also zwölf ganze Jahre, dauerte das Würgen und Morden in einem fort, welches die grausamen, blutgierigen Hände und Mordschwerter der Spanier rings um die Stadt Mexiko und die umliegende Gegend auf vierhundertundfünfzig Meilen weit verübten, worin vier bis fünf Königreiche liegen, die so groß und noch weit fruchtbarer als Spanien sind. Alle diese Gegenden waren ungleich stärker bevölkert und enthielten weit mehr Menschen als Toledo, Sevilla, Valladolid und Zaragoza nebst Barcelona. Selbst zu der Zeit, da diese Städte am stärksten bevölkert waren, gab es keine so große Volksmenge darin, als Gott in vorbesagte Reiche versetzte, die, wenn man sie zu Fuße umgehen wollte, mehr als achtzehnhundert Meilen enthalten würden. In besagten zwölf Jahren und innerhalb der erwähnten vierhundertundfünfzig Meilen ermordeten die Spanier über vier Millionen Menschen, die sie entweder mit Schwert und Lanze niederstießen oder lebendig verbrannten; gleichviel, ob Mann oder Weib, jung oder alt. So lange dauern nämlich, wie bereits gesagt worden ist, ihre sogenannten Eroberungen, die aber eigentlich nichts anderes als gewaltsame Einfälle grausamer Wüteriche waren, dergleichen nicht allein im Gesetz Gottes, sondern auch nach allen menschlichen Gesetzen verboten und die weit ärger sind als diejenigen, deren sich der Türke zur Vertilgung der christlichen Kirche bedient. Außerdem ward und wird noch täglich durch ihre mehrerwähnte Sklaverei und unaufhörliche Gewalttätigkeiten und Bedrückungen eine Menge Menschen von ihnen umgebracht.

Keine menschliche Zunge, kein menschlicher Verstand, kein menschlicher Fleiß ist vermögend, all die schrecklichen Dinge zu erzählen, die in verschiedenen Gegenden, in dieser gemeinschaftlich und zu gleicher Zeit, in jener einzeln und auf allerlei Art, von diesen offenbaren und geschwornen

Todfeinden des Menschengeschlechtes in obenerwähntem
Bezirk begangen wurden; ja, er könnte nicht einmal alle
Nebenumstände und Verhältnisse angeben, wodurch einige
dieser Taten als noch weit abscheulichere Verbrechen
erscheinen. In Wahrheit, wenn man auch noch so viel Fleiß,
Zeit und Geschreibe darauf verwendete, so würde man doch
nicht alles erschöpfen können. Ich will also nur eins und das
andere anführen, und zwar unter der eidlichen Beteuerung,
daß ich kaum den tausendsten Teil zu erzählen gedenke.«[130]

Und er zählt nun auf an Hand einiger Beispiele, wo sich die Spanier am
meisten vergingen. An erster Stelle nennt er das Massaker von Cholula,
dann das Blutbad, das die Spanier im Tempelbezirk von Tenochtitlan
anrichteten. Zu letzterem schreibt er:

> »Solange die Welt nicht untergeht oder solange sie nicht alle
> von der Oberfläche der Erde vertilgt sind, werden sie nicht
> aufhören, diese soeben erzählte klägliche Begebenheit, den
> Verlust ihres gesamten Adels, auf den sie bis dahin seit so vie-
> len Jahren stolz gewesen, in ihren Areytos, Tänzen und Volks-
> liedern zu bejammern und zu besingen.«[131]

Man sollte nicht jedes Wort, das Las Casas in seinem Bericht schrieb,
auf die Goldwaage legen; doch man muß ihm eines bescheinigen: Er
nannte die Dinge beim Namen und scheute sich nicht, die, die die Eroberer Barbaren und Wilde nannten, als den Spaniern gleichwertige
Menschen anzuerkennen. Nichts könne einen Krieg gegen sie rechtfertigen, nicht einmal ihre Sitte, Menschen den Göttern zu opfern, denn
dies sei lediglich ein irregeleiteter Glaube, der sich aus ihrer Kultur
erkläre und den sie ablegen würden, sobald man sie über die Verwerf-
lichkeit ihres Tuns aufklären würde. Denn wie alle Menschen seien sie
vernunftbegabte Wesen, die sich rationalen Argumenten nicht ver-
schließen würden. Worauf es ankomme, sei, ihnen friedlich zu begegnen.
  Als Las Casas diese Gedanken äußerte und eine Revision der Eingeborenenpolitik forderte, war die Conquista zwar praktisch beendet,
doch blieb sein Wirken nicht ohne Folgen: Im gleichen Jahr, in dem er
seinen »Kurzgefaßten Bericht über die Zerstörung der indianischen
Länder« verfaßte, verabschiedete man ein offizielles Gesetzeswerk,
das einen Großteil der Mißstände beseitigen sollte und einen bemerkenswerten Versuch darstellte, die Indianerpolitik auf eine humane
Basis zu stellen. Daß der Versuch scheiterte oder doch zumindest nicht

die hehren Ziele erreicht wurden, die Las Casas angeregt hatte, hing mit der Unvereinbarkeit der Interessen der spanischen Krone und der Siedler in Übersee zusammen, die – die Entfernung zum Mutterland und die Bestechlichkeit vieler Beamten nutzend – die Gesetze unterliefen, wo sie nicht gar eine Änderung der Bestimmungen erwirkten.

Einen gesetzlichen Rahmen für die Kolonialpolitik hatte es eigentlich schon von Anfang an gegeben. Denn bereits 1512 waren erste Gesetze erlassen worden, die die Beziehungen zwischen spanischen Siedlern und den Eingeborenen regeln sollten. Ein Jahr später war dann das sogenannte *Requerimiento* verabschiedet worden, ein Dokument, das sich auf die Rechtfertigung eines Eroberungskrieges bezog. Dieser war nur dann gerechtfertigt, wenn die Indianer es ablehnten, die Oberhoheit des spanischen Königs, die diesem vom Papst verliehen worden war, anzuerkennen. Nur dann, wenn sie diesen Anspruch nicht anerkannten, konnte man gewaltsam gegen sie vorgehen und hatte das Recht, sie zu versklaven.

Obwohl das Requerimiento einem willkürlichen Krieg und einer einfachen Versklavung der Indianer vorbeugen sollte, geriet dieses Instrument der Eroberungspolitik doch zu einer Farce, denn praktisch war es undurchführbar. Jeder Eroberer hatte die Auflage, eine Abschrift des Requerimiento, was so viel wie »Aufforderung« heißt, bei sich zu führen und, wann immer er auf Eingeborene stieß, es diesen vorzulesen; selbst wenn man es tat, konnten die Eingeborenen doch selten etwas damit anfangen, denn man machte sich nicht die Mühe (oder hatte auch gar keine Möglichkeiten), das Dokument in die jeweilige Sprache der Indianer zu übersetzen. Oft aber wurde das Dokument gar nicht erst verlesen, denn es war lukrativer, die Indianer zu versklaven und sich ihren Besitz anzueignen. Las Casas meinte denn auch, er wüßte nicht, ob er lachen oder weinen sollte, wenn er dieser Farce begegne. Sie blieb dennoch bis zum Ende der Conquista, also jener Periode, in der die Landnahme durch die Spanier in der Neuen Welt erfolgte, bestehen.

Gesetze, auch wenn sie nicht eingehalten wurden, waren jedoch nur ein Instrument, mit dessen Hilfe die spanische Krone ihre Besitzungen in Übersee in den Griff zu bekommen versuchte. Mag am Anfang auch allein der kommerzielle Aspekt im Vordergrund gestanden haben, wie es ja der Abmachung mit Kolumbus zu entnehmen ist, so gewann doch schon bald, spätestens 1508, als der Papst den spanischen Königen das Patronatsrecht über die Kirche in Übersee übertrug, ein zweiter Aspekt an Bedeutung: die Ausbreitung des christlichen Glaubens und damit einhergehend die Errichtung einer gesitteten Ordnung. Es waren also letztlich zwei Ziele, die die spanische Krone verfolgte: Sie wollte ihren

Reichtum mehren und zugleich das Seelenheil verkünden. Darin sah man durchaus keinen Widerspruch, denn letzteres war ein löbliches Unterfangen, das nicht ohne Mühen zu bewerkstelligen war, weshalb man sich mit ersterem, das heißt weltlichen Gütern, die man in Übersee erwarb, entschädigen ließ.

Getreulich der Reihenfolge ihrer Ziele, die letztendlich auch eine Rangfolge blieb, richtete die spanische Krone zunächst, im Jahre 1503, eine sogenannte *Casa de Contratación* ein, eine Art Handelskontor, das den Verkehr mit den Ländern in Übersee überwachen sollte. Die Casa hatte ihren Sitz in Sevilla und war für alle Fragen, die den Handel mit Übersee betrafen, zuständig. Dazu gehörte neben der Regelung des Schiffsverkehrs und der Überwachung der Passagiere vor allem die Eintreibung der Steuern, die aus den Expeditionen nach Übersee resultierten.

Da man zunächst nur relativ unbedeutende Inseln in der Karibik entdeckt hatte, begnügte sich die Krone einstweilen mit ihrem Handelshaus, das ihre geschäftlichen Interessen wahrnahm. Das änderte sich, als Cortés das Reich der Azteken unterwarf. Hier war offensichtlich ein reiches Land, das wohlgeordnet und dicht bevölkert war. Da würde es nicht ausreichen, nur mit den Mitteln des Handels die neuerworbene Autorität zu wahren. Auch war inzwischen ja die offizielle Übertragung des Patronatsrechts erfolgt. Kurzum, es mußte eine neue Instanz geschaffen werden, die – neben dem eigentlichen wirtschaftlichen Aspekt, für den die Casa de Contratación weiterhin zuständig blieb – auch die Regierungsgeschäfte übernahm. So richtete man denn, 1524, den sogenannten *Indienrat* ein, eine Behörde, die die Oberaufsicht über alle Angelegenheiten führte, die die spanischen Besitzungen in Übersee betrafen. Nicht nur kontrollierte sie die Casa de Contratación, sie rekrutierte auch Beamte für den Dienst in den Kolonien, überprüfte ihre Amtshandlungen, setzte Gesetze auf (die vom König zu unterzeichnen waren) und fungierte als oberstes Gericht für alle Verfahren, die in den Kolonien anfielen und die Kompetenz lokaler Behörden überstiegen.

Diese lokalen Behörden wurden *Audiencias* genannt und hatten neben ihrer eigentlichen, juristischen Funktion auch Verwaltungsaufgaben wahrzunehmen. Insbesondere hatten sie über die Eingeborenenpolitik zu wachen, was ein ewiger Streitpunkt zwischen der Krone und den Kolonisten war. So setzten sie die Tribute fest, die die Indianer zu entrichten hatten, kontrollierten die Zuteilung indianischer Arbeiter an die Siedler und wachten über die Aufteilung des Landes. Die Beamten, die ihnen zugeteilt waren, hießen *Oidores*, »die, die hören«, womit ihre im wesentlichen richterliche Funktion gemeint war.

Die Audiencias hatten aber auch noch eine andere Aufgabe: Sie sollten die Amtsführung des höchsten Autoritätsträgers in dem jeweils für sie zuständigen Bezirk kontrollieren. Diese Autoritätsträger, die sozusagen Vertreter des Königs waren, hießen zunächst *Gouverneure* oder *Generalkapitäne*. Später, als die Besitzungen immer größer wurden, schuf man das Amt des *Vizekönigs*, der die Gouverneure oder Generalkapitäne ersetzte beziehungsweise ihnen übergeordnet wurde. Ein Vizekönig war immer zugleich auch Vorsitzender der größten Audiencia seines Amtsbereiches, doch hatte er kein Stimmrecht, es sei denn, es ging um reine Verwaltungsfragen. Auf diese Weise wollte man das Prinzip der Gewaltenteilung wahren, doch in der Praxis ließ sich dies nicht immer bewerkstelligen: Der Vizekönig (oder in einer untergeordneten Audiencia ein Generalkapitän) brauchte nur einen juristischen Sachverhalt zu einem Vorgang, der die Verwaltung betraf, umzudeklarieren, und schon war er mit im Geschäft. Die Kontrollfunktion der Audiencia, zumindest was die Aufsicht über die oberste Autorität betrifft, blieb nicht selten Theorie.

Dennoch bleibt festzuhalten, daß nach anfänglichem Chaos sich allmählich eine geordnete Verwaltung in den Kolonien durchsetzte, die zwar niemals das Recht der Oberhoheit der spanischen Könige in Frage stellte, dennoch aber bemüht war, die Unterworfenen nach Recht und Gesetz zu behandeln und sie nicht selten vor den Übergriffen der Siedler zu schützen. Daß dies nicht immer in der Weise geschah, daß es tatsächlich zur Beseitigung von Mißständen beitrug, hing mit der Furcht der spanischen Krone zusammen, die Siedler gegen sich aufzubringen und dadurch ihre Besitzungen in Übersee gänzlich zu verlieren. Es galt, einen Kompromiß zwischen hehren Prinzipien und realer Politik zu erzielen, und dieser Kompromiß ging auf Kosten der Indianer.

In Mexiko wurde zunächst Cortés mit dem Amt des Gouverneurs und Generalkapitäns ausgezeichnet, wobei sich ersteres auf seine zivilen Befugnisse und letzteres auf seine Funktion als oberster Heerführer bezog. 1528 wurde ihm eine Audiencia zur Seite gestellt, und 1530 folgte das Amt des Vizekönigs. Die spanische Krone hatte Cortés' Ansprüche zwar anerkannt (und die Velázquez' zurückgewiesen), doch im Grunde mißtraute man ihm. Nicht, daß man ihm nicht eine geordnete Verwaltung zutraute (die er in der Tat auch gleich nach der Conquista einführte); aber man fürchtete sein Draufgängertum. Wie, wenn ihm sein Erfolg, der bei der Besitznahme der Neuen Welt bislang einzigartig war, zu Kopf stieg und er versucht sein könnte, wie Velázquez auch dem König den Gehorsam aufzukündigen? Darauf wollte man es besser nicht ankommen lassen, und so schob man jedem Unabhängigkeitsstreben von Anfang an einen Riegel vor.

210

Es gab aber auch noch andere Gründe, weshalb die Krone zögerte, Cortés die Würde zuzuerkennen, die ihm angeblich gebührte. Zwar ging er mit großem Eifer daran, das Land, dessen Kern er erobert hatte, weiter zu erkunden, und er dehnte die Macht des Königs im Süden bis nach Guatemala und im Norden bis zum Pánuco aus, wo er die Huasteken unterwarf. Auch holte er Siedler und Missionare ins Land und legte den Grundstein für eine neue Gesellschaft. Doch gab es nicht wenige, die ihm seinen Erfolg mißgönnten, und so wurden Klagen laut, die seinem Ruf erheblich schadeten. Am geringsten war noch der Vorwurf, daß er seine Frau, die er in Kuba geheiratet hatte und die er nach Mexiko hatte nachkommen lassen, ermordet habe. Dergleichen nahm man in Spanien, wo die Frau nur eine untergeordnete Rolle spielte, nicht so genau. Schwerwiegender war der Vorwurf, daß er seine Amtsbefugnisse überschreite, sich in ungebührlicher Weise bereichere und die Indianer mißhandele. Letzteres hing ihm seit dem Massaker von Cholula an, zu dem noch ein weiterer inkriminierender Vorfall gekommen war: Es war dies die *Hinrichtung Quauhtemocs*.

Sie erfolgte am 28. Februar 1525. Zu diesem Zeitpunkt befand sich Cortés auf einem Zug nach Honduras, wo er einen seiner Offiziere, der ihm den Gehorsam aufgekündigt hatte, zur Rechenschaft ziehen wollte. Es war dies eine der unglücklicheren Unternehmungen, die Cortés durchführte. Nicht nur deshalb, weil er im Verlaufe dieser Expedition den angeblichen Verrat an Quauhtemoc beging, den er als Geisel mitführte und dem er eine Verschwörung anlastete, sondern auch weil er in Mexiko, wie die Spanier das frühere Tenochtitlan umbenannt hatten, seine Position noch nicht genügend gefestigt hatte, so daß, kaum daß er seinen Landsleuten den Rücken gekehrt hatte, diese in Streit ausbrachen und schließlich gleichfalls, was sehr viel schwerwiegender war, ihm die Herrschaft aufkündigten. Zu allem Überfluß stellte sich auch noch heraus, daß der Marsch über Land nach Honduras eine Strapaze war, gegen die der Vormarsch nach Mexiko wie ein Spaziergang erschien, und als man es schließlich geschafft hatte, stellte man fest, daß das ganze Unternehmen gar nicht nötig gewesen wäre, denn inzwischen hatte ein loyaler Anhänger von Cortés, den er vorausgesandt hatte, die Situation wieder ins Reine gebracht.

Der Marsch nach Honduras war also ein Fiasko. Doch was ihn erwähnenswert macht, ist jener tragische Vorfall, der dem letzten Aztekenherrscher das Leben kostete. Cortés selbst berichtet darüber sehr ausführlich seinem König. Er schreibt:

> »Hier, in dieser Provinz [Acalan, dem heutigen Campeche], trug sich ein Ereignis zu, von dem Euer Majestät wohl wissen

sollte, und zwar geschah folgendes: eines Nachts kam heimlich ein treuer Bürger dieser Stadt Tenuxtitan, der sich Mexicalcingo nannte und später auf den Namen Cristóbal getauft wurde, zu mir und brachte mir eine Zeichnung auf einem Stück Papier von der Art, wie es in diesem Land hergestellt wird; und indem er mir die Zeichnung erläuterte, erzählte er mir, daß Guatemucin, der ehemalige Herrscher von Tenuxtitan, den ich seit der Eroberung der Stadt in Gewahrsam hielt, da er von widerspenstiger Art war, und den ich zusammen mit all seinen Anhängern mit auf die Reise genommen hatte, um einem Aufruhr in der Stadt vorzubeugen, daß dieser Guatemucin und Guanacaxin, der Fürst von Tezcuco, und Tetepanquezal, Herr von Tacuba, und ein gewisser Tacitecle, der in Tatelulco regierte, häufig miteinander gesprochen hätten, worüber sie ihm, Mexicalcingo, berichtet hätten, und daß sie sich beklagt hätten, daß man sie ihrer Länder und Herrschaft beraubt hätte und daß man sie von den Spaniern zurückfordern und dazu einen Weg suchen solle, wie dies geschehen könne. Und nachdem sie darüber während dieses Marsches oft gesprochen hatten, waren sie zu der Überzeugung gekommen, daß es am besten wäre, mich und alle die, die mich begleiteten, zu töten. Und nachdem sie uns getötet hätten, würden sie das Volk jener Gegend aufwiegeln und den Aufruhr bis nach Honduras tragen. Und sie würden Boten nach Tenuxtitan schicken, damit sie auch dort alle Spanier töteten, was ihnen als ein Leichtes erschien, waren doch jene, die dort zurückgeblieben waren, Neuankömmlinge und im Krieg noch unerfahren. Und wenn sie sie alle getötet hätten, würden sie das ganze Land um sich scharen und über alle Städte und Dörfer herfallen, wo sich Spanier angesiedelt hatten, bis sie auch diese umgebracht hätten. Und wenn sie das geschafft hatten, würden sie überall an der Küste starke Garnisonen anlegen, damit ihnen auch kein Schiff entgehe, das dort zu landen versuche, und niemand nach Kastilien zurückkehre. Und so würden sie wieder Herren wie vorher sein, und sie hätten bereits das Land unter sich aufgeteilt und jenem Mexicalcingo eine bestimmte Provinz versprochen.«[132]

Es ist nicht unwahrscheinlich, daß Quauhtemoc eine letzte Chance sah, sein Reich zurückzugewinnen; immerhin waren die Spanier inzwischen über weite Teile des Landes verstreut, und der einzige, den man wirklich fürchten mußte, »Malinche«, wie man ihn nannte, war im

Augenblick in einer ziemlich mißlichen Lage. In dem sumpfigen Gelände von Acalan gab es weder Weg noch Steg, und da man auch nichts zu essen fand, waren die Soldaten, die ihn begleiteten, erschöpft und ausgemergelt. Jetzt oder nie! Diese Frage mag sehr wohl die Geiseln, die Cortés mitführte, bewegt haben, und es ist durchaus nicht ausgeschlossen, daß sie mit ihrem Plan, falls sie ihn wirklich auszuführen gedachten, Erfolg gehabt hätten. Am Schicksal Mexikos hätte das freilich nichts geändert: Die Spanier, nachdem sie einmal vom Honigtopf gekostet hatten, hätten sich nicht aufhalten lassen. Sie wären wiedergekommen, in immer größeren Scharen, bis auch der letzte Widerstand, selbst wenn er das ganze Land umfaßt hätte, erlahmt wäre. Kein Land, kein Volk, weder in Nord-, Mittel- oder Südamerika, hielt dem Vordringen der Weißen stand!

Doch dazu kam es gar nicht erst. Der einzige Aufstand, wenn er wirklich geplant war (was allerdings auch von anderer Seite bestätigt wird, darunter auch in indianischen Quellen), wurde im Keime erstickt. Danach gab es keinen Versuch mehr, das Joch der Spanier abzuschütteln. Im Gegensatz zu den Maya und Inka, die auch später noch Aufstände entfachten, die die Herrschaft der Spanier (und ihrer Nachfolger) in ihren Grundfesten erschütterten, ergaben sich die Azteken nach dem ersten, gescheiterten Versuch willenlos in ihr Schicksal. Sicher hing das auch damit zusammen, daß sie im Kerngebiet Mexikos siedelten, wo auch die Spanier den Sitz ihrer Macht errichteten. Sie hätten, selbst wenn sie es noch einmal gewagt hätten, keine Chance gehabt.

Cortés machte kurzen Prozeß. Wie er selbst berichtet:

> »Da ich nun so ausführlich von jenem Cristóbal über den Verrat, den man gegen mich und die Spanier geplant hatte, unterrichtet worden war, dankte ich Unserem Herrn, daß er mich in dieser Weise errettet hatte, und als der Morgen anbrach, ließ ich alle jene Fürsten festnehmen und verhörte sie einzeln, wobei ich ihnen sagte, daß die anderen bereits gestanden hätten. Auf diese Weise gestanden alle, daß Guatemucin und Tetepanquezal die Sache ausgebrütet hatten und daß die andern zwar davon gehört, doch dem Plan niemals zugestimmt hätten. Und so wurden diese beiden gehängt, während ich die andern freiließ, lag ihre Schuld doch allein darin, daß sie dem Plan gelauscht hatten, obwohl das genügt hätte, um auch sie aufzuhängen.«[133]

Bernal Díaz bestätigt den Bericht von Cortés, auch wenn er, wie üblich, eine menschliche Note hinzufügt. Er schreibt:

»Und ohne der Sache weiter nachzugehen, ließ Cortés Guatemuz und den Herrn von Tacuba, der sein Vetter war, hängen. Und bevor sie starben, sprachen ihnen die Franziskanermönche mit Hilfe der Dolmetscherin, Doña Marina, Mut zu und gaben sie in die Obhut Gottes. Und als sie ihn aufhängten, sagte Guatemuz: ›Oh, Malinche! Schon seit langem habe ich gewußt, daß du mich auf diese Weise töten wirst, denn deine Worte sind falsch und du tötest mich zu Unrecht! Gott wird dich strafen, denn du hättest mich töten sollen, als ich mich dir in meiner Stadt Mexiko ergab.‹ Der Fürst von Tacuba sagte, daß er froh sei, an der Seite seines Herrn zu sterben. Und bevor sie sie erhängten, nahmen ihnen die Mönche die Beichte ab; und wahrlich, ich hatte großes Mitleid mit Guatemuz und seinem Vetter, hatte ich sie doch als großmütige Fürsten kennengelernt, die mir sogar noch auf dem Weg geholfen hatten, indem sie mir einige Indianer überließen, die nach Heu für mein Pferd suchten. Und es war jener Tod, den man ihnen bereitete, im höchsten Grade ungerecht, und wir alle, die wir mit auf dieser Expedition waren, verurteilten ihn.«[134]

Wenn der Verrat tatsächlich geplant war, hatte Cortés kaum eine andere Wahl. Er war Realist; was er fühlte, wissen wir nicht. Bernal Díaz hätte Mexiko nie erobert; er war einer der wenigen (zumindest, von denen wir wissen), die offenbar ahnten, welche Tragik die Conquista tatsächlich war.

Quauhtemoc war der letzte Azteke, dessen Name in die Geschichte einging. Was folgte, war die Anonymität seines Volkes, das es nie mehr schaffte, aus dieser Anonymität wieder aufzutauchen. Den Ton gaben nun andere an.

Cortés war, trotz der Ehren, mit denen man ihn überhäufte, letztlich doch nur geduldet. Die Anklagen rissen nicht ab, und obwohl es ihm gelungen war, nach seiner Rückkehr aus Honduras in Mexiko wieder Ordnung zu schaffen, wurde seine Position doch immer prekärer, so daß er sich schließlich entschloß, nach Spanien zu gehen, um die Sache selber vor den König zu bringen. Mit großem Gefolge, zu dem auch indianische Würdenträger zählten, und mit wertvollen Geschenken machte er sich auf den Weg und konnte in der Tat auch den Monarchen beeindrucken. Man bestätigte ihn im Amt des Generalkapitäns, ernannte ihn zum *Marquis* und überließ ihm 22 Dörfer, über die er das Recht eines Feudalherrn ausüben konnte. Doch er verlor seinen Gouverneurstitel; man entschloß sich statt dessen, das Amt des Vizekönigs zu schaffen und damit einen Mann zu betrauen, der – abgesehen davon, daß er zum spanischen Hochadel gehörte – das absolute Vertrauen des Königs genoß. Es war dies *Antonio de Mendoza,* der zwar schon 1530 ernannt wurde, doch infolge familiärer Umstände erst fünf Jahre später sein Amt auch tatsächlich antreten konnte.

Cortés rückte damit in die zweite Reihe. Er kehrte nach Mexiko zurück, übernahm seinen Besitz, das sogenannte *Marquesado del Valle de Oaxaca,* wo ihm 23 000 Indianer tributpflichtig waren, und widmete sich der weiteren Erkundung des Landes, wozu er auf Grund seines militärischen Titels besonders befugt war. Doch abgesehen von Niederkalifornien, jener langgestreckten Halbinsel im Pazifik, die der nördlichen Küste Mexikos vorgelagert ist, gelang ihm keine nennenswerte Entdeckung mehr, und er mußte sich mit seinem verblassenden Ruhm zufriedengeben.

Die Intrigen rissen nicht ab; es gab Streitereien mit der Audiencia und dem Vizekönig, und schließlich kehrte Cortés noch einmal nach Spanien zurück, um, wie er meinte, sich Gerechtigkeit widerfahren zu lassen. Doch der König hatte kein Ohr mehr für den alternden Bittsteller; ohne das Land, das er Spanien geschenkt hatte, noch einmal wiederzusehen, starb Cortés 1547, nachdem er sieben Jahre damit verbracht hatte, seine Ehre wiederherzustellen. Am Ende ereilte sie ihn doch, die gerechte Strafe. Obwohl sie am Schicksal der Indianer nichts änderte.

Von Drohnen und anderen Blutsaugern

Als Cortés in Spanien starb, war das Zeitalter der Conquista in Mexiko beendet. Im Süden war die letzte Bastion der Maya in Yukatan gefallen, und im Norden hatte man vergeblich versucht, ein zweites Goldland zu entdecken, die geheimnisvollen Städte von *Cíbola.* Sie entpuppten sich als eine Schimäre, nicht zuletzt deshalb, weil die Indianer dieser Gegend schnell herausfanden, daß es immer gut war, von sagenhaften Goldländern zu berichten, die *jenseits* ihres eigenen Landes lagen. Für die Spanier hatte das den Nachteil, daß sie ziellos in den Weiten der amerikanischen Wüsten und Prärien umherirrten, wo es allenfalls befestigte Dörfer, die sogenannten *Pueblos,* gab, ansonsten aber nur Büffel und umherstreifende Indianer, denen man besser aus dem Wege ging. Immerhin brachten diese nördlichen Vorstöße Spanien ein riesiges Gebiet ein, das sich vom heutigen Texas, ja Florida bis Kalifornien erstreckte. Damit war aus dem ursprünglichen Aztekenreich, das ja nur das zentrale Mexiko umfaßte, ein Imperium geworden, das das eigentliche Kerngebiet, aus dem es entstanden war, um ein Vielfaches übertraf. In den Grenzen, wie es sich schließlich unter der Herrschaft von Mendoza konsolidierte, reichte das Vizekönigreich von Neuspanien, wie man Mexiko fortan nannte, vom Südwesten der heutigen USA bis Panama und vom Pazifik bis zu den Karibischen Inseln.

Der Sitz des Vizekönigs war Mexiko, das frühere Tenochtitlan, das man zu einer neuen, blühenden Stadt, die freilich nichts mehr von ihrem indianischen Ursprung verriet, wiederaufbaute. Hier auch war der Sitz der obersten Audiencia, die im engeren Sinne für das Gebiet des ehemaligen Aztekenreiches zuständig war. Wie bereits erwähnt, saß ihr jeweils der Vizekönig vor.

Daneben und der zentralen Audiencia untergeordnet, gab es drei weitere Audiencias: eine für *Nueva Galicia,* womit das Gebiet des nördlichen Mexiko gemeint war und die ihren Sitz in Guadalajara hatte, einem Ort, der 1542 gegründet worden war; eine in Guatemala, deren Amtsbereich Zentralamerika umfaßte; und eine in Santo Domingo, auf Hispaniola, die die erste ihrer Art in der Neuen Welt gewesen war.

Von diesen Zentren der Macht aus hielt man die Indianer fest im Griff. Auf den Westindischen Inseln starben sie bald aus; doch auf dem Festland hielten sie sich, obwohl auch hier die Sterberaten erschreckend waren. Aufstände gab es nur selten; sie fanden – worauf wir bereits hinwiesen – praktisch nur in den Grenzgebieten statt, wohin der Arm der zentralen Gewalt nur ungenügend reichte. Abgesehen von Yukatan und Chiapas, wo die Maya wiederholt gegen die spanische Herrschaft aufbegehrten, gab es im Gebiet des späteren Mexiko, also dem heutigen Staat, der nur einen Teil des früheren Vizekönigreiches darstellt, nur einen größeren Aufstand, und dieser fand in der Gegend von Guadalajara statt. Es war der sogenannte *Mixton-Krieg,* der seinen Namen von einer Felsenbastion, die als »Mixtón« überliefert ist, herleitet und gleich am Anfang der Ausweitung der spanischen Herrschaft nach Westen beziehungsweise Norden steht.

Im Mixton-Krieg erhob sich eine Anzahl verschiedener Stämme, die jenseits der Grenze des »zivilisierten« Mexiko lebten, also Chichimeken waren. Sie waren sprachlich mit den Azteken verwandt, waren diese doch (mit den anderen Stämmen, die aus Chicomoztoc abgewandert waren) ursprünglich in diesem Gebiet angesiedelt gewesen, und es ist ein anderes tragisches Ereignis der Conquista, daß einige Anführer von ihnen, die sich inzwischen mit den Spaniern solidarisiert hatten, maßgeblich daran beteiligt waren, daß dieser einzige größere Aufstand, der das zentrale Mexiko während der Kolonialzeit erschütterte, nieder-

216

geschlagen wurde. Als einzige Genugtuung können die Indianer, jene, die den Aufstand anzettelten, den Tod Alvarados verbuchen, denn dieser, der das Massaker im Tempelbezirk von Tenochtitlan angerichtet hatte und inzwischen zum Gouverneur von Guatemala ernannt worden war, fand bei dem Aufstand im fernen Mexiko, dem er sich, alter Haudegen, der er war, nicht verwehren konnte, den Tod. Die Azteken hätten ihren entfernten Verwandten in Jalisco eigentlich dankbar sein sollen, doch sie nahmen das Ereignis gar nicht mehr wahr.

Nach dem Mixton-Krieg herrschte Ruhe, und man konnte darangehen, sich den eigentlichen Zielen, um derentwillen man in die Neue Welt gekommen war, zu widmen: dem Ziel, reich zu werden und – nolens volens – die Indianer zu bekehren.

Schon Cortés hatte verkündet: »Ich kam auf der Suche nach Gold und nicht, um das Land zu bestellen wie ein Arbeiter.« Daran war nichts auszusetzen, soweit es die Spanier betraf.

Das Gold hatte sie angezogen, und Gold war sozusagen der erste Wirtschaftszweig. Da gingen sie ganz sorgsam vor. Zuerst nahmen sie Montezuma in die Mangel:

> »Und nachdem sie sich in der Stadt festgesetzt hatten, fragten sie Motecuhçoma aus nach allem, was zum Staatsschatz gehört, den Rangabzeichen, den Schilden; sie lagen ihm in den Ohren, erkundigten sich eifrig nach dem Golde.
>
> Und darauf führt Motecuhçoma die Spanier, sie umdrängen ihn, bilden einen Haufen um ihn, der in ihrer Mitte steht, an der Spitze steht, ergreifen ihn, halten ihn an der Hand.
>
> Und nachdem sie an dem Schatzhause, das Teocalco genannt wird, angelangt waren, wurde alles Glänzende hervorgeholt, der Federschmuck der Tabascoleute, die Rangabzeichen, die Federschilde, die goldenen Brustscheiben, die Halsketten der Götterbilder, die goldenen Nasenhalbmonde, die goldenen Wadenringe, der goldene Handgelenkriemen, die goldene Stirnbinde.
>
> Danach wurde das Gold abgelöst, das an den Schilden befestigt war und all den Abzeichen; und nachdem alles Gold abglöst war, zündeten sie alle die verschiedenen Kostbarkeiten an, steckten sie in Brand; alles verbrannte.
>
> Und das Gold schmolzen die Spanier in Barren, und die grünen Edelsteine, soviel ihnen gefielen, nahmen sie an sich, und die anderen Edelsteine stahlen die Tlaxcalteken.
>
> Und sie gingen überall hin, stöberten alles durch, überall, an allen Orten, wo etwas verborgen war, in den Schatzhäu-

sern, in den Lagerhäusern. Sie nahmen alles, was sie fanden, was ihnen gefiel.«[135]

Und nachdem sie Montezuma ausgequetscht hatten, nahmen sie sich Quauhtemoc vor:

»Und es drängte sich die Frage auf, wie wir all das Gold und das Silber und die Edelsteine, die es in der Stadt gab, herbeischaffen sollten; bislang hatten wir nur sehr wenig gefunden, und es ging das Gerücht, daß Guatemuz vier Tage, bevor wir ihn gefangennahmen, alle Schätze in den See geworfen habe. Auch hätten sich die Tlaxcalteken und die Indianer von Tezcuco und Guaxocingo und Cholula und alle anderen, die mit uns verbündet waren, ihren Teil beiseite geschafft; desgleichen die Leute, die in den Booten waren. Die Schatzmeister des Königs sagten, daß Guatemuz die Schätze versteckt habe und daß Cortés das gutheiße, um alles für sich zu behalten; und sie forderten, daß man Guatemuz und den Herrn von Tacuba, der sein Vetter und enger Vertrauter war, folterte, um sie zur Preisgabe des Versteckes zu zwingen. Cortés widerstrebte das von ganzem Herzen, und auch einige von uns hatten Bedenken, daß man einen so großen Herrn wie Guatemuz um der Goldgier willen foltere; auch hätte man schon viele Nachforschungen angestellt, und alle Beamten des Fürsten beteuerten, daß es nichts mehr gäbe außer dem, was die Schatzmeister des Königs bereits in ihrem Besitz hätten, und das waren dreihundertachtzigtausend Goldpesos, die man schon eingeschmolzen und in Barren geformt hatte. Davon gebührte der Fünfte dem König, und ein weiteres Fünftel gehörte Cortés. Und da die Konquistadoren, die mit Cortés uneins waren, sahen, wie wenig Gold für sie übrigblieb, und da der Schatzmeister Julián de Alderete und die Leute des Narváez den Verdacht hatten, daß Cortés, um das Gold für sich allein zu behalten, nicht wollte, daß sie Guatemuz und die anderen ergriffen und folterten, und da Cortés nicht in ein schlechtes Licht geraten wollte, was geschehen wäre, wenn er weiter seine Zustimmung verweigert hätte, folterten sie Guatemuz; und sie übergossen seine Füße mit heißem Öl, was sie auch mit dem Fürsten von Tacuba taten. Und sie gestanden, daß sie vier Tage, bevor man sie gefangennahm, das Gold wie auch die Waffen, die sie von uns erbeutet hatten, in den See geworfen hätten.

Darauf machten wir uns auf und suchten an dem Ort, den
Guatemuz bezeichnet hatte; es war ein großes Wasserbecken,
das zu den Häusern gehörte, in denen er gewohnt hatte, und
darin fanden wir eine Sonne aus Gold von der Art, wie sie uns
Montezuma geschenkt hatte, und vielerlei anderes
Geschmeide, das jedoch nicht viel wert war. Und der Herr
von Tacuba sagte, daß er in seinem Palast in Tacuba, was vier
Leguas entfernt sei, einige weitere Goldstücke versteckt habe,
die er uns geben würde, wenn wir ihn dorthin brächten. Und
unter der Führung von Pedro de Alvarado machten sich sechs
Soldaten, darunter auch ich, auf, und als wir dort anlangten,
sagte der Fürst, daß er es nur gesagt habe, um auf dem Wege
sterben zu können, und man möge ihn töten; die Schätze, von
denen er gesprochen habe, gäbe es nicht, und so kehrten wir
mit leeren Händen zurück.«[136]

Man ließ nichts unversucht, und dennoch: den großen Coup landete
man nicht! Bis heute sucht man nach dem Schatz Montezumas, der
eigentlich der Quauhtemocs ist, denn Montezuma hatte man ja bereits
gemolken. Das wenige, was man nach der Eroberung Tenochtitlans
fand – Cortés beziffert den Wert auf 130 000 *Castellanos*, was über einer
halben Tonne Gold entspricht –, war nur ein kläglicher Rest. So wenigstens schien es: Der große Schatz mußte irgendwo verborgen sein;
doch was immer man anstellte, man kam ihm nicht auf die Spur.

Das war eine herbe Enttäuschung, denn auch das, was man zuvor
erbeutet hatte, war nicht der Rede wert. Das meiste war in jener Nacht,
als man fluchtartig das Weite hatte suchen müssen, verlorengegangen.
Wahrscheinlich war dies alles oder doch so ziemlich alles gewesen, was
es in der Stadt an Schätzen überhaupt gab. Man hatte Montezuma ausgenommen, und man hatte die Schatzkammer seines Vaters, Axayacatl, ausgeraubt. Letzterer war es gewesen, der durch seine Eroberungen überhaupt erst Gold in nennenswertem Umfange nach Tenochtitlan gebracht hatte. Allzuviel konnte sich also ohnehin nicht angesammelt haben.

Einer Angabe Bernal Díaz' zufolge, betrug der Wert der Beute, die
man *vor* der Noche Triste zusammengetragen hatte, 600 000 Pesos. Das
waren immerhin rund zweieinhalb Tonnen Gold. Insgesamt betrug
also die Beute *drei Tonnen* Gold, wobei die Geschenke, die man schon
an der Küste erhalten und gleich nach Spanien geschickt hatte, vielleicht das aufwiegen, was die Azteken am Morgen nach der Noche Triste aus dem See fischten. Aber wie gesagt: diese drei Tonnen sind die
obere Grenze. Der weitaus größte Teil ging verloren und schlummert

wahrscheinlich noch heute auf dem Grunde des Sees, der freilich inzwischen, zumal in der Gegend, wo der Damm zwischen Tenochtitlan und Tacuba lag, über den die Spanier flüchteten, von der heutigen Stadt Mexiko zugedeckt ist. *Wenn* es noch einen Schatz der Azteken gibt, dann ist es das Gold, das die Spanier verloren; in der Tat hat man 1981 bei Straßenarbeiten in Mexico City einen Goldbarren gefunden, der offensichtlich zu jenen gehörte, die die Spanier bei ihrer Flucht zurückließen. Quauhtemoc wird nicht viel zu verstecken gehabt haben, und obwohl er aus einem anderen Holz geschnitzt war als Montezuma, hätten es die Spanier schon aus ihm herausgebracht. Zumal Gold für die Azteken nicht den gleichen Wert hatte wie für die Spanier.

Anders verhielt es sich mit dem Kunstwert beziehungsweise dem *symbolischen Wert,* den die Gegenstände darstellten, zu denen das Gold verarbeitet war. Díaz erwähnt eine »Sonne aus Gold«. Was machten die Spanier? Sie schmolzen sie ein, zu handlichen Barren, damit man die Beute besser verteilen konnte. Für die Azteken war *das* der eigentliche Verlust: daß die Spanier ohne jede Gefühlsregung Gegenstände dem Feuer überantworteten, deren Herstellung das ganze Geschick und die Kunstfertigkeit der indianischen Goldschmiede gefordert hatte, Kunstwerke, die schließlich göttliche Attribute symbolisierten, daß sie das taten, war aus der Sicht der Azteken der eigentliche Frevel. Er ist es auch in den Augen der Nachwelt, die einige Schwierigkeiten hat, das Kunstschaffen der Azteken richtig einzuschätzen. Von den *heutigen* Azteken, die freilich nicht mehr so heißen, aber es dennoch sind, ganz zu schweigen: Ihr Erbe, soweit es die Kleinkunst betrifft und auf das sie stolz sein könnten, ist unwiederbringlich verloren.

Die Spanier gaben sich natürlich nicht mit dem zufrieden, was sie in Tenochtitlan erbeuteten. Bereits Montezuma bedrängten sie, ihnen die Quellen des Goldes zu nennen, und an Hand der Tributlisten erklärte er ihnen, wohin sie sich wenden müßten, um das begehrte Metall zu finden. Und so sandte Cortés, noch ehe er die Stadt erobert hatte, Expeditionen aus, die nach Minen suchten. Doch obwohl man schließlich einige Fundstätten ausmachte, vor allem im Gebiet der Zapoteken, in Oaxaca, war Gold doch nicht der eigentliche Reichtum des Landes. Gold von der unermeßlichen Menge, wie man sie 1540 im Lande der Chibcha, in Kolumbien, fand, gab es in Mexiko nicht. Dafür entpuppte es sich als die Quelle eines anderen begehrten Metalls: *Silber!*

Doch ehe wir uns dieser neuen Quelle des Reichtums für die Spanier zuwenden, müssen wir, da sie später in Erscheinung trat, unseren Blick auf einen anderen Bereich der Wirtschaft lenken, der von Anfang an eine große Rolle spielte. Es war dies die Institution der *Encomienda.*

Was darunter zu verstehen ist und warum diese Institution eingeführt wurde, schildert Cortés in einem Brief, den er im Mai 1522 an den König, Karl V., schrieb. Er sagt:

>»Da aber Eure Majestät eine Vielzahl ständiger Ausgaben hat und wir Eure Einnahmen eher vergrößern als schmälern sollten und da wir andererseits durch die lange Zeit, die wir Krieg führten, in Schulden und Bedrängnis geraten sind und es wohl einige Zeit dauern würde, bis Eure Majestät sich dazu äußern würde, vor allem aber, da ich ständig durch Eure Königlichen Beamten und all die übrigen Spanier derart bedrängt wurde, daß ich keinen anderen Ausweg sah, war ich beinahe gezwungen, die Fürsten und Eingeborenen dieser Länder den Spaniern anzuvertrauen, wobei ich jeweils ihre Stellung und die Dienste, die sie Eurer Majestät erwiesen haben, berücksichtigt habe, damit, vorbehaltlich Eurer Zustimmung oder einer anderen Regelung, besagte Fürsten und Eingeborenen jeweils dem Spanier, dem sie zugeteilt wurden, dienen und das geben, was er zu seinem Lebensunterhalt braucht.
>
> Diese Maßnahme wurde in Abstimmung mit Leuten getroffen, die sich durch Weitblick und Erfahrung auszeichnen; und es gab und gibt kein Mittel, das geeignet wäre, gleichzeitig den Unterhalt der Spanier und das Wohlergehen der Indianer zu sichern, worüber Euch die Abgesandten, die in diesen Tagen nach Spanien abreisen, im einzelnen unterrichten werden ...«[137]

Vom Standpunkt der Spanier, derer, die ihr Hab und Gut verpfändet hatten, um an der Expedition nach Mexiko teilnehmen zu können, und die an einem langen und blutigen Feldzug teilgenommen hatten, war es nur natürlich, daß sie dafür einen Lohn forderten. Eigentlich wäre es der König gewesen, den man hätte zur Kasse bitten sollen. Doch, wie Cortés andeutet, war der auch erst einmal interessiert, die Kasse zu füllen, ehe er daran denken konnte, sie zu leeren. Und da Gold, der eigentliche Motor der Conquista, sich als eine Schimäre erwiesen hatte, mußten eben die Menschen herhalten, um den Lohn zu zahlen, den man dafür erwartete, daß man dem König ein ganzes Land zu Füßen gelegt hatte. Aus der Sicht der Konquistadoren war das nicht mehr als recht und billig.

Die Krone sah das etwas anders. Sie ließ sich von zwei Erwägungen leiten: erstens wollte sie verhindern, daß in ihren neuen, überseeischen

Besitzungen feudale Strukturen entstanden, die ihre eigene Machtposition, die hinsichtlich dieser Besitzungen gerade erst im Aufbau war, schwächen würden. Zum andern – und das machte sie gegenüber den Konquistadoren geltend – besann sie sich auf ihr Mandat, das ihr der Papst verliehen hatte. Dieses Mandat sah ja, wie wir bereits erwähnten, vor, daß die Krone zwar den Nutzen aus ihren neuen Erwerbungen ziehen könne, daß sie dafür aber für das Wohlergehen, zumindest aber für ein christliches Leben der Eingeborenen zu sorgen hatte. Dies aber war bislang, wie die Erfahrung auf den Westindischen Inseln zeigte, nicht geschehen. Auch hier hatte man Encomiendas eingeführt, die ersten, die in der Neuen Welt geschaffen worden waren, und das Ergebnis war katastrophal gewesen. Anstatt ihren Pflichten nachzukommen, hatten die durch eine Encomienda Begünstigten, die *Encomenderos*, lediglich ihren Nutzen aus dieser Institution gezogen. Ihre Pflicht war es nämlich gewesen – und damit übertrug die Krone sozusagen das Patronat, das ihr der Papst verliehen hatte, auf die Encomenderos –, die Indianer, die Dienstleistungen und Abgaben zu erbringen hatten, im Gegenzug ordentlich zu behandeln und im christlichen Glauben zu unterweisen. Das aber war, wie gesagt, nicht geschehen, was nicht unwesentlich dazu beigetragen hatte, daß die eingeborene Bevölkerung auf den Westindischen Inseln in geradezu erschreckendem Maße ausstarb.

Der Krone kam dies zu Ohren, als die Dominikaner Alarm schlugen. Schon vor Las Casas hatte sich bei ihnen das Gewissen geregt, und ihrer Intervention ist es zu verdanken, daß bereits in den Jahren 1512/13 Gesetze erlassen wurden, die das verheerende Wirken der Encomiendas einschränken sollten. Die Anzahl der Indianer, die einem Encomendero zugeteilt werden konnte, wurde begrenzt, er war verpflichtet, sie menschenwürdig zu behandeln, durfte sie weder schlagen noch »Hund« nennen und mußte – neben der eigentlichen christlichen Unterweisung – auch für eine rudimentäre, schulische Bildung sorgen.

Die Gesetze wurden verabschiedet, und – niemand kümmerte sich darum. Die Ausbeutung ging weiter. Bis Las Casas auf den Plan trat und schließlich ein weiteres Gesetzeswerk in Gang brachte, die sogenannten *Neuen Gesetze*, die aber noch eine Zeitlang auf sich warten ließen. Inzwischen erfolgte die Eroberung Mexikos (und bald darauf die Unterwerfung des Inkareiches), und das Problem wurde, anstatt sozusagen von allein zu verschwinden, nur noch größer. Cortés brachte den König in arge Bedrängnis.

Mutig erwiderte ihm dieser zunächst, daß er eine Fortführung der Encomienda nicht dulde und daß alle Zuteilungen rückgängig zu machen seien, denn, so argumentierte der König, »Gott, Unser Herr, schuf die Indianer frei und nicht der Dienstbarkeit unterworfen«. Cortés nahm diese Entscheidung zur Kenntnis und hielt sich nicht daran. Statt dessen setzte er sich hin und schrieb dem König eine lange Erwiderung, in der er noch einmal ausführlich erläuterte, weshalb die Beibehaltung der Encomienda unerläßlich sei. Er wies darauf hin, daß die Krone, wenn sie den Konquistadoren nicht ihre Privilegien beließe, wofür sie immerhin das Land für den König verteidigten, eine gesonderte Truppe von 5000 Mann bereitstellen müßte, um diese Aufgabe zu übernehmen. Trotz dieses schlagenden Argumentes erwies sich der Indienrat, der inzwischen gebildet worden war, als unnachgiebig, und es bedurfte erst einer sorgfältigen Prüfung durch die Audiencia in Mexiko, die der verlängerte Arm des Indienrates war, daß schließlich die Institution der Encomienda offiziell anerkannt wurde.

Damit war aber der Streit noch nicht beendet. Die Mißstände, die die Einführung der Encomienda auf den Karibischen Inseln gezeitigt hatte, blieben auch in Mexiko nicht aus, und so schritt schließlich die Kirche ein: Nicht nur die Ordensgeistlichen, die bereits kurz nach der Eroberung nach Mexiko gekommen waren, auch der weltliche Klerus, allen voran *Juan de Zumárraga,* der erste Bischof von Mexiko, erhoben Einspruch.

Die Krone setzte daraufhin eine Sonderkommission ein, die die gesamte Indianerpolitik untersuchen sollte. Ihre Empfehlungen fanden ihren Niederschlag in einer neuen Gesetzesinitiative, den schon genannten *Neuen Gesetzen,* die in den Jahren 1542/43 verabschiedet wurden. Neben der Abschaffung der Indianersklaverei, die als noch extremere Form der Ausbeutung neben der Encomienda bestanden hatte, sahen diese Gesetze die allmähliche Abschaffung der Encomienda vor: Es sollten keine neuen Encomiendas mehr vergeben werden, und die, die bestanden, durften nicht mehr vererbt werden.

Unter den Kolonisten brach daraufhin ein Sturm los. In Peru kam es zu einem regelrechten Aufstand, und auch in Mexiko war der Unmut kaum noch zu bändigen. Der Vizekönig, Mendoza, riet deshalb der Krone, die Gesetze zu revidieren, wozu sich diese schließlich bereit erklärte: Die Verfügung über die Abschaffung der Encomiendas, die die Kolonisten am meisten verärgert hatte, wurde aufgehoben. Die Encomiendas waren auch in Zukunft vererbbar.

Dennoch waren die Neuen Gesetze nicht ganz wirkungslos. Abgesehen von der Aufhebung der Sklaverei, die fortan nur noch in Grenzgebieten geduldet wurde, wo man – wie im Norden Mexikos – fast permanent im Krieg mit nomadisierenden Völkern stand, setzte sich auch das Verbot durch, die einem Encomendero überlassenen Indianer zur Arbeit zu verpflichten. Die Nutznießung der Encomienda bestand nur noch in der Zahlung von Tributen.

Damit war ein wesentlicher Grund, der zur mißlichen Situation der Indianer beigetragen hatte, beseitigt. Doch ganz konnte man auf die Dienste der Indianer nicht verzichten: Der Encomendero verfügte zwar nicht mehr über ihre Arbeitskraft, aber die Krone, deren Vasallen letztlich die Indianer waren, behielt sich weiter dieses Recht vor. Sie teilte nun Arbeitskräfte aus, in bestimmten Abständen und in bestimmter Zahl, so daß die eigene Arbeit der Indianer und ihr übriges Leben nicht darunter litten, und wer immer auf diese Arbeitskräfte angewiesen war, der mußte sie angemessen bezahlen. Dieses System des sogenannten *Repartimiento,* der Zuteilung indianischer Arbeiter gegen Bezahlung, löste schließlich die Encomienda ab, denn da die Einkünfte aus den Tributen immer geringer wurden, was ihrerseits eine Folge des rapiden Bevölkerungsrückgangs war, sahen sich die Encomenderos gezwungen, selbst etwas zu produzieren, und da sie es, ihrem Standesdünkel gemäß, für unter ihrer Würde ansahen, selbst Hand anzulegen, mußten sie von der ihnen verhaßten Neuerung Gebrauch machen. Freilich fanden sie auch nun Mittel und Wege, ihr Schäfchen ins trockene zu bringen, indem sie die Indianer um ihren Lohn betrogen; doch waren immerhin staatliche Beamte vorgesehen, die über die Einhaltung der Quoten und eine gerechte Entlöhnung wachten. Leider waren auch sie nicht selten korrupt und ließen sich bestechen, so daß sich auch das System des Repartimiento am Ende als ein Fehlschlag erwies.

Die Krone schränkte deshalb die Zuteilung von Arbeitskräften ein. Ab 1601 war diese Form der Zwangsarbeit nur noch in den Bergwerken erlaubt. Alle anderen, namentlich Landbesitzer, die bislang die Indianer auf ihren Feldern hatten arbeiten lassen, mußten sich nun auf dem freien Arbeitsmarkt umsehen. Da das auf die Dauer zu teuer geworden wäre, das heißt, die Profite wesentlich geschmälert hätte, ersann man etwas anderes: Man köderte die Indianer mit großzügigen Vorschüssen, und wenn sie dieser Verlockung erlegen waren, hatte man sie wieder im Griff. Sie mußten ihre Vorschüsse abarbeiten, und dabei gab es neue Möglichkeiten, sie übers Ohr zu hauen, so daß die Indianer schließlich aus ihren Schulden nicht mehr herauskamen. Die *Peonaje,* die Schuldknechtschaft, war geboren. Sie, die letztlich eine neue Form der Sklaverei war, überdauerte die Kolonialzeit und setzte sich bis in unser Jahrhundert hinein fort.

Das Prinzip, selbst nicht zu arbeiten, sondern andere arbeiten zu lassen, ist sozusagen der rote Faden, der sich durch alle Phasen der kolonialen Wirtschaft zieht. Auch wenn die Bevölkerung schließlich wieder ansteigen sollte, war dieses Prinzip doch nicht unwesentlich mit dafür verantwortlich, daß die Indianer zunächst einmal einem Bevölkerungsrückgang ausgesetzt waren, wie es ihn in ihrer Geschichte bislang nicht gegeben hatte. Was die Frage aufwirft, wie sich denn das System, das die Spanier errichteten, neben dem der Azteken ausnimmt.

Wie wir wissen, herrschte auch unter den Azteken nicht eitel Sonnenschein. Auch sie praktizierten die Sklaverei, erhoben Tribute und forderten den Arbeitsdienst. Doch obwohl sie dies taten und obendrein noch Krieg führten und ihren Göttern Hekatomben von Opfern darbrachten, schafften sie es nicht, die Bevölkerung kaputtzukriegen. Im Gegenteil, sie stieg sogar noch an, und die Landwirtschaft im Hochtal von Mexiko erlebte einen Aufschwung, wie er zuvor niemals zu verzeichnen gewesen war. *Nach* der Conquista, wiewohl die Instrumente im wesentlichen die gleichen blieben, wurde alles anders: Die Welt brach, für den Indianer, zusammen, und es gab nichts, was sein Schicksal linderte. Vielleicht ist dies der Ort, einmal einen Zeugen zu Wort kommen zu lassen, der mehr noch als Las Casas mit der Situation in Mexiko vertraut war und nicht minder leidenschaftlich Partei für die Indianer ergriff. Es war dies Toribio de Benavente, ein Franziskaner, der unter dem Namen *Motolinía*, was in der Sprache der Indianer »arm« bedeutet, bekannt wurde. Er spricht im Hinblick auf die spanische Eroberung und deren Folgen von »zehn Plagen«, die die Indianer heimsuchten. Sie lassen deutlich erkennen, worin die Spanier, auch wenn sie nicht immer direkt Schuld daran hatten, im Vergleich zu den Azteken versagten:

> »Gott verwundete und bestrafte dieses Land und seine Bewohner, sowohl einheimische als auch fremde, mit zehn verheerenden Plagen. Die erste waren die Pocken ...
>
> Die zweite Plage war die Conquista, durch die viele starben, besonders in der Stadt Mexiko ...
>
> Die dritte Plage war eine große Hungersnot, die nach der Einnahme der Stadt ausbrach. Denn da sie infolge des Krieges, bei dem die einen den Mexikanern halfen, das Land zu verteidigen, während andere auf der Seite der Spanier kämpften, die Felder nicht bestellen konnten oder aber die Felder, die die einen bepflanzten, von den andern zerstört wurden, gab es nichts zu essen; und obwohl es in diesem Land schon einmal vorkam, daß es ein schlechtes Jahr gab, wo nichts oder nur wenig geerntet wurde, weil der Regen ausblieb oder Schnee fiel, so hatten die Indianer doch in diesen Jahren tausend Wurzeln und Kräuter, die sie essen konnten, denn sie sind ein widerstandsfähiges Volk, und wenn die Nahrung knapp war, schränkten sie einfach ihre Arbeit ein, um die Zeit der Not zu überdauern. Aber in diesem Falle, von dem ich

berichte, war der Mangel an Nahrung, vor allem Mais, den man in ihrem Lande *centli* nennt ..., so groß, daß sogar die Spanier in arge Bedrängnis gerieten, weil sie nichts zu essen hatten.

Die vierte Plage waren die *calpixques* oder Aufseher und die Neger, die, nachdem man das Land aufgeteilt hatte, die Konquistadoren in ihren Besitzungen und Dörfern, mit denen sie betraut worden waren, einsetzten, damit sie die Tribute überwachten und auf ihren Ländereien nach dem Rechten sahen.

Diese Aufseher wohnen in den Dörfern, und obwohl sie zumeist Arbeiter sind, die aus Spanien eingewandert sind, führen sie sich in diesem Lande wie Herren auf und springen mit den einheimischen Fürsten um, als seien es ihre Sklaven. Aber da ich ihre Fehler nicht weiter aufzählen möchte, schweige ich lieber; jedenfalls lassen sie sich bedienen und verbreiten Furcht und Schrecken, als wären sie die eigentlichen Herrscher. Das einzige, was sie tun, ist, Befehle auszuteilen, und soviel man ihnen auch gibt, es ist nie genug; und wo immer sie sind, stänkern sie. Außer Befehle zu erteilen, sind sie zu nichts nutze. Sie sind wie Drohnen, die den Honig schlecken, den die armen Bienen, die die Indianer sind, sammeln, und nichts, was diese Armen ihnen geben, ist genug; sie sind unersättlich. In den ersten Jahren war die Herrschaft der *calpixques* so unbegrenzt, daß sie die Indianer so sehr mißhandelten und ihnen so viele Lasten und Arbeiten auferlegten und sie soweit von ihrer Heimat wegschickten, daß viele Indianer starben, was allein ihre Schuld ist.

Die fünfte Plage waren die hohen Abgaben und Dienstleistungen, die die Indianer erbringen mußten. Da sie in ihren Tempeln und in vielen Gräbern ihrer Fürsten und Herren eine große Menge Gold aufbewahrt hatten, das sie abliefern konnten, legte man ihnen hohe Tribute auf, und die Indianer, die seit den Zeiten des Krieges große Furcht vor den Spaniern hegten, gaben alles, was sie hatten. Da aber die Tribute immer weiter gefordert wurden, gewöhnlich alle achtzig Tage, mußten sie, um die Zahlungen einhalten zu können, ihre Kinder und Ländereien an Kaufleute und Händler verkaufen, und wenn sie ihre Tribute nicht einhielten, bedeutete das für viele den Tod, sei es, daß man sie folterte, sei es, daß man sie ins Gefängnis warf, denn man behandelte sie in schändlichster Weise, waren ihnen doch ihre Tiere mehr wert als die Indianer.

Die sechste Plage waren die Goldminen, denn außer den Tributen und Dienstleistungen, die die Spanier aus ihren Dörfern bezogen, begannen sie auch, nach Minen zu suchen; und die Zahl der indianischen Sklaven, die darin zu Tode kamen, ist so groß, daß man sie nicht zählen kann. Sie beten das Gold dieses Landes an wie das Kalb in der Bibel, und so sehr sind sie ihm verfallen, daß sie selbst die lange Reise von Kastilien nicht scheuen, um es auf ihren Altar zu heben. Gebe Gott, daß es ihnen nicht einmal zum Verhängnis wird.

Die siebte Plage war der Wiederaufbau der Stadt Mexiko, bei dem anfangs mehr Menschen beschäftigt waren als bei der Errichtung des Tempels von Jerusalem. So groß war die Masse der Arbeiter, die bei den Bauten eingesetzt waren, daß man kaum durch die Straßen kam, obwohl sie sehr breit sind. Und bei diesen Arbeiten wurden einige von Balken erschlagen, andere stürzten von Mauern herab, und wieder andere wurden von einstürzenden Häusern begraben, die man an einer Stelle abriß, um sie an anderer Stelle wiederaufzubauen, was besonders bei den Tempeln geschah, die man dem Dämon geweiht hatte. Dabei starben viele Indianer, und es dauerte viele Jahre, bis man die Tempel bis auf die Grundmauern abgetragen hatte, wodurch man einen unbegrenzten Vorrat an Steinen gewann.

Es herrscht der Brauch in diesem Land, der nicht der beste ist auf dieser Welt, daß die Indianer alle Arbeiten verrichten und selbst für die Kosten des Materials aufkommen müssen; sie bezahlen die Steinmetzen und Zimmerleute, und wenn sie nicht selbst etwas zu essen mitbringen, müssen sie fasten. Alles tragen sie auf dem Rücken, und die schweren Balken und großen Steine zerren sie mit Seilen herbei, und da es ihnen an technischem Verständnis fehlt und es genügend Leute gibt, schaffen vierhundert Männer Steine oder Balken herbei, wo hundert ausreichen würden. Dabei singen sie und unterhalten sich, und ihre Lieder und Rufe verstummten fast nie, weder tags noch nachts, so viele waren es, die sie zum Aufbau der Stadt herbeiholten.

Die achte Plage war die Jagd auf Sklaven, die sie für die Minen benötigten. Es gab Jahre, da gingen sie mit solchem Eifer ans Werk, daß die Sklaven wie große Herden von Schafen aus allen Teilen des Landes in Mexiko zusammenströmten, wo sie gebrandmarkt wurden. Und so groß war die Nachfrage, daß die, die bei den Indianern selbst Sklaven waren, obwohl sie nur selten so behandelt wurden, nicht ausreichten, so daß sie, um ihre Tribute an Sklaven, die alle achtzig Tage fällig waren, entrichten zu können, gezwungen waren, Kinder und *macehuales*, das heißt Leute aus dem Volk, und wen immer sie auftreiben konnten, abzuliefern, was jene, denen dies geschah, mit Schrecken erfüllte, fürchteten sie doch, daß sie nun zu Sklaven erklärt werden würden. Und da man keine langen Untersuchungen anstellte und Eisen billig zu haben war, brannte man ihnen so viele Zeichen auf das Gesicht, zusätzlich zum Hauptmal des Königs, daß sie das ganze Gesicht vollgeschrieben hatten, denn jeder, der sie kaufte oder verkaufte, brachte sein Zeichen an, und deshalb ist diese achte nicht die geringste der Plagen.

Die neunte Plage war der Arbeitsdienst in den Minen, zu denen die Indianer bis zu einer Entfernung von sechzig Leguas [300 km] und mehr Versorgungsgüter bringen mußten. Der Weg war manchmal so weit, daß das Essen, das die Träger für sich selbst mitführten, kaum reichte, um zu den Minen zu gelangen, geschweige denn, um den Rückweg anzutreten; außerdem hielten sie die Minenbesitzer nicht selten für einige Tage zurück, damit sie ihnen beim Roden halfen. Auch setzten sie sie beim Häuserbau ein oder bedienten sich auf sonstige Weise ihrer Hilfe, wodurch ihre eigenen Vorräte so sehr schwanden, daß sie entweder in den Minen oder auf dem Rückweg starben. Denn sie hatten kein Geld, um sich etwas kaufen zu können, noch gab es jemand, der ihnen zu essen gegeben hätte. Andere kehrten so entkräftet in ihre Dörfer zurück, daß sie bald darauf starben, und von diesen und den Sklaven, die in den Minen umkamen, ging ein solcher Gestank aus, daß es die ganze Umgebung verpestete, besonders in den Minen von Guaxaca, wo man im Umkreis von einer halben Legua und auf weiten Teilen der Straße nicht wußte, wohin man treten sollte, so viele Leichen und Knochen lagen dort herum. Und die Vögel und Krähen, die herbeikamen, um sich von den Toten zu ernähren, waren so zahlreich, daß sie die Sonne verdunkelten; und so geschah es, daß viele Orte entvölkert wurden, sowohl jene, die am Wege lagen, als auch in der ganzen Gegend. Wer überlebte, floh in die Berge, und so blieben Häuser und Felder verlassen.

Die zehnte Plage war der Streit, der zwischen den Spaniern in Mexiko ausbrach und die Gefahr heraufbeschwor, das ganze Land zu verlieren, was unzweifelhaft geschehen wäre, wenn Gott die Indianer nicht in Blindheit gehalten hätte ...«[138]

Ob dem wackeren Ordensgeistlichen letztlich doch Zweifel kamen an der Vertretbarkeit dessen, was eigentlich auch er als oberste Richtschnur anerkannte: die heidnischen Völker zum Licht des Christentums zu führen? Jedenfalls war und ist ein Zweifel angebracht, denn was Motolinía die zehn Plagen nennt und wie die Vision einer Apokalypse erscheint, ist keineswegs übertrieben: Die Spanier führten sich in der Neuen Welt wie intelligente Teufel auf, um ein Wort Jacob Burckhardts zu gebrauchen. Ob Encomendero oder Minenbesitzer, Hacendado oder Textilfabrikant, überall stützten sie sich auf die Arbeit der Indianer, seien es nun Sklaven, Tributpflichtige, Zwangsarbeiter oder Schuldknechte. Gezahlt wurden, wenn überhaupt, Hungerlöhne, und was nicht den eingeschleppten Krankheiten (und der Conquista) zum Opfer fiel, erlag den wirtschaftlichen Zwangsmaßnahmen, die die Spanier in ununterbrochener Folge den Indianern auferlegten.

Die Sklaverei war vielleicht das größte Übel. Zuerst vergriff man sich nur an den Frauen und Mädchen, um deren Aufteilung nicht selten Streit ausbrach. So berichtet Bernal Díaz, daß sie an Sammelstellen gebrandmarkt wurden, um sie dann öffentlich zu versteigern; doch die besten suchten sich Cortés und seine Offiziere aus, »und für uns«, lamentiert Díaz, der den exotischen Charme der Indianerinnen besonders zu schätzen wußte, »blieben nur die Alten und Häßlichen«.

Später, als man Arbeitskräfte brauchte, griff man auch auf die Männer zurück, die besonders im Bergbau eingesetzt wurden, der allgemein als die beschwerlichste Arbeit galt. Aber auch auf die Westindischen Inseln verschiffte man Sklaven aus Mexiko, denn dort waren die Indianer, die man als Arbeitskräfte hätte einsetzen können, bereits ausgestorben. Ja, selbst nach Peru verschlug es aztekische Sklaven, die zumeist im Gefolge ihrer Herren, die im Lande der Inka noch einmal ihr Glück versuchen wollten, die große Reise antraten.

Die Krone, die am Geschäft mit Sklaven durch die übliche Steuer, den *real quinto* beteiligt war, tat sich schwer, dem gröbsten Mißstand in den Kolonien Abhilfe zu schaffen, was freilich eher auf den Widerstand der Siedler zurückzuführen ist als auf die Gewinnsucht des Königs. Dieser, Karl V., rang sich erst 1542, im Zuge der Neuen Gesetze, zu einem endgültigen Verbot der Sklaverei durch. In Mexiko wurde aber weiterhin stillschweigend die Versklavung von Chichimeken geduldet, diente ihr kriegerisches Verhalten doch als willkommener Vorwand, die alte Rechtfertigung für die Versklavung von Indianern, eben der Widerstand gegen die Krone, aufrechtzuerhalten.

Im übrigen Mexiko verschwand jedoch allmählich die Indianersklaverei und wurde – wenn auch in geringerem Maße als auf den Westindischen Inseln – durch den Import von *Negersklaven* ersetzt, die, so hatte Las Casas gemeint, für schwere Arbeiten in tropischem Klima geeigneter seien. Die Einfuhr von Negersklaven blieb bis zum Ende der Kolonialzeit erlaubt, obwohl sie nicht den strikten Beschränkungen unterlagen wie in den englischen Kolonien. Viele erlangten ihre Freiheit und gingen in der Bevölkerung auf.

Der Indianer aber blieb weiterhin die eigentliche Stütze der Wirtschaft. Zur Zeit der Neuen Gesetze lebten 40 Prozent aller Spanier in Mexiko von dem Einkommen einer Encomienda. Der größte Encomendero war Cortés, der sich ein Imperium hatte zuschanzen lassen, das von Besitzungen im Tal von Mexiko bis zu den Goldminen in Oaxaca und Zuckerplantagen, die er in Morelos, einer fruchtbaren Gegend südlich der Hauptstadt, anlegen ließ, reichte. Der Marquis, wie er sich nach seinen Besitztümern nannte, war der reichste Mann Mexikos, vielleicht sogar des spanischen Weltreiches.

Aber auch die andern, die mit ihm gekämpft hatten, gingen nicht leer aus: Alvarado ließ sich *Xochimilco* zuteilen, womit er sozusagen den Gemüsegarten Mexikos erwarb, und Bernal Díaz ließ sich zunächst auf einer Encomienda in *Coatzacoalcos* nieder, in der Gegend, aus der Doña Marina stammte, und ging dann nach Guatemala, wo er zu einem der angesehensten und wohlhabendsten Bürger wurde.

Unter den Hammer kamen so ziemlich alle größeren Städte und Orte, zumindest im Tal von Mexiko: Chalco und Iztapalapa, Tetzcoco und Colhuacan, Teotihuacan und Otumba, sie alle fanden ihren Herrn, seien es Konquistadoren, die Krone oder – die Indianer selbst. Denn auch das gab es: Nachkommen der Herrscher, die man zwar besiegt, aber dennoch nicht entehrt hatte, wurden gleichfalls mit Encomiendas bedacht. So erhielt beispielsweise *Tecuichpo*, eine Tochter Montezumas, die auf den Namen *Isabel* getauft wurde, *Tacuba* zugestanden, während ihr Bruder, *Pedro Montezuma*, mit *Tula*, der alten Toltekenmetropole, beehrt wurde. Selbst Tenochtitlan (und Tlatelolco), die nun freilich Mexiko hießen, fanden ihren Herrn: Es war die Krone, die letztlich zum Nutznießer *aller* Encomiendas wurde, denn da sie diese nur als *temporäre* und nicht zu veräußernde Lehen vergeben hatte, fielen diese im Falle eines fehlenden Erben (oder wenn sich der Begünstigte etwas zuschulden kommen ließ) an die Krone zurück. Auf diese Weise sank die Zahl der Encomenderos von 480 im Jahre 1560 auf 140 im Jahre 1642. Am Ende der Kolonialzeit gab es nur noch wenige, die Inhaber einer Encomienda waren. Zu ihnen gehörten die Nachfahren von Cortés, die allerdings nicht mehr in Mexiko lebten.

Die Encomienda, die stetig an Bedeutung verlor, wurde durch zwei entscheidende Neuerungen, die das Gesicht Mexikos von Grund auf änderten, ersetzt; den *Bergbau* und die Entstehung der großen *Latifundien.* Beides ging Hand in Hand, und nicht selten standen die, die als Encomenderos angefangen hatten, Pate. Sie erreichten am Ende doch noch das, was die Krone stets bemüht gewesen war zu verhindern: eine Feudalherrschaft zu errichten, die nicht mehr von der Krone abhängig war, ja, die letztlich sogar dazu beitrug, daß die Krone ihre Macht über die Kolonie gänzlich einbüßte.

Der Bergbau setzte im großen Stil Mitte des 16. Jahrhunderts ein, als im Gebiet der Chichimeken, nördlich der Grenze Mesoamerikas, die ersten Silberminen entdeckt wurden. Damit begann eine Verlagerung des wirtschaftlichen Schwerpunktes. War bislang, seit der Entstehung Teotihuacans, das zentrale Mexiko und speziell das Hochtal von Anahuac der Mittelpunkt wirtschaftlicher Aktivitäten gewesen, so blieb ihm nun nur noch seine politische Vorrangstellung. Bis in die Gegenwart, wo zusätzlich zum Bergbau auch eine Industrialisierung einsetzte, die mit dem Bergbau in enger Verbindung steht, hat der Norden seine Bedeutung als wirtschaftliches Zentrum des Landes bewahrt.

Im Hochtal von Mexiko und in den angrenzenden Gebieten war gegen Ende des 16. Jahrhunderts ein Verelendungsprozeß eingetreten. Nicht nur die Zahl der Encomiendas ging zurück, auch die Bevölkerung, soweit es die indianischen Ureinwohner betrifft, war in geradezu erschreckender Weise zusammengeschrumpft. Die wenigen, die überlebten, hätten den Wohlstand der Spanier nicht aufrechterhalten können.

Was speziell die Azteken (und die mit ihnen verwandten Völker) betrifft, so war ihre Bedeutung – nach dem Verlust ihrer politischen Autonomie – auch wirtschaftlich so sehr gesunken, daß sie praktisch aufgehört hatten, einen nennenswerten Faktor im politischen und wirtschaftlichen Leben des Landes darzustellen. Natürlich versorgten sie die Hauptstadt mit allem Lebenswichtigen, sowohl Nahrungsmitteln als auch Dienstleistungen, aber der Aufbau eines gewinnbringenden Wirtschaftszweiges ließ sich mit ihnen nicht mehr realisieren. Das einzige, womit sie auch in späterer Zeit eine gewisse Berühmtheit erlangten, war der sogenannte *Desagüe,* ein großangelegtes Entwässerungsprojekt, das – um die Hauptstadt vor periodischen Überschwemmungen zu schützen – allmählich den See, der sie umgab, trockenlegte. Es war dies ein gigantisches Unternehmen, das wohl einen Vergleich mit dem Bau der Pyramiden oder der Chinesischen Mauer aushält, auch wenn es keine eigentlich sichtbaren Triumphe aufwies. Mittels Tunneln und Kanälen leitete man das Wasser nach Norden ab, wo es jenseits der Berge über einen natürlichen Fluß, den *Río de Tula,* abgeführt wurde.

Es war ein trauriges, letztes Denkmal, das sich die Azteken unter dem Zwang der Spanier setzten: Die Stadt, die selbst den Konquistadoren als ein zweites Venedig erschienen war, verlor dadurch ihren ursprünglichen, reizvollen Charakter, und das Tal wurde von einem fruchtbaren Garten in eine staubige Wüste verwandelt, was noch heute jeder sehen kann, der sich vor die Tore der Stadt begibt.

Der Desagüe diente allein den Bedürfnissen der Spanier, die damit die Stadt, die nun *ihr* Herrschersitz war, sicherten. Es war eine spanische Stadt, im Schachbrettmuster errichtet, mit einer Kathedrale und dem Regierungspalast dort, wo einst der heilige Bezirk Tenochtitlans gewesen war, und den Indianern allenfalls am Rande der Stadt, in Xochimilco, Tetzcoco und Tacuba, wo sie das Dasein von Parias und Tagelöhnern fristeten.

Mexiko war der Sitz des Vizekönigs. Was er verwaltete, war in erster Linie zum Nutzen der Krone (und Spaniens) bestimmt. Zwar waren es private Unternehmer, die den Bergbau betrieben und die großen Güter, die *Estancias* oder *Haciendas,* aufbauten. Aber letztlich war alles – seit dem Niedergang der Encomienda, der auch das Ende der Azteken signalisierte – auf den Handel mit Spanien ausgerichtet. Rohstoffe exportieren, Fertigprodukte importieren – das war das Muster, nach dem auch schon die spanischen Könige verfuhren. In der Praxis bedeutete das, daß die handwerkliche und vor allem industrielle Produktion, die eine gleichmäßigere wirtschaftliche Entwicklung hätte bewirken können, abgeblockt wurde. Hinzukam, daß die Preise vom Mutterland bestimmt wurden; eine Konkurrenz gab es nicht; Ausländern war der Handel mit den spanischen Kolonien verboten.

Inwieweit der Mehrwert, der in Mexiko (und den anderen Kolonien) erwirtschaftet wurde, zum Aufschwung Spaniens beitrug, ist umstritten. Tatsache ist jedoch, daß mit der Eroberung ein Prozeß einsetzt, der bis heute – weder in Mexiko noch in irgendeinem anderen Lande der Dritten Welt (mit Ausnahme Chinas) – überwunden ist. Es ist die Einbindung bislang autarker Länder in das, was man euphemistisch als »Weltmarkt« bezeichnet, und die dadurch bedingte Fremdbestimmung und Verelendung. Die Azteken mußten nicht nur die Konquistadoren ernähren, sie mußten auch – und sei es nur durch den Desagüe, aber auch durch die Tribute, die sie am Ende an den König zahlten – die Krone und das Mutterland unterhalten. Sie – und alle anderen Indianer – taten das, was sie einst selbst ihren Vasallen auferlegt hatten. Mit dem Unterschied, daß deren Tribute und Dienstleistungen so bemessen waren, daß nicht ganze Landstriche entvölkert wurden.

232

Neben Peru beziehungsweise Bolivien, wo einst die Inka geherrscht hatten und nun ein zweites spanisches Vizekönigreich, *Neukastilien,* entstanden war, das ebenfalls reiche Bodenschätze aufwies, war Mexiko der zweite große Silberproduzent des spanischen Weltreiches. Doch während Neukastilien bereits am Anfang Rekorde in der Produktion erzielte, erreichte die Silberförderung in Mexiko erst gegen Ende der Kolonialzeit ihren Höhepunkt. Und im Unterschied zu den Nachfolgeländern Neukastiliens, wo zumindest in Bolivien die Produktion stark zurückging, ist Mexiko auch heute noch der größte Silberproduzent der Erde.

Die Arbeitsbedingungen in den Bergwerken waren zumindest anfangs, als das Repartimiento-System mit aller Härte durchgeführt wurde, ähnlich jenen, wie sie Motolinía bezüglich der Goldminen beschreibt, die es allein zur Zeit der Abfassung seiner Arbeit gab. Später, als bessere Löhne gezahlt wurden, änderte sich das. Doch auch dann blieb es noch eine mühsame und gefährliche Arbeit, da die technischen Vorkehrungen nur unzureichend waren und man im übrigen darauf bedacht war, zwar die Produktion zu steigern, doch die Kosten so niedrig wie möglich zu halten.

Floß der Reichtum, den man aus der Erde holte, auch weitgehend in die Alte Welt ab, so gab der Bergbau doch auch dem Lande selbst wichtige Impulse, indem er Zulieferindustrien begründete und natürlich auch die Produktion von Nahrungsmitteln ankurbelte, die für die Arbeiter benötigt wurden. Diese Hilfsdienste fielen den großen Latifundien zu, die vornehmlich im Norden, also im Umkreis der Minen, entstanden, so daß der Transport keine großen Schwierigkeiten aufwarf. Es waren in der Mehrzahl große Viehfarmen, also *Estancias,* wie man sie im Unterschied zur *Hacienda,* die ein landwirtschaftlicher Großbetrieb schlechthin ist, nannte. Fleisch und Häute wurden hier produziert. Doch war ein Großteil der Besitzung, war es nun eine Estancia oder eine mehr ackerbaulich genutzte Hacienda, häufig nur ein Prestigeobjekt, das keinerlei wirtschaftliche Verwendung fand und allein dem Zweck diente, das Ansehen des Feudalherren zu erhöhen. Im Norden, wo es genügend Land gab und die Bevölkerung immer spärlich war (wiewohl die Chichimeken natürlich aus den fruchtbarsten Gegenden verdrängt wurden), waren die Auswirkungen dieser *extensiven* Wirtschaftsform nicht so verheerend wie im Süden, das heißt, im zentralen Mexiko, wo die Bevölkerung nach einem Tiefpunkt allmählich wieder anstieg und zur gleichen Zeit auch die Latifundien zunahmen, die sich – diese demographische Wende nutzend – neuen Wirtschaftszweigen zuwandten. Doch das ist ein Kapitel, das bereits in die Zeit *nach* der spanischen Herrschaft führt.

Montezumas Erben

»Die erste Plage waren die Pocken, und sie begannen so: als Cortés schon längere Zeit im Lande war, traf Panfilo de Narváez ein, und auf einem seiner Schiffe war ein Neger, der die Pocken hatte. Diese Krankheit hatte es bisher in diesem Land nicht gegeben, und so war damals Neuspanien dichtbesiedelt. Als aber die Pocken auf die Indianer übergriffen, entstand daraus eine so große Seuche, daß in den meisten Provinzen des Landes mehr als die Hälfte der Bevölkerung starb, während es in andern nicht viel weniger waren. Denn da sie kein Heilmittel kannten und es Brauch bei ihnen ist, oft zu baden und zwar Gesunde und Kranke gemeinsam, und da sie davon nicht abließen, starben sie wie die Fliegen. Viele starben auch an Hunger, denn da sie alle auf einmal erkrankten, konnte keiner den anderen pflegen, und es gab niemand, der sie mit Essen versorgte.

Vielerorts geschah es, daß alle Bewohner eines Hauses starben, und da sie sie nicht so schnell begraben konnten, wie sie starben, warfen sie sie einfach, um dem Gestank der Toten zu entgehen, auf die Dächer, so daß ihre Häuser zugleich ihre Gräber waren. Die Indianer nannten die Seuche *Huezáhuatl*, was soviel wie ›Lepra‹ heißt, denn die Pocken entstellten sie so, daß sie wie Leprakranke aussahen, und noch heute kann man einige sehen, die zwar die Krankheit überstanden, aber überall mit Pockennarben übersät sind.

Elf Jahre vergingen, da kam ein Spanier ins Land, und der hatte die Masern. Er steckte die Indianer an, und wenn man diesmal nicht sorgsam darauf geachtet hätte, nicht zu baden und andere Heilmittel anzuwenden, wäre die Seuche ebenso verheerend gewesen wie die vorherige, obwohl auch diesmal viele starben. Das Jahr, in dem dies geschah, nannten sie diesmal *Tepitonzáhuatl,* was ›kleine Lepra‹ heißt.«[139]

Selbst die Masern waren für die Indianer eine tödliche Krankheit. Sie hatten keinerlei Abwehrstoffe gegen Krankheiten, die sie nicht kannten und die die Fremden, die das Land überfielen, einschleppten. Ob Masern oder Pocken, Typhus oder Gelbfieber: Seuchen, gegen die die Alte Welt inzwischen weitgehend gefeit war, hielten in der Neuen eine furchtbare Ernte.

90 Prozent der Indianer, in Mexiko wie auch in anderen Teilen der Neuen Welt, fielen den Seuchen zum Opfer. Es war ein Sterben, wie es

die Welt noch nie gesehen hatte. Selbst die Pest, der »Schwarze Tod«, der Europa im Mittelalter heimgesucht hatte, war nicht von so verheerender Wirkung gewesen. Ganze Landstriche wurden entvölkert, und so manches Volk war bereits vom Aussterben bedroht, noch ehe es mit den Weißen in Berührung kam.

Die Azteken überlebten. Aber nur so gerade eben: Von 1,5 Millionen, die es am Vorabend der Eroberung gab, sank ihre Zahl auf 70 000 im 17. Jahrhundert. Es sind dies allerdings Zahlen, die umstritten sind. Doch das Bild wird nicht besser, wenn man die andern hört: Danach sank die Bevölkerung im zentralen Mexiko von 25 Millionen im Jahre 1519 auf rund eine Million im Jahre 1650. Das sind keineswegs grobe Schätzungen, sondern Zahlen, die auf sorgsamen Berechnungen beruhen, auch wenn man heute eher geneigt ist, die niedrigeren Werte, die sich übrigens nicht nur auf die Azteken, sondern auf die gesamte Bevölkerung des Hochtals von Mexiko beziehen, anzuerkennen. Diese Bevölkerung war jedoch weitgehend homogen, und am Vorabend der Conquista war selbst der Gegensatz zwischen so verfeindeten, wiewohl ursprünglich verwandten Völkern wie den Tepaneken und den eigentlichen Azteken kaum noch spürbar gewesen. Sie also insgesamt, mit Ausnahme einiger eingesessener Völkerschaften wie der Otomí, als *Azteken* zu bezeichnen, ist durchaus nicht abwegig, zumal die wenigen Unterschiede, die noch bestanden hatten, im Zuge der Conquista beziehungsweise der Unterwerfung und Gleichschaltung, die darauf folgten, endgültig beseitigt wurden. Die Völker zumindest im Südteil des Hochtals waren fortan allesamt Azteken, auch wenn man just in dem Augenblick, in dem der Homogenisierungsprozeß, der mit der Expansion Tenochtitlans begonnen hatte, seinen Abschluß fand, aufhörte, sie überhaupt noch bei diesem Namen zu nennen. Sie waren einfach »Indios«, Indianer, Bürger zweiter Klasse, denen man es abgewöhnt hatte, in ethnischen oder nationalen Kategorien zu denken.

Der katastrophale Rückgang der Indianer hatte freilich nicht nur die aus Europa oder Afrika eingeschleppten Krankheiten als Ursache. Die kriegerischen Auseinandersetzungen im Zuge der Eroberung forderten den ersten Tribut: Mehr als 200 000 Indianer fielen im Hochtal von Mexiko der Conquista zum Opfer, eine Zahl, die allerdings auch die erste Pockenepidemie mit einschließt. Das entsprach der gesamten Bevölkerung Tenochtitlans, das denn auch den größten Blutzoll zahlte.

Nach der Eroberung kam die Encomienda. Ihre verheerenden Auswirkungen dauerten bis Mitte des 16. Jahrhunderts, als sie ihres Privilegs der Dienstleistungen entkleidet wurde. Doch an deren Stelle trat die Zwangsverpflichtung des Repartimiento, dessen Wirkung nicht minder verhängnisvoll war, so daß sich die Krone schließlich gezwungen sah, jede Art von Zwangsarbeit (mit Ausnahme der Minen) einzustellen. Doch als sie dies tat, zu Beginn des 17. Jahrhunderts, war der Schaden bereits so groß, daß der Indianer gänzlich auszusterben drohte. Der Tiefpunkt seiner demographischen Entwicklung war erreicht.

Wie sehr eine Verbesserung der Arbeitsbedingungen dazu beitrug, einen weiteren Niedergang der indianischen Bevölkerung aufzuhalten und schließlich sogar eine Wende zu bewirken, zeigt die Tatsache, daß die Zahl der Indianer seit der zweiten Hälfte des 17. Jahrhunderts wieder anstieg. 1821, als die spanische Herrschaft endete, war die indianische Bevölkerung im Tal von Mexiko wieder auf 275 000 angewachsen, was freilich immer noch kaum mehr als ein Fünftel dessen war, was ursprünglich hier gelebt hatte.

Alles in allem kann man sagen, daß während der spanischen Kolonialherrschaft die Zahl der Indianer sich um vier Fünftel verringerte, wobei der eigentliche Tiefstand, auf den sie herabfielen und von dem sie sich erholten, nicht mitgerechnet ist, während unter der Herrschaft der *Azteken* sich die Bevölkerung des Hochtals von Mexiko um das *Vierfache vergrößert* hatte. Dies ist ein absoluter Maßstab, der zeigt, daß die spanische Herrschaft, zumindest was die Azteken (und die mit ihnen verwandten Völker) betrifft, versagt hat. Sie kann sich *nicht*, auch wenn sie die Azteken von einer bedrückenden, blutrünstigen Religion befreit haben mag, mit deren letztlich dem Wohlergehen des Volkes förderlichen und nicht schädlichen Herrschaft messen. Dies trifft auch für die Völker zu, die die *Azteken* unterworfen hatten, denn einmal waren die Tribute, die die Aztekten erhoben, geringer als die, welche die Spanier den Indianern auferlegten, zum andern gibt es keinerlei Indizien dafür, daß infolge der Unterwerfung durch die Azteken die Bevölkerung in den Provinzen zurückging. Zumindest fanden die Spanier, wohin sie auch kamen, keine Anzeichen für ein solches Sterben, wie sie es auslösten, als sie das Land erobert hatten. Wie sagte doch Motolinía? »Man konnte nirgends seinen Fuß setzen, so sehr war der Weg mit Leichen und Knochen bedeckt!«

Die Spanier haben *nicht*, wie es etwa die englischen Siedler in Nordamerika taten und wie es kürzlich auch noch in Brasilien geschah, die Indianer wissentlich mit Krankheiten infiziert. Von diesem Vorwurf muß man sie freisprechen. Aber sie haben nun einmal, auch wenn dies unbeabsichtigt war und ihnen selbst schadete, diese Krankheiten eingeschleppt, und sie haben außerdem, obwohl die durch die nicht abreißende Kette von Krankheiten bewirkte Not ihnen ständig vor Augen stand, die Indianer dennoch zu erdrückenden Tributen und Dienstleistungen gezwungen, was ihren Niedergang noch beschleunigte. Davon

236

spricht sie keiner frei, und darin liegt die Berechtigung dessen, was man auf Grund der Anklage, die schon Las Casas erhob, die »Schwarze Legende« nennt.

Neben Krankheiten, den Auswirkungen des Krieges und den Ausbeutungspraktiken der Spanier war noch ein weiterer Grund für die Abnahme der indianischen Bevölkerung verantwortlich. Es war dies der Prozeß der rassischen Vermischung, die bereits einsetzte, noch ehe das Land erobert war. Jene zwanzig Sklavinnen, darunter auch Marina, die Cortés in Tabasco übergeben wurden, waren die ersten, die eine Blutsvermischung mit den Spaniern eingingen. Diese wurden auf ihrem weiteren Zug immer wieder mit derartigen Geschenken bedacht, wobei es keineswegs immer nur Sklavinnen waren, die man den »fremden Göttern« zu Gefährtinnen gab. Überliefert ist eine Episode, derzufolge die Herrscher von Tlaxcala, die in einem Kollektiv regierten, den Spaniern ihre Töchter anboten. Wie gewöhnlich ist Bernal Díaz die aufschlußreichste Quelle, zumal er ein Auge für derlei Dinge hatte. Er schreibt:

»Tags darauf kamen die gleichen, alten Kaziken und brachten fünf Indianermädchen, die sehr hübsch und anmutig waren. Wenn man bedenkt, daß sie Indianerinnen waren, war ihre Erscheinung wirklich bemerkenswert; auch waren sie sehr sorgsam gekleidet. Jede war von einem anderen Mädchen begleitet, das ihre Dienerin war, und die Herrinnen waren alle Töchter von Fürsten. Und Xicotenga sagte zu Cortés: ›Malinche, dies ist meine Tochter! Sie war noch nicht verheiratet und ist Jungfrau. Nehmt sie, sie gehört Euch!‹ Und er nahm sie bei der Hand und gab sie ihm; desgleichen solle mit den anderen geschehen, die für die Hauptleute bestimmt seien. Worauf Cortés sich sehr höflich bedankte und erklärte, daß er sie gerne empfange und verteilen werde, doch einstweilen sollten sie besser in der Obhut ihrer Väter bleiben. Die Kaziken fragten, warum er sie nicht jetzt gleich nehmen wolle; da sagte Cortés: ›Erst müssen wir dem Gebot Unseres Herrn gehorchen, der unser Gott ist und den wir verehren. Auch unser Herr, der König, hat uns aufgetragen, daß wir euch vom Götzendienst befreien, auf daß ihr keine Menschen mehr opfert und andere verwerfliche Dinge tut, sondern an das glaubt, was wir glauben, nämlich an den einzigen, wahren Gott.‹«[140]

Mit anderen Worten: Der Gunst, die die Fürsten von Tlaxcala den Spaniern erweisen wollten, war man zwar nicht abgeneigt, aber vorher mußte der Auflage der Kirche Genüge geleistet werden. Das war ja auch schon in Tabasco so gewesen: Eine Indianerin mochte zwar hübsch sein, aber so lange sie nicht getauft war, war es eine Sünde, sich mit ihr zu vergnügen.

Also becircte man den alten, blinden *Xicotencatl*, der der Wortführer der Tlaxcalteken war und sich zunächst sträubte, neben seiner Tochter auch noch seinen Glauben aufzugeben, und nahm dann, nachdem man einen provisorischen Altar errichtet hatte, die heilige Handlung vor. In den Worten Bernal Díaz':

> »Worum wir sie also baten, war, daß sie uns einen ihrer Tempel leerten, der in der Nähe stand und noch neu war, und daß sie ihn säuberten und mit Kalk weißten und die Götterbilder entfernten, damit wir an ihrer Stelle ein Kreuz und das Bildnis Unserer Herrin, der Jungfrau Maria, aufstellen könnten. Sie kamen unserer Aufforderung nach, und so wurde denn eine Messe abgehalten, und jene Fürstentöchter wurden getauft. Die Tochter Xicotengas des Blinden erhielt den Namen Doña Luisa, und Cortés nahm sie an der Hand und gab sie Pedro de Alvarado. Zu Xicotenga sagte er, daß jener, dem er sie gab, sein Bruder und Heerführer sei und daß er es gutheißen möge, denn er würde sie gut behandeln, worauf Xicotenga zufrieden war. Und die Tochter oder Nichte von Maseescaci wurde auf den Namen Elvira getauft; auch sie war sehr hübsch, und wenn ich mich nicht irre, gab sie Cortés Juan Velázquez de León. Auch die anderen erhielten einen christlichen Namen, und auch ihnen wurde der Titel ›Doña‹ zugesprochen; sie gab Cortés Gonzalo de Sandoval, Cristóbal de Olid und Alonso de Avila ...«[141]

Cortés selbst ging leer aus, was keineswegs die Absicht der Tlaxcalteken gewesen war. Ihm, der der Gott aller Götter war, wollte man am ehesten eine der Schönen überlassen. Denn würde man sich ihn damit nicht gefügig machen, sozusagen aus dem Himmel herab auf die Erde holen, indem er sich mit einer Irdischen, die zudem die Tochter des ersten Fürsten von Tlaxcala war, verband?

Cortés tat nichts dergleichen. Nicht, daß er den Reizen der Indianerinnen abgeneigt war; auch wohl kaum, weil er befürchtete, seinen Nimbus als Gottgesandter zu verlieren, wenn er sich mit einer gewöhnlichen Sterblichen abgab, auch wenn sie die Tochter eines hohen Fürsten war. Der Grund war ein anderer: Er war bereits eingedeckt. Sozusagen zweimal: Einmal war er verheiratet, auch wenn seine Frau in

Kuba geblieben war; zum anderen war zu dieser Zeit, nachdem er Puerto Carrero, ihren ersten »Mann«, nach Spanien gesandt hatte, Doña Marina seine Geliebte. Ihre Reize und ihre besondere Intelligenz hatten Cortés in ihren Bann gezogen, und so gab er sich, zumindest für den Augenblick, mit ihr zufrieden.

Aber wenngleich Doña Luisa, wie die Tochter Xicotencatls fortan hieß, auch nicht dem Anführer der Fremden ins Bett gelegt wurde, was eigentlich ihrem Stand angemessen gewesen wäre, so machte sie dennoch keine schlechte Partie. Alvarado, den Cortés seinen »Bruder« genannt hatte, was er freilich nicht war, war eine stattliche Erscheinung. Wegen seines rötlichen Haars (und seiner außergewöhnlichen Tapferkeit) nannten ihn die Indianer *Tonatiuh*, die »Sonne«. Für Doña Luisa, die trotz allem nur ein einfaches Indianermädchen war, war es sicher ein erhebendes Erlebnis, von einem solchen Gott, der mehr noch als der, den Cortés repräsentierte, das Sinnbild des Göttlichen schlechthin war, in die Arme geschlossen zu werden.

Sie – wie alle anderen, die sich den Spaniern ergaben oder ihnen übergeben wurden – mußte jedoch bald erkennen, daß sie nur eine Nebenrolle spielte. Alvarado war nicht bereit, sie als seine Frau anzuerkennen. Er hatte andere Pläne, die sich auch erfüllten, indem er – auf Grund seiner Erfolge, die er in der Neuen Welt erzielt hatte – in den spanischen Hochadel einheiratete. Doña Luisa blieb nur Mätresse, auch wenn man ihre fürstliche Abkunft anerkannte und ihre Kinder, die sie mit Alvarado hatte, eine noch größere Anerkennung fanden, waren sie doch die Nachkommen von sozusagen zwei fürstlichen Häusern. Wie es Bernal Díaz ausdrückt:

> »... jene Kazikin, die Tochter Xicotengas, die sich Doña Luisa nannte, wurde, als man sie Pedro de Alvarado gab, mit Geschenken überhäuft, und überall in Tlaxcala ehrte man sie und erkannte sie als Herrin an. Mit ihr hatte Pedro de Alvarado, der damals nicht verheiratet war, einen Sohn, der Don Pedro hieß, und eine Tochter, die sich Doña Leonor nennt; sie ist heute die Frau des Don Francisco de la Cueva, eines angesehenen Edelmannes, der der Vetter des Herzogs von Albuquerque ist. Sie haben vier oder fünf Söhne, alles sehr schmucke junge Herren. Und diese Doña Leonor ist eine so bemerkenswerte Frau, weil sie die Tochter eines so berühmten Vaters ist, der Ritter des Ordens von Santiago und Gouverneur von Guatemala war und bis nach Peru segelte, und aus dem Hause Xicotengas stammte, des großen Herrschers von Tlaxcala.«[142]

Die Mutter heiratete keinen spanischen Edelmann, aber die Tochter. Was bedeutete, daß ihre mestizische Abkunft letztlich übersehen wurde; was zählte, war ihre soziale Herkunft. In diesem Falle: ihre Abstammung von Alvarado, der es immerhin zum Gouverneur von Guatemala gebracht hatte. Daß auch ihre Mutter fürstliche Ehren genoß, schadete nicht; aber das allein reichte nicht aus, um sie weiß und gesellschaftsfähig zu machen.

Einen Rassismus, wie es ihn beispielsweise bei den Engländern und Holländern geben sollte, fand man in den spanischen Kolonien nur selten. Er war mehr *kulturell* als biologisch bedingt, das heißt, auf Grund seiner physischen Erscheinung wurde der Indianer in der Regel nicht diskriminiert. Was ihn in den Augen der Siedler herabsetzte, war seine angeblich primitive Kultur, die selbst vor Menschenopfern und Kannibalismus nicht haltmachte. Es wurde, zumindest anfangs, ernstlich bezweifelt, ob der Indianer überhaupt zum Menschengeschlecht gehörte, und obwohl schließlich ein päpstlicher Schiedsspruch den Indianern ihr Menschsein bescheinigte, blieb das alte Vorurteil, vor allem in den Kolonien, weiterhin bestehen.

Dennoch bemühte sich die Krone wie auch die Kirche, die zumeist informellen Beziehungen zwischen Siedlern und Indianerinnen zu legitimieren, denn man erhoffte sich dadurch eine allmähliche Stabilisierung der gesellschaftlichen Verhältnisse. Die meisten Siedler waren ohne Frauen ins Land gekommen, und obgleich so mancher, als er sich etabliert hatte, seine Familie nachkommen ließ, beklagte sich doch noch Mitte des 16. Jahrhunderts der Erzbischof von Mexiko, daß 500 Siedler, die eigentlich verheiratet seien, keinerlei Anstalten machten, ihre Frauen ins Land zu holen. Sie hatten offensichtlich andere Wege gefunden, eine Familie zu gründen, und damit diese Bestand hatte, drängte man darauf, sie legal anzuerkennen.

In zunehmendem Maße war man auch bereit, sich mit Einheimischen zu vermählen. Doch es trat schon bald eine entscheidende Änderung ein: Bereits die zweite Generation der Siedler hatte die Wahl zwischen Indianern und Mestizen, und immer mehr entschieden sich für letztere, das heißt für jene Mischlinge, die aus der Verbindung der ersten Einwanderer, also der Konquistadoren, mit Indianerinnen hervorgegangen waren. Die Indianerin wurde wieder nur, was sie anfangs gewesen war: eine Konkubine, eine Nebenfrau, die zwar eine begrenzte Anerkennung genoß, aber nicht hoffen konnte, einmal dieselben Rechte zu besitzen wie die eigentliche Frau des Siedlers. Die Nachkommen dieser Nebenverbindungen wurden zumeist von indianischer Seite erzogen, das heißt, sie kehrten in die indianische Tradition zurück, obwohl sie biologisch Mischlinge waren.

240

Das Geflecht gesellschaftlicher Beziehungen während der Kolonialzeit wurde noch kompliziert durch die Einführung von *Negersklaven,* die wiederum ihrerseits verschiedenartige Verbindungen eingingen, so daß man am Ende 16 unterschiedliche »Kasten« registrierte. Sie waren alle Mischlinge, doch verschiedenen Grades und unterschiedlicher Provenienz. Gemeinsam war ihnen ihre zumeist illegitime Herkunft und auf Grund dessen ein Stigma, das sie von den Reinrassigen oder zumindest Hellhäutigen trennte.

Dieses Stigma blieb nicht ohne Folgen, denn in dem Maße, wie man den Mischlingen mit Ressentiments begegnete, bildeten sie einen Abwehrmechanismus, der zuerst aus der schmerzlichen Erkenntnis ihrer angeblichen Minderwertigkeit bestand und sich dann, als ein Reflex der Selbsterhaltung, in eine Trotzreaktion und schließlich in ein bewußtes Aufbegehren wandelte. Der Mischling, vor allem der Mestize, der in Mexiko überwog, wurde zu einer Art Hefe der Gesellschaft, der die verkrusteten Strukturen der Kolonialzeit aufbrach und eine neue Ordnung an ihre Stelle zu setzen suchte. Doch – wie wir noch sehen werden – fehlte ihm dazu ein solides Selbstvertrauen; der Mestize war – und ist – ein Produkt zweier Welten, und es ist ihm bisher nicht gelungen, eine eigene Identität zu begründen. Mal negiert er das indianische Erbe, mal hebt er es in den Himmel; doch was er im Grunde erstrebt, ist, die Position zu erlangen, die ihm bislang verwehrt war. Dem Indianer ist sie noch immer verschlossen, aber der Mestize, der am Ende als Sieger aus dem Prozeß der Vermischung der Rassen hervorging, sieht sie in greifbarer Nähe. Ja, er hat sie im Grunde schon usurpiert, aber es ist wie eine neue Haut, in die er geschlüpft ist; seinem eigenen Wesen ist er noch immer fremd.

Der Prozeß der Mestizaje ist in Mexiko noch nicht abgeschlossen, und obwohl das erklärte Ziel ein Ausgleich, eine Synthese aus indianischer Tradition und spanischer Kultur ist, wurde ein Gleichgewicht doch noch nicht hergestellt. Das spanische Erbe überwiegt, und anstatt es durch die indianische Komponente auszubalancieren, wird dieser Ausgleich, der dem Indianer gerecht werden könnte, nur noch weiter verhindert durch einen neuen Einfluß, der diesmal aus einer ganz anderen Richtung kommt: den *USA.* Doch damit nähern wir uns der Gegenwart und greifen voraus. Kehren wir zurück in die Kolonialzeit.

Die Bevölkerungszahl der Indianer ging zurück und stieg dann wieder an. Parallel dazu entstand eine Mischlingsbevölkerung, die sowohl rassisch als auch kulturell zwischen den beiden Polen, Indianertum und spanischer Dominanz, stand. Sie blieb zahlenmäßig unter der indianischen Bevölkerung und erlangte erst im 19. Jahrhundert gegenüber den Indianern ein Übergewicht. Seitdem ist der Indianer in der

Minderzahl, was seinen Einfluß (und die Aussicht auf eine tatsächliche Rehabilitierung) noch mehr verringert.

Indianer waren während der Kolonialzeit *Mündel.* Sie hatten keine vollen Bürgerrechte (es war ihnen beispielsweise verboten, Waffen zu tragen), und sie hatten keinen Zugang zu höherer Verwaltung oder Regierungspositionen. Eine Ausnahme bildeten lediglich sogenannte *Kaziken,* die eine Art indianischer Adel von Spaniens Gnaden darstellten. Sie fungierten als Mittler zwischen dem indianischen Volk und den spanischen Herren, genossen bestimmte Privilegien und mußten sich dafür als Handlanger der Spanier verdingen. Das ging zumeist auf Kosten des Volkes, dem sie sich, da sie die spanische Kultur nachahmten, immer mehr entfremdeten, so daß sie schließlich in der Schicht der *criollos,* der im Lande geborenen Spanier, die man von denen, die aus Spanien kamen, unterschied, aufgingen. Sie waren es gewesen, die die Tribute eintrieben, die den Encomenderos zustanden. Sie waren das, was man in aztekischer Zeit *calpixque* genannt hatte; nur daß sie nun einem fremden Herrn dienten.

Neben diesen Kaziken, die häufig nicht viel mehr als Dorfvorsteher waren, obwohl die indianischen Gemeinden ihre eigenen Autoritäten wählten, die aber dem Kaziken untergeordnet waren, gab es jene indianischen Adligen, die auf Grund ihrer Herkunft eine bevorzugte Stellung genossen. Sie standen an der Spitze der indianischen Hierarchie und waren den Spaniern durchaus ebenbürtig, wenngleich sie auch keine politische Macht besaßen.

An erster Stelle sind hier die Nachkommen Montezumas zu erwähnen, die zwar in die spanische Gesellschaft einheirateten, dennoch aber ihr indianisches Erbe nicht verleugneten. Zumindest war man stolz auf die Abkunft vom letzten, eigentlichen Aztekenherrscher, und noch zur Zeit der Unabhängigkeitskriege machte sich ein Nachkomme Montezumas auf, die Krone seines Ahnherrn wiederzuerlangen.

Dieser, der der letzte seines Geschlechts war, der von sich reden machte, stammte von der Linie ab, die *Pedro Montezuma,* der eigentliche Erbe des Aztekenthrons, gegründet hatte. Er hatte, obwohl mit einer Encomienda bedacht, es vorgezogen, nach Spanien zu gehen, wo er nicht nur Anerkennung fand, sondern auch in die höchsten Kreise eingeführt wurde. So schmückte sich schließlich sogar ein Vizekönig, *José Sarmiento y Valladares,* der Ende des 17. Jahrhunderts über das ehemalige Reich der Azteken herrschte, mit dem Titel eines »Grafen von Montezuma«. Dieser Titel war den Nachfahren Montezumas 1627 verliehen worden, und besagter Vizekönig hatte eine Erbin derer von Montezuma geehelicht. Freilich dachte niemand, am allerwenigsten der Vizekönig, daß es doch eigentlich eine Ironie war, im Namen eines

Königs beziehungsweise Herrscherhauses zu regieren, das einem anderen, mit dessen Glorienschein man sich schmückte, den Garaus gemacht hatte. Die »Montezumas« waren eben doch mehr Spanier als Indianer.

Don Pedro, der Ahnherr dieser Linie, war der Sohn einer Nebenfrau Montezumas. Der eigentliche Erbe, Sohn einer der beiden Hauptfrauen Montezumas, starb in der Noche Triste, als die Spanier ihn als Geisel mitschleppten. Seine Mutter hieß *Tecalco,* und von ihr stammt ein zweites Kind, *Tecuichpo.* Die Spanier nannten sie *Isabel.* Noch als Kind war sie Quauhtemoc vermählt worden, als dieser den Thron bestieg, zweifellos, um seine Position zu festigen. Als ihr Mann hingerichtet wurde, meldete der seine Ansprüche an, der das Urteil gefällt hatte. Es heißt, daß Tecuichpo eine außergewöhnliche Schönheit war, und es ist zumindest ein bemerkenswerter Zufall, daß Cortés, kaum daß er Doña Marina, seine bisherige Geliebte, mit einem seiner Offiziere vermählt hatte, die schöne Tecuichpo zu sich nahm. Dazwischen lag lediglich die Episode mit dem angeblichen Verrat Quauhtemocs. Könnte es sein, daß sich Cortés in seinem Urteil auch durch persönliche Gründe leiten ließ? Was Frauen anbelangte, kannte er keinen Skrupel.

Tecuichpo schenkte Cortés eine Tochter. Dann reichte er sie weiter, wobei er allerdings nicht versäumte, ihr eine reiche Mitgift, und zwar Tacuba, das nach dem Tode seines eigentlichen Herrschers, der an der Seite Quauhtemocs starb, in eine Encomienda verwandelt wurde, mit auf den Weg zu geben. Sicher war diese Mitgift nicht der geringste Grund, weshalb Tecuichpo alias Isabel auch nach dieser Heirat noch zwei weitere Male in den heiligen Stand der Ehe trat. Drei Caballeros gaben sich die Ehre, wobei die beiden ersten jeweils nach kurzer Zeit starben, während der dritte, ein gewisser *Juan Cano,* wiederum seine Angetraute überlebte, was das Problem der Erbschaft aufwarf, denn Ansprüche auf die Encomienda meldete auch ein Sohn aus der vorherigen Ehe an, so daß die einstige Mitgift schließlich geteilt wurde.

Weniger abwechslungsreich war das Leben einer anderen Tochter Montezumas, die das einzige überlebende Kind seiner zweiten Frau, der Prinzessin *Acatlan,* war. Immerhin brachte sie es auf zwei Ehemänner, denn auch sie, die auf den Namen *Leonor* getauft wurde, erhielt als Hochzeitsgeschenk eine Encomienda. Doch wurde diese schließlich unter ihren Nachkommen veräußert, so daß dieser Zweig der Montezumas aus dem Kreis der illustren Encomenderos ausschied.

Die Nachkommen Montezumas genossen auch beim Volk eine besondere Verehrung. Noch im 19. Jahrhundert war es nicht selten, daß man Besuchern, die nach Mexiko kamen, indianische Behausungen zeigte, die angeblich von Nachfahren Montezumas bewohnt wurden.

Zweifellos handelt es sich hierbei um die illegitimen Erben des einstigen Aztekenherrschers, deren Ahnen nicht so glücklich gewesen waren wie jener Don Pedro, der Vorläufer der Grafen von Montezuma, dessen Ansprüche die Spanier anerkannt hatten. Aber daß man den Namen, auch in Mexiko, noch nach dreihundert Jahren ehrte, zeigt doch, daß das Volk seinen wahren Herrscher nie vergessen hat.

Die Spanier waren sich dieser Gefahr einer indianischen Renaissance wohl bewußt, und sie unternehmen alles, um ein Wiedererstarken indianischer Herrscher zu vermeiden. Was immer Cortés noch bewogen haben mag: als er Quauhtemoc hängen ließ, tat er dies in erster Linie deshalb, um seine eigene Position (und die des Königs) zu sichern. Und damit auch nicht die Gefahr einer weiteren Verschwörung bestand, ließ er gleich auch die beiden Herrscher von Tetzcoco und Tacuba, die er ebenfalls als Geiseln mitgeführt hatte, mit aufknüpfen (daß es nur zwei waren, die gehängt wurden, gilt inzwischen als widerlegt). Damit war die eigentliche Herrscherschicht, die, die für den Dreierbund verantwortlich gewesen war, eliminiert, und was an ihre Stelle trat, waren nur noch Marionetten. So war *Hernando Ixtlilxochitl*, den Cortés ursprünglich als Herrscher von Tetzcoco eingesetzt hatte, der sich aber erst jetzt durchsetzen konnte, letztlich nur noch ein Beschaffer von Arbeitskräften, die für den Aufbau der neuen Hauptstadt benötigt wurden. Und hier, in Mexiko, dem früheren Tenochtitlan, wurden zwei sogenannte indianische Gouverneure eingesetzt, die in zwei Vierteln der Stadt, *Tlatelolco* und *San Juan*, für die indianischen Belange zuständig waren. Daß sie den spanischen Autoritäten, die in der gleichen Stadt residierten, untergeordnet waren, daran bestand kein Zweifel.

Am anderen Ende der Skala stand das gemeine Volk, die Masse der Indianer. Sie hatten auch in vorspanischer Zeit die Bürde des Staates zu tragen gehabt, doch die Erfahrung der Conquista und dessen, was folgte, bewirkte ein Trauma, von dem sie sich bis heute nicht erholt haben. Es mag sein, daß der Indianer, zumindest in Mexiko, durch die pessimistische Weltsicht, die zur Zeit der Azteken vorherrschte, geprägt wurde; sein dumpfes Verharren in einer Art kollektiver Trance ist jedoch das Ergebnis seiner Erniedrigung durch die Spanier und der daraus resultierenden Flucht in eine Welt, um die er eine Mauer aus Furcht und Trotz errichtet hat, hinter die er niemand blicken läßt.

Nach dem Schock der Conquista paßte sich zwar der Indianer den neuen Verhältnissen an, aber es entstand nie eine Einheit: zu groß waren die Unterschiede, zu tief die Kluft, die den Indianer vom Spanier trennte. Zwar nahm er das Christentum an und ließ sich als Kuli verdingen, doch er lernte weder Spanisch, noch bedeutete es ihm etwas, daß er Untertan eines Herrschers war, der zu den mächtigsten Fürsten der Welt gehörte. Er bekam ihn nie zu Gesicht, und die, die ihn vertraten, blieben nie lange genug, um das Land, das sie im Namen des Königs verwalteten, auch wirklich kennenzulernen. Sie waren *Peninsulares,* wie die Spanier sagten, auf der Iberischen Halbinsel geboren und in den Kolonien nur zu Gast, gerade lange genug, um sich die Taschen zu füllen und ihrer Karriere zu nützen, ehe sie sich wieder absetzten und in der Heimat mit Ruhm und Ehren überhäuft wurden.

Es war eine zweigeteilte Gesellschaft, die die Conquista begründet hatte: hier der Indianer, dort der Spanier. Das wurde auch in der Siedlungsstruktur deutlich. Der Indianer lebte auf dem Lande, der Spanier in der Stadt. Seiner Elite beraubt, die man ihm entfremdet hatte, fiel der Indianer zurück auf das Niveau einer bäuerlichen Gesellschaft, die es allmählich verlernte, Städte zu bauen, Tempel zu errichten, die Schrift zu gebrauchen und sich ihrer Vergangenheit zu erinnern. Es war letztlich ein anonymes Proletariat, auf das sich die spanische Herrschaft stützte. Die Nachfahren der Azteken hätten ebensogut Inka oder Maya sein können: lediglich in der Sprache unterschieden sie sich von jenen.

Nicht einmal die *Tlaxcalteken,* einer der sieben Stämme von Chicomoztoc, die zwar mit den Azteken verwandt, doch immer mit ihnen verfeindet gewesen waren, was sie zu Verbündeten der Spanier gemacht hatte, entgingen letztlich dem Nivellierungsprozeß. Zwar hatte man sie zum Lohn für ihre Bündnistreue von der Verpflichtung des Arbeitsdienstes und der Tribute beziehungsweise Steuern, die sonst jeder Indianer zu entrichten hatte, befreit, doch als dies geschah, 1585, war praktisch ein Jahrhundert vergangen, und da die größten Schäden im Gefolge der Conquista auftraten, war es den Tlaxcalteken nicht viel besser ergangen als den übrigen Indianern. Sie waren letztlich auch nur ein besiegtes Volk, auf das man am Ende ebenso herabsah wie auf alle anderen. Was immer der Papst den spanischen Königen aufgetragen hatte, sie schafften es nicht, die Indianer in eine christliche Gemeinschaft zu integrieren.

Die Mauern von Jericho

Montezuma hatte geglaubt, daß die Fremden, die in sein Land kamen, Abgesandte jenes Gottes seien, dessen Wiederkehr man vorausgesagt hatte. Er täuschte sich – und täuschte sich doch nicht. Denn Quetzalcoatl ließ zwar einige Zeit auf sich warten, aber am Ende kam er doch:

»Da machten sich die Ordensgeistlichen auf und nahmen den Weg nach Mexiko, was von dem Hafen, wo sie gelandet waren, einer Entfernung von 60 Leguas [300 km] entspricht, und sie gingen den ganzen Weg zu Fuß und ohne Schuhe. Auch lehnten sie es ab, große Geschenke in Empfang zu nehmen ... Und als sie nach Tlaxcala kamen, legten sie eine Ruhepause ein, um sich von dem beschwerlichen Weg zu erholen und um die Stadt, die wegen ihrer Größe berühmt war, zu besichtigen, und so warteten sie den Tag des Marktes ab, wo die Menschen aus allen Teilen jener Provinz zusammenzukommen pflegten, um ihre Geschäfte zu tätigen. Noch niemals hatten sie so viele Menschen an einem Ort gesehen, und sie priesen Gott, daß er ihnen eine so reiche Ernte in Aussicht gestellt hatte. Und da sie sich nicht mit ihnen verständigen konnten, weil sie ihre Sprache nicht beherrschten, gaben sie sich durch Zeichen zu verstehen und wiesen zum Himmel, wodurch sie ausdrücken wollten, daß sie gekommen seien, um ihnen die Schätze und Reichtümer zu zeigen, die es dort in der Höhe gab.

Die Indianer folgten ihnen, wie Kinder, die jemand nachlaufen, der Aufsehen erregt, und sie wunderten sich, daß sie in einer einfachen Tracht einhergingen, die gänzlich anders war als der Glanz und Schmuck, den sie zuvor bei den spanischen Soldaten gesehen hatten. Und sie fragten, einer den anderen: ›Was sind das für Menschen, die so arm sind? Was ist das für eine Kleidung, die sie tragen? Sie sind anders, nicht wie die Leute aus Kastilien, die wir kennen!‹«[143]

Es war in der Tat ein aufsehenerregendes Ereignis, als die ersten Ordensgeistlichen in Mexiko Einzug hielten. War man es bislang gewöhnt gewesen, daß die Spanier, wo immer sie auftraten, sich als Herren gebärdeten, in blinkenden Rüstungen und schimmernder Seide einhergingen und gierig nach Gold und Edelsteinen suchten, so erweckten diese Männer, die in einfachen Kutten daherkamen und mit einem Almosen zufrieden waren, den Anschein nicht von Göttern, sondern von Heiligen. Sie erinnerten an die Priester, die man aus der eigenen Kirche kannte. Doch was sie lehrten, war nicht die Furcht vor dämonischen Kräften, sondern die Liebe und Vergebung eines Wesens, das allgegenwärtig und überragend war.

Die Entsprechung, die diese Lehre im Vermächtnis Quetzalcoatls findet (wie auch in den Gedanken Nezahualcoyotls), ist wahrlich bemerkenswert, und es drängt sich der Verdacht auf, daß die indianische Überlieferung (wie ja so vieles in ihrer Geschichte) letztlich nur eine Projektion christlicher Vorstellungen in die Vergangenheit ist. Alle oder doch die meisten historischen Aufzeichnungen gehen auf die Zeit *nach* der Eroberung zurück, und wenngleich sie auch auf älteren, vorspanischen Vorlagen beruhen, von denen immerhin einige Fragmente erhalten geblieben sind, so ist die Möglichkeit doch nicht von der Hand zu weisen, daß christliches Gedankengut, das bei denen, die diese Aufzeichnungen vornahmen beziehungsweise die entsprechenden Informationen lieferten, Eingang gefunden hatte, die Wiedergabe historischer Ereignisse beeinflußte.

Dem steht entgegen der archäologische Befund, der – was zumindest Teotihuacan und Tula betrifft – einen deutlichen Bruch zeigt, aber auch die von einem Zweig der Wissenschaft vertretene These, die man als *Konvergenztheorie* bezeichnet. Sie postuliert, daß auf Grund bestimmter Eigenschaften, die allen Menschen gemein sind, überall auf der Welt gleiche oder ähnliche Kulturformen entstehen. Das Beispiel der Pyramiden wurde bereits erwähnt. Die Vorstellung von einem höchsten Gott, der über allem und am Anfang steht, wäre nach dieser Auslegung ein anderes Indiz, denn sie taucht tatsächlich in den meisten, zumindest hierarchisch strukturierten Religionen auf. Das Christentum wäre demnach den religiösen Vorstellungen der Azteken einen Schritt voraus gewesen, doch hätte es eben auch dort erste Ansätze zu einer höheren Entwicklung, die sich dem Monotheismus und einer Erlöserlehre näherte, gegeben.

Bedenkt man den archäologischen Befund wie auch das auffallend fatalistische Verhalten Montezumas, das seinen Ursprung zweifellos in einem religiösen Konflikt hatte, der auf die Zeit *vor* der Ankunft der Spanier zurückging, so wird man den Azteken beziehungsweise ihren Vorläufern bescheinigen müssen, daß sie die gleichen Prinzipien und Ideale erdacht hatten (auch wenn sie sich nicht durchsetzten) wie die Christen, die sich nun anschickten, das, was lediglich verschüttet war, neu zum Vorschein zu bringen.

Sie hatten dennoch keine leichte Aufgabe, wie sich sogleich zeigte, als die Ordensbrüder, von denen oben die Rede war, schließlich Mexiko, die Hauptstadt, erreichten. Cortés, auf dessen Initiative sie gekommen waren, bereitete ihnen einen triumphalen Empfang. Wie Mendieta, der sich auf die Aussagen eines Augenzeugen stützt, schreibt:

»Als sie endlich nach Mexiko kamen, ging ihnen der Gouverneur in Begleitung aller spanischen Edelleute sowie indianischer Würdenträger, die er zu diesem Zweck herbeigerufen

247

hatte, entgegen, um sie willkommen zu heißen; und er kniete nieder und küßte jedem von ihnen die Hand, was auch Don Pedro de Alvarado tat und all die anderen Edelleute. Als das die Indianer sahen, taten sie es ihnen nach, und auch sie fielen zu Boden und küßten den Priestern die Hand. So viel vermag das Beispiel eines Größeren auszurichten.«[144]

Was aber Cortés selber betrifft, so fügt Mendieta hinzu: »Von allen Taten, die Cortés vollbrachte, war dies die rühmlichste, denn während er sonst nur andere besiegt hatte, besiegte er diesmal sich selbst.«

Was er meinte, der Chronist, der selbst dem apostolischen Gebot folgte, war die dramatische Geste des Konquistadors, sich vor aller Augen, insbesondere der Indianer, die in ihm einen unbeugsamen Herrn sahen, den Geistlichen zu Füßen zu werfen und ihnen die Hand zu küssen. Ob es allerdings nur religiöse Inbrunst war, die Cortés zu diesem Akt der Demut bewegte, muß indes bezweifelt werden. Man kann Cortés zwar nicht absprechen, daß er es – neben der Sicherung der weltlichen Macht – als seine vordringliche Aufgabe betrachtete, das Christentum zu verbreiten, und sein Eifer, dieser Aufgabe nachzukommen, war manchmal so groß gewesen, daß ihn selbst die Priester, die er mitführte, hatten zurückhalten müssen, um den Fortgang der Eroberung nicht zu gefährden. Auch hatte er, kaum daß die Eroberung beendet war, um die Entsendung weiterer Priester gebeten, was schließlich dazu geführt hatte, daß er nun vor ihnen stand und sich ihrem Gebot unterwarf. Aber das war eben nur ein Kalkül, eine Taktik, die weniger seine eigenen Gefühle zum Ausdruck brachte, als vielmehr die Indianer dazu bewegen sollte, sich gleichfalls der Autorität der Kirche zu unterwerfen. Indem er sich selbst erniedrigte, diente er dem Ansehen der Kirche, und das war sein eigentliches Anliegen, zumindest soweit es die versammelten indianischen Würdenträger betraf.

Doch die waren keineswegs bereit, dem alten Glauben nun einfach abzuschwören, auch wenn sie dem Beispiel der Spanier gefolgt waren und sich ihrerseits den Patres unterworfen hatten. Das wurde deutlich, als es, kaum daß die Patres sich in der Stadt eingerichtet hatten, zu einer ersten Unterredung zwischen den Ordensgeistlichen und den Indianern kam, die, da sie überliefert ist, Berühmtheit erlangt hat. Als »Wechselreden indianischer Vornehmer und spanischer Glaubensapostel« bekannt, zeigt dieses Dokument, wie groß doch letztlich die Kluft war, die den alten, *aztekischen* von dem neuen Glauben trennte. Hören wir dazu zunächst einen Ausschnitt aus den Reden der Ordensgeistlichen, der das Wesentliche ihrer Aussage (und Religion) zusammenfaßt:

»›Er auch, der Heilige Vater, ist beauftragt, ihm befahl, ihm gebot der wahre, allein Einzige Gott, der Herr, daß er unterwiese durch das Gotteswort alle insgesamt auf Erden, die Menschen überall in der Welt, auf daß sie Ihn gut erkennten, auf daß sie Ihn verehrten und auf daß sie dienen könnten Ihm, Gott, dem Herrn. Aber die andern Menschen auf Erden sind unterwiesen, dadurch daß sie hörten das Gotteswort. Aber ihr, jetzt erst seid ihr gesehen worden, jetzt erst seid ihr erschienen.

Darauf auch zu euch entsandte er uns, auf daß auch ihr es seid, die mit Gotteswort wir erleuchten, wir aufklären und unterweisen, auf daß ihr erkennet, ihr verehret und gehorchet dem, durch den man lebt, dem Herrn des Himmels und der Erden.

Beruhigt ward unser Herz, durchaus unser Auge, denn wir sahen es nunmehr, nicht bloß, daß irgendwer es uns sagte, die Art, wie ihr nicht Kenntnis habt von Ihm, nicht Ihn verehret, nicht euch fürchtet vor Ihm, Ihm, dem wahren Gott, dem Herrn, vielmehr in sehr vieler Weise bei Nacht, bei Tage Dinge tut, wodurch ihr Ihn beleidigt, so daß ihr verharrt in Seiner Ungnade, Seinem Zorne. Sehr von euch aus habt ihr Ihn beleidigt. Auf Seine Veranlassung entsandte er sie, die zuerst kamen, Seine Untertanen, die Spanier, die euch unterwarfen, die euch mißhandelten, die euch Elend zufügten; so wurdet ihr bestraft dafür, daß ihr verschlosset die vielen Beleidigungen gegen Ihn, die ihr ständig verübtet.

Und deswegen entsandte uns er, auf Erden der Geistliche Herr, gerade deswegen, damit wir euch lehren, wie ihr besänftigen könnt Den, durch den man lebt, daß Er euch nicht ganz vernichte. Denn nichts Irdisches will Er, nicht will er sich befriedigen, nicht Edelmetall, nicht Gut begehrt Er: nur aus Liebe, nur aus Mitleid erweist Er euch Gutes. Denn so will es Unser Gott, Unser Herr, daß wir einander lieben, daß wir uns erbarmen, wir einander Gutes erweisen, die wir auf Erden Menschen sind, nicht um unseres Vorteiles willen.‹«[145]

Für die versammelten Würdenträger war das alles ein wenig verwirrend, der Papst, der König, Gott und die Priester: ganz abgesehen von dem Vorwurf, daß es sozusagen gerechtfertigt war, die Indianer zu mißhandeln, weil sie nicht jemand angebetet hatten, den sie noch gar nicht kannten. Besser, man holte die eigenen Priester zu Hilfe, von denen denn auch einer, der der oberste war, antwortete:

»»Ihr sagtet, daß wir nicht kennen den Herrn des Mit und Bei, den Herrn des Himmels und der Erde. Ihr sagtet, daß nicht wahre Götter unsere Götter sind. Es ist ein neues, unerhörtes Wort, was ihr sprachet, und darüber sind wir bestürzt, daran nehmen wir Anstoß.

Denn unsere Erzeuger, die zu sein, die zu leben gekommen waren auf Erden, nicht so sprachen sie. Sie gaben uns ihre Sitte, ihr Gesetz, sie glaubten an sie, die Götter, sie dienten, sie erwiesen Ehrfurcht den Göttern. Sie lehrten uns insgesamt das, womit gedient wird, was in Ehren zu halten ist: so essen wir vor ihnen Erde und verbeugen uns, so zapfen wir uns Blut ab, so büßen wir, so legen wir Copal-Harz nieder, und so veranstalten wir Menschenopfer.

Sie sagten: Es sind sie, die Götter, durch die alles lebt, sie erwiesen uns Gnade. Wann? Wo? Noch die Zeit der Nacht war es.

Und sie sagten: Es sind sie, die uns geben unsere Nahrung, insgesamt Trank und Speise, Lebensmittel, Maiskörner, Bohnen, Melden, Salbei. Sie sind, die wir bitten um Wasser, um Regen, wodurch es gedeiht auf Erden.

Dieselben sind reich, gesegnet, im Besitz der Güter, der Habe. Immerdar, ewig sprießen die Bäume, im Grün prangend ist ihr Heim. Wo? Wie? Im Reich des Regengottes Tlalocan. Nie etwas von Hungersnot herrscht dort, nichts von Krankheit, nichts von Armut.

Nur dieselben geben den Leuten Heldentum, Häuptlingstum, das Gefangennehmen und den Lippenpflock, den wallenden Schmuck, die Schambinde, den Mantel, Blumen, Tabak, grüne Edelsteine, Quetzalfedern, Edelmetall . . .‹«[146]

So sprachen die, die allen Ruhm gründeten und das Gesetz der Welt schufen, und seitdem hatte alles seinen geordneten Gang genommen. Doch nun waren die Spanier gekommen und hatten alles durcheinandergebracht. Was würde geschehen, wenn man das alte Gesetz aufkündigte? Nicht nur die Götter würden fallen, die ganze Gesellschaft würde ins Wanken geraten:

»»Und etwa nun sollen wir zerstören das alte Gesetz? Das Gesetz der Chichimeken, das Gesetz der Tolteken, das Gesetz derer von Colhuacan, das Gesetz der Tepaneken?

Wir verstehen uns auf das, worin man lebt, worin man geboren wird, wodurch man aufgezogen wird, wodurch man großgezogen wird, wodurch die Götter angerufen, wodurch sie angebetet werden.

Hört, o ihr Fürsten! Tut nicht etwas eurem Volke, was um so mehr Unheil bringen, um so mehr vernichten wird das, worin auch der alte Mann, die alte Frau erzogen, großgeworden sind. Laßt uns nicht erzürnen die Götter, ihrem Zorne, ihrem Grimme laßt uns nicht anheimfallen! Und daß nicht deshalb vor uns, über uns sich erhebe das Volk! Mögen nicht deswegen wir es beunruhigen, mögen nicht deswegen wir es verwirren, durch das, was wir sagten: Es möge nicht mehr sie, die alten Götter, anrufen, es möge nicht mehr sie anbeten.‹«[147]

Es war eine vergebliche Warnung, denn wenngleich sich auch das Volk nicht gegen die Fürsten stellte, so taten dies doch die Söhne gegenüber ihren Vätern. Denn die Ordensgeistlichen erkannten sehr schnell, daß die Kinder wie Wachs in ihren Händen waren, während die Alten, die ihr ganzes Leben im Glauben an die heidnischen Götter zugebracht hatten, sich nur schwer von der Überlieferung trennen konnten. Zugleich aber mit der Annahme des neuen Glaubens durch die Kinder ging auch die übrige Kultur verloren, denn die Kinder, zumindest die Söhne der Adligen, die ja der Hort der traditionellen Kultur gewesen waren, wurden ihren Eltern entwendet und in gesonderten Schulen, die die Missionare leiteten, erzogen. Was bedeutete, daß sie nicht nur der herkömmlichen Unterweisung, wie sie im Calmecac gepflegt worden war, entzogen wurden, sondern sich auch von der gewohnten Umgebung ihrer Familien entfernten. Die Folge war, daß die nachwachsende Generation ihrer angestammten Tradition völlig entfremdet wurde. Allein die Sprache behielten sie bei, denn nachdem sie einmal im neuen Glauben unterrichtet worden waren, sollten sie selbst für eine Weiterverbreitung des Christentums unter ihrem Volk sorgen.

Auf die militärische Eroberung folgte so die geistige Zerstörung der Indianerkulturen. Sie war letztlich noch verhängnisvoller, denn sie begnügte sich nicht mit einer formalen Unterwerfung unter eine fremde Macht, wie sie auch die Azteken anderen aufgezwungen hatten. Sie führte zu einer völligen Auflösung der aztekischen Gesellschaft: Werte und Normen wurden zersetzt, Religion und Geschichte verteufelt, und am Ende gab es nichts mehr, was dem Volk, der Nation einen Zusammenhalt gab. Die Azteken wurden wie aus einer schützenden Schale, die zugleich ihrer Kultur Gestalt gegeben hatte, gestoßen und trieben nun als amorphe Masse in einer Art Urmeer, aus dem eine neue Ordnung nur langsam auftauchte. Diesen Verlust ihrer Identität, den völligen Ausverkauf einer eigenständigen Tradition hatten die Azteken anderen erspart. Auch darin wirkte sich ihre Herrschaft segensreicher als die der Spanier aus.

Dennoch sollte bei einem Vergleich der beiden Systeme, dem der Azteken und dem der Spanier, nicht übersehen werden, daß es *eine* Rechtfertigung, einen Nutzen der spanischen Herrschaft gab: Die Exzesse der vorspanischen Religion, so sehr sie aus dem Weltbild der Indianer erklärbar sind, waren dennoch eine Last, die bewußt und unbewußt auf dem Menschen lag, und dies nicht nur, was die unterworfenen Völker betraf, die die Hauptlast der Opfer, die ja Menschenopfer waren, zu tragen hatten, sondern auch das eigene Volk, das nach dem Gesetz einer bedrückenden Religion zu Fatalismus und Krieg gezwungen wurde. Für die Elite, die davon profitierte, war das eine geringere Last als für das Volk gewesen, und insofern kann man von einer Befreiung sprechen, die eintrat, als die alte durch die neue Religion ersetzt wurde. Aber da eben die Religion in vorspanischer Zeit eine so zentrale Rolle eingenommen hatte, ging mit ihr auch alles andere, was das geistige Erbe der Azteken ausmachte, verloren.

Für die Spanier war die Ausmerzung des Götzenkultes, wie sie es nannten, der Preis, den sie zahlen mußten, um die irdischen Güter, die die Eroberung mit sich brachte, genießen zu können. Das war die Auflage, die der Papst den spanischen Königen erteilt hatte, und diese Auflage gaben die Könige an die Konquistadoren weiter. Sie meinten, daß die Encomienda, die bereits 1503 auf den Westindischen Inseln eingeführt wurde, dazu das rechte Mittel sei, denn wer, wie der Encomendero, aus dem Indianer Nutzen zog, mußte auch für sein geistiges Wohlergehen sorgen. Daß die Encomienda letztlich nur ein Feigenblatt war, mußte die Krone spätestens dann erkennen, als – im Jahre 1511 – ein beherzter Dominikanermönch, der vor versammelten Siedlern eine flammende Rede hielt, Anklage gegen diese Institution erhob. Deutlicher noch drückte es schließlich jener Las Casas aus, den die mutige Rede des Dominikaners zur Umkehr bewogen hatte. Er sagte: »Ich sage die Wahrheit und nichts als die Wahrheit, daß es zu jener Zeit nicht mehr Sorge und Pflichtgefühl gab, die Indianer in unserem Glauben zu unterweisen und sie zu Christen zu machen, als wenn sie Pferde oder andere Haustiere wären.«

Die Krone machte einen halbherzigen Versuch, durch die Gesetze von Burgos den Mißstand zu ändern, und wandte sich dann, als sie einsehen mußte, daß die Encomienda die in sie gesetzten Hoffnungen nicht erfüllte (nicht zuletzt auch deshalb, weil die Encomenderos keiner Indianersprache mächtig waren), den *Missionsorden* zu. Diese hatten sich bereits bei der Heidenbekehrung in Afrika und Asien verdient gemacht und schienen im Gegensatz zu den Encomenderos wie aber auch der etablierten Kirche, die sich im Zeichen der Renaissance sehr stark weltlichen Dingen zugewandt hatte, die geeigneten Voraussetzungen zu haben, um den apostolischen Auftrag, den die Krone übernommen hatte, auch tatsächlich in die Tat umzusetzen. Was Mexiko betrifft, so bestärkte Cortés die Krone in ihrer Absicht, daß man die Heidenmission in die Hände der Mönchsorden legen müsse, denn die weltliche Kirche, so schrieb er, »würde von ihrer Gewohnheit nicht ablassen, ihre Güter zu verschleudern und in Prunk und Schande zu leben«. Es waren prophetische Worte, denn im Gegensatz zu den Missionskirchen, die als Bettelorden gegründet worden waren und ihrem ursprünglichen Prinzip treu blieben, entpuppte sich die offizielle Kirche, die ihnen nachfolgte und schließlich alle wichtigen Kirchenämter besetzte, als ein trojanisches Pferd. Sie brachte nicht nur ihr eigenes Schäfchen ins trockene, sondern bezog auch eindeutig Partei für die Kolonisten, für die sie sich von Anfang an zuständig fühlte, da die Orden sich ganz der Heidenmission widmeten.

Es ist also wichtig, zwischen den beiden Zweigen der Kirche, der sogenannten *weltlichen* Kirche und der der *Orden,* zu unterscheiden. Letzterer gebührt das Verdienst, den Schock der Conquista gemildert zu haben, auch wenn dies den Ausverkauf der indianischen Kultur bedeutete. Dominikaner waren es, die sich engagiert für die Rechte der Indianer einsetzten. Franziskaner waren die ersten, die in Mexiko die Missionsarbeit aufnahmen.

Sie kamen bereits 1523, zwei Jahre nach der Conquista. Doch erst im folgenden Jahr, als jene Ordensgeistlichen, von denen wir gehört haben, in Mexiko Einzug hielten, begann ihre eigentliche Arbeit. Sie teilten sich auf in vier Gruppen, eine, die in Mexiko, der Stadt, blieb, und drei, die sich über Tetzcoco und Tlaxcala verteilten, und sie gründeten Schulen, errichteten Kirchen und begannen, die Indianer im neuen Glauben zu taufen.

Den Franziskanern folgten die Dominikaner und Augustiner, die jedoch nur wenig Anteil am Missionswerk im zentralen Mexiko hatten, da dies bereits die Domäne der Franziskaner war. Ähnliches trifft für die Jesuiten zu, die 1572 nach Mexiko kamen und ihr Hauptaugenmerk auf den Norden Mexikos richteten, wohin sich freilich auch die Franziskaner wandten, die schließlich bis nach Kalifornien vordrangen, wo sie *San Francisco* gründeten.

Doch dies war am Ende der Kolonialzeit, als die Orden von der weltlichen Kirche verdrängt worden waren und ihnen nur noch die Arbeit in den Randgebieten blieb. Am Anfang lag der Schwerpunkt ihrer Tätigkeit, soweit es die Franziskaner betrifft, in genau jenem Gebiet, das das Herz des Aztekenreiches gewesen war. Und so sind sie es, die sowohl für das Zerstörungswerk als auch für den Erhalt der aztekischen Kultur verantwortlich sind.

Denn das ist das Paradoxe ihres Wirkens: Einerseits verteufelten sie den heidnischen Glauben und waren bemüht, das Christentum an seine Stelle zu setzen; andererseits sahen sie sich gezwungen, sich mit der Kultur (und der Sprache), die sie auzumerzen angetreten waren, auseinanderzusetzen, denn nur wenn es ihnen gelang, die Denkweise der Indianer auch wirklich zu verstehen, würden sie mit ihrer Arbeit Erfolg haben. Doch je mehr sie sich mit der alten Kultur befaßten, um so mehr erkannten sie deren Wert, und obwohl sie niemals abrückten von ihrem eigentlichen Motiv, die Indianer zum christlichen Glauben zu bekehren, konnten sie sich der Faszination des Alten doch nicht erwehren. Sie waren die ersten Wissenschaftler, die sich mit der Kultur der Indianer auseinandersetzten.

Doch – und das ist das Widersprüchliche an ihrem Wirken – bevor sie die indianische Kultur vor dem Vergessen bewahrten, zerstörten sie sie. Juan de Zumárraga, der erste Bischof von Mexiko, der ein Franziskaner war, erklärte in einem Brief, den er 1531, drei Jahre, nachdem er nach Mexiko gekommen war, an sein Ordenskapitel schrieb: »Möget Ihr versichert sein, daß wir alles daransetzen, die Ungläubigen zu bekehren.« Und er zählte auf, was man bereits unternommen hatte: »Fünfhundert Tempel, die man eingerissen hat, und mehr als zwanzigtausend Götzenbilder, die zertrümmert und verbrannt wurden.«

Mendieta, der dem Bildersturm besondere Aufmerksamkeit widmete, spricht gar von »den Mauern von Jericho«, die fielen. Er schreibt:

> »Und um diesem Mißstand abzuhelfen, kamen die Patres aus den obengenannten Provinzen überein, sich daranzumachen, die Tempel anzuzünden und zu verbrennen und nicht eher zu ruhen, bis sie alle Tempel und Götterbilder zerstört hatten, und sei es auf die Gefahr hin, dadurch ihr Leben zu riskieren. Und so geschah es dann: am ersten Tag des Jahres 1525 begannen sie mit ihrem Werk in Tetzcoco, wo es sehr schöne und hohe Tempel gab. Und nachdem sie die zerstört hatten, wandten sie sich Mexiko, Tlaxcala und Huexotzinco zu, wobei ihnen die Kinder und Jünglinge halfen, die in ihrer Obhut waren, Söhne der Fürsten und Adligen, denen Gott Kräfte von Riesen verlieh; auch einige aus dem Volk, die im Glauben gefestigt waren und dies beweisen wollten, kamen ihnen zu Hilfe. Und damit es keine Schwierigkeiten gab, richteten es die Patres so ein, daß die, die Widerstand leisten konnten, gerade immer mit anderen Dingen beschäftigt oder

unachtsam waren, wenn sie ihr Vorhaben ins Werk setzten. Und da es zumeist Feuer war, das sie legten, und sich dies geschwind ausbreitete, blieb keine Zeit, über Gegenmaßnahmen zu beraten und sich zur Wehr zu setzen. Und so fielen die Mauern Jerichos unter dem Jubel der gläubigen Kinder, während die Götzenanbeter in Schrecken und Angst versetzt wurden und die Flügel ihrer Herzen brachen, wie sie sagen, als sie sahen, wie ihre Tempel und Götter am Boden lagen.«[148]

So sehr die Patres sich für die Rechte der Indianer, soweit es ihre Beziehungen zu den Spaniern betraf, einsetzten: was den Glauben anbelangte, waren sie kompromißlos. Und sie rissen nicht nur Tempel ein und zertrümmerten Götterbilder, sie schreckten auch vor körperlichen Strafen nicht zurück und ließen Indianer auspeitschen, wenn sie des fortgesetzten Götzendienstes überführt wurden.

Aber es war ein aussichtsloses Unterfangen, die Indianer von einem Tag auf den anderen aus ihrem Heidentum heraus- und der angeblichen Erlösung durch Jesus Christus zuzuführen. Das Reich des Herrn, das man versprach, lag doch sehr fern, auch wenn die Patres hofften, durch ihr Bekehrungswerk die Ankunft Christi auf Erden, der ein neues Reich gründen würde, zu beschleunigen. Auch das eine auffallende Parallele zum Quetzalcoatl-Mythos.

Doch die Ankunft des Herrn ließ auf sich warten; statt dessen suchten Hungersnöte und Seuchen die Indianer heim, und so mancher fragte sich, ob das nicht damit zusammenhing, daß die alten Götter, die man im Stich gelassen hatte, sich nun nicht ihrerseits gegen die Menschen kehrten. So wenigstens dachten die Priester und auch dieser und jener Kazike, der dem alten Glauben treu geblieben war.

Und so kam es zu einer Reaktion, die zwar nicht zu einem offenen Konflikt führte, doch unterschwellig die Position derer stärkte, die für eine Rückkehr zur alten Ordnung plädierten. Wie viele es waren, die so dachten, ist unbekannt. Aber einer zumindest hielt mit seinen Ansichten nicht hinterm Berge, und da er dafür büßen mußte, werden andere, die ähnlich dachten, es vorgezogen haben, ihre Bedenken geheim zu halten.

Der, der den Mut hatte, sich zu seinen alten Göttern zu bekennen, war ein Kazike namens *Don Carlos*. Er war ein Enkel Nezahualcoyotls, jenes Dichterfürsten, der in gewisser Weise das vorausgedacht hatte, was die spanischen Patres nun allgemein verbreiten wollten. Doch Don Carlos, dessen eigentlicher Name *Ometochtzin* war, was »Zwei-Kaninchen« heißt und auf sein Geburtsdatum hinweist, war sich eher seiner

Position als rechtmäßiger Herrscher auf dem Thron von Tetzcoco bewußt, zumal seine Vorgänger, insbesondere jener Ixtlilxochitl, den Cortés auf den Schild gehoben hatte, nur Marionetten gewesen waren, und schenkte den philosophischen Überlegungen seines Großvaters weniger Beachtung. Im Augenblick – man schrieb das Jahr 1539 – herrschte Dürre im Lande, und es drohte eine Hungersnot. Also mußte man sich an Tlaloc wenden, den Regengott, der ohnehin in der Nähe eine besondere Kultstätte hatte.

Vielleicht hätte man die Anrufung des Gottes an geheimen Ort durchgehen lassen (Kulte dieser Art, die eine Subsidiärfunktion übernahmen, haben sich bis in die Gegenwart erhalten), wenn Don Carlos nicht die Unvorsichtigkeit begangen hätte, seinen Unmut über die neue Religion kundzutun, die offensichtlich nicht in der Lage war, die Katastrophe abzuwenden. Ja, er ließ sich dazu hinreißen, die Patres, die mit Prozessionen und Gesängen dem Unheil beizukommen suchten, zu verspotten, und meinte im übrigen, daß es nur gerecht sei, daß auch die Indianer ihren eigenen Kult ausübten, da die Spanier sich ihrerseits erlaubten, ihren Glauben zu teilen (in die Richtungen, die die Franziskaner, Dominikaner und Augustiner verkörperten).

Was ihm aber am meisten schadete, dem tetzcokanischen Fürsten, war ein Aufruf, den man als offene Rebellion deuten konnte. Wie ein Denunziant berichtete, habe er vor einer Versammlung von Indianern gesagt:

>»Wer sind diese, die uns bedrängen und verwirren und über uns herrschen, die wir wie eine Last auf dem Rücken tragen und unter ihrem Joch stehen? Hört, hier bin ich, und dort ist der Herr von Mexiko, Yoanizi, und dort ist mein Neffe Tezapili, der Herr von Tacuba, und dort Tlacahuepantli, der Herr von Tula! Wir sind alle gleich und uns einig, und niemand soll sich mit uns auf eine Stufe stellen. Dies ist unser Land, unser Hab und Gut, und die Herrschaft darüber gebührt uns. Und wenn jemand etwas dagegen tut oder sagt, lachen wir darüber. O meine Brüder, ich bin sehr ärgerlich und traurig! Wie oft haben wir, meine Neffen, die Fürsten, und ich, darüber gesprochen! Wer sind sie, die daherkommen und uns befehlen und uns ergreifen und uns unterwerfen? Sie sind nicht unsere Brüder, nicht unser Blut, und dennoch wollen sie sich mit uns gleichstellen. Glaubt nicht, daß es kein Herz gibt, das das nicht fühlt und weiß! Denn hier stehen wir, und es soll niemand kommen, sich über uns lustig zu machen. Die Fürsten, meine Neffen und Brüder, sind bereit. Und hört, niemand

kommt uns gleich von den Lügnern, und keiner gehört zu uns, der sich mit unseren Feinden verbündet und ihnen gehorcht!«[149]

Das war mehr als nur Häresie, obwohl diese den Anlaß gab, daß man Don Carlos zur Rechenschaft zog. Denn wer sich dieses Falles annahm, war niemand anders als die *Inquisition*, die in der Person des schon genannten Juan de Zumárraga in Mexiko vertreten war. Es war dies zwar nur eine vorübergehende Lösung, daß der Bischof zugleich auch Inquisitor war, doch bedeutete dies nicht, daß nicht die ganze Autorität des »Heiligen Amtes« zur Geltung kam. Was Don Carlos betrifft, so sollte er das auf tragische Weise zu spüren bekommen. Man konnte ihm zwar nicht nachweisen, daß er ein Kapitalverbrechen begangen hatte, etwa in der Form eines Menschenopfers, was – wenn man es als Mord deklariert hätte – eine Rechtfertigung hätte abgeben können. Aber die Liste seiner Vergehen war so groß, vom Konkubinat, auf dem er beharrte, über den Rückfall in das Heidentum, war er doch ein getaufter Christ gewesen, bis hin zu dem Verdacht einer Verschwörung, der letztlich den Ausschlag gab, auch wenn es nicht eigentlich ein religiöses Vergehen war, daß sich Zumárraga entschloß, die Höchststrafe zu verhängen. Sie sah, was bei der Inquisition üblich war, Tod durch Verbrennen vor. Das Urteil wurde auf dem Marktplatz von Mexiko-Stadt vollstreckt:

> »Am Sonntag, dem 30. November des Jahres 1539, am Tage des Heiligen Andreas, wurde der besagte Don Carlos in der Frühe aus dem Gefängnis des Heiligen Amtes geholt und, nachdem man ihn in ein Büßergewand gesteckt, ihm eine Kapuze aufgesetzt und eine Kerze gegeben hatte, die er in den Händen trug, im Gefolge eines Kreuzes zum Schafott geführt, das man auf dem zentralen Platz dieser Stadt errichtet hatte, wo sich eine große Menschenmenge, sowohl Spanier als auch Indianer, eingefunden hatte. Und dort, in Anwesenheit des Hochwohllöblichen Don Antonio de Mendoza, Vizekönig und Gouverneur von Neuspanien, und der Herren Lizentiaten Ceynos, Loysa und Tejada, Richtern der Königlichen Audiencia, und vieler anderer Notabeln, hielt Seine Herrlichkeit der Bischof, der besagte Inquisitor, eine Rede, und nachdem er geendet hatte, forderte Seine Herrlichkeit mich, den Schriftführer, auf, die Irrtümer und ketzerischen Handlungen, die der besagte Don Carlos begangen und die man gegen ihn vorgebracht hatte, sowie das Urteil, das Seine Herrlichkeit gegen

den besagten Don Carlos verhängt hatte, öffentlich zu verkünden, was ich tat. Desgleichen wurde Don Carlos von dem Urteil unterrichtet, das ihm ein Dolmetscher übersetzte. Dann richtete Juan González, einer der Übersetzer, auf Geheiß Seiner Herrlichkeit das Wort an die Eingeborenen und erläuterte ihnen die Schuld des besagten Don Carlos und den Grund für seine Buße und Verurteilung. Und der besagte Don Carlos, mit Hilfe der Übersetzer, sagte zu Seiner Herrlichkeit, daß er die Strafe, die gegen ihn verhängt worden sei, als gerechten Lohn für seine Sünden empfange und daß er bereit sei zu sterben, denn er verdiene mehr als das auf Grund seiner Vergehen und Irrtümer, die er begangen habe. Und er bat Seine Herrlichkeit um die Erlaubnis, zu den Eingeborenen in ihrer Sprache spechen zu dürfen, um sie aufzurufen, von seinem Beispiel zu lernen und ihre heidnischen Praktiken aufzugeben und sich Gott, Unserem Herrn, zuzuwenden und sich nicht vom Teufel verführen zu lassen, wie es mit ihm geschehen sei. Und das alles sagte er in seiner Sprache zu den Indianern, wie die Übersetzer erklärten.

Und nachdem er das gesagt hatte, wurde der besagte Don Carlos der weltlichen Gerichtsbarkeit dieser Stadt übergeben. Und besagte Richter und Ordnungshüter nahmen ihn in Empfang, was der Buchhalter Rodrigo Albornoz und Don Luis de Castilla und Francisco Maldonado und viele andere bezeugten.

Miguel López, Schriftführer«[150]

Es ist ein besonderes Merkmal der spanischen Kolonialherrschaft, daß sie über alles genau Buch führte. Ganze Berge von Akten wurden in den Archiven gesammelt, und nicht weniges davon wartet noch heute auf seine Auswertung.

Es hatte also alles seine Ordnung, aus der Sicht der Spanier, und das Urteil, für dessen Vollstreckung die weltlichen Behörden zuständig waren, wurde denn auch unverzüglich vollzogen. Es ist ungewiß, welchen Tod Don Carlos starb. López, der Schriftführer, äußert sich dazu nicht, zweifellos, weil die Vollstreckung des Urteils nicht mehr in die Kompetenz des Heiligen Amtes fiel. Es ist möglich, daß man dem Verurteilten, da er am Ende doch noch seine Schuld, die er bislang immer bestritten hatte, eingestand, die Garotte anlegte, die Halsschraube, um ihm die Marter des Verbrennungstodes zu ersparen. In jedem Falle wurde Don Carlos verbrannt, tot oder lebendig, denn der Scheiterhaufen war ein Symbol für die Strafe, die einen Ketzer erwartete.

Die Inquisition war das gefürchtetste Mittel, einen konformen Glauben zu erzwingen. Doch das Autodafé, das man gegen Don Carlos inszenierte, wiederholte sich nicht. Weniger deshalb, weil die Indianer tatsächlich so sehr verschreckt wurden, daß sie die letzten Götterbilder und heiligen Schriften, die sie noch besaßen, zerstörten und dem Feuer überantworteten. Vielmehr wurde das Urteil, das Zumárraga gegen Don Carlos verhängt hatte, von offizieller Seite kritisiert, und nachdem man eine Untersuchung angeordnet hatte, entschloß sich die Krone schließlich, ein reguläres Tribunal des Heiligen Amtes, das nicht mehr ad hoc zusammentrat und willkürlich handelte, einzusetzen. Zugleich wurde der Inquisition untersagt, gegen Indianer vorzugehen; sie hatte sich ausschließlich auf die weiße (und mestizische) Bevölkerung zu beschränken, über deren Rechtgläubigkeit und Moral sie wachte.

Aber der Schaden war nun einmal angerichtet, mit und ohne Inquisition: Nach der Zerstörung der Tempel und der Zerschlagung der Götterbilder gab es nichts mehr oder nur noch wenig, was an die alte Religion – und Kultur – der Indianer erinnerte. Sie wäre gänzlich in Vergessenheit geraten (und wir wüßten kaum etwas über sie), wenn nicht just in dem Augenblick, wo das indianische Erbe zu verlöschen drohte, einige Ordensgeistliche daran gegangen wären, das aufzuzeichnen, was sie noch über die indianische Vergangenheit in Erfahrung bringen konnten. Wir haben im Laufe dieser Arbeit verschiedene genannt: Fray Diego Durán, Bernardino de Sahagún und Motolinía. Letzterer war es, der Sahagún anregte, sein monumentales Werk über die Kultur der Azteken zu schreiben. Durán hingegen, der ein Dominikaner war, wuchs in Mexiko auf und war seit seiner Kindheit mit dem Leben der Indianer, zumal in Tetzcoco, wo er seine Jugend verbrachte, vertraut. Sie – wie auch die, die ihnen folgen sollten, namentlich Mendieta und Juan de Torquemada, der ein dreibändiges Werk, das eine Art Synthese aller voraufgegangenen Arbeiten darstellt, schrieb – haben eines gemeinsam: die Einsicht, daß man Zugang zum Wesen des Indianers nur dann finden kann, wenn man seine Kultur versteht. Je mehr man sich aber mit der indianischen Tradition befaßte, desto mehr lernte man sie schätzen. Und es ist oft nur eine fließende Grenze zwischen dem Fanatismus der Ordensgeistlichen einerseits und ihrer Liebe zum Indianer und der Wertschätzung seiner Kultur andererseits, die ihr Werk kennzeichnet.

Besonders trifft dies für Sahagún zu, dessen Arbeiten der Zensur zum Opfer fielen und erst in unserer Zeit der Öffentlichkeit zugänglich gemacht wurden. Man fürchtete, daß sein Werk, das letztlich nur ein Spiegel war, stellte es doch die Sicht der Indianer selbst dar, diese dazu anregen könnte, sich auf ihre Vergangenheit zu besinnen und zu ihrer

eigenen Kultur zurückzukehren. Dem wollte man einen Riegel vor-
schieben, denn obwohl seit der Conquista inzwischen ein halbes Jahrhundert vergangen war, so glaubte man doch, daß noch immer die Gefahr bestand, daß der Indianer aus seiner Lethargie, in die ihn die Conquista gestürzt hatte, erwachen würde, um sein Erbe zurückzufordern.

Die Furcht war sicher unbegründet, obgleich eine Verbreitung des
Werkes von Sahagún, zumal dort, wo er einen Großteil seiner Arbeit
daran geleistet hatte, dem Indianerkolleg von *Santa Cruz*, sicher diesen
oder jenen zur Besinnung gebracht hätte. Dieses Kolleg ist ein anderes
Verdienst der Franziskaner, waren sie doch anfangs bemüht, aus ihren
Zöglingen eine neue geistige Elite zu schaffen, die zwar in europäischem Gedankengut erzogen wurde, doch an die Stelle der alten indianischen Autoritäten hätte treten können. Insbesondere dachte man
daran, sie zu Priestern auszubilden, damit sie die Arbeit der Ordensgeistlichen, die immer nur eine kleine Minderheit darstellten, unterstützen konnten. Doch aus diesem Plan wurde nichts: Der Widerstand
von seiten des weltlichen Klerus und vor allem der Siedler, die die Entwicklung einer eigenen Gemeinschaft, in die sich die Indianer zurückziehen würden, verhindern wollten, war so groß, daß schließlich ein
offizielles Verbot erfolgte, Indianer für die Priesterweihe zuzulassen.
Damit hatte das Indianerkolleg einen wesentlichen Teil seiner Exi-
stenzberechtigung eingebüßt, und nachdem ihm schließlich auch noch
wirtschaftliche Privilegien, die man ihm gewährt hatte, entzogen wurden, sank es auf die Stufe einer Grundschule herab, die sich nur noch
wenig von den übrigen einfachen Erziehungsstätten unterschied, die
die Missionare in den indianischen Gemeinden unterhielten.

Für die Indianer und ihre Kultur bedeutete dies, daß sie nun endgültig auf die Stufe eines anonymen Proletariats herabsanken. In ihren
eigenen Reihen gab es immer wenigere, die sich noch der ursprünglichen Tradition entsannen oder die Erinnerung daran weitergaben.
Nicht nur, daß die Weißen, die Spanier, aufgehört hatten, im Indianer
den Erben einer höheren Kultur zu sehen, wie es selbst einige der Konquistadoren getan hatten; der Indianer war sich nun auch selbst nicht
mehr der Größe seiner Ahnen bewußt. Einen Don Carlos würde es nun
nicht mehr geben und ebensowenig das Bewußtsein, einem Volk anzu-
gehören, das dem Land seinen Namen gegeben hatte.

Diese Anonymität, die bis in die Gegenwart andauert, ist das ver-
derblichste Erbe der Conquista. Man schuf im Indianer, in seinem
Geist, in seinem Selbstbewußtsein, ein Vakuum, und nichts ist bisher
an seine Stelle getreten als das dumpfe Gefühl, allem und jedem unterlegen zu sein. Deshalb ist das Werk Sahagúns so bedeutsam, denn es könnte
– abgesehen davon, daß es *uns* einen Einblick in die verschüttete

Kultur der Indianer gibt – auch *diesen selbst* zu einem neuen Selbstbewußtsein verhelfen, denn was er aufschrieb oder aufzeichnen ließ, ist nichts anderes als das, was ihm die Alten und Weisen der Azteken in die Feder diktierten. *Sie* sprechen unmittelbar, zu uns und zu den Indianern; selbst die Sprache, in der ihre Zeugnisse aufgezeichnet sind, ist das Indianische. Man brauchte es nicht einmal zu übersetzen!

Eine Geschichte der Mission und ihrer Wirkung wäre unvollständig, würde man nicht auch eine Legende erwähnen, die mehr noch als alle Anstrengungen der Ordensgeistlichen dazu beitrug, den Indianer in das neue Reich zu integrieren, das man im Namen Christi errichtet hatte. Wie alle Legenden so ist auch diese von einem Schleier von Geheimnissen umgeben, doch sie hat einen wahren Kern, der zurück bis in vorspanische Zeit reicht, wo man auf einem Berg, den man *Tepeyacac* nannte, eine Göttin verehrte, die die Mutter aller Götter war. Ihr Name war *Tonantzin*, und man hatte ihr einen Schrein errichtet, zu dem man aus allen Teilen des Landes herbeikam, um ihr zu huldigen.

Am Orte dieses Schreines nun, den die Spanier zerstört hatten, trug sich im Jahre 1531 ein seltsames Ereignis zu. Wie es in einer indianischen Quelle, die ein Zögling des Kollegs von Santa Cruz hinterließ, heißt:

»Zehn Jahre war es her, seit die Stadt Mexiko gefallen war und der Krieg zu Ende ging und Frieden einkehrte und man begann, einen neuen Glauben zu verkünden, der dem wahren Gott gewidmet war, durch den wir leben. Zu dieser Zeit, im Jahre 1531, in den ersten Tagen des Monats Dezember, geschah es, daß ein armer Indianer, mit Namen Juan Diego, der aus Cuauhtitlán stammte, sich auf den Weg zum Gottesdienst machte, denn es war Sonnabend und der Ort, aus dem er kam, gehörte zum Sprengel von Tlatilolco. Früh am Morgen hatte er sich aufgemacht, und als er den Hügel von Tepeyácac erreichte, begann es zu dämmern. Da hörte er oben auf dem Hügel Gesang; es klang wie das Lied eines Vogels, und als er verstummte, schien es, als ob der Berg ihm antwortete. Der Gesang war so lieblich und lind, daß er sogar die Stimme des *coyoltótotl* und des *tzinizcan* und anderer herrlicher Singvögel übertraf. Juan Diego blieb stehen, um zu lauschen, und er sagte zu sich: ›Ist es wahr, daß ich es wert bin, ein solches Lied zu hören? Vielleicht träume ich! Sollte ich nicht besser aufwachen? Wo bin ich? Doch nicht im irdischen Paradies, von dem die Alten, unsere Ahnen, sprachen? Oder gar im Himmel?‹

261

Er schaute zum Osten, hinauf auf den Hügel, wo sich der
liebliche, himmlische Gesang erhob; und als er von neuem
verstummte und Stille eintrat, hörte er, wie jemand von der
Höhe des Berges ihn rief und zu ihm sagte: ›Juanito, Juan
Dieguito!‹ Da beschloß er, der Stimme nachzugehen; und
ohne Furcht und wohlgemut stieg er den Berg hinauf, um zu
sehen, wer nach ihm rief. Als er oben ankam, sah er dort eine
Frau stehen, die ihn aufforderte, näher zu kommen. Und als
er vor ihr stand, wunderte er sich sehr über ihre überirdische
Erscheinung: ihre Kleidung leuchtete wie die Sonne; der Felsen, auf dem ihr Fuß ruhte und der vom Licht übergossen
wurde, glich einem Schmuckstück aus Edelstein, und die
ganze Erde leuchtete wie ein Regenbogen. Die Mesquitbäume,
Kakteen und anderen Pflanzen, die dort wuchsen, schienen
wie Smaragde; ihre Blätter schimmerten wie Türkise, und ihre
Zweige und Dornen glänzten wie Gold.

Juan Diego verbeugte sich vor der Erscheinung und horchte
ihrer lockenden Stimme, die sanft und freundlich war. Sie
sagte: ›Juanito, der du der Geringste meiner Söhne bist, wohin
gehst du?‹ Er antwortete: ›O, Herrin, ich bin auf dem Wege
nach Tlatilolco, um in deinem Hause die Worte Gottes zu
hören, unseres Herrn.‹ Da sprach sie und gab ihren heiligen
Willen kund: ›Wisse denn und behalte es wohl in deinem
Gedächtnis, daß ich die Heilige Jungfrau Maria bin, die Mutter des wahrhaftigen Gottes, der das Leben schenkt; des
Schöpfers, durch den alles entsteht; des Herrn des Himmels
und der Erden. Es ist mein inniger Wunsch, daß man mir hier
einen Tempel errichtet, damit ich allen, dir und den anderen
Erdenbewohnern, die mich anrufen und mich suchen und mir
vertrauen, meine Liebe, mein Mitleid und meine Hilfe schenken kann. Hierher werden sie kommen und mir ihr Leid klagen, und ich werde sie erlösen von ihrem Elend, ihrer Not
und ihren Schmerzen.

Und damit das, was ich in meiner Gnade beschlossen habe,
auch wirklich geschieht, gehe zum Palast des Bischofs in
Mexiko und sage ihm, daß ich dich schicke, um ihm mitzutei-
len, daß es mein Wunsch ist, hier vor den Toren der Stadt
einen Tempel zu errichten. Du wirst ihm alles genau erzählen,
was du gesehen und gehört hast. Und sei gewiß, daß ich dich
reich belohnen werde für deine Mühe, die du auf dich
nimmst, um dafür zu sorgen, was ich dir aufgetragen habe,
denn es wird dir Glück und Wohlergehen beschieden sein.

Und nun, da du meinen Auftrag vernommen hast, geh und führe ihn aus!‹ Juan Diego verbeugte sich und sagte: ›O, meine Herrin, ich werde deinen Befehl ausführen, und so verabschiede ich mich von dir, dein gehorsamer Diener.‹ Und er stieg den Berg hinab und nahm die Straße, die geradenwegs nach Mexiko führte.«[151]

Juan Diego ging zum Palast des Bischofs und wurde auch tatsächlich vorgelassen. Doch als er ihm von seiner Begegnung erzählte und der Botschaft, die die Jungfrau ihm aufgetragen hatte, war der Bischof, der übrigens jener Zumárraga war, den wir verschiedentlich erwähnten, zunächst skeptisch und versuchte, die Sache zu verschieben. Er möge noch einmal wiederkommen, erklärte er dem Indianer; dann würde er sich mehr Zeit nehmen, um mit ihm die Sache zu besprechen.

Juan Diego kehrte nach Tepeyacac zurück und berichtete der Jungfrau, was sich zugetragen hatte. Er bat darum, seiner Aufgabe enthoben zu werden, denn er sei nur ein einfacher Indianer; einer, der edlerer Abstammung sei, hätte sicher mehr Erfolg. Doch die heilige Jungfrau erwiderte, daß gerade die Armen und Schwachen für eine solche Aufgabe auserwählt seien; und darum solle er es noch einmal versuchen.

Also ging Juanito am nächsten Tag erneut zum Bischof, doch obwohl dieser ihm diesmal mehr Aufmerksamkeit schenkte, erklärte er am Ende, daß er ihm nur glauben könne, wenn die Jungfrau ihm ein Zeichen gebe, daß man als Beweis ihrer Existenz ansehen könne.

Wieder kehrte der Indianer zum Hügel vor der Stadt zurück und berichtete der Jungfrau, was der Bischof verlangt hatte. Er möge anderntags wiederkommen, antwortete die Jungfrau; dann würde sie ihm das Zeichen geben.

Aber diesmal gehorchte Juanito dem Gebot der Jungfrau nicht, denn ein Onkel von ihm lag im Sterben und rief nach einem Priester, den Juanito aus Tlatelolco holen sollte. Er beschloß deshalb, einen Umweg zu machen, um der Jungfrau nicht wieder zu begegnen, denn er mußte sich eilen, wenn der Priester noch rechtzeitig zur Stelle sein sollte.

Doch seine List half ihm nichts; die Jungfrau paßte ihn ab, und als er ihr erklärte, warum er in Eile sei, beruhigte sie ihn, indem sie sagte, daß der Onkel inzwischen genesen sei und daß er nun jenes Zeichen erhalten sollte, von dem sie gesprochen hatte. Sie sagte:

»›Geh hinauf auf den Hügel, mein Sohn! Dort, wo du mir begegnet bist und ich dir den Auftrag erteilte, wirst du Blumen vielerlei Art finden. Pflücke sie und sammele sie ein und dann komm wieder herab und gib sie mir.‹

Da stieg Juan Diego den Berg hinauf, und als er oben angekommen war, sah er zu seiner Verwunderung, daß überall
Rosen in den herrlichsten Farben erblüht waren, obwohl es
nicht die Zeit war, denn es war mitten im Winter. Sie dufteten
und waren noch vom Tau der Nacht benetzt, der wie kostbare
Perlen glänzte. Und er pflückte sie und tat sie in seinen
Umhang. Noch immer wunderte er sich, denn auf dem Hügel
wuchsen eigentlich keine Blumen; es gab dort nur Felsen,
Disteln und Kakteen. Außerdem war Winter, und die Kälte
würde alles vernichten.

Sobald er die Blumen gepflückt hatte, stieg er wieder hinab
und gab sie der Herrin des Himmels. Sie nahm sie in ihre
Hand, und dann warf sie sie zurück in seinen Umhang.«[152]

Sie trug ihm auf, die Rosen sorgfältig zu verwahren und sie niemandem
außer dem Bischof zu zeigen. Und so machte sich denn Juan Diego
noch einmal auf, und nachdem er dem Bischof von der neuen wunderbaren Erscheinung berichtet hatte, öffnete er seinen Umhang, um ihm
die Rosen zu zeigen:

»Und als er die weiße Decke, in der er die Rosen verwahrt
hatte, aufschlug, da fielen die Blumen zu Boden, und während
dies geschah, erschien plötzlich auf dem Umhang das Abbild
der heiligen Jungfrau Maria, der Mutter Gottes, und dies ist
das Bild, das sich heute im Schrein von Tepeyácac befindet,
den man Guadalupe nennt.«[153]

Die Madonna, deren Abbild auf so wundersame Weise auf dem Mantel
des Indianers erschienen war, hatte ein braunes Gesicht, und sie
erstrahlte im Glanz der Sonne, die ihre Gestalt wie eine Aureole umgab.
Verständlich, daß sich die Ordensgeistlichen gegen dieses »heidni-
sche« Bild, das sie als Rückfall in die Barbarei betrachteten, verwahr-
ten. Doch die Kirche, der weltliche Klerus, der ein Arm der Krone war,
erkannte das »Wunder« nicht nur an, er förderte es auch (wenn er es
nicht gar selbst »inszeniert« hatte), indem er den Schrein bauen ließ,
den die Madonna gefordert hatte, und man ihm den Namen einer
spanischen Stadt, *Guadalupe,* gab, unter dem er fortan berühmt werden sollte.

Die Jungfrau von Guadalupe, wie immer ihr Kult entstand, ist ein
Relikt aus aztekischer Zeit – und ein Zugeständnis, das die katholische
Kirche (und die spanische Krone) an die Indianer machte, um sie end-
gültig unter ihre Fittiche zu nehmen. 1737 wurde die Madonna von

Guadalupe zur Schutzpatronin von Mexiko-Stadt erklärt, und inzwischen ist sie zur Nationalheiligen des Landes geworden. Die Ironie dabei ist, daß Tonantzin, auf die der Kult zurückgeht, eine Manifestation Coatlicues ist, die die Mutter Huitzilopochtlis war. Man könnte also sagen, daß der Hochgott der Azteken in der Gestalt der Madonna von Guadalupe weiterlebt. So ganz verschwand das Erbe der Indianer denn doch nicht.

Eine glorreiche Revolution

Der Ruf nach Freiheit

»Die Bevölkerung von Neu-Spanien besteht aus drei Klassen von Menschen: aus Weissen oder Spaniern, Indianern und *Kasten*. Ich nehme an, daß die Spanier einen Zehentheil der Totalmasse ausmachen, und dennoch befinden sich in ihren Händen beinah alles Eigenthum und alle Reichthümer des Landes. Die Indianer und die *Kasten* bauen den Boden; sie dienen dem Wohlhabenden und leben blos von ihrer Hände Arbeit. Daher stammt aber auch dieser Gegensatz von Interessen zwischen den Indianern und den Weissen; dieser gegenseitige Haß, der ganz natürlich unter denen, welche alles, und denen, die nichts besitzen, zwischen den Herren und den Sclaven entsteht. Daher sieht man auch auf der einen Seite alle Wirkungen des Neids und der Zwietracht, List, Diebstahl und Neigung, den Weissen zu schaden, und auf der anderen nichts als Uebermuth, Härte und Bestreben, jeden Augenblick die Schwäche des Indianers zu benützen. Ich weiß wohl, daß diese Uebel allenthalben aus einer großen Ungleichheit der Zustände entspringen: aber sie werden in America noch viel furchtbarer, weil es da keinen Mittelstand giebt und man entweder reich oder elend und adelich oder durch Gesetze und Macht der Meinung erniedrigt ist.

Wirklich befinden sich die Indianer und die Raçen von gemischtem Blute in dem Zustand äußerster Demüthigung. Die den Indianern eigene Farbe, die Unwissenheit und besonders das Elend entfernen sie unendlich weit von den Weissen, welche den ersten Rang in der Bevölkerung von Neu-Spanien einnehmen. Die Privilegien, welche die Gesetze den Indianern einzuräumen scheinen, nutzen ihnen wenig und schaden ihnen sogar, wie man wohl behaupten darf. Auf den engen Raum von 600 Varen (500 Meters) selben Durchmessers, welchen ein altes Gesetz den indianischen Dörfern vorschreibt, eingeschränkt, haben die Eingebornen, so zu sagen, gar kein individuelles Eigenthum, sondern müssen die Commungüter bauen. Dieser Anbau wird für sie zu einer um so unerträglichern Last, da sie seit einigen Jahren beinah gar keine Hoffnung mehr haben, die Frucht ihrer Arbeit zu benützen. Das neue Reglement der Intendantschaften befiehlt, daß die Eingebornen ohne besondere Erlaubnis des Finanz-Collegiums von Mexico keine Unterstützung mehr aus den Communekassen erhalten sollten [in die ihre Erträge fließen].

Das Gesetz verbietet die Vermischung der Kasten; es verbietet den Weissen, sich in den Dörfern der Indianer niederzulassen, und hindert diese, es unter den Spaniern zu thun. Diese Isolierung verhindert die Civilisation aufs höchste.

Die Indianer regieren sich überdieß selbst, und alle subalternen Obrigkeiten sind mit Kupferfarbigten besetzt. Daher findet man denn auch in jedem Dorfe acht bis zehn alte Indianer, welche, auf Kosten der andern, im völligsten Müßiggang leben und deren Ansehen sich entweder auf vorgeblich erlauchte Geburt oder auf eine schlaue, vom Vater auf den Sohn fortgeerbte Politik gründet. Diese Oberhäupter, meist die einzigen Personen im Dorfe, welche Spanisch verstehen, haben natürlich das größte Interesse, ihre Mitbürger in tiefer Unwissenheit zu erhalten, und tragen am meisten zur Dauer der Vorurtheile, der Unwissenheit und der alten Barberei der Sitten bei.

Da die Indianer nach den Gesetzen unfähig sind, irgend einen Vertrag vor dem Notar abzuschließen oder mehr als fünf Piaster Schulden zu machen, so können die Eingebornen ihr Schicksal weder als Feldarbeiter noch als Handwerker verbessern und zu einiger Wohlhabenheit gelangen. Solorzano, Traso und andre spanische Schriftsteller haben vergebens der geheimen Ursache nachgeforscht, warum alle den Indianern eingeräumten Privilegien immer zum Nachtheil dieser Kaste ausschlagen; aber ich wundere mich, wie diese berühmten Rechtsgelehrten nicht einsehen, daß das, was sie eine geheime Ursache nennen, in dem Wesen der Privilegien selbst liegt. Es sind Waffen, die nie zum Schutze derer, welche sie vertheidigen sollten, gedient haben und von den Bürgern der übrigen Kasten geschickt gegen die Raçe der Eingebornen gebraucht werden. Eine Vereinigung so trauriger Umstände hat bei den Letztern eine Trägheit des Geistes und einen Zustand von Gleichgültigkeit und Apathie hervorgebracht, in welchem der Mensch weder für Hoffnung noch für Furcht empfänglich ist.«[154]

Es ist ein beschämendes Urteil, das der Bischof von Michoacan, Antonio de San Miguel, über die Herrschaft der Spanier in Mexiko fällt. Und es ist dies um so vernichtender, als es am Ende dieser Herrschaft steht und von jemand stammt, der selbst Spanier war. Nun könnte man freilich auf den Gedanken kommen, daß der wackere Bischof, zumal er selbst Ordensgeistlicher war, in die Kerbe seines berühmten Vorgängers, Las Casas, hieb und somit zwar ein ehrliches Anliegen verfolgte, aber letztlich doch eine tendenzielle Meinung vertrat. Diese Frage ist um so bedeutsamer, als hier die *gesamte* spanische Kolonialherrschaft, also nicht nur die Conquista, sondern das Wirken der spanischen Herrschaft schlechthin, sozusagen das Ergebnis dieser Periode, zur Debatte steht. Um deshalb den Spaniern gerecht zu werden, sollte man sich nicht auf die Aussage eines einzelnen verlassen. Zumal es ein zweites Zeugnis gibt, dessen Unparteilichkeit unbestritten ist. Es stammt von *Alexander von Humboldt*, der auf seiner großen Amerikareise auch Mexiko besuchte und auf Grund seiner Erfahrungen und Erkenntnisse, die er in diesem Land sammeln konnte, eine Arbeit verfaßte, die den Grundstein für die wissenschaftliche Erforschung Mexikos legte. Was die Indianer betrifft, so schreibt er:

>»Betrachtet man die mexicanischen Indianer in Masse, so sieht man nichts als ein Gemälde grossen Elends. Nach den unfruchtbarsten Ländereien verwiesen, indolent von Character und noch mehr zufolge ihrer politischen Lage, leben die Eingebornen eigentlich nur von einem Tag zum andern, und man würde beinah vergebens einen unter ihnen suchen, der ein mittelmäßiges Vermögen besäße.«[155]

Zwar gäbe es auch unter den Indianern, vor allem in der Gegend von *Puebla*, das die Nachfolge von Cholula angetreten hatte, einige Wohlhabende; doch sei dies die Ausnahme. Wie er an anderer Stelle erklärt:

>»An lange Sclaverei, sowohl unter ihren eigenen Fürsten als unter den ersten Eroberern gewöhnt, tragen die Eingebornen von Mexico alle die Plakereien, die sie noch oft genug von den Weissen erfahren müssen, mit Geduld. Unter dem trügerischen Anscheine von Apathie und Stumpfsinn setzen sie ihnen blos verschleierte List entgegen. Da sie sich nur selten an den Spaniern rächen können, so machen sie gerne mit diesen zur Unterdrückung ihrer eigenen Mitbürger Gemeinschaft; indem auch ihnen, nachdem sie Jahrhunderte lang geplagt und zu blindem Gehorsam gezwungen worden, die

Lust zu tyrannisieren gekommen ist. Die indianischen Dörfer werden durch Obrigkeiten aus der kupferfarbigen Raçe regiert, und ein indianischer Alcalde übt seine Gewalt mit so größerer Härte aus, da er überzeugt ist, daß ihn der Pfarrer oder der spanische *Subdelegat* beschützt. Ueberall thut die Unterdrückung dieselbe Wirkung, überall zerstört sie die Sittlichkeit.«[156]

Auch wenn die Indianer also selbst an ihrer Unterdrückung beteiligt waren, so ändert das nichts an dem Gesamturteil, zu dem man bei der Betrachtung der spanischen Kolonialherrschaft in Mexiko kommt: Sie war, was den Indianer betrifft, verderblich! Das Gros der Bevölkerung, das noch immer indianisch war, lebte in Armut und Elend, während am anderen Ende der Skala die Spanier in verschwenderischem Luxus schwelgten. Von *Iturrigaray,* einem der letzten Vizekönige, wird berichtet, daß er während seiner Amtszeit ein Vermögen von zweieinhalb Millionen Pesos anhäufte.

Wenn man bedenkt, daß es insgesamt mehr als fünfzig Vizekönige waren, die in Mexiko ihre Aufwartung machten, dann war allein das schon eine beachtliche Strapazierung der kolonialen Finanzen. Hinzukam eine Million Spanier, sowohl Peninsularen, also in Spanien Geborene, wie auch Kreolen, die eigentlichen Siedler, die beide auch nicht leer ausgehen wollten. Und schließlich die Krone, die von allem ein Fünftel erhielt und von den Indianern eine direkte Kopfsteuer. Da blieb nicht viel, was dem Lande und seiner Urbevölkerung selbst zugute kam, auch wenn die Silberförderung am Ende einen Wert von jährlich 13 bis 20 Millionen Pesos erlangte.

Neuspanien war zur reichsten Kolonie des spanischen Imperiums aufgerückt. Zwei Drittel aller Einnahmen, die das Imperium abwarf, stammten aus dem ehemaligen Aztekenreich. Verständlich, daß sich die Krone weigerte, die Zügel zu lockern. Im Gegenteil, sie zog sie noch straffer.

Seit dem Jahre 1700 herrschte ein Zweig der Bourbonen in Spanien, und dies bedeutete, daß dem Land, das im 17. Jahrhundert an Bedeutung verloren hatte, wieder Leben eingehaucht wurde. Die sogenannten *bourbonischen Reformen,* die eine Neuordnung des Reiches nach französischem Muster vorsahen, erfaßten auch die Kolonien, die einer strengeren Kontrolle und höheren finanziellen Auflagen unterworfen wurden. Da dies nicht nur zum Nachteil der Indianer geschah, sondern auch der anderen Bevölkerungsschichten, namentlich der Kreolen, die den wohlhabendsten Teil der Bevölkerung darstellten, blieb die Reformpolitik nicht ohne Gegenwirkung.

Doch es war nur eine latente Unzufriedenheit, die in den Kolonien herrschte. Sie wurde freilich geschürt durch die Ideen der Aufklärung, die auch in den spanischen Kolonien Eingang fanden, und nicht zuletzt durch das Beispiel, das die Französische Revolution und die Unabhängigkeitserklärung der USA, die beide eine Folge der Aufklärung waren, abgaben. Doch niemand dachte daran, die Ideen, die von außen herangetragen wurden, auch im eigenen Lande umzusetzen. Zumal die Kolonialregierung jegliche Ambitionen dieser Art zu unterbinden suchte.

Das änderte sich jedoch, als im Jahre 1807 Napoleon Spanien besetzen ließ. Er zwang den König, Karl IV., zur Abdankung und ersetzte ihn durch seinen Bruder, Joseph Bonaparte. Das spanische Volk gab sich damit nicht zufrieden und ging in den Widerstand, wobei es sogenannte *Juntas* bildete, lokale Räte, die sich schließlich zu einer zentralen Junta, die in Cadiz ihren Sitz nahm, zusammentaten. Im übrigen verlegte man sich auf einen Guerillakrieg, der von den Engländern unterstützt wurde und schließlich in der Vertreibung der Franzosen gipfelte.

In den Kolonien löste die Nachricht von der Vertreibung des Herrscherhauses unterschiedliche Reaktionen aus. Die einen, und das waren die Peninsularen, die als Repräsentanten des Mutterlandes die eigentliche Kolonialregierung stellten, nahmen Partei für die Juntas, da sie ihnen die einzige noch verbliebene Legitimität gaben. Die anderen, die Kreolen, witterten Morgenluft und meinten, daß sie nun, da es keine legitime Regierung mehr gäbe, das Zepter selbst in die Hand nehmen sollten. Und so entschlossen sie sich, in Mexiko, jenen Iturrigaray, der ebenso korrupt wie ehrgeizig war, auf den Schild zu heben, womit er die Rolle eines Vizekönigs mit der eines absoluten Herrschers vertauschte.

Das mißfiel natürlich den übrigen Peninsularen, die in der Allianz zwischen Iturrigaray und den Kreolen einen Verrat sahen, und so schritten sie ihrerseits zur Tat, nahmen Iturrigaray gefangen und setzten einen der ihren an seine Stelle. Dieser, ein gewisser Garibay, wich wenig später dem Erzbischof von Mexiko, Francisco Javier de Lizana, der seinerseits fast zwei Jahre regierte, bis schließlich im September 1810 ein neuer Vizekönig, den die Junta in Spanien ernannt hatte, eintraf. Damit schien wieder alles beim alten.

Doch nur zwei Tage, nachdem der neue Vizekönig, Francisco Javier de Venegas, in Mexiko eingetroffen war, brach in einem kleinen Ort unweit von *Guanajuato,* wo die reichsten Silberminen des Landes lagen, ein neuer Aufstand los. Und dieser war geeignet, das Land tatsächlich in Bewegung zu bringen. Denn obwohl auch an seiner Spitze Kreolen standen und auch er ursprünglich nur gegen die Zentralgewalt gerichtet war, die man noch immer nicht für legitim hielt, nahm er doch schließlich die Form eines Volksaufstandes an.

270

Der, der diesem Aufstand eine entscheidende Wende gab, war ein Mann, der zwar zur besitzenden Klasse gehörte, doch sich schon früh auf die Seite der Ausgebeuteten gestellt hatte. Sein Name war *Miguel Hidalgo y Costilla,* und er war seines Zeichens Priester. Doch nicht im üblichen Sinne, denn die Bibel pflegte er gewöhnlich mit den Schriften der Aufklärung zu vertauschen, und anstatt von der Kanzel das Wort Gottes zu predigen, versuchte er sich im Handwerklichen, indem er seiner Gemeinde, die in der Mehrzahl aus Indianern bestand, praktische Fertigkeiten im Feldbau und bei der Aufzucht von Seidenraupen beibrachte. Im übrigen meinte er, daß der König ein Tyrann und das Zölibat ein Ärgernis sei, über das man sich am besten hinwegsetzte.

Der ebenso unruhige wie unkonventionelle Geist Hidalgos hatte ihn bereits in Konflikt mit der Inquisition, die noch immer ihr Unwesen trieb, gebracht, noch ehe er eigentlich in Aktion trat. Dies geschah erst, als er einer Gruppe von Verschwörern beitrat, die sich im nahen *Querétaro* gebildet hatte. Einer ihrer Anführer war ein Kavallerieoffizier namens Ignacio de Allende, der, da er der Miliz angehörte, der Verschwörung den nötigen militärischen Rückhalt gab. Dennoch wäre das Unternehmen um ein Haar gescheitert, denn bevor die Verschwörer losschlagen konnten, wurde das Komplott aufgedeckt, und nur mit Mühe konnten die Rädelsführer entkommen. Sie trafen sich in jenem Ort, *Dolores* mit Namen, wo der Priester Hidalgo seine gottlosen, weltlichen Werke verrichtete.

Es war Nacht, und da man fürchtete, am Morgen aufgestöbert zu werden, entschloß man sich, obwohl die Verschwörung entdeckt war, loszuschlagen. Es war dies ein Glück im Unglück, zumindest hätte es dies sein können: denn Hidalgo übernahm die Führung und gab damit der Bewegung, die bislang im Zeichen der Kreolen gestanden hatte, eine neue Richtung. Er ließ die Glocke seiner kleinen Pfarrkirche läuten, und obwohl es noch früh am Morgen war, einem Sonntag, dem 16. September 1810, füllte sich doch schon nach kurzer Zeit die Kirche, und alles harrte gebannt auf eine Erklärung. Die versammelte Gemeinde aus armen Bauern und einfachen Handwerkern wurde nicht enttäuscht:

> *Meine lieben Kinder! Dies ist der Tag, an dem für euch ein neues Leben beginnt. Seid ihr bereit? Wollt ihr frei sein? Wollt ihr das Land wiedererlangen, das die verhaßten Spanier euren Vätern vor dreihundert Jahren gestohlen haben? Dies ist der Tag, an dem wir handeln müssen! Die Spanier sind schon schlimm genug, aber nun haben sie auch noch unser Land an die Franzosen verkauft. Wollt ihr die Sklaven Napo-*

leons werden? Oder wollt ihr nicht lieber, wie Patrioten, eure
Religion und euer Vaterland verteidigen?
Wir werden kämpfen! Es lebe die Jungfrau, die Herrin von
Guadalupe! Tod der verräterischen Regierung! Tod den
Gachupines![157]

Der genaue Wortlaut dieses Aufrufs, der als *Grito de Dolores* in die Geschichte einging, ist nicht bekannt. Doch sind sich alle Kommentatoren darin einig, daß es eigentlich nicht so sehr eine *Unabhängigkeits*erklärung gewesen ist, als die der Grito heute gefeiert wird, als vielmehr eine Aufkündigung der altüberkommenen Herrschaftsstrukturen im *eigenen* Land, die der verarmten ländlichen Bevölkerung viel dringlicher erschien als eine Abkehr vom angeblichen Mutterlande, die den Kreolen auf den Nägeln brannte.

Land und Freiheit, Befreiung von der Unterdrückung durch *alle* Spanier, egal ob Peninsularen oder Kreolen: Das war die Forderung, das eigentliche Anliegen des Volkes, das bislang noch niemand ausgesprochen hatte und das nun durch Hidalgo, der damit die Bewegung der Kreolen in ihr Gegenteil verwandelte, zum obersten Leitmotiv wurde. Fortan kämpfte man *auch* gegen die Spanier, doch vor allem für eine neue Ordnung. Es war weniger eine Rebellion, als vielmehr eine *Revolution!*

Und darin liegt der Grund, weshalb der Aufstand scheiterte. Unabhängigkeit, ja! Doch nicht eine Umkehr der Dinge, sozusagen, das, was unten ist, nach oben kehren und damit die eigene Position aufs Spiel setzen! So weit ging und geht die Freiheitsliebe denn doch nicht, in Mexiko. Zumindest nicht bei den Kreolen und ihren Nachfahren.

Aber es gab auch noch einen anderen Grund, weshalb Hidalgo keine Chance hatte. Nicht nur die Kreolen, die einstigen Verbündeten, auch die Indianer selbst fielen ihm und seiner Bewegung in den Rücken. Sie hatten es verlernt, für sich zu kämpfen; und sie waren uneins, zersplittert in eine Vielzahl von Sprachen und Völkern, Dörfern und Weilern, und was die Indianer im *Bajío*, wie man das Gebiet nennt, wo der Aufstand Hidalgos entflammte, auf ihre Fahnen schrieben, das bewegte noch lange nicht jene, die die eigentlichen Nachkommen der Azteken waren. Das erfuhr Hidalgo spätestens, als er vor den Toren der Hauptstadt stand, und es war eine bittere Erfahrung.

Zunächst aber galt es, den Aufstand, den er in Dolores entfacht hatte, auf eine solidere Basis zu stellen. Das erste Mittel dazu war jene Jungfrau, in deren Namen er die Revolution ausgerufen hatte. Sie war inzwischen zu einer Art nationalem Symbol geworden, auch wenn sie mehr von den unteren Klassen als von der Oberschicht verehrt wurde, die ihre eigene Schutzpatronin, die *Señora de los Remedios*, hatte. In dem Dorf *Atotonilco*, dem sich die Aufständischen zunächst zuwandten, fand man eine Standarte der Jungfrau, und fortan war die Herrin von Guadalupe das Zeichen, unter dem der Krieg geführt wurde.

Es war dies ein kluger Schachzug Hidalgos, denn wenn es ein Mittel gab, das die Indianer einen könnte, dann war es die braune Madonna, die einst einem der ihren erschienen war. Doch so sehr er damit auch im Bajío Erfolg hatte, in anderen Teilen des Landes, namentlich in der Hauptstadt, wo zwar der Schrein der heiligen Jungfrau stand, doch andere und mächtigere Kräfte am Werk waren, erwies sich die Taktik des Priesters als wirkungslos. Immerhin, es war ein Schritt in die richtige Richtung.

Das konnte man nicht vom Organisationstalent des wackeren Priesters sagen. Er hatte Ideen und offenbar auch Charisma; aber er war kein Militär. Trotzdem ließ er sich als »Generalisimo« feiern, als »oberster Feldherr Amerikas«, wie es in den Aufrufen hieß, die man in seinem Namen verteilte. Er hätte den militärischen Oberbefehl Allende überlassen sollen, der schließlich Berufsoffizier war. Der Krieg hätte sicher einen anderen Verlauf genommen.

So war es eher ein Morden und Plündern, dem Hidalgo keinen Einhalt gebot. Das zeigte sich besonders in *Guanajuato*, der Hauptstadt des Bajío, die das Zentrum des Bergbaus war. Hier kam es bei dem Versuch, eine feste Basis zu errichten, zu einem blutigen Massaker, das auch den letzten der Kreolen, die bislang noch auf der Seite der Aufständischen gestanden hatten, abschreckte.

Guanajuato war für damalige Verhältnisse eine große Stadt; sie zählte fast 70 000 Einwohner, womit sie nur von Mexiko, der Hauptstadt, übertroffen wurde, deren Bevölkerung sich auf das Doppelte belief. Es war der Sitz eines Intendanten, was – nach der Neuregelung, die die Bourbonen eingeführt hatten – der Funktion eines Provinzgouverneurs entsprach, und es gab folglich eine große Kolonie von Peninsularen, also jener Spanier, die eigentlich keine Mexikaner waren und auf die es die Aufständischen, weil sie als Sinnbild einer ausbeuterischen Regierung galten, besonders abgesehen hatten. Daß Guanajuato darüber hinaus eine wohlhabende, ja, reiche Stadt war, denn hier lagen die fündigsten Silberminen, tat ihrer Attraktion für die Aufständischen keinen Abbruch.

Riaño, der Intendant, lehnte es ab, mit den Aufständischen zu verhandeln. Statt dessen verschanzte er sich mit den übrigen Spaniern in einem Kornspeicher, in der Hoffnung, daß Entsatz aus Mexiko eintreffen würde. In dieser Hoffnung wurde er getäuscht, denn die Aufständischen, die durch die Bergarbeiter und die unteren sozialen Schichten der Stadt, die Morgenluft witterten, Unterstützung erhielten, machten kurzen Prozeß: Sie legten Feuer und rannten die Tür ein. Kaum einer, der dem Gemetzel, das folgte, entging. Wie Lúcas Alamán, ein zeitgenössischer Historiker, der Zeuge der Ereignisse war, berichtet:

> »Als Berzabal sah, wie das Tor in Flammen stand, sammelte er so viele Soldaten, wie er finden konnte, und stellte sich vor dem Eingang auf. Und als das brennende Tor zusammenbrach, befahl er, mitten in die Angreifer zu schießen. Viele wurden getötet, doch die Wucht des Angriffs war so groß, daß immer neue nachdrängten, über die Gefallenen hinwegwogten und in den Hof stürmten, wo die Verteidiger ihnen keinen Widerstand mehr leisten konnten. Bald schon waren Hof, Treppen und Korridore des Speichers von den Indianern und den Leuten aus der Stadt überschwemmt.
>
> Berzabal, der sich mit einer Handvoll Soldaten in eine Ecke des Hofes zurückziehen konnte, verteidigte, zusammen mit den Standartenträgern Marmolejo und Gonzalez, die Fahnen des Bataillons. Als die beiden gefallen waren, ergriff er selbst das Banner, und indem er es mit der linken Hand umklammerte, verteidigte er sich zunächst mit seinem Degen, und als der zerbrach, mit einer Pistole, bis er schließlich, von mehreren Lanzen durchbohrt, zusammenbrach, in der Hand noch immer die Fahne, die zu verteidigen er geschworen hatte.«[158]

Alamán stand auf der Seite des Gegners; sein Vater war *Gachupín,* also einer jener verhaßten Spanier, die in Mexiko immer nur Fremde waren. Doch sein Bericht über den Angriff auf den Kornspeicher, der das entscheidende Ereignis des Sturms auf Guanajuato war, ist nicht übertrieben: Hier fielen allein zweitausend der Aufständischen und dreihundert Verteidiger. Zweihundert weitere, Spanier wie Kreolen, kamen bei der Plünderung der Stadt ums Leben. Denn als der Sieg errungen war, wollte man die Früchte ernten:

> »Das Plündern, das folgte, war gnadenloser, als wenn eine fremde Armee eingefallen wäre. Und die entsetzliche Szene, die sich einem bot, war noch schauriger, weil sie von Fackeln beleuchtet wurde. Überall hörte man, wie Türen eingeschlagen wurden und sich das Geheul der Menge erhob, wenn die Türen endlich nachgaben. Das Volk stürmte herein und raubte alles, dessen es habhaft werden konnte: Möbel, Kleider, was immer es fand.

Die Frauen gerieten in Panik und flüchteten in die Häuser ihrer Nachbarn. Sie suchten Schutz auf den Dächern und wußten doch nicht, ob ihre Väter oder Ehemänner, die am Nachmittag im Kornspeicher gekämpft hatten, noch am Leben waren ...«[159]

Es war ein Abrechnen mit der Vergangenheit, das erste Mal, daß sich das Volk, der Indianer, erkühnte, gegen seinen Herrn aufzustehen. Und wenngleich auch die Aussicht auf Beute sicher ein wichtiges Motiv war, so ist doch der Haß, der offenbar die Aufständischen beflügelte, um so bemerkenswerter: Es *war* eine zweigeteilte Gesellschaft, unten die Indianer (und die Mestizen) und oben die Spanier (und die Kreolen), und die Kluft, die zwischen ihnen bestand, war nicht etwa geringer geworden, sondern immer größer. *Jetzt* hatte man die Möglichkeit, sie aufzuheben, und man legte sich keinerlei Beschränkungen auf.

Doch genau das war der Fehler. Zwar hatte man nun mit Guanajuato eine sichere Basis, die zudem den wirtschaftlichen Nerv des Kolonialreiches traf, doch anstatt an eine systematische Neuordnung zu gehen, wie es Hidalgo mit seinem Aufruf angekündigt hatte, ließ er sich von seinen Anfangserfolgen blenden und wandte sich, ohne sein Heer militärisch darauf vorzubereiten, sogleich dem eigentlichen Zentrum der Macht, der Hauptstadt, zu.

Auf 80 000 schwoll die Zahl der Aufständischen an, und es schien, als sei die Hauptstadt tatsächlich eine leichte Beute. Doch sie mußten hohe Verluste hinnehmen, als ihnen auf der Höhe von *Las Cruces*, einem Bergrücken, der die Hauptstadt nach Westen hin begrenzte, ein Heer des Vizekönigs entgegentrat. Zwar gelang es den Aufständischen, die Verteidiger zurückzudrängen, aber sie hatten eine empfindliche Einbuße erlitten, und Hidalgo, dem »Generalisimo«, wurde zum ersten Mal klar, daß seine Armee nicht mehr als eine Horde undisziplinierter und unerfahrener Rebellen war. Einem weiteren Angriff, der von einer zweiten Streitmacht des Vizekönigs, die von Norden anrückte, drohte, würde er nicht gewachsen sein. Aber auch ein Fait accompli zu schaffen, bevor Entsatz für die Hauptstadt eintraf, und diese in einem Streich, solange die Aufständischen noch Kampfesmut zeigten, zu besetzen, traute sich Hidalgo nicht zu. Es würde ein zweites Guanajuato werden, nur noch größeren Ausmaßes: eine Orgie des Hasses und der Gier, die er nicht mehr würde zügeln können.

Hidalgo war nicht Cortés. Allerdings befand er sich, als er auf der Höhe des Monte de las Cruces stand und auf die Hauptstadt hinabschaute, in einer ähnlichen Lage, wie jener es gewesen war, als er zum entscheidenden Schlag gegen Tenochtitlan ausholte. Auch Cortés stützte sich auf indianische Hilfstruppen; aber der Kern seiner Streitmacht waren kampferprobte Soldaten gewesen, und die Disziplin, die er ihnen auferlegt, war rücksichtslos. Außerdem war Cortés ein genialer Stratege, der selbst noch eine Niederlage in einen Sieg verwandeln konnte.

Hidalgo hatte all diese Fähigkeiten nicht; seine Größe war das soziale Engagement, das fast schon an Fanatismus grenzte. Er kämpfte – mehr noch als Cortés, der sich immerhin als ein Kreuzritter sah – für ein Ideal, und es war deshalb für ihn besonders schmerzlich (und bestärkte ihn in seinem Entschluß, *nicht* den Abstieg in das Tal zu wagen und die Hauptstadt anzugreifen), daß er von denen, die er auch im Umkreis von Mexiko-Stadt befreien wollte, keinen Zulauf erhielt.

Das hatte verschiedene Gründe: Einmal – und das erwähnten wir schon – gab es unter den Indianern kein Zusammengehörigkeitsgefühl. Die Anhänger Hidalgos waren Otomí und Chichimeken, letztere Verwandte jener sieben Stämme, die nach Süden abgewandert waren. Doch das war nunmehr sechshundert Jahre her, und weder die einen noch die andern waren sich ihrer Verwandtschaft bewußt.

Sodann waren die Indianer im Süden, das heißt in Zentralmexiko, seßhaft; sie hatten ihren eigenen Grund und Boden und fürchteten, ihn an jene zu verlieren, die im Norden nur Landarbeiter oder Bergleute gewesen waren. Sie lebten außerdem in festen Gemeinschaften, die zwar unter Zwang der Spanier gegründet worden waren, sich aber als Schutz gegen die Außenwelt erwiesen. In diesen Gemeinden, die sich auf gemeinschaftlichen Bodenbesitz stützten, herrschten indianische Autoritäten, und obwohl – wie wir gehört haben – sie nicht minder korrupt und ausbeuterisch wie die Spanier waren, gab es doch den Indianern das Gefühl, eine eigene Gemeinschaft zu bilden und selbst ihre Geschäfte zu lenken.

Aber die Gemeinde war die Grenze, und darüber hinaus gab es keine Solidarität. Es sei denn mit den Spaniern, mit denen die Kaziken kollaborierten. Über sie hatte man die Indianer fest im Griff, und wenn dennoch Zweifel aufkamen, so gelang es unschwer, diese mit den Mitteln der Propaganda auszuräumen. Man wies auf den Schutz des Gemeindelandes hin, warnte vor den Ausschreitungen der Rebellen und war im übrigen bereit, die Aufhebung der Tribute zu verkünden. Was hätte Hidalgo da den Nachkommen der Azteken noch bieten können?

So reagierten sie denn auf den Aufstand Hidalgos, indem sie dem *Vizekönig* und damit *Spanien* ihre Treue bekundeten. Sie schworen auf die Religion und den König und betrauerten, wie es der Kazike von *Tepeaca*, einem Ort in der Nähe von Puebla, formulierte, daß »es unter den Verrätern Angehörige der indianischen Rasse gibt«. Auch Tlaxcala bedauerte die »skandalösen und abscheulichen Handlungen«, die Hidalgo und die Aufständischen begangen hätten. Kurzum, obwohl auch die Indianer in Zentralmexiko letztlich unfrei waren (denn ein politisches Mitspracherecht über die Selbstverwaltung hinaus hatten sie *nicht*) und obwohl auch sie am Hungertuche nagten (denn das Land, das ihnen verblieben war, war zumeist unfruchtbar und reichte im übrigen nicht, eine inzwischen wieder angestiegene Bevölkerung angemessen zu versorgen), obwohl also auch im Gebiet, das einst das Kernland der Azteken gewesen war, die objektiven Voraussetzungen für eine Revolution bestanden, wurden diese von den Betroffenen doch nicht erkannt (oder verdrängt), und Hidalgo mußte erkennen, daß die Zeit noch nicht reif war.

Ihm blieb nichts anderes übrig, da ihm ja auch ein neuer militärischer Zusammenstoß drohte, als den Befehl zum Rückzug zu geben, und dies war der Anfang vom Ende. Seine Anhänger, denen schon die Fleischtöpfe Mexikos gewinkt hatten, murrten; das Heer löste sich auf und war nicht einmal mehr in der Lage, dem Feind, der vom Norden vorrückte, ein Schnippchen zu schlagen. Wieder gab es schwere Verluste, und nur mit Mühe erreichten die Aufständischen *Valladolid,* das spätere Morelia, wo sie, um ihrem Unwillen Luft zu machen, ein neues, fürchterliches Blutbad anrichteten. Auch in *Guadalajara,* wo Hidalgo schließlich haltmachte und eine provisorische Revolutionsregierung gründete, ließ man eine stattliche Anzahl Spanier über die Klinge springen.

Inzwischen gab es niemand mehr, der in den mutigen und visionären Priester Vertrauen setzte. Er war ein Revolutionär, doch mehr noch ein Anarchist: Er hatte eine Idee, aber keinen Plan, und er hatte nicht die Disziplin, ein Programm zu entwickeln, das eine gültige Alternative zur Herrschaft der Spanier hätte sein können. Zwar raffte er sich nun auf, durch einige Dekrete – unter anderm zur Abschaffung der Sklaverei und der Tribute und zur Sicherung indianischer Ländereien – der Revolution festere Konturen zu geben. Aber es war bereits zu spät: Die Royalisten rückten näher, und als es am 17. Januar 1811 vor den Toren von Guadalajara zur Schlacht kam, nützte den Aufständischen alle Übermacht, die sie noch immer besaßen, nichts. Sie hatten noch immer nicht gelernt, nach den Regeln militärischer Taktik Krieg zu führen, und so war dies die schwerste und zugleich entscheidende Niederlage, die sie hinnehmen mußten.

Was folgte, war nur noch ein trauriger Abgesang. Die Führer des Aufstandes flohen nach Norden, enthoben Hidalgo seines Oberbefehls und versuchten vergeblich, eine neue Streitmacht aufzustellen. Von einem Verräter denunziert, wurden die Anführer des Aufstandes aufgegriffen und nach Chihuahua gebracht, wo man ihnen den Prozeß machte und sie hinrichten ließ. Als Warnung an Nachahmer trennte man ihnen die Köpfe ab und tat sie in eiserne Käfige, die man an den vier Ecken jenes Kornspeichers aufhängte, wo die Herrschaft der Spanier zum ersten Mal erschüttert worden war. Dort blieben sie, bis Mexiko tatsächlich seine Unabhängigkeit erlangt hatte. Freilich unter einem anderen Vorzeichen.

Neue Fesseln

Mit dem Tode Hidalgos war der Aufstand des Volkes noch nicht beendet. Ehe es zur Umkehr der Befreiungsbewegung kam, machte sich auch der Süden bemerkbar. Hier hatte ein Schüler Hidalgos, gleichfalls ein Priester namens *José Maria Morelos y Pavón*, die Fackel der Freiheit erhoben, und auch er hatte einen bemerkenswerten Erfolg. Ihm gelang es, was Hidalgo versagt geblieben war: Morelos konnte nicht nur einige entscheidende militärische Siege für sich verbuchen, er verabschiedete auch ein klares Konzept, das als Leitlinie für ein freies Mexiko dienen sollte. Wäre es zur Anwendung gelangt, die weitere Geschichte Mexikos hätte einen anderen Verlauf genommen.

Auch Morelos war sich bewußt, daß die Herrschaft der Spanier (und ihrer Verbündeten, der Kreolen) solange nicht gefährdet war, wie sie Mexiko, die Hauptstadt, besetzt hielten. Doch anders als sein Mentor, bei dem er einst, als er sich auf seinen Priesterberuf vorbereitete, zur Schule gegangen war, ging er systematisch vor: kein übereilter Vorstoß auf die Hauptstadt, mit der er alles aufs Spiel gesetzt hätte, sondern der Versuch, das Hinterland aufzurollen und die Hauptstadt von der Außenwelt abzuschneiden. Mexiko verdankte seine strategische Bedeutung nicht zuletzt dem Umstand, daß es die wichtigste Verkehrsstraße des Landes beherrschte: eine Verbindung, die von Veracruz, dem Hafen an der Golfküste, über die Hauptstadt nach *Acapulco* führte, von wo aus der Handel mit Asien erfolgte, vor allem den Philippinen, die gleichfalls zum spanischen Kolonialreich gehörten. Folglich war es das Ziel von Morelos, die beiden Teilstrecken zu unterbrechen, was ihm schließlich auch gelang, da er sowohl Acapulco als auch *Orizaba*, eine wichtige Station auf dem Wege nach Veracruz, besetzen konnte.

Im Süden hatte er damit einen Bogen um die Hauptstadt geschlagen, der das gesamte Gebiet der heutigen Bundesstaaten Guerrero, Morelos, Oaxaca und Puebla umfaßte. Um den Kreis zu schließen, fehlte ihm der Norden und der Westen, und so versuchte er, Valladolid, das einmal nach ihm benannt werden sollte und ja auch schon unter Hidalgo in der Hand der Aufständischen gewesen war, zurückzugewinnen. Doch hier trat ihm in der Person eines kreolischen Royalisten ein Feind entgegen, der ihm nicht nur eine erste militärische Niederlage beibrachte, sondern ihm auch die Fackel, die er trug, entreißen sollte, um sie zwar weiterhin hochzuhalten, doch mit erloschener Flamme.

Hell aufgelodert hatte die Flamme in *Chilpancingo*, einem kleinen Ort auf dem Wege nach Acapulco, wohin Morelos nach seinen Siegen im Süden einen ersten nationalen Kongreß einberufen hatte. Den Delegierten, die ein politisches Programm und darauf aufbauend eine Verfassung ausarbeiten sollten, hatte er in einer Begrüßungsrede zugerufen:

> *O Geister Moctezumas, Cacahmas, Quautimozins, Xicotencals und Calzontzins! Seid stolz auf diese hehre Versammlung und feiert diesen glücklichen Augenblick, da eure Söhne zusammengekommen sind, um die Beleidigungen zu rächen, die man euch zugefügt hat, und euch aus der Tyrannis zu befreien. Nach dem 12. August 1521 kommt der 8. September 1813! Das erste Datum besiegelte unsere Versklavung in México Tenoctitlan; das zweite bricht unsere Ketten für immer in Chilpancingo.[160]*

Es war dies eine bemerkenswerte Rede, die mehr noch als der Aufruf Hidalgos auf die Geschichte des Landes Bezug nahm. Hier wurde zum ersten Mal das aztekische Erbe hervorgekehrt, und Morelos scheute sich nicht, die »Wiedererrichtung des mexikanischen Imperiums« zu verkünden. Das war eine unerhörte Forderung und natürlich ein Affront gegenüber den Spaniern, Peninsularen ebenso wie Kreolen.

Diese hatten denn auch nichts Eiligeres zu tun, als ihren Pakt, zu dem sie sich schon durch den Aufstand Hidalgos gezwungen sahen, noch enger zu schließen. Was natürlich verständlich, doch nicht eigentlich gerechtfertigt war, denn Morelos war im Gegensatz zu Hidalgo bemüht, Ausschreitungen gegen die Spanier zu vermeiden. In einem Erlaß vom 13. Oktober 1811 hatte er sogar verkündet:

> *Ich erkläre, daß unser Plan allein dahin geht, die politische und militärische Regierung, die in Händen der Europäer liegt, auf die Kreolen übergehen zu lassen, die am besten die Rechte Ferdinands VII. bewahren werden.[161]*

279

Inzwischen hatten sich auch bei Morelos die Perspektiven ein wenig verschoben, doch im Grunde blieb er seinen Prinzipien treu: Das neue Mexiko, das ihm vorschwebte, sollte ein Land sein, wo jeder gleiche Rechte hatte. Die Indianer sollten zwar aus ihre Unmündigkeit befreit werden, aber es war natürlich klar, daß nur die Kreolen (und Mestizen, zu denen Morelos gehörte) im Augenblick in der Lage waren, eine neue Regierung zu bilden. Aber – und das war entscheidend – sie mußte sich auf den Willen des Volkes stützen. Wie es schließlich die Verfassung, die am 22. Oktober 1814 verabschiedet wurde, vorsah, sollte Mexiko keine Monarchie mehr sein, sondern eine Republik werden, und die Unabhängigkeit von Spanien war dazu die Voraussetzung.

Morelos ging letztlich also einen entscheidenden Schritt weiter: Er wollte nicht nur eine soziale Revolution, wie sie Hidalgo gefordert hatte, sondern auch eine *politische Emanzipation,* ohne die die geforderten Reformen nicht realisiert werden könnten. Doch während man sich mit letzterem hätte anfreunden können (zumindest die Kreolen), war ersteres nach wie vor eine Bedrohung ihrer Privilegien. Und so war die Verfassung von 1814, die erste des Landes, ein totgeborenes Kind; sie gelangte nie zur Anwendung, denn inzwischen war Morelos in der Defensive und verlegte sich schließlich nur noch darauf, den Kongreß (und die Verfassung) zu beschützen. Das Gesetz, das erste, das es sozusagen in diesem Land gegeben hatte, war auf der Flucht, und als Morelos schließlich, als er gerade dabei war, den Kongreß an einen neuen, sicheren Ort zu geleiten, in die Hände der Royalisten fiel und kurz darauf erschossen wurde, war dies auch das Ende der Volksregierung. Bis sie erneut eine Chance hatte, vergingen hundert Jahre. Aber auch dann wurde die Chance verspielt.

Nach dem Tod Morelos', am 22. Dezember 1815, trat zunächst Ruhe ein. Das Land war ausgeblutet, und alle sehnten sich nach Frieden. Hoffnungen waren enttäuscht, und Triumphe wurden erneut gefeiert. Da im übrigen auch Napoleon inzwischen abgetreten war und Spanien seine Souveränität zurückerlangt hatte, war im Grunde alles wieder beim alten.

Garant dieser alten, ehrwürdigen Ordnung war Ferdinand VII., der – nach der Rückkehr aus dem Exil – die Nachfolge seines Vaters, Karls IV., angetreten hatte. In seinem Namen war ein Großteil der Aufstandsbewegungen geführt worden, denn man strebte – zumindest anfangs – nicht so sehr eine Loslösung von Spanien an als vielmehr eine Befreiung von jeglicher Bevormundung Frankreichs, das Spanien unterworfen hatte. Nun, da diese Gefahr gebannt und durch die Thronbesteigung Ferdinands eine legitime Autorität wiederhergestellt war, sah man eigentlich keinen Anlaß mehr, gegen das Mutterland zu rebellieren. Mit Wehmut schaute man zur alten Ordnung zurück, da die Wirtschaft noch floriert hatte und jeder wußte – vor allem die unteren Schichten –, wohin er gehörte. Letzteres war zweifellos entscheidend für die Bereitschaft der Kreolen, ihre Unzufriedenheit mit den Reformen, die die Bourbonen eingeführt hatten, zurückzustellen. Lieber einige Opfer, aber Ordnung, so wie man sie gewöhnt war, als ein Chaos, in dem man alles verlieren würde.

Ferdinand enttäuschte seine Anhänger nicht, denn kaum war er aus dem Exil zurückgekehrt und hatte das Zepter in die Hand genommen, da kündigte er eine Verfassung auf, die das spanische Volk, das sich gegen die Franzosen erhoben hatte und sich dabei seiner eigenen Macht bewußt geworden war, verabschiedet hatte. Es war ein Dokument, das vom neuen Geist des Liberalismus geprägt war und ganz im Gegensatz zum absolutistischen Herrschaftsanspruch stand, wie ihn die Bourbonen erhoben hatten. Der Konflikt war also vorgezeichnet und wurde zunächst durch die Aufkündigung der Verfassung, die Ferdinand vornahm, und die Wiedereinführung des Absolutismus zugunsten der alten Ordnung entschieden. Das machte Ferdinand den Kolonisten, Peninsularen wie Kreolen, sympathisch. Doch in Spanien selbst erregte die Restauration des alten Regimes, die auf eine Beschneidung der im Volkskrieg errungenen Rechte hinauslief, Unmut, und so kam es schließlich – im Jahre 1820 – zu einer Revolte, in der Ferdinand gezwungen wurde, die liberale Verfassung anzuerkennen.

Dies war der Punkt, wo sich die Geister schieden. Und diesmal endgültig.

Denn wenn die bourbonischen Reformen schon ein Ärgernis gewesen waren, dann würden liberale Neuerungen, die man zweifellos auch in den Kolonien einführen würde, noch viel größere Opfer verlangen. Am Ende würden die Aufständischen doch noch das bekommen, was sie gefordert hatten. Doch diesmal mit dem Unterschied, daß es sozusagen eine legale Handhabe dafür gab. Das mußte mit allen Mitteln verhindert werden. Darin waren sich alle, die etwas zu sagen hatten, einig. Nicht zuletzt die Kirche, gegen die ein Großteil der gefürchteten Neuerungen gerichtet war.

Also entsann man sich jenes Mannes, der sozusagen als Sieger aus dem Kampf gegen Morelos hervorgegangen war und der sich nur zu willig auf den Schild heben ließ, denn mehr noch als ein erfolgreicher Feldherr war er ein ehrgeiziger Parvenü. Nichts Geringeres strebte er, der ein einfacher Kreole aus der Provinz war, an, als sich selbst auf den Thron zu setzen. Was ihm auch gelang, denn Ferdinand, dem man zuerst diese Ehre antrug, lehnte ab.

Agustín de Iturbide, so hieß der Mann, der die Unabhängigkeit Mexikos vollendete, hatte das Glück, just in dem Augenblick als Retter des Vaterlandes angesehen zu werden, als die Nachricht von der verhängnisvollen Wende in Spanien in Mexiko eintraf. Damit die Rebellen im eigenen Lande, die immer noch in versprengten Resten in den südlichen Bergen operierten, keine Allianz mit dem Mutterland eingehen konnten, was ihnen doch noch den Sieg gebracht hätte, wurde Iturbide mit der längst überfälligen Aufgabe betraut, die letzten Widerstandsnester endgültig auszurotten. Da ihm dies nicht gelang, ließ er sich auf Verhandlungen ein und brachte so einen Kompromiß zustande, der ihm die Möglichkeit gab, dennoch als Sieger aus diesem wie auch allen weiteren Kämpfen hervorzugehen. Im sogenannten *Plan von Iguala,* der die Vereinbarungen zwischen den Royalisten und den Rebellen besiegelte, wurden drei Prinzipien festgelegt, die als Grundlage für einen neuen Staat dienen sollten. Erstens, so verfügte der Plan, sollte Mexiko fortan unabhängig sein. Zweitens sollten alle Bewohner des Landes gleichgestellt sein, womit in erster Linie die Peninsularen und Kreolen gemeint waren, zwischen denen es ständig Unstimmigkeiten gegeben hatte. Drittens – und das war eine Verbeugung gegenüber dem Klerus – sollte die katholische Kirche die einzige Religion des Landes sein.

Neben diesem politischen Programm ergaben die Verhandlungen zwischen Iturbide und den Rebellen die Schaffung einer gemeinsamen Streitmacht, die man, da sie die Durchsetzung der drei obengenannten Ziele gewährleisten sollte, das »Heer der drei Garantien« nannte. Iturbide wurde der Oberbefehl übertragen, und damit war er bereits de facto Herrscher des Landes. Er hatte die Rebellen in der Tasche, den Klerus und die Oberschicht. Da konnte der neue Vizekönig, den die liberale Regierung in Madrid entsandt hatte und der gerade in Mexiko eintraf, als Iturbide seine Geschäfte geordnet hatte, nicht mehr viel ausrichten. Auf halbem Wege zwischen Veracruz und Mexiko wurde er in *Córdoba* zu einem Vertrag gezwungen, in dem er die Unabhängigkeit Mexikos anerkannte. Als Iturbide daraufhin am 27. September 1821 in Mexiko einzog, war dies zugleich das Ende der spanischen Kolonialherrschaft.

Was folgte, waren hundert Jahre Chaos. Nicht jenes Chaos, das man gefürchtet hatte, aber dennoch eine Periode unablässiger Unruhen und Kriege, die das Land an den Rand des Abgrundes brachten. Die Unabhängigkeit, die allein zum Zweck der Aufrechterhaltung des Status quo verkündet worden war, hatte keines der Probleme, die tatsächlich anstanden, gelöst. Das Volk war am Ende verraten worden; auf seinem Rücken hatte man den Kampf ausgetragen, aber es hatte nichts gewonnen: weder Freiheit noch Wohlstand. Herrschen taten immer noch andere, auch wenn sie sich nun Mexikaner nannten.

1821, als die Unabhängigkeit ausgerufen wurde, waren immer noch über die Hälfte der Bevölkerung reinblütige Indianer. Die Weißen, Peninsularen und Kreolen, die allein Nutznießer der Unabhängigkeit waren (denn nur, um ihre Privilegien zu wahren, hatten sie sie vollzogen), stellten lediglich *ein Sechstel* der Bevölkerung. Sie nahmen nun die Rolle ein, die einst die Spanier gespielt hatten. Womit nicht gesagt sei, daß es nicht auch unter ihnen Differenzen gegeben hätte, wie einst zwischen den Peninsularen und den Kreolen. Doch ging es im wesentlichen bei diesem Streit um die Art, wie man am besten den Rest der Bevölkerung ausbeutete. *Daß* er ausgebeutet wurde, bedurfte keiner Frage. Aber man konnte ihn *liberal* ausbeuten (so ganz ließ sich der Liberalismus doch nicht aufhalten), *konservativ* oder gar *positivistisch*. Das hatte den Vorteil, daß jeder einmal an die Krippe kam (außer, wie gesagt, dem Volke), und das war schließlich der Zweck der Übung gewesen.

Man kann die mexikanische Unabhängigkeit am besten mit einer Konterrevolution vergleichen. Denn anstatt Freiheit dem Volk zu bringen, verhinderte sie dessen Emanzipation. Die Indianer (und die Mischlinge, die aber immer noch nur die Hälfte der Indianer ausmachten) hatten keinen Anteil an dem, was die Unabhängigkeit brachte; sie waren Kanonenfutter gewesen und blieben weiterhin versklavt, obwohl sie nun nominell gleichwertige Bürger eines freien Staates waren. So paradox es klingt, die neue Freiheit brachte ihnen noch größere Unfreiheit, als sie sie unter der spanischen Herrschaft hatten erdulden müssen. Und so widersinnig es scheint, waren es gerade die Liberalen, die ihnen den größten Schaden zufügten.

Die Liberalen setzten sich jedoch erst später durch. Zunächst überwog das konservative Element, für das nicht nur Iturbide, sondern auch einer seiner Parteigänger, *Antonio López de Santa Anna,* stand. Iturbide ließ sich 1822 zum Kaiser ausrufen, womit er der monarchistischen Strömung unter den Konservativen Rechnung trug. Schien es doch das einfachste, zumal man keinerlei Erfahrung in einer anderen Regierungsform hatte, das zentralistische und autoritäre System der Kolonialzeit zu übernehmen. Doch der Widerstand gegen einen Absolutismus im eigenen Land war zu groß, als daß sich Iturbide, der sich nun *Agustín I.* nannte, hätte halten können. Und so wurde er, kaum daß er ein Jahr regiert hatte, im Februar 1823 zum Rücktritt gezwungen.

Lopéz de Santa Anna, der der Drahtzieher der Revolution war, hatte bereits im Dezember 1822 Mexiko zur Republik ausgerufen. Wenngleich sich diese Staatsform schließlich auch durchsetzte, nachdem

1824 eine Verfassung verabschiedet worden war, die Mexiko zu einer Bundesrepublik, bestehend aus neunzehn, weitgehend autonomen Staaten, erklärte, so bedeutete dies doch nicht, daß tatsächlich nach republikanischen Gepflogenheiten regiert wurde. Santa Anna war da nur der erste (und nicht der letzte), der die neue Staatsform lediglich als Aushängeschild benutzte, um in Wirklichkeit eine personalistische Politik zu betreiben, die nicht zu Unrecht mit dem Begriff *Caudillismo* bezeichnet wird.

Ein Caudillo ist eine Art Volkstribun, der es versteht, dem Volk einzureden, daß er sein Erlöser sei, obwohl er allein seine eigenen Interessen (und die der Oligarchie, deren Sachwalter er ist) im Sinn hat. Zumeist war – und ist – er ein Militär, ein General, der die Streitkräfte hinter sich hat und damit die Macht, seinen Willen durchzusetzen. Das Volk traut ihm deshalb, weil er der einzige Mann zu sein scheint, der Ordnung in das Chaos bringt, das eine unablässige Folge von Caudillos dem Lande beschert. Daß der Caudillo, der letztlich nur ein Glücksritter, ein Opportunist ist, nicht der Retter, sondern eigentlich der Verursacher all der Unruhen ist, sieht das Volk nicht. Es läßt sich stets aufs neue verblenden, durch leere Versprechungen und die Hoffnung, daß der neue Caudillo besser als der alte ist.

In Mexiko wies das Phänomen des Caudillo insofern eine Variante auf, als der neue Caudillo stets oder doch zumeist der alte war: nämlich jener Santa Anna, der, obwohl er immer wieder außer Landes gejagt wurde, mit geradezu gesetzmäßiger Regelmäßigkeit wiederkehrte, um das angeblich oder tatsächlich gestrandete Staatsschiff wieder flottzumachen. Auf diese Weise beherrschte er die Politik dreißig Jahre lang, bis er schließlich, nachdem er das Land nicht nur ausgebeutet, sondern ihm auch noch eine vernichtende Niederlage gegen die USA beschert hatte, endgültig vertrieben wurde. Zwar kehrte er auch danach noch einmal zurück und versuchte ein Comeback, doch seine und seiner konservativen Anhänger Uhr war abgelaufen. Das Pendel schwenkte um; die Liberalen waren am Zug.

Wie sehr das Land unter den ersten eigenen Gehversuchen litt, wird nicht nur in der Statistik deutlich: Allein in den Jahren 1824 bis 1848 gab es dreißig Regierungswechsel! Es zeigt sich auch in den Berichten, die aus jener Zeit erhalten sind. Am bekanntesten ist jener, den *Frances Calderón de la Barca* hinterließ, die an der Seite ihres Mannes, der der erste Botschafter Spaniens in Mexiko war, die politischen Wirren des jungen Staates aus nächster Nähe miterlebte. So wurde sie Zeuge eines wiederholten Aufstandes gegen den Konservativen Bustamente. Über den ersten Anlauf zum Machtwechsel, der am 15. Juli 1840 begann, schreibt sie:

Die Kapelle »Los Remedios« auf der Pyramide des Quetzalcoatl in Cholula.

Der Kampf zwischen Azteken und Spaniern (Freskomalerei Diego Riveras im Palast des Cortés in Cuernavaca).

»Die Conquista«: Gemälde von José Clemente Orozco im Hospicio Cabañas in Guadalajara, Mexiko.

Die Folterung Quauhtemocs im Beisein von Cortés und Malinche (Fresko von David Alfaro Siqueiros im Palacio de Bellas Artes in Mexiko-Stadt).

Eine Indianerin wird gebrandmarkt (Fresko von Diego Rivera im Nationalpalast in Mexiko-Stadt).

Hidalgo, der Verkünder der Freiheit (Ausschnitt aus einem Freskogemälde von José Clemente Orozco im Regierungspalast von Guadalajara, Mexiko).

Azteken heute, vor den Toren von Mexiko-Stadt.

Tanzaufführungen in aztekischer Tracht anläßlich des Festes zu Ehren der Heiligen Guadalupe in Mexiko-Stadt (12. Dezember).

Der Schrein von Guadalupe am Fuße des Tepeyac in Mexiko-Stadt.

Glorifizierung der Revolution in Mexiko-Stadt.

Aztekische Pyramide, spanische Klosterkirche und moderne Wohnbauten: Der »Platz der drei Kulturen« in Nonoalco-Tlatelolco, Mexiko-Stadt.

»Revolution in Mexiko! Oder *Pronunciamiento,* wie sie es nennen. Der Sturm, der sich seit geraumer Zeit zusammengebraut hatte, ist endlich losgebrochen. Don Valentin Gomez Farias und der verbannte General Urrea haben sich für den Föderalismus ausgesprochen. Um zwei Uhr heute morgen haben sie, unterstützt vom 5. Bataillon und dem Comercio-Regiment, zu den Waffen gegriffen, sind zum Palast gezogen, überraschten den Präsidenten in seinem Bett und nahmen ihn gefangen.

Die erste Nachricht, die uns erreichte, war eine Botschaft von seiten der Regierung, in der die Anwesenheit unserer beiden alten Soldaten gewünscht wurde, die ihre verblichenen Uniformen anzogen und wohlgemut losmarschierten. Als nächstes kam unser Freund Don M-- del C--o, der uns den Rat gab, die spanische Flagge zu holen und bereit zu halten, damit wir sie nötigenfalls vom Balkon hängen könnten. Nach und nach kamen immer mehr Spanier mit diversen Berichten über den Stand der Dinge. Einige sagen, es wird in wenigen Stunden vorüber sein, andere, daß es ein langer und blutiger Kampf werden wird. Einige sind sicher, daß es nur einen Wechsel im Kabinett geben wird, andere, daß Santa Anna selbst erscheinen wird, um die Präsidentschaft an sich zu reißen. Auf jeden Fall ist General Valencia, der die Regierungstruppen anführt, im Begriff, die Aufständischen, die den Palast besetzt haben, anzugreifen.«[162]

De la Barca, die ihre Eindrücke in Briefen niederschrieb, berichtet weiter:

»Der Kampf hat begonnen! Leute eilen die Straße herauf. Die Indianer traben mit doppeltschnellem Schritt zurück in ihre Dörfer. Da wir nicht im Zentrum der Stadt wohnen, sind wir im Augenblick sicher, denn alle Kanonen sind auf den Palast gerichtet. Alle Straßen, die zum Hauptplatz führen, sind mit Kanonen besetzt, und es geht das Gerücht, daß die Rebellen Waffen an die Armen austeilen. Die Kanonen sind jetzt zu hören. Überall entlang der Straße stehen die Leute auf den Balkonen und schauen ängstlich in Richtung auf den Palast. Andere bilden Gruppen vor den Türen, und die Männer stehen auf den Dächern, soweit sie außerhalb der Reichweite der Geschosse liegen. Jetzt läutet man die Sturmglocke; die Sache scheint wirklich ernst zu werden.«[163]

Am Abend wird immer noch gekämpft, und de la Barca schreibt:

> »Es ist neun Uhr, und noch immer tobt der Kampf. Ich habe den ganzen Tag auf dem Balkon gestanden und nach dem Rauch gesehen und den verschiedenen Gerüchten gelauscht. Gomez Farias ist von seinen Anhängern zum Präsidenten ausgerufen worden. Die Straßen in der Nähe des Hauptplatzes, so berichtet man, sind mit Toten und Verwundeten übersät.
>
> Am Nachmittag zog ein schreckliches Gewitter auf. Im Verein mit dem Donnern der Kanonen klang es wie ein Streit zwischen himmlischer und irdischer Artillerie. Wir werden keine ruhige Nacht haben, vor allem auch weil sie unsere beiden Soldaten abkommandiert haben. Zu allem Unglück scheint auch noch ein heller Mond; die Nacht bringt also keinen Aufschub in dem Getöse und Gemetzel.«[164]

Zwei Wochen dauerte der Kampf; dann gaben sich die Aufständischen geschlagen, und Bustamente kehrte in seinen Palast zurück. Beim nächsten Mal hatte er weniger Glück: Diesmal schaffte es Santa Anna, auch wenn er seinerseits einem Aufstand würde weichen müssen. Das Karussell drehte sich munter weiter.

Die politische Entwicklung Lateinamerikas im 19. Jahrhundert hat etwas Operettenhaftes. Aber die Komik, die man geneigt ist, in dem ständigen Wechsel der Regierungen zu sehen, täuscht über den wahren Charakter dieser Revolten hinweg. Zugegeben, die, die in diesem endlosen Schaustück agierten, waren austauschbar, und daß sie ausgetauscht wurden, war sozusagen vorprogrammiert. Aber jedesmal, wenn ein General den anderen ablöste, ging dies mit einem Knall vonstatten: In Mexiko wurde erstmals 1851, dreißig Jahre nach der Unabhängigkeit, ein Regierungswechsel *friedlich* vorgenommen. Davor (und auch danach) war es gewöhnlich ein blutiger Staatsstreich, der den erstrebten Wechsel, der doch nur eine Wiederholung des Voraufgegangenen war, herbeiführte. Was bedeutete, daß mindestens einmal im Jahr ein Bürgerkrieg ausbrach, der zwar zumeist auf die Hauptstadt beschränkt blieb, dennoch aber das Land, da er sich ständig wiederholte, in eine tiefe Krise stürzte. Die Wirtschaft lag darnieder, Steuern wurden aus dem Volk gepreßt, und wo das nicht reichte, ging man das Ausland um Kredite an. Denn die Kriege kosteten Geld, abgesehen davon, daß sie nicht selten nur deshalb geführt wurden, um die Staatseinnahmen, die bei dem Chaos keinerlei wirksamer Kontrolle unterlagen, in die eigene Tasche umzuleiten.

286

Es nimmt deshalb nicht wunder, daß das Volk im allgemeinen und der Indianer im besonderen durch das, was ihm die Unabhängigkeit bescherte, vom Regen in die Traufe kam. De la Barca, die keineswegs zu den Befürwortern einer sozialen Revolution gehörte, bewegte sie sich doch ausschließlich in den begüterten Kreisen, entging dennoch die Not des Volkes nicht. Über die Auswirkungen der Unruhen auf die Stadt vermerkt sie:

> »Die Gelassenheit, mit der das Volk all dies erträgt, ist erstaunlich. In welch einer anderen Stadt würde man einfach beiseite stehen, ohne für die eine oder andere Seite Partei zu ergreifen? Die Läden sind geschlossen, Arbeiter finden keine Beschäftigung, Tausende sitzen auf der Straße. Der Himmel weiß, wovon sie leben! Und dennoch kein Krawall, kein Aufruhr, nicht einmal Ungeduld. Man versammelt sich auf den Straßen, steht vor den Türen und unterhält sich und stellt Spekulationen an. Aber man erwartet geduldig den Ausgang des Krieges, so als sei es ein Urteil des Himmels, an den zu appellieren sowohl nutzlos als auch frevelhaft wäre.«[165]

Waren es in der Stadt, in Mexiko, zumeist Weiße oder Mischlinge, die unter den ständigen Wirren zu leiden hatten, so waren es auf dem Lande die Indianer. Sie wurden zwar weniger direkt von den Kämpfen betroffen, die sich zumeist auf die Hauptstadt konzentrierten, doch bedeutete dies nicht, daß sie der allgemeinen Misere, in die das Land durch die Unruhen gestürzt wurde, entgingen. Sie stellten das Gros der Soldaten, deren es ständig Nachschub bedurfte, und sie mußten mit ihrer Hände Arbeit das erwirtschaften, was andere im wortwörtlichen Sinne in der Hauptstadt verpulverten. Hören wir, was de la Barca über die Situation der Indianer zu einer Zeit, da Mexiko bereits zwanzig Jahre unabhängig war, sagt:

> »Die Zahl der reinen Indianer bezifferte Humboldt auf zweieinhalb Millionen; sie unterscheiden sich wahrscheinlich nur wenig von dem niederen Volk, dem Cortes begegnete. Die Führungsschicht kam bei der Conquista um. Die Priester, die das gesamte Wissen verwalteten, wurden getötet; die Handschriften und hieroglyphischen Malereien wurden verbrannt, und die Indianer, die übrigblieben, sanken auf den Zustand von Unwissenheit und Erniedrigung herab, von dem sie sich niemals erholt haben. Die wohlhabenden Indianerinnen zogen es vor, die spanischen Eroberer zu heiraten, anstatt sich

mit dem erniedrigten Rest ihres eigenen Volkes zu verbinden: armseligen Handwerkern, Arbeitern und Lastträgern, von denen Cortes spricht, daß sie die Straßen der großen Städte füllten und als kaum mehr als Lasttiere angesehen wurden; beinahe nackt in den tropischen Gegenden und mehr oder weniger genauso gekleidet wie heute in den gemäßigten Zonen des Landes; und überall mit beinahe den gleichen Sitten und Gewohnheiten, wie sie sie heute haben, besonders aber in den entlegeneren Dörfern, wo sie nur wenig Berührung mit der übrigen Bevölkerung haben. Sogar in ihrer Religion scheint das Christentum auf den Resten ihrer eigenen Überlieferungen zu beruhen; und all diese kirchlichen Feste, die Feuerwerkskörper und Heiligenbilder und die bunten Trachten entsprechen ganz ihrer kindlichen Begeisterung für Schaustellungen und sind auch wirklich die größte Quelle ihrer Freude. Hierfür heben sie all ihr Geld auf, und wenn man einem Indianerkind einen Pfennig gibt, dann trabt es los, um Feuerwerkskörper zu kaufen, wo ein anderes sich Süßigkeiten gekauft hätte. Man hat versucht, sie dazu zu bringen, einige Feiertage auszulassen und für andere weniger auszugeben, doch all diese Versuche stießen auf Entrüstung und Ablehnung.

Unter dem Anschein stumpfer Apathie verbirgt sich ein hohes Maß an List und Schlauheit. Sie sind ernst und sanft und wirken eher traurig in ihrer Erscheinung, solange sie nicht unter dem Einfluß von Pulque stehen; doch wenn sie am Abend in ihre Dörfer zurückkehren und in ihrer gewohnten Umgebung sind, erhellen ihre weißen Zähne ihre bronzenen Züge wie Lichter, und besonders die Mädchen erfüllen den Abend mit ihrem Gelächter, das sehr melodisch ist. Ich glaube, es ist Humboldt, der sagt, daß das Lächeln der Indianer äußerst sanft und der Ausdruck ihrer Augen sehr ernst ist. Da sie keinen Bart haben, außer ein wenig über den Lippen, ist es manchmal schwer, die Gesichter der Männer und Frauen auseinanderzuhalten.

Die Indianer, die in der Hauptstadt oder in ihrer Nähe wohnen, sind nach Aussage Humboldts entweder die Nachkommen der früheren Arbeiter oder die Reste adliger indianischer Familien, die es ablehnten, sich mit den spanischen Eroberern zu verheiraten und es statt dessen vorzogen, selbst das Land zu bestellen, das vormals ihre Vasallen für sie bearbeitet hatten. Es heißt, daß diese Indianer adliger Abkunft, obwohl sie äußerlich nicht von den übrigen Indianern zu unterschei-

den sind, dennoch bei diesen, die einen niederen Status einnehmen, in hohem Ansehen stehen. Besonders in Cholula gibt
es noch Kaziken mit langen indianischen Namen; desgleichen
in Tlascala. Und obwohl sie barfuß und in Lumpen einherge-
hen, sagt man, daß sie großen, verborgenen Reichtum besitzen. Doch den Indianer, wie er sich in seinem ursprünglichen
Zustand erhalten hat, kann man weder in der Hauptstadt
noch in ihrer Umgebung sehen. Dazu muß man hinaus aufs
Land fahren; und sollte es sich infolge der fortgeschrittenen
Jahreszeit ergeben, daß wir, wenn ein neuer Botschafter eingetroffen ist, noch länger hierbleiben müssen, werden wir
wahrscheinlich eine längere Reise in eine Gegend des Landes
unternehmen, wo es noch ursprüngliche Indianerstämme gibt.
Eines ist gewiß: seit der Unabhängigkeit hat sich der Zustand
der Indianer nicht sichtbar verbessert. Sie sind genauso arm
und genauso unwissend und genauso erniedrigt, wie sie es
1808 waren, und wenn sie einmal etwas für sich selbst
anbauen, dann werden sie so hart besteuert, daß der Gewinn
gleich null ist.«[166]

Für den Indianer hatte sich also seit der Unabhängigkeit nichts geändert, es sei denn zum Schlechteren. Das wäre sicher auch nicht anders
gewesen, wenn jener Nachfahre Montezumas, den wir bereits erwähnten und der eigentlich *José Antonio Marcilla de Ternel* hieß, es tatsächlich geschafft hätte, den Thron, den man Ferdinand (oder einem anderen europäischen Fürsten) angeboten hatte, für sich zu gewinnen.
Besagter Erbe, der der zehnte Graf von Montezuma war und zu den
Großen Spaniens zählte, ließ es sich nicht nehmen, zumal er sich mit
dem König überworfen hatte, dem Ruf, der aus Mexiko erscholl, zu folgen. Doch da inzwischen Iturbide den Thron Montezumas bestiegen
hatte und man zwar dem spanischen Erbe abschwor, deshalb aber noch
lange nicht das indianische wieder hervorzukehren gedachte, mußte
sich der Graf aus dem Wettstreit zurückziehen. Er ging nach New
Orleans, wo er bald darauf seinem Leben ein Ende machte. Doch nicht,
wie man denken könnte, aus Gram über die verpaßte Chance oder gar
das Schicksal seiner Ahnen; nein, verschmähte Liebe brachte den letzten rühmlichen Erben Montezumas um Verstand und Leben.

Von diesem illustren Sprößling der Azteken wäre also auch nichts zu
erwarten gewesen. Und das war der Kern des ganzen Problems: Es gab
niemand unter den Indianern (was der Montezuma-Erbe ohnehin
nicht mehr gewesen war), der für sich und sein Volk eintreten konnte.
Die meisten waren arm und unwissend, und die, die angeblich noch

Schätze vergraben oder inzwischen neuerworben hatten, waren sich ihres Erbes nicht mehr bewußt. Sie waren zwar physisch, ihrer Rasse nach Indianer; aber in ihrem Denken und Handeln waren sie spanischer noch als jener verhinderte Aztekenkönig, der seinerseits zwar eher Spanier war, doch immerhin sich der Glorie seiner Väter entsann.

Wie weit der Indianer, zumindest der, der sich aus der Masse seines Volkes hervorhob, sich von eben diesem entfernt hatte, das zeigte in aller Deutlichkeit ein Mann, dem es – obwohl er ein reinblütiger Indianer war – tatsächlich gelang, die höchste Sprosse der Macht zu erklimmen. Sein Name war Benito Juárez, und er war gebürtiger *Zapoteke*, das heißt, Angehöriger eines Volkes, das einst in Oaxaca, auf dem Tempelberg Monte Albán, eines der großen Zentren vorspanischer Kultur errichtet hatte.

Allerdings sollte man nicht verkennen, daß eben dieser Juárez der bedeutendste Staatsmann war, den Mexiko im 19. Jahrhundert hervorbrachte. Dafür waren zwei Faktoren verantwortlich: einmal, daß er Indianer war, das heißt, aus der Seele seines Volkes die Kraft und die Aufrichtigkeit schöpfte, Politik nicht nur als ein Sprungbrett zu benutzen, um zu Macht und Ansehen zu gelangen. Darin unterschied er sich sehr wesentlich von seinem Gegenspieler oder Pendant, jenem Santa Anna, für den Politik nicht mehr als ein Abenteuer war.

Man muß also Juárez zugute halten, daß er nicht zu jenen Kaziken gehörte, die bereits von den Spaniern korrumpiert worden waren. Anders ausgedrückt: daß es ihm überhaupt gelang, sich gegenüber allen anderen Mitstreitern hervorzuheben, war allein eine Folge seiner bescheidenen Herkunft. Er stammte aus einem kleinen Dorf in der Provinz, ja, in der Wildnis, und selbst hier hatte er es noch schwerer als andere, denn schon in seiner frühen Kindheit wurde er Waise. Von einem Onkel aufgezogen, ging er mit 13 Jahren nach Oaxaca, der Stadt, die die Spanier gegründet hatten und in der seine Schwester arbeitete. Hier hatte er das Glück, von einem Laienbruder, einem Franziskaner, der sich als Buchbinder betätigte, aufgenommen zu werden. Während er dem Ordensgeistlichen in seiner Werkstatt half, kümmerte sich dieser darum, daß seinem Zögling eine ordentliche Erziehung angedieh. Nach dem Willen seines Wohltäters sollte Juárez Priester werden. Statt dessen entschied dieser sich für den Juristenberuf, und als er 1831, mit 25 Jahren, sein Examen in der Tasche hatte, stand ihm die Welt offen.

Es war eine bemerkenswerte Karriere, die Juárez absolvierte. Doch sie wäre ihm nicht gelungen, wenn er sich nicht schon früh aus dem Leben seines Volkes, der Indianer, gelöst und der Umgebung der Weißen, der »Mexikaner« angepaßt hätte. Aber – und das ist entscheidend – er tat dies in dem Bewußtsein oder der Erinnerung, einst dem niedrigsten Stand der Gesellschaft angehört zu haben, und das prägte sein weiteres Leben.

Der zweite Umstand, der zu seinem phänomenalen Erfolg beitrug, war die politische Auseinandersetzung, die in Mexiko herrschte und sich allmählich vom Konservativismus, für den Santa Anna gestanden hatte, hin zum *Liberalismus* verschob, dessen bedeutendster Exponent Benito Juárez werden sollte. Wir erinnern uns, daß dieser Gegensatz zwischen Konservativen und Liberalen oder Zentralisten und Föderalisten beziehungsweise Monarchisten und Republikanern, wie man sie anfangs nannte, so alt wie die Unabhängigkeit war. Dahinter verbarg sich auf der einen Seite das Erbe der Kolonialzeit, das heißt, die Konservativen waren für die Aufrechterhaltung des Status quo, während auf der anderen Seite Neuerungen Einlaß begehrten, die von Europa kamen und auf eine völlige Neuordnung der Gesellschaft abzielten. Neuerungen dieser Art, die von der liberalen Verfassung, wie sie in Spanien bestätigt worden war, drohten, waren es letztlich gewesen, die zur Unabhängigkeit Mexikos geführt hatten, wobei man darin eben eine Möglichkeit gesehen hatte, diese Neuerungen fernzuhalten. Doch was anfangs ein Triumph für die Konservativen gewesen war, ließ sich auf die Dauer nicht aufrechterhalten. Nach einem endlosen Tauziehen, das das Land in jenes Chaos stürzte, von dem de la Barca berichtet, schlug das Pendel schließlich zugunsten der Liberalen um.

Anlaß zu dieser Trendwende war das letzte Auftreten Santa Annas, der noch einmal mit allen Mitteln dem Konservativismus zum Sieg zu verhelfen suchte und damit genau das Gegenteil erreichte. Die Liberalen, die sich im sogenannten *Plan von Ayutla*, in dem sie ihr Programm konkretisierten, zusammenschlossen, holten zum Gegenschlag aus und konnten schließlich ihren Mann, einen betagten General, der übrigens ein Indianer war und aus der Provinz Guerrero stammte, an die Spitze der Staates bringen. Sein Name war Juan Alvarez.

Mit Alvarez, der 1855 an die Macht kam, auch wenn er schon bald durch einen Mitstreiter, Ignacio Comonfort, ersetzt wurde, beginnt die sogenannte *Reformära*, die das Gesicht Mexikos von Grund auf änderte. Bereits im gleichen Jahr, da die Liberalen das Zepter in die Hand nahmen, wurde ein Gesetz verabschiedet, das gegen die beiden Kräfte gerichtet war, die die Liberalen als die Ursache allen Übels ansahen: die *Kirche* und das *Militär*. Was letzteres betrifft, so war es offensichtlich, daß nur die Immunität der Streitkräfte, die ihre eigene Gerichtsbarkeit hatten und nicht der Rechtsprechung durch den Staat unterworfen waren, die ständigen Unruhen ermöglicht hatte. Ähnlich verhielt es sich mit der Kirche, die geradezu einen Staat im Staate bildete.

Dagegen wollte die Regierung vorgehen; sie und allein sie sollte das oberste Vollzugsorgan des Staates sein. Niemand sollte mehr Sonderrechte genießen oder sich gar der Kontrolle durch den Staat entziehen. Also wurden die richterlichen Privilegien der Kirche und des Militärs abgeschafft, und es brach der erste Sturm des Protestes los. Der zweite folgte im nächsten Jahr, als ein Gesetz, das sogenannte *Ley Lerdo*, verabschiedet wurde, das die Interessen der Kirche noch viel empfindlicher traf. Sah die neue Bestimmung doch vor, daß die Kirche all ihre Güter veräußern mußte: Es war fortan verboten, daß irgendeine gemeinschaftliche Institution über Grund und Boden verfügte. Dazu muß man wissen, daß die Kirche inzwischen zum größten Grundbesitzer avanciert war und daß ihr Einkommen fünfmal so hoch war wie das des Staates. Hatte das Gesetz von 1855, dessen Verfasser übrigens Benito Juárez gewesen war, der den Posten eines Justizministers in der neuen Regierung übernommen hatte, mehr *politischen* Charakter gehabt, da man mit ihm bezweckte, die Souveränität des Staates zu stärken, so hatte das Gesetz von 1856 eine *wirtschaftliche* Zielsetzung: Man wollte den Reichtum der Kirche (dem sie einen Großteil ihres Einflusses verdankte) demontieren und der Allgemeinheit zuführen, indem man verfügte, daß die kirchlichen Ländereien öffentlich zu versteigern seien.

So weit, so gut (obwohl diejenigen, die das Land der Kirche ersteigerten, dieses noch weniger zum Nutzen der Allgemeinheit verwendeten, als es die Kirche getan hatte). Unglücklicherweise erstreckte sich das Gesetz von 1856 nicht nur auf die kirchlichen Güter. Betroffen waren durch das Ley Lerdo auch die Ländereien der *Indianer*, die ihnen im Zuge der Schutzpolitik der spanischen Krone zuerkannt worden waren. Und das war eine Katastrophe, denn die Indianer waren es nicht gewöhnt, Land als persönliches Eigentum zu betrachten. Das war immerhin die Absicht der Regierung: Sie wollte, eingedenk ihrer liberalen Doktrin, die Initiative des einzelnen stärken. Gemeindeland – wie alles Land, das kollektiv bewirtschaftet wurde – war nach ihrer Ansicht eine Verschwendung von Ressourcen, denn niemand war letztlich verantwortlich, daß es auch tatsächlich genutzt wurde. Wer aber selbst über Grund und Boden verfügte, weil es in seinen persönlichen Besitz übergegangen war, der würde sich auch entsprechend anstrengen, daß es sich lohnte. Jeder war – oder sollte es vielmehr sein – ein Unternehmer, der um so mehr Nutzen aus seinem Boden zog, je mehr er arbeitete. Und das würde nicht nur ihm, sondern auch dem Staat und der Allgemeinheit nützen.

Doch was nach dem Credo der Liberalen ein logischer Schluß war, hätte Juárez, der allerdings für das Gesetz, das die Aufteilung des

292

Bodens vorsah, nicht verantwortlich war, als einen Trugschluß entlarven können. Immerhin war er Kabinettsmitglied und gehörte zu den einflußreichsten Köpfen der Regierung. Doch jetzt zeigte es sich, wie weit er sich von seinem Volk entfernt hatte: Zwar hatte er die Aufrichtigkeit und den Ernst, wie sie den einfachen Indianer kennzeichnen, geerbt, doch er verstand nicht mehr, denn er hatte es nie gelernt, welche Beziehung zwischen dem Menschen und der Umwelt in der Vorstellung des Indianers bestand. Land – wie die ganze Natur – war kein Mittel zur persönlichen Bereicherung; man gewann ihm nur so viel ab, wie man zum Leben brauchte. Alles andere hätte das Gleichgewicht, in dem die Welt sich befand und für das der Mensch letztlich verantwortlich war, gestört. Das war so in vorspanischer Zeit gewesen, und das war auch heute noch so.

Land als Spekulationsobjekt, das ging gegen alle Normen und Werte, die der Indianer bewahrt hatte (und worin einer der wesentlichen Unterschiede zwischen seinem Leben und dem der anderen lag). Juárez hätte das wissen müssen; doch die Einsicht, die er in späteren Jahren hatte, als er versuchte, das Gesetz rückgängig zu machen, kam zu spät: Die Liberalen hatten einen Stein ins Rollen gebracht, der nicht mehr aufzuhalten war.

Es ist im einzelnen nicht erwiesen, wie schnell die Umverteilung vonstatten ging; eines ist jedoch gewiß: Bis zum Ende des Jahrhunderts hatte der Indianer praktisch sein ganzes Land verloren. Jener Prozeß, der in der Kolonialzeit eingesetzt hatte, nämlich die Bildung von Haciendas und als Pendant dazu die Entstehung einer neuen Klasse, der *Peones*, die landlos waren und in Schuldknechtschaft fielen, fand unter den Liberalen seine Fortsetzung und schließlich seinen Höhepunkt. Unter dem Zeichen des Liberalismus wurde der Indianer erneut versklavt und diesmal so, daß niemand mehr dem Netz entging.

Verhängnisvoll war weniger, daß man die Ländereien aufteilte, als vielmehr die Bestimmung, daß künftig jeder, dem Land zuerkannt war, dieses veräußern konnte. Wie es im entsprechenden Artikel heißt:

Diejenigen, die auf Grund dieses Gesetzes durch Versteigerung oder Zuteilung ländliche oder städtische Grundstücke erwerben, können diese jederzeit frei veräußern und über sie verfügen wie über ein Eigentum, das sie legal erworben haben ... [167]

Damit war der Spekulation Tür und Tor geöffnet. Die spanische Krone war sich dieser Möglichkeit wohl bewußt gewesen: Wenngleich sie auch dafür verantwortlich war, daß ein Großteil der Ländereien den

Indianern verlorenging, da sie diese zum Zwecke der besseren Kontrolle wie auch christlicher Unterweisung in neugeschaffene oder erweiterte Gemeinden zwangsumsiedelte, so achtete sie doch darauf, daß diese sogenannten *congregaciones* mit genügend Land (sowie Wasser und Weide) ausgestattet waren, und dieses Land, das den Indianern zuerkannt wurde, durfte *nicht* veräußert werden. Die Krone bewies damit ein größeres Verständnis für die Verhältnisse in Mexiko, als es die Liberalen taten. Der Indianer, der mit seinem neuen Titel, der für ihn nicht mehr als ein Stück Papier war, nichts anfangen konnte, ließ sich von Spekulanten, die zumeist im Dienst von Hacendados standen, die nun noch mächtiger wurden, austricksen, und was für ihn ein Segen hätte sein sollen, wirkte sich am Ende zu seinem Verhängnis aus. War das Geld, das er für Steuern und Alkohol benötigte oder zu benötigen meinte, ausgegeben, blieb ihm nur, den Hacendado um neues Geld zu bitten, damit er leben konnte, und der Preis, den er dafür zahlen mußte, war jene Verpflichtung, für seinen Gläubiger zu arbeiten, die ihn nicht mehr freikommen ließ.

Die Rechnung der Liberalen ging also nicht auf. Anstatt ein Volk selbständiger und unternehmerischer Bauern und Handwerker zu schaffen, auf dem der Wohlstand des Landes ruhen konnte, trieben die Liberalen einen neuen Keil in die Gesellschaft: hier die Indianer, ärmer und verachteter noch als je zuvor, und dort die Kaste der Reichen, die Land nur als Statussymbol betrachteten anstatt es, was immerhin die Absicht der Regierung gewesen war, gewinnbringend zu nutzen. Es war, wie wohlmeinend auch die Zielsetzung gewesen sein mochte, ein Reinfall auf der ganzen Linie.

Vielleicht hätte man den Schaden, den die Reformgesetze anrichteten (zumindest, was die Indianer betraf), früher erkannt, als man es schließlich tat, wenn nicht just in dem Moment, wo sie zur Anwendung gelangten, eine Reihe von Schwierigkeiten aufgetreten wäre, die man nicht hatte voraussehen können. Weniger, daß sich die Konservativen – vor allem die Kirche – zur Wehr setzten; damit mußte man rechnen. Doch daß sich daraus ein regelrechter Krieg entwickelte, der alle voraufgegangenen Palastrevolutionen in den Schatten stellte und das ganze Land erfaßte, war denn doch eine bittere Erfahrung. Und kaum war dieser Krieg beendet – er dauerte drei Jahre, von 1857 bis 1860 –, da kam es zu einem neuen Aderlaß, denn die Konservativen, die im Krieg verloren hatten, sahen schließlich eine Möglichkeit, doch noch ihre Schäfchen ins trockene zu bringen. In Frankreich war ein neuer Napoleon, *Napoleon III.*, an die Macht gekommen, und da er dem Ersten seines Namens nicht nachstehen wollte, gedachte er, die Auslandsschulden Mexikos, die (nicht zuletzt infolge der Kriege) erheblich waren, zu nutzen und diesmal nicht Spanien, sondern Mexiko seinem Reich einzuverleiben. Und statt Joseph Bonaparte, den Napoleon auf den Thron Spaniens gesetzt hatte, sollte eine entsprechende Ehre *Maximilian,* dem Erzherzog von Österreich, zuteil werden, der sozusagen als Stellvertreter Napoleons III. in Mexiko fungieren würde.

Die Konservativen, die von diesen Plänen erfuhren, hatten nichts dagegen. Im Gegenteil, sie schürten sie noch, sahen sie doch ihren alten Traum, einen europäischen Prinzen auf den Thron Mexikos zu heben, schließlich doch noch in greifbare Nähe gerückt. Franzosen und Konservative arbeiteten Hand in Hand, und nachdem ein erstes Expeditionskorps eingetroffen war, wurde Maximilian schließlich nachgeschickt und bestieg als *Kaiser von Mexiko* den Thron, den vor ihm schon Iturbide innegehabt hatte, den er, Maximilian, der ein wohlmeinender Träumer war, aber als den »Thron Montezumas« bezeichnete.

Die Liberalen, die sich nach dem Einmarsch der Franzosen nach Norden zurückgezogen hatten, wo sie bis zur Grenze zu den USA auweichen mußten, erhielten jedoch von diesen, die seit der Erklärung der sogenannten *Monroe-Doktrin* gegen jegliche Intervention europäischer Staaten in Amerika waren, Unterstützung, und so wendete sich schon bald das Blatt, zumal Napoleon, der in Europa durch die Politik Bismarcks in arge Bedrängnis geriet, schließlich gezwungen war, seine Truppen, die Maximilian stützten, abzuziehen. Damit war über diesen, der sich, da er für eine liberale Politik eintrat, zwischen zwei Stühle setzte, das Todesurteil gesprochen: dem Guerilla-Krieg, den die Liberalen entfachten, war er nicht gewachsen, und als er schließlich bei der Verteidigung Querétaros, wohin er sich zurückgezogen hatte, gefangen genommen wurde, zögerte Juárez, der sein erbittertster Gegner war, nicht, ihn hinrichten zu lassen.

Mit dem Tode Maximilians – er wurde am 19. Juni 1867 standrechtlich erschossen – endete das französische Kaiserreich in Mexiko und mit ihm das letzte Aufbäumen der Konservativen. Es war ein erbitterter Krieg gewesen – allein im Kampf gegen die Franzosen waren 50 000 Mexikaner gefallen –, und wieder sehnte sich das Land nach Ruhe, die ihm nun auch tatsächlich beschieden sein sollte. Bis zum Ausbruch neuer Unruhen, die allerdings noch blutiger waren als alle voraufgegangenen zusammengenommen, sollte ein halbes Jahrhundert vergehen.

Juárez konnte dem neuen Frieden nur noch kurz seinen Stempel aufdrücken. Seit 1858 war er, wenn auch zumeist im Untergrund, Präsident gewesen, und als er 1867 wieder unumschränkter Herrscher war, versuchte er, einen Teil der Fehler, die die Liberalen zu Beginn ihrer Herrschaft begangen hatten, wieder rückgängig zu machen. So war er

bemüht, die weitere Aufteilung indianischen Gemeindelandes zu verhindern. Doch seine Einsicht kam zu spät: Der Prozeß der Enteignung
des Indianers war schon zu weit fortgeschritten, als daß er noch aufzuhalten war. Wurden die verheerenden Folgen auch erst in der Ära *Porfirio Díaz'* sichtbar, in die der Liberalismus schließlich mündete, so war
es doch Benito Juárez, ein Indianer, gewesen, der letztlich für sie verantwortlich war. Darin liegt die Tragik seines Wirkens.

Spärliche Reste

Das 19. Jahrhundert brachte den endgültigen Ausverkauf des Indianers, zumindest was die Grundlage seiner Existenz betraf. Doch in
einem seltsamen, geradezu paradoxen Zusammentreffen wurde zur
gleichen Zeit die Geschichte des Indianers neu entdeckt. Das war insofern seltsam, als im gleichen Maße, wie der Indianer sozusagen von der
Bildfläche verschwand, man sich dem Erbe seiner Väter zuwandte.

Bei Humboldt hatten sich Vergangenheit und Gegenwart noch die
Waage gehalten. Doch je weiter das Jahrhundert voranschritt, desto
geringer wurde das Interesse am *lebenden* Indianer. *Archäologie*, eine
neue Wissenschaft, war entstanden, und sie sollte fortan, bis in unsere
Zeit, das Bild des Indianers bestimmen.

Das 19. Jahrhundert war die Zeit der *Romantik*. Man verklärte die
Gegenwart durch die Hinwendung zur Vergangenheit. In Europa
führte dies, indem man die Wurzeln der eigenen Gesellschaft erkannte,
zur Herausbildung von Nationalstaaten. In den Ländern außerhalb
Europas, die unter kolonialer Bevormundung standen, war dies nicht
möglich. Hier wurde mit zweierlei Maßstäben gemessen: Da man eine
ideologische Rechtfertigung benötigte, die Kolonisierten auch tatsächlich kolonisieren zu können, erkannte man ihnen die Fähigkeit ab, jene
Kulturen geschaffen zu haben, die man fortan *Hochkulturen* nannte,
um sie von der angeblich primitiven Lebensweise, auf die die Eingeborenen zurückgesunken waren, zu unterscheiden. Das war in Ägypten
ebenso wie in Indien und in Peru ebenso wie in Mexiko.

Die Tatsache, daß letztere – wie wir am Beispiel Mexikos gesehen
haben – ja eigentlich keine Kolonien mehr waren, ist unerheblich:
Kolonialismus, soweit es die eigentlich Kolonisierten betraf, bestand
ungehindert weiter. Zu unterscheiden ist lediglich ein *externer* Kolonialismus, wie er bezüglich der Abhängigkeit der spanischen Kolonien
vom Mutterlande bestanden hatte, von einem *internen* Kolonialismus.

Dieser hatte zwar auch schon unter der spanischen Herrschaft existiert, insofern als die Indianer von den Siedlern abhängig waren, doch verstärkte er sich nach der Unabhängigkeit, deren Zwiespältigkeit dadurch offensichtlich wird. Indianer erlangten eben *keine* Unabhängigkeit, und damit das so blieb, verfuhr man mit ihrem kulturellen Erbe ebenso, wie man es in Afrika und Asien tat, wo der externe Kolonialismus noch voll im Schwange war: Man verabsolutierte das autochthone Erbe und sah es als ein Abstraktum an, das sozusagen im luftleeren Raum hing.

Es ist wichtig, sich dies vor Augen zu halten, denn an der Diskriminierung des Indianers, der Fehleinschätzung seiner Fähigkeiten, die bis heute andauert, sind nicht zuletzt jene Wissenschaftler schuld, die sozusagen einen Keil zwischen das Gestern und das Heute schlugen. Sie ließen – und lassen – sich als willige Werkzeuge benutzen, von jenen, die ein elementares Interesse daran haben, daß der Indianer nicht durch die Anerkennung seines Erbes aufgewertet wird, für das er allein, wie niedrig er auch gesunken sein mag, verantwortlich ist.

Das soll nicht heißen, daß die Wissenschaft nicht wertvolle Arbeit geleistet hat. Ihr ist es in der Tat gelungen, die Kultur der Azteken, die durch die Kolonialzeit verschüttet worden war, wiederzuentdecken. Dabei gebührt – neben Sahagún, der einen Großteil des geistigen Erbes der Azteken für die Nachwelt erhielt – vor allem Alexander von Humboldt ein Lob, der – entsprechend der universalen Ausrichtung seiner wissenschaftlichen Arbeiten – auch ein Pionier der mexikanischen Altertumskunde war. Was speziell die Azteken betrifft, so schreibt er:

> »Wer sich dem Studium der Geschichte und der mexicanischen Alterthümer ergiebt, findet in der Hauptstadt keine der Trümmer großer Bauten, wie man sie in Peru, in den Umgebungen von Cusco und Guamachuco, zu Pachacamac bei Lima oder zu Mansiche bei Truxillo; in der Provinz Quito am Cañar und am Cayo; und in Mexico bei Mitla und Cholula, in den Intendantschaften von Oaxaca und Puebla antrifft. Ueberhaupt scheint es, daß die Azteken keine anderen Denkmale gehabt als die Teocalli's, deren bizarre Form wir oben angegeben haben. Nun hatte freilich schon der christliche Fanatismus ein großes Interesse, diese Denkmale zu zerstören; allein auch die Sicherheit des Siegers machte diese Zerstörung nothwendig. Sie geschah zum Theil während der Belagerung selbst, weil diese abgestumpften Pyramiden mit Terassen den Streitern zu Zufluchtsorten dienten, wie der Tempel des Baal-Berith den Völkern von Canaan. Sie waren

eben so viele Schlösser, aus denen man den Feind vertreiben mußte!

Die Privathäuser betreffend, welche uns die spanischen Geschichtsschreiber als sehr niedrig schildern, so dürfen wir uns nicht wundern, daß wir bloß noch die Grundsteine oder sehr niedriges Mauerwerk davon finden, wie man es in dem Bario de Tlatelolco und gegen den Canal von Istacalco zu sieht. Wie wenige kleine Häuser giebt es selbst in den europäischen Städten, deren Bau bis ins 16te Jahrhundert aufsteigt? Indeß sind die mexicanischen Gebäude nicht Alters wegen in Trümmer gefallen; sondern die spanischen Eroberer, welche derselbe Zerstörungsgeist beseelte, den die Römer bei Syrakus, in Karthago und in Griechenland gezeigt haben, glaubten die Belagerung einer mexicanischen Stadt nicht früher vollendet zu haben, als bis sie alle ihre Gebäude der Erde gleich gemacht hatten.«[168]

Es ist ein Kennzeichen der mexikanischen Archäologie, soweit sie die Azteken betrifft, daß tatsächlich kaum irgendwelche Bauten erhalten geblieben sind. Das hängt natürlich nicht nur mit der Zerstörungswut der Spanier zusammen, die Humboldt beklagt und auf die wir ja auch schon hingewiesen haben: Das Aztekenreich war im Grunde ein Stadtstaat, auf die Hauptstadt, Tenochtitlan, beschränkt, von der zwar ein ausgedehntes Territorium abhängig war, die dennoch aber ihre Kultur den unterworfenen Völkern nicht aufzwang. Folglich konnte sich die aztekische Kultur nur in Tenochtitlan (und den mit ihm verbündeten Städten) entfalten, und als die Conquista einsetzte und die Stadt erobert wurde, bedeutete dies auch das Ende der Aztekenkultur. Zumindest, was ihre materiellen Hinterlassenschaften betrifft.

Es gibt kein *Machu Picchu* oder *Tikal*, Städte, die die Inka und Maya errichteten und die sich in entlegenen Gegenden, im Gebirge oder im Dschungel, bis in die Gegenwart erhielten. Tenochtitlan wurde dem Erdboden gleichgemacht, und an seine Stelle trat Mexiko, die spanische Stadt, die auch die letzten Spuren zudeckte. Das wenige, was die Zeit überdauerte, läßt sich in einem Absatz zusammenfassen:

»Unter die unbedeutenden Reste mexicanischer Alterthümer, welche den unterrichteten Reisenden sowohl in der Stadt selbst als in ihren Umgebungen interessiren mögen, kann man die Trümmer von den Dämmen (albaradones) und Wasserleitungen der Azteken zählen; ferner den sogenannten Opferstein, mit einem Basrelief, das den Triumph eines mexi-

canischen Königs vorstellt: die kolossale Statue der Göttin
Teoyaomiqui, welche in einer der Gallerien des Universitäts-
gebäudes auf dem Rücken liegt und gewöhnlich mit drei bis
vier Zoll Staub bedeckt ist; die aztekischen Handschriften
oder vielmehr hieroglyphischen Gemählde, die auf Agave-
Papier, Hirschhäuten und baumwollenen Zeugen gemahlt
sind (eine kostbare Sammlung, welche man dem Ritter Boturini ungerechter Weise abgenommen hat, die überdieß in den
Archiven der Vice-Könige sehr schlecht aufbewahrt ist und in
jeder Figur die verirrte Einbildungskraft eines Volks bezeugt,
welches mit Wohlgefallen die zückenden Herzen von Men-
schen-Opfern Riesen und Ungeheuern ähnlichen Göttern darbringen sah); die Grund-Mauern vom Pallaste der Könige von
Acolhuacan, in Tezcuco; das kolossale Relief auf der westlichen Seite des Porphyr-Felsens, Peñol de los Baños genannt;
und mehre andre Gegenstände, die den unterrichteten Beobachter an Institutionen und Werke der Völker vom mongoli-
schen Stamme erinnern ...«[169]

Humboldt beschränkte sich nicht nur darauf, die Hinterlassenschaften
der Azteken (und anderer Völker des alten Mexiko) zu registrieren, er
stellte auch Untersuchungen darüber an, wie die alten mexikanischen
Kulturen entstanden, woher ihre Träger kamen und welche Verwandt-
schaften es möglicherweise mit Völkern und Kulturen anderer Weltge-
genden gab. Letzteres war ein Problem, das natürlich in Zusammenhang mit der Frage stand, ob die Indianer, also die Ureinwohner Amerikas, überhaupt in der Lage gewesen waren, das, was als Zeugnis einer
großen Vergangenheit übriggeblieben war, zu erschaffen. Nicht wenige
gab es, die noch immer dem Dogma der Aufklärung anhingen, nach
dem die Ureinwohner Amerikas eine entartete, primitive Rasse seien,
die durch die Umwelt geprägt sei und sich nicht aus dem Zustand der
Barbarei befreit habe. Das klang an das Urteil der ersten Spanier an, die
ja sogar das Menschsein des Indianers bezweifelt hatten, wurde nun
aber nicht mehr durch das Fehlen einer christlichen Gesinnung
begründet, sondern durch eine deterministische Wissenschaftsideolo-
gie, derzufolge der Mensch ein Produkt seiner Umwelt war. Die im Vergleich zu Europa extremen geographischen Bedingungen hätten zu
einer Verrohung des Menschen geführt beziehungsweise zur Unfähig-
keit, sich aus diesem Zustand zu befreien, und das Ergebnis seien jene
Gesellschaften, die entweder barbarisch oder tyrannisch seien. Worauf
Clavijero, ein mexikanischer Historiker, der eine »Geschichte des
alten Mexiko« verfaßte, indigniert erwiderte, daß das, was moderne

Autoren über Amerika schrieben, »unglaublicher Unfug« sei, dem man den »Glanz der Wahrheit« gegenüberstellen müsse.

Clavijero, ein Jesuit, lebte im Exil, in Italien, und so ist es nicht verwunderlich, daß er die Lehren jener Wissenschaft, die gerade in Italien ihren Ursprung hatte, der Archäologie, aufgriff und sie in den Dienst seiner Heimat stellte, die zudem noch durch die Entfernung verklärt wurde. Ein Pionier *nationaler* Geschichtsschreibung, als welcher er in Mexiko gefeiert wird, war er nicht. Dazu blieb sein Einfluß zu gering: Erst 1917, *nach* der Revolution, erschien in Mexiko die Übersetzung seines Werkes, das usprünglich in italienischer Sprache veröffentlicht worden war.

Mehr noch als Clavijero gelang es Humboldt, den Mythos von der Kulturlosigkeit des indianischen Ureinwohners zu zerstreuen. In einem speziellen Beitrag zu seinem Monumentalwerk über seine »Reise zu den Äquinoktialgegenden der Neuen Welt« listet er eine Reihe von archäologischen Fundstätten und Denkmälern auf, die ein für alle Mal den hohen Zivilisationsstand der indianischen Kulturen belegen. Und was die Frage einer möglichen Fremdbeeinflussung betrifft, so kommt er hinsichtlich des wohl bedeutendsten Zeugnisses altindianischer Kulturen zu dem Schluß, daß es sich hierbei um eine *autochthone* Entwicklung handelt. Wie er schreibt:

> »Betrachtet man die pyramidenförmigen Denkmale in Egypten, in Asien und der neuen Welt, aus einem Gesichtspunkt, so sieht man, daß sie, trotz der Uebereinstimmung ihrer Form, eine sehr verschiedene Bestimmung hatten. Die Pyramiden-Gruppe zu Ghize und zu Sakhara in Egypten; die dreieckigte Pyramide der Königin der Scythen, Zarina, welche ein Stadium hoch, drei breit und mit einer kolossalen Figur geziert gewesen war ...; die vierzehn etrurischen Pyramiden, die in dem Labyrinth des Königs Porsenna, zu Clusium, eingeschlossen gewesen seyn sollen – alle diese Monumente waren zu Begräbnisplätzen erlauchter Personen erbaut worden. Nichts ist ja dem Menschen natürlicher, als die Stelle zu bezeichnen, wo die Reste von denen ruhen, deren Andenken ihm teuer ist. Anfangs sind es einfache Erdhaufen; in der Folge werden es *Tumulus* von staunenerregender Höhe. Die der Chinesen und Thibetaner sind nur einige Meters hoch ... Mehr nach Westen steigen die Dimensionen bereits. Der *Tumulus* von Crösus Vater, des Königs Alyattes in Lydien, hatte sechs Stadien und der von Ninus über zehn Stadien im Durchmesser ... Im nördlichen Europa finden wir die Gräber des scandinavischen

Königs Gormus und der Königin Daneboda mit Erdhügeln bedeckt, welche 300 Meters breit und über 30 Meters hoch waren. Dergleichen *Tumulus* finden sich auf beiden Halbkugeln, in Virginien und in Canada wie in Peru, wo zahlreiche Gallerien von Stein erbaut und unter sich durch Gesenke in Verbindung stehend, das Innere der *Huacas* oder künstlichen Hügel einnehmen. Der asiatische Luxus behielt die ursprüngliche Form dieser rohen Monumente bei, verstand sie aber zu verschönern. Die Gräber von Pergamus sind Kegel von Erde auf einer zirkelförmigen Mauer, die mit Marmor bedeckt zu seyn scheint ...

Die mexicanischen Teocalli's waren zugleich Tempel und Gräber, und wir haben oben angeführt, daß die Ebene, auf welcher sich die Häuser der Sonne und des Monds von Teotihuacan erheben, die *Straße der Todten* genannt wurde. Der wesentlichste und wichtigste Theil eines Teocalli's war jedoch die Kapelle, der *Naos*, auf der Spitze des Gebäudes. Beim Beginnen der Civilisation wählen sich die Völker erhabene Orte, um ihren Göttern zu opfern, und die ersten Altäre und Tempel wurden auf Bergen errichtet. Stehen diese Berge frei da, so giebt man ihnen gerne regelmäßige Formen, behaut sie in Absätze und bringt Stufen an, um ihren Gipfel leichter zu besteigen. Beide Continente liefern eine Menge Beispiele von dergleichen in Terrassen abgetheilten und mit Mauern von Ziegeln oder Stein bekleideten Hügeln. Auch die Teocalli's scheinen mir nichts anderes zu seyn als mitten auf einer Ebene aufgeführte künstliche Hügel, die den Altären zur Basis dienen sollten. Wirklich giebt es auch nichts imposanteres als ein Opfer, das von dem ganzen Volk zugleich gesehen werden kann!«[170]

Die moderne Wissenschaft hat dem nichts hinzuzufügen.

Der große Teocalli, das »Gotteshaus«, das dem Stammesgott der Azteken, Huitzilopochtli, (und Tlaloc) geweiht war, blieb – wie gesagt – nicht erhalten. Auch die anderen Pyramiden, die die Azteken errichteten, wurden bis auf die Grundmauern eingerissen. Es ist deshalb verständlich, daß das Interesse, das Humboldt weckte, sich zunächst anderen Kulturen zuwandte, die spektakulärere Reste ihrer Baukunst aufwiesen, als es bei den Azteken der Fall war. In Mexiko war dies vor allem die Kultur der *Maya*, die allerdings auch auf Guatemala (und Honduras) übergriff. Übrigens sei in diesem Zusammenhang vermerkt, daß Mexiko, das nunmehr eine formal unabhängige Republik war, nicht mehr das gleiche Territorium umfaßte wie das einstige Neuspanien: Im Süden beziehungsweise Osten hatte sich das Gebiet des ehemaligen Generalkapitanats Guatemala von Mexiko getrennt; mit Ausnahme *Chiapas'*, das sich schließlich doch noch Mexiko anschloß, gingen die Länder Zentralamerikas fortan einen eigenen Weg. Für die Maya bedeutete dies, daß ihr Land, das sich zu beiden Seiten der Grenze zwischen Mexiko und Guatemala erstreckte, geteilt wurde. Im Norden, gegen die USA, verschob sich die Grenze zuungunsten Mexikos durch das Vordringen amerikanischer Siedler: Zuerst ging Texas verloren, und als sich die Mexikaner dagegen zur Wehr setzten und es zu einem regelrechten Krieg kam, verloren die Mexikaner auch noch den Rest ihrer Besitzungen in Nordamerika. Von Texas bis Kalifornien machte dies über die Hälfte des ursprünglichen Staatsgebietes Mexikos aus. Aus dieser Zeit rührt der Antagonismus, den die Mexikaner gegen die Gringos im Norden empfinden.

Doch zurück zu der Wissenschaft, die sich nun zu etablieren begann: Sie hatte ihren größten Einfluß in *Frankreich*, wo die Arbeiten Humboldts ursprünglich erschienen waren. Einzelne Forscher wie auch wissenschaftliche Institutionen folgten den Spuren Humboldts, und bis zum Ende des Jahrhunderts blieben die Franzosen in der »Amerikanistik«, wie man die neue Wissenschaft nannte, tonangebend. Sie waren nicht eigentlich Archäologen, obwohl auch ihr Interesse den baulichen Hinterlassenschaften der alten Kulturen galt. Durch besondere Umstände wandten sie sich mehr der *philologischen* Forschung zu, das heißt, sie versuchten, auf Grund der zahlreichen *schriftlichen* Dokumente, die die mexikanischen Völker hinterlassen hatten, Aufschlüsse über ihre Kultur zu gewinnen. Die Franzosen hatten das Glück, daß ihnen eine reiche Sammlung indianischer Dokumente zufiel, die ursprünglich jener italienische »Ritter« *Boturini*, den Humboldt in seiner Aufzählung der spärlichen Hinterlassenschaften der Azteken erwähnt, zusammengestellt hatte. Dieser Cavaliere Boturini war ein vornehmer Edelmann, der 1736 im Auftrag der Herzogin von Santibáñez, *Manuela de Oca Silva y Moctezuma*, nach Mexiko kam. Wie der Name seiner Auftraggeberin verrät, gehörte sie zu jenem Zweig der einstigen aztekischen Herrscherdynastie, der nach Spanien übergesiedelt war, und es war in der Tat die Aufgabe des Cavaliere, die Einkünfte, die der spanische Zweig der Montezumas noch immer aus Mexiko bezog, zu sichern. Der Cavaliere war zugleich aber auch ein gebildeter Mann, den die erlauchte Familiengeschichte seiner Auftraggeberin zudem in besonderem Maße angeregt haben mag: Jedenfalls gewann er Interesse an der Geschichte des Landes, das er besuchte, und machte sich daran, allerlei Dokumente, die ihm in die Hände fielen und die sich auf die indianische Vergangenheit bezogen, zu sammeln, um sie dann in aller Ruhe auswerten zu können. Doch die spanische Kolonialverwaltung bekam Wind von der Sache, und da sie Ausländern gegenüber ohnehin stets mißtrauisch war, nahm sie den Cavaliere in Gewahrsam und konfiszierte seine Sammlung. Da sie jedoch ihrerseits damit nichts Rechtes anfangen konnte, versank sie bald in Vergessenheit, wobei sie sich, da sie von Instanz zu Instanz geschickt wurde, sozusagen wieder auflöste. Wie es ein Kritiker der spanischen Verwaltungspraxis, der Mexikaner Alfredo Chavero, ausdrückte: »Die Sammlung wurde vom Sekretariat des Vizekönigs an die Bibliothek der Universität gesandt, von dort an das Ministerium für Auswärtiges, von da endlich an das Nationalmuseum, und bei jedem Wechsel wurde sie etwas kleiner.«

Hundert Jahre, nachdem Boturini nach Mexiko gekommen war, folgte ihm ein Franzose namens *Aubin*, der sich als Leiter einer höheren Schule in der Hauptstadt niederließ. Auch er interessierte sich für die indianischen Kulturen, die durch Humboldt kürzlich zu neuem Leben erweckt worden waren, und als er von dem Unterfangen Boturinis erfuhr, das so kläglich gescheitert war, beschloß er, das, was von der einstigen Sammlung noch erhalten war, wieder aufzustöbern. Und das gelang ihm auch, zumal die republikanische Regierung, die inzwischen die koloniale Herrschaft abgelöst hatte und an den indianischen Dokumenten keinerlei Interesse zeigte, da sie mit anderem beschäftigt war, ihn gewähren ließ. So gelangte die Sammlung Boturini, wenigstens ein großer Teil davon, doch noch nach Europa und wurde der Nationalbibliothek in Paris übergeben, wo sie sich noch heute befindet.

Die Sammlung Boturini beziehungsweise Aubin gehört zu den wichtigsten Zeugnissen, die wir zur Geschichte Altmexikos haben. Neben Aubin verdient ein anderer Franzose, *Charles-Etienne Brasseur*, Erwähnung. Seine Aufmerksamkeit galt zwar primär den Maya und ihrer Kultur, doch gelang ihm auch zu den Azteken und ihren Vorfahren ein bemerkenswerter Fund: Er war der Entdecker des *Codex Chimalpopoca*, einer Manuskriptsammlung, die vor allem aus den sogenannten *Annalen von Quauhtitlan* und der *Legende der Sonnen*, Quellenwerken, aus denen beiden wir zitiert haben, besteht. Der Name »Chimalpopoca« ehrt übrigens einen anderen Nachfahren Montezumas, einen gewissen *Faustino Galicia Chimalpopoca*, der als Dozent für aztekische Sprache an der Universität in Mexiko tätig war und eine erste Übersetzung der in Aztekisch abgefaßten Dokumente vornahm. Allerdings hatte sich das Aztekische inzwischen so sehr von der Sprache entfernt, wie sie zur Zeit der Eroberung gesprochen wurde, daß die Übersetzung Chimalpopocas kaum mehr als eine Inhaltsangabe ist.

303

Mit der Kenntnis des klassischen Aztekischen war es bei diesem Montezuma-Erben und Lehrstuhlinhaber offenbar nicht mehr sehr weit her.

Die Franzosen gründeten 1863 eine »*Amerikanische Gesellschaft*«, die das Ziel hatte, die Kulturen und Völker der Neuen Welt zu erforschen. Zwölf Jahre später, 1875, luden sie zum ersten *Internationalen Amerikanistenkongreß* ein, der in Nancy stattfand und seitdem alle vier Jahre, abwechselnd in Europa und Amerika, abgehalten wird. Bei all diesen Aktivitäten und Initiativen spielten die Azteken beziehungsweise ihre Kultur und Geschichte eine hervorragende Rolle; doch Interesse und Erkenntnisse blieben zumeist auf den Inhalt schriftlicher Zeugnisse beschränkt. Die Archäologie, im eigentlichen und engeren Sinne, erlebte nur im Mayagebiet einen Aufschwung, wo der amerikanische Forschungsreisende *John Lloyd Stephens* ganze Städte, die dem Dschungel überantwortet waren, wiederentdeckte. Allerdings hatte dies zur Folge, daß die Archäologie auch weiterhin eine Domäne der Amerikaner (und Engländer) blieb, während die Europäer, selbst dann, als sich die archäologische Forschung auch auf andere Gebiete ausdehnte, ihrer philologischen Tradition treu blieben. Allein die Mexikaner folgten dem Beispiel der angelsächsischen Forscher. Doch dies ist ein Kapitel, das mit ihrer weiteren Geschichte zusammenhängt, auf die wir noch zu sprechen kommen werden.

Um die Jahrhundertwende lösten die Deutschen, die mit Humboldt ja ohnehin einen Pionier gehabt hatten, die Franzosen in der Führung der Mexikoforschung ab. Hier ist vor allem ein Mann zu nennen, der für lange Zeit der bedeutendste Vertreter seines Faches war: *Eduard Seler*. Wir haben ihn schon verschiedentlich erwähnt, denn er war es, der das Werk Sahagúns erst richtig erschloß. Zwar war es bereits 1829 in Mexiko erschienen, doch handelte es sich dabei nur um die in spanischer Sprache geschriebene Zusammenfassung seiner umfangreichen Studien. Die eigentliche Auswertung der aztekischen Texte harrte noch eines geeigneten Bearbeiters. Seler brachte dazu in geradezu genialer Weise die nötigen Voraussetzungen mit.

Entscheidend für seine Arbeitsweise war, daß er eigentlich von der Naturwissenschaft herkam. Er hatte unter anderm Mathematik studiert, und das gab ihm die nötige *rationale* Sicht, die bislang in der Amerikanistik gefehlt hatte. Noch immer geisterten Spekulationen über versunkene Kontinente und prähistorische Wanderungen durch die Annalen einer Wissenschaft, die nicht zuletzt deshalb es schwer hatte, von älteren Disziplinen, die aus den Kinderschuhen bereits herausgewachsen waren, akzeptiert zu werden. Hier einen Durchbruch erzielt zu haben, ist das bleibende Verdienst Eduard Selers.

Es waren zwei Umstände, die ihn, der ursprünglich Lehrer an einer Berliner Schule gewesen war, zur Amerikanistik brachten. Da war einmal eine tückische Magenkrankheit, die ihn zwang, seinen Beruf aufzugeben. Und da war die Tochter seines Arztes, *Caecilie Sachs*, die, indem sie den Patienten ihres Vaters heiratete, ihm den nötigen finanziellen Rückhalt gab, sich ganz einem Fach zu widmen, dem er sich während seiner Rekonvaleszenz immer stärker zugewandt hatte. Waren es zunächst Sprachen gewesen, die den angehenden Gelehrten interessierten – so lernte er unter anderm Russisch und Sanskrit –, so wandte er sich doch schon bald der Völkerkunde zu, da ihm die Stelle eines Assistenten am Königlichen Museum für Völkerkunde in Berlin angeboten wurde. Und hier war es die noch junge Wissenschaft der Amerikanistik, insbesondere die *Mexikoforschung*, der er fortan seine ganze Schaffenskraft widmete.

Was die Azteken betrifft, denen – neben den Maya – seine besondere Aufmerksamkeit galt, so ist sein entscheidender Beitrag zur Erhellung ihrer Kultur und Geschichte die Auswertung jener Dokumente, die seit Humboldt zusammengetragen worden waren. So war seine erste Arbeit ein Kommentar zum *Tonalamatl*, dem Wahrsagealmanach der Azteken, von dem eine Fassung in der Sammlung Aubin erhalten war, die ihm als Vorlage diente. Weitere Arbeiten zu Bilderhandschriften der Azteken folgten; so zum *Codex Borbonicus*, dem *Telleriano-Remensis*, *Vaticanus* und *Borgia*. Erwähnenswert in diesem Zusammenhang ist die Hilfe des *Herzogs von Loubat*, eines reichen Mäzens, der in Frankreich bereits als Mitbegründer der *Société des Américanistes* in Erscheinung getreten war, die die Nachfolge der Société Americaine angetreten hatte und mit ihrem *Journal* ein wichtiges Publikationsorgan herausgab. Er förderte auch den Deutschen, indem er ihm die kostspielige Reproduktion und Herausgabe der obengenannten Bilderhandschriften ermöglichte.

Das Lebenswerk Selers jedoch war die Entdeckung und Auswertung der Originalmanuskripte *Sahagúns*. Wie es dazu kam und mit welchen Schwierigkeiten er dabei zu kämpfen hatte, schildert seine Frau in einem Vorwort zu der Arbeit, in der die wichtigsten Kapitel, die Seler aus dem umfangreichen Werk Sahagúns übersetzt hat, zusammengetragen sind:

> »Als er im Jahre 1889 während einer Reise durch Spanien nach Madrid kam, sah er zum ersten Mal die dort in der Biblioteca del Palacio (erste Hälfte) und in der Academia de la Historia (zweite Hälfte) aufbewahrten Handschriften mit eigenen Augen. Und obgleich ihm damals nur eine kurze Zeit

gegönnt war, zögerte er nicht, sofort mit der Abschrift zu beginnen, wozu die Erlaubnis der betreffenden Behörden ohne weiteres erteilt wurde. Schon im folgenden Jahre 1890 konnte er, als Frucht dieser Arbeit, dem Internationalen Amerikanisten-Kongreß in Paris die französische Übersetzung einiger Kapitel über die Kunst der Goldschmiede, Steinschneider und Federarbeiter vorlegen. Im Frühjahr 1892 übertrug er mir die Arbeit, Abschriften zu machen von der dritten, in der Biblioteca Laurenziana zu Florenz bewahrten Handschrift. Ein durch die Kolumbus-Ausstellung veranlaßter mehrmonatlicher Aufenthalt in Madrid ermöglichte die Fortsetzung der Arbeit. Und ein kurzer Frühjahrsurlaub 1893 wurde zum gleichen Zwecke benutzt. Damit fand leider diese Arbeit ein für allemal ihr Ende. Die so vor mehr als dreißig Jahren gewonnenen Abschriften sind zum großen Teil, aber zu sehr verschiedenen Zeiten übersetzt worden. Reisen und andere wissenschaftliche Arbeiten schoben sich immer wieder dazwischen.

Ihn beseelte der Wunsch, das ganze Werk des Sahagun ins Deutsche zu übersetzen, die darin aufgespeicherten Schätze, die umfassende Darstellung einer untergegangenen Kultur durch Augenzeugen, der Wissenschaft und einem weiten Kreise Gebildeter zugänglich zu machen. Die aztekische Sprache ist kein Allgemeingut und nur wenigen von Grund aus bekannt. Aber selbst für diese – die die noch lebendige Sprache vielleicht im Lande gelernt haben – würde eine Sahagun-Übersetzung schwierig sein. Die moderne Sprache ist verarmt, weil dem Volke viele Begriffe und Vorstellungen abhanden gekommen sind. Die alte Sprache ist in hohem Grade bilder- und blumenreich. Nur wer tief in den Geist und Sinn dieser Bilder eingedrungen, vermag sie zu verstehen. Auch Eduard Seler mag hier und da geirrt haben. Andere werden ihn verbessern und ergänzen.

Die Florentiner Handschrift, die eine Art verkürzter Reinschrift und Zusammenfassung der Handschriften von Madrid ist, enthält auch einen von Sahagun selbst verfaßten spanischen Text. Er ist im Jahre 1829 von Bustamente und 1830 von Lord Kingsborough – als Teil seines großen Sammelwerkes – herausgegeben worden. Dieser spanische Text ist jedoch keineswegs einer Übersetzung gleich zu achten. Es ist eine Wiedergabe des Inhalts, die sich dem aztekischen Text mehr oder weniger eng anschließt. Einzelne Stellen, ja ganze

Abschnitte sind fortgelassen, die ihm für seinen Zweck – den christlichen Priestern die Kenntnis des Geisteslebens ihrer Schüler zu vermitteln – unwichtig erschienen. Daher ist der Wunsch wohl verständlich und berechtigt, eine wortgetreue Übersetzung in eine europäische Sprache zu besitzen. Sie ist für die Wissenschaft fast eine Notwendigkeit und wäre gewiß für weite Kreise nicht ohne Interesse.

Da es zur Erreichung dieses Zieles wiederholter längerer Aufenthalte in Madrid und Florenz bedurft hätte, da andere Arbeiten inzwischen ruhen mußten, spielte die Geldfrage eine gewisse Rolle. Unmittelbar nach der Rückkehr von Madrid, im Herbst 1892, wandte sich daher Eduard Seler an die Kgl. Preußische Akademie der Wissenschaften zu Berlin mit der Bitte, sein Vorhaben zu unterstützen. Die Akademie lehnte ab. Obgleich in dem Antwortschreiben nicht verkannt wird, ›daß die Veröffentlichung dieses Buches für die mexikanischen Studien grundlegenden Wert haben würde‹, und obgleich gerade Eduard Seler ›in hervorragendem Grade zur Lösung einer solchen, Sach- und Sprachkenntnisse und philologische Sorgfalt erfordernden Aufgabe berufen sei‹, lehnte sie ab, ›da ihr andere Aufgaben nicht gestatteten, dieser, ihr ferner liegenden die gewünschte Unterstützung zu gewähren‹. – Entmutigt und in der sicheren Voraussetzung, daß ihm von anderen Stellen eine ähnliche Antwort zuteil werden würde, tat er keine weiteren Schritte, vertraute, daß die Zeit seinem Wunsche zu Hilfe kommen würde. – Die Amerikanistik gehörte vor einigen dreißig Jahren in Deutschland noch nicht zu den anerkannten Wissenschaften. Jeder Schritt auf diesem Boden mußte erkämpft werden, und der Weg war dornig. Es ist nicht zuletzt Eduard Selers Verdienst, daß darin Wandel eingetreten ist.

Aber auch die Zeit brachte seinem Vorhaben, auf das er durchaus nicht verzichtet hatte, keine Erfüllung. Als wir im Jahre 1906 die Arbeit in Florenz wieder aufnehmen wollten, erfuhren wir, daß die Handschrift – ebenso wie die beiden in Madrid – für die mexikanische Regierung gesperrt sei, die eine Faksimile-Ausgabe mit wortgetreuer spanischer Übersetzung herauszugeben beabsichtigte. Trotz der gescheiterten Hoffnung begrüßte er doch diesen Plan mit Freude. – Diese Sperre hat zehn Jahre gedauert. Es sind nur Bruchstücke und die Bilder in Faksimile-Druck erschienen, ohne Übersetzung. Als die Sperre im Jahre 1916 aufgehoben wurde, waren wir mitten

im Krieg. Später war die Verarmung zu groß, um an Fortführung der Arbeit zu denken. Krankheit und Tod setzten allen
Plänen und Wünschen ein Ziel.«[171]

Die große Aufgabe, die Seler sich gestellt hatte, konnte er nicht beenden. Doch andere, die ihm folgten, namentlich *Walter Lehmann* und
Leonhard Schultze Jena,, setzten seine Arbeit fort, und wenn wir heute,
zumal in Deutschland, über die Kultur der Azteken besser informiert
sind als über jedes andere Volk des alten Amerika, so ist das in erster
Linie ein Verdienst Eduard Selers und seiner Schüler. Auch ist es Seler
zu verdanken, daß die Amerikanistik schließlich als vollwertige Wissenschaft anerkannt wurde, die heute an mehreren deutschen Univer-
sitäten gelehrt wird. Nachdem er bereits 1899 auf einen Lehrstuhl für
Amerikanische Sprachen und Kulturen, den der Herzog von Loubat
eingerichtet hatte, berufen worden war, wurde er im Jahre 1908 als
ordentliches Mitglied in die Königliche Preußische Akademie der Wissenschaften aufgenommen. Seitdem ist die Amerikanistik, die sich in
zwei Schwerpunkte, die Mesoamerika- und die andine Forschung, auf-
gliederte, zu einem festen Bestandteil der Geisteswissenschaften
geworden.

Viva Zapata!

»Am Himmel war kein Donnern zu hören, das uns hätte warnen können, daß sich ein Sturm zusammenbraute. Wir wußten nichts von dem Sturm noch von der eulenhaftigen
Schlechtigkeit der Menschen.

Eines Tages hörten wir Gewehrfeuer zwischen den Hügeln
von Teuhtli und Cuauhtzin. Man sagte uns, daß es die Federales waren, die gegen die Leute aus Morelos kämpften.
Es wurde viel geschossen. Es war das erste Mal, daß wir so
etwas hörten, und alle in Milpa Alta waren von Furcht ergriffen.

Die Männer aus Morelos kamen in unser Dorf, und man
sagte, daß sie auf dem Wege nach Xochimilco seien. Ich weiß
nicht, warum sie gegen Porfirio Díaz waren.

Diese Männer aus Cuernavaca und Tepoztlan sprachen
unsere Sprache. Sie waren nur Bauern, und wir wußten nicht,
warum sich die Federales vor ihnen fürchteten.

Das war das erste, was wir von der Revolution hörten. Eines Tages kam ein großer Mann mit Namen Zapata aus Morelos. Er trug feine Kleidung – einen schönen breiten Hut und Gamaschen. Er war der erste große Mann, der zu uns in Nahuatl sprach. Alle seine Männer waren in Weiß gekleidet – weiße Hemden, weiße Hosen; und sie trugen alle Sandalen. Alle diese Männer sprachen Nahuatl, mehr oder weniger in der gleichen Weise, wie wir es taten. Auch Señor Zapata sprach Nahuatl. Als diese Männer in unser Dorf kamen, verstanden wir, was sie sagten. Jeder der Zapatistas trug an seinem Hut ein Bild seines Heiligen, damit er ihn beschütze. Jeder hatte ein solches Bild.

Zapata war der Anführer der Männer, und er sprach zu dem Volk von Milpa Alta in der folgenden Weise: ›Kommt, schließt euch mir an! Ich habe die Waffen erhoben, und ich habe meine Landsleute mit mir gebracht. Wir wollen nicht, daß Unser Vater Díaz uns länger regiert. Wir wollen einen besseren Präsidenten, der sich um uns kümmert. Schließt euch mit uns der Revolution an, denn wir sind es leid, uns mit dem Almosen zu begnügen, das uns die Reichen zahlen. Es gibt nicht genug zu essen, noch können wir uns Kleidung kaufen. Ich will, daß jedermann sein eigenes Stück Land hat. Er wird darauf säen und ernten; Mais, Bohnen und anderes mehr. Was sagt ihr dazu? Werdet ihr euch uns anschließen?‹

Niemand antwortete. Die Tage vergingen. Die Zapatisten schlugen ihr Lager im Dorf auf, und Everardo González erhielt den Befehl, in Milpa Alta zu bleiben und über das Dorf zu wachen.

General Zapata wurde in der folgenden Weise empfangen. Jeder aus dem Dorf kam, um ihn zu begrüßen. Alle drängten sich zusammen, Männer und Frauen, und schenkten ihm Blumen. Eine Kapelle spielte, und Feuerwerkskörper wurden entzündet; und als er eingetroffen war, spielten sie die *Diana* ...«[172]

Der, von dem hier berichtet wird, ist zum Symbol der Mexikanischen Revolution geworden. Einem Symbol, das eigentlich ein Mythos ist, denn die Revolution fand *ohne* Zapata statt. Zumindest ging nicht *er* als Sieger aus dem Kampf hervor.

Es ist eine Eigenart der Mexikaner, die zu feiern, die doch nur Verlierer waren: Quauhtemoc, Hidalgo, Zapata. Sie alle sind Nationalhelden, und sie alle scheiterten. Man erkennt die Größe und Aufrichtigkeit dieser Helden, ist aber zu schwach, ihnen nachzueifern. Besser, man hebt sie auf ein Podest und versteckt sich dahinter. Gibt etwas vor, was nicht ist und eigentlich auch nicht sein soll. Im Grunde ist man noch immer Konquistador, trotz Unabhängigkeit und Revolution.

Doch beginnen wir nicht am Ende, sondern am Anfang. Als Zapata nach Milpa Alta kam, einem kleinen Dorf in strategischer Lage, das den Zugang zur Hauptstadt von Süden her beherrschte, stand er am Beginn seiner Karriere. In Mexiko regierte *Porfirio Díaz,* ein Diktator, der seit dreißig Jahren an der Macht war, und in der Provinz, im Norden und im Süden, war ein Aufstand gegen die Diktatur losgebrochen, der der Beginn eines Kampfes war, der ein Jahrzehnt lang währen sollte.

Zapata stammte aus einem kleinen Dorf in Morelos. Es war eines jener Dörfer, die zwar indianischen Ursprungs waren, doch im Laufe der Jahrhunderte viel von ihrer autochthonen Tradition eingebüßt hatten. Man sprach zwar noch Indianisch, im Falle Zapatas Nahuatl, also Aztekisch, doch ebensogut Spanisch. Man kleidete sich nach spanischer Sitte, Hose und Hemd, und selbst die Namen waren spanisch. Zapata hieß mit Vornamen *Emiliano.*

Seine Eltern, die früh verstorben waren, hatten Zapata etwas Land hinterlassen, so daß er nicht gezwungen war, wie die meisten seines Volkes, auf fremdem Grund und Boden zu arbeiten. Er unterhielt ein kleines Transportunternehmen, indem er Maultiere vermietete. Man konnte sagen, daß er zwar nicht wohlhabend, aber durchaus in gesicherten Verhältnissen lebte, was besonders deutlich wurde, wenn er sonntags in schmucker Cowboy-Tracht, die in Mexiko freilich der eines *charro,* eines dandyhaften Reiters, ähnelte, in *Villa de Ayala* aufkreuzte, der nächstgrößeren Stadt, wo man sich am Sonntag zu vergnügen pflegte.

Äußerlich, zumindest in seiner Kleidung und seinem Gebaren, glich Zapata eher einem *gachupín,* einem von jenen, die man noch immer als Fremde betrachtete, obwohl sie inzwischen im Lande den Ton angaben. Doch in seinem Wesen, in seiner Seele war Zapata ein einfacher Landbewohner, ein Indianer, der sich zwar dessen nicht mehr bewußt war, zumindest nicht der großen Vergangenheit seines Volkes, der dennoch aber auf der Seite derer stand, die ausgebeutet waren und in ihrer Existenz immer noch mehr bedroht wurden. Ein Ereignis, das ihn sicher prägte, war die Ohnmacht, die sein Vater empfand, als er einmal hilflos mitansehen mußte, wie reiche Hacendados Land, das zu ihrem Dorf gehörte, usurpierten. Ein anderes Erlebnis, das ihn nicht minder formte, trug sich in der Hauptstadt zu: Dort hatte Zapata, der wegen seiner Reitkunst berühmt war, für einen Pflanzer aus Morelos Pferde trainiert. Es hätte ihm dies die Möglichkeit eröffnet, selbst einen Reit-

stall aufzumachen und auf diese Weise in die höheren Kreise aufzurük-
ken. Doch die Art, in der Stadt zu leben, und die Unaufrichtigkeit der
Reichen, die nur an ihren eigenen Vorteil dachten, schreckten ihn ab,
und so kehrte er, in dem Bewußtsein, daß er zu einer anderen Welt
gehörte, in sein Dorf zurück, wo er alsbald zum Vorsitzenden des
Gemeinderates gewählt wurde, was ihm die Möglichkeit gab, sich aktiv
für das Wohl der Armen einzusetzen.

Dennoch wäre ihm nie jener Ruhm beschieden gewesen, den er
schließlich erlangen sollte, wenn nicht ein anderer die Initiative ergriffen hätte und damit ein Zeichen setzte, dem Zapata nacheifern konnte.
Es war dies ein wohlhabender Hacendado aus dem Norden, *Francisco
Madero* mit Namen, der beileibe kein Revolutionär war, doch ein wohlmeinender Reformer, dem es um die Beendigung der Diktatur des Porfirio Díaz ging. Dazu hatte er eine Schrift verfaßt, »La sucesión presi-
dencial en 1910«, in der er zwar eine Wiederwahl des Diktators anerkannte, doch für die Wahl des Vizepräsidenten eine freie Meinungsäu-
ßerung forderte. Da Porfirio Díaz, ein Militär, der sich seine Sporen im
Kampf gegen die Franzosen verdient hatte, zum Zeitpunkt der Wahl,
die für 1910 angesetzt war, achtzig Jahre alt sein würde, war damit zu
rechnen, so wenigstens hoffte Madero, daß er bald auf natürliche Weise
abtreten und damit den Weg für einen tatsächlich gewählten Vizepräsidenten frei machen würde. Es war ein Kompromiß und keine offene
Revolte; dennoch hatte Madero den Bogen überspannt: Er wurde verfolgt und festgenommen und mußte schließlich in die USA fliehen, wo
er, da er in Sicherheit war, einen radikaleren Kurs einschlug. Er veröffentlichte ein Manifest, in dem er zum offenen Kampf gegen die Diktatur aufrief und zugleich erste Schritte zu einer Reformpolitik ankün-
digte.

Es war dieser sogenannte *Plan von San Luis Potosí* (nach dem Ort
benannt, wo Madero festgehalten worden war und wo er angeblich das
Manifest entworfen hatte), der Zapata bewog, sich dem Aufstand, auf
den der Plan hinauslief, anzuschließen. Denn in dem Manifest hieß es
unter anderm:

*Indem man das Gesetz über brachliegende Ländereien miß-
braucht hat, sind zahllose kleine Landbesitzer, in der Mehrheit Indianer, sei es mit Zustimmung des Ministeriums für
Entwicklung, sei es durch richterlichen Urteilsspruch, ihrer
Ländereien beraubt worden. Um dieses Unrecht wiedergutzu-
machen und den alten Besitzern die Ländereien, die man
ihnen auf so willkürliche Weise genommen hat, zurückzugeben, werden all diese Entscheidungen und Urteilssprüche für*

311

> *revisionsbedürftig erklärt und alle jene aufgefordert, die auf*
> *unredliche Weise Ländereien erworben oder diese geerbt*
> *haben, diese an ihre ursprünglichen Besitzer zurückzugeben*
> *und außerdem eine Entschädigung für den Schaden, den sie*
> *erlitten haben, zu zahlen. Nur in dem Falle, wo das Land vor*
> *Veröffentlichung dieses Planes auf einen Dritten übergegan-*
> *gen ist, zahlen diejenigen die Entschädigung, die ursprünglich*
> *die Nutznießer waren.*[173]

Das Gesetz, von dem hier die Rede ist, war im Jahre 1894 verabschiedet worden. Es war der letzte Akt in einer Politik, die darauf ausgerichtet war, die Wirtschaft des Landes zu stärken und gleichzeitig die Schwachen aus dem Geschäft herauszudrängen. Hatte jenes andere Gesetz, das die liberalen Reformer 1856 verabschiedet hatten, vor allem die Kirche zum Ziel gehabt (wiewohl es gleichwohl den Indianern schadete), so war das Gesetz über die brachliegenden Ländereien, die man *baldíos* nannte, ein offener Angriff auf das noch verbliebene Gemeindeland des Indianers. Das Gesetz von 1856, das den gemeinschaftlichen Grundbesitz aufhob, bot die Handhabe, die neuerliche Bestimmung zu nutzen: Gemeindeland war illegal, existierte also nicht, und jeder, der es haben wollte, konnte es sich zuschlagen lassen. Der Staat gab dazu in aller Ruhe seinen Segen.

So vollendete sich denn der Fluch, der mit der Conquista begonnen hatte: 1910, als der letzte Zensus der alten Ordnung durchgeführt wurde, verfügten 96,8 Prozent der mexikanischen Landbewohner, die den weitaus größten Teil der Bevölkerung ausmachten, über keinen eigenen Grund und Boden! Dagegen besaß ein Prozent der Bevölkerung, das ausnahmslos in den Städten wohnte, 96 Prozent des Bodens.

Das war der Durchschnitt. In Zentralmexiko, also in dem Gebiet, wo einst das Kernland der Azteken (und der mit ihnen verwandten Völker) lag, sah es noch schlimmer aus: Hier lag der Prozentsatz der ländlichen Familien, die über kein eigenes Land verfügten, bei sage und schreibe 99,4! Die Bundesstaaten *Mexiko* und *Morelos* lagen mit 99,5 Prozent an der Spitze, gefolgt von Puebla (wo einst Cholula gelegen hatte) und Tlaxcala mit je 99,3 Prozent. Aber auch in den anderen Staaten, wo *Nahua,* also aztekischsprachige Völker, lebten, sah es nicht besser aus: Die Skala reichte von Jalisco mit 96,2 Prozent bis Veracruz mit 98,9 Prozent. Mit anderen Worten, die Azteken, die einmal die Herren des Landes gewesen waren, hatten nicht nur ihre politische Macht eingebüßt. 1910, als die Conquista sozusagen ihren Höhepunkt erreichte, hatten sie praktisch auch ihr ganzes Land verloren; sie waren buchstäblich Hörige, ohne eigenen Grund und Boden und auf ewig verschuldet. Tiefer konnten sie nicht fallen: Sie hatten den Endpunkt ihrer Erniedrigung erreicht!

Wie groß der Gegensatz war, zwischen denen, die alles besaßen, und denen, die nichts ihr eigen nannten, wird deutlich, wenn man einen Blick auf jene Institution wirft, die zum Inbegriff des Porfiriato, der Ära des Diktators Porfirio Díaz, wurde: die *Hacienda.* Man ist geneigt, zumal wenn man Mexiko nur aus Erzählungen kennt, mit dieser Institution, die zum Sinnbild Mexikos schlechthin geworden ist, eine Erscheinung zu verbinden, die durch Romantik und Abenteuer geprägt ist. Aber selbst *Gabriel Ferry,* dessen Erzählungen auf eigenem Erleben beruhen, schrieb bereits Mitte des vorigen Jahrhunderts:

> »In den mittleren Landstrichen der Republik Mexiko waren die Haciendas gewissermaßen Festungen, obgleich sie weder Zugbrücken noch Gräben und Türme hatten. Da sie aus Bruch- oder Ziegelsteinen gebaut waren, konnten sie dank ihrer gezackten Terrassen, ihrer festen Tore und der Eisenstäbe an den Fenstern leicht verteidigt werden. Die Geschichte der Bürgerkriege Mexicos ist reich an Beispielen von regelmäßigen Belagerungen, die diese Art Feudalsitze überstanden haben.
>
> Der Ausdruck Feudalsitze stimmt genau, obwohl sie in einer Republik liegen. Die Pächter dieser Haciendas waren eigentlich nur Vasallen, um nicht zu sagen Leibeigene. Da diese Gutshöfe mitten in weiten Einöden erbaut wurden, gruppierten sich ringsum in allen Richtungen viele umherziehende Familien, die sich in kritischen Zeiten glücklich schätzten, eine Zuflucht innerhalb der sicheren Mauern, Arbeit auf den Feldern und religiösen Trost in ihrer Kapelle zu finden.
>
> Die Lage dieser Arbeiter war bestimmt schlechter als die der Neger in manchen Kolonien, denn sie konnten ihre Freiheit nicht wie diese durch ihre Arbeit erkaufen. Die Grundbesitzer bezahlten sie zwar mit Geld, aber bereits nach kurzer Zeit wurde aus dem freien mexikanischen Arbeiter, der alle Gebrauchsgüter nur bei seinem Herrn kaufen konnte, der sie zum fünffachen Preis des Wertes veräußerte, ein so zahlungsunfähiger Schuldner, daß er sich durch ein ganzes arbeitsreiches Leben nicht mehr frei machen konnte. So wenig entsprach der Lohn, den er erhielt, der Ausgabe, zu der ihn das Monopol zwang.«[174]

Das Bild, das Ferry entwirft, hatte sich nicht geändert, es sei denn zum Schlechteren. Wie George McCutchen McBride, ein amerikanischer Wissenschaftler, der das Agrarproblem in Mexiko vor und nach der Revolution untersuchte, schreibt:

>»Der gesellschaftliche und politische Einfluß der Haciendas ist unmittelbar und übermächtig. Die ganze Geschichte Mexikos hindurch hat die landbesitzende Klasse praktisch das gesellschaftliche Leben beherrscht. Sie hat den Maßstab für Moral, Erziehung und Vergnügen gesetzt, nach dem sich die Mittelschicht richtet, und die Verhältnisse bestimmt, unter denen der Arbeiter leben muß. Mehr noch, die Großgrundbesitzer haben das Land regiert. Diese kleine Schicht, die sich auf 8000 bis 10 000 Landbesitzer beläuft, hat zu allen Zeiten einen überragenden Einfluß auf die nationalen Belange gehabt und gewöhnlich die Kontrolle über die einzelnen Staaten ausgeübt. Zwar haben die Indianer durch ihre gemeinschaftliche Organisation und ihre Kaziken einen gewissen Grad an Selbstregierung wahren können, doch die großen Landbesitzer sind die einzigen im Lande gewesen, deren Schulung und Erfahrung es ihnen ermöglicht hat, mit den übergeordneten Fragen der Regierung fertig zu werden. Während der Kolonialzeit haben sie ständig die wohlmeinenden Maßnahmen der Regierung in Madrid durchkreuzt; und seit der Entstehung der Republik ist die Gesetzgebung durch sie und weitgehend zu ihrem Nutzen bestimmt worden. Wenn es, wie es zuweilen in der Zeit der Bürgerkriege geschah, den Grundbesitzern nicht gelang, die Verabschiedung eines Gesetzes, das ihren Interessen zuwiderlief, zu verhindern, dann haben sie dennoch zumeist Mittel und Wege gefunden, die Anwendung dieser Gesetze zu verhindern. Im Unabhängigkeitskrieg blockierten sie die demokratischen Ziele von Morelos und Hidalgo und setzten an ihre Stelle das aristokratische Regime Iturbides. Mitte des 19. Jahrhunderts unterstützten die großen Landbesitzer Maximilian in seinem Kampf gegen die Liberalen unter Juárez. Und obgleich sie in diesem Kampf unterlagen, gelang es ihnen schließlich doch, die Agrarreformen zunichte zu machen, indem sie die Gesetze der Díaz-Administration durchsetzten. Hand in Hand mit der Kirche arbeitend, haben sie stets das konservative Element vertreten, das sich allen Reformen widersetzte, die ihren Interessen entgegengerichtet waren.«[175]

314

Anzumerken ist, daß die Indianergemeinden, die ihr Land verloren, letztlich auch ihre Selbstverwaltung einbüßten: denn wenn man nicht verhungern wollte, blieb einem nichts anderes übrig, als sich als *Peón* zu verdingen. Und als Peón hatte man keine Rechte; schon gar nicht, was die Regierung anbetraf.

Am Ende waren alle Indianer Proletarier. Doch mit einem wesentlichen Unterschied: Sie waren sich ihrer Unterwürfigkeit und ihres Ausgebeutetseins nicht bewußt. Sie hatten kein Klassenbewußtsein! Nicht einmal ein ethnisches Zusammengehörigkeitsgefühl. Wie sagte doch *Luz Jiménez*, jene Nachfahrin der Azteken, die Zeugin des ersten Auftritts Zapatas in Milpa Alta war? »Ich weiß nicht, warum sie gegen Porfirio Díaz waren.«

Und was Porfirio Díaz betrifft, so nennt sie ihn »Unseren Vater«. Wer war dieser Mann, der Mexiko sich selbst entfremdete?

Porfirio Díaz, wir erwähnten es schon, war ein Militär, ein General, der das Geschick hatte, sich dreißig Jahre an der Macht zu halten. Das war im höchsten Grade ungewöhnlich, denn bislang war es ein Kennzeichen mexikanischer Politik gewesen, daß es wenigstens einmal im Jahr einen Putsch gab. Von den größeren Kriegen, die das ganze Land verwüsteten, ganz zu schweigen.

Porfirio Díaz, der gleichfalls durch einen Putsch an die Macht kam, beendete diesen Zustand. Dafür gab es verschiedene Gründe: Einmal war er so etwas wie ein Nationalheld, dem der entscheidende Sieg gegen die Franzosen gelungen war. Zum andern hatten die Konservativen, deren letzte Karte Maximilian gewesen war, nunmehr ausgespielt (was nicht bedeutete, daß sie sich schließlich nicht auch mit der neuen Ordnung arrangieren würden). Die Liberalen hatten die Oberhand gewonnen, und da sich das Land ohnehin nach Frieden sehnte, gingen sie unverzüglich daran, das Land nach ihrem Bilde aufzubauen.

Doch dieses Bild entsprach nicht mehr jenem, das Juárez und die liberalen Reformer entworfen hatten. Inzwischen hatte sich eine neue Ideologie breitgemacht, die zwar aus dem Liberalismus erwachsen war, doch weniger das Ideal der Freiheit, als vielmehr den *Fortschritt* in den Vordergrund stellte. In Mexiko nannte man die Vertreter dieser neuen Richtung *Científicos*, was soviel wie »Wissenschaftler« heißt und auf ihre Forderung zurückging, daß die Zukunft gestaltbar und nach wissenschaftlichen Gesetzen auszurichten sei. Das war der Kern der neuen Lehre, die man in Europa, woher sie stammte, *Positivismus* nannte. Sie bedeutete eine Absage an alle metaphysischen, dem ordnenden Geist nicht zugänglichen Werte. Das betraf sowohl die Religion, im engeren Sinne die Kirche, als auch alle anderen ethischen Orientierungssysteme. Was zählte, war nur noch das Sichtbare und das

Machbare. Ideale, die dem Irrealen entsprangen, waren suspekt und wurden folglich nicht mehr als Handlungsmuster anerkannt.

Die Folge war, daß Mexiko zwar, indem man neue Techniken einführte und alles einem Ziel, dem Fortschritt, unterordnete, einen ungeahnten Aufschwung erlebte und tatsächlich an die Schwelle eines modernen Staates rückte, daß gleichzeitig aber, da man alles, was diesem Aufschwung im Wege stand, beiseite schob, eine Gesellschaft entstand, die in Wirklichkeit von dem angestrebten Ziel weiter entfernt war als jemals zuvor. Wenn allein auf dem Lande 50 Prozent der Bevölkerung nicht nur der Knechtschaft, sondern der *Schuld*knechtschaft unterstanden, dann war dies ein Preis, der in keinem Verhältnis zum Nutzen stand.

Für die Científicos, die mit Porfirio Díaz, dem starken Mann, eine Art Symbiose bildeten, war das freilich kein Argument, besagte ihre neue Lehre doch auch, zumal sie durch die Erkenntnisse Darwins angereichert wurde, daß es eine natürliche Hierarchie der Menschen gab, wobei die einen, die die höchste Stufe der Zivilisation erklommen hätten, die anderen, die noch im Stadium der Barberei verharrten, führen müßten. Das war sozusagen ein Naturgesetz und erklärte, warum die einen oben und die anderen unten waren und sowohl die einen als auch die anderen nichts anderes verdienten.

Wie sehr diese Lehre, die eine Neuauflage der Vorurteile war, die schon die ersten Konquistadoren vertreten hatten, den Geist der Zeit erfüllte, wird selbst bei einem Wissenschaftler deutlich, der im Gegensatz zu den Científicos, die eigentlich Politiker waren, tatsächlich einer wissenschaftlichen Tätigkeit nachging. Es war dies *Karl Sapper,* seines Zeichens Ordentlicher Professor an der Universität Würzburg. Er war Geograph und hatte Mexiko in den Jahren, da Díaz herrschte, viermal besucht. Das Ergebnis war eine Arbeit, die er erstmals 1908 veröffentlichte. Darin schreibt er:

>»Die erwähnten Umstände, zu denen sich eine gewisse Gunst der Verhältnisse der Außenwelt gesellte, hatten in den drei Jahrzehnten 1880–1910 ein außerordentliches Aufblühen der Wirtschaft und des Verkehrs ermöglicht. Freilich war dieser Aufschwung nicht in allen Zweigen gleichmäßig erfolgt, und das Aufkommen der deutschen Teerfarbenindustrie hatte auch manche Zweige ganz oder beinahe brachgelegt, so die Cochenillezucht und die Indigokultur; aber die Einführung neuer und die Belebung alter Produktionszweige hatten den Ausfall rasch auszugleichen vermocht und einen allgemeinen Fortschritt eingeleitet, der zu einem sehr befriedigenden Stand

des wirtschaftlichen Lebens geführt hatte. Wenn dies hier zugegeben sein soll, so darf aber andererseits auch nicht verschwiegen werden, daß die Entwicklung nur stellenweise auf der Höhe der Zeit stand, während noch auf weiten Flächen des Landes ganz primitive oder wenigstens ziemlich rückständige Wirtschafts- und Verkehrsverhältnisse herrschten und noch herrschen. Das gilt insbesondere für die Gebiete mit stark vorwiegender oder gar ausschließlicher *Indianer*bevölkerung, obgleich auch hier recht große Verschiedenheiten sich zeigen: die wenigen heidnischen Indianer weltentlegener Gebiete (Lacandones, Tarahumares, Huicholes u. a.) und gar manche christliche Indianer wirtschaften noch fast ganz in der alten vorkolumbischen Weise; sie haben dieselben Haustiere, Kulturpflanzen und Kulturmethoden, treiben Fischfang und Jagd wie früher, Handel und Verkehr sind ziemlich gleich geblieben, und nur die Benutzung einiger eiserner Werkzeuge, die in kleinstem Maßstab betriebene Zucht einiger eingeführter Haustiere erleichtern ihnen das Leben etwas mehr. Bei ihrer Bedürfnislosigkeit sind sie auch kaum in nennenswertem Maß Abnehmer von Waren verschiedener Art, und da sie zudem die Arbeit in fremden Diensten scheuen, scheiden sie als Faktoren der mexicanischen Wirtschaft fast ganz aus. Die große Mehrzahl der christlichen Indianer hat bereits ihre wirtschaftliche Tätigkeit wesentlich mehr von der europäischen Kultur beeinflussen lassen, und wenn auch im allgemeinen Lebensweise und Ackerbau, stellenweise auch Handel und Verkehr noch so ziemlich im alten Stil vor sich gehen, so ist doch die Zahl der europäischen Kulturelemente in ihrer Wirtschaft bereits wesentlich größer; wohl halten auch sie zumeist an den alten Nutzpflanzen und Kulturmethoden fest, wohl ist der alteingebürgerte Truthahn noch immer ein besonders häufiges Haustier bei ihnen; sie haben noch immer vorzugsweise die alten Speisen und Speisebereitung, noch wird vielfach die alte industrielle Tätigkeit geübt (Mahlsteinverfertigung, Töpferei, Spinnen und Weben, Seilerei, Mattenflechten u. s. w.), neben mancher neuen (Hutflechten z. B.); noch werden industrielle und landwirtschaftliche Produkte im Hausierhandel verkauft (häufig von den Erzeugern selbst), aber doch haben sie, namentlich im Hochland, neueingeführte Nutzpflanzen und Haustiere bereits in wesentlich höherem Maß übernommen; stellenweise sieht man auf geeignetem Boden auch bereits die altertümlichen spanischen Holzpflüge

mit eiserner Pflugschar im Dienst von Indianern, und häufig
haben sie bereits Esel oder auch Pferde und Maultiere als
Lasttiere im Besitz. Zudem ist auch ihr Verlangen nach wirk-
sameren Ackerbaugeräten, besserer Kleidung, Nahrung
(besonders Fleisch) und Getränken (leider häufig Pulque oder
Branntwein) so groß, daß sie nicht nur schon beachtenswerte
Käufer sind, sondern daß der Erlös ihrer eigenen Erzeugnisse
zur Befriedigung ihrer Bedürfnisse nicht mehr hinreicht und
sie daher zur Annahme von Vorschüssen gezwungen sind, die
sie durch ihrer Hände Arbeit zurückerstatten sollen. Da sich
die Arbeitgeber in gleicher Weise wie in der spanischen Kolonialzeit und manchmal fast ebenso skrupellos wie damals
bemühen, den Arbeiter (peón) nicht aus seinen Schulden
herauskommen zu lassen, so kann leicht aus einem freien
Indianer ein durch Schuldverhältnis gebundener ständiger
Arbeiter werden, ein Umstand, der für seine Person bedauerlich, für die Hebung der kapitalistischen Erzeugung jedoch
günstig ist. Aber auch die nur gelegentlich in fremden Dienst
eintretenden Indianer sind bereits namhafte wirtschaftliche
Faktoren, während die zur Zeit noch die Arbeit meidende
indianische Bevölkerung als Reserve für die künftige Weiter-
entwicklung des Landes angesehen werden darf.«[176]

Man mag es vielleicht einem Geographen verzeihen, daß er es für
gerechtfertigt hielt, den Indianer auf dem Altar des Fortschritts zu
opfern. Daß aber auch die Human- oder Geisteswissenschaften sich
durch die neue Lehre verblenden ließen, zeigt denn doch, wie dilettan-
tisch die Wissenschaft letztlich war. Sie richtete ihr Augenmerk ausschließlich auf die Vergangenheit, und indem sie dies tat, negierte sie
die Gegenwart und stempelte den Indianer als ein Nichts ab, dem man
sich nicht nur nicht verpflichtet fühlte, sondern den man nicht einmal
zur Kenntnis nahm. Seler hatte auf sechs Reisen Mexiko besucht, und
mit seinen »Gesammelten Abhandlungen«, einem mehrbändigen
Werk, in dem seine wichtigsten Arbeiten zusammengefaßt sind, schuf
er ein wahres Kompendium über den Indianer: Doch mit keinem Wort
erwähnt er die Misere des Indianers, der er doch auf Schritt und Tritt
begegnete!
   Diese positivistische Grundeinstellung, die man gemeinhin als
»reine« oder »objektive« Wissenschaft bezeichnet, die dennoch aber
nichts anderes als ein Ausdruck menschenverachtender Indifferenz ist,
denn sie hat absolut nichts mit einer zu Recht geforderten systemati-
schen Arbeitsweise zu tun, sondern mit *Prämissen* und *Prioritäten*, ist

auch *heute noch* gang und gäbe. So wurde kürzlich ein umfassendes Werk über die indianischen Kulturen Mexikos herausgegeben, in dem namhafte deutsche Forscher sozusagen den neusten Stand ihrer Wissenschaft darlegen: Nicht einer fühlte sich bemüßigt, auf die Tatsache hinzuweisen, daß es auch heute noch Indianer gibt! Von einem Appell, ihnen, die am Rande der Gesellschaft stehen, zu Hilfe zu kommen, ganz zu schweigen.

»Männer des Südens! Es ist besser, auf den Füßen zu sterben, als auf den Knien zu leben!« So formulierte es Emiliano Zapata. Er wußte, wovon er sprach. Und er hatte den Mut, es auszusprechen!

Als Madero in seinem Plan von San Luis Potosí zur Revolution aufrief, war er einer der ersten, die diesem Aufruf folgten. Und als es sich zeigte, daß Madero, der im Grunde gar kein Revolutionär war, die Versprechen, die er in seinem Plan gegeben hatte, nicht einhielt, verkündete Zapata seinen eigenen Plan. Darin heißt es:

Das Volk ist es leid zuzusehen, wie Betrüger und Verräter, die sich als Freiheitskämpfer ausgeben, in dem Moment, wo sie an die Macht gelangen, ihre Versprechen vergessen und sich als Tyrannen entpuppen.[177]

Und weiter:

Da die überwiegende Mehrheit der Dörfer und Bürger Mexikos über nicht mehr Boden verfügt, als das Stück, auf dem sie gerade stehen, wodurch sie die schlimmsten Folgen des Elends erdulden müssen, ohne auch nur im geringsten ihre Situation verbessern zu können und sich dem Handwerk und der Landwirtschaft zu widmen, da das Land, die Wälder und Gewässer in der Hand von wenigen zusammengeschlossen sind, aus diesem Grunde wird nach vorheriger Entschädigung ein Drittel des Landes, das sich in der Hand der mächtigen Grundeigentümer befindet, enteignet, damit die Dörfer und Bürger Mexikos Gemeindeland und Parzellen erhalten, die ihnen rechtlich zugesprochen werden und der Landwirtschaft oder dem Handwerk dienen, um so das Gedeihen und Wohlergehen des mexikanischen Volkes zu sichern.[178]

Wer sich dieser Anordnung widersetzt, der verliert auch die restlichen zwei Drittel seines Landes. Im übrigen sind alle die Ländereien, die widerrechtlich in den Besitz der Feudalherren gelangt sind, unverzüglich ihren rechtmäßigen Besitzern zurückzugeben.

Der *Plan von Ayala,* mit dem Zapata seine Forderungen konkretisiert, stellt eine Wende in der Mexikanischen Revolution dar. War der Plan von Potosí, soweit es die Frage des Landbesitzes betraf, letztlich nur ein Lippenbekenntnis, denn Madero kam es in Wirklichkeit nur auf politische und nicht wirtschaftliche Veränderungen an, so war das Programm Zapatas ein Instrument, das die *Agrarreform* in den Mittelpunkt der Auseinandersetzung stellte. Durch dieses Programm wurde die Mexikanische Revolution, die bislang eher ein Abbild der Mittelschicht gewesen war, zu einer Volksbewegung. Was freilich nicht bedeutete, daß es eine *indianische* Bewegung war.

1910, bei Ausbruch der Revolution, machten die Indianer kaum mehr als ein Drittel der Bevölkerung aus. Wenigstens verzeichnete dies die Statistik. Hundert Jahre früher, zu Beginn der Unabhängigkeit, waren es noch über die Hälfte gewesen. Den größten Prozentsatz stellten jetzt die Mestizen, die von insgesamt 15 Millionen Einwohnern 7,8 Millionen zählten. Sie stellten die Masse der Unzufriedenen dar, die, die ihre Unzufriedenheit artikulierten. Die Indianer waren nur Mitläufer.

Zapata war eine Ausnahme. Vielleicht auch nicht. Seiner Herkunft nach war er eigentlich Indianer, und, wie wir gehört haben, sprach er ja auch noch Nahuatl. Aber wie er sich gerne als Charro kleidete, was eine *spanische* Tradition war, so findet sich auch im Plan von Ayala keinerlei Hinweis auf eine *indianische* Zielsetzung. Für Zapata waren Indianer und Mestizen gleich. Das Entscheidende war ihr Status als Unterprivilegierte, und das traf in der Tat auch für die meisten oder einen Großteil der Mestizen zu. Zapata war kein indianischer Messias; er war ein Klassenkämpfer.

Für die Indianer hat die Person Zapatas deshalb eine besondere Bedeutung, weil er erkannte, daß *auch* die Indianer in die Revolution mit einbezogen werden mußten (weshalb er sich *ihrer* Sprache befleißigte), und weil das Gebiet, in dem er seinen Aufstand entfachte, noch immer ein Zentrum indianischer Siedlung war und deshalb ein Großteil der Indianer von seiner Bewegung erfaßt wurde. Obwohl kein *indianischer* Aufstand, kam die Rebellion Zapatas dennoch den Indianern zugute.

Und diese Indianer waren *Nahua,* also Nachkommen der Azteken (und mit ihnen verwandter Völker). 1910 machte ihr Prozentsatz in der Gesamtbevölkerung nur noch 10 Prozent aus. Doch sie waren in jenen Staaten konzentriert, über die sich der Aufstand Zapatas ausweitete. Vor allem in Morelos, wo die Nahua die einzige indianische Sprachgruppe darstellten, und in den traditionellen Zentren der aztekischen beziehungsweise tlaxcaltekischen Macht, also in den Staaten Mexiko, Puebla und Tlaxcala.

Morelos war nicht von ungefähr die Keimzelle des Aufstandes. Seit Cortés hier den Anbau von Zuckerrohr eingeführt hatte, war Morelos ein bevorzugtes Gebiet des Plantagenanbaus. Was bedeutete, daß immer mehr Ländereien für die *Monokultur* abgezweigt wurden, bis es schließlich zu der extremen Situation kam, daß praktisch das gesamte anbaufähige Land in der Hand von 140 Großgrundbesitzern lag. Und dieser Trend setzte sich fort beziehungsweise er hätte es getan, wenn nicht Zapata den Aufruf Maderos zum Anlaß genommen hätte, dieser für die ländliche Bevölkerung katastrophalen Entwicklung Einhalt zu gebieten.

Nachdem er zunächst für die Rechte seines eigenen Dorfes eingetreten war, schloß er sich im März 1911 der Revolution Maderos an und rief schließlich, mit seinem Plan von Ayala, zu einem eigenen Aufstand auf, der jedoch den Anspruch einer *nationalen* Erhebung erhob. Damit war Zapata, im November 1911, auf die Bühne der Geschichte getreten, und obwohl ihm nur ein kurzes – und zudem tragisches – Gastspiel vergönnt war, blieb er doch als die einzige, authentische Gestalt der Mexikanischen Revolution in Erinnerung.

Der einzige, der ihm an Ruhm kaum nachstand, war *Pancho Villa*, der eigentlich Doroteo Arango hieß. Auch Villa war ein Mann des Volkes: Er hatte einst als Peón gearbeitet, und als sich sein Herr an seiner Schwester vergriff, was sozusagen zu den Vorrechten der Hacendados gehörte, verteidigte er die Ehre seiner Schwester, was ihn zum Geächteten machte. Seitdem war er auf der Flucht, ein Rebell, der persönliches Unrecht mit dem Aufbegehren des Volkes verband und dabei zu so etwas wie einem Nationalhelden wurde. Doch wenngleich auch Villa für die Sache des Volkes eintrat und sich schließlich mit Zapata zusammentat, so fehlte ihm doch die ehrliche Überzeugung, daß die Revolution ein *soziales* Anliegen hatte. Für ihn, der eher ein Desperado als ein Revolutionär war, bedeutete der Kampf um Gerechtigkeit im Grunde nicht viel mehr als Rauben, Plündern und Morden.

Auch darin unterschied sich Zapata von Villa. Nicht, daß nicht auch er beziehungsweise seine Truppen dem Gesetz des Krieges folgten: auch Zapata kannte kein Pardon; er ging mit rücksichtsloser Härte gegen seine Gegner vor. Doch seine Streitmacht, die zum größten Teil aus einfachen, demütigen Indianern bestand, führte sich nicht wie eine Bande marodierender Söldner auf. Nicht selten erbaten die Zapatistas sich, und dann auch nur das Allernötigste, was sie sich auch hätten nehmen können. Mit einem Abbild der Heiligen an ihren Hüten, ähnelte ihr Kampf eher einem Kreuzzug.

»Tierra y Libertad! – Land und Freiheit!« Das war die Forderung, von der sie nicht abließen. Mit der Zähigkeit derer, die nie nach höherem

Ruhm strebten, sondern sich auf ein ganz klares, bescheidenes, festum-rissenes Ziel beschränkten, waren sie eine nicht zu unterschätzende Kraft, die zugleich Hoffnung und Furcht erweckte. Hoffnung beim Volk und Furcht bei denen, die es zu führen vorgaben.

Das waren nicht nur die Científicos, die zwar nach dem Sturz ihres Mentors, Díaz, weichen mußten, es aber verstanden, sich auch mit dem neuen Herrn, Madero, zu arrangieren. Verführer des Volkes waren auch alle, die dem angeblichen Sieg der Revolution folgten. Von Madero bis Calles und von Ávila Camacho bis in die Gegenwart. Dazwischen gab es nur sechs Jahre Revolution, die Verwirklichung des Traumes, der Zapata und seinen Mitstreitern vorgeschwebt hatte. Doch es war nur ein kurzes Zwischenspiel. Danach folgte die Demon-tage.

Auf dem Papier hat die Mexikanische Revolution allerhand erreicht. Und nicht wenig davon geht auf das Konto Zapatas, der von seiner For-derung nicht abließ, den Landarbeiter aus seiner Schuldknechtschaft zu befreien und ihm das Land zurückzugeben, das man ihm genommen hatte. In den Artikeln 5 und 27 der Verfassung von 1917 sind diese Prin-zipien festgelegt. Darüber hinaus wurde die Macht der Kirche, die unter Porfirio Díaz erneut an Einfluß gewonnen hatte, eingeschränkt, und es wurden die Grundlagen gelegt, die Bodenschätze, deren Ausbeutung man ausländischen Konzessionären überlassen hatte, in einheimische Obhut zurückzuführen.

Die Verfassung von 1917, die die von 1857 ablöste, war in der Tat ein revolutionäres Dokument, wenngleich sie auch nicht als radikal bezeichnet werden kann. Zu viele widerstreitende Meinungen und Interessen mußten auf einen gemeinsamen Nenner gebracht werden; doch das Ergebnis war durchaus positiv. Positiv, im Sinne einer Erneuerung des Landes.

Doch die Verfassung setzte nur den Rahmen. Die darin enthaltenen allgemeinen Prinzipien mußten in konkrete Aktionen umgesetzt wer-den. Und das war – und ist – die Crux des Problems. Es hängt letztlich von dem ab, der der Regierung voransteht, ob er das Mandat der Revo-lution auch tatsächlich durchsetzt. Bis auf einen hat dies bislang nie-mand getan. Und dieser eine war wiederum ein Indianer. Doch nicht Zapata. Ihn hatte man schon längst umgebracht. Sonst hätte es am Ende doch noch eine rigorose Umsetzung des revolutionären Pro-gramms gegeben.

Zapata erlangte nie die Bedeutung eines nationalen Politikers. Er war ein Revolutionär, der bis zum Ende kämpfte, zu keinem Kompro-miß bereit war und sich damit selbst den Weg versperrte, an die Macht zu kommen. Nicht, daß Madero lange aushielt. Doch die ihm folgten, waren das gleiche Kaliber: zuerst *General Huerta,* der mit Hilfe der USA, die ihren Einfluß schwinden sahen, an die Macht gelangte, und dann *Venustiano Carranza,* sozusagen eine Wiederauflage Maderos, denn auch er entstammte einer reichen und einflußreichen Familie und war nur an der Politik und nicht an Reformen interessiert.

Carranza hatte zwar die Verfassung, die unter seiner Schirmherrschaft verabschiedet worden war, akzeptiert, doch er hatte nicht die Absicht, sie in die Tat umzusetzen. Statt dessen machte er unbarmherzig Jagd auf die, die auf eben diese Verfassung pochten und Carranza einen Verräter nannten. Das betraf auch die Arbeiter, die sich gewerkschaftlich organisieren und das Recht auf Streik durchsetzen wollten. Am gefährlichsten aber war für Carranza der Widerstand, den Zapata leistete. Seinen Forderungen hatte er nichts entgegenzusetzen als genau 182 115 Hektar Land, das er verteilte. Das war noch nicht einmal so viel wie der Besitz eines *einzigen* Hacendado, zumindest eines der größeren Grundbesitzer, von denen es einer immerhin auf drei Millionen Hektar brachte. Verständlich, daß sich Zapata hintergangen fühlte, zumal das wenige Land, das Carranza verteilt hatte, auch noch von seinen politischen Gegnern stammte, also von einer ordnungsgemäßen Agrarreform, wie sie die Verfassung vorsah, nicht die Rede sein konnte.

In einem Brief, den Zapata im März 1919 an Carranza schrieb, brachte er noch einmal all seine Beschwerden gegen den »Usurpator« vor. Sie gipfelten in dem Vorwurf: »Sie haben den Kampf zu Ihrem eigenen Vorteil und dem Ihrer Freunde verkehrt, die Ihnen halfen, an die Macht zu kommen, und nun mit Ihnen die Beute teilen – Reichtümer, Ehren, Geschäfte, Bankette, verschwenderische Feste, Bacchanale, Orgien . . .«

Es waren prophetische Worte, zugleich aber auch bedeuteten sie, da sie öffentlich – in einem offenen Brief – ausgesprochen worden waren, ein Todesurteil. Carranza war nicht gewillt, die Schmach, die ihn vor aller Augen bloßstellte, stillschweigend hinzunehmen. Das Maß, soweit es ihn betraf, war übergelaufen, und es waren ihm nun alle Mittel recht, seinen Gegner, den er zwar schon militärisch in die Enge getrieben hatte, der ihm aber immer wieder entkommen war, endgültig aus dem Wege zu räumen.

Die militärischen Niederlagen, die Zapata, dessen Streitmacht nach zehn Jahren Krieg ausgeblutet war, hatte hinnehmen müssen, zwangen ihn, der er nun mit dem Rücken zur Wand stand, Verbündete dort zu suchen, wo er sie finden konnte. Wie verzweifelt die Lage war, läßt die Aussage eines Indianers und Mitstreiters Zapatas erkennen, der sich nach Jahren an den Krieg erinnerte:

»Die Leute waren müde. Sie wollten nicht mehr kämpfen. Ich erinnere mich noch gut, wie Zapata nach San Vicente kam. Er hatte sich aus Cuernavaca zurückziehen müssen, und er sagte zu uns: ›Wenn ihr nicht mehr kämpfen wollt, werden wir alle zum Teufel gehen! Was meint ihr damit: ihr wollt nicht mehr kämpfen?‹

Alle schwiegen. Keiner antwortete. ›Bah!‹ sagte er. ›Dann gibt es nichts mehr, was ich noch tun kann.‹ Wir waren erschöpft, übermüdet, abgespannt, und die *carrancistas* waren uns auf den Fersen, vertrieben uns beinahe bis nach Jojutla, nahe der Grenze nach Guerrero.«[179]

Es war ein erbarmungsloser Krieg. Und nicht nur die Aufständischen (und die Soldaten) erlitten schwere Verluste. Auch die Zivilbevölkerung wurde in Mitleidenschaft gezogen. Man warf ihr – zu Recht oder zu Unrecht – Kollaboration mit dem Feind vor und schreckte selbst vor einem Massaker nicht zurück. Wie sich ein anderer Zeuge, jene Indianerin, die den ersten Auftritt Zapatas in Milpa Alta miterlebte, erinnert:

»Und eines Tages kamen die *carrancistas* und holten die Männer aus den Häusern – Jungen, die noch nicht älter als fünfzehn waren, ja, zwölf oder dreizehn, die Alten, die Jungen, die Kräftigen. Und sie töteten sie alle auf dem Dorfplatz vor der Kirche.

Sie zerrten alle Männer aus den Häusern. Unsere Männer hatten sich überhaupt nicht in die Politik eingemischt. Sie töteten meinen Vater und meine Onkel. Einer meiner Onkel war ein kräftiger Mann, und der andere war ein kleiner, alter Mann. Er lag bereits im Sterben, als die *carrancistas* in sein Haus kamen und ihn packten und ihn auf dem Boden zerschmetterten.

Sie holten alle gegen sechs Uhr morgens heraus. Nur ein Feuerstoß, aus einem Maschinengewehr, war zu hören. So brachten sie sie um.«[180]

Es ist nie ermittelt worden, wie viele es waren, die im Verlauf der Wirren der Revolution, die zehn Jahre dauerten, ums Leben kamen. Man schätzt ihre Zahl auf *zwei Millionen*. Es war ein Aderlaß, der selbst den der Conquista in den Schatten stellte. Um so tragischer ist es, daß die Opfer umsonst starben.

Zapata war nicht der letzte, der in der Revolution sein Leben ließ. Aber er war mit Abstand derjenige, der es am wenigsten verdiente. Als

Carranza zum letzten Schlag gegen ihn ausholte, stand er, wie gesagt, mit dem Rücken zur Wand, und als er deshalb von dem Zerwürfnis zweier hochrangiger Offiziere hörte, die die Truppen Carranzas, die Jagd auf ihn machten, befehligten, sah er die Möglichkeit, sich mit dem einen zu verbünden, um dadurch neuen Auftrieb zu gewinnen. Er schrieb einem gewissen Jesús Guajardo, Kommandeur des 50. Regiments, einen Brief, in dem er ihn aufforderte, sich den Aufständischen anzuschließen. Doch dieser Brief wurde von General González, dem, der Guajardo wegen eines Disziplinarvergehens gemaßregelt hatte, abgefangen, und da er es war, der – als Oberbefehlshaber der Regierungstruppen in Morelos – mit Carranza ein entscheidendes Vorgehen gegen Zapata abgesprochen hatte, sah er nun eine Chance, den verhaßten Anführer der Aufständischen in eine Falle zu locken, indem er Guajardo unter Druck setzte.

Guajardo war nicht eigentlich ein Verräter. Aber er stand vor der Wahl, eine vielversprechende Laufbahn als Offizier aufgeben zu müssen oder aber mit Ruhm und Ehren überhäuft zu werden. Da er zwar kein Feigling, aber ein erklärter Gegner Zapatas war, fiel ihm die Wahl nicht allzu schwer: Er ließ sich für Carranza vor den Karren spannen und ging scheinbar auf die Aufforderung Zapatas ein und überredete ihn schließlich, sich mit ihm zu treffen, um die Einzelheiten einer zukünftigen Zusammenarbeit zu besprechen.

Als Treffpunkt wählte man *Chinameca*, eine Hacienda, die Zapata gleich zu Beginn seines Aufstandes besetzt hatte und die zudem unweit jenes Ortes, Ayala, lag, wo er sein Revolutionsprogramm verkündet hatte. Zapata sollte sich in Sicherheit wiegen, und obwohl er von einigen seiner Leute, die Unheil witterten, gewarnt wurde, setzte er sich doch über alle Bedenken hinweg. In Begleitung nur einer kleinen Eskorte traf er zum verabredeten Zeitpunkt in Chinameca ein.

Es war der 10. April 1919. Die Hacienda war, wie gewöhnlich, von einer hohen Mauer umgeben, an der einige Hütten lehnten, die als Schenken und Läden dienten. Hier eröffnete man die Verhandlungen, doch als plötzlich die Nachricht eintraf, daß Truppen der Regierung in der Nähe seien, einigte man sich, daß Guajardo sich in der Hacienda verschanzen sollte, während Zapata die Gegend erkundete. Als er schließlich nach vergeblicher Suche zurückkehrte, ließ ihm Guajardo ausrichten, daß er ins Haus kommen solle, um etwas zu essen und sich auszuruhen. Zapata zögerte: Die Hacienda war von den Leuten Guajardos besetzt, und es war etwas anderes, einen Überläufer auf neutralem Boden zu treffen, als sich gänzlich in seine Hand zu begeben.

Guajardo, mit dem Zapata, wie gesagt, bereits verhandelt hatte, muß ein guter Schauspieler gewesen sein. Vielleicht auch lag es nicht im

Wesen Zapatas, sich auch nur vorstellen zu können, daß jemand, dem man von Angesicht zu Angesicht gegenübertritt, ein Verräter sein könnte. Er ließ sich blenden, das letzte Zeichen seines unverdorbenen, aufrichtigen Wesens.

Er wählte zehn seiner treusten Begleiter aus und betrat die Hacienda. Einer, der mit ihm ging, berichtete, was dann geschah:

> »Zehn von uns folgten ihm, wie er es angeordnet hatte. Der Rest blieb draußen unter den Bäumen und ruhte sich aus; die Karabiner waren vertrauensselig zu Gewehrpyramiden aufgestellt worden.
>
> Drinnen, auf dem Gelände der Hacienda, hatte die Wache Guajardos Aufstellung genommen, wie es schien, um Zapata die Ehre zu erweisen. Dreimal wurde ihm Salut geblasen, und als die letzte Fanfare verstummte und der General die Schwelle des Hauses erreichte ..., da schossen die Soldaten, die ihre Waffen präsentiert hatten, zwei Salven auf den General ab, der noch nicht einmal Zeit hatte, seine Pistole zu ziehen, und unser unvergeßlicher Zapata fiel zu Boden, um nie wieder aufzustehen.«[181]

Man brachte die Leiche nach *Cuautla*, wo González, der Drahtzieher, sein Lager aufgeschlagen hatte, und nachdem sie identifiziert worden war und es einwandfrei feststand, daß es sich tatsächlich um den »berühmten Attila« handelte, wie regierungstreue Zeitungen den Ermordeten schmähten, inszenierte man ein aufwendiges Begräbnis, mit Kamera und Presse, damit es auch wirklich niemandem entging, daß Zapata tot war. Doch die, die dem großen Revolutionär die letzte Ehre erwiesen, »die einfachen Leute«, wie sich ein Reporter der Zeitung *Excélsior* ausdrückte, »erfaßte ein Zittern, das ihnen vom Kopf bis zu den Zehen ging«.

Das Gewissen der Nation

> »Als wir flohen und die Männer Zapatas unser Land verließen, gab es keine Seele mehr in Milpa Alta. Nur noch Hühner bleiben zurück und Hunde und Schweine und Pferde. Wir konnten sie nicht mit nach Mexiko nehmen, deshalb ließen wir sie zurück.

Nach etwa vier Jahren kehrten wir in unser Dorf zurück.
Mit bangem Herzen gingen die Leute, um zu sehen, was aus
ihrem Besitz geworden war – dem Land, den Feldern, den
Häusern.

Und als sie ankamen, sahen sie, daß sich die Maisfelder in
Wildnis verwandelt hatten! Bäume wuchsen auf den Feldern,
der Tepozan-Baum, Weiden und wilde Kirschen! Überall
wuchsen Bäume! Und die Männer und Frauen, die zuerst
ankamen, berichteten, wie auf den Bäumen Schlangen waren,
die von den Ästen hingen. Sie fällten die Bäume, und auf
diese Weise wurde das Dorf wieder bewohnbar. Nach drei
oder vier Jahren kehrten weitere zurück, um wieder dort zu
leben.

Bevor wir zurückkehrten, waren unsere Hütten weit verstreut gewesen, und wir hatten uns immer gefürchtet vor dem
Schrei: ›Die Zapatistas kommen!‹ – ›Die Carrancistas kommen!‹ Doch diese Tage sind nun vorbei.«[182]

Es dauerte einige Zeit, bis sich das Land von den Wunden des Krieges
erholt hatte. Der Kampf war zwar vorüber, doch die Intrigen gingen
weiter. Bis 1924 ein Mann an die Macht gelangte, dessen hervorragen-
des Verdienst darin bestand, dem Land jene politische Stabilität zu
geben, nach der es sich sehnte. Freilich um einen Preis: es war nun nicht
mehr *ein* Mann, *ein* Diktator, der das Land regierte, sondern eine *Institution*, eine Partei, die es bislang als wirkungsvolle politische Kraft
nicht gegeben hatte. Nicht, daß es nicht auch schon früher Parteien
gegeben hätte; doch sie waren nicht mehr als vorübergehende Interes-
sengemeinschaften gewesen, die als Hausmacht des jeweiligen Aspi-
ranten auf den Präsidentenstuhl dienten. War er erst einmal an der
Macht, setzte er sich über alle politischen Versprechen hinweg, und es
blieb den Geprellten nur die Möglichkeit, sich eine neue Vaterfigur zu
suchen. Nicht die Partei, sondern die Person stand im Mittelpunkt des
politischen Lebens, und was den Ausschlag gab, war letztlich das *Militär*. Solange es hinter einem Präsidenten stand, war er sicher. Wandte
es sich einem anderen zu, waren seine Tage gezählt.

Die Revolution oder vielmehr ihre Erben räumten damit auf: An die
Stelle des Militärs als konstanter politischer Größe trat die Partei. Eine
Partei, die vorgab, das Vermächtnis der Revolution festzuschreiben, es
zu perpetuieren. Deshalb der etwas widersprüchliche Name, auf den
sie sich schließlich festlegte: *Partido Revolucionario Institucional*,
kurz »PRI« genannt. Diese »Institutionelle Revolutionäre Partei« hat
seit 1929 alle Präsidentschaftswahlen gewonnen, was nicht bedeutet,

daß damit der Wille des Volkes zum Ausdruck kam, sondern lediglich ein friedlicher Übergang von einer Administration zur anderen gewährleistet war. Das ist ein nicht geringes Verdienst, vergleicht man es mit dem Chaos, das praktisch hundert Jahre lang Mexiko verwüstet hatte.

Doch der Preis war – und ist –, wie gesagt, hoch. In seinem Anspruch, die Revolution zu verkörpern, läßt der PRI praktisch keine Opposition zu. Noch weniger duldet er, daß ein Gegenkandidat auch nur die geringste Chance hat. Notfalls geht man mit massivem Wahlbetrug vor: Jede Wahl ist in Mexiko eine Farce. Der nächste Präsident steht immer schon vorher fest.

Trotzdem läßt – und ließ – sich das Volk verblenden. Es *gab* Reformen, auch wenn sie in der Regel nur kosmetische Eingriffe waren, anstatt grundlegende, strukturelle Veränderungen herbeizuführen. Und es *ging* für einen Teil der Bevölkerung aufwärts. Selbst die Indianer profitierten von dem neuen System. Doch in ihrem täglichen Leben änderte sich wenig.

Die Revolution holte das nach, was die Reformbewegung des 19. Jahrhunderts nicht erreichte: Sie räumte ein für allemal mit dem kolonialen Erbe auf. Die Hacienda wurde zerschlagen, die Kirche endgültig in ihre Schranken gewiesen, und an die Stelle des Kreolen, des einst in den Kolonien geborenen Spaniers, der im 19. Jahrhundert den Ton angab, trat nun der *Mestize*. Man erkannte an, daß Mexiko – rassisch und auch kulturell – ein Mischlingsstaat war. Das Indianische und das Spanische hatten sich im Laufe der Jahrhunderte vermischt, bis die Synthese, die daraus entstand, schließlich die Oberhand gewann, was anzuerkennen um so leichter war, als immer mehr Mischlinge in Führungspositionen aufrückten und die Kreolen, die ihrerseits die Peninsularen ersetzt hatten, verdrängten.

Dies bedeutete eine Aufwertung des Indianers, insofern, als man nun erkannte und *an*erkannte, daß der Indianer ein *Teil* des nationalen Erbes war. Aber zugleich schuf man einen Konflikt: hier der Indianer, dort der Spanier – wer würde am Ende gewinnen? Welche Komponente, welche Tradition würde überwiegen?

Es gab durchaus die Möglichkeit, zu einem Äquilibrium, zu einem Ausgleich zu gelangen. Denn noch immer machte der Indianer ein Drittel der Bevölkerung aus, während die Weißen nur ein Sechstel, also die Hälfte der Indianer, stellten. Theoretisch, das heißt nach einem demokratischen Prinzip, hätte sogar das *Indianische* den oberen Bezugspunkt abgeben müssen. Praktisch war es jedoch genau umgekehrt: Nicht der Weiße, sondern der Indianer hatte sich anzupassen – durch jene Fiktion, die man *Mexicanización* nennt, »Mexikanisierung«, und die doch nichts anderes bedeutet, als die Anerkennung nicht-indianischer, weißer, spanischer Leitmotive: Kapitalismus, Christentum und Spanisch. Diese Elemente, die den Kern der sogenannten nationalen, mestizischen Kultur Mexikos ausmachen, werden nur mit dem Firnis indianischer Symbole verbrämt: am auffallendsten im Wappen Mexikos. Hier hat man auf jene indianische Legende zurückgegriffen, die den Ursprung der Stadt Mexiko erklärt: Der Adler auf dem Kaktus, der eine Schlange vertilgt, ziert heute jeden Fahnenmast. Doch darunter kann man wie eh und je eine ärmliche Indianerin finden, die auf der Straße hockt und eine kleine Pyramide von Früchten feilbietet. Das ist ihr ganzer Lebensunterhalt, und statt weniger, werden es immer mehr, die so leben.

Dagegen nannte man bereits die Gegend, wo Calles und seine Anhänger sich prunkvolle Herrensitze errichten ließen, die »Straße der vierzig Diebe«. Und Carranza stopfte einen ganzen Zug voll mit erbeuteten Schätzen, als er sich aus dem Staube machte. Die Tradition der korrupten Revolutionäre begann schon früh und setzt sich bis auf den heutigen Tag fort.

Plutarco Elías Calles war jener Begründer der mexikanischen »Demokratie«, die dem Land politische Stabilität auf Kosten sozialer Gerechtigkeit brachte. 1924 zum Präsidenten gewählt, gründete er 1929 den PRI beziehungsweise die »Nationale Revolutionäre Partei«, wie man sie anfangs nannte, was ihm die Möglichkeit gab, auch über das Ende seiner Amtszeit hinaus der eigentliche Drahtzieher des Geschehens zu sein. Die Partei war also schon in ihrer Entstehung ein antidemokratisches Mittel, den Willen des Volkes, das nur zum Teil integriert wurde, zu manipulieren. Sie war und ist keine Volkspartei, obwohl sie ein breites Spektrum von Meinungen umfaßt, die jedoch nie die Grenzen einer mittelständischen Ideologie überschreiten. Nach links, versteht sich (nach rechts stehen alle Türen offen).

Calles war der Big Boss der mexikanischen Politik; nicht mehr ein Diktator, vielmehr ein Manager, der alle Fäden in der Hand hielt und doch im Hintergrunde blieb. Das entsprach der mexikanischen Tradition des *Personalismo*, des Vertrauens auf und der Abhängigkeit von einer greifbaren Persönlichkeit; erst allmählich gewöhnte man sich an die Anonymität der Partei, die schließlich den Caudillo ersetzte. Das war der wesentliche Beitrag Calles' zur Demokratisierung des Landes. Er blieb jedoch nutzlos, solange an die Seite der Partei nicht mindestens eine zweite trat, die ihr ebenbürtig ist und somit als Gegengewicht wirkt. Dieser Schritt ist bislang in Mexiko noch nicht vollzogen worden, und dies ist der Grund, weshalb Mexiko auch heute noch eines der rückständigsten Länder der Erde ist.

Segensreicher als seine politischen Manipulationen wirkten sich zwei andere Maßnahmen aus, die Calles ergriff. Das eine war der Schlußstrich, den er unter die Vormachtstellung der Kirche zog. Als die katholische Kirche 1926 offen gegen die Verfassung von 1917 Stellung bezog, nahm Calles dies zum Anlaß, die in der Verfassung enthaltenen antiklerikalen Bestimmungen in die Tat umzusetzen und verstaatlichte alle noch verbliebenen beziehungsweise inzwischen wiedererworbenen kirchlichen Güter und verwies alle ausländischen Priester sowie den Erzbischof des Landes. Das wiederum löste einen blutigen Aufstand aus, die sogenannte *Cristero-Revolte,* die mit Gewalt ein Reich Christi auf Erden wiederzuerrichten suchte. Es war das letzte Aufbäumen jener Kraft, der Mexiko und insbesondere der Indianer letztlich all sein Leid verdankte. Mit der Schenkung des Papstes an die spanischen Könige hatte es begonnen, mit der Niederschlagung der Cristero-Revolte endete es: Fortan wurde nicht mehr im Namen Christi gemordet, versklavt und getauft. Der neue Glaube war die Revolution und der Papst und der König und die Inquisition der PRI. Für die Indianer änderte sich nichts, doch die Kirche hatte ausgespielt.

Das zweite, was Calles in Angriff nahm und was sich schließlich als seine größte Tat entpuppte, obwohl sie eher unfreiwillig war, war die Unterstützung, die er einem Bewerber um das Präsidentenamt, *Lázaro Cárdenas,* gewährte. Das war insofern geradezu eine Ironie, als Cárdenas genau das Gegenteil von dem verkörperte, was Calles darstellte. Es fing schon mit der Herkunft Cárdenas' an: Er war ein Indianer, vom Stamme der Tarasken, jenes Volkes, das seinen Stammsitz in Michoacan hatte und das das einzige war, das dem Vormarsch der Azteken siegreich widerstanden hatte. Cárdenas ist der dritte Mexikaner, der, obzwar oder besser *weil* er indianischer Abstammung war, es zu Ruhm und Ansehen brachte. Was Juárez, der Zapoteke, in blindem Fortschrittsglauben vorgezeichnet hatte, wofür Zapata, der Verwandte der Azteken, gekämpft hatte: Cárdenas, der Taraske, erfüllte ihren Traum. Mit ihm erreichte die Revolution ihre höchsten Höhen: Was davor war, waren nur halbherzige Ansätze, und was danach kam, war die Umkehr. Cárdenas, 1934 zum Präsidenten gewählt und bis 1940 im Amt, tat all das, was die Revolution versprochen hatte. Er, der 1970 starb, war ohne Zweifel der bedeutendste Präsident, den Mexiko jemals gehabt hat. Nicht umsonst nannte man ihn »das Gewissen der Revolution«.

Das Paradoxe ist, daß Cárdenas eigentlich kein Politiker war. Er war ein biederer, unscheinbarer Mann aus der Provinz, der es zwar zum Gouverneur seines Heimatstaates gebracht und sich darüber hinaus in den Kämpfen der Revolution ausgezeichnet hatte, der dennoch aber im

Grunde ohne jede Ambition und deshalb leicht zu manipulieren war. So wenigstens dachte Calles. Doch das sollte sich als der größte Irrtum seines Lebens erweisen: Kaum war der anscheinend biedere und zahme Cárdenas an die Macht gekommen, da fing er an aufzuräumen. Vor nichts und niemandem machte er halt. Zuerst jagte er Calles und seine korrupten Anhänger außer Landes, dann gründete er eine allumfassende Arbeitergewerkschaft, die *Confederación de Trabajadores de México,* der bald darauf eine entsprechende Organisation für die Landarbeiter, die *Confederación Nacional Campesina,* folgte, und schließlich erkühnte er sich, mit der erstgenannten Gewerkschaft im Rücken, die Erdölquellen zu verstaatlichen, die bislang ein Monopol ausländischer Firmen gewesen waren. Damit gab er Mexiko nicht nur ein Nationalbewußtsein, das es praktisch vorher nie besessen hatte, er schuf auch die Grundlage für die Industrialisierung des Landes, die ohne eine entsprechende Energiewirtschaft nicht möglich gewesen wäre. Daß das Erdöl noch einmal sein Janusgesicht zeigen würde, konnte er nicht wissen (und es darf füglich bezweifelt werden, daß, wenn er zu gegebener Zeit das Sagen gehabt hätte, es zu jenen Exzessen gekommen wäre, die das Land schließlich an den Abgrund brachten).

Dies ist eine Geschichte der Indianer, und wenngleich es uns fernliegt, sie über den grünen Klee zu loben, was gerade bei den Azteken eine Verzerrung der Tatsachen wäre, so ist es doch nur die Konstatierung einer unwiderlegbaren Wahrheit, wenn wir darauf hinweisen, daß Cárdenas der einzige war, der sich durch die Revolution *nicht* korrumpieren ließ. Wie er die ausländischen Konzerne und die einheimischen Hacendados zum Teufel jagte, so hätte er auch den verlockenden Angeboten fremder Banken, die am plötzlichen Ölboom teilhaben wollten, eine solide Abfuhr erteilt. Er war, wie gesagt, kein Politiker, was heißt, zumindest in Mexiko, aber auch anderswo, daß er sich *nicht* schmieren ließ und daß er sein Mäntelchen *nicht* nach dem Winde hing. Er blieb bis zuletzt seinem einfachen, aufrechten Gewissen treu, und dieses Gewissen, diese Wesensart war ein Erbe seines Volkes. Kein Spanier, kein Mestize würde es auch nur verstehen.

Da er Indianer war und aus dem Volke stammte, ist es nur natürlich, daß sein besonderes Augenmerk dem Wohl der Landbevölkerung, die ja noch immer zu einem großen Teil indianisch war, galt. Wie wenig man sich bisher, trotz revolutionärer Versprechen, um die ländlichen Gebiete gekümmert hatte, geht aus einem Bericht hervor, den jener Indianer, der aus dem Nahua-Dorf *Tepoztlan* alias »Azteca« stammte und einst an der Seite Zapatas gekämpft hatte, einem amerikanischen Anthropologen, *Oscar Lewis,* auf Band diktierte:

»Die Agrarreform begann 1925. Das war eine weitere Revolution! Ich nenne sie die soziale Revolution, denn das war der
Augenblick, wo sie begannen, Land zu verteilen. Die Agrarbehörde wollte sich hier niederlassen, damit das Land einiger
Haciendas Azteca übertragen werde. Ich begrüßte die
Absicht, unser Gemeindeland zu vergrößern, denn dann
würde man einzelne Parzellen an die landlosen Bauern verteilen können. Doch Pascual Herrera und die Vereinigung der
Bauern von Azteca gehörten zur CROM [einer ersten gewerk-
schaftlichen Dachorganisation], und die CROM war gegen die
Agrarbehörde. Sie sagten, wo die Agrarreform Fuß faßt, da
fällt die CROM auseinander. Sie fürchteten, daß die starke
Gewerkschaft auseinanderbrechen würde.

Die Regierung hatte zwei junge Leute geschickt, einen als
Finanzbeamten, den anderen als Schatzmeister, um die Agrarreform für das Dorf einzurichten. Diese beiden Jünglinge faß-
ten Vertrauen zu mir und forderten mich auf, der Versammlung beizuwohnen. Ich gehörte dem Dorfrat nicht mehr an; zu
der Zeit hatte ich mein Amt abgegeben. Ich schlug es aus, mit
zur Agrarversammlung zu gehen, denn im Grunde hatten wir
alle Angst vor den Herrera-Brüdern. Aber am Ende brachten
sie mich doch dahin mitzugehen. Und ehe ich mich versah,
war ich mitten im Geschehen.

›Was soll das?‹ fragte ich. ›Ich bin hier nur als neutraler
Beobachter.‹

›Aber nein!‹ sagten sie. ›Wir möchten, daß du den Posten
des Generalsekretärs der Agrarreform übernimmst. Schau, das
ist etwas, das den Bauern helfen wird. Du gehörst zur CROM,
doch das ist etwas für Arbeiter, nicht Bauern. Die Agrarreform wird euch nützen.‹

Nun, sie hatten mich überrumpelt, aber ich sagte: ›In Ordnung, ich nehme an. Aber unter einer Bedingung: daß ihr mir
ein Stück Land der angrenzenden Hacienda gebt. Für Azteca!‹

›Das ist genau das, weshalb wir hier sind. Eine Hälfte des
Landes der Hacienda ist für Azteca und die andere Hälfte für
Yautepec bestimmt. Deshalb sind wir gekommen.‹

Und so ging ich denn mit Freude an die Arbeit. Parzellen in
Amitingo, die die Hacienda an Azteca zurückerstattete, wurden etwa zweihundert Bauern als *ejidos* zugeteilt. Ein Hektar
kam mir zugute, und ich begann, einen Teil davon zu bepflan-
zen. Als Sekretär der Agrarreform beantragte ich weiteres
Land für Azteca und verhandelte zu diesem Zweck mit den

Behörden in Cuernavaca. Doch dann ereignete sich etwas, das allem ein Ende machte.

Die beiden Jünglinge von der Agrarbehörde gingen eines Tages zu dem Pachteintreiber, der zwei Töchter hatte, und da die beiden mit den Mädchen sprachen, nahm man dies zum Vorwand, sie zu töten. Man verbreitete das Gerücht, daß die Freunde der beiden Mädchen die beiden Beamten getötet hätten, weil sie angeblich eifersüchtig waren; aber das war nicht wahr. Sie wurden getötet, weil sie die Agrarreform in Gang setzten, und die Tyrannen waren es, die sie töteten. Als die Tat vollbracht war, kamen sie zu mir und sagten: ›Nun, diese beiden sind tot. Der nächste, der drankommt, bist du und die Agrarreform!‹ Aber sie unternahmen nichts. Später ernannten sie mich sogar wieder zum Ratsmitglied.

Nachdem dies geschehen war, ging ich nach Cuernavaca, um mit der Behörde über das weitere Vorgehen zu verhandeln. Doch sie waren ärgerlich und sagten: ›Mörder! Azteca verdient nicht einmal Wasser, noch viel weniger Land. Laß die Papiere hier und vergiß die Sache. Jetzt bekommt ihr gar nichts!‹

Und das ist der Grund, weshalb alles so geblieben ist, wie es war. Die Herrera-Brüder waren die Schuldigen. Was hat uns der Bolschewismus gebracht? Nichts! Wir schlossen uns ihnen an, um den Wald zu schützen. Zehn Jahre lang haben wir die Wälder gepflegt, doch es war alles umsonst, denn schließlich gab das Forstministerium die Erlaubnis, die Bäume zu fällen. Wir hatten für nichts gekämpft.«[183]

In der Tat war es in der Calles-Ära geradezu zu einer Umkehr der Revolution gekommen, insofern, als der Boß und seine korrupten Anhänger mehr an sich selbst als an andere dachten. Was nicht bedeutet, daß nicht auch schon Land verteilt worden war. Doch es war in den letzten Jahren stetig weniger geworden, und erst mit Cárdenas setzte ein neuer Auftrieb ein: Er verteilte in seiner sechsjährigen Amtszeit mehr als doppelt so viel Land – fast 18 Millionen Hektar – als seine Vorgänger zusammen. Und er scheute sich nicht – im Gegensatz zu diesen –, auch tatsächlich die großen Haciendas anzugehen, die nun endgültig zerschlagen wurden. Lediglich die Viehgüter im Norden, die sich für den Feldanbau ohnehin nicht eigneten und auch weniger dem Bevölkerungsdruck ausgesetzt waren, wurden von der Agrarreform verschont.

Cárdenas setzte anstelle der Haciendas sogenannte *Ejidos*. Das ist zwar ein spanisches Wort, doch die Tradition, die es beinhaltet, ging auch und gerade auf die indianische Vergangenheit zurück: Wie wir gesehen haben, war der gemeinschaftliche Bodenbesitz die eigentliche Grundlage der indianischen Landwirtschaft. Zwar hatte es auch schon in aztekischer Zeit die Herausbildung von Latifundien gegeben, die verdienten Mitgliedern des Adels zuerkannt wurden, doch war die vorherrschende Form der Bodennutzung der gemeinschaftliche Landbesitz gewesen, der in zwei Arten unterteilt war: einmal das *altepetlalli*, das eigentliche »Dorfland«, und dann, als ein Teil davon, das *calpulalli*, das jeweils einem bestimmten Clan oder Calpulli zugeteilt war. Während der Kolonialzeit war diese Ordnung im wesentlichen beibehalten worden. Erst im 19. Jahrhundert wurde sie dann aufgebrochen, mit jenen katastrophalen Ergebnissen, die letztlich ein Auslöser – zumindest im Süden – für die Revolution waren.

Cárdenas wollte nun, wie es ja auch die entsprechenden Bestimmungen der Agrarreform vorsahen, die ursprüngliche Form der Bodennutzung wiedereinführen. Doch er ging einen wesentlichen Schritt weiter: Der Boden sollte nicht nur als gemeinschaftlicher Besitz den Indianern übertragen werden, sie sollten ihn auch gemeinschaftlich bearbeiten. Mit anderen Worten, ihm schwebte eine *kollektive* Form der Landwirtschaft vor; sie sollte an die Stelle der bisherigen Großbetriebe, der Haciendas, treten, in der Hoffnung, daß sie sich als ebenso rentabel erweisen würde wie die intensiv betriebenen Haciendas, die ja eigentlich Plantagen waren. Doch mangels Krediten und auch wegen des Unvermögens der Indianer, sich an diese Form der Produktion, die ihnen fremd war, zu gewöhnen, erfüllte sich diese Hoffnung nicht. Dennoch bleibt festzustellen, daß Cárdenas das Versprechen der Revolution einlöste, indem er nicht nur Land verteilte, sondern auch die ländliche Bevölkerung gewerkschaftlich organisierte, womit sie ein Gegengewicht zu den städtischen Arbeitern bildete. Damit steht er, wie gesagt, allein da, und schon das wäre ausreichend, um ihm ein Denkmal zu setzen.

Doch Cárdenas machte sich auch noch auf andere Weise in besonderem Maße verdient. Anders als Juárez, der die Landbevölkerung, egal, ob Indianer oder Mestize, letztlich über einen Kamm scherte, erkannte Cárdenas, daß der Indianer, der auf der untersten Stufe der Gesellschaft stand und zudem eine eigene Kultur hatte, der besonderen Fürsorge des Staates bedurfte. Dazu reichte es nicht, ihm nur die materielle Basis seiner Existenz zurückzugeben, man mußte sich auch in allen anderen Bereichen um ihn kümmern, wenn er zu einem vollwertigen Bürger werden sollte.

Bereits 1935, in seiner ersten Botschaft an den Kongreß, hatte Cárdenas verkündet:

334

»Bei dem Versuch, die grundlegenden Probleme der schuli-
schen Bildung und der Verteilung des Landes zugunsten der
ländlichen Gemeinden zu lösen, wird immer dringender die
Frage, wie das Problem unserer indianischen Völker zu lösen
ist, denn während die amtlichen Stellen sich besonders um
die unteren Schichten des Volkes insgesamt kümmern, gibt es
keine Instanz, die sich speziell um die notleidenden autochthonen Völker bemüht.

Andererseits fühlen sie sich selbst isoliert, ohne zu wissen,
daß bei der Allgemeinheit wie auch bei den Regierungsvertre-
tern das Bewußtsein besteht, sich in besonderem Maße ihrer
Probleme annehmen zu müssen; leben sie doch wie eh und je
in den entferntesten Winkeln des Landes, wo sie weder den
Ausbau der Straßen noch die Wohltaten der Erziehung sehen,
ja, nicht einmal um das soziale Engagement des ehrlichen
Politikers wissen, der bemüht ist, sie in das nationale Leben
zu integrieren, indem er ihr Selbstvertrauen weckt, ihren
Geist mobilisiert und sie aus ihrer Not befreit.«[184]

Es gehörte zu den besonderen Vorzügen von Cárdenas, die – zumindest
was Mexiko betrifft – keineswegs selbstverständlich sind, nicht nur zu
reden, sondern auch zu *handeln*. So richtete er bereits im folgenden
Jahr, 1936, eine sogenannte *Unabhängige Behörde für Indianerangele-
genheiten* ein, deren Aufgabe folgendermaßen definiert wurde:

*Es geht darum, eine Regierungsinstanz zu schaffen, die sich
ausschließlich damit befaßt, den Präsidenten über die Bedürfnisse der Indianer zu unterrichten und ihm Vorschläge zu
unterbreiten, wie sie befriedigt werden können; es ist nicht
Aufgabe der Behörde, irgendwelche Verwaltungsmaßnahmen
durchzuführen.[185]*

Mit anderen Worten, es war eine Beratungsstelle, die speziell für die
Belange der Indianer zuständig war und Leitlinien erarbeiten sollte,
wie man konkrete Maßnahmen auf die Bedürfnisse der Indianer
abstimmen konnte. Es war ein erster Schritt, der eine entscheidende
Ergänzung erfuhr, als 1948 ein *Nationales Indianerinstitut,* kurz *INI*
genannt, gegründet wurde, das zusätzlich zu einer praxisbezogenen
Forschungstätigkeit auch mit der Durchführung von Entwicklungsauf-
gaben betraut wurde, die zwar jeweils mit den zuständigen Behörden
abzustimmen waren, letztlich aber in der Verantwortung des Indianerinstituts blieben. Damit war eine Institution geschaffen, die auch prak-

tische Bedeutung hatte. Die Initiative dazu ging wiederum auf Cárdenas zurück, der als sozusagen krönenden Abschluß seiner Präsidentschaft 1940 eine *Interamerikanische Indianerkonferenz* einberief, die in seinem Heimatstaat Michoacan tagte.

Die Konferenz von 1940 nannte sich eigentlich »Indigenistenkongreß«, was auf einen Begriff hinweist, der durch die Mexikanische Revolution eine besondere Bedeutung erlangte: den *Indigenismus.* Es war und ist dies ein Bündel von Vorstellungen und Maßnahmen, die darauf abzielen, den Indianer und seine Kultur einerseits aufzuwerten, ihn gleichzeitig aber, indem er als gleichberechtigter Bürger anerkannt wird, in die nationale Gesellschaft zu integrieren. Das ist ein hochgestecktes Ziel, das durchaus auch altruistische Beweggründe hat. Doch es ist, wenn man es genauer betrachtet, ein paradoxes Ziel: denn man kann nicht gleichzeitig sozusagen die Kultur des Indianers wiederentdecken und den Indianer in die nationale Gesellschaft integrieren, was nur über eine Assimilierung möglich ist. Und Assimilierung heißt *Angleichung,* also letztlich die Aufgabe der Kultur, die gerade entdeckt wurde.

Das ist ein Dilemma, aus dem auch Cárdenas keinen Ausweg wußte. Es heißt zwar, daß alle die kulturellen Traditionen des Indianers zu bewahren seien, die einer Neuerung, also der Verbesserung seiner Lebensverhältnisse nicht im Wege stehen. Doch das ist letztlich eine Illusion, zumindest, wenn dahinter die Forderung steht, daß der Indianer voll integriert werden soll. Vom Standpunkt dessen, der einen funktionsfähigen, homogenen Nationalstaat aufbauen möchte, ist diese Forderung durchaus folgerichtig. Der Indianer aber, der gezwungen ist, seine Kultur gegen eine andere einzutauschen (denn die mexikanische Kultur ist, wie wir gesehen haben, primär spanisch geprägt, wo sie nicht bereits amerikanischem Einfluß gewichen ist), mag da sehr wohl anders denken. Zumal, was leider allzuoft der Fall ist, der Indianer zwar seine kulturelle Identität verliert, dafür aber in keiner Weise eine gesicherte Existenz erfährt. Wir werden darauf zurückkommen.

In jedem Falle ist eines jedoch bemerkenswert: Die Mexikanische Revolution hat, mehr noch als die Romantiker im 19. Jahrhundert, den Indianer wiederentdeckt. Und das äußerte sich nicht nur in der Politik, sondern auch und gerade in der Kunst und der Literatur. Aber auch in der *Wissenschaft,* die in Mexiko eine besondere Blüte erfuhr. Bereits mit der Indianerbehörde, die Cárdenas schuf, war die Wissenschaft aufgefordert, ihre Arbeit in den Dienst der Gesellschaft zu stellen. Das war, wie wir gesehen haben, keineswegs eine Selbstverständlichkeit. Bislang war es üblich gewesen, nach eigenem Belieben zu forschen; unabhängig von der Frage, ob dies – soweit es den Indianer betraf – diesem nützte oder nicht. In Mexiko wurde dies nun anders: Der Anthropologe – der Völkerkundler – war gefordert, *problemorientiert* zu arbeiten, das heißt, er hatte sich den Problemen zu stellen, die die Gesellschaft aufwarf, und einen *aktiven* Beitrag zur Lösung dieser Probleme zu leisten. Das war ein entscheidender Fortschritt im Bewußtsein der Wissenschaft, der leider – zumindest was Europa und ganz besonders Deutschland beziehungsweise die Bundesrepublik betrifft – keine Schule gemacht hat. Bei uns gilt noch immer das Motto: l'art pour l'art!

In Mexiko leiten Anthropologen die Entwicklungsprojekte: Das INI, das auf einen Beschluß der Konferenz von 1940 zurückgeht, wonach in allen Ländern Amerikas mit indianischer Bevölkerung nationale Indianerinstitute einzurichten seien, nahm 1951, als das erste regionale Entwicklungszentrum gegründet wurde, seine praktische Arbeit auf. Sowohl in der Zentrale, in Mexiko-Stadt, als auch in den einzelnen Zentren, die nun in schneller Folge errichtet wurden, waren Anthropologen mit den leitenden Funktionen betraut. Der bekannteste von ihnen war *Alfonso Caso*, der ursprünglich als Archäologe tätig gewesen und erst später zur Anthropologie übergewechselt war. Caso war der Altmeister der Mexikanistik, das, was Seler einmal gewesen war. Doch die Revolution hatte ihn geformt, und er begnügte sich nicht damit, nur die Vergangenheit zu erforschen, sondern richtete sein Augenmerk auch auf die Gegenwart. So war es letztlich ihm zu verdanken, daß das INI überhaupt gegründet wurde, und er war es, der in der schwierigen Anfangsphase die Aufbauarbeit leistete. War doch bislang, was die Situation des Indianers betraf, keinerlei systematische Forschung betrieben worden, sieht man von sporadischen Ansätzen, wie sie nicht nur Cárdenas gefördert hatte, sondern die auch schon von einem anderen mexikanischen Anthropologen, *Manuel Gamio*, geleistet wurden, einmal ab. Da war zum Beispiel die Frage zu klären, was überhaupt ein Indianer war. Denn wenn das INI sich speziell für die indianische Bevölkerung einsetzen sollte, dann mußte es sich zunächst einmal klar darüber werden, wer die tatsächliche Zielgruppe war. Seit der Conquista waren vierhundert Jahre vergangen, und obwohl der Indianer immer seine Identität bewahrt hatte, war – und ist – es doch nicht immer leicht, ihn in seiner äußeren Erscheinung von der übrigen Bevölkerung, zumindest auf dem Lande, zu unterscheiden. Es mußten also Kennzeichen identifiziert werden, die eine genaue Definition dessen, was ein Indianer ist, ermöglichten. Caso kommt dabei zu folgendem Schluß:

>»Zusammenfassend kann man sagen, daß es vier grundlegende Kriterien gibt, nach denen man den Indianer bestimmen kann: das biologische, das darin besteht, ein Überwiegen

physischer Merkmale, die nicht europäischer Herkunft sind,
nachzuweisen; das kulturelle, das darin besteht, daß eine
Gruppe Gegenstände, Techniken, Ideen und Glaubensvorstellungen benutzt, die entweder indianischen Ursprungs sind
oder von den Europäern, sei es freiwillig oder unter Zwang,
übernommen wurden, inzwischen aber bei diesen verschwun-
den sind. Diese Merkmale müssen gleichfalls vorherrschend
in der Gruppe sein. Weiter das linguistische Kriterium, das
voll für die zutrifft, die nur eine indianische Sprache sprechen, nützlich in den Fällen ist, wo die Gruppe zweisprachig
ist, doch völlig unbrauchbar dann ist, wenn die Betreffenden
Spanisch sprechen. Und schließlich das psychologische Kriterium, das darin besteht, daß der Einzelne sich als Teil einer
indianischen Gemeinschaft fühlt.«[186]

Da jedoch in den seltensten Fällen alle vier Kriterien gleichzeitig gegeben sind, vielmehr die Indianer überwiegen, die nur einen Teil der
genannten Kriterien aufweisen, und da diese zudem im konkreten Fall
schwierig nachzuweisen sind, rät Caso, von dem Versuch abzulassen,
den Indianer als einzelnen zu bestimmen; das Wesen des Indianers
kommt nur in seiner *Gesamtheit* zum Ausdruck, weshalb die *Comunidad Indígena,* die indianische Dorfgemeinschaft, der einzige realistische Ansatzpunkt für die Entwicklungsarbeit sei.
    Aus dieser Erkenntnis leitet sich die ganze Arbeit des INI ab, die
nicht auf den einzelnen Indianer gerichtet ist, sondern auf eine
bestimmte Gruppe, in der Regel eine Anzahl von Dörfern, die eine eth-
nische Einheit bilden. So war das erste Zentrum der Entwicklungsarbeit, das gegründet wurde, den Hochlandmaya in Chiapas gewidmet.
Die *Nahua,* also die Nachfahren der Azteken und verwandter Stämme,
kamen erst sehr viel später an die Reihe: So wurde erst 1960 ein soge-
nanntes Koordinationszentrum, das neben einer Nahua-Gruppe auch
für die Cora zuständig war, in *Jesús María,* Nayarit, gegründet. Das war
das Gebiet, das als Ursprungsort der Nahua in Frage kommt.
    Inzwischen sind mehr als ein Dutzend weiterer Entwicklungszen-
tren entstanden, die für die Nahua (zum Teil aber auch für andere Völker, die in der gleichen Gegend siedeln) zuständig sind. So etwa in den
Staaten Guerrero, Puebla, Veracruz und Hidalgo. Auffallend ist, daß es
für die Azteken selbst kein solches Zentrum mehr gibt. Sie sind inzwischen soweit akkulturiert, daß man sie kaum noch als Indianer
bezeichnen kann. Was natürlich damit zusammenhängt, daß sie in und
um Mexiko-Stadt, dem früheren Tenochtitlan, siedelten und daß hier
der Einfluß der Spanier und derer, die ihnen folgten, am größten war.

Wenngleich die Anthropologie in Mexiko, indem sie in den Dienst der auf die Indianer gerichteten Entwicklungsarbeit gestellt wurde, eine bedeutende Rolle spielt, heißt dies nicht, daß darüber hinaus nicht auch auf die Vergangenheit gerichtete Forschung geleistet würde. Seit der Revolution hat auch die *Archäologie* einen gewaltigen Auftrieb erfahren, war man doch bemüht, auf der Suche nach einer neuen Identität, mehr über die indianischen Kulturen zu erfahren. Erst in neuerer Zeit ist dazu auch ein kommerzieller Aspekt getreten: Mexiko weist so viele spektakuläre Ruinen auf, daß es sich lohnt – ebenso wie in Ägypten –, die alte Kultur zu vermarkten. Tourismus ist ein großes Geschäft in Mexiko, und wenn nicht die Ruinen wären, bliebe zwar immer noch eine sehr reizvolle Landschaft, aber die Hauptattraktion würde fehlen.

Die Archäologie geht auf Impulse aus den USA zurück, wo bereits im 19. Jahrhundert systematische Grabungen betrieben wurden. Wir erinnern uns: Bislang hatte man sich in Mexiko mit dem begnügt, was an alten Handschriften erhalten oder durch zufällige Entdeckungen zutage gefördert worden war. Das hatte dazu geführt, daß man zwar über eine Fülle von Material verfügte, doch nicht in der Lage war, es richtig einzuordnen. Was fehlte, war ein chronologisches Gerüst, ohne das die Geschichte des vorspanischen Mexiko nicht nachvollziehbar war. Wie *Ignacio Bernal,* ein mexikanischer Archäologe, schreibt:

> »Aufbauend auf den Ergebnissen der voraufgegangenen Periode und unter Anwendung der bemerkenswerten Fortschritte, die in der Grabungstechnik erzielt wurden, gelang es den Archäologen endlich, in der Zeit zwischen 1910 und 1950, die lange indianische Vergangenheit in grobe Etappen zu unterteilen, die, obwohl sie nicht immer klar in ihrem kulturellen Inhalt bestimmt werden konnten, es wenigstens ermöglichten, Fundgegenstände und Ruinen in eine verläßliche Zeitenfolge einzuordnen und, ohne auf Vergleichsmaterial aus anderen Gegenden zurückzugreifen, Beziehungen zwischen den einzelnen Sequenzen herzustellen. Auf diese Weise nahmen die großen Perioden der Geschichte Mesoamerikas Form an, wenngleich es auch noch einige Zeit dauern sollte, bis man die Einheit, die ihnen zugrunde lag, erkannte und sie allgemein akzeptierte.«[187]

Bevor die eigentlichen Grabungen einsetzten, hatte man – soweit es das Tal von Mexiko betraf – nur zwei Kulturphasen unterschieden: die sogenannte *toltekische,* wobei man die Kultur der Tolteken mit *Teotihuacan* gleichsetzte, und die *aztekische,* die bis in die Kolonialzeit hineinreichte. Diese begrenzte Sicht war deshalb gegeben, weil man sich allein auf schriftliche Aufzeichnungen und Bodenfunde stützte, die sozusagen die vorspanische Geschichte nur an der Oberfläche erhellten. Um zu den Wurzeln der indianischen Geschichte vorzusto-ßen und die Abfolge der einzelnen Kulturen genauer zu bestimmen, mußte man wortwörtlich in die Tiefe gehen, das heißt, systematische Grabungen durchführen, indem man, in einem Schnitt durch das Erd-reich, die verschiedenen Schichten freilegte, die, den jeweiligen Fun-den entsprechend, bestimmten Kulturen zugeordnet werden konnten. Durch diese sogenannte *stratigraphische Methode* gelang es, eine Sequenz von Kulturen aufzustellen, die schließlich bis zum Erscheinen des ersten Menschen zurückreichte. All die Stationen, die wir – in umgekehrter Reihenfolge – bereits nachvollzogen haben, mußten in mühsamer Kleinarbeit, die oft der eines Detektivs glich, herausgearbei-tet werden: Tenochtitlan, Tenayuca, Tula, Teotihuacan, Cuicuilco, La Venta, Tepexpan. Hand in Hand mit dieser *relativen* Chronologie ging die *absolute* Altersbestimmung, die durch die C 14-Methode einen ungeahnten Aufschwung nahm. Heute sind wir in der Lage – wie wir gesehen haben –, die Geschichte der altmexikanischen Kulturen zumindest in groben Zügen nachzuvollziehen; sie birgt keine großen Geheimnisse mehr, auch wenn es immer wieder einmal zu sensationel-len Entdeckungen kommt. Zuletzt 1978, als man daranging, den soge-nannten *Templo Mayor*, das Herz der Aztekenstadt, auszugraben:

»Das Tor zur aztekischen Vergangenheit wurde gänzlich zufällig, noch vor dem Morgengrauen, am 21. Februar 1978 aufgestoßen. Arbeiter der städtischen Elektrizitätswerke, die in der Nähe der Kreuzung der Straßen Argentinien und Gua-temala ein Loch ausschachteten, entdeckten einen ovalen Stein von 3,5 m Durchmesser, der mit Skulpturen bedeckt war. Es dauerte nicht lange, da hatten Archäologen das Relief als die Darstellung eines bedeutenden aztekischen Mythos identifiziert. Die Figur, die in der Mitte des Steins abgebildet war, stellte den zerstückelten Leib von Huitzilopochtlis böser Schwester, Coyolxauhqui, dar. Der Legende nach hatte sie sich mit ihren zahlreichen Brüdern verschworen, ihre Mutter zu töten, als sie im Begriff war, Huitzilopochtli zur Welt zu bringen. Stattdessen entsprang Huitzilopochtli in voller Größe und wohlbewaffnet ihrem Schoß, enthauptete seine muttermörderische Schwester und jagte seine Brüder in die Flucht. Einige Anthropologen deuten diesen Mythos als ein kosmisches Drama, in dem Huitzilopochtli die Sonne darstellt, die jeden Tag ihre Schwester (den Mond) erschlägt und seine Brüder (die Sterne) vertreibt, um seine Mutter (die Erde) zu erhalten.

Der Stein, der beinahe vollständig erhalten war, rief eine Sensation hervor. Das Gerücht verbreitete sich in Mexico City, daß die Arbeiter den seit langem gesuchten Schatz Moctezumas II., des unglücklichen Aztekenherrschers, den Cortés gefangensetzte, gefunden hatten. Doch der Fund erwies sich als viel bedeutsamer. Angespornt von begeisterten Archäologen, genehmigte die mexikanische Regierung eine systematische Ausgrabung des alten Tempels. In viereinhalb Jahren sorgsamer Arbeit unter der Leitung des Archäologen Eduardo Matos Moctezuma (keine Verwandtschaft) legten die Ausgräber alle vier Seiten des Großen Tempels frei und entdeckten dabei, daß es ein sehr viel komplexeres Bauwerk war, als es in frühen Berichten den Anschein hatte. Nachdem man mit dem Bau 1325 begonnen hatte, wurde er in Abständen erweitert, wobei jeder Aztekenherrscher seinen eigenen Beitrag leistete, indem er einen neuen Tempel auf dem seines Vorgängers erbaute. Bislang haben die Archäologen sieben größere Bauphasen unterschieden, zu denen noch mehrere kleinere kommen. Am besten ist die zweite Phase erhalten, die im Jahre 1390 beendet wurde, ein Datum, das sich aus einer Plakette entnehmen läßt, die mit Symbolen des 52jährigen Kalenderzyklus der Azteken versehen ist. Sogar die Fundamente der beiden Tempel, die Huitzilopochtli und Tlaloc geweiht waren, sind erhalten geblieben, einschließlich einer auffallend modernen Darstellung paralleler Linien, die den Regen symbolisieren mag. Der große Coyolxauhqui-Stein stammt dagegen aus einer Zeit, die hundert Jahre später anzusetzen ist, aus der Regierungszeit Moctezumas I., des Großvaters von Cortés' Opfer.

Die Freilegung dieses bedeutsamen aztekischen Bauwerks unmittelbar im Zentrum ihrer Hauptstadt hat zu einer Welle nationalen Stolzes unter den Mexikanern geführt. Während der Ausgrabungen erschien der Archäologe Matos Moctezuma so oft im Fernsehen, daß er so etwas wie ein Nationalheld wurde. Kollegen gingen dazu über, den Gelehrten, den ein majestätischer Bart schmückt, Moctezuma III. zu nennen. Die Grabung soll noch in diesem Jahr für den Tourismus zugänglich gemacht werden. Dank Matos Moctezuma und seiner Ausgräber wird es für die Besucher nur einer geringen

Anstrengung ihrer Vorstellungskraft bedürfen, um vor ihrem geistigen Auge das eindrucksvolle Bauwerk, das die Azteken ihren Göttern errichteten, wiedererstehen zu lassen.«[188]

So geschah es, daß am Ende doch noch ein Zeugnis der aztekischen Kultur, das den Pyramiden von Teotihuacan oder Tula ebenbürtig ist, zutage gefördert wurde. Es nimmt sich allerdings im Meer der Großstadt, die den Tempel umgibt, eher bescheiden aus. Die Proportionen, die unsere Welt regieren, sind anderer Art als jene, die zu Zeiten der Azteken selbst ihren Göttern genügten.

Eindrucksvoller als der Tempel der Azteken, dessen Fundamente man heute wieder bewundern kann, ist das *Museum für Anthropologie* im Park von Chapultepec. Es wurde 1964, unter der Präsidentschaft von *López Mateos*, der in vielem seinem großen Vorgänger Cárdenas nacheiferte, eingeweiht und gehört heute zu den größten Attraktionen, die Mexiko zu bieten hat. Hier zeigt sich der ganze Stolz eines Landes, das in seltsamer Verkennung seiner Geschichte und der Gepflogenheiten des täglichen Lebens seine Wurzeln in der indianischen Vergangenheit sucht, die in der Tat eine spektakuläre Kulisse abgibt, dennoch aber dem heutigen Mexiko so fern ist wie uns das alte Ägypten. Wer durch die weiten Hallen geht mit den monumentalen Kunstwerken und den nicht minder eindrucksvollen Wandmalereien, die Ausdruck eines ebenfalls aus der Revolution geborenen, indianisch verklärten Kunststils, des *Muralismo*, sind, erschauert vor der Größe, zu der die alten Kulturen gelangten, und erschrickt zugleich, wenn er sich den Sammlungen nähert, die das zeigen, was vom Indianer übriggeblieben ist, vor der Tiefe des Falls, den die indianische Kultur genommen hat. Von den Azteken, deren Zeugnisse in der archäologischen Sektion einen Höhepunkt bilden, ist in der *ethnographischen,* also der, die ihre Gegenwart bezeugt, praktisch nichts übriggeblieben. Zumindest nichts, was man als wert erachtet hätte, ihm im Museum, das eine Art Nationalschrein ist, ein gebührendes Denkmal zu setzen.

Der Hundehügel

Als Präsident Cárdenas 1940 aus dem Amt schied, bedeutete dies zugleich auch das Ende einer Periode, die durch die Revolution geprägt war. Das war insofern paradox, als die Revolution erst durch ihn ihre wesentliche Erfüllung erfuhr und sich eigentlich auch in der Folgezeit hätte fortsetzen müssen. Daß dies nicht geschah, hing im wesentlichen mit zwei Umständen zusammen: einmal mit der Tatsache, daß seit einem Jahr der *Zweite Weltkrieg* tobte, und zum anderen mit der Entwicklung, die sich aus der Verstaatlichung der *Erdölindustrie* ergab. Die Impulse, die aus beidem resultierten, gingen schließlich ineinander über und schufen ein Mexiko, das nicht mehr ein Agrarland, sondern ein Industriestaat war. Zumindest die Bedeutung der Landwirtschaft ging immer mehr zurück, während die Industrie sich rapide ausweitete: 1981 betrug der Anteil der Landwirtschaft am Bruttoinlandsprodukt nur noch 8 Prozent, während der der Industrie bei 37 Prozent lag. Die jeweiligen Wachstumsraten wurden mit 3,4 beziehungsweise 7,4 Prozent veranschlagt, so daß mit einem weiteren Bedeutungsverlust der Landwirtschaft zu rechnen ist, auch wenn inzwischen eine Rezession eingetreten ist, die vor allem die Industrie empfindlich getroffen hat.

Einher mit dieser wirtschaftlichen Entwicklung ging eine politische Wende: Sie war zunächst gekennzeichnet durch eine offene Annäherung an die *USA*, die 1941 durch einen Vertrag, der alle noch anstehenden Differenzen beilegte, besiegelt wurde. Für die USA war Mexiko als Rohstofflieferant wichtig, während sich Mexiko durch den mächtigen Nachbarn im Norden Schutz vor einer möglichen Invasion der Japaner an der Pazifikküste erhoffte. Aus dieser mehr aus der Not denn freundschaftlichen Gefühlen erwachsenen Zusammenarbeit ergab sich dennoch eine dauerhafte Allianz, die schließlich durch massive Investitionen aus den USA und die bereitwillige Übernahme des amerikanischen Lebensstils gefestigt wurde. Zwar versäumte es keiner der mexikanischen Präsidenten, auf die nationale Unabhängigkeit Mexikos zu pochen, und namentlich, was Lateinamerika betraf, verfolgte man eine unabhängige Politik, die eher den Interessen der Amerikaner zuwiderlief, als ihnen zu nützen. Doch es waren im Grunde nur symbolische Gesten, zu denen sich die jeweiligen Amtsinhaber, die angeblich das Erbe der Revolution fortführten, verpflichtet fühlten. Sie waren die ersten, die sich durch den *American Way of Life* verblenden ließen. Im Grunde waren – und sind – sie nur Handlanger einer geschickt geführten Werbekampagne, die bis in den letzten Winkel der Erde reicht.

Was Mexiko seit 1940 verspielte, war seine Unabhängigkeit. Und mit ihr seine *Identität*. Damit hatte es in Mexiko immer gehapert, war es doch ein Land, das sich zwischen zwei Extremen – dem indianischen und dem spanischen Erbe – hin- und hergerissen fühlte. Die Verbindung von beidem, der *Mestize*, schien die Lösung. Doch auch er war nicht eigentlich das, was man suchte. Wie es *Octavio Paz* in seinem »Labyrinth der Einsamkeit«, einer Studie über das Wesen des Mexikaners, ausdrückt:

»Der Mexikaner verdammt die Gesamtheit seines Erbes, das
aus einem Zusammenspiel von Gesten, Handlungen und Nei-
gungen besteht, bei dem es schwierig ist, zwischen dem Spanischen und Indianischen zu unterscheiden. Deshalb die spanische These, die von einigen Außenseitern – die nicht einmal
reinblütige Weiße sind – vertreten wird und die besagt, daß
wir Nachfahren von Cortés, ohne das Zutun von Malinche,
sind. Und die Gegenposition, die von den Indigenisten vertreten wird, obwohl sie in der Regel Kreolen und Mestizen sind
und die Indianer selbst ihr keinerlei Bedeutung beimessen.
Der Mexikaner will weder Indianer noch Spanier sein. Noch
möchte er von ihnen abstammen. Er negiert sie. Und auch im
Mestizen sieht er nicht mehr als eine Abstraktion: er ist ein
Mensch. Er wird zum Kind des Nichts. Er beginnt mit sich
selbst.«[189]

Worauf könnte er stolz sein? Auf Cortés, der ein Reich zerstörte? Auf
Malinche, die ihr Volk verriet? Was Cortés betrifft, so mag man in der
Tat Zweifel bekommen. Hatte er doch ganz unumwunden erklärt: »Ich
kam auf der Suche nach Gold und nicht, um zu arbeiten wie ein Tage-
löhner.« Aber Malinche, jene Doña Marina, die ihm als Sklavin
geschenkt wurde und die ihm vertraute, obwohl er sie nur benutzte und
am Ende wegwarf, wie einen Lappen, den er nicht mehr brauchte?
Nicht, daß er sie ins Elend stieß: Er übertrug ihr die Dörfer ihrer Heimat
als Encomienda und sorgte für den Sohn, *Don Martín*, den sie ihm
geschenkt hatte. Doch indem er sie verstieß (auch wenn sie mit einem
anderen verheiratet wurde) und er seinen Sohn nicht als rechtmäßigen
Erben anerkannte, legte sich der Makel des Verwerflichen und Unge-
setzlichen über die Verbindung einer Indianerin mit einem Spanier,
und wer immer aus einer solchen Verbindung hervorging, war mit dem
Fluch der »Erbsünde« behaftet.

Weder Cortés noch Marina noch das Symbol ihrer Verbindung: Der
Mexikaner hatte nichts, was ihn beflügelte, was ihm Wurzeln gab. Die
Ideologie der Revolution, die den Spanier verdammte und den Indianer aufwertete, war nur von kurzer Dauer. Sie bewährte sich nicht, weil
man sich auf etwas besann, das man im Grunde doch ablehnte, und weil
man sich offen einer Tradition verschloß, die man insgeheim bewunderte. Es war eine große Lüge, hinter der man sich versteckte, und es ist
dies nicht der geringste Grund, weshalb es schließlich zu einer neuen
Überfremdung des Landes kommen sollte.

Dieser neuerliche Fremdeinfluß und die Ziel- und Haltlosigkeit des
Mexikaners gingen ein unheilvolles Bündnis ein, dessen Auswirkun-

gen um so verheerender sind, als es mittlerweile das gesamte System durchdrungen hat. Es ist zu einer Art neuer Staatsideologie geworden. Hören wir dazu die Stimme eines neutralen Beobachters, des englischen Journalisten Alan Riding, der lange Jahre in Mexiko tätig war:

»Mexikanische Beamte haben Schwierigkeiten zuzugeben – vor allem Ausländern gegenüber –, daß die Korruption eine wichtige Voraussetzung für das Bestehen und Überleben des politischen Systems ist. Aber das System hat eigentlich niemals ohne Korruption funktioniert, und es würde auseinanderfallen oder sich soweit ändern, daß es nicht mehr wiederzuerkennen wäre, wenn man versuchte, die Korruption abzuschaffen. Theoretisch würde dies bedeuten, daß die Ordnung des Gesetzes die Vorherrschaft von Macht, Privilegien, Einflußnahme und Begünstigungen sowie die Säulen, auf denen sie ruhen – Loyalität, Gehorsam, Diskretion und Verschwiegenheit –, ersetzen müßte. In der Praxis würde allein schon der Versuch, die Spielregeln zu ändern, das ganze System von Beziehungen durcheinanderbringen. So haben selbst die besten Absichten keinerlei Aussicht auf Erfolg: das Versprechen einer neuen Regierung, die Korruption zu beseitigen, nimmt sich ausnahmslos naiv oder zynisch aus, wenn man es sechs Jahre später betrachtet.«[190]

López Portillo, der letzte Präsident, dessen Amtszeit inzwischen überschaubar ist, bildet da keine Ausnahme. 1976, als er sein Amt antrat, verkündete er, daß die Korruption das Erzübel der Gesellschaft sei und daß »jeder Beamte, der betrügt oder stiehlt, die volle Kraft des Gesetzes zu spüren bekommen wird«. Er hätte bei sich selbst anfangen müssen, denn niemand betrog oder stahl mehr als er:

»Gegen Ende seiner Amtszeit richtete sich die Aufmerksamkeit zusehends auf López Portillo selbst und die himmelschreiende Vetternwirtschaft seiner Regierung: er ernannte seinen Sohn, José Ramón, zum Stellvertretenden Minister für Planung und Finanzen; seine Geliebte, Rosa Luz Alegría, wurde zum Minister für Tourismus ernannt; eine seiner Schwestern, Margarita, erhielt den einflußreichen Posten des Generaldirektors für Radio, Fernsehen und Film; eine andere Schwester, Alicia, war für ihn als persönliche Sekretärin tätig; sein Vetter Guillermo wurde mit der Leitung des Nationalen Sportinstituts betraut; ein anderer Vetter, Manuel, war Stellvertretender Gesundheitsminister; und seine Frau, Carmen Romano, übernahm die Leitung des Kulturfestivals von Guanajuato und eines Fonds zur Förderung der Kultur, FONAPAS genannt, sowie das Amt für Familienwohlfahrt, das traditionell der First Lady zusteht.

Darüber hinaus deutete der aufwendige Lebensstil der López-Portillo-Clique – auch wenn er ihn nicht belegte – auf Korruption hin. Señora López Portillo zum Beispiel reiste in Begleitung zahlreicher Bediensteter mit Flugzeugen der Regierung zum Einkaufen nach New York und Paris, zu Meditationsübungen nach Indien und Voodookursen nach Haiti. Sie war auf der Fifth Avenue in New York für ihre verschwenderische Kaufsucht berüchtigt. Ihre gespannte Beziehung zu ihrem Ehemann war allgemein bekannt, und nachdem er für seine Geliebte eine Villa in Acapulco im Wert von zwei Millionen Dollar gekauft hatte, belegte sie die First Lady mit Beschlag, und der Präsident war gezwungen, für Señorita Alegría eine zweite Villa zu kaufen. Margarita López Portillo, deren größtes Vergehen ihre Unkenntnis in Regierungsgeschäften war, rief gleichfalls Unmut hervor, als sie sich ein herrschaftliches Domizil auf staatlichem Gelände in dem Residenzviertel Lomas Altas erbauen ließ. Nachbarn beobachteten, wie ein Maschinenpark des Staates eine 3000 qm große Schlucht zuschüttete, um daraus einen Garten zu machen; dabei fiel eines der Fahrzeuge in die Schlucht und wurde zugeschüttet. Schließlich ließ López Portillo für sich selbst, mit einem außergewöhnlichen Maß an politischer Taktlosigkeit, einen Komplex aus fünf Villen, Tennisplätzen, Swimming Pools, Reitställen und Sporthalle errichten, der auf einem Hügel außerhalb der Stadt thronte und in voller Ansicht einer Straße lag, die von Tausenden von Pendlern täglich befahren wurde. Nachdem er Anfang 1982 versprach, den Peso ›wie ein Hund‹ zu verteidigen, wurde die Anlage allgemein unter dem Namen ›Hundehügel‹ bekannt.«[191]

Der Peso, die mexikanische Währung, mußte drastisch abgewertet werden, was das Ausmaß des Schadens noch vergrößerte: denn wer die Zeche zahlte – Inflation und Korruption –, war das Volk, das nun auf einmal einen Peso hatte, der nichts mehr wert war. In weiser Voraussicht und entgegen seinen Beteuerungen hatte López Portillo (und mit ihm sein Clan) seine Schäfchen längst ins trockene gebracht. Wie »Der Spiegel« 1984, als der Skandal aufflog, schrieb:

»Hauptsächlich der Regierung López Portillo wird der wirtschaftliche Bankrott Mexikos angelastet. In den sechs Jahren seiner Amtszeit schafften Regierungsmitglieder, Beamte und Unternehmer zwischen 40 und 50 Milliarden Dollar ins Ausland und stahlen 15 Milliarden Dollar aus den Kassen der Pemex.«[192]

PEMEX, das ist die staatliche Erdölgesellschaft, der man alle Schuld in die Schuhe schiebt. Will sagen, dem Erdöl, dessen Preisverfall Mexiko angeblich an den Rand des Abgrunds brachte. Doch was ist mit den 65 Milliarden Dollar, die López Portillo und seine Genossen außer Landes gebracht haben? Dagegen waren Cortés und seine Mannen Waisenknaben: möglich, daß auch er sich so verhalten hätte. Doch inzwischen sind vierhundert, fast fünfhundert Jahre vergangen. Und noch immer sind die Mexikaner, die, die das Sagen haben, Raubritter. Man fragt sich, wer einen solchen Artikel, wie ihn der »Spiegel« brachte, eigentlich liest. Oder besser: warum man einfach weiterschläft? Glaubt man, das Land sei so reich, daß es sich eine solche Plünderung (die sich mit jeder neuen Amtszeit eines Präsidenten wiederholt, wenn nicht gar steigert) leisten kann? Bereits 1961 schrieb Alfonso Caso, der damalige Leiter des INI:

»Obwohl der Indianer 12 Prozent der Bevölkerung Mexikos ausmacht, wird ihm nicht im entferntesten die Aufmerksamkeit zuteil, die ihm eigentlich auf Grund seiner zahlenmäßigen Bedeutung zusteht. Während die Bundesregierung in den nichtindianischen Munizipien des Landes pro Kopf 197 Pesos für landwirtschaftliche Kredite, Erziehung, Bewässerung, Straßen, Krankenhäuser und medizinische Versorgung ausgibt, zahlt sie für entsprechende Maßnahmen in den indianischen Munizipien nur 39 Pesos pro Kopf. Die Situation ist um so gravierender, als zum einen die Aufwendungen, wenn sie getätigt werden, sich auf die Verwaltungszentren der Munizipien, in denen Mestizen wohnen, konzentrieren und zum andern der Anteil für die Indianer ohnehin größer sein müßte, da sie der Bevölkerungsteil sind, der am meisten Not leidet.«[193]

Fünfundzwanzig Jahre später sah das Bild nicht anders. Es hatte sich eher noch verschlimmert. Wie die mexikanische Zeitung »Uno más Uno« 1987 berichtete:

>»Die Körpergröße des Mexikaners auf dem Lande hat sich in den letzten zehn Jahren verringert. Jugendliche zwischen 18 und 20 Jahren in ländlichen Gebieten sind bis zu 20 cm kleiner als ein Heranwachsender aus der Stadt, der der Ober- oder Mittelschicht angehört.«[194]

Dies war das Ergebnis einer Untersuchung, die von Medizinern durchgeführt wurde. Sie gaben weiter bekannt:

>»Das häufige Auftreten der Kleinwüchsigkeit ist eine Folge unzureichender Ernährung, genetischer Faktoren und des mangelnden Gesundheitszustandes allgemein, wobei vor allem Infektionskrankheiten und parasitäre Erkrankungen zu nennen sind, die die normale Entwicklung des Menschen hemmen.«[195]

Wenn man weiß, daß noch immer 40 Prozent der Bevölkerung auf dem Lande leben (und von denen, die in der Stadt wohnen, ein Viertel in den Slums vegetiert), dann sollte das eigentlich genügen, die Ungeheuerlichkeit zu begreifen, die die Summe von 65 Milliarden Dollar, die *illegal* außer Landes gebracht wurden, darstellt. Es wird Zeit, daß man solche Zahlen nicht nur zur Kenntnis nimmt, sondern sie auch als Druckmittel verwendet! Sonst macht man sich mitschuldig an der Ausbeutung eines Landes, das zu Unrecht als ein Paradebeispiel für Demokratie gefeiert wird. Die Tatsache, daß es seit über fünfzig Jahren keinen Staatsstreich in Mexiko gegeben hat und daß die Amtszeit eines Präsidenten auf sechs Jahre begrenzt ist, bedeutet noch nicht, daß das Land – politisch gesprochen – aus dem Schneider ist. Ein Putsch, wie ein Sturm, der die ganze korrupte Clique, die an der Macht ist und sich selbst perpetuiert, beiseite fegt, wäre sicher nicht das Schlimmste, was dem Lande geschehen könnte. Im übrigen ist zu bezweifeln, ob eine befristete Diktatur auf die Dauer billiger ist als eine unbefristete: Wenn jeder Präsident mit seiner Clique 65 Milliarden Dollar einsackt, dann kann man sich ausrechnen, wann das Land pleite ist. Denn so dumm sind die internationalen Banken, bei denen Mexiko mit 100 Milliarden Dollar in der Kreide steht, nun auch wieder nicht, obwohl es schon einer gehörigen Portion Einfältigkeit bedarf (wenn es nicht politisches Kalkül ist), um zu übersehen, wie die Gelder, die man gewährt, in den Taschen korrupter Politiker verschwinden. Vielleicht ist es das wert, aus strategischen und wirtschaftlichen Gründen, die »Revolutionäre« in Mexiko bei Laune zu halten: Lieber ein Revolutionär, der nur mit Worten kämpft, als einer, der zur Waffe greift.

Und damit wären wir beziehungsweise der Indianer wieder da, wo es vor vierhundert Jahren angefangen hat: Es geht nicht nur um einen *internen* Kolonialismus, sondern auch um die Abhängigkeit von einer *auswärtigen* Macht. Dieser *externe* Kolonialismus, auch »Dependencia« genannt, ist keine Fiktion: Was einst Spanien, das Mutterland, war, ist heute Washington und Wallstreet. Das macht es für den Indianer fast aussichtslos, sich aus eigener Kraft aus seiner Misere zu erheben. Denn der interne wird durch den externen Kolonialismus potenziert. Der Indianer hat zwei Feinde: Was in der Kolonialzeit der Kreole und Gachupín war, ist heute der Mestize und Gringo.

Dabei kommt noch erschwerend hinzu, daß der Indianer in dem Maße an Bedeutung verloren hat, wie die Industrialisierung voranschritt und die Landwirtschaft in den Hintergrund trat. *Er ist kein Wirtschaftsfaktor mehr!* Zumindest nicht in dem Maße, wie er es zur Zeit der Haciendas war. Ein Großteil der Landwirtschaft ist mechanisiert, zumal die Haciendas zwar zerschlagen, doch an ihre Stelle sogenannte *agro-industrielle Betriebe* getreten sind, die im großen Stil für den Export produzieren. Selbst dort, wo sich die Revolution (und sei es auch nur unter Cárdenas) besonders engagierte, hat sie sich am Ende in ihr Gegenteil verkehrt:

»Der Gegensatz zwischen dem, was der PRI verkündet hat und was tatsächlich geleistet wurde, ist nirgends so groß wie bei der vielgerühmten Landreform. Seit der Revolution von 1910 wurden etwa 15 Millionen ha Land, das einst den großen Haciendas gehörte, enteignet und an 25 000 *ejidos* verteilt, die sich aus Familien zusammensetzen, die das Land seit Jahrhunderten bearbeiteten. Dennoch gibt es noch immer 4,5 Millionen Campesinos, die kein Land haben. Die Differenz ist zum Teil darauf zurückzuführen, daß die Armen auf dem Lande zu den am schnellsten wachsenden Bevölkerungsschichten Mexikos gehören. Doch die Situation der Campesinos wurde noch verschlimmert durch die Unterstützung der Regierung, die sie der Agro-Industrie gewährt. Nur etwa 15 Prozent des mexikanischen Staatsgebietes ist landwirtschaftlich nutzbar. Das meiste davon wird von riesigen Agrarbetrieben bewirtschaftet, die Tomaten, Auberginen, Kichererbsen, Erdbeeren und Spargel für den Export produzieren, anstatt weniger gewinnbringende Produkte für den einheimischen Bedarf. Mexiko verkauft jährlich Nahrungsgüter im Wert von 1,1 Milliarden Dollar an die USA, doch es muß 4,5 Millionen Tonnen Getreide importieren, um seine Bevölkerung zu ernähren.«[196]

Man könnte auf den Gedanken kommen, daß es eigentlich paradox ist, Kichererbsen und Auberginen anzubauen, um dafür Mais und Weizen zu importieren. Zumindest dort, wo man letzteres auch selbst anbauen könnte, was keineswegs die Ausnahme wäre, denn die großen Agrobetriebe sind gewöhnlich dort angesiedelt, wo das Land auch am fruchtbarsten beziehungsweise bewässert ist. Aber das mag nur uns (und dem Indianer) selbstverständlich erscheinen: Der Mexikaner denkt da anders. Er denkt: Erstens läßt sich mit Kichererbsen mehr verdienen, zweitens gibt es Devisen, für die man Luxusartikel kaufen kann, und drittens müssen die Schulden bezahlt werden, jene, mit denen man unter anderm die Agro-Industrie aufzieht. Es ist wirklich eine Rechnung, die nur der Mexikaner versteht (und alle die, die ihm dabei helfen, nicht zuletzt die sogenannten »Entwicklungsexperten«).

Der Indianer, der die Mehrzahl der Landbevölkerung stellt und der eigentlich Leidtragende ist, könnte wie wir auf den Gedanken kommen, das zu ändern. Zumindest seine Bedenken anmelden. Doch was geschieht dann?

> »Ein Erbe von Emiliano Zapatas Kampfparole ›Land und
> Freiheit‹ ist der Ausbruch gelegentlicher Gewalttätigkeit.
> Bauern, die gegen die rücksichtslose Herrschaft der lokalen
> politischen Autoritäten protestieren, werden grundsätzlich
> von ihren Bedrückern erschossen oder von der Armee ver-
> folgt. Die Landverteilung hat offensichtlich ihre Grenzen
> erreicht, wie López Portillo während seiner jährlichen
> Ansprache zur Lage der Nation vor einem Monat zugab. Er
> sagte: ›Das Land, das verteilt werden könnte, ist erschöpft.
> Doch die Zahl der Campesinos, die ein Anrecht auf Land
> haben, wird immer größer.‹«[197]

Die Bevölkerungszunahme, die zugegebenermaßen in Mexiko überdurchschnittlich hoch ist, ist ein Problem. Doch es ist nicht das einzige. Und es ist nicht einmal das wichtigste! Denn wenn sich die Situation der Landbevölkerung bessern würde, würde auch die Geburtenrate zurückgehen. Das beweist ein Blick auf die Bevölkerungsentwicklung in Europa, wo es Länder gibt, denen es so gut geht, daß ihre Bevölkerung (angeblich) vom Aussterben bedroht ist.

Es ist eine Frage der Erziehung und der Lebenssicherung: Wo es keine Altersversorgung gibt, erscheinen Kinder als die einzige Möglichkeit, für den Lebensabend vorzusorgen. Daß man sie erst einmal großziehen muß und daß die Arbeit immer knapper wird, sieht man nicht, zumal das gängige Ethos, das von den Spaniern stammt, ohnehin vorschreibt, daß es gut, weil ein Zeichen männlicher Überlegenheit ist, möglichst viele Kinder in die Welt zu setzen. Der, der ganz unten ist, findet wenigstens darin eine Bestätigung.

Das vornehmlich von Entwicklungsexperten vertretene Argument, daß das Bevölkerungswachstum die Quelle allen Übels sei, ist nicht mehr als eine bequeme Ausrede. Man hat nicht den Mut, den wahren Grund für das Elend auf dem Lande (und in den Städten) zu nennen! Wenn immer mehr Land (bei wachsender Bevölkerung) in der Hand von wenigen konzentriert wird, um darauf gewinnträchtige Produkte für den Export anzubauen, dann muß das zwangsläufig zu einem Engpaß führen, *selbst wenn die Bevölkerung konstant bliebe!* Dazu gehört keine große Einsicht, aber vielleicht das Verständnis, daß Profit nicht das Entscheidende ist: Soziale Gerechtigkeit müßte an seine Stelle treten, doch wie sollte das geschehen, *ohne* die Fürsprache des Experten? Wer auf dem Lande aufmuckt, wird abgemurkst. Das ist heute so wie unter Porfirio Díaz. Ein Bericht von *Amnesty International*, der kürzlich erschien und die Frage der Menschenrechte auf dem Lande, speziell in indianischen Gebieten, untersucht, belegt dies. Aber selbst wenn man es auf andere Weise versuchte, indem man auf die bestehende politische Ordnung setzt, erscheint der Weg aussichtslos. Wie Nahmad Sitton, ein mexikanischer Anthropologe, schrieb:

> »Egal, welches Beispiel wir herausgreifen: Ob San Cristóbal de las Casas oder Pátzcuaro, der Indianer hat keinen Anteil an den politischen Entscheidungen, die in den Orten, die für ihn zuständig sind, getroffen werden; noch viel weniger, wenn es darum geht, lokale Vertreter, Abgeordnete, Senatoren oder Gouverneure zu wählen.
>
> Was vielmehr geschieht, ist, daß die Autorität von oben Druck auf die indianischen Gemeinden ausübt, deren Bevölkerung im allgemeinen aus Monolinguen und Analphabeten besteht und nicht weiß, worum es geht, sondern nur gezwungen wird, diese oder jene Farbe auf dem Wahlzettel anzukreuzen. Der Indianer wird einfach manipuliert, nach den Interessen der Stadt behandelt, die über ihn wacht und in der alle Macht, sei sie wirtschaftlich, politisch, gesellschaftlich oder religiös, konzentriert ist.«[198]

Nicht nur, daß der Indianer nicht selbst seine Meinung äußern kann, ihm wird auch vorgeschrieben, was seine Meinung zu sein hat. Absurder kann ein politisches System nicht sein, zumindest, wenn es sich Demokratie nennt.

Was also bleibt dem Indianer? Weder Protest noch Politik bieten einen Ausweg. Da hilft nur eines: in jene große Stadt abzuwandern, die so groß ist, daß sie auch noch für den letzten Campesino Platz hat. So wenigstens hofft er: doch es ist eine bittere Enttäuschung.

Niemand weiß, wie hoch die Zahl der Zuwanderer ist, die täglich nach Mexiko, der Hauptstadt, kommen. Die Schätzungen schwanken zwischen 1000 und 3000. Die meisten davon sind »Campesinos«, also Landbewohner, die jedoch ihrerseits, wir sagten es schon, in der Mehrzahl Indianer sind. Wenn man bedenkt, daß heute etwa ein Viertel der Bevölkerung Mexikos in der Hauptstadt lebt und sich die Zahl ihrer Einwohner seit Ende des Zweiten Weltkrieges fast verzehnfacht hat, ist es sicher nicht übertrieben zu sagen, daß die meisten Bewohner der Stadt wieder Indianer sind. Nur mit dem Unterschied, daß es kaum jemand unter ihnen gibt, der seine Identität bewahren kann. Sie sinken auf das Niveau eines anonymen Proletariats hinab, für das die Anthropologie den Begriff »Kultur der Armut« geprägt hat. Oscar Lewis, jener Amerikaner, der das Leben eines Zapatista (und Nahua-Indianers) aufgezeichnet hat und den Weg einiger seiner Stammesbrüder in die Hauptstadt verfolgte, faßt das Wesen dieser Kultur folgendermaßen zusammen:

»In Mexiko erstreckt sich die Kultur der Armut auf wenigstens ein Drittel der ländlichen und städtischen Bevölkerung. Dieser Bevölkerungteil ist gekennzeichnet durch eine relativ höhere Sterberate, eine niedrigere Lebenserwartung, ein Überwiegen der jüngeren Altersgruppen und, infolge von Kinder- und Frauenarbeit, einen höheren Prozentsatz von Beschäftigten. Einige dieser Faktoren sind gravierender in den Armenvierteln Mexikos als auf dem Lande allgemein.

Die Kultur der Armut in Mexiko ist in sich geschlossen. Ihre Vertreter sind nur zum Teil in übergeordnete, nationale Institutionen integriert und bilden eine marginale Randgruppe, sogar wenn sie im Herzen einer großen Stadt leben. In Mexico City, zum Beispiel, weisen die meisten Armen nur einen geringen Grad an Bildung auf, gehören weder einer Gewerkschaft noch einer politischen Partei an, haben keinen Zugang zu medizinischer Versorgung oder einer Sozialversicherung und machen nur wenig Gebrauch von den Banken der Stadt, ihren Krankenhäusern, den großen Geschäften, Museen, Kunstgalerien und Flugplätzen.

Die wirtschaftlichen Merkmale, die die Kultur der Armut kennzeichnen, sind vor allem der fortwährende Kampf ums

Überleben, Arbeitslosigkeit und Unterbeschäftigung, niedrige
Löhne, eine Vielzahl ungelernter Tätigkeiten, Kinderarbeit,
das Unvermögen zu sparen, ein ständiger Mangel an Bargeld,
das Fehlen von Nahrungsreserven zu Hause, die Gewohnheit,
mehrmals am Tag, wenn sich die Notwendigkeit ergibt, kleine
Essensmengen zu kaufen, das Verpfänden persönlicher
Gegenstände, die Inanspruchnahme örtlicher Geldverleiher
zu wucherischen Zinsen, spontane, von der Nachbarschaft
getragene Kreditprogramme (tandas) und der Gebrauch von
Kleidern und Möbeln aus zweiter Hand.

Einige der gesellschaftlichen und psychologischen Merk-
male sind überfüllte Wohnungen, mangelnde Privatsphäre,
Geselligkeit, häufiges Vorkommen von Alkoholismus,
Zuflucht zu Gewalt bei Streitigkeiten, Gewaltanwendung bei
der Kindererziehung, Tätlichkeit gegen Frauen, frühe
Bekanntschaft mit dem Geschlechtsleben, freie Verbindungen
oder informelle Ehen, häufiges Verlassen von Müttern und
Kindern, die Entwicklung hin zu einer mutterorientierten
Familie und eine viel größere Vertrautheit mit den Verwand-
ten der Mutter, das Vorherrschen der Kernfamilie, eine große
Neigung zur Autoritätsgläubigkeit und eine starke Betonung
der Familienzusammengehörigkeit – ein Ideal, das selten
erreicht wird. Andere Merkmale sind eine starke Fixierung auf
die Gegenwart, mit nur wenig Vertrauen auf die Zukunft, ein
Gefühl der Resignation und des Fatalismus, das auf dem
Bewußtsein einer schwierigen Lebenssituation beruht, der
Glaube an die Überlegenheit des Mannes, der sich im
machismo oder Männlichkeitskult äußert, damit einhergehend ein Leidenskomplex bei den Frauen und schließlich ein
hoher Toleranzgrad für psychologische Defekte jeder Art.«[199]

Die Kultur der Armut, in der ein Drittel der mexikanischen Bevölkerung lebt (und das ist eher noch eine konservative Schätzung), ist wahrlich kein Zuckerlecken. Für viele ist es die Endstation: das Abgleiten in
die Illegalität oder – was freilich nur wenigen gelingt – der Aufstieg zur
Macht, wo sie bereits korrumpiert ankommen, noch ehe sie richtig korrumpiert werden. Wie es *Jesús Sánchez,* einer der Informanten von
Lewis, ausdrückt:

»Er war mißtrauisch und fragte mich, was ich wollte. Ich
sagte es ihm, und er antwortete, ohne lange zu überlegen, daß
das Leben auf dem Lande bei weitem besser sei als in der

Stadt, denn die Jugend würde durch die Stadt verdorben, vor allem dann, wenn sie nicht wüßten, wie man mit ihr umgeht.«[200]

So das Urteil eines Indianers, der es dennoch nicht schaffte, den Weg zurück zu gehen. Dabei ist das Schlimmste noch gar nicht gesagt (und den Ärmsten der Armen wahrscheinlich gar nicht bewußt):

> »Von Zeit zu Zeit prüft ein unternehmungslustiger Reporter die Luft, indem er einen Vogel in einem Käfig in der Mitte des Zócalo aufstellt; der Vogel bricht regelmäßig zusammen und stirbt in zwei Stunden.«[201]

Der Zócalo ist jener Platz in Mexiko-Stadt, wo einst das Herz der Aztekenmetropole lag: der Tempelbezirk, die Paläste, die Magazine. Heute stehen hier die Kathedrale und der Nationalpalast, und über dem Platz weht die Fahne, die mit dem Symbol des Landes – dem Adler auf dem Kaktus – geschmückt ist. Die Fahne kann man waschen, aber einen Vogel gibt es nicht mehr. Geschweige denn, einen Adler. Dafür gibt es drei Millionen Autos, 7000 Busse, 60 000 Fabriken und fast 20 Millionen Einwohner. Im Jahre 2000 werden es 30 Millionen sein.

Schon heute sterben in Mexico City jährlich 100 000 Menschen an Umweltverschmutzung. Ein Drittel davon sind Kinder. Und die meisten von ihnen stammen aus den Slums, die alle aztekische Namen haben: Tlalpan, Xochimilco, Tlahuac, Nezahualcoyotl, Chimalhuacan, Atizapan... Wie schrieb doch der Dichterfürst:

> »Wie Edelsteine öffnen ihre Kelche
> deine Blumen,
> umgeben von Blattwerk wie Smaragde.
> Wir halten sie in den Händen,
> die edlen, wohlduftenden Blumen.
> Sie sind unser Schmuck,
> o ihr Fürsten!
> Nur geliehen sind sie uns
> auf Erden.
>
> Herrliche, kostbare Blumen,
> zu einem Strauß gebunden.
> Wir halten sie in den Händen,
> kostbare, wohlriechende Blumen.
> Sie sind unsere Zierde,

o ihr Fürsten!
Nur als Pfand haben wir sie
auf Erden.

Es schmerzt mich,
und ich werde blaß wie der Tod:
Dort ist sein Haus, wohin wir gehen.
Oh, es gibt kein Zurück,
niemand kehrt von dort wieder!
Ein für alle Mal gehen wir
dorthin, wohin wir ziehen.

Oh, könnten wir doch
die Blumen und Lieder mitnehmen!
Könnte ich gehen geschmückt
mit goldenen Blumen
und dem Duft edler Blüten!
In unseren Händen halten wir sie ...
Oh, es gibt kein Zurück,
niemand kehrt wieder von dort!
Endgültig ist es,
wohin wir gehen ...«[202]

Nonantzin

»Der sechsjährige José lag mit hohem Fieber auf einer Palmfasermatte und hauchte immer nur: ›Nonantzin, nonantzin‹, Mütterchen! Und seine Mutter, die neben ihm auf den Fersen hockte, antwortete stets mit einem leisen ›Totschtli!‹ Es war der Name, den der aztekische Tonalpohuali, der Tierkreiskalender, dem Neugeborenen entsprechend seinem Geburtstag vorgeschrieben hatte: Kaninchen.

Eine besorgte Nachbarin hatte den amerikanischen Missionar herbeigeholt, den einzigen Besitzer eines Automobils im Dorf Tetelcingo, der schon so manchen Kranken in das nicht allzuferne Provinzstädtchen Cuautla gefahren hatte, um ihn im dortigen Spital unterzubringen.

Die aztekische Mutter wandte sich in der Sprache ihres Volkes, dem Nahuatl, an den Fremden, der sie jedoch nicht verstand. Er hatte zwar in der Hauptstadt einen Kurs in der Sprache der Azteken absolviert – aber in einem Dialekt, der in Tetelcingo nicht verstanden wird.

Mr. Harding redete die Frau auf Spanisch an, bat sie, ihm zu sagen, was dem Kind fehle. Sie antwortete wieder im Dialekt von Tetelcingo.

Plötzlich stieß sie einen leisen Schrei aus. Ihr Kind hatte die glänzenden Äuglein geschlossen. Sein Kopf war zurückgefallen, die Ärmchen erschlafft vom kleinen Körper abgerutscht. War es tot? Sie legte ihre Hand auf seine Herzgrube. Und dann ... ja, erst dann, sprach sie in fließendem Spanisch: ›Es lebt noch, Totschtli – verzeihen Sie, José lebt noch!‹ Und dann schlug José wieder seine Augen auf, lispelte: ›Nonantzin‹.

Und Nonantzin verstand plötzlich kein Spanisch mehr, sprach nur noch Aztekisch. Mr. Harding brachte kein spanisches Wort mehr aus ihr heraus.

Erst der Todesschreck hatte die Frau so weit gebracht, daß sie die Sprache jener weißen Männer redete, die vor mehr als vier Jahrhunderten durch ihr Dorf marschiert waren, auf dem Weg zur Eroberung Tenochtitlans, der Hauptstadt des Aztekenkönigs.«[203]

Tetelcingo liegt zwar nicht auf der Route der Eroberer, doch es gehört zu dem Gebiet, das seit der Conquista ein bevorzugtes Ziel der Weißen gewesen ist: ließ sich doch hier, in den fruchtbaren Tälern von Morelos, Zuckerrohr anbauen, das so gut gedieh, daß man an nichts anderes mehr dachte. Bis eines Tages Zapata erschien und die Azteken von Morelos befreite. Doch erinnert sich Nonantzin noch seiner?

»Ich traf sie noch oft, Josés Mutter, mit der mich Mr. Harding gelegentlich bekannt gemacht hatte. Sie sprach auch zu mir nur in der Sprache ihrer Väter. Ich nahm den fremden Klang wie Musik auf und nickte. Es waren ja doch Formeln, die sie wiedergab, Formen der Begrüßung, wie sie unter Azteken üblich sind, gespickt mit Höflichkeitspartikeln.

Die junge Aztekin und viele andere aus Tetelcingo begaben sich dann und wann auf den Markt von Cuautla, was soviel wie ›Paradies‹ bedeutet. ›Cuali‹ heißt ›gut‹ auf Aztekisch. Das wußte ich bereits. Und Cuautla mag eben ein Ort sein, wo alles ›gut‹ ist, sogar wenn es dort so heiß wird, daß das Thermometer auf fast fünfzig Grad Celsius im Schatten stieg, so daß mir beim Schreiben das Wasser in Bächen vom Körper rann.

Ich entdeckte sie immer erst im letzten Augenblick, die Tetelcinginnen, wenn ich zwischen den Gemüsetürmen der Marktstände von Cuautla dahinschlenderte. Denn sie sind alle mindestens um einen Kopf kleiner als die stämmigen Mestizinnen, die den Markt recht eigentlich beherrschen. Schlank, biegsam, zierlich auf lautlosen Sohlen, im Quechquemitl [einer Art Bluse] und im engen, ebenfalls indigoblauen Wickelrock kamen sie daher, gleichsam schwebend. Meist zog ein schlanker, feingliedriger Arm ein ebenfalls dunkelbraunes Ärmchen nach, das einem ihrer Kinder gehörte. Und selten fehlten die zwei rundlichen Beinchen, die sich seitlich auf eine ihrer Hüften stemmten und dem Säugling gehörten, den keine einer anderen Frau anvertrauen würde.

Wenn das der Mutter folgende Kind etwas auf einem der Stände zu berühren suchte, gab ihm die Mutter sofort einen leichten Schlag auf das sich ausstreckende Händchen. Mit stummem, vielleicht leicht vorwurfsvollem Blick aus glänzenden Äuglein blickte es der Mutter nach, die schon weiterschwebte.

Wie so anders benahmen sich die Kinder der Mestizen, der Mischlinge! Ungezügelt, in völliger Freiheit läßt man sie gewähren, so daß das Kind alles und jedes berührt, hier an einer Frucht riecht und sie auf den Haufen zurückwirft, dort sich eine tropische Schote hascht, die Samen aus der Schale löst, sie lächelnd verspeist – und dafür durch die dicke Marktfrau noch mit einem ebensolchen Lächeln belohnt wird. In den Gassen streichen die Mestizenjungen mit ihren Fingern über das verstaubte Blech geparkter Autos oder fahren mit einem harten Gegenstand an den Hauswänden entlang, wo sie oft tiefe Kratzer hinterlassen. Niemand würde sie deswegen schelten, nicht einmal die Hausbesitzer, die es in jungen Jahren ebenso trieben. In den Gartenvierteln der Stadt sah ich Kinder, die hochsprangen und Blütenzweige von den Feuerbäumen, Bougainvillien und Rosenbüschen rissen, die Blüten zerzupften und dann in die Gosse warfen. Freiheit über alles! Alles gehört allen! Das waren vor wenigen Jahrzehnten die Leitgedanken einer blutigen Revolution. Sie haben Wurzeln geschlagen und in der Jugend Sprossen getrieben. Aber im Verlauf einiger Generationen wird sich das wohl wieder ändern.«[204]

Golf von Kalifornien

Zacatecas ○

San Luis Potosí

○ Guanajuato

Guadalajara ○

H

Pátzcuaro

Mexiko Stadt
Milpa Alta

Michoacán

3 Tepo?
t

Guerrero

Acapulco ○

Mexiko heute

▪—▪—▪—▪ Internationale Grenze

──── Bundesstaatliche Grenze

⧄⧄⧄ Hauptverbreitungsgebiet
der Nahua

Bundesstaaten
1 Tlaxcala
2 Morelos
3 México
4 Bundesdistrikt

Pazifischer Ozean

USA

Golf von Mexiko

Tampico

Mérida

Tlaxcala
Puebla
ebla

Veracruz

Veracruz

Coatza-
coalcos

Oaxaca

O a x a c a

Belize

Guatemala

El Salvador

Die Schlußfolgerung ist ein wenig verwirrend, was nur zu leicht verständlich ist: es ist eben doch der Weiße, der Mestize der Bezugspunkt. Er kann sich alles herausnehmen, und das wird als Freiheit deklariert, als ein Triumph der Revolution.

In dieser Gegenüberstellung des Indianers und des Mestizen wird deutlich, daß es eben *nicht* Freiheit ist, was die Revolution erkämpft hat. Oder anders gesagt: Im unterschiedlichen Verhalten, ja, schon in der Art, wie die Kinder erzogen werden, wird deutlich, wer der Herr und wer der Diener ist. Die Unterwürfigkeit des Indianers ist vorprogrammiert, von klein auf. Man kann es Bescheidenheit nennen, Ehrfurcht, vor dem Menschen und der Natur. Aber das alles hilft dem Indianer nicht; solange nicht, wie der andere frech und dreist ist, und das auch noch gefeiert wird.

Nonantzin ist sich nicht bewußt, daß in Cuautla Zapata begraben liegt und daß er auch für sie, gerade sie gestorben ist. Das ist die Tragik der Revolution.

Tetelcingo ist ein kleines Dorf, in dem noch heute *Nahuatl* gesprochen wird. Nahuatl war die Sprache der Azteken; aber es wurde auch von anderen Völkern beziehungsweise Stämmen gesprochen, deren wichtigster die *Tolteken* waren. Sie waren es, von denen die Azteken ihre Kultur ererbten (obwohl sie eigentlich auf Teotihuacan zurückging), und sie auch trugen zu einer Verbreitung des Nahuatl beziehungsweise *Nahuat* bei, wie man die Vorstufe des Aztekischen nennt, die schließlich bis nach Zentralamerika reichte. Das Nahuatl im engeren Sinne tauchte erst mit dem Erscheinen jener sieben Stämme auf, die den Kern des Aztekenreiches bildeten. Das heißt: die Xochimilca, die Chalca, die Tepaneken, die Colhua, die Tlahuica, die Tlaxcalteken und die *Mexica*, die eigentlichen Azteken. Hinzu kommen die Chichimeken, die »Barbaren«, die in jenen Gegenden verblieben, woher die »zivilisierten« Stämme einwanderten.

Von diesen Stämmen und Völkern, die sich in bestimmten Gebieten festsetzten, stammen die heutigen Nahua ab. Man redet nicht mehr von Azteken, auch nicht im Hinblick auf jene, die das eigentliche Staatsvolk im Reich der Azteken waren. Dieser Zweig der Nahua ist praktisch ausgestorben, aufgegangen in der Masse der Bewohner, die die Stadt, die auf den Trümmern Tenochtitlans entstand, bevölkern. Direkte Nachfahren der eigentlichen *Träger* der Aztekenkultur gibt es heute nicht mehr. Darin unterscheidet sich die Geschichte der Azteken von der der Inka und Maya.

Aber das Reich der Azteken bestand ja nicht nur aus der Hauptstadt, Tenochtitlan, in der sich die Mexica konzentrierten. Es griff auf die umliegenden Siedlungen über und expandierte schließlich auch jen-

seits der Berge. Dabei traf es nicht nur auf verwandte Kulturen, eben
jener Stämme wie die Chalca oder Tlahuica, die die gleiche Sprache
sprachen und sich in ähnlicher Weise wie die Azteken dem kulturellen
Erbe, das sie vorfanden, angepaßt hatten; die Kultur der Azteken, des
nunmehr herrschenden Volkes, überlagerte auch die angestammte
Kultur, so daß eine weitgehend einheitliche Tradition entstand, die bis
in die Gegenwart andauert. Diese Tradition konnte sich in den Randgebieten deshalb erhalten, weil diese Gegenden nicht in dem Maße dem
spanischen und dem ihm folgenden »nationalen« Einfluß ausgesetzt
waren wie das einstige Zentrum des Aztekenreiches, das auch zum Mittelpunkt der neuen Herrschaft wurde. So finden wir denn heute das
Erbe der Azteken nur noch bei den Völkern, die ursprünglich nur
Vasallen waren.

Und zu diesen Erben gehört jene Nonantzin, die junge Indianerin
aus Tetelcingo. »Nonantzin« ist freilich nicht ihr Name; so nennt sie
nur ihr Sohn, der kleine José alias Tochtli, das »Kaninchen«. Vielleicht
heißt sie *Xochitl*, »Blume«, oder *Malinalli*, wie jene, deren Name man
auch nicht aussprechen konnte, weshalb man sie »Marina« nannte. So
wird wohl auch Nonantzin mit einem spanischen Namen gerufen werden, denn warum sollte man jemand »Blume« nennen, wenn er, das
heißt sie, auch »María« heißen könnte? Wie Leuenberger, der schon
hinter die Kulissen schaute, schreibt:

> »Nonantzin hockte am Rande des Bürgersteiges. Ihr wohl
> rundliches, aber zierliches, schmales Gesäß berührte kaum
> die Kante des Randsteins, als ob sie beweisen wollte, daß sie
> ›eigentlich‹ gar nicht sitze, gar nicht Be-sitz von diesem Stück
> mestizischer Welt ergriffen hatte. Auf ihrem Schoß lagen
> einige Hände voll winziger Tomaten, die auf den mageren,
> trockenen Äckern um Tetelcingo fast wild gedeihen. Sie duf-
> ten wundervoll, wie eben Tomaten duften, die vor einigen
> Stunden noch in der Sonne geglüht haben. Ich kaufte sie ihr
> alle ab und sagte, wir brauchten gerade viele. Ich wußte, daß
> sie mich verstand – beherrschte sie doch das Spanische, ohne
> es anzuwenden. Sie antwortete mir nur mit einem kaum
> merklichen Lächeln. Ich hatte sie vom Bürgersteig freigekauft.
> Mit den trippelnden Schritten der Tetelcingin verschwand sie
> rasch um die Ecke, und nun mußte sie, um ihr Dorf zu errei-
> chen, zwei Stunden lang im Staub am Rand der breiten Teer-
> straße dahinwandern, während Hunderte von Automobilen,
> die täglich zwischen der Hauptstadt und Cuautla verkehren,
> mit eben diesem Staub ihr straff gekämmtes, streng gescheitel-

tes Haar und den schweren langen Zopf überschütteten. José nicht zu vergessen, den sie wie eine widerspenstige Ziege hinter sich her zerrte, damit er nicht zurückblieb. Man kommt nicht gerade rasch voran mit einem Kind an der Hand, und der lange Weg in den Abend, der auf die Vulkanberge herabsinkt, dehnt sich endlos. In Tetelcingo begrüßt Ehecatl seinen kleinen Spielgenossen Totschtli mit leuchtenden Augen und kurz aufblitzendem, gesundem Gebiß. Sie sind überhaupt recht gesund, diese Azteken, alle mit Muttermilch aufgezogen und nur mit der Milch der eigenen Mutter. Ersatz gibt es nicht. Wenn eine Mutter keine oder zu wenig Milch hat, stirbt der Säugling infolge Unterernährung.

Ehecatl bedeutet ›Wind‹. Im rituellen Tageskalender der Azteken beherrscht der Gott des Windes – eines Windes, der fast immer gegenwärtig und doch ungreifbar ist – den zweiten Tag des ersten Monats. Zwanzig Monate insgesamt zählt ein Jahr und hat zweihundertsechzig Tage.

Ehecatl hatte natürlich auch einen christlichen Namen. Das verlangte schon der Priester in der übermoosten, halb zerfallenen Kirche am Westrand des Dorfes, der allerdings nur wöchentlich einmal aus Cuautla herüberkam. Es war ein katholischer Amerikaner. Die Tetelcingen hatten seine Einsetzung erbeten, weil eine ganz winzige Gruppe tetelcingischer Protestanten an ihrer Spitze einen amerikanischen evangelischen Missionar hatte, der immer gut und recht oft mit Geld versehen zu helfen wußte, wenn Hunger oder Krankheit greifbare Hilfe forderten. Die beiden Amerikaner, Priester und Missionar, grüßten einander kaum, mieden sich, wie sie konnten. Es schien fast wie ein Symbol, daß die jahrhundertealte katholische Kirche und der schlichte protestantische Betraum voneinander getrennt waren durch die moderne Teerstraße und die Geleise einer Schmalspurbahn, auf denen schnaubende Ungetüme von Lokomotiven mit ratternden Wagen in weiten Schleifen die Hänge des Popocatepetl hinaufpusteten, um die Hauptstadt zu erreichen, die tausend Meter höher in der abflußlosen Talpfanne von Anahuac liegt. Eisen und Teer schieden da zwei Welten innerhalb ein und desselben aztekischen Stammes, der gelegentlich Figuren bestimmter Heiliger aus der Kirche holt, die für Regenfall verantwortlich sind und versagt haben, um sie auf den ausgetrockneten Äckern auszupeitschen.«[205]

Es ist doch eine Welt, die in vielem anders ist als das Leben in der großen Stadt. Nicht das Geringste dabei ist die Allgegenwart der Religion,
die in den Dörfern noch oft auf Überlieferungen aus vorspanischer Zeit
zurückgeht, dem Einfluß der Kirche, katholischer und neuerdings auch
protestantischer, zum Trotz.

Diese Allgegenwart der Religion hat natürlich eine wesentliche
Ursache in der prekären Lebenssituation der Indianer: regnet es nicht,
vertrocknet die Ernte, gibt es nichts, was einen vor dem Hungertod ret-
tet. Es sei denn, man wandert ab in die Stadt und bewahrt sein Leben,
aber verliert seine Seele. Denn die Religion, des Indianers, ist ja mehr
als nur Schutz vor dem Elend, die Sicherheit im Materiellen: Sie durchdringt sein ganzes Wesen, und folglich ist alles, mit dem er in Berührung
kommt, was ihn umgibt, göttlich beseelt. Diese Ehrfurcht vor dem
Leben, der Natur, dem anderen, ist uns fremd, und deshalb ist es so
schwer, den Indianer zu verstehen – und so leicht, ihn zu mißbrauchen.

Nonantzin ist eine Tlahuica, also eine Angehörige jenes Stammes,
der sich in Morelos niederließ und in *Quauhnahuac*, dem heutigen
Cuernavaca, das Zentrum seiner Macht errichtete. Die anderen
Stämme wandten sich mehr nach Osten, nach Puebla, Hidalgo und
Veracruz, wo heute die meisten nahua-sprachigen Indianer leben.
Nach dem Zensus von 1980 entfielen auf diese drei Staaten zwei Drittel
der Nahua, deren Gesamtzahl sich auf 1 317 001 belief, während im
Bundesdistrikt, also der Hauptstadt, dem früheren Tenochtitlan, nur
noch 83 064 Indianer dieser Sprachgruppe registriert wurden.

Diese Zahlen sind jedoch als unterste Grenze zu werten, da sie sich
allein auf das *sprachliche Kriterium* stützen. Nach anderen Untersuchungen liegt die Zahl der Indianer – und damit der Nahua – weit
höher, als im Zensus angegeben. So schreibt Mendieta y Núñez, dessen
Angaben auf Untersuchungen des Instituts für Sozialforschung an der
Nationaluniversität von Mexiko beruhen:

> »Ohne jegliche Grundlage hat man den gegenwärtigen Anteil
> der Indianer an der Gesamtbevölkerung Mexikos auf 30 bis
> 35 Prozent geschätzt; doch wer auch nur oberflächlich
> Mexiko kennt, der weiß, daß, kaum daß man die Hauptstadt
> verlassen hat, man in jedem beliebigen Teil des Landes auf
> eine Bevölkerung stößt, die in überwiegender Mehrheit ein-
> deutig indianische Züge aufweist. Lediglich einige Staaten im
> Norden und Niederkalifornien bilden eine Ausnahme von
> dieser unwiderlegbaren Regel.
>
> Möglich, daß viele, die auf Grund ihrer Erscheinung india-
> nisch wirken, eine mehr oder weniger mestizische oder weiße

Abstammung haben; doch, abgesehen davon, daß dies schwierig nachzuweisen und noch viel weniger zahlenmäßig zu erfassen ist, gilt als eigentlicher Mestize allein jener, der eine gänzlich neue physische Erscheinung und geistige Beschaffenheit aufweist. Wir meinen deshalb, wobei wir uns allein auf den empirischen Befund stützen können, daß mindestens 40 Prozent der Bevölkerung des Landes indianisch ist...«[206]

Geht man von dieser Schätzung aus, dann sind nicht zehn (wie nach landläufigen Berechnungen), sondern *dreißig Millionen* Mexikaner Indianer, und jeder *achte* beziehungseise *neunte* Mexikaner wäre dann ein Azteke.

Mag dies auch ein wenig zu hoch gegriffen sein: fest steht, daß die Zahl der Nahua im Jahre 1988 mit *zweieinhalb Millionen* immer noch eine konservative Schätzung ist, zu der man auf Grund einer Hochrechnung gelangt, die auf einer Untersuchung des Interamerikanischen Indianerinstituts aus dem Jahre 1978 beruht. Damit rücken die Azteken beziehungsweise ihre Nachfahren, die Nahua, in eine Größenordnung, wie man sie auch bei den Inka und Maya antrifft, wiewohl diese beiden Völker, besonders die Inka, die man heute Quechua nennt, die Azteken klar auf den hinteren Rang verweisen.

»Nonantzin neigte sich über ihr Söhnchen. Mr. Harding drehte sich ein wenig ab und musterte demonstrativ einen Gegenstand am Herdfeuer. Er wußte, daß die Frau in dieser Haltung den Blick auf ihre Brust freigab, denn unter dem Quechquemitl, dem baumwollenen Poncho, tragen die Frauen von Tetelcingo nichts – es sei denn einen Säugling, wohlgeborgen auf der warmen Haut.

Das Quechquemitl war vor Ankunft Hernán Cortés' schon aufgekommen, als die Azteken den Südhang der großen Vulkankette besiedelten und die Tlahuicos, Nahuatlacas und Überreste von Chichimecos und Tolteken in sich aufsogen. Das quadratische Tuch mit dem Schlitz für den Kopf, das vorn und hinten dreieckig niederfällt – ohne Ärmel – stammt ursprünglich von den lebensfreudigen Huaxtekinnen und Totonakinnen der Küsten am Golf von Mexiko. Es wurde von den Aztekinnen – vom Eroberervolk – als fremdländische, exotische ›Mode‹ übernommen, wobei allerdings nur die Damen der herrschenden Oberschicht es tragen durften.

Später allerdings, im Zuge einer freiheitlichen Modegestaltung, fand das Quechquemitl den Weg ins Volk und eben auch zu den Frauen von Tetelcingo. Die Huaraches aber, die Schnürsandalen, tragen nur die Männer. Ihre Frauen gehen barfuß, und schön geformte nackte Füße zierlicher Tetelcinginnen sorgen für entsprechende Abdrücke im trockenen Lehmstaub der zahllosen Gassen ihres großen Dorfes, in dem einige tausend Azteken leben.«[207]

Sie haben noch vieles aus ihrer alten Kultur bewahrt, die Indianer. Da ist zum einen die Sprache, die zwar einige Konzessionen an das Spanische machen mußte (obwohl man sich bemühte, die fremden Kulturgüter beschreibend in der eigenen Sprache wiederzugeben; ein Autobus heißt zum Beispiel *tepozyolcatl*, was soviel wie »eisernes Biest« bedeutet), doch im wesentlichen ihre Eigenheit, die die Seele des Indianers widerspiegelt, bewahrt hat. Dies ist um so bemerkenswerter, als ein großer Teil der Indianer *bilingue* ist, also neben der Muttersprache auch das Spanische spricht. Auf unsere Verhältnisse übertragen, würde das bedeuten, daß wir neben Deutsch auch noch fließend Englisch oder Französisch sprechen müßten, um uns in unserem eigenen Lande bewegen zu können, wobei wir noch den Vorteil hätten, daß es sich letztlich um verwandte Sprachen handelt, die in Europa gesprochen werden, während das Aztekische beispielsweise und das Spanische zwei ganz verschiedene Welten sind. Was wir mühsam in der Schule lernen, ist für die Indianer eine Selbstverständlichkeit.

Bedauerlich ist, daß mindestens die Hälfte der Indianer nicht lesen und schreiben kann. Damit ist ihnen beispielsweise all das verschlossen, was Sahagún beziehungsweise seine indianischen Informanten aufgeschrieben haben. Da die Elite, also die einstige Führungsschicht, im Zuge der Conquista eliminiert wurde beziehungsweise sich so sehr assimilieren ließ, daß sie am Ende kaum noch von den Spaniern zu unterscheiden war, ist ein Großteil dessen, was einst die Kultur der Azteken ausmachte, im Bewußtsein der heutigen Indianer nicht mehr lebendig. Es besteht – wie wir eingangs sagten – die paradoxe Situation, daß *wir* mehr über ihre Kultur (und Geschichte) wissen als sie selbst. Woraus eine Aufgabe für die zukünftige Wissenschaft abzuleiten ist: den Indianern *ihre* Kultur zurückzugeben, nicht unbedingt, damit sie sie wiederbeleben, aber damit sie endlich wissen, wes Geistes Kind sie sind, und damit ihr Selbstvertrauen, das sie aus ihrer Unterwürfigkeit befreit, zurückgewinnen.

Die *materielle Kultur* des Indianers hat sich im Gegensatz zum geistigen Erbe nur wenig verändert. Noch immer bildet der Ackerbau die Grundlage seines Lebens, wobei der *Mais* wie eh und je das Hauptnahrungsmittel ist. Durch Chile und Bohnen, die beiden anderen traditionellen Anbauprodukte, ergänzt, wäre die Nahrung durchaus ausreichend; doch gewöhnlich ist der Boden steinig und unfruchtbar, und das wenige Land, das zur Verfügung steht, wird immer knapper, je mehr die Bevölkerung wächst, je mehr aber auch die Subsistenzwirtschaft des Indianers durch das Vorrücken der kommerziellen Landwirtschaft eingeengt wird. Doch darüber haben wir schon gesprochen.

Die meisten Indianer leben heute in kleinen Weilern oder Dörfern, die jeweils zu einem *Municipio,* der untersten staatlichen Verwaltungseinheit, zusammengefaßt sind. Das Municipio ist der eigentliche Bezugsrahmen des Indianers; innerhalb des Municipio wird der gleiche Dialekt gesprochen, und auch die übrige Kultur weist überall die gleiche Variante auf. Dagegen sind Beziehungen über das Municipio hinaus selten, was ein wesentlicher Grund dafür ist, daß es selbst innerhalb einer Sprachgruppe, also etwa unter den verschiedenen Stämmen der Nahua, kein Zusammengehörigkeitsgefühl gibt, woraus sich politische Aktionen (auf nationaler Ebene) ableiten ließen.

Der Staat wirkt seinerseits auf die sogenannte *cabecera municipal,* die Hauptsiedlung eines Municipio, ein und über diese auf die einzelnen Weiler. Diese Autorität wird – wie wir gesehen haben – aufoktroyiert, während die Indianer in ihren Dörfern eigene Amtsträger für die lokale Selbstverwaltung wählen. Sie sind jedoch den staatlichen Autoritäten untergeordnet, woraus sich nicht nur häufig Konflikte, sondern auch alle Arten von Manipulationen und Pressionen von seiten des Staates ergeben.

Was für die politische Situation zutrifft, gilt auch für die *geistige Kultur:* Sie ist ein Kompromiß, eine Synthese aus vorspanischem und europäischem Kulturgut, wobei die katholische Kirche eine überragende Rolle spielt. Nominell sind alle Indianer Christen; zumindest sind alle getauft. Den Mittelpunkt eines Dorfes bildet die Kirche, und in den vier *barrios,* die den vorspanischen *calpultin* entsprechen, findet sich jeweils eine kleine Kapelle, die – wie einst ein vergleichbarer Tempel dem lokalen Schutzgott – einem katholischen Heiligen, dem *patrón,* gewidmet ist. Große Feste und Prozessionen sind der Höhepunkt im Leben des Indianers, doch wenngleich der Anlaß oder zumindest der Rahmen den Gesetzen und der Tradition der katholischen Kirche entspricht, so verbirgt sich unter der Oberfläche doch nicht selten ein heidnischer Kult und der Glaube, daß Jesus und die Jungfrau Maria und die Heiligen zwar ganz nützliche Gehilfen sind, doch die eigentliche Kraft liegt in der Natur, im Analogiezauber, in der Vorstellung, daß die Welt beseelt ist und daß man wie eh und je die Geister und Kobolde und Götter an den Orten, wo man sie schon immer verehrt hat, besänftigen muß, da sonst die Pflanzen nicht sprießen und der Mensch nicht gedeiht und die Welt nicht ihren gewohnten Gang nimmt. Im Grunde ist man noch immer dem zyklischen Denken verhaftet: Nichts ist selbstverständlich, und die Strafe folgt dem Vergehen oder Versäumnis auf dem Fuße. Auch das ist etwas, worin sich das Leben des Indianers von dem des Weißen oder Mestizen unterscheidet: Wir haben Gesetze (die man – zumindest in Mexiko – mißachtet); der Indianer hat ein verbindliches Normsystem, das seine eigene Welt widerspiegelt, die göttlich ist, und sich deshalb als so wirkungsvoll erweist.

Regen ist keine Selbstverständlichkeit: Man geht in eine Höhle, am Hange des Iztaccihuatl, so wie man es schon unter den Azteken tat, und obgleich man Kerzen opfert und Jesus und den Christengott anruft, meint man doch Tlaloc, der in diesen Regionen des ewigen Schnees seit ewigen Zeiten wohnt ...

Epilog

»Auch hab ich gesehen die dieng, die man dem könig aus dem
neuen gulden land hat gebracht, ein ganz guldene sonnen,
einer ganzen klafftern braith, desgleicen ein ganz silbern
mand [Mond], auch also gross, desgleichen zwo kammern
voll derselben rüstung, desgleichen von allerley ihrer waffen,
harnisch, geschuz, wunderbarlich wahr [Wehr], selzamer klai-
dung, pettgewand und allerley wunderbarlich ding zu mannig-
lichem brauch, das do viel schöner zu sehen ist, dan wunder-
ding. Diese ding sind alle köstlich gewesen, das man sie
beschätzt hunder tausent gulden werth. Und ich hab aber all
mein lebtag nichts gesehen, das mein herz also erfreuet hat,
als diese ding. Dann ich hab darin gesehen wunderliche
künstliche ding und hab mich verwundert der subtilen ingenia
der menschen in frembden landen. Und der ding weiss ich nit
auszusprechen, die ich do gehabt hab.«

So schrieb *Albrecht Dürer* in sein Tagebuch und gab damit seiner Verwunderung Ausdruck über die Schätze, die Cortés an Karl V. gesandt
hatte. Es waren jene Geschenke, mit denen Montezuma die »weißen
Götter« besänftigen wollte. Doch anstatt sie zu befriedigen, stachelten
die Schätze die Habgier der Spanier nur noch weiter an. Und es
bedurfte erst eines Dürer, der die Geschenke 1520 in Brüssel sah, daß
man ihren wahren Wert erkannte.

»... hab mich verwundert der subtilen ingenia der menschen in
frembden landen.« Welch größeres Lob hätte jemand, zumal er etwas
von Kunst verstand, einem Volk zollen können, das man gemeinhin als
barbarisch betrachtete? Dürer wußte nicht viel von diesem Volk, doch
was seine künstlerischen Zeugnisse anbelangte, so hatte es offenbar
einen hohen Stand der Zivilisation erreicht. »Und ich hab aber all mein
lebtag nichts gesehen, das mein herz also erfreuet hat, als diese ding.«
Selbst in Europa hatte man nichts Vergleichbares; zumindest konnten
sich die mexikanischen Kunstschätze mit den bekannten Werken der
Alten Welt messen.

Das Urteil Dürers verdient Beachtung, da man geneigt ist, die Kultur der Azteken – im Vergleich zu der der Inka und Maya – in weniger günstigem Licht zu sehen. Waren sie doch ein Volk, das unter dem Zwang einer blutigen Religion stand, für die man nur wenig Verständnis aufbringen kann. Diese negative Sicht ist zum Teil durchaus berechtigt: Es hat kein anderes Volk im autochthonen Amerika gegeben, das seine religiöse Bindung bis zum Exzeß ausweitete. Sicher, es gab Menschenopfer auch bei den Inka und Maya (wie auch bei anderen indianischen Völkern), doch niemals in dem Maße, wie es bei den Azteken üblich war. Der Kult blutgieriger Götter überschattete das ganze Dasein der Azteken.

Doch war es nur Fanatismus gewesen, die Verblendung machthungriger Priester oder Herrscher? Wir haben gesehen, daß es im wesentlichen zwei Umstände waren, die die besondere Form der aztekischen Kultur prägten. Zum einen war es die *Umwelt*, die dem Menschen ständig vor Augen führte, wie unsicher sein Dasein war. Ein Erdbeben, ein Vulkanausbruch, eine Überschwemmung – dagegen war der Mensch machtlos, und er glaubte, sich nur schützen zu können, indem er die Gewalten, die dahinterstanden, auf eine Weise besänftigte, die sowohl dem menschlichen Abbild dieser Mächte entsprach, als auch ihre höhere Gewalt anerkannte. Es reichten nicht Blumen oder Weihrauch, auch nicht Tieropfer: nein, der Mensch selbst mußte, indem er sich opferte, zum Erhalt der Welt beitragen.

Es war also die Furcht vor dem Untergang, die die Azteken (und ihre Vorläufer, die Tolteken) zum Blutopfer trieb. Aber dieser Untergang drohte auch den Teotihuakanern beziehungsweise hatte ihnen gedroht, und dennoch hatten sie eine Religion, die – nach allem, was wir wissen – nicht so blutrünstig war. Entstammte ihrer Tradition doch die Gestalt Quetzalcoatls, die geradezu eine Antithese zur Kultur der Azteken war. Es bedurfte noch eines zweiten Umstandes, der die Unsicherheit des Daseins in Furcht und – Aggressivität umwandelte: das *kriegerische Erbe* der Chichimeken. Bei den *Azteken,* die die letzten dieses Völkerverbandes waren, die in das Hochtal von Mexiko einwanderten, ergab sich noch der zusätzliche Umstand, daß sie sich gegen die, die bereits Macht und Ansehen genossen, behaupten mußten, wodurch ihre kriegerische Disposition nur noch verstärkt wurde und schließlich in jenen *Militarismus* überging, der ihnen ein ganzes Reich bescherte.

Das kriegerische Erbe und die Existenzangst gingen eine unheilvolle Allianz bei den Azteken ein, und es ist sicher nicht übertrieben zu sagen, daß über ihrem ganzen Dasein ein dunkler Schatten schwebte. Sie waren Gefangene des Schicksals, das sicher dieser oder jener Herrscher zu seinem Vorteil ausnutzte. Doch im Grunde waren sie diesem

Schicksal hilflos ausgeliefert; daß der Mensch sein Schicksal ändern kann, diese Erkenntnis, die das große (und verlockende) Vermächtnis der Griechen ist, hatten sie nicht. Sie waren am Ende mehr Opfer als Opfernde.

Um so bemerkenswerter ist, daß die Azteken trotz ihrer im Grunde pessimistischen Weltsicht Werke der Kunst und des Geistes hervorbrachten, die sie an die Seite der großen Kulturschöpfer der Menschheit stellen. Sowohl was das eigentliche Kunsthandwerk betrifft, als auch die Dichtung und Philosophie, haben die Azteken einen Grad der kulturellen Reife bewiesen, der sie weit über den Stand eines rohen, barbarischen Volkes heraushebt. Vielleicht liegt es gerade an ihrer pessimistischen Weltsicht, daß sie versuchten, durch Farben und Formen, die den Schönheiten der Natur nachgebildet waren, ihr Leben zu erhellen. Blumen und Vögel – wie auch Tanz und Musik – waren ein ständiger Begleiter ihres Daseins. Sie fürchteten die Natur nicht nur, sie liebten sie auch. Möglich, daß es ihnen gelungen wäre, sie durch diese Liebe dereinst besser zu erkennen und damit auch der Religion und ihrem ganzen Wesen einen sanfteren Anstrich zu geben. Doch dazu sollte es niemals kommen.

Hegel meinte, daß das Licht der Erkenntnis und der Weisheit, also die Kultur schlechthin, erst durch den Weißen, durch Europa, verbreitet wurde. Was die Azteken betrifft, so kann man sein Diktum nicht gänzlich von der Hand weisen. Die christliche Religion war durchaus eine Botschaft, die das Volk aus seinem dunklen Alptraum hätte erwecken können. Sie verhieß Frieden und Liebe, Vergebung und Erlösung, und da einer für alle gestorben war, verlangte sie keine weiteren Opfer. Das Volk, der einfache Indianer, jener Juan Diego, dem die braune Madonna erschien, sah im Christentum sicher die Erfüllung seiner geheimsten Hoffnungen. Zumal er nicht wissen konnte (und es wahrscheinlich nie erfahren hat), daß die Kirche ihm nicht nur einen neuen, friedlichen Glauben brachte, sondern daß sie auch am Anfang allen Übels stand, das ihn nun, unter ihrem Zeichen, heimsuchen sollte. Denn darin irrte Hegel: Es mag unter den Azteken dunkel gewesen sein, doch unter dem, was die Kirche letztlich bewirkte – die Herrschaft der Spanier – wurde es noch dunkler:

> »Als die Spanier Mexico eroberten, fanden sie das Volk bereits in dem Zustand von Verworfenheit und Armuth, welcher überall den Despotismus und das Feudal-Wesen begleiten. Der Kaiser, die Prinzen, der Adel und der Clerus (die Teopixqui) besaßen allein die fruchtbarsten Ländereien und die Gouverneurs der Provinzen erlaubten sich ungestraft die

härtesten Erpressungen. Der Landbauer war aufs tiefste erniedrigt; die großen Straßen wimmelten ... von Bettlern, der Mangel an großen vierfüßigen Hausthieren zwang viele Tausende, den Dienst der Saumthiere zu versehen und Mais, Baumwolle, Häute und andere Waren, welche die entferntesten Provinzen als Tribut nach der Hauptstadt schickten, zu transportiren. Die Eroberung machte indes den Zustand des niedrigen Volks noch jämmerlicher. Man entriß den Landmann seinen Feldern und schleppte ihn auf die Gebirge, wo die Ausbeutung der Minen bereits anfing. Viele mußten der Armee folgen und, bei schlechter Nahrung und weniger Ruhe, über steile Gebirge hin Lasten schleppen, die über ihre Kräfte waren. Alles indianische Eigenthum, bewegliches und liegendes, wurde als den Siegern gehörig angesehen, und dieser abscheuliche Grundsatz ward sogar durch ein Gesetz geheiligt, welches den Eingebornen nur ein kleines Stückchen Felds um die neu gebauten Kirchen herum anweist.«

Kein geringerer als Alexander von Humboldt fällte bereits dieses Urteil, das im wesentlichen auch heute noch gilt. In doppeltem Sinne: einmal, was die spanische Herrschaft betrifft, über die auch die neuere Forschung nichts Gutes zu vermelden hat; und zum andern die Gegenwart, über die – wie wir gesehen haben – auch nicht viel Vorteilhaftes zu sagen ist. Das Licht beziehungsweise der Geist, von dem Hegel spricht, hat Mexiko bislang nicht erleuchtet. Zumindest nicht in dem Maße, daß man sagen könnte, daß es eine wirkliche Aufwärtsentwicklung gegeben hat: Die Geschichte Mexikos – seit der Conquista – ist der Versuch, eben diese zu überwinden, und das ist bis heute nicht gelungen. Weder die Unabhängigkeit noch die Reform noch die Revolution haben es geschafft, das Erbe der Conquista abzuschütteln: Für den Indianer brennt noch nicht einmal eine Funzel, geschweige denn ein Licht!

Woran liegt es, daß Mexiko keinen wirklichen Fortschritt erzielt hat? Feudalismus, Sklaverei, das hat es auch in anderen Ländern gegeben. Doch sie sind heute funktionierende Demokratien, wo jeder ein Mitspracherecht und dementsprechend Anteil an den Gütern der Nation hat.

Mexiko ist ein zweigeteiltes Land: hier der Indianer, dort der Weiße beziehungsweise der Mestize (ein wirklicher Unterschied zwischen Weißem und Mestizem besteht nicht, da letzterer bemüht ist, ersteren nachzuahmen). Der Indianer wurde nie als gleichwertig akzeptiert: Die Kirche betrachtete ihn als Heiden, der Konquistador als Barbar, der Reformer als rückständig und der Revolutionär als minderwertig, mußte der Indianer sich doch der dominanten Gesellschaft anpassen, ehe er Anerkennung finden konnte. Diese angebliche Minderwertigkeit des Indianers gab dem, der ihn unterdrückte, die nötige Rechtfertigung dazu, während sie beim Indianer selbst das Gefühl erzeugte, tatsächlich ein minderwertiges Wesen zu sein, was wiederum dazu führte, daß er sein Schicksal willenlos akzeptierte, denn ein Mensch, der gerade noch an der Schwelle des Menschseins stand, verdiente es nicht anders. Anstatt sich einander zu nähern, wurde die Kluft immer größer.

Die Aufwertung des Indianers, die angeblich mit der Revolution erfolgte, hat daran nichts geändert:

>Stolz auf seine indianische Vergangenheit, scheint Mexiko sich seiner indianischen Gegenwart zu schämen. Regierungsgebäude schmücken Wandgemälde und Skulpturen, die die Heldentaten der Azteken rühmen, während in den Museen die kostbaren Schätze, Keramikwaren und Handwerksgegenstände, die man in vorspanischen Ruinen gefunden hat, zu bewundern sind. Aber die Indianer selbst, die direkten Nachkommen jener >ruhmreichen Vergangenheit<, bleiben eine unterjochte Rasse, Opfer der schlimmsten Armut und Diskriminierung, die es heute in Mexiko gibt. Sie haben das meiste ihres gemeinschaftlichen Landes eingebüßt, ihre Kultur ist bedrängt und zersetzt worden durch die >Zivilisation<, und sogar ihrer Vergangenheit hat man sie beraubt. Das moderne Mexiko, das seine indianischen Wurzeln ausgegraben und das Indianertum zu einem Symbol der Nation erhoben hat, hat wenig für den Indianer heute übrig.«

Der Beobachtung Alan Ridings, der das Land, das er beschreibt, lange genug kennt, ist nichts hinzuzufügen, es sei denn, daß *wir* Mexiko in seiner heuchlerischen Haltung unterstützen. Und sei es nur, indem wir uns, was wir verschiedentlich beklagt haben, mehr für das alte als für das heutige Mexiko interessieren.

Erhebt sich die Frage, was zu tun ist. »Jedes Volk hat das Recht und die Pflicht, sein kulturelles Erbe zu verteidigen und zu erhalten.« So heißt es in einer Resolution, die 1982 von der *UNESCO,* der Organisation der Vereinten Nationen für Erziehung, Wissenschaft und Kultur, verabschiedet wurde. Daraus läßt sich ableiten, daß es einem von der Völkergemeinschaft anerkannten Prinzip widerspricht, den Indianer in eine angeblich »nationale« Kultur und Gesellschaft zu intergrieren, wie es die Politik der mexikanischen Regierung seit der Revolution ist. Was dabei herauskommt, haben wir gesehen: bis zur Pathologie reichende Fälle psychischer Verzerrung, die mehr als nur eine Ent-indianisierung des Indianers darstellt. Sie bedeutet das Hinabgleiten in ein *anonymes Proletariat,* das nicht einmal die Kultur des Mestizen aufweist, so zweifelhaft diese ist.

Der Indianer lebt von und mit der *Natur.* Folglich ist die erste Forderung, die erhoben werden muß, die Rückgabe seines Landes beziehungsweise die Sicherstellung, daß es nicht für andere Zwecke – wie zum Beispiel den Ausbau der Agro-Industrie – mißbraucht wird. Anstatt immer mehr Land für den Anbau von Exportprodukten zu requirieren, sollte gewährleistet werden, daß zunächst die Nahrungsprodukte angebaut werden, die zur Deckung des *eigenen Bedarfs* erforderlich sind. Hat der Indianer sein Land, sind alle weiteren Probleme, mit denen er konfrontiert ist, sekundärer Art. Sein Gesundheitszustand steht in unmittelbarem Zusammenhang mit seiner Ernährungslage. Ein Großteil der Krankheiten, unter denen er heute leidet, würde verschwinden, wenn er genügend zu essen hätte.

Auch wenn sicher noch so manche Gebiete durch Bewässerung erschlossen werden können, ist die landwirtschaftlich nutzbare Fläche natürlich begrenzt. Deshalb (und nicht etwa, um den indianischen Bevölkerungsanteil zu senken) sind als zweiter Schritt Maßnahmen erforderlich, auch die Indianer zu der Einsicht zu bekehren, daß eine unkontrollierte Zunahme ihrer Bevölkerung ihnen letztlich zum Schaden gereicht. Es muß ein Ausgleich zwischen Bevölkerung und Boden erreicht werden, und wenn man sich die Mühe macht, dem Indianer den Zusammenhang zu erläutern, wird er dafür mit Sicherheit Verständnis aufbringen. War es doch stets seine Devise, im *Einklang* mit der Natur zu leben. Im übrigen mag zwar auch in indianischen Gesellschaften der Mann das Sagen haben, aber er gebärdet sich deshalb nicht wie ein Macho, ein Hahn im Korbe, wie es bei den Spanischstämmigen der Fall ist.

Die Kultur des Indianers zu bewahren, ist der dritte Schritt. Von Coca-Cola bis zu protestantischen Sekten, die in gleichem Maße das Wesen des Indianers korrumpieren (denn wo Coca-Cola Bedürfnisse weckt, die eigentlich gar nicht vorhanden sind, gebärden sich die protestantischen Sekten, die zumeist aus den USA kommen, nicht minder impertinent, indem sie auch den Rest der indianischen Kultur als Heidentum verdammen), sollte alles Fremde außer Landes gejagt werden. Zumindest sollte man dem Indianer die Möglichkeit geben, sich dagegen zu wehren, zum blinden Nachahmer amerikanischer Lebensart zu werden. Worin übrigens der Wert seiner Kultur liegt. Auch für andere.

Nun wird all dies nicht ohne Schwierigkeiten zu bewerkstelligen sein. Zunächst einmal muß der Indianer selbst aus seiner Lethargie erwachen; das heißt, man muß ihm jenes Selbstvertrauen zurückgeben, das ihm die Konquistadoren genommen haben. Dazu ist es notwendig, daß er sich seiner eigenen Vergangenheit bewußt wird wie auch die Situation erkennt, in der er sich seit der Conquista befindet. Es muß eine Brücke geschlagen werden zwischen seinem reichen Erbe und dem Relikt, das er heute darstellt. Wenn nur die Weißen oder Mestizen sein Erbe feiern und *ihn* darüber vergessen, dann bringt das nichts: er *selbst* muß sein Erbe wiederentdecken und darauf stolz sein!

Er wird nicht mit offenen Armen empfangen werden, wenn er diese Forderung erhebt. Obwohl *Miguel de la Madrid,* der gegenwärtige Staatspräsident, verkündete:

> »Wir müssen ein wirkliches Bündnis von Nationalitäten innerhalb der mexikanischen Nation schaffen.«

Aber als er das sagte, kandidierte er noch für die Präsidentschaft. Inzwischen ist wieder alles beim alten: Als es – im Zusammenhang mit einer neuen Wahl, die für dieses Jahr ansteht – im PRI, der Revolutionspartei, zu einer Erneuerungsbewegung kam, der sogenannten »demokratischen Strömung«, fiel den Parteibonzen, die dadurch ihre angestammten Positionen gefährdet sahen, nichts anderes ein, als den Aufmüpfigen nahezulegen, die Partei zu verlassen. Und Salomón Nahmad, einen kritischen Anthropologen, den wir bereits zitierten und der zum neuen Leiter des INI, des Indianerinstituts, ernannt worden war, steckte man kurzerhand ins Gefängnis, als er es mit dem Versprechen des Präsidenten, eine »Nation von Nationalitäten« zu schaffen, zu wörtlich nahm.

Man wird ein wenig Druck von außen ausüben müssen, um in Mexiko die Verhältnisse herbeizuführen, die geeignet sind, auch dem Volk – und damit auch dem Indianer – ein Mitspracherecht einzuräumen. Das Prinzip der »Nichteinmischung in die inneren Angelegenheiten eines anderen Staates« ist eine billige Ausrede, hinter der sich nur die Indifferenz einer satten Wohlstandsgesellschaft verbirgt, der es egal ist, wenn die Anerkennung eines nicht demokratisch gewählten Regimes eben dieser Devise der Nichteinmischung offen hohn spricht. Im übrigen sind die hundert Milliarden, mit denen Mexiko in der Kreide steht, nicht aus Nächstenliebe vergeben worden, sondern in der Absicht, ein sattes Geschäft zu machen (was bedingt, daß man der Regierung, mit der man das Geschäft ausgehandelt hat, nicht in den Rücken fallen kann).

Ethische Normen waren noch nie ein Maßstab hoher Politik und Indianer noch viel weniger ein Grund, die Maximen internationaler Politik zu ändern. Trotzdem kann es nicht schaden, auf die schäbigen Auswirkungen einer solchen Politik hinzuweisen.

Erfolgversprechender erscheinen da die internationalen Organisationen, von denen es eine Reihe gibt, die sich der Menschenrechte allgemein wie auch der Rechte sogenannter *ethnischer Minoritäten* im besonderen annehmen. Die Skala reicht von *Amnesty International* bis zu einer *Sonderkommission der Vereinten Nationen zur Verhinderung der Diskriminierung und zum Schutz von Minderheiten,* die der Menschenrechtskommission der UNO angeschlossen ist. Hier bestehen Foren, wo die Indianer selbst ihre Forderungen erheben können und wo man ihnen – durch Forschungen, Rechtsbeistand und Geld – Hilfe leisten kann. Wenn die Gemeinschaft der Völker hinter den Indianern (und anderen diskriminierten Ethnien) steht, wird es einzelnen Ländern nicht mehr möglich sein, sie wie Bürger zweiter Klasse zu behandeln. Von uns allen, die wir diese Organisationen unterstützen können, hängt es ab, wie effektiv sie sind.

Man könnte noch zwei andere – potentielle – Verbündete nennen, die beide Schuldige sind: die *Kirche* und *Spanien.* Die Kirche wurde schuldig, indem sie Spanien das Patronat verlieh, die Welt für den Glauben zu erobern, und Spanien, indem es dieses Recht nur zu willig akzeptierte und tatsächlich einen ganzen Kontinent, Mittel- und Südamerika, unterwarf. Der Papst würde nur wiedergutmachen, was sein Vorgänger verbrochen hat, wenn er sich offen hinter die stellte, denen einmal das Heil versprochen wurde, die aber – nicht zuletzt wegen der verderblichen Rolle der Kirche – noch heute darauf warten.

Und Spanien? Man könnte zwar meinen, es sei aus dem Schneider, denn schließlich ist Mexiko seit über 150 Jahren unabhängig. Aber mit dieser Unabhängigkeit, da hapert es eben. Wie Charles Cumberland, ein amerikanischer Historiker, schrieb:

>»In einem der größten Schwindel, der je gegen ein notleidendes Volk begangen wurde, erlangte Mexiko beinahe über Nacht seine Unabhängigkeit.«

Diese Unabhängigkeit bedeutete eben nicht die Freiheit derer, die kolonisiert waren. Ihre Unfreiheit bestand weiter – bis auf den heutigen Tag. Deshalb ist auch Spanien gefordert, ebenso wie es England war, als Rhodesien *einseitig* seine Unabhängigkeit erklärte. Heute heißt das Land »Zimbabwe«.

Anhang

Zitierte Quellen

Die beiden Zitate in der Einführung wurden entnommen aus: *Bernal Díaz del Castillo,* Historia verdadera de la conquista de la Nueva España, hrsg. v. Joaquín Ramírez Cabañas, Mexiko-Stadt 1969, S. 147 f. *Time,* Amsterdam, Nr. 32, 1984, S. 14

1 *Bernardino de Sahagún,* Historia general de las cosas de Nueva España. Hrsg. v. Ángel María Garibay, Mexiko-Stadt 1985, S. 191 f. (im folgenden: Sahagún 1985)
2 *Diego Durán,* Historia de las Indias de Nueva España e Islas de Tierra Firme. Bd. II der unter dem gleichen Titel von Ángel María Garibay herausgegebenen Werke Duráns. Mexiko-Stadt 1984, S. 21 (i. f.: Durán 1984)
3 Durán 1984, S. 21
4 Durán 1984, S. 26
5 Durán 1984, S. 26
6 Durán 1984, S. 33 f.
7 Durán 1984, S. 38
8 Durán 1984, S. 40
9 Durán 1984, S. 41
10 Durán 1984, S. 42
11 *Mitos y leyendas toltecas y aztecas,* hrsg. v. Mario A. Valotta. Mexiko-Stadt 1985, S. 113 f.
12 Durán 1984, S. 47 f.
13 Durán 1984, S. 48
14 *Hernando Alvarado Tezozómoc,* Crónica Mexicana. Hrsg. v. Manuel Orozco y Berra, Mexiko-Stadt 1980, S. 223 f.
15 *Hernán Cortés,* Cartas de Relación. Hrsg. v. Manuel Alcalá, Mexiko-Stadt 1960, S. 38 (i. f.: Cortés 1960)
16 *Egon Erwin Kisch,* Entdeckungen in Mexiko. Berlin 1952, S. 17
17 Auszug aus den *Anales de Cuauhtitlan,* in: Codice Chimalpopoca, hrsg. und aus dem Aztekischen übers. v. Primo Feleciano Velázquez. Mexiko-Stadt 1945, S. 4 f.
18 *Diego Durán,* Libro de los ritos y ceremonias en las fiestas de los

dioses y celebración de ellas. In: Durán, Historia de las Indias de Nueva España e Islas de Tierra Firme, Bd. I. Mexiko-Stadt 1984, S. 160 (i. f.: Durán 1984a)

19 Durán 1984a, S. 164 f.

20 *El Colibrí Florido,* aus den Cantares Mexicanos. In: La literatura de los Aztecas, hrsg. v. Ángel María Garibay. Mexiko-Stadt 1964, S. 54

21 Auszug aus der *Legende der Sonnen,* in: Die Geschichte der Königreiche von Colhuacan und Mexico, hrsg. und aus dem Aztekischen übers. v. Walter Lehmann. Stuttgart u. Berlin 1938, S. 330 ff. (i. f.: Legende der Sonnen 1938)

22 *Helmut de Terra u. a.,* Tepexpan Man. Viking Fund Publications in Anthropology, Nr. 11. New York 1949, S. 36 (i. f.: de Terra 1949)

23 de Terra 1949, S. 37

24 Legende der Sonnen 1938, S. 338 ff.

25 *Thomas Gage's Travels in the New World,* hrsg. v. J. Eric S. Thompson. Norman 1969, S. 153 f. (i. f.: Gage 1969)

26 Gage 1969, S. 156

27 Sahagún 1985, S. 432 f.

28 Durán 1984 a, S. 9

29 Sahagún 1985, S. 196

30 Durán 1984 a, S. 14

31 Sahagún 1985, S. 204

32 Durán 1984, S. 55

33 Durán 1984, S. 49

34 Durán 1984, S. 50

35 Durán 1984, S. 50

36 Durán 1984, S. 56

37 Durán 1984, S. 56

38 *Códice Ramírez,* hrsg. v. Manuel Orozco y Berra. In: Hernando Alvarado Tezozómoc, Crónica Mexicana. Mexiko-Stadt 1986, S. 50 f. (i. f: Códice Ramírez 1986)

39 Códice Ramírez 1986, S. 52

40 Códice Ramírez 1986, S. 52

41 Durán 1984, S. 211

42 Durán 1984, S. 212

43 Durán 1984, S. 212

44 Durán 1984, S. 213

45 Durán 1984, S. 213

46 Códice Ramírez 1986, S. 62

47 Códice Ramírez 1986, S. 62 f.

48 Códice Ramírez 1986, S. 63

49 Durán 1984, S. 206
50 Durán 1984, S. 208 f.
51 Códice Ramírez 1986, S. 65 f.
52 Durán 1984, S. 232 f.
53 Durán 1984, S. 248
54 Durán 1984, S. 263
55 Durán 1984, S. 241
56 Durán 1984, S. 241 f.
57 *Bernardino de Sahagún,* Gliederung des alt-aztekischen Volks in Familie, Stand und Beruf. Hrsg. und aus dem Aztekischen übers. v. Leonhard Schultze Jena, Stuttgart 1952, S. 191 ff. (i. f.: Sahagún 1952)
58 Sahagún 1952, S. 193 ff.
59 Sahagún 1952, S. 195
60 *Bernal Díaz del Castillo,* Historia verdadera de la conquista de la Nueva España. Mexiko-Stadt 1969, S. 159 (i. f.: Díaz del Castillo 1969)
61 Díaz del Castillo 1969, S. 160
62 Díaz del Castillo 1969, S. 160 f.
63 Cortés 1960, S. 52
64 *Einige Kapitel aus dem Geschichtswerk des Fray Bernardino de Sahagún,* aus dem Aztekischen übers. v. Eduard Seler. Hrsg. v. Caecilie Seler-Sachs, Stuttgart 1927, S. 1 (i. f.: Sahagún 1927)
65 Durán 1984, S. 344 f.
66 Sahagún 1927, S. 3
67 Sahagún 1927, S. 92
68 Sahagún 1927, S. 93 f.
69 Sahagún 1927, S. 94 f.
70 Sahagún 1927, S. 98
71 Sahagún 1927, S. 98 f.
72 Sahagún 1927, S. 99 f.
73 Sahagún 1952, S. 9, 11
74 Sahagún 1952, S. 11
75 Sahagún 1952, S. 53
76 Sahagún 1927, S. 314
77 Sahagún 1985, S. 253 f.
78 Sahagún 1952, S. 59
79 Sahagún 1952, S. 61
80 *Fernando de Alva Ixtlilxochitl,* Das Buch der Könige von Tezcuco. Auszug aus der »Historia Chichimeca« d. gl. Autors, übers. u. bearb. v. H. G. Bonte. Leipzig 1930, S. 84 ff. (i. f.: Ixtlilxochitl 1930)

81 Ixtlilxochitl 1930, S. 89
82 *Nezahualcoyotl,* Fragmente eines Gedichts, in: Poesía náhuatl, hrsg. v. A. M. Garibay. Bd. I, Mexiko-Stadt 1964, S. 85 ff.
83 *Ycuic Neçahualcoyotzin* (Gesang auf Nezahualcoyotl), in: Altaztekische Gesänge, hrsg. u. übers. v. Leonhard Schultze Jena. Stuttgart 1957, S. 148, 150 (i. f.: Ycuic Neçahualcoyotzin 1957)
84 Ycuic Neçahualcoyotzin 1957, S. 149, 151
85 Durán 1984, S. 467
86 Durán 1984, S. 468 f.
87 Durán 1984, S. 506
88 Durán 1984, S. 506
89 Díaz del Castillo 1969, S. 20
90 Díaz del Castillo 1969, S. 54
91 Díaz del Castillo 1969, S. 56 f.
92 Díaz del Castillo 1969, S. 55
93 Sahagún 1927, S. 464 f.
94 Díaz del Castillo 1969, S. 72 f.
95 Cortés 1960, S. 36
96 Díaz del Castillo 1969, S. 136
97 Cortés 1960, S. 36
98 *Francisco López de Gómara,* Historia de la conquista de México. Hrsg. v. Jorge Gurria Lacroix, Caracas 1979, S. 102
99 Sahagún 1927, S. 477 f.
100 Cortés 1960, S. 37
101 Díaz del Castillo 1969; S. 137 f.
102 Díaz del Castillo 1969, S. 139
103 Sahagún 1927, S. 486 ff.
104 Díaz del Castillo 1969, S. 148
105 Díaz del Castillo 1969, S. 149
106 Sahagún 1927, S. 491 f.
107 Díaz del Castillo 1969, S. 161
108 Díaz del Castillo 1969, S. 162
109 Sahagún 1927, S. 494
110 Sahagún 1927, S. 495
111 Cortés 1960, S. 45
112 Sahagún 1927, S. 502 ff.
113 Sahagún 1927, S. 504 f.
114 Cortés 1960, S. 65
115 Díaz del Castillo 1969, S. 234
116 Sahagún 1927, S. 513
117 Sahagún 1927, S. 515 f.
118 Díaz del Castillo 1969, S. 239 f.

119 Cortés 1960, S. 70

120 Díaz del Castillo 1969, S. 240

121 Díaz del Castillo 1969, S. 240 f.

122 Sahagún 1927, S. 531

123 Díaz del Castillo 1969, S. 341 f.

124 Cortés 1960, S. 135 f.

125 Sahagún 1927, S. 569 f.

126 Díaz del Castillo 1969, S. 340

127 Auszug aus einer *Bulle des Papstes Alexander VI. an die Könige Ferdinand und Isabella vom 4. Mai 1493.* In: Lateinamerika seit 1492, hrsg. von Richard Konetzke. Stuttgart 1971, S. 5 f. (i. f.: Bulle 1493)

128 Bulle 1493, S. 4

129 Auszug aus dem *Vertrag von Tordesillas,* in: Lateinamerika seit 1492, hrsg. von Richard Konetzke, Stuttgart 1971, S. 6 f.

130 *Bartolomé de la Casas,* Kurzgefaßter Bericht von der Verwüstung der Westindischen Länder. Nach der Übers. v. D. W. Andreä hrsg. v. Hans Magnus Enzensberger, Frankfurt/Main 1981, S. 39 ff. (i. f.: Las Casas 1981)

131 Las Casas 1981, S. 45

132 Cortés 1960, S. 198

133 Cortés 1960, S. 198

134 Díaz del Castillo 1969, S. 434

135 Sahagún 1927, S. 495 f.

136 Díaz del Castillo 1969, S. 345 f.

137 Cortés 1960, S. 144

138 *Toribio de Benavente,* Historia de los indios de la Nueva España. Hrsg. v. Edmundo O'Gorman, Mexiko-Stadt 1984, S. 13 ff. (i. f.: Benavente 1984)

139 Benavente 1984, S. 13 f.

140 Díaz del Castillo 1969, S. 123

141 Díaz del Castillo 1969, S. 124

142 Díaz del Castillo 1969, S. 124

143 *Jerónimo de Mendieta,* Historia eclesiástica indiana. Hrsg. v. Francisco Solano y Perez-Lila. Bd. I, Madrid 1973, S. 128 f. (i. f.: Mendieta 1973)

144 Mendieta 1973, S. 129

145 *Bernardino de Sahagún,* Sterbende Götter und christliche Heilsbotschaft. Hrsg. u. aus dem Aztekischen übers. v. Walter Lehmann, Stuttgart 1949, S. 79 ff. (i. f.: Sahagún 1949)

146 Sahagún 1949, S. 102 ff.

147 Sahagún 1949, S. 105 f.

148 Mendieta 1973, S. 138

149 *Proceso Inquisitorial del Cacique de Tetzcoco,* hrsg. v. Archivo General y Público de la Nación. Mexiko-Stadt 1910, S. 43 (i. f.: Proceso Inquisitorial 1910)

150 Proceso Inquisitorial 1910, S. 83 f.

151 *Hvei tlamahvicoltica,* aus dem Aztekischen übers. v. Primo Feliciano Velázquez. In: Ders., La aparición de Santa María de Guadalupe. Mexiko-Stadt 1931, S. 146 ff. (i. f.: Hvei tlamahvicoltica 1931)

152 Hvei tlamahvicoltica 1931, S. 156 f.

153 Hvei tlamahvicoltica 1931, S. 159 f.

154 Auszug aus einer *Denkschrift an den König aus dem Jahre 1799,* zit. in: Friedrich Alexander von Humboldt, Versuch über den politischen Zustand des Königreichs Neu-Spanien. Bd. I, Tübingen 1809, S. 150 ff.

155 *Friedrich Alexander von Humboldt,* Versuch über den politischen Zustand des Königreichs Neu-Spanien. 5 Bde., Tübingen 1809–14, Bd. I, S. 146 (i. f.: Humboldt 1809–14)

156 Humboldt 1809–14, Bd. I, S. 135 f.

157 *Aufruf Hidalgos v. 16. September 1810,* zit. in: Peter Calvert, Mexico. London 1973, S. 31

158 Lúcas Alamán, Historia de Méjico. Bd. I, Mexiko-Stadt 1849, S. 431 f. (i. f.: Alamán 1849)

159 Alamán 1849: S. 436

160 Auszug aus einer *Rede Morelos' vor dem Kongreß von Chilpancingo.* In: Morelos, Documentos inéditos y poco conocidos. Hrsg. v. Museo Nacional de Arqueología, Historia y Etnografía. Bd. II, Mexiko-Stadt 1927, S. 180 f.

161 *Auszug aus einem Erlaß Morelos',* in: Lateinamerika seit 1492, hrsg. v. Richard Konetzke. Stuttgart 1971, S. 49 f.

162 *Frances Calderón de la Barca,* Life in Mexico. Berkeley und Los Angeles 1982, S. 238 f. (i. f: de la Barca 1982)

163 de la Barca 1982, S. 239

164 de la Barca 1982, S. 239

165 de la Barca 1982, S. 257

166 de la Barca 1982, S. 378 f.

167 Auszug aus dem *Ley Lerdo* vom 25. Juni 1856. In: Legislación Indigenista de México, hrsg. v. Instituto Indigenista Interamericano. Mexiko-Stadt 1958, S. 42.

168 Humboldt 1809–14, Bd. II, S. 54 f.

169 Humboldt 1809–14, Bd. II, S. 58 f.

170 *Alexander von Humboldt,* Pittoreske Ansichten der Cordilleren und Monumente americanischer Völker. Tübingen 1810, S. 46 f.

171 Auszug aus einem *Vorwort von Caecilie Seler-Sachs* zu: Einige Kapitel aus dem Geschichtswerk des Fray Bernardino de Sahagún, Stuttgart 1927, S. VIII f.

172 *Life and Death in Milpa Alta,* A Nahuatl Chronicle of Díaz and Zapata. Aus dem Aztekischen übers. u. hrsg. v. Fernando Horcasitas. Norman 1972, S. 125, 127, 129 (i. f.: Milpa Alta 1972)

173 Auszug aus dem *Plan von San Luis Potosí* vom 5. Oktober 1910. In: Legislación Indigenista de México, hrsg. v. Instituto Indigenista Interamericano, Mexiko-Stadt 1958, S. 80

174 *Gabriel Ferry,* Wildes Mexico. Bamberg 1965, S. 345 f.

175 *George McCutchen McBride,* The Land Systems of Mexico. New York 1923, S. 41 f.

176 *Karl Sapper,* Mexico. Land, Volk und Wirtschaft. Wien 1928, S. 56 ff.

177 Auszug aus dem Artikel 5 des *Planes von Ayala* vom 28. November 1911. In: Gildardo Magaña, Emiliano Zapata y el agrarismo en México. Bd. II, Mexiko-Stadt 1937, S. 128

178 Artikel 7 des *Planes von Ayala.* In: G. Magaña, Emiliano Zapata ... Bd. II, Mexiko-Stadt 1937, S. 129

179 Aussage eines *indianischen Informanten aus Tepoztlan.* In: Oscar Lewis, Pedro Martínez. London 1969, S. 155 (i. f.: Lewis 1969)

180 Milpa Alta 1972, S. 159

181 Bericht eines Zapatista, *Carlos Reyes Avilés,* zit. in: John Womack, Zapata and the Mexican Revolution. Harmondsworth 1972, S. 442.

182 Milpa Alta 1972, S. 177, 179

183 Lewis 1969, S. 202 f.

184 Auszug aus einem *Bericht an den Kongreß v. 1. September 1935.* In: Jesús Silva Herzog, Lázaro Cárdenas. Su pensamiento económico, social y político. Mexiko-Stadt 1975, S. 125

185 Auszug aus den Bestimmungen für die Tätigkeit des *Departamento Autónomo de Asuntos Indígenas.* In: Juan Comas, La Antropología Social Aplicada en México. Mexiko-Stadt 1964, S. 35 f.

186 Auszug aus einem *Aufsatz,* der zuerst 1948 in der Zeitschrift »América Indígena« erschien. Abgedruckt in: Alfonso Caso, La Comunidad Indígena. Mexiko-Stadt 1980, S. 90

187 *Ignacio Bernal,* A History of Mexican Archaeology. London 1980, S. 162

188 Auszug aus einem Bericht über die *Ausgrabungen am Templo Mayor in Mexiko-Stadt.* In: Time, Amsterdam. Nr. 33, 1982, S. 47

189 *Octavio Paz,* El laberinto de la soledad. Mexiko-Stadt 1967, S. 78 f.

190 *Alan Riding,* Distant Neighbors. A Portrait of the Mexicans. New York 1986, S. 163 (i. f.: Riding 1986)

191 Riding 1986, S. 185 f.

192 Auszug aus einem Bericht über die *Korruption in Mexiko.* In: Der Spiegel, Hamburg. Nr. 31, 1984, S. 108

193 Auszug aus einem *Aufsatz zur Problematik des Indianers in Mexiko,* der zuerst 1961 erschien. Abgedr. in: Alfonso Caso, La Comunidad Indígena. Mexiko-Stadt 1980, S. 147

194 Auszug aus einem Artikel in der Zeitung *Uno más Uno.* Mexiko-Stadt, 11. März 1987 (i. f.: Uno más Uno 1987)

195 Uno más Uno 1987

196 Auszug aus einem Bericht im Magazin *Time,* Amsterdam. 8. Oktober 1979, S. 35 (i. f.: Time 1979)

197 Time 1979, S. 35

198 *Salomón Nahmad Sitton,* Gobierno indígena y sociedad nacional. In: Siete ensayos sobre indigenismo, hrsg. v. Instituto Nacional Indigenista. Mexiko-Stadt 1977, S. 11 f.

199 *Oscar Lewis,* The Children of Sánchez. Harmondsworth 1966, S. XXVI f. (i. f.: Lewis 1966)

200 Lewis 1966: S. XIX

201 Bericht über *Mexiko-Stadt.* In: Time, Amsterdam. Nr. 32, 1984, S. 17

202 *Gesang Nezahualcoyotls,* in: José Luis Martínez, Nezahualcóyotl: Vida y Obra. Mexiko-Stadt 1986, S. 175 f.

203 *Hans Leuenberger,* Mexiko. Land links vom Kolibri. Frankfurt/ Main 1979, S. 15 (i. f.: Leuenberger 1979)

204 Leuenberger 1979, S. 16 f.

205 Leuenberger 1979, S. 17 f.

206 *Lucio Mendieta y Núñez,* Mexico Indígena. Mexiko-Stadt 1986, S. 66.

207 Leuenberger 1979, S. 15 f.

Die Zitate im Epilog stammen aus: Lateinamerika seit 1492, hrsg. v. Richard Konetzke, Stuttgart 1971, S. 17 *(Dürer); Friedrich Alexander von Humboldt,* Versuch über den politischen Zustand des Königreichs Neu-Spanien, Bd. I, Tübingen 1809, S. 143; *Alan Riding,* Distant Neighbors, New York 1986, S. 287

Glossar

Spanische beziehungsweise auf das Spanische zurückgehende Wörter werden mit (S), solche, die dem Aztekischen beziehungsweise Nahuatl zuzuordnen sind, mit (N) gekennzeichnet. Die Aussprache weist, wo nicht anders spezifiziert, in beiden Fällen folgende Besonderheiten auf:

c vor e und i wird wie ein stimmloses s gesprochen, sonst wie k;
ch wie tsch;
g vor e und i wie ein rauhes h, sonst wie im Deutschen;
h in Verbindung mit u wie ein leichtes w, sonst nicht gesprochen;
j wie ein rauhes h;
ll im Spanischen wie j, im Aztekischen ll;
ñ wie nj;
qu vor e und i wie k, sonst wie im Deutschen;
u zwischen g und e bzw. i nicht gesprochen;
x im Spanischen wie ein deutsches ch, im Aztekischen sch;
z wie ein stimmloses s.

Die Betonung liegt gewöhnlich auf der vorletzten, im Spanischen jedoch auf der letzten Silbe, wenn diese mit einem Konsonanten, außer n und s, endet. Abweichungen müssen durch einen Akzent markiert werden, was andererseits auch häufig bei der Wiedergabe aztekischer Wörter geschieht, und zwar unabhängig von der Ausspracheregel, da diese nicht allgemein als bekannt vorausgesetzt wird.

Die Wiedergabe und Schreibung von Eigennamen ist in den Quellen sehr unterschiedlich, was vor allem in der Schwierigkeit der Transkription vom Aztekischen ins Spanische begründet liegt. In den zitierten Quellen wurde die jeweilige Form beibehalten. Im übrigen Text wurde, abgesehen von den Fällen, wo sich eine deutsche Version allgemein durchgesetzt hat, die in der Fachliteratur übliche Form gewählt.

Alcalde (S) Bürgermeister; hier im besonderen: Vorsteher einer indianischen Gemeinde
Amerikanistik Zweig der Völkerkunde, der sich der Erforschung der indianischen Kulturen und Völker widmet; häufig auch »Altamerikanistik« genannt, was eine unzulässige Einschränkung impliziert, die dem vorherrschenden Interesse in der traditionellen Völkerkunde entspricht
Anahuac (N) Bezeichnung der → Azteken für die Küstenländer am Golf von Mexiko und am Pazifik; von den Europäern irrtümlich auf das von den beiden Ketten der Sierra Madre gerahmte zentrale

Hochtal von Mexiko übertragen, das ursprünglich von einer Reihe von Seen gekennzeichnet war

Anthropologie allgemeine Bezeichnung für die Wissenschaft vom Menschen, die jedoch im deutschen Sprachraum nicht als eine Einheit gesehen wird; hier verwendet man statt dessen den Begriff »Völkerkunde«, der jedoch eine Eingrenzung auf zumeist »schriftlose Völker« impliziert, während in den USA, wo die Zusammengehörigkeit der auf den Menschen bezogenen Wissenschaften am konsequentesten gesehen wird, die A. alle Völker und Kulturen, sowohl der Vergangenheit als auch der Gegenwart, umfaßt. Die amerikanische Sicht von A. hat sich auch in Mexiko durchgesetzt, wiewohl hier die Forschung weitgehend auf die eigene, namentlich indianische Bevölkerung und deren Kultur bzw. Geschichte begrenzt ist.

Audiencia (S) in den spanischen Kolonien oberste Verwaltungseinheit mit zugleich richterlichen Funktionen, der lediglich ein Vizekönig übergeordnet war

Azteken (N) Stamm der → Nahua-Völker, der sich in der Stadt Tenochtitlan konzentrierte und zur Zeit der → Conquista die Oberhoheit über das zentrale Mexiko erlangt hatte. Im w. S. auch Bezeichnung für die Gesamtheit der verwandten Nahua-Stämme im Hochtal von Mexiko (→ Anahuac), die sich in ihrer kulturellen Entwicklung bei Ankunft der Spanier weitgehend angeglichen hatten. Die Nachfahren dieser Völker werden allerdings heute gewöhnlich nur noch als »Nahua« bezeichnet. Vgl. a. Mexica

baldíos (S) angeblich »brachliegende« Ländereien, die den Indianern entwendet wurden

barrio (S) dörfliche oder städtische Nachbarschaft, in der die Tradition des → calpulli fortlebte; heute nur noch von untergeordneter Bedeutung

calmecac (N) höhere, speziell auf den Priesterberuf vorbereitende Schule bei den → Azteken, die den Söhnen des Adels vorbehalten war

calpixqui (N) bei den → Azteken Tributeintreiber

calpulli (N) soziale Einheit bei den → Azteken, die aus einer nachbarlichen Gemeinschaft freier Bürger, zumeist Bauern und Handwerker, bestand und sich auf gemeinsamen Grundbesitz und eine eigene Verwaltung stützte

campesino (S) allgemeine Bezeichnung für einen Landbewohner, im Gegensatz zum Städter

Caudillo (S) militärischer Anführer, Diktator

Chichimeken (N) allgemeine Bezeichnung für nomadisierende Stämme im nördlichen Mexiko, deren vergleichsweise einfache Lebensweise im Gegensatz zu den Hochkulturen → Mesoamerikas steht; im e. S. die verwandten → Nahua-Stämme, die sich nach dem Fall von Tula im Hochtal von Mexiko (→ Anahuac) niederließen und mit den → Azteken eine Hegemonialstellung über Zentralmexiko erlangten

chinampa (N) künstlich in Seen angelegte Felder, die intensiv genutzt wurden; besonders im südlichen Teil des verzweigten Seensystems von → Anahuac

cihuacoatl (N) im Gegensatz zum → tlatoani, der oberster Herrscher und vor allem für das Kriegswesen und die Außenpolitik zuständig war, höchster Verwaltungsbeamter bei den → Azteken, der dem Kronrat vorsaß und die »Innenpolitik« leitete

Codex in der → Amerikanistik Bezeichnung für indianische Bilderhandschriften, die sowohl aus der Zeit vor als auch nach der → Conquista datieren

congregación (S) während der spanischen Kolonialherrschaft zwangsweise Zusammenführung der Indianer in dörfliche Siedlungen zum Zwecke der religiösen Unterweisung und politischen Kontrolle

Conquista (S) Eroberung; im e. S. die Unterwerfung der indianischen Völker in Mittel- und Südamerika durch die Spanier (und Portugiesen) im 16. Jh.

criollo (S) s. Kreole

don (S) Ehrentitel (in Verbindung mit dem Vornamen), der auch indianischen Fürsten, die sich mit den Spaniern arrangierten, zuerkannt wurde

doña (S) das weibliche Pendant zu → don, auch Indianerinnen aus fürstlichem Geblüt verliehen

Ejido (S) Gemeindeland; in Mexiko speziell Bezeichnung für gemeinschaftlich genutzte Ländereien, die im Zuge der Revolution bzw. der auf sie zurückgehenden Agrarreform an landlose Bauern, insbesondere auch Indianer, deren ursprünglicher Wirtschaftsform das E.-System entspricht, verteilt wurden

encomendero (S) Inhaber einer → encomienda

encomienda (S) während der spanischen Kolonialherrschaft Zuteilung von Indianern an Kolonisten zum Zwecke der Tribut- und Dienstleistung sowie – als Gegenleistung – der religiösen Unterweisung

Federales (S) Bezeichnung in Mexiko für die Regierungstruppen, die während der Revolution gegen die Aufständischen kämpften

gachupín (N) während der spanischen Kolonialherrschaft in Mexiko abfällige Bezeichnung der aus dem Mutterland stammenden Spanier (→ Peninsularen) seitens der → Kreolen

hacendado (S) Großgrundbesitzer

Hacienda (S) zumeist extensiv betriebener Großgrundbesitz, der die Indianer zu Fronarbeitern *(peones)* degradierte

Henequén Agavenart, aus der der Sisalhanf gewonnen wird

Indigenismus (S) auf die Mexikanische Revolution zurückgehende Ideologie zur Aufwertung des Indianers, deren praktische Auswirkungen jedoch umstritten sind

INI (S: Instituto Nacional Indigenista) staatliche Einrichtung in Mexiko, die die Entwicklung indianischer Gemeinschaften (und deren Eingliederung in einen Nationalstaat) zum Ziel hat

Kasten (S: castas) in den spanischen Kolonien Bezeichnung für die niederen Gesellschaftsschichten, soweit sie Mischlinge (verschiedener Provenienz) oder freie Schwarze waren

Kazike in den spanischen Kolonien ursprünglich Bezeichnung für einen Häuptling oder Stammesfürsten, später für einen eingeborenen Mittelsmann, der sich aus dem indianischen Adel rekrutierte und für die Botmäßigkeit der ihm unterstellten Indianer zu sorgen hatte

Kreole (S: criollo) in den spanischen Kolonien geborener Spanier, der zwar zur wohlhabendsten Schicht gehörte, doch den → Peninsularen unterstellt war

Legua (S) kolonialzeitliches Längenmaß, etwa 5 km

macehualli (N) bei den → Azteken der Gemeinfreie, das Volk *(macehualtin);* im Gegensatz zum → pilli

machismo (S) Dominanz des Mannes, wie sie – als spanisches beziehungsweise maurisches Erbe – besonders in Lateinamerika ausgeprägt ist

mayeque (N) im Gegensatz zu den *macehualtin* (→ macehualli) die Klasse der Hörigen, die auf den Gütern des Adels arbeiteten

Mesoamerika Bezeichnung für das Gebiet der vorspanischen Hochkulturen in Mexiko und Zentralamerika

Mestize (S) Mischling aus Indianer und Weißem

Mexica (N) im Gegensatz zu dem Begriff »Azteca« (s. Azteken), der nur im Zusammenhang mit dem legendären Ursprungsland »Aztlan« verwendet wurde, eigentliche Eigenbezeichnung der Azteken, von der sich der Name »Mexiko« herleitet

Municipio (S) unterste territoriale Verwaltungseinheit, die – in indianischen Gebieten – häufig mit sprachlichen und kulturellen Grenzen zusammenfällt

Muralismo (S) besondere Form monumentaler Kunst in Mexiko, die durch die Ideale der Revolution, insbesondere den → Indigenismus, inspiriert wurde und sich in großflächigen Malereien manifestiert, die vornehmlich öffentliche Gebäude schmücken

Nahua (N) Zweig der sogenannten Uto-Aztekischen Sprachfamilie, der sich auf das zentrale Mexiko konzentrierte und dessen Hauptvertreter die Tolteken und die → Azteken waren. Heute allgemein übliche Bezeichnung für die Nachfahren der Azteken und verwandter Völker

Nahuatl (N) Bezeichnung für die Sprache der → Azteken und verwandter Völker, die unter dem Namen → »Nahua« zusammengefaßt werden

Neuspanien Bezeichnung für den nördlichen Teil des spanischen Kolonialreiches in Amerika, dessen Kerngebiet das ehemalige Aztekenreich (s. Azteken) bildete wie auch das Territorium des heutigen Mexiko

Peninsular (S) im Gegensatz zu den → Kreolen in Spanien (der Iberischen »Halbinsel«) geborener Spanier, der während der spanischen Kolonialherrschaft die höchsten staatlichen und kirchlichen Verwaltungsämter in den Kolonien innehatte

peón (S) Landarbeiter, Schuldknecht (s. peonaje)

peonaje (S) Schuldknechtschaft der Indianer, die sich infolge der Ausweitung der → Haciendas herausbildete und bis in das 20. Jh. andauerte

pilli (N) bei den → Azteken Mitglied des Adels; im Gegensatz zum → macehualli

pochteca (N) bei den → Azteken Kaufleute, die im Fernhandel tätig waren und zugleich als Spione beziehungsweise Kundschafter dienten

Porfiriato die Regierungszeit des Diktators Porfirio Díaz (1876–1911), die durch eine Politik kapitalistischer Exzesse gekennzeichnet war

PRI (S: Partido Revolucionario Institucional) Regierungspartei in Mexiko, die ihre Legitimation aus der Revolution ableitet, heute aber zu einer eher konservativen Partei verkommen ist

Pulque alkoholisches Getränk aus vergorenem Agavensaft, dessen Genuß unter den → Azteken keine besondere Rolle spielte, während es heute allgemein bei der ländlichen Bevölkerung Mexikos verbreitet ist

repartimiento (S) während der spanischen Kolonialherrschaft zwangsweise Arbeitsverpflichtung der Indianer gegen Bezahlung; auch Bezeichnung für eine besondere Form des kolonialen Handels, die auf überhöhten Preisen beruhte und den Indianern aufgezwungen wurde

telpochcalli (N) im Gegensatz zum → calmecac Schule für die Söhne aus dem einfachen Volk, die vornehmlich der militärischen Ausbildung diente

Tenochca (N) auf einen legendären Stammeshäuptling, Tenoch, zurückgehende Eigenbezeichnung der →Azteken; weniger gebräuchlich als →Mexica

teocalli (N) »Gotteshaus«, Tempel

tlatoani (N) »der, der spricht«; Bezeichnung für den Inhaber des erblichen Herrscheramtes bei den →Azteken, der jedoch von einem Kronrat bestätigt werden mußte (s. a. cihuacoatl)

tonalamatl (N) Handbuch zur Interpretation des 260tägigen rituellen Kalenders *(tonalpohualli)*

Zapatista Anhänger Zapatas

Vergleichende Zeittafel

Daten zur autochthonen (vorspanischen) Geschichte der Azteken sind häufig umstritten. Sie sollten deshalb eher als Näherungswerte, denn als absolute Daten angesehen werden.

Zeit	Ereignisse in Mexiko	Zeitgleiche Ereignisse
VOR-AZTEKISCHE ZEIT		
ca. 30 000 v. Chr.	älteste (bekannte) Spuren des Menschen in Mexiko (El Cedral)	Jungpaläolithikum
	ca. 20 000 erste (bekannte) Siedlungsplätze des Menschen im Hochtal von Mexiko (Tlapacoya)	
		15 000–10 000 Magda-lénien: Höhlenmale-rei in Frankreich und Spanien (Lascaux, Altamira)
	ca. 10 000 ältestes (bekanntes) Kunstwerk der Neuen Welt (Tequixquiac)	
ca. 8000	der »Mensch von Tepexpan«	Ende der letzten Eis-zeit
		ca. 7000 Neolithische Revolution im Nahen Osten
	ca. 6000 Beginn der Pflanzenkultivierung in Mexiko	
		1550–1070 Neues Reich in Ägypten
	ca. 1500–Chr. Geb. Olmekenkultur	
	ca. 1000 Kultur von Tlatilco	
		ca. 480–350 Blüte der klassischen Antike in Griechenland
		31 v.–476 n. Chr. römische Kaiserzeit
	ca. 300 n. Chr. Ausbruch des Vulkans Xitle und Zerstörung von Cuicuilco; Beginn der klassischen Mayakultur	
	400–700 Blüte der Teotihuacan-Kultur	
		486–870 Fränkisches Reich
		711–1492 Maurenherr-schaft in Spanien
	950–1200 Toltekenherrschaft	

Zeit	Ereignisse in Mexiko	Zeitgleiche Ereignisse
AZTEKISCHE ÄRA		
1300		Hohes Mittelalter
	1325 Gründung von Tenochtitlan	
		1339–1453 Hundert-jähriger Krieg
		1347–50 Pestepidemie in Europa
	1357 Gründung Tlatelolcos	
	1372 Thronbesteigung Acamapichtlis begründet dynastische Herrschaft der Azteken	
1400		
	1418 Unterwerfung der Acolhua von Tetzcoco durch Tepaneken	
	1426 Tod des Tepanekenherrschers Tezozomoc	
	1428 Sieg der Azteken über die Tepaneken	
	1431 Vernichtung überlieferter historischer Dokumente durch Itzcoatl	
	1431–72 Nezahualcoyotl, Herrscher Tetzcocos	
	1433 Gründung des Dreierbundes (Tenochtitlan, Tetzcoco, Tlacopan)	
	1450–54 große Hungersnot; Beginn der Blumen-kriege	
		1453 Ende des Byzantinischen Reiches
	1465 Bau der Wasserleitung von Chapultepec nach Tenochtitlan	
	1472–1515 Nezahualpilli, König von Tetzcoco	
	1473 Eroberung Tlatelolcos durch Tenochtitlan	
	1487 Einweihung des erneuerten Haupttempels von Tenochtitlan	
		1492 Kolumbus »entdeckt« Amerika
		1494 Vertrag von Tordesillas
	1497 Vorstoß der Azteken nach Chiapas und Guatemala	
1500		Renaissance
	1502–20 Herrschaft Moctezuma Xocoyotzins (Montezumas II.)	

389

Zeit	Ereignisse in Mexiko	Zeitgleiche Ereignisse
		1503 Gründung der Casa de Contratación
		1508 Papst verleiht spanischen Königen Patronatsrecht
		1511 Spanier besetzen Kuba
		1512/13 Gesetze von Burgos
		1513 Einführung des Requerimiento
	1515 Tenochtitlan erlangt absolute Vormachtstellung im Dreierbund	
		1516–56 Karl I., König von Spanien (seit 1519 als Karl V. zugleich deutscher Kaiser)
	1518 erstes Zusammentreffen der Azteken und Spanier während der Erkundungsfahrt Grijalvas	
	1519–21 Unterwerfung der Azteken durch Cortés	
	1520 Widerstand der Azteken unter Cuitlahuac; erste Ausstellung aztekischer Kunstwerke (in Brüssel)	
	1520/21 Pockenepidemie in Zentral-Mexiko	
	1520–25 Quauhtemoc, letzter Herrscher der Azteken	
SPANISCHE KOLONIAL-HERRSCHAFT		
	1522 Cortés zum Gouverneur und Generalkapitän von Neuspanien ernannt; Malinche gebiert Martín Cortés, natürlichen Sohn des Eroberers; gekaperte aztekische Kunstschätze gelangen nach Frankreich	
	1523 Ankunft der ersten Missionare (Franziskaner) in Mexiko	
	1524 Malinche mit Juan Jaramillo verheiratet	1524 Gründung des Indienrates
	1528 Gründung einer Audiencia in Mexiko-Stadt; Ankunft Zumárragas, des ersten Bischofs von Mexiko	
	1529 Untersuchungsverfahren (Residencia) gegen Cortés	
	1530 Errichtung des Vizekönigreiches »Neuspanien«	
	1531 Erscheinen der Jungfrau von Guadalupe	
	1532–35 Cortés erkundet das westliche Mexiko	
	1535–50 Mendoza Vizekönig	

Zeit	Ereignisse in Mexiko	Zeitgleiche Ereignisse
	1536 Einführung der klassischen Encomienda; Gründung des Indianerkollegs Santa Cruz de Tlatelolco	
		1537 päpstliche Bulle erklärt Indianer zu vernunftfähigen, menschlichen Wesen
	1539 Autodafé gegen Don Carlos, Kaziken von Tetzcoco	
	1540/41 Aufstand der Chichimeken in Neu-Galicien (Mixton-Krieg)	
	1540–46 Unterwerfung der Maya in Yukatan	
		1542 Las Casas verfaßt »Destrucción de las Indias«
		1542/43 Erlaß der Neuen Gesetze
	1545–48 Epidemie (wahrscheinlich Typhus oder Gelbfieber) in Zentralmexiko	
	1546 Entdeckung der Silberminen von Zacatecas	
	1547–75 ethnographische Studien Sahagúns	1547 Cortés stirbt in Spanien
		1556–98 Philipp II., König von Spanien
		1571 Spanien besetzt Philippinen
	1576–81 Epidemie (wahrscheinlich Typhus) in Zentralmexiko	
	1581 Durán schreibt »Historia«	
	1585 Befreiung der Tlaxcalteken von Tributen	
		1588 Vernichtung der spanischen Armada
	1598–1605 Zentralisierung der Indianer in größeren Siedlungen (congregación) in Zentralmexiko	
1600		Zeitalter des Barock
	1601 Einschränkung des zwangsweisen Arbeitsdienstes der Indianer auf Bergbau	
	1607 Beginn der Trockenlegung des Seengebietes von Anahuac (»Desagüe«)	
		1618–48 Dreißigjähriger Krieg
	1629–31 Epidemie (nicht näher bestimmbar) in Zentralmexiko	
	ca. 1650 Rückgang der indianischen Bevölkerung erreicht Tiefststand	

Zeit	Ereignisse in Mexiko	Zeitgleiche Ereignisse
	1692 indianische Erhebung in Mexiko-Stadt	
	1692–97 Welle verschiedener Epidemien in Zentralmexiko	
1700		Aufklärung
	1736–39 Epidemie (wahrscheinlich Typhus) in Zentralmexiko	
	1737 Guadalupe zur Schutzpatronin von Mexiko-Stadt erklärt	
		1759 mit Thronbesteigung Karls III. beginnt »bourbonische« Reformpolitik
		1776 Unabhängigkeitserklärung der USA
	1779 Pockenepidemie in Mexiko-Stadt	
		1789 Ausbruch der Französischen Revolution
	1790 erste archäologische Entdeckungen im Gebiet des einstigen religiösen Zentrums von Tenochtitlan	
1800		Zeitalter der Romantik
	1803/04 Aufenthalt Humboldts in Mexiko	
		1807 Napoleon besetzt Spanien; Aufhebung der Leibeigenschaft in Preußen; Abschaffung des Sklavenhandels im Britischen Reich
	1810/11 Aufstand Hidalgos	
	1811–15 Fortsetzung des Freiheitskampfes unter Morelos	
		1814–33 Ferdinand VII., König von Spanien
		1820 Durchsetzung einer liberalen Verfassung in Spanien
	1821 Monarchisten erklären Unabhängigkeit Mexikos	
NEO-KOLONIALE PERIODE		
	1822/23 Kaiserreich unter Iturbide	
	1824 Mexiko wird Republik	

Zeit	Ereignisse in Mexiko	Zeitgleiche Ereignisse
	1827–60 Revolten und Bürgerkriege zwischen Liberalen und Konservativen	
	1829 Spanier versuchen Landung in Tampico; Sahagúns »Historia« erscheint erstmals in Mexiko	
	1834 Plan zur Errichtung einer indianischen Monarchie führt zu Aufstand in Hidalgo	
	1836 Spanien erkennt Unabhängigkeit Mexikos an	
	1843 Prescott veröffentlicht »History of the Conquest of Mexico«	
	1846–48 Krieg zwischen Mexiko und USA	
		1848 Marx und Engels veröffentlichen »Kommunistisches Manifest«
	1853 indianische Erhebung in Tlaxcala	
	1855/56 liberale Reformen	
	1856/57 Indianeraufstand in Nayarit	
		1859 Darwins »The Origin of Species« erscheint
		1861 Frauen erhalten erstmals Wahlrecht (in Australien)
		1861–65 Bürgerkrieg in den USA
	1862–67 französische Intervention	
	1867–72 liberale Regierung unter Juárez	
		1871 Ausrufung des Deutschen Reiches
	1876–1911 Diktatur unter Díaz (»Porfiriato«)	
	1879 erster Kongreß der indianischen Völker Mexikos	
	1883/94 Gesetze zur Förderung des Großgrundbesitzes	
		1888–1918 Wilhelm II., deutscher Kaiser
		1898 Krieg zwischen Spanien und USA
		1899 Begründung der (Alt-)Amerikanistik in Berlin
1900		Zeitalter des Imperialismus

393

Zeit	Ereignisse in Mexiko	Zeitgleiche Ereignisse
		1905 Einstein entwickelt Relativitätstheorie
	1910 Ausbruch der Mexikanischen Revolution	
		1914–18 Erster Weltkrieg
	1917 Verabschiedung einer neuen Verfassung	1917 Ausbruch der Revolution in Rußland
	1919 Zapata ermordet	
		1920 Gründung des Völkerbundes
	1924 Ende der Revolutionskriege	
	1926–29 Widerstand der Kirche gegen staatlichen Antiklerikalismus (Cristero-Revolte)	
	1927–34 Vaillant gräbt im Hochtal von Mexiko und in Morelos	
	1929 Gründung einer Revolutionspartei (PRN), Vorläufer des PRI	
		1933–45 Herrschaft der Nationalsozialisten in Deutschland
	1934–40 Reformregierung unter Cárdenas	
	1939 Gründung des Instituts für Anthropologie und Geschichte (INAH)	1939–45 Zweiter Weltkrieg
	1940 erster interamerikanischer Indigenisten-Kongreß in Pátzcuaro; Beginn von Ausgrabungen in Tula	
	1945 Entdeckung des »Menschen von Tepexpan«	1945 Gründung der Vereinten Nationen
	1948 Gründung des Nationalen Indianer-Institutes (INI)	1948 Gründung der Organisation Amerikanischer Staaten (OAS)
	1949 angebliche Entdeckung der Gebeine Quauhtemocs	
1950		Kalter Krieg zwischen Ost und West
		1957 Beginn der Entkolonialisierung in Schwarzafrika
		1959 Revolution in Kuba
	1960 Errichtung eines ersten Entwicklungszentrums des INI für die Nahua	

Zeit	Ereignisse in Mexiko	Zeitgleiche Ereignisse
	1964 Eröffnung des neuen Museums für Anthropologie in Mexiko-Stadt	1964–75 Vietnam-krieg
		1968 weltweite studentische Protest-bewegung
	1975 Gründung eines nationalen Indianerrates (CNPI)	
	1976–82 Regierung unter López Portillo	
	1978 Beginn neuerer Ausgrabungen am Templo Mayor in Mexiko-Stadt	

395

Ausgewählte Literatur

Die zitierten Quellen wurden nicht noch einmal aufgeführt.

Zur Geographie Mexikos
Bassols Batalla, Angel, Bibliografía geográfica de México. Mexiko-
   Stadt 1955
Bataillon, Claude, Les régions géographiques au Mexique. Paris 1967
Gierloff-Emden, H. G., Mexiko: Eine Landeskunde. Berlin 1970
Heine, Klaus, Studien zur jungquartären Glazialmorphologie mexika-
   nischer Vulkane. Wiesbaden 1975
Lauer, Wilhelm, Klimawandel und Menschheitsgeschichte auf dem
   mexikanischen Hochland. Wiesbaden 1981
Tamayo, J. L., Geografía general de México. 4 Bde., Mexiko-Stadt 1949
–, Atlas geográfica general de México. Mexiko-Stadt 1962

Zur Geschichte der Azteken
1. ALLGEMEIN
Bernal, Ignacio, 3000 Years of Art and Life in Mexico, as seen in the
   National Museum of Anthropology, Mexico City. New York 1968
Burland, C. A., Montezuma, Lord of the Aztecs. London 1973 (deut-
   sche Ausg.: »Montezuma: Herrscher der Azteken«, Würzburg 1974)
Buve, R. T. J. (Hrsg.), Haciendas in Central Mexico From Late Colonial
   Times to the Revolution. Amsterdam 1984
Carrillo, A., Rafael, Pintura mural de México. Mexiko-Stadt 1985
Castro Morales, Efraín (Hrsg.), Estudios y documentos de la región de
   Puebla-Tlaxcala. Puebla 1971
Clavijero, F. J., Historia antigua de México. 4 Bde., Mexiko-Stadt 1945
Collier, G. A., u. a. (Hrsg.), The Inca and Aztec States, 1400–1800:
   Anthropology and History. New York – London 1982
Estudios de Cultura Nahuatl, hrsg. v. Instituto de Investigaciones
   Históricas, Universidad Nacional Autónoma de México. Bd. 1 ff.,
   Mexiko-Stadt 1959 ff.
Gamio, Manuel (Hrsg.), La población del Valle de Teotihuacán. 3 Bde.,
   Mexiko-Stadt 1922
Garibay K., A. M., Llave del náhuatl. Mexiko-Stadt 1961
–, Historia de la literatura náhuatl. 3 Bde., Mexiko-Stadt 1971
–, Panorama literario de los pueblos nahua. Mexiko-Stadt 1983
Handbook of Middle American Indians, hrsg. v. Robert Wauchope. 16
   Bde., Austin 1964–77 (durch Supplement-Bände ergänzt)
Hassig, Ross, Trade, Tribute, and Transportation. Norman 1985
Hellbom, A.–B., La participación cultural de las mujeres. Indias y

mestizas en el México precortesiano y postrevolucionario. Stockholm 1967

Horcasitas, Fernando, The Aztecs then and now. Mexiko-Stadt 1979

Jansen, Maarten, u. Leyenaar, Ted (Hrsg.), Los indígenas de México en la época prehispánica y en la actualidad. Leiden 1982

Keen, Benjamin, The Aztec Image in Western Thought. New Brunswik 1971

Matos Moctezuma, Eduardo (Hrsg.), Los dioses que se negaron a morir. Arqueología y crónicas del Templo Mayor. Mexiko-Stadt 1986

Meyer, M. C., u. Sherman, W. L., The Course of Mexican History. New York – Oxford 1983

Nebel, Richard, Altmexikanische Religion und christliche Heilsbotschaft. Immensee 1983

Nutini, H. G., u. Bell, Betty, Ritual Kinship. The Structure and Historical Development of the Compadrazgo System in Rural Tlaxcala. 2 Bde., Princeton 1980/84

Olivera, Mercedes, Pillis y macehuales. Mexiko-Stadt 1978

Padden, R. C., The Humming Bird and the Hawk. Conquest and Sovereignty in the Valley of Mexico, 1503–1541. Columbus 1967

Quirk, R. E., Mexico. Englewood Cliffs 1971

Seler, Eduard, Gesammelte Abhandlungen zur amerikanischen Sprach- und Altertumskunde. 4 Bde., Berlin 1902–23

Simpson, L. B., Many Mexicos. Berkeley – Los Angeles 1966

Soustelle, Jacques, Mexiko (Archaeologia Mundi). München 1978

Stuart, G. S., The Mighty Aztecs. Washington 1981

Wolf, E. R., Sons of the Shaking Earth. Chicago 1962

2. CHRONIKEN UND CODICES (PRIMÄRQUELLEN)

Anales de Tlatelolco, hrsg. v. Heinrich Berlin. Mexiko-Stadt 1948

Boone, E. H., The Codex Magliabechiano and the Lost Prototype of the Magliabechiano Group. 2 Bde., Berkeley 1983

Chimalpahin, Die Relationen Chimalpahin's zur Geschichte México's. 2 Bde., hrsg. v. Günter Zimmermann. Hamburg 1963/65

Codex Borbonicus, hrsg. v. K. A. Nowotny. Graz 1976

Codex Borgia, hrsg. v. Eduard Seler. 3 Bde., Berlin 1904–09

Codex Magliabecchiano, hg. v. Ferdinand Anders. Graz 1970

Codex Mendoza, hrsg. v. J. C. Clark. 3 Bde., London 1938

Códice Xolotl, hrsg. v. C. E. Dibble. Mexiko-Stadt 1951

Díaz del Castillo, Bernal, Denkwürdigkeiten des Hauptmanns Bernal Díaz del Castillo oder Wahrhafte Geschichte der Entdeckung und Eroberung von Neuspanien. Bearb. u. hg. v. G. A. Narciss. Stuttgart 1965

Fuentes, P. de (Hrsg.), The Conquistadors. First-Person Accounts of the Conquest of Mexico. New York 1963

Historia Tolteca-Chichimeca, hrsg. v. Paul Kirchhoff u. a. Mexiko-Stadt 1976

Ixtlilxochitl, F. de Alva, Obras históricas. 2 Bde., Mexiko-Stadt 1891/92

León-Portilla, Miguel (Hrsg.), Trece poetas del mundo azteca. Mexiko-Stadt 1978

–, Visión de los vencidos. Relaciones indígenas de la conquista. Mexiko-Stadt 1984

–, *u. Heuer, Renate* (Hrsg.), Rückkehr der Götter. Die Aufzeichnungen der Azteken über den Untergang ihres Reiches. München 1965

Lienzo de Tlaxcala, hrsg. v. Próspero Cahuantzi. Mexiko-Stadt 1939

Litterscheid, Claus (Hrsg.), Die Eroberung Mexikos. Drei Berichte von Hernán Cortés an Kaiser Karl V. Frankfurt/M. 1980

Martínez, J. L., Nezahualcoyotl. Mexiko-Stadt 1979

Muñoz Camargo, Diego, Historia de Tlaxcala. Mexiko-Stadt 1947

Sahagún, B. de, Wahrsagerei, Himmelskunde und Kalender der alten Azteken. Übers. u. hrsg. v. Leonhard Schultze Jena. Stuttgart 1950

–, Das Herz auf dem Opferstein. Aztekentexte, hrs. v. Janheinz Jahn nach der Übers. v. Eduard Seler. Köln 1962

–, Florentine Codex. General History of the Things of New Spain. Übers. und hrsg. v. A. J. Anderson u. C. E. Dibble. 13 Bde., Salt Lake City 1982

–, »Sie suchen nach Gold wie Schweine«: Die Eroberung Mexiko-Tenochtitlans aus indianischer Sicht. Hrsg. v. Karl Braun, Tübingen 1982

Tezozómoc, Fernando Alvarado, Crónica mexicáyotl. Übers. und hrsg. v. Adrián León, Mexiko-Stadt 1949

Tonalámatl de Aubin, El, hrsg. v. Carmen Aguilera. Tlaxcala 1981

Torquemada, J. de, Monarquía Indiana. 3 Bde., Mexiko-Stadt 1943/44

Zorita, A. de, Breve y sumaria relación de los señores de la Nueva España. Mexiko-Stadt 1963

3. DIE AUTOCHTHONE (»VORSPANISCHE«) PERIODE

Aguilera, Carmen, Códices del México Antiguo. Mexiko-Stadt 1979

Anton, Ferdinand, Mexiko. Indianerkunst aus präkolumbischer Zeit. München 1961

Barlow, R. H., The Extent of the Empire of the Colhua Mexica. Berkeley 1949

Berdan, F. F., The Aztecs of Central Mexico. New York 1982

Bernal, Ignacio, Mexico Before Cortez: Art, History, Legend. New York 1963

Blanton, R. E., u. a., Ancient Mesoamerica. Cambridge 1981

Boone, E. H., The Art and Iconography of Late Post-Classic Central Mexico. Washington 1982

– (Hrsg.), Ritual Human Sacrifice in Mesoamerica. Washington 1984

–, The Aztec Templo Mayor. Washington 1987

Bray, Warwick, Everyday Life of the Atzecs. New York 1968

Brundage, B. C., A Rain of Darts: The Mexica Aztecs. Austin 1972

Burland, C. A., The Gods of Mexico. New York 1968

Canseco Vincourt, Jorge, La Guerra Sagrada. Mexiko-Stadt 1966

Carrasco, David, Quetzalcoatl and the Irony of Empire. Chicago 1982

Carrasco, Pedro, u. a., Estratificación social en la Mesoamérica prehispánica. Mexiko-Stadt 1976

–, *u. Broda, Johanna* (Hrsg.), Economía política e ideología en el México prehispánico. Mexiko-Stadt 1978

Caso, Alfonso, El pueblo del Sol. Mexiko-Stadt 1953

–, Los calendarios prehispánicos. Mexiko-Stadt 1967

Coe, M. D., Mexico. New York 1977

Conrad, G. W., u. Demarest, A. A., Religion and Empire. The Dynamics of Aztec and Inca Expansionism. Cambridge, Mass. 1984

Cook, S. F., u. Borah, Woodrow, The Aboriginal Population of Central Mexico on the Eve of the Spanish Conquest. Berkeley 1963

Davies, Nigel, Los señoríos independientes del imperio azteca. Mexiko-Stadt 1968

–, The Aztecs: A History. New York 1973 (»Die Azteken«, Düsseldorf – Wien 1974)

–, The Toltecs Until the Fall of Tula. Norman 1977

–, The Toltec Heritage. From the Fall of Tula to the Rise of Tenochtitlán. Norman 1980

–, The Ancient Kingdoms of Mexico. London 1982 (»Die versunkenen Königreiche Mexikos«, Düsseldorf – Wien 1983)

Fernández, Justino, Coatlicue, estética del arte indígena antigua. Mexiko-Stadt 1954

Galarza, Joaquín, Estudios de escritura indígena tradicional Azteca-Nahuatl. Mexiko-Stadt 1980

Gillmor, Frances, Flute of the Smoking Mirror. A Portrait of Nezahualcoyotl, Poet King of the Aztecs. Tucson 1968

González Aparicio, Luis, Plano reconstructivo de la región de Tenochtitlán al comienzo de la Conquista. Mexiko-Stadt 1973

Gutiérrez Solana, Nelly, Códices de México. Mexiko-Stadt 1985

Hodge, M. G., Aztec City-States. Ann Arbor 1984

Hvidtfeldt, Arild, Teotl and Ixiptlatli: Some Central Conceptions in Ancient Mexican Religion. Kopenhagen 1958

Krickeberg, Walter, Altmexikanische Kulturen. Berlin 1956

León-Portilla, Miguel, Aztec Thought and Culture. Norman 1963

–, Los antiguos mexicanos a través de sus crónicas y cantares. Mexiko-Stadt 1972

Lombardo de Ruiz, Sonia, Desarrollo urbano de México-Tenochtitlán según las fuentes históricas. Mexiko-Stadt 1973

López Austín, Alfredo, Hombre – Dios. Religión y política en el mundo náhuatl. Mexiko-Stadt 1973

Marquina, Ignacio, El Templo Mayor de México. Mexiko-Stadt 1960

Matos Moctezuma, Eduardo, Una visita al Templo Mayor de Tenochtitlán. Mexiko-Stadt 1981

Miller, A. G., The Mural Painting of Teotihuacan. Washington 1973

Monjaráz-Ruiz, R. B., u. Pérez-Rocha, Emma (Hrsg.), Mesoamérica y el centro de México. Mexiko-Stadt 1985

Monzón, Arturo, El calpulli en la organización social de los tenochca. Mexiko-Stadt 1949

Nicholson, Irene, Firefly in the Night. A Study of Ancient Mexican Poetry and Symbolism. London 1959

Nowotny, K. A., Mexikanische Kostbarkeiten aus Kunstkammern der Renaissance im Museum für Völkerkunde Wien und in der Nationalbibliothek Wien. Wien 1960

Nuño, R. B., El arte en el Templo Mayor, México-Tenochtitlán. Mexiko-Stadt 1981

Offner, J. A., Law and Politics in Aztec Texcoco. Cambridge 1983

Palerm, Angel, Obras hidráulicas prehispánicas en el sistema lacustre del valle de México. Mexiko-Stadt 1973

Parsons, J. R., Prehistoric Settlement Patterns in the Texcoco Region, Mexico. Ann Arbor 1971

–, *u. a.,* Prehistoric Settlement Patterns in the Southern Valley of Mexico: The Chalco-Xochimilco Region. Ann Arbor 1982

Pasztory, Esther, Aztec Art. New York 1983

Peterson, F. A., Ancient Mexico. New York – London 1961

Piña Chan, Román, Una visión del México prehispánico. Mexiko-Stadt 1967

Prem, H. J., u. Dyckerhoff, Ursula (Hrsg.), Das alte Mexiko. München 1986

Quezada, Noemí, Amor y magia amorosa entre los aztecas. Mexiko-Stadt 1975

Sanders, W. T., u. Price, B. J., Mesoamerica. The Evolution of a Civilization. New York 1968

–, *u. a.,* The Basin of Mexico. Ecological Processes in the Evolution of a Civilization. 2 Bde., New York 1979

Séjourné, Laurette, Arquitectura y pintura en Teotihuacán. Mexiko-Stadt 1966
–, La civilización náhuatl: su historia y su filosofía. Mexiko-Stadt 1981
Seler-Sachs, Caecilie, Frauenleben im Reiche der Azteken. Berlin 1984
Soustelle, Jacques, La vie cotidienne des Aztèques à la veille de la conquête espagnole. Paris 1955 (»So lebten die Azteken am Vorabend der spanischen Eroberung«, Stuttgart 1956)
Stierlin, Henri, Die Kunst der Azteken und ihrer Vorläufer: von Teotihuacán bis Tenochtitlan. Stuttgart – Zürich 1982
Terra, H. de, Urmensch und Mammut. Alte Kulturen im Boden Mittelamerikas. Wiesbaden 1954
Weaver, M. P., The Aztecs, Maya, and Their Predecessors: Archaeology of Mesoamerica. New York 1981
Westheim, Paul, Die Kunst Alt-Mexikos. Köln 1966
Wolf, E. R. (Hrsg.), The Valley of Mexico. Studies in Pre-Hispanic Ecology and Society. Albuquerque 1976
Zantwijk, R. van, The Aztec Arrangement. The Social History of Pre-Spanish Mexico. Norman 1985

4. DIE KOLONIALE PERIODE

Aiton, A. S., Antonio de Mendoza. Durham 1927
Anderson, A. J. O., u. a., Beyond the Codices: The Nahua View of Colonial Mexico. Berkeley 1976
Bakewell, P. J., Silver Mining and Society in Colonial Mexico: Zacatecas, 1546–1700. Cambridge 1971
Barrett, Ward, The Sugar Hacienda of the Marqueses del Valle. Minneapolis 1970
Benítez, Fernando, La ruta de Hernán Cortés. Mexiko-Stadt 1950
Borah, Woodrow, New Spain's Century of Depression. Berkeley – Los Angeles 1951
–, *u. Cook, S. F., The Population of Central Mexico in 1548.* Berkeley – Los Angeles 1960
Braden, C. S., Religious Aspects of the Conquest of Mexico. Durham 1930
Cerwin, Herbert, Bernal Díaz. Historian of the Conquest. Norman 1963
Chevalier, François, La formation des grands domaines aux Mexique. Terre et société aux XVIe – XVIIe siècles. Paris 1952
Cook, S. F., u. Borah, Woodrow, The Indian Population of Central Mexico, 1531–1600. Berkeley – Los Angeles 1960
Crosby, A. W., The Columbian Exchange: Biological and Cultural Consequences of 1492. Westport 1972

Edmonson, M. S. (Hrsg.), Sixteenth-Century Mexico: The Works of Sahagún. Albuquerque 1974

Elliott, J. H., Imperial Spain: 1469–1716. Harmondsworth 1976

Fernández de Recas, G. S., Cacicazgos y nobilitario indígena de la Nueva España. Mexiko-Stadt 1961

Frank, A. G., Mexican Agriculture, 1521– 1630. Cambridge 1979

Gibson, Charles, Tlaxcala in the Sixteenth Century. New Haven 1952

–, The Aztecs Under Spanish Rule. Stanford 1964

González Obregón, Luis, Rebeliones indígenas y precursores de la independencia mexicana. Mexiko-Stadt 1952

Greenleaf, R. E., Zumárraga and the Mexican Inquisition, 1536–1543. Washington 1961

–, The Mexican Inquisition of the Sixteenth Century. Albuquerque 1969

Harvey, H. R., u. Prem, H. J. (Hrsg.), Explorations in Ethnohistory: Indians in Central Mexico in the 16th Century. Albuquerque 1984

Lafaye, Jacques, Quetzalcoatl et Guadalupe. 2 Bde., Lille 1972

León-Portilla, Miguel (Hrsg.), Coloquios y Doctrina Cristiana con que los doce frailes de San Francisco ... convertieron a los indios de la Nueva España. Mexiko-Stadt 1986

Liss, P. K., Mexico Under Spain, 1521–1556, Chicago – London 1984

Lockhart, James, u. Altman, Ida (Hrsg.), Provinces of Early Mexico. Los Angeles 1976

MacLachlan, C. M., u. Rodríguez O., J. E., The Forging of the Cosmic Race. A Reinterpretation of Colonial Mexico. Berkeley u. a. 1980

Madariaga, S. de, Hernán Cortés. Buenos Aires 1941 (»Cortés. Eroberer Mexikos«, Stuttgart 1956)

Miranda, José, El tributo indígena en la Nueva España. Mexiko-Stadt 1952

–, La función económica del encomendero en los orígenes del régimen colonial: Nueva España (1525–1531). Mexiko-Stadt 1965

Peña, J. F. de la, Oligarquía y propiedad en Nueva España (1550–1624). Mexiko-Stadt 1983

Phelan, J. L., The Millenarium Kingdom of the Franciscans in the New World. Berkeley 1956

Prem, H. J., Milpa y Hacienda. Wiesbaden 1978

Prescott, W. H., History of the Conquest of Mexico. London – New York 1843

Ricard, Robert, La conquête spirituelle de Mexique. Paris 1933

Riley, G. M., Fernando Cortés and the Marquesado in Morelos, 1522–1547. Albuquerque 1973

Robertson, Donald, Mexican Manuscript Painting of the Early Colonial Period. New Haven 1959

402

Simpson, L. B., Exploitation of Land in Central Mexico in the Sixteenth Century. Berkeley – Los Angeles 1952

–, The Encomienda in New Spain. Berkeley u. a. 1982

Somonte, M. G., Doña Marina, »La Malinche«. Mexiko-Stadt 1969

Straub, Eberhard, Das Bellum Justum des Hernán Cortés in Mexico. Köln – Wien 1976

Venegas Ramírez, Carmen, Régimen hospitalario para indios en la Nueva España. Mexiko-Stadt 1973

Wagner, H. R., The Rise of Fernando Cortés. Berkely 1944

Wissmann, Hans, Sind doch die Götter auch gestorben: Das Religionsgespräch der Franziskaner mit den Azteken von 1524. Gütersloh 1981

Zavala, Silvio, La encomienda indiana. Madrid 1935

–, Tributos y servicios personales de indios para Hernán Cortés y su familia. Mexiko-Stadt 1984

–, El servicio personal de los indios en la Nueva España. 3 Bde., Mexiko-Stadt 1984–1987

Zimmermann, Günter (Hrsg.), Briefe der indianischen Nobilität aus Neuspanien an Karl V. und Philipp II. um die Mitte des 16. Jahrhunderts. Hamburg 1970

5. DIE NEOKOLONIALE (»REPUBLIKANISCHE«) PERIODE

Adler Hellman, Judith, Mexico in Crisis. New York – London 1978

Amnesty International, Mexico: Human Rights in Rural Areas. London 1986

Arispe S., Lourdes, Parentesco y economía en una sociedad nahua. Mexiko-Stadt 1973

–, Indígenas en la ciudad de México. El caso de las »Marías«. Mexiko-Stadt 1975

Bennholdt-Thompson, Veronika, Zur Bestimmung des Indio, Berlin 1976

Brenner, Anita, The Wind That Swept Mexico. New York 1943

Castillo Ledón, Luis, Hidalgo. 2 Bde., Mexiko-Stadt 1948/49

Cline, H. F., Mexico. Revolution to Evolution: 1940–1960. New York 1963

–, The United States and Mexico. New York 1965

Cordry, D. B., u. Cordry, D. M., Costumes and Textiles of the Aztec Indians of the Cuetzalan Region, Puebla, Mexico. Los Angeles 1940

Eckstein, Salomón, El Ejido Colectivo en México. Mexiko-Stadt 1967

Gamio, Manuel, Forjando patria. Mexiko-Stadt 1916

González Casanova, Pablo, La democracia en México. Mexiko-Stadt 1972

González Navarro, Moisés, La pobreza en México. Mexiko-Stadt 1985

Hamill, H. M., The Hidalgo Revolt. Gainesville 1966

Lastra de Suárez, Yolanda, Las áreas dialécticas del náhuatl moderno. Mexiko-Stadt 1986

Lewis, Oscar, Life in a Mexican Village: Tepoztlan Restudied. Urbana 1951

Lira, Andrés, Comunidades indígenas frente a la ciudad de México. Mexiko-Stadt 1983

Madsen, William, The Virgin's Children: Life in an Aztec Village Today, Austin 1960

Maihold, Günther, Identitätssuche in Lateinamerika: Das indigenistische Denken in Mexiko. Saarbrücken – Fort Lauderdale 1986

Meyer, Jean, Problemas campesinos y revueltas agrarias (1821–1910). Mexiko-Stadt 1973

Montoya Briones Atla, J. de J., Etnografía de un pueblo náhuatl. Mexiko-Stadt 1964

Nutini, H. G., San Bernardino Contla: Marriage and Family Structure in a Tlaxcalan Municipio. Pittsburgh 1968

–, u. Isaac, B. L., Los pueblos de habla náhuatl de la región de Tlaxcala y Puebla. Mexiko-Stadt 1974

Olivera de Vázquez, Mercedes, Tlaxcalancingo. Mexiko-Stadt 1967

Palacios, Porfirio, Emiliano Zapata. Mexiko-Stadt 1960

Pozas, Ricardo, u. Pozas, I. H. de, Los indios en las clases sociales de México. Mexiko-Stadt 1973

Redfield, Robert, Tepoztlán. A Mexican Village. Chicago 1930

Reina, Leticia, u. a., Las luchas populares en México en el siglo XIX. Mexiko-Stadt 1983

Roeder, Ralph, Juarez and His Mexico. 2 Bde., New York 1968

Scheffler, Lilian, Grupos indígenas de México. Mexiko-Stadt 1986

Silva Herzog, Jesús, El agrarismo mexicano y la reforma agraria. Mexiko-Stadt 1959

Smart, C. A., Viva Juárez. Philadelphia 1963

Soustelle, Georgette, Tequila: un village nahuatl du Mexique oriental. Paris 1958

Stavenhagen, Rodolfo, u. a., Neolatifundismo y explotación: De Emiliano Zapata a Anderson Clayton & Co. Mexiko-Stadt 1968

Stein, Philip, The Mexican Murals. Mexiko-Stadt 1984

Timmons, W. H., Morelos of Mexico: Priest, Soldier, Statesman. El Paso 1963

Townsend, W. C., Lázaro Cárdenas, Mexican Democrat. Ann Arbor 1952

Turner, J. K., Barbarous Mexico. Chicago 1911

Weyl, Nathaniel, u. Weyl, Sylvia, The Reconquest of Mexico: The Years of Lázaro Cárdenas. New York 1939

Whetten, N. L., Rural Mexico. New York 1948

Zantwijk, R. van, Los indígenas de Milpa Alta, herederos de los aztecas. Amsterdam 1960

Belletristik

Abreu Gómez, Ermilo, Quetzalcoatl, sueño y vigilia. Mexiko-Stadt 1947

Brandt, J. L., La Chingada. New York 1979 (»La Chingada«, München 1984)

Cowie, Lancelot, El indio en la narrativa contemporánea de México y Guatemala. Mexiko-Stadt 1976

Gerber, Alain, Le jade et l'obsidienne. Paris 1981

Gillmor, Frances, The King Danced in the Marketplace. Tucson 1964

Hauptmann, Gerhart, Der weisse Heiland. Berlin 1920

Hernández, J. R., Azcaxochitl o la flecha de oro. Mexiko-Stadt 1878

Jennings, Gary, Aztec. New York 1980 (»Der Azteke«, München 1981)

Lane, Elizabeth, Mistress of the Morning Star. New York 1980

Lawrence, D. H., The Plumed Serpent. Harmondsworth 1950 (»Die gefiederte Schlange«, Zürich 1986)

López Portillo y Pacheco, José, Quetzalcóatl. Mexiko-Stadt 1965

Madariaga, S. de, El corazón de piedra verde. Buenos Aires 1943 (»Das Herz von Jade«, Bern u. a. 1957)

–, Guerra en la sangre. Buenos Aires 1958 (»Krieg im Blut«, Bern u. a. 1958)

Monterde, Francisco, Moctezuma II, Señor del Anáhuac. Mexiko-Stadt 1943

–, El de la silla de oro. Mexiko-Stadt 1945

Paz, Ireneo, Doña Marina. 2 Bde., Mexiko-Stadt 1883

Shedd, Margaret, Malinche and Cortés. Garden City 1971

Somerlott, Robert, Death of the Fifth Sun. New York 1988 (»Der Tod der Fünften Sonne«, Köln 1988)

Stucken, Eduard, Die weissen Götter. 3 Bde., Berlin 1922

Tercero, J. L., Netzahualpilli. Mexiko-Stadt 1875

Personen- und Sachregister

Die in Klammern gesetzten Jahreszahlen beziehen sich bei Personen auf Lebensdaten (ausgenommen bei Herrschern beziehungsweise Staatsoberhäuptern, wo die Zeit ihrer Regierung angegeben ist), Zeitangaben bei historischen Quellen auf den Zeitpunkt ihrer Entstehung.

A

Absolutismus 281
Acalan 211, 213
Acamapichtli (Aztekenherrscher, 1372–1391) 77, 80 ff., 389
Ackerbau 55, 59
Acolhua 76, 82, 83, 141, 142, 389
Agaven 43
Agrarreform 320, 323, 332 ff., 349
Agrarstruktur 312
Ägypten 17 f.
Ahuitzotl (Aztekenherrscher, 1486–1502) 98, 100, 110, 114, 125 f., 152
ahuiyani 137 f.
Alvarado, Pedro de (um 1486–1541) 185 ff., 217, 230, 238, 239 f., 248
Alvarado Tezozomoc, Fernando (geb. um 1525/30) 32
Alvarez, Juan (Präsident, 1855) 291
Amerikaner s. USA
Amerikanistik 302, 304, 305, 307, 308, 382, 393
Amnesty International 351, 373
Anahuac 39, 382
Anthropologie 337, 339, 383
Archäologie 48 f., 54 f., 59, 62, 72, 118, 119, 120, 247, 296, 298 f., 300, 304, 339 ff., 392, 394, 395
Atotonilco 273
Aubin, Joseph Marius Alexis (geb. 1802) 303
Audiencias 209 f., 216, 223, 383
Aufklärung 271, 299
Aufstände (s. a. Unabhängigkeitskriege)
  – unter den Azteken 100, 114
  – unter den Spaniern 216 f., 392
Augustiner 253
Ávila Camacho, Manuel (Präsident, 1940–1946) 322
Axayacatl (Aztekenherrscher, 1468–1481) 101 f., 181, 189, 219
Azcapotzalco 76, 81, 83 ff., 88 f.

Azteken (s. a. Nahua) 13 f., 62, 209, 213, 236, 251 f., 272, 276 f., 279, 297 f., 304, 305, 308, 338, 339 ff., 342, 355 ff., 358 f., 363, 383, 386
  – Bevölkerungsentwicklung 12, 235, 362
  – Dichtkunst 146, 147 ff.
  – Erforschung (s. a. Archäologie, Sahagún u. Seler) 19 f.
  – Eroberungen 87, 96, 100, 105, 110, 124, 138 f.
  – Erziehungswesen (s. a. *calmecac*, *cuicalli* u. *telpochcalli*) 92 f., 132, 136
  – Feste 128 ff.
  – Geschichte 21, 42, 45 f., 63, 76 ff., 140, 389 ff.
  – Geschichtsschreibung 20
  – Gesellschaftsstruktur (s. a. *calpulli*) 89 f., 91 f., 106 ff., 121
  – Gesetzgebung s. Rechtsprechung
  – Götter (s. a. Huitzilopochtli, Quetzalcoatl, Tezcatlipoca u. Tlaloc) 119 f., 123, 127 f., 130
  – Handel 111 ff.
  – Herrschaft 87
  – Herrschaftsgebiet 11, 20, 42, 96, 100, 103
  – Herrschaftsstruktur 91, 100, 102 ff.
  – Kalender 111, 128, 134 f., 140
  – Königtum 93 ff., 100, 105 f.
  – Kriege 83 ff., 88 f., 90, 95, 98, 101, 124, 193
  – Kultur 86 f., 91, 366 ff.
  – Landwirtschaft 111
  – Name 28
  – politische Struktur 83
  – Prostitution 136 ff.
  – rassische Merkmale 22 f.
  – Rechtsprechung 91 ff., 107, 142
  – Religion (s. a. Huitzilopochtli u. Quetzalcoatl) 30 f., 38 f., 67, 87 f., 91, 93, 97, 117 ff., 122 ff., 131, 147, 150, 180, 247, 250, 252, 261, 340 ff., 367
  – Schrift 138 ff.
  – Sprache s. Nahuatl
  – Stellung der Frau 133 f.
  – Tributwesen 96 f., 103 f., 113, 140
  – unter kolonialer Herrschaft (s. a. Neuspanien) 231 f.

406

Narváez, Pánfilo de (um 1470–1528)
184, 196, 234
Nationales Indianerinstitut (INI)
335 f., 337 f., 385, 394
Negersklaven 230, 241
»Neue Gesetze« 222, 229, 391
Neukastilien 233
Neuspanien 11, 205 ff., 216, 225 ff.,
302, 386, 390
– Bevölkerungsentwicklung 235 f.
– gesellschaftliche Entwicklung
240 ff., 266 f.
– Wirtschaft 220 ff., 230, 232 f., 269
Nezahualcoyotl (Herrscher von Tetzco-
co, 1418–1472) 83, 142 ff., 246, 354,
389
Nezahualpilli (Herrscher von Tetzcoco,
1472–1515) 126, 147, 389
»Noche Triste« 190 f., 219
Nordamerika 215 ff.
Nueva Galicia 216

O
Oaxaca (Kulturregion) 51, 61
Oaxaca (Provinz, Bundesstaat) 96,
100, 215, 220, 228, 230
Oaxaca (Stadt) 290
oidores 209
Olmeken 58 ff., 86, 388
Ometecuhtli s. Ometeotl
Ometeotl 123, 147
Ordensgeistliche s. Missionsorden
Otomí 134, 276
Otumba 192 ff., 230

P
Painala 158 f., 160
Paricutín 36
Partido Revolucionario Institucional
(PRI) 327 f., 329, 386
Paso de Cortés 175
Paz, Octavio (geb. 1914) 12, 343
Pedregal 63
PEMEX 347
Peninsular 245, 270, 386
peón 386
peonaje 224, 293 f., 315, 316, 318, 386
Peru 229
Philipp II. (König von Spanien, 1556–
1598) 391
pilli 106, 386
Plan von Ayala 320, 321

Plan von Ayutla 291
Plan von Iguala 282
Plan von San Luis Potosí 311 f., 320
pochteca 108 ff., 386
Pocken 153, 196, 225, 234, 235, 390,
392
Popocatepetl 33 ff., 38 f., 40
Porfiriato 313, 386
Portugal 201 ff.
Positivismus 315 f., 318
Postklassik 60, 61, 71
Prescott, William Hickling (1796–1859)
393
PRI s. Partido Revolucionario Institucio-
nal
Puebla (Bundesstaat) 51, 55, 312, 320,
361
Puebla (Ort) 268
Pulque 43, 318, 386
Pyramiden 18, 61, 62, 64, 67, 69, 72,
75, 115, 118, 300 f.

Q
Quauhnahuac (Cuernavaca) 96, 197,
361
Quauhtemoc (Aztekenherrscher, 1520–
1525) 196, 198, 199 f., 211 ff., 218 f.,
243, 244, 309, 390, 394
quechquemitl 362
Querétaro 271
Quetzal 69, 108, 109, 110, 113, 124, 146
Quetzalcoatl (Gottheit) 37, 44 f., 46 ff.,
52 f., 66, 68 f., 70 f., 75, 128, 135, 152,
154, 245, 255 f., 367
Quetzalcoatl (legendärer Herrscher)
70 f., 72, 75, 147, 152, 178, 246

R
Radiokarbonmethode 54 f.
»Reforma« (s. a. Juárez) 291 ff.
Renaissance 176, 253
repartimiento 224, 233, 235, 386
Requerimiento 208, 390
Revolution, Mexikanische 309 ff., 320,
321, 322, 324, 328, 330, 336, 339,
342 f., 349, 358, 394
Romantik 296

S
Sahagún, Bernardino de (um 1500–1590)
19 f., 108, 119, 123, 259, 297, 304,
305 ff., 363, 391, 393